U0856219

中国年鉴资源全文数据库
CHINA YEARBOOK DATABASE
核心年鉴

北京工业年鉴

BEIJING GONGYE NIANJIAN

2023

（总第33卷）

北京市经济和信息化局 编

北京出版集团
北京出版社

图书在版编目（CIP）数据

北京工业年鉴. 2023 / 北京市经济和信息化局编.
— 北京：北京出版社，2023.12
ISBN 978-7-200-18431-0

Ⅰ. ①北… Ⅱ. ①北… Ⅲ. ①地方工业经济—北京—2023—年鉴 Ⅳ. ①F427.1-54

中国国家版本馆CIP数据核字（2024）第000567号

策　　划　杜冬梅
责任编辑　杜冬梅
特约编辑　杨秀珍
装帧设计　云伊若水
责任印制　武绽蕾

北京工业年鉴 2023
BEIJING GONGYE NIANJIAN 2023
北京市经济和信息化局　编
*
北 京 出 版 集 团
北 京 出 版 社　出版
（北京北三环中路6号）
邮政编码：100120
网　址：www.bph.com.cn
北京出版集团总发行
新华书店经销
北京建宏印刷有限公司印刷
*
889毫米×1194毫米　16开本　31.5印张　975千字
2023年12月第1版　2023年12月第1次印刷
ISBN 978-7-200-18431-0
定价：380.00元

质量监督电话：010-58572393

本书附同版本CD-ROM一张，光盘内容以书面文字为准

《北京工业年鉴》编纂委员会

《北京工业年鉴》编辑部

《北京工业年鉴》 组稿人员

（按姓氏笔画排序）

于凌燕（女）	马　晓	王　伟	王　静（女）
王　蕾（女）	田　蕾（女）	代　蓉（女）	付　强
邢　蕊（女）	朱宝刚	任琳琳（女）	刘　莉（女）
刘博婧伟（女）	刘方旭	李　淦	李彻赢
李菁雨（女）	李常富	何　娣（女）	宋慧宇（女）
张一鸣	罗　骏	周　梅（女）	郑　雪（女）
单荣华（女）	赵　浚（女）	赵爽辰（女）	胡　陈
贾苗苗（女）	贾岩琦（女）	倪　婧（女）	徐　冉（女）
高　洁（女）	龚晓平（女）	崔雪莹（女）	蔡景仁

编辑说明

一、《北京工业年鉴》编纂以马克思列宁主义、毛泽东思想、邓小平理论、“三个代表”重要思想、科学发展观、习近平新时代中国特色社会主义思想为指导，遵循实事求是的原则，科学、客观地反映实际情况。

二、《北京工业年鉴》是一部反映北京工业经济发展情况的资料性文献，自 1991 年起逐年编纂并公开出版。《北京工业年鉴（2023）》为第 33 卷，由北京市经济和信息化局主编、北京市产业经济研究中心承编。

三、《北京工业年鉴（2023）》记述时限为 2022 年 1 月 1 日至 12 月 31 日。采用文章和条目两种体裁，以条目体为主。用规范的语体文、记述体直陈其事。通过大量文字、数据、图片，较全面、系统、客观地记录了 2022 年度北京工业经济发展的基本情况以及年度新发展、新成就、新亮点，为了解和掌握领域新动态，服务于政府科学决策，指导经济工作提供借鉴和依据。

四、《北京工业年鉴（2023）》采用全彩印制，卷首设有专题图片，内文附有随文图。本卷设有综述，特载，专文，大事记，聚焦数字经济，电子信息产业，软件与信息服务业，汽车与交通设备产业，智能制造与装备产业，生物与医药产业，都市产业，材料与绿色环保产业，国防科技工业，中小企业与校办产业，私营个体经济与民政工业，社会信用体系建设，区域工业，行业协会、产业联盟与研究机构，综合管理，人物，统计数据，文献辑录以及附录共 24 个类目。为方便读者阅览，配备双重检索系统，卷首设有中英文目录，卷尾设有主题词索引，后附光盘。

五、《北京工业年鉴（2023）》采用“互联网 +”形式拓展阅读渠道。在卷首专题图片“数记北京经信”中设有“首都之窗”“北京经信局”官方微博、“北京经信局”官方微信二维码，为读者提供媒体网络阅读便利，扩充相关信息。

六、《北京工业年鉴（2023）》卷首专题图片除署名外，均由市经济和信息化局提供。随文图除需要说明外，不再附图注。类目中凡 2022 年事项，除综述、概述、概况外，均直书月、日，不再另写年份。涉及其他年份的事项均标明年份。

七、《北京工业年鉴（2023）》选用资料来源于市、区政府委办局相关部门、行业协会、科研院所、企业提供以及官网、公开媒体，编辑部按照年鉴体例进行了整合、加工，并经各主管部门负责人审核。统计数据主要来源于市统计局，其他数据来源于参编单位或部门提供。书中部分数据由于统计口径及记述规范，分项之和与合计数不完全相等。统计表中“*”和空项为数据不宜公开或无数据。

八、《北京工业年鉴（2023）》所使用机构简称，市政府委办局使用规范简称，行业协会、科研院所、企事业单位等参照各单位简称。如遇中央、地区机构名称并列，按照形式服从内容原则，局部统一全称或简称处理。

数记北京经信

Digital Record of Beijing Economy & Information Technology Industry

2022 年是党的二十大胜利召开之年，全市经济和信息化系统坚持以习近平新时代中国特色社会主义思想为指导，在市委、市政府的领导下，坚持以首都发展为统领，统筹推进新冠肺炎疫情防控和产业经济发展，推动北京工业和信息化高质量发展取得显著成效。

2022 年，北京市规模以上工业企业 3141 家，实现工业总产值 23870 亿元，营业收入 27713.6 亿元，利润总额 1998.7 亿元。

2022 年，北京工业领域产业结构加快向“高精尖”转型，扣除新冠疫苗生产因素，全市规模以上高技术制造业和工业战略性新兴产业增加值分别同比增长 5.3% 和 4.9%。

2022 年，北京工业重点产业和软件信息服务业固定资产投资累计完成 1275.9 亿元，占全市比重 15.1%。其中，工业重点产业实现投资 748.2 亿元，软件和信息服务业实现投资 527.7 亿元。

2022 年，北京市数字基础设施建设方面，新增 5G 基站 2.4 万个，累计建设 5G 基站 7.6 万个。1.4G 宽带数字集群专网基站数达 477 个，五环内室外覆盖率达 90% 以上，用户 1.9 万户，承载 30 余个政府部门超过 60 余项业务系统，是国内承载业务系统和用户数最多的宽带数字集群专网。

2022 年，《2023 年北京市智慧城市建设项目指引》印发、《北京市数字经济促进条例》发布；全国首个数据资产登记中心揭牌、首个数字人产业政策发布。北京市数据公开常态化机制形成，通过北京市公共数据开放平台，累计无条件开放 12325 个数据集 57.5 万个数据项 13.48 亿条公共数据，包括来自全市 114 个政务部门和区政府的涉及气象、金融、企业登记、公共服务事项指南、城市管理、人工智能训练、车路协同自动驾驶等热点领域的约 1.48 亿条高价值公共数据。

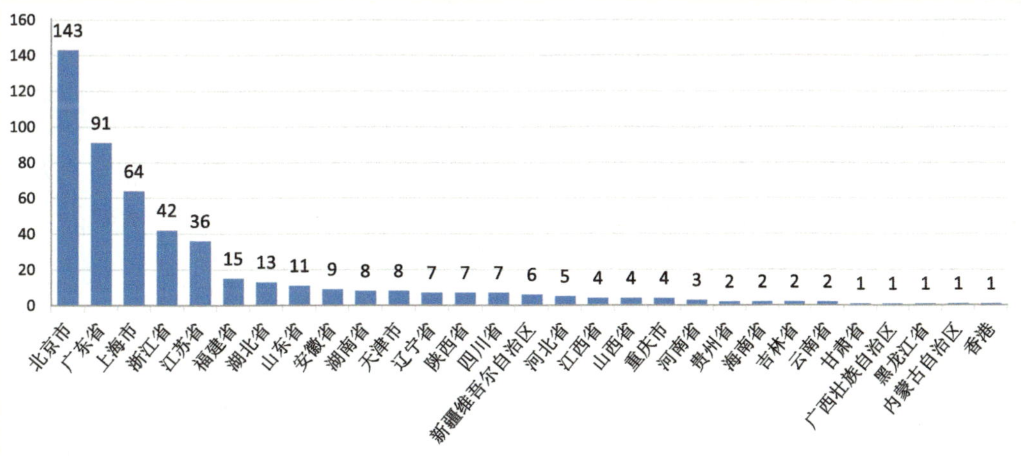

2022 年 TOP 500 数字经济企业区域分布统计图（单位：家）

首都之窗　官方微博　官方微信

2022年7月5日，北京市首批氢燃料重卡交车运营仪式举行（北汽集团供稿）

2022年9月20日，第25届京台科技论坛——京台绿色智造产业发展论坛举办。图为北京市经济和信息化局副局长姜广智致辞

2022年9月20日，第25届京台科技论坛——京台绿色智造产业发展论坛举办。图为京台战略合作签约仪式

2022年，北京首钢朗泽新能源科技有限公司“工业尾气生物固碳利用新技术”获国家绿色技术优胜奖（首钢供图）

2022 年 3 月 17 日，北京市经济和信息化局与国家开发银行北京市分行签署合作开发性金融支持北京市高精尖产业发展合作协议

2022 年 8 月 22 日，“开发性金融助力高精尖产业高质量发展支持首都产业强链筑基”金融产品发布会暨银政企对接会召开

2022 年 2 月 23 日，北京市推进京津冀协同发展 8 周年进展成效新闻发布会召开。京津冀协同办、市经济和信息化局、市交通委等部门介绍各自领域相关推进情况

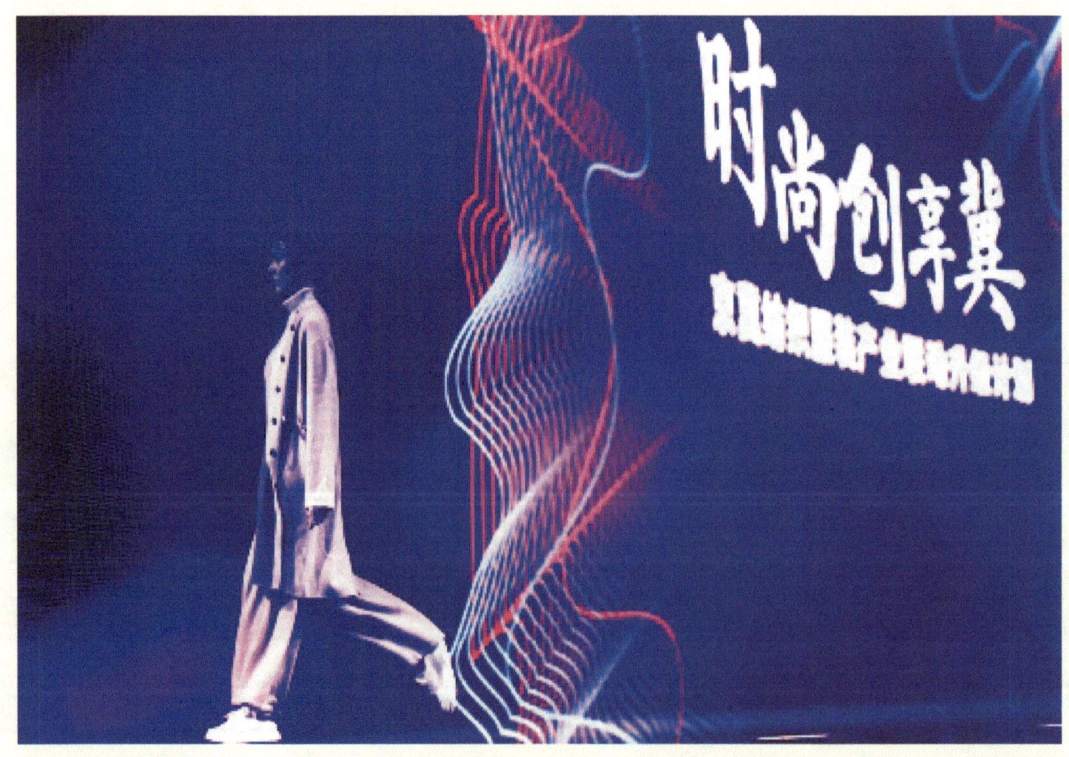

2022 年 9 月 20 日，2022 北京时装周“时尚创享冀”京冀纺织服装产业联动升级计划活动举办

2022 年 8 月 20 日，昌平区数字经济产业高峰论坛活动举办（昌平经济和信息化局供图）

2022 年 9 月 21 日，北京市人民代表大会财政经济委员会第四十三次会议审议《北京市数字经济促进条例》（草案二次审议稿）

2022 年 9 月，清研智行研发总部及生产基地项目在经开区签约，旨在高端汽车及新能源汽车关键零部件产业园建设 UWB（超宽带）数字化生产线（杨昌林供图）

2022 年 11 月 26 日，北汽研究总院“C-V2X 的智能网联汽车实车测试验证平台建设项目”获 2022 年世界物联网博览会——物联网与数字经济融合发展项目新技术新产品新应用金奖

2022 年 2 月 4 日，2022 年北京冬奥会开幕。图为京东方科技集团股份有限公司设计的“雪花”形态主火炬台（京东方供图）

2022 年 3 月，北京电控系统首批职工创新工作室挂牌（“国资京京”微信公众号）

2022 年 12 月，北京燕东微电子股份有限公司在上交所科创板上市

2022 年 7 月 20 日，在 2022 北京数字经济体验周启动活动上，首批北京市信息消费体验中心授牌仪式举办

2022 年 7 月 29 日，北京市经济和信息化局在 2022 全球数字经济大会北斗时空信息建设发展论坛上，发布《北京市北斗时空信息产业发展白皮书》

2022 年 8 月 2 日，昌平区首个虚拟代言人“昌小平”上线（于凌燕、赵星供图）

2022 年 9 月 17 日，北京市经济和信息化局到 360 公司研讨智慧城市网络安全工作

汽车与交通设备产业

Automobile and Transportation Equipment Industry

2022 年 3 月 25 日至 30 日，北京消费季副中心专场购车节活动在通州区朗清园三区举办

2022 年 7 月 20 日，国内首家整车能效开发试验室启用（经开区供图）

2022 年 9 月 27 日，北京建筑垃圾运输车辆新标准首个达标车——欧曼智蓝纯电重卡上市仪式在北京超级卡车体验中心举行（北汽集团供图）

2022 年 9 月 23 日，梅赛德斯－奔驰第一台国产重卡在北京福田戴姆勒汽车有限公司新厂区下线（北汽集团供图）

2022 年 9 月 30 日，北汽新能源向百度 Apollo 交付 200 台第五代共享无人车 Apollo Moon，成为首个实现百度第五代共享无人车批量交付和商业化应用的车企（北汽集团供图）

2022 年 10 月 11 日，南口公司 5.0 兆瓦风电齿轮箱首批两台下线并交付中车山东公司松原基地（南口公司供图）

2022 年 11 月 16 日，北汽集团研发的极狐汽车极锋动力（α–power）获“中国心”十佳新能源汽车动力系统大奖（北汽集团供图）

2022 年 12 月 28 日，北京奔驰新车型——梅赛德斯 · 奔驰长轴距 GLC SUV 在经开区下线。图为奔驰总装生产线

2022 年 8 月 18 日至 21 日，2022 世界机器人大会博览会在经开区召开。图为京东物流智能快递车

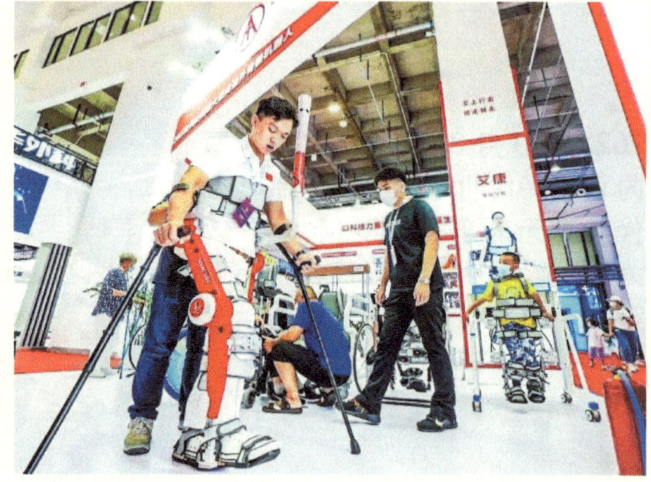

2022 年 8 月 18 日至 21 日，2022 世界机器人大会博览会在经开区召开。图为辅助残疾人的智能外骨骼机器人在现场演示

2022 年 9 月 16 日，AISC 首届人工智能安全大赛颁奖仪式在中关村国家自主创新示范区会议中心举办

2022 年 10 月 24 日，集度汽车机器人首台验证样车下线（经开区供图）

2022 年，北京京仪集团有限责任公司承担的北京城市副中心行政办公区一期启动区 FZX–0901–160 地块分布式光伏发电项目建设中（京仪集团供图）

2022 年，北京京城机电控股有限责任公司为北京冬奥会提供的高压储氢系统（京城机电供图）

北京京城机电控股有限责任公司为轨道交通领域提供智能化生产线(2022年摄“国资京京”微信公众号)

2022 年 1 月，和华瑞博国内首款关节手术机器人投产下线（经开区供图）

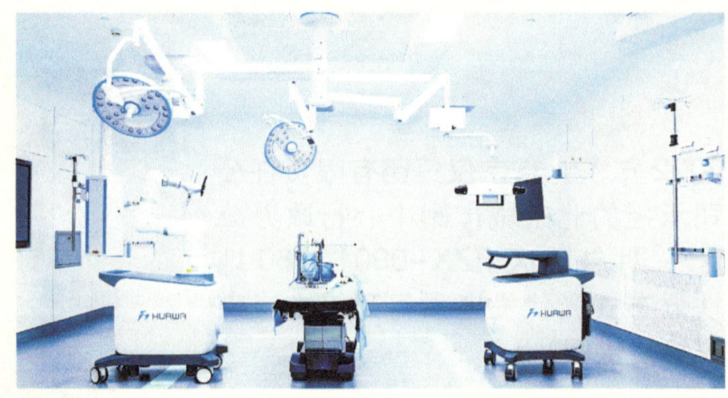

2022 年 7 月 20 日，北京市经济和信息化局调研昌平美丽健康产业发展情况（昌平区经济和信息化局供图）

2022 年 9 月 15 日，北京市经济和信息化局组织召开“北京健康宝”系统应急保障研讨会

2022 年 9 月 24 日，爱康医疗北京昌平 3D 打印与智能制造基地奠基仪式举办（昌平区经济和信息化局供图）

2022 年 4 月 15 日，2022 年“工美杯”北京传统工艺美术大赛暨第十一次北京传统工艺美术珍品评选活动启动。图为评选工作组在北京工艺美术博物馆组织召开专家评审会，对征集作品进行现场评审

2022 年 5 月 27 日，北京一轻科技集团有限公司成立大会召开

2022 年 7 月 29 日，龙徽 1910 文化创意产业园开园仪式举办

2022 年 8 月，中国国家版本馆开馆暨展览开幕式在北京举行。天坛龙顺成红木家具亮相中国国家版本馆

2022 年 9 月 15 日，《新华中盐减盐健康指数报告（2022）》暨中盐品牌低钠盐发布会召开

2022 年 9 月 22 日，2022 北京时装周闭幕会暨铜牛“萃 · 至真”发布会在北京时装周永久会址张家湾设计小镇举行。图为服装模特在 T 台走秀（时尚控股供图）

材料与绿色环保产业

Materials and Green Environmental Protection Industry

2022 年 7 月，京能集团发布《京能集团北京市分布式光伏开发行动方案》。图为北京铁路枢纽丰台站分布式光伏发电项目（“国资京京”微信公众号）

2022 年 9 月 17 日至 18 日，2022 全球能源转型高层论坛在昌平区未来科学城举办。能源谷首次集中展示中央企业、知名高校、科研院所及龙头民营企业的最新科技成果

2022 年 9 月 17 日至 18 日，2022 全球能源转型高层论坛在昌平区未来科学城举办。图为明阳智慧能源集团股份公司展出的 MySE5.5–155 海上风力发电机

2022 年 9 月，《北京城市副中心新型电力系统示范区建设方案》发布。图为通州区供电公司重要客户供电服务中心人员在城市副中心行政办公区开展延伸服务

2022 年 10 月 16 日，中国邮政发行“中国共产党第二十次全国代表大会”国版蝉翼钢明信片。图为首钢京唐公司“蝉翼钢”镀锡生产线（首钢供图）

2022 年 12 月，首钢股份公司入选工业产品绿色设计示范企业。图为冷轧电工钢成品库

2022 年，首钢滑雪大跳台与冷却塔等工业遗存融为一体、交相辉映，成为京西新地标（首钢供图）

燕山石化兆瓦级质子 PEM（交换膜）电解水制氢示范站（2022 年摄 张明慧供图）

中小企业

Small and Medium-sized Enterprises

2022 年 3 月 31 日，北京展团组织 12 家企业参加线上举行的第十一届 APEC 中小企业技术交流暨展览会场景

2022 年 4 月 15 日，北京市中小企业服务中心、北京市中小企业公共服务平台联合市级中小企业公共服务示范平台、小型微型企业创业创新示范基地及合作服务机构共同举办北京市“一起益企”中小企业服务行动启动仪式

2022 年 8 月 19 日，北京市“专精特新保”担保产品发布暨“专精特新”企业与银行、担保机构对接专场活动举办

2022 年 9 月 8 日，2022 年北京市企业创新信用领跑行动启动

2022 年 12 月 28 日，“信用 + 医疗”在丰台区落地。图为丰台医院面向患者开展“信用 + 医疗”宣传活动

2022年2月15日，北京冬奥会延庆赛区无线电安全保障现场

2022年9月16日，北京市经济和信息化局带队检查正通公司和首信公司国庆节和党的二十大期间政务专网保障工作准备情况

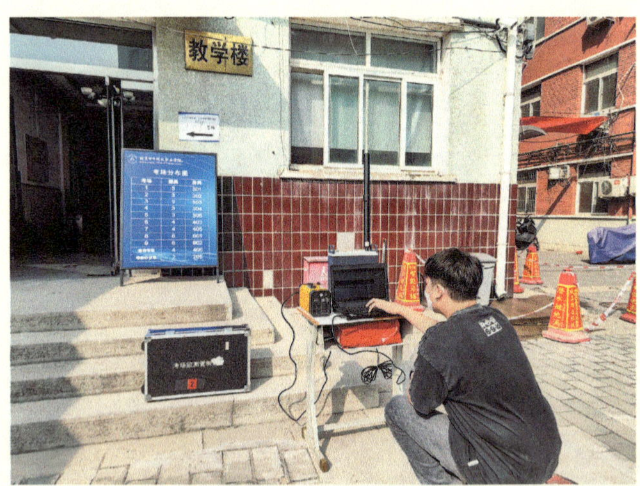

2022年9月17日至18日，北京市经济和信息化局完成法律职业资格等考试保障任务

2022年9月30日，烈士纪念日向人民英雄敬献花篮仪式在北京天安门广场举行，北京市经济和信息化局完成政务专网应急通信保障任务

2022 年 10 月 16 日，北京市经济和信息化局无线电安全保障团队完成党的二十大开幕会保障任务

2022 年 10 月 16 日，北京市经济和信息化局完成党的二十大开幕会政务网络安全保障任务。图为分值守点现场

大数据中心数北分值守点

大数据中心六里桥分值守点

大数据中心亦庄科创街分值守点

首都之窗万开大厦分值守点

政安中心灾备分值守点

2022 年 10 月 29 日、11 月 5 日至 6 日，北京市经济和信息化局完成中小学教师资格和成人高考两项考试无线电安全保障任务

2022 年 11 月 6 日，北京市经济和信息化局完成 2022 贝壳北京马拉松比赛保障任务

2022 年 2 月，北京市经济和信息化局党员干部在北京冬奥会期间全力做好政务网络通信保障工作

2022 年 5 月 10 日，北京市经济和信息化局组织召开 2022 年度五四青年座谈会。图为为获得表扬的人员颁发荣誉证书

2022 年 7 月 4 日，北京市经济和信息化局在凯富大厦办公区举行 2022 年度“光荣在党 50 年”纪念章颁发仪式

2022 年 9 月 15 日，第十九届北京市工业和信息化职业技能竞赛总结会在北京会议中心举行

2022 年 10 月 26 日，北京市经济和信息化局党组召开扩大会议传达学习贯彻党的二十大精神

目 录

综 述

特 载

专 文

大事记

聚焦数字经济

电子信息产业

软件与信息服务业

汽车与交通设备产业

智能制造与装备产业

生物与医药产业

都市产业

材料与绿色环保产业

国防科技工业

中小企业与校办产业

私营个体经济与民政工业

社会信用体系建设

区域工业

行业协会

产业联盟与研究机构

综合管理

人　物

统计数据

文献辑录

附 录

索 引

Table of Contents

Overview

Special

Special Articles

Memorabilia

Focus on Digital Economy

Electronic Information Industry

Software and Information Service Industry

Automobile and Transportation Equipment Industry

Intelligent Manufacturing and Equipment Industry

Biological and Pharmaceutical Industry

Urban Industry

Materials and Green Environmental Protection Industry

Defense Technology Industry

Small and Medium-Sized Enterprises and School-Run Industries

Private Individual Economy and Civil Affairs Industry

Construction of Social Credit System

Regional Industry

Industry Association

Industrial Alliances and Research Institutions

Integrated Management

Figures

Statistical Data

Bibliography

Appendix

Index

综　述

本类目采用文章体，简要记述2022年北京工业六大产业经济运行、产业结构调整、重点项目投资、重点行业生产，高精尖领域、专精特新企业等年度发展情况，以及社会组织管理服务情况。

2022 年北京工业和软件信息服务业经济运行及年度重点工作综述

2022 年，北京市高精尖产业重点领域（工业和软件信息服务业）合计实现增加值 12492.6 亿元，占全市 GDP 比重为 30.0%，下拉全市 GDP 增长 0.5 个百分点。其中，规模以上工业增加值同比下降 16.7%，两年平均增长 4.5%，分别低于全国 20.3 个和 2.1 个百分点；软件和信息服务业实现营业收入 24849.9 亿元，同比增长 7.3%，低于全国平均增速 3.9 个百分点，占全国比重为 23.0%，较上年下降 2.7 个百分点。年内，全市聚焦保供稳产出台一系列助企纾困政策，助力工业生产有序恢复，企业经营状况逐步改善。

六大产业运行情况。年内，北京市规模以上工业企业 3008 家，实现工业总产值 22858.8 亿元，同比下降 6%，六大产业增加值增速“三升三降”。材料产业在电力、热力生产和供应业（增速 9.8%）拉动作用下，增加值同比增长 4.9%。电子信息产业（增速 3.6%）和智能制造与装备产业（增速 3.3%）增加值增速均实现增长。汽车与交通产业奋力克服疫情影响，增加值同比下降 1.8%。生物与医药产业受疫苗基数影响，增加值增速下降 55.4%（剔除新冠疫苗因素后增长 6.4%）。都市产业增加值增速下降 5.9%。

产业结构调整情况。年内，北京市工业领域产业结构加快向“高精尖”转型，全市高技术制造业增加值同比下降 38%（扣除疫苗后同比增长 5.3%），两年平均增长 14.8%，占全市工业增加值比重为 32.3%，比 2021 年同期回落 13.4 个百分点。新能源汽车、风力发电机组和气动元件等高技术产品产量分别同比增长 1.9 倍、45.6% 和 36.5%。

重点产业投资情况。年内，北京市工业重点产业和软件信息服务业固定资产投资累计完成 1275 亿元，同比增长 25%，合计占全市比重达 15.1%。其中，工业重点产业实现投资 748.2 亿元，同比增长 18.3%；软件和信息服务业实现投资 527.7 亿元，同比增长 36.0%，近 3 年年均增速超两位数。

重点行业生产有序恢复。支柱行业中，电力、热力生产和供应业发挥重要支撑作用，增加值同比增长 9.8%，增速比上年提高 3.1 个百分点。计算机、通信和其他电子设备制造业增长 3.6%，其中集成电路领域增长 22.4%。汽车制造业降幅收窄，同比下降 2.6%，降幅比上年收窄 9.4 个百分点。医药制造业剔除新冠疫苗生产因素后增长 6.4%，增速比上年提高 0.5 个百分点。此外，装备制造领域中，专用设备制造业，通用设备制造业，铁路、船舶、航空航天和其他交通运输设备制造业，仪器仪表制造业分别增长 10.2%、7.1%、3.7% 和 2.5%。

高精尖领域显现优势。从投资看，全年制造业投资同比增长 18.4%，其中高技术制造业投资增长 28.3%。从产业看，剔除新冠疫苗生产因素，全市规模以上高技术制造业和工业战略性新兴产业增加值分别同比增长 5.3% 和 4.9%，增速分别高于规上工业 2.8 个和 2.4 个百分点。从产品看，新能源汽车、风力发电机组和气动元件等高技术产品产量分别同比增长 1.9 倍、45.6% 和 36.5%。制造业加快向“高精尖”转型，为全市经济高质量发展提供坚实支撑。

专精特新企业表现活跃。2022 年，全市规模以上工业中，230 余家国家级专精特新“小巨人”工业企业产值同比增长 9.4%；1—11 月企业研发投入强度和收入利润率分别为 8.5% 和 16.1%，均高于规模以上工业平均水平。

社会组织管理服务稳步推进。年内，市经济和信息化局完善社会组织管理制度，制定发布市经济和信息化局社会组织评价试行办法和评价指标，系统强化所属社会组织管理服务。落实社会组织年检审查准备工作，指导社团依法依规、依章办会。加强社会组织服务，督促指导华讯资产协会、建材研究会换届工作，完成相关审查确认流程；指导落实北京汽车经济研究会注销工作；组织所属社会团体开展分支机构专项整治，指导推进加强社团规范建设。

（市经济和信息化局）

特载

本类目采用文章体，摘编北京市人民政府2022年工作报告和北京市经济和信息化局2023年工作报告。

北京市人民政府2022年工作报告（摘编）

——2023年1月28日在北京市第十五届人民代表大会第五次会议上

北京市市长 殷勇

一、过去五年工作回顾

党的十八大以来，北京在发展史上迈入具有里程碑意义的新时代。习近平总书记先后10次视察北京、18次对北京发表重要讲话，亲自为关系首都长远发展的重大问题、重要规划、重点事项把关定向，深刻回答了“建设一个什么样的首都、怎样建设首都”这一重大时代课题，为做好新时代首都工作提供了根本遵循。

过去五年，在以习近平同志为核心的党中央坚强领导下，在中共北京市委直接领导下，在市人大及其常委会监督支持下，北京市坚持以习近平新时代中国特色社会主义思想为指导，全面贯彻党的十九大和十九届历次全会精神，认真学习宣传贯彻党的二十大精神，深入贯彻习近平总书记对北京一系列重要讲话精神，完整、准确、全面贯彻新发展理念，大力加强“四个中心”功能建设，提高“四个服务”水平，抓好“三件大事”，打好三大攻坚战，坚持“五子”联动服务和融入新发展格局，奋发有为推动新时代首都发展，率先全面建成小康社会，城市综合实力和国际影响力跃上新台阶，向着国际一流的和谐宜居之都迈出坚实步伐，首都北京发生了新的历史性变化。

五年来，主要做了以下工作：

一是全面落实首都城市战略定位，城市发展格局实现历史性变革。严格执行首都规划重大事项向党中央请示报告制度，坚定推进规划和自然资源领域问题整改，坚决维护规划的严肃性。编制实施首都功能核心区控规、城市副中心控规、分区规划及重点功能区规划，首都规划体系全面深化完善。奋力完成总规实施第一阶段减量发展任务，实现城六区常住人口比2014年下降15%的目标，城乡建设用地减量120平方公里，严格管控132平方公里战略留白用地，生产、生活、生态空间更加协调有序。始终把服务保障政治中心摆在首要位置，中国共产党成立100周年庆祝活动、新中国成立70周年庆祝活动盛大庄严、气势恢宏。全国文化中心建设迈出重要步伐，国际交往中心功能显著提升，国际科技创新中心建设取得明显成效。以中轴线申遗带动老城整体保护，重点文物腾退保护利用取得标志性成果。

二是紧紧扭住疏解非首都功能这个“牛鼻子”，京津冀协同发展取得重大进展。持续开展两轮疏解整治促提升专项行动，拆除违法建设2.4亿平方米，8个区及北京经济技术开发区率先实现基本无违法建设区创建目标，城市面貌发生了人民期盼的可喜变化。城市副中心发展生机勃发，153项市级管理权限赋权到位，首批市级机关顺利迁入，学校、医院等一批优质公共服务资源投入使用，交通、文化等重大项目加快建设，环球主题公园开园，商务服务、文化旅游、科技创新等产业功能持续增强，与北三县一体化高质量发展稳步推进。京津冀协同加速深化拓展，全力支持雄安新区建设，“三校一院”交钥匙项目建设任务基本完成，京雄城际铁路全线贯通，北京大兴国际机场“凤凰展翅”，京张高铁、京沈高铁、京唐城际铁路开通运营，大运河京冀段实现旅游通航，京津风沙源治理二期工程圆满收官，交通、生态、产业等重点领域率先突破，现代化首都都市圈加快构建。

三是深入实施创新驱动发展战略，首都经济高质量发展迈上新台阶。高标准建设中关村、昌平、怀柔三个国家实验室，怀柔综合性国家科学中心展现雏形，培育了一批新型研发机构，突破了一批“卡脖子”技术，涌现出一批世界领先原创科技成果。制定实施中关村24条先行先试改革政策，推动出台科技成果转化条例，全社会研发投入强度保持在6%左右，专利授权量年均增长13%左右，中关村示范区企业总收入年均增长10%以上，北京跻身世界知识产权组织发布的全球百强科技集群前三名。聚焦高精尖，培育形成了新一代信息技术、科技服务业两个万亿级产业集群，医药健康、智能装备、人工智能、节能环保、集成电路五个千亿级产业集群，金融等现代服务业发展优势突出，国家级高新技术企业、专精特新小巨人企业和独角兽企业数量均居全国各城市首位。数字经济发展优势巩固扩大，大数据和智慧城市发展的“四梁八柱”框架体系基本成型，“京通”“京办”“京智”三个智慧终端推广应用，国际大数据交易所设立运营，数字经济增加值占地区生产总值比重达到42%左右。国际消费中心城市建设扎实推进，完成22个传统商圈提质升级，直播电商、数字文化等新消费模式迅速发展。五年来，全市经济总量先后跨越3万亿元、4万亿元两个大台阶，人均地区生产总值超过18万元、居各省区市首位，达到发达经济体中等水平。

四是聚力抓好“两区”建设推动改革开放，首都发展动力和活力进一步增强。主动服务融入“一带一路”建设，积极推进高水平制度型开放，累计形成近200项全国首创性、突破性开放创新举措，55项最佳实践案例和经验向全国复制推广。北京证券交易所获批设立并顺利开市，成立互联网法院、金融法院，中国国际服务贸易交易会、中关村论坛、金融街论坛升级成为国家开放发展的重要平台。营商环境实现从“跟跑”到“领跑”的转变，迭代推出五个版本千余项改革举措，累计减事项超60%、减时限71%、减材料74%、减证明248项，实现“证照分离”改革全覆盖，企业开办、不动产登记等多个领域率先实现一天办结，市政接入服务“零上门、零审批、零收费”，“双随机”检查覆盖率超过90%，市区两级98%以上事项实现网上办理，创新“服务包”“服务管家”制度，顶格落实国家减税降费政策，五年累计新增免减退缓税费5300亿元，其中2022年超2000亿元。财税、价格、投融资体制等重点领域和关键环节改革取得新突破，提前完成全域无隐性债务试点任务，全成本预算绩效管理改革累计实现绩效节支269亿元。国有企业创新能力明显增强，质量效益创出历史新高。五年来，累计实际利用外资超过750亿美元，“双自主”企业出口额年均增长超过10%，在疫情冲击和打压制裁的情况下，首都开放型经济实现了逆势增长。

五是优先发展农业农村，城乡区域发展更趋协调。低收入农户全部脱低，低收入村全面消除，农村居民人均可支配收入年均增速比城镇居民高1个百分点以上。严格落实粮食安全和“菜篮子”责任制，超额完成166万亩耕地保有量任务，粮食、蔬菜生产实现较快增长。着力打造“种业之都”，农业中关村建设加速推进。农村集体产权制度改革和农村承包地确权登记颁证基本完成，集体经营性建设用地入市试点取得重要进展。扎实推进美丽乡村建设，累计1500多个村庄实现污水收集处理，农村卫生户厕基本全覆盖。城市南部地区发展提速，新首钢地区成为新时代首都城市复兴新地标，城乡接合部减量发展探索形成“王四营模式”，生态涵养区生态保护和绿色发展力度加大。东西部协作和对口支援在国家考核中名列前茅，助力73个贫困旗县全部摘帽、200.6万贫困人口全部脱贫。

六是持续推进“大城市病”治理，首都和谐宜居水平显著提升。稳步推进碳减排，万元地区生产总值能耗和二氧化碳排放量保持全国省级地区最优水平。全力打好蓝天保卫战，细颗粒物年均浓度降至30微克/立方米，比2017年下降48.3%，被联合国环境规划署誉为“北京奇迹”。全市污水处理率从92.4%提高到97%，国家和市级考核劣五类断面全面消除，五大河流全部贯通入海，密云水库蓄水量创下历史新高，平原区地下水水位连续7年累计回升10.1米，用水效率保持全国领先。超额完成新一轮百万亩造林绿化工程，建成温榆河公园一期等一批大尺度绿化空间，国家植物园正式揭牌，全市森林覆盖率达到44.8%，绿色成为首都高质量发展的亮丽底色。着力构建综合交通格局，累计开通16条段地铁新线、新增运营里程近200公里、总里程达到797公里，新增怀密线等市郊铁路运营里程183公里，清河火车站、北京朝阳站、北京丰台站相继建成投用，建成林萃路等一批城市快速路和主干路，全市支路以上道路停车电子收费基本实现全覆盖，优化提升慢行系统超过3200公里，规范互联网租赁自行车，骑行成为首都市民新风尚。创新开展吹哨报到、接诉即办，深化主动治理、未诉先办，12345市民服务热线累计受理群众诉求超过1亿件，解决率、满意率分别提升至94%和95%，解决34.2万套房产证办理历史遗留难题。抓好两件“关键小事”，建成覆盖1.6万个小区（村）的垃圾分类体系，物业服务覆盖率达到97%。完成街道乡镇管理体制改革，回天地区探索形成大型社区治理样本，基层治理能力进一步增强。

七是认真践行以人民为中心的发展思想，人民生活水平全方位提高。五年来，累计办理民生实事157项。着力稳定扩大就业，城镇新增就业147.5万人，城镇调查失业率保持在较低水平，全市居民人均可支配收入达到7.7万元左右。率先建成城乡统一、覆盖全民的社会保障体系，各项保障水平稳步提高。连续实施学前教育行动计划，普惠性幼儿园覆盖率达到88%。坚定有序推动义务教育阶段“双减”工作，深入推进集团化办学、学区化改革，累计增加18万个中小学学位。支持34所高校、162个学科开展“双一流”建设。扎实推进文化惠民工程，深化红色文化主题片区建设，实体书店数量居全国第一，文艺精品力作集中涌现。健全城乡医疗卫生体系，实施医药分开、医耗联动综合改革。加强全民健身场地设施建设，群众体育蓬勃开展。累计建成运营社区养老服务驿站1424家，发展养老助餐点1168个。健全残疾人福利保障制度，无障碍环境建设取得新成效。妇女儿童事业发展水平全国领先。促进房地产市场健康发展，建设筹集各类政策性住房54万套，完成核心区平房院落申请式退租签约5100余户、修缮5900余户，更新改造老旧小区981个、惠及居民约50万户。率先推进韧性城市建设，统筹开展城市安全隐患治理，生产安全死亡事故起数、死亡人数较2017年分别下降33%和36.5%。有序化解网贷、交易场所等领域金融风险，牢牢守住不发生系统性风险的底线。深化平安北京建设，扫黑除恶专项斗争取得重大胜利，一批信访积案和突出问题得到解决。大力支持国防和军队建设，军政军民团结持续巩固，退役军人工作走在全国前列。民族、宗教、侨务工作迈上新台阶。

八是坚决贯彻全面从严治党要求，政府自身建设取得积极成效。扎实开展“两学一做”学习教育、“不忘初心、牢记使命”主题教育和党史学习教育。全面做好中央第六轮巡视、两轮中央生态环境保护督察等反馈问题整改。依法接受市人大法律监督和市政协民主监督，五年来共提请市人大常委会审议地方性法规草案59项，制定修改废止政府规章92项，办理市人大代表议案19项、建议4395件，办理市政协提案5623件。有效发挥政府参事、文史馆员咨政建言作用。深化综合执法体制改革，法治政府示范创建扎实推进。顺利完成市区机构改革，稳步推进事业单位改革。落实过“紧日子”的要求，压减一般性支出76.6亿元，“三公”经费减少42.9%。持续纠“四风”、树新风，以市政府名义印发公文减少50.7%、召开会议减少36.5%，市区两级需要基层开具的证明全部取消。推进审计监督全覆盖，强化重点领域廉政风险防控，风清气正的政治生态得到巩固。

三年来，面对起伏延宕的世纪疫情，北京市认真贯彻落实党中央决策部署，坚持人民至上、生命至上，有力应对多轮疫情冲击，最大程度保护人民生命安全和身体健康。应对新冠病毒变化，我们因时因势优化调整防控措施，更好统筹疫情防控和经济社会发展，首都疫情防控进入新阶段。在抗击疫情过程中，各条战线干部职工勇挑重担、忘我工作，构筑起高效严密的防控体系；医务人员义无反顾、逆行出征，倾尽全力挽救生命、守护健康；基层社区工作者和志愿者不畏艰辛、勇毅坚守，日夜奋战在抗疫最前线；科研人员协同攻关、创新突破，自主研发的两支疫苗为全球抗疫贡献了“北京力量”；快递外卖、市政物流等从业人员不辞辛劳、冒疫奔忙，有力保障了城市平稳有序运行；特别是广大首都市民顾大局、讲奉献、有担当，勠力同心、守望相助，奋力打赢抗击疫情的人民战争。

回顾五年历程，首都工作的每一点进步、京华大地的每一处变化，都凝结着习近平总书记的亲切关怀和殷殷教诲，牢记总书记嘱托，勇担历史使命，推动北京这座伟大城市深刻转型，开启首都全面建设社会主义现代化新航程。五年成绩殊为不易，这是以习近平同志为核心的党中央坚强领导的结果，是习近平新时代中国特色社会主义思想科学指导的结果，是中共北京市委带领全市人民攻坚克难、艰苦奋斗的结果！

同时，首都发展面临许多困难和挑战，政府工作还存在不少问题和不足。主要是“四个中心”功能建设、“四个服务”水平与党和人民要求相比还有差距；经济恢复的基础尚不稳固，企业特别是中小微企业生产经营困难较多；高水平科技自立自强与高精尖产业发展结合需要进一步加强，关键领域“卡脖子”难题还要突破；公共卫生、医疗、环境、交通、教育、养老等领域有不少短板，城乡区域发展不平衡不充分问题仍然突出；政府系统干部队伍素质和作风尚不能完全适应新形势新任务需要，政府服务效能、基层治理水平和极端情况下城市应急保障能力还需要进一步提升。

二、今后五年工作思路和2023年重点任务

今后五年是北京率先基本实现社会主义现代化的关键时期。我们要深入学习贯彻党的二十大精神，认真落实市第十三次党代会部署，奋力开创新时代首都发展新局面。

在今后工作中，要着重把握好以下五个方面：必须坚定捍卫“两个确立”、坚决做到“两个维护”，

牢记“看北京首先要从政治上看”的要求，不折不扣贯彻落实习近平总书记对北京一系列重要讲话精神；必须毫不动摇坚持首都城市战略定位，始终把大力加强“四个中心”功能建设、提高“四个服务”水平作为首都发展的定向标，更好服务党和国家工作大局；必须牢牢把握以中国式现代化推进中华民族伟大复兴的使命任务，完整、准确、全面贯彻新发展理念，坚持“五子”联动服务和融入新发展格局，着力推动高质量发展，努力在新征程上一马当先、走在前列；必须坚定不移推进高水平改革开放，充分发挥“两区”和中关村先行先试政策优势，深入推进体制机制创新，不断增强现代化建设的动力与活力；必须深入践行以人民为中心的发展思想，坚持把实现人民对美好生活的向往作为政府工作的出发点和落脚点，让现代化建设成果更多更好惠及广大市民。

今后五年的奋斗目标是：“四个中心”城市战略定位进一步强化，国际一流的和谐宜居之都建设取得新的重大进展，京津冀协同发展不断向纵深推进，城市综合实力和竞争力持续增强，人居环境品质全面改善，共同富裕迈出新步伐，为率先基本实现社会主义现代化奠定坚实基础。

2023 年是全面贯彻落实党的二十大精神的开局之年，做好首都各项工作意义重大。政府工作的总体要求是：以习近平新时代中国特色社会主义思想为指导，全面贯彻落实党的二十大和中央经济工作会议精神，深入贯彻习近平总书记对北京一系列重要讲话精神，扎实推进中国式现代化，坚持稳中求进工作总基调，完整、准确、全面贯彻新发展理念，坚持以新时代首都发展为统领，深入实施人文北京、科技北京、绿色北京战略，深入实施京津冀协同发展战略，坚持“五子”联动服务和融入新发展格局，着力推动高质量发展，突出做好稳增长、稳就业、稳物价工作，抓好强信心、扩内需、促改革、惠民生、保健康、防风险，推动全面从严治党向纵深发展，为率先基本实现社会主义现代化开好局起好步。

2023 年经济社会发展主要预期目标是：地区生产总值增长 4.5% 以上，一般公共预算收入增长 4% 左右，城镇调查失业率控制在 5% 以内，居民消费价格涨幅 3% 左右，居民收入增长与经济增长基本同步，生态环境质量、能源、水资源等指标落实国家要求。

重点做好以下十二个方面工作：

（一）坚持规划引领，持续优化提升首都功能

坚守首都城市战略定位，认真落实首都规划向党中央负责的要求，坚持一张蓝图接续建设，更好担负起首都职责使命。

深入实施北京城市总体规划。严格落实“三区三线”划定成果，完成分区规划修改维护工作，加快编制重点街区控规。积极拓宽减量提质路径，城乡建设用地再减 8 平方公里左右。深化规自领域问题整改，抓好农村乱占耕地建房问题专项整治试点，制订实施分区分类清理方案，坚决守住战略留白用地。

着力提升核心区服务功能。启动实施核心区控规新一轮行动计划，加强长安街、天安门周边等重点地区综合整治，营造安全优良政务环境。降低核心区“四个密度”，推进核心区文物腾退保护利用，开展 2000 户平房院落申请式退租和 1200 户修缮，不断补齐民生短板，提升核心区宜居水平。

完善国际交往中心功能体系。高标准做好国家主场外交服务保障。抓紧推进新国展二期、第四使馆区等重大项目建设，增强雁栖湖国际会都、国家会议中心二期服务保障功能。提升国际教育、国际医疗服务品质，提高国际政务服务水平，打造高品质国际人才社区。更好服务融入“一带一路”建设，积极拓展友城交往，加大对国际组织、国际机构落地支持。

（二）深化非首都功能疏解，推动构建更加紧密的京津冀协同发展格局

坚持内部功能重组和向外疏解转移双向发力，推动区域基础设施、生态环境、科技创新、产业布局、公共服务协调联动水平进一步提高，携手津冀共同打造现代化首都都市圈。

坚定有序推进疏解整治促提升。治理违法建设 2000 万平方米以上、腾退土地 2000 公顷以上，压茬推进留白增绿 379 公顷，对新增违法建设“零容忍”，实现全市基本无违法建设区创建目标。促进 100 家以上一般制造业企业疏解提质。积极服务保障国家疏解非首都功能的战略安排。打造一批精品宜居街巷，统筹用好腾退空间和地下空间资源增补公共服务设施。

全面推动城市副中心高质量发展。保持千亿元以上投资强度，实现三大文化设施建成投用，确保行政办公区二期竣工，启动第二批市级行政机关搬迁。高水平建设运营环球主题公园，做精做优运河商务区，加快建设张家湾、台湖、宋庄等特色小镇，推动北京绿色交易所升级为国家级平台。大力推进

国家绿色发展示范区、通州区与北三县一体化高质量发展示范区建设，加快推进平谷线、厂通路、潮白河国家森林公园等重点项目。

着力提升重点区域发展水平。深入实施城南行动计划，加快南中轴国际文化科技园等重点项目建设。深化京西地区转型发展，做好新首钢工业遗存和冬奥遗产可持续利用。扎实推进新市镇建设，提升平原新城综合承载力。建立生态产品价值实现机制，支持生态涵养区生态保护和绿色发展。巩固拓展支援合作成果。

深化重点领域协同联动。大力支持雄安新区建设，实现“交钥匙”医院项目竣工交付、京雄高速全线通车。统筹落实通勤圈、功能圈、产业圈发展任务，推进燃料电池汽车示范城市群等产业协同项目发展。深化京津冀污染联防联控联治和生态环境共建，推进密云水库水源保护共同行动，推动环京绿色生态带建设。促进教育、医疗等基本公共服务共建共享。

（三）强化教育、科技、人才支撑，加快建设国际科技创新中心

充分发挥首都科教资源和人才智力优势，突出教育优先发展，加强人才引领驱动，聚焦科技自立自强，不断塑造首都发展新动能新优势。

办好人民满意的教育。深入推进首都教育现代化，加快建设高质量教育体系。拓展学前教育资源布局，健全学前教育普惠发展支持政策。巩固提升“双减”工作成效，新增中小学学位 2 万个，扩大校长、教师交流轮岗比例，促进义务教育优质均衡发展。坚持普通高中多样化特色发展，推进特殊教育普惠发展，完善职业教育和培训体系。支持在京高校“双一流”建设。

打造世界主要科学中心和创新高地。加快培育国家战略科技力量，推动国家实验室高质量运行，抓好怀柔综合性国家科学中心建设。支持新型研发机构在人工智能、区块链、量子信息、生命科学、网络安全等领域取得更多创新应用成果。拓展企业主导的产学研深度融合新范式，支持龙头企业牵头组建创新联合体和共性技术平台，加快建设新一期高精尖创新中心。出台基础研究领先行动方案，实施关键核心技术攻坚战行动计划，推行“揭榜挂帅”“赛马”等新型管理制度，推广科研经费“包干制”。加快科技成果转化模式创新，着力构建国际一流的创新生态。深化知识产权全环节改革，全面实施质量提升行动和首都标准化战略。

大力建设世界领先科技园区。推动中关村 24 条先行先试改革政策扩大到示范区全域，积极探索新的改革举措，推进科技园区管理体制改革和空间布局优化，着力提升各分园发展质量。健全“三城一区”融合发展机制，中关村科学城统筹南北区均衡发展，怀柔科学城着力打造高端科学仪器装备产业集聚区和科技成果转化示范区，未来科学城加紧建设“两谷一园”，创新型产业集群示范区积极承接三大科学城成果外溢。

全面增强首都人才凝聚力。实施高水平人才高地建设方案，面向全球招贤引才，提高人才自主培养能力，造就更多大师、战略科学家、一流科技领军人才和创新团队、青年科技人才、卓越工程师、大国工匠、高技能人才，努力打造世界一流人才之都。支持企业与在京高校院所共建产教融合基地、特色研究院、交叉学科实验室，加快培养高精尖产业急需紧缺人才。深化人才培养、使用、评价、激励等体制机制改革，以务实举措把服务做到人才心坎上。

（四）着力扩大内需，积极促进经济运行整体好转和高质量发展

把实施扩大内需战略同深化供给侧结构性改革有机结合起来，发挥超大城市市场容量优势，建设更具国际竞争力的现代化产业体系，实现首都经济质的有效提升和量的合理增长。

把恢复和扩大消费摆在优先位置。加紧推进国际消费中心城市建设，深化商圈改造提升行动，统筹推进物流基地规划建设，强化新消费地标载体建设，试点建设 80 个“一刻钟便民生活圈”，提高生活性服务业品质。积极培育数字消费、文化消费、绿色消费、冰雪消费，加强商旅文体等消费跨界融合，支持住房改善、新能源汽车、养老服务等消费，让消费热起来、经济活起来。

发挥投资对优化供给结构的关键作用。深入推进“3 个 100”市重点工程，开工建设京东方北京 6 代线等一批重大项目，保持重要领域投资快速增长势头。用好政府专项债，在清洁能源、生态环保等领域再发行一批不动产投资信托基金项目。坚持资金要素跟着项目走、服务保障围绕项目转，市区协同强化项目谋划储备和前期工作，以优质示范项目激发社会投资活力。

发展巩固高精尖产业。开展产业筑基工程，提升产业链供应链韧性和安全水平。加强集成电路系列重要研发产业项目建设，聚焦新型抗体、细胞和

基因治疗等前沿领域，做强医药健康产业，高标准建设国家网络安全产业园区等信息科技标杆项目，在卫星互联网、氢能等新兴领域拓展布局，加快新能源汽车优质项目建设。支持北交所扩大交易规模，服务金融机构高质量发展，促进绿色金融发展，深化金融科技创新，加强数字人民币推广运用。

加快建设全球数字经济标杆城市。系统推进新一代数字集群专网、边缘计算体系等新型基础设施建设，加强数据中心优化提升和算力中心统筹布局，新增5G基站1万个以上，推进6G技术研发，夯实数字经济发展底座。推进高级别自动驾驶示范区扩区建设，加强工业互联网融合应用，提升国际大数据交易所能级，积极布局互联网3.0等新赛道，打造更具优势的数字产业集群。

（五）全面深化改革开放，大力提振市场信心

坚持用改革解难题、以开放促发展，切实落实“两个毫不动摇”，激发全社会干事创业活力，让国企敢干、民企敢闯、外企敢投。

高标准建设“两区”“三平台”。积极开展规则、规制、管理、标准等制度型开放的先行先试，推动服务业扩大开放综合示范区建设再升级，实施自由贸易试验区提升行动，争创国家服务贸易创新发展示范区和数字贸易示范区。启动重点园区（组团）发展建设三年行动，加快中德、中日国际合作产业园建设，推动综保区申请创设和创新发展。加紧推进国际航空客运恢复发展，大力拓展国际货运航线，积极构筑航空“双枢纽”国际竞争力。高水平办好中国国际服务贸易交易会、中关村论坛、金融街论坛。深化京港、京澳全方位合作，促进京台交流合作。

更大力度优化营商环境。迭代升级改革举措，始终保持首善之区营商环境的领先地位。优化企业准入、准营、注销等事项办理流程，推出更多“一证通办”事项和“一件事”集成办服务场景。推进“6+4”一体化综合监管改革，有效实施公平竞争政策，建设全国市场监管数字化试验区。完善要素市场建设，增强政策可知晓可操作性。健全“服务包”“服务管家”工作机制，为企业解难题、办实事。

着力增强各类企业活力。深化新一轮国企改革，加强战略性重组和专业化整合，提升核心竞争力，强化战略支撑作用。鼓励支持民营经济和民营企业发展壮大。积极促进平台经济持续健康发展，推动形成一批“绿灯”投资案例，支持平台企业在引领发展、创造就业、国际竞争中大显身手。加大研发创新、场景应用、融资上市等支持力度，加快培育一批独角兽、专精特新小巨人、隐形冠军企业。更大力度吸引和利用外资，针对性做好外资企业服务，推动更多外资标志性项目落地建设。

（六）扎实推进全国文化中心建设，增强大国首都文化软实力

立足文化自信自强，做好首都文化这篇大文章，更好满足人民群众日益增长的精神文化需求。

践行社会主义核心价值观。坚持用习近平新时代中国特色社会主义思想凝心铸魂，加强中国特色哲学社会科学体系建设。推进“进京赶考之路”等红色资源传承利用，推动蒙藏学校旧址向公众开放。抓好文明城区创建三年行动计划收官，发挥北京榜样、道德模范典型示范作用，提高市民文明素养，争创全国文明典范城市。

擦亮历史文化“金名片”。做好老城整体保护，完成中轴线申遗保护三年行动计划，重现重点文物建筑群历史文化风貌。推进路县故城、琉璃河考古遗址公园建设，基本完成长城国家文化公园建设和“三山五园”国家文物保护利用示范区创建。促进非物质文化遗产、老字号保护传承和创新发展。

繁荣发展首都文化。加强博物馆之城建设，更加便利公众走进博物馆。深化全民阅读活动，建设书香京城。着力打造“演艺之都”，推进“大戏看北京”，精心组织创作一批文艺精品，办好惠民文化消费季。促进以文塑旅、以旅彰文，拓展“漫步北京”“畅游京郊”等品牌建设。深入实施“文化+”融合发展战略，积极开展数字艺术、沉浸式演出等数字文化场景建设，推动文化产业园区高质量发展。

（七）有效促进城乡融合发展，全面推进乡村振兴

坚持“大城市带动大京郊、大京郊服务大城市”，夯实“三农”基础，努力促进农业高质高效、乡村宜居宜业、农民富裕富足。

加快农业现代化步伐。全面落实粮食安全责任制，完成高标准农田建设5.5万亩，确保粮食播种面积稳定在100万亩以上、蔬菜产量达到200万吨。落实农业中关村建设行动计划，加快京瓦农业科技创新中心建设，深入实施种业振兴行动。积极发展都市型现代农业，大力培育新型农业经营主体和社会化服务组织，促进设施农业绿色高效发展，开展农产品“三品一标”行动，打响“北京优农”金字招牌。

建设宜居宜业和美乡村。深化农村人居环境整治，统筹乡村基础设施和公共服务布局，建设农村街坊路100万平方米，实施150个村庄污水收集处理，改造提升农村户厕1000座，完成山区村1.5万户农户清洁取暖改造，提升60个美丽休闲乡村。主城区对农村乡镇学校、卫生院开展手拉手帮带。

坚持以改革激发农村发展活力。深化农村集体产权制度改革，基本完成农村承包地二轮延包试点任务，稳步开展房地一体的宅基地、集体建设用地地籍调查和确权登记。完善“村地区管”机制，稳妥推进农村集体经营性建设用地入市试点，将土地增值收益更多留在农村、留给农民。深化集体林场改革。

（八）用绣花功夫治理城市，不断提升首都城市治理现代化水平

践行“人民城市人民建、人民城市为人民”理念，加快转变城市治理方式，着力提高精治共治法治水平，让城市生活更加美好。

深入开展城市更新行动。落实城市更新条例，完善配套政策，积极探索社会资本参与的机制模式。启动危旧楼房改建和简易楼腾退20万平方米，老旧小区综合整治新开工300个、完工100个，老楼加装电梯新开工1000部、完工600部。加快街区更新步伐，推动老旧厂房、低效产业园区、老旧低效楼宇提质增效。

强化交通综合治理。加强轨道站点与周边用地一体化规划建设，打造一批轨道微中心。加快推进“多网融合”，强化城市轨道交通与市郊铁路、地面公交的换乘衔接，实施轨道交通第三期建设规划，加快地铁12号线、17号线北段等项目建设，优化调整公交线路65条。推进步行和自行车系统示范段工程建设，改善慢行系统品质。深化交通秩序治理，调整优化90条信号灯绿波带，深入推进火车站、学校、医院等重点区域交通整治，让城市出行更加有序。

加强城市精细化管理。深入推进生活垃圾分类，提升居民准确分类投放水平，启动非居民其他垃圾计量收费管理，完善社区可回收物、大件垃圾、装修垃圾回收体系。开展物业管理突出问题专项治理。深化接诉即办“每月一题”机制，以更多小切口改革破解高频民生问题，再解决6.1万套房产证办理历史遗留难题。强化党建引领基层治理，完善共建共治共享机制，实施新一轮回天地区行动计划，继续办好“向前一步”节目。

加快智慧城市建设。全面实施智慧城市建设规划，深入推进“一网通办”“一网统管”“一网慧治”，统筹各类公众服务、政务服务和决策服务。完善大数据平台，推动感知体系等基础设施建设取得突破。拓展医疗、教育、文旅、税务等领域智慧应用，深化数字化社区建设试点，推动数字服务适老化改造，让市民享受到更多便利。

（九）深入推进绿色低碳发展，努力实现生态环境持续向好

牢固树立和践行绿水青山就是金山银山的理念，协同推进降碳、减污、扩绿、增长，努力让首都天更蓝、山更绿、水更清。

狠抓污染防治不放松。深化“一微克”行动，强化扬尘精细化管控，加强重点工业园区挥发性有机物治理，逐步淘汰国四重型柴油营运货车，在公交、环卫、出租等重点行业推广新能源车，持续改善空气质量。实施节水条例，加强五大流域水生态保护修复和空间管控，动态消除黑臭水体、劣五类水体。强化土壤污染风险管控和修复。

有序推进碳达峰碳中和。进一步优化能源结构，提高可再生能源比例。加强重点碳排放单位管理，强化碳排放总量和强度“双控”，促进各类园区绿色低碳循环化改造升级，推动公共建筑节能绿色化改造。建立健全面向中小微企业和市民的碳普惠激励机制，构建全民参与减碳的良好格局。

着力建设公园城市。核心区继续挖潜增绿，其余各区全部达到国家森林城市标准。因地制宜建设口袋公园、小微绿地，高质量规划建设国家植物园，新增城市绿地200公顷，新建10处郊野公园，着力打造南苑森林湿地公园等大尺度绿化空间，加快宜林荒山绿化，在具备条件的公园实施“减围栏、促联通”，统筹推动绿隔地区拆建联动，实现“绿地连片、绿道连通”，让市民休闲游憩更加舒适便利。

（十）紧扣“七有”要求和“五性”需求，着力增进民生福祉

聚焦群众急难愁盼问题，努力提供更高水平、更加均衡的公共服务，在保障改善民生、推进共同富裕上展现更大作为。

促进城乡居民增收。抓实落细就业优先政策，加大重点群体就业支持，做好高校毕业生就业创业指导，加强青年就业援助，开展职业技能提升行动，实现全市城镇新增就业26万人，帮助城乡就业困难人员就业。加强新就业形态劳动者权益保障。巩固提升集体经济薄弱村帮扶成果，将4万名农村就业劳

动力纳入城镇职工社会保险体系。制定促进共同富裕行动计划及扩大中等收入群体实施方案，多渠道增加城乡居民收入。

健全社会保障体系。做好生活必需品保供稳价工作，确保价格总水平基本稳定。试行个人养老金制度，推进长期护理保险试点。坚持“房住不炒”定位，加快健全多主体供给、多渠道保障、租购并举的住房制度，筹建保障性租赁住房8万套，竣工各类保障性住房9万套，保持住宅用地稳定供应，保障房地产市场平稳发展。提升普惠性养老服务，增加高质量养老服务供给，做好失能失智老年人照护。优化生育配套支持措施和妇幼健康服务，加快普惠托育服务体系建设。完善社会救助制度，保障妇女儿童合法权益，健全残疾人关爱服务体系，切实兜牢民生底线。

做好新阶段疫情防控。对新冠病毒感染实施“乙类乙管”，科学开展疫情监测评估，精准实施分级分类防控，着重做好老年人等重点群体防疫保障，全力加强重症防范救治，有效维护社会生产生活正常运转。加快制定实施新一轮公共卫生应急管理体系建设行动计划，着力优化医疗资源布局，提升医疗救护设施配备，完善分级诊疗机制，加大社区卫生服务投入和全科医生培养力度，加强乡村医疗队伍和公共卫生体系建设，发挥家庭医生作用，开展公立医院高质量发展试点，拓展互联网医疗应用，加强中医药传承和作用发挥，推动新型疫苗、新药等科研成果有效应用，广泛开展健康促进活动，深化爱国卫生运动。

发挥“双奥之城”独特优势。扎实做好后冬奥文章，持续普及冰雪运动，落实场馆赛后利用计划，完成北京奥运博物馆改造升级。积极引入高水平国际赛事，精心组织中国网球公开赛、北京马拉松等品牌赛事。加强青少年体育工作，广泛开展全民健身活动，新建或更新一批群众身边的体育设施，新增各类森林步道100公里、健康绿道50公里。推动京张体育文化旅游带建设。

（十一）更好统筹发展和安全，全力维护首都和谐稳定

贯彻总体国家安全观，建立健全大安全构架，有效防范化解各种风险挑战，实现高质量发展和高水平安全协同推进。

深入开展韧性城市建设。制定韧性城市空间专项规划，系统提升城市本质安全水平。健全防灾救灾体系，严密做好各类应急物资储备和供应体系建设。加快海绵城市建设和积水点治理，加紧建设温潮减河工程，推进病险水库除险加固。开展燃气、供热、供排水管道老化更新三年行动，保障“城市生命线”安全运行。

强化安全生产风险整治。深入落实安全生产责任制，推动安全生产治理模式向事前预防转型，坚决防范和遏制重特大事故发生。加强道路交通、建筑施工等重点领域安全隐患治理，基本完成经营性自建房安全隐患分类整治。深入开展火灾隐患治理，加强公共消防基础设施和消防队伍建设。深化食品药品全链条安全监管。广泛宣传普及安全知识，提升全社会安全素养。

建设更高水平的平安北京。把维护政治安全摆在首位，守牢意识形态领域阵地，加强反恐防恐体系建设，强化网络数据安全。加强和改进人民信访工作，坚持和发展新时代“枫桥经验”，及时把矛盾纠纷化解在基层、化解在萌芽状态。织密社会治安防控网络，推进扫黑除恶常态化。依法将各类金融活动全部纳入监管，坚决防范化解经济金融风险。全面贯彻党的民族政策和宗教工作基本方针。推动国防动员体制改革落地，做好人民防空工作，推进新时代军民融合深度发展，加强退役军人服务保障，广泛开展双拥共建活动。

（十二）深入学习宣传贯彻党的二十大精神，持之以恒加强政府自身建设

学习宣传贯彻党的二十大精神是一项长期政治任务。全市政府系统要全面学习、全面把握、全面落实党的二十大精神，把思想和行动统一到党的二十大决策部署上来，切实加强政府自身能力建设，不断提升治理效能。

加强政治建设。深刻领悟“两个确立”的决定性意义，增强“四个意识”、坚定“四个自信”、做到“两个维护”，不断提高政治判断力、政治领悟力、政治执行力，坚定不移在思想上政治上行动上同以习近平同志为核心的党中央保持高度一致，不折不扣把党中央决策部署落到实处。认真开展好政府系统主题教育。

坚持依法行政。自觉接受市人大及其常委会法律监督，自觉接受市政协民主监督，认真办理市人大代表议案建议和市政协提案。积极参与第三批全国法治政府建设示范创建，继续推进重点领域立法，加强基层综合执法队伍规范化建设。落实“八五”普法规划，营造全民尊法学法守法用法良好氛围。

提高政府效能。完善政府职责体系和组织结构，

优化体制机制和机构设置。加强数字政府建设，一体化推进数字服务、数字监管、数字政务。强化政府绩效考核评价，树立真抓实干工作导向，激励干部敢于负责、勇于担当、善于作为，形成比学赶帮超、竞相抓落实的工作局面。注重在重大斗争一线、急难险重任务中锻炼干部，建设一支高素质专业化公务员队伍。

强化作风建设。认真落实二十届中央纪委二次全会精神，严格执行中央八项规定及其实施细则精神和市委贯彻落实办法，持续深化纠治“四风”。深入推进经济责任审计问题整改，巩固深化中央巡视、中央生态环境保护督察整改成效。始终坚持政府过“紧日子”，全面加强成本控制和预算绩效管理。坚持不敢腐、不能腐、不想腐一体推进，以零容忍态度坚决惩治腐败，让干净干事在政府系统蔚然成风。

北京市经济和信息化局2023年工作报告（摘编）

北京市经济和信息化局党组书记、局长　张劲松

2023年1月30日

一、2022年工作完成情况

2022年是党的二十大胜利召开之年，也是北京市稳步推进落实“十四五”规划的关键一年，全市经济和信息化系统在市委、市政府的坚强领导下，坚持以首都发展为统领，以推动高质量发展为主题，“五子”联动融入新发展格局，圆满完成二十大、冬奥会服务保障工作，统筹推进疫情防控和产业经济发展，各项工作取得了显著成效。

（一）产业经济回稳向好。面对宏观经济下行、疫苗基数高企、新冠疫情冲击、俄乌战争影响等多重考验，全市经信系统高效统筹疫情防控和产业经济发展，坚持高点定位、高位调度、高标落实，超预期实现首季“开门红”，以“搏击二季度、冲刺三季度、决战四季度”的信心决心，配合制定本市稳定经济增长45条、中小企业18条，联合印发促进先进制造业平稳运行15条等一揽子政策措施，配套出台推动软件和信息服务业高质量发展若干政策措施等20余项接续措施及落实文件，狠抓政策落实，着力降低疫情损失，全力推动产业经济企稳恢复，实现工业增加值5036.4亿元，同比下降14.6%，扣除疫苗因素后同比增长2.5%，占GDP比重稳步提升，达到12.1%；软件信息服务业增加值7456.2亿元，同比增长9.8%，占GDP比重进一步提升至17.9%；数字经济实现增加值17330.2亿元，同比增长4.4%，占全市比重达到41.6%，为稳定全市经济大盘提供了坚实保障。工业重点产业和软件信息服务业固定资产投资累计完成1275亿元（工业748亿元，软件527亿元），同比增长25%。市场主体在京发展的积极性显著提升，全市先进制造业与软件信息服务业新设企业5494家，同比增长27.15%。

（二）“2441”产业体系加快构建。印发“十四五”高精尖规划主要目标任务分工方案和各区重点产业集群指导方向，市区联动推动规划落地，八成以上任务目标按进度顺利推进。加强高精尖项目跟踪调度，年内推动小米智能工厂二期、丰田燃料电池等83个投资过亿制造业项目开工，加快长鑫集电、理想汽车北京绿色智能工厂等重大续建项目建设，实现北京奔驰整车技改、智飞绿竹疫苗新品种生产基地等一批重大项目竣工投产，“十四五”时期重大产业项目布局基本完成。中德、中日两个产业园新增落地项目43家。深入推进实施“新智造100”工程，累计支持96个智能化改造升级项目，打造智能工厂、数字化车间共83个，5家企业入选国家级智能制造示范工厂，9家企业入选国家级智能制造优秀场景。高精尖资金聚焦高端智能绿色发展和产业平稳发展两方面，支持900余家企业资金达17.5亿元。推动北京高精尖产业发展基金调整，设立北京中移数字新经济产业基金、北京智造转型升级基金两支产业基金，增加基金规模220亿元。

（三）产业创新发展水平不断提升。全面落实国际科技创新中心建设任务，围绕创新产业集群和制造业高质量发展，引导“三城”科技成果向“一

区”转化152项。启动高精尖产业“筑基工程”，鼓励“揭榜挂帅”，加快信息技术、智能制造等领域自主创新攻关。加快实施集成电路重大工程和创新项目，初步建成国内水平最高的集成电路综合攻关和验证平台，拥有GPU、CPU、存储器等高端战略产品设计和28/14纳米成套工艺研发能力最强的创新团队，成为全国半导体领域最重要的科技创新和产业集聚区之一。出台生物医药全产业链开放实施方案，2款新冠治疗特效药物在京实现产业化，新冠变异株疫苗率先进入临床阶段，形成国内最大的疫苗产业集群，获批创新医疗器械数量领跑全国，产业化落地一批一类新药，推动北京成为创新药研发策源地。推进固态电池、燃料电池、自动驾驶等技术迭代升级，形成了卤化物固态电解质、智能网联汽车计算基础平台等创新成果。创新推动新材料产业发展，持续发布重点新材料首批次应用示范奖励政策，支持高性能靶材、碳化硅单晶衬底等34个新材料产品实现首批次示范应用。“谷神星一号”实现民营火箭发射“五连胜”，多型火箭研制发射齐头并进。

（四）产业协同发展持续深化。有序推进一般制造业疏解提质，持续完善动态管理机制，会同各区提前完成100项一般制造业疏解提质年度计划任务，部分区超额完成计划外项目66项。制订“十四五”时期制造业绿色低碳发展行动方案，推进乘用车、商用车、数据中心等重点领域10余项绿色发展地方标准制修订，首次面向179家企业开展绿色诊断服务，向工信部推荐30个绿色制造示范单位，推动3家企业入选国家工业产品绿色设计示范企业名单，累计推动92家企业入选国家级绿色工厂、19家企业入选国家级绿色供应链管理示范企业，逐步建立起以方案为统筹、以标准为准绳、以诊断为手段、以示范为引领的绿色制造工作体系。开展“强链补链”行动，支持北京奔驰、亿华通等18家龙头企业带动京津冀地区36家配套企业首次入链进体系。京津冀燃料电池汽车示范城市群第一年度燃料电池汽车上牌1239辆，超额完成年度推广任务。京津冀生命健康产业集群创建实现突破，11家企业挂牌上市，引进产业创新人才47名，CDMO平台投用增强了成果转化能力。三地经信部门签署《共建先进制造业集群，共推产业协同发展战略合作协议》。京津冀工业互联网协同发展示范区获工信部批复。京津冀晋信用主管部门共同发布全国首个信用区域标准《京津冀晋企业公共信用综合评价等级标准》和《京津冀晋公共信用信息共享目录（2022年版）》。

（五）企业服务培育体系更加完善。加大领导小组统筹协调力度，开展“一件事”集成服务，实现“高精尖”资金申报、“专精特新”企业认定、社保缓缴申请等10余项政策的“一体化”集成和快捷办理。认定一批特色鲜明、功能完善的示范平台和基地，打造“创客北京”大赛品牌，线上线下开展“一起益企”“中小企业服务月”等活动超4000场，累计服务企业超200万家次。建成全市中小企业基础数据库，累计汇聚数据超19.2亿条。搭建“专精特新融通发展”平台，提供大中小企业供需对接服务，400多家专精特新企业、100多家大型企业注册。推进营商环境优化改革，创新试点和5.0清单中牵头的36项任务全部完成。组织开展清欠专项行动，累计为1300多家中小企业化解欠款9.33亿元，化解进度92%，排名全国前列，6.78亿元无分歧欠款100%化解完毕。加强企业梯队培育，新培育国家级制造业单项冠军企业（产品）18家，市级专精特新中小企业3248家，国家级专精特新“小巨人”企业333家，国家级专精特新“小巨人”企业合计达到588家，居全国各城市首位。支持优质企业在北交所上市，开展“专精特新”企业上市、晋层、挂牌和储备“四大工程”，贡献全市新增上市企业数量占比近六成。中小基金累计投资1330家中小企业，出资28.57亿元，撬动社会资本235.1亿元。对确因疫情防控原因受到一般处罚的25家企业实施信用豁免，在全国率先实现破产重整企业信用修复协同机制。

（六）数字经济活力加快释放。强化规范引领，制定颁布纲领性法规《北京市数字经济促进条例》，印发实施《数字经济全产业链开放发展行动方案》。推动新一代信息技术和城市基础设施深度融合，全市新基建完成固定资产投资935.3亿元，同比增长25.5%，占全市投资比重11.1%。5G万人基站数、算力规模指数均位列全国第一。数字产业规模不断壮大，国家网络安全产业园三个园区累计落地362家企业，形成基础硬件、基础软件、芯片、集成服务等全产业链生态体系。互联网3.0快速起步，发布国内首个数字人产业政策及两项数字人标准，朝阳数字人基地引入80余家企业。工业互联网核心产业规模超千亿元，顶级节点接入二级节点和主动标识数量均居全国第一。深入推进高级别自动驾驶示范区建设，率先发布整车无人等测试场景，329个道路路口、双向750公里城市道路和10公里高速公路实现智能网联道路和智慧城市专网全覆盖，车路云一体化建设技术路线得到充分验证。国际大数据交易所建立数据登记、评估、交易和服务一体化流通体系，上架数据产品 1391 个，实现首个运营年度开门红。开展全国首批数据资产评估试点，落地全国首笔 1000 万元数据资产质押融资贷款。16 区和经开区均已发布数字经济三年行动计划，“一区一品”新发展格局已初步形成。成立国内首家数字经济标准化技术委员会，高水平举办第二届全球数字经济大会，发起设立北京国际数字经济治理研究院。

（七）城市数治水平大幅提升。智慧城市 2.0 建设全面突出“实”的理念，落实四级规划管控体系，完成 46 个部门项目清单、189 个信息化项目的评审。夯实“三京”“七通一平”城市数字底座，“京通”融合“北京健康宝”上线试运行，日活近 200 万，接入服务 430 余项；“京办”注册用户达 45 万，初步构建起包括 5 大核心能力、19 项基础能力、100 余项接入能力的协同办公产业生态；“京智”形成 14 个决策专题，接入 1471 项监测指标。“一张图”为全市 58 个部门 210 多个空间应用提供在线共享服务，城市码完成 18 类实体身份标识规则认定并启动楼宇码试点，大数据平台累计汇聚 383 亿条政务数据及 1750 余亿条社会数据。务实推进“三网”和领域应用，“一网通办”市、区两级 100% 政务服务事项实现“全程网办”，“一网统管”方案通过市政府、市委深改委专题审议，“一网慧治”开展交通、城管、疫情防控等领域决策平台建设。交通、卫健、执法公安、规划应急、人文环境等领域智慧城市建设持续发力走深走实，16+1 区形成“智慧 + 生活”“智慧 + 生态”等区域特色。

（八）疫情防控和复工复产保障有力。以信息化手段助力科学防疫，“北京健康宝”跟随疫情防控形势变化，快速响应，年内完成 10 次版本升级，实现健康状态、核酸、疫苗三合一查询等多种便民功能。依托“京办”接入防疫一体化平台等多个防疫系统，实现市、区、街、居四级联动，持续支撑病例流调、社区排查管控、风险人员转运、隔离点管理、疫情监测评估等多个业务应用。组织一体化皮基站系统平台搭建和测试验证，全球首次实现区域内所有运营商通信网络的共建共享和信息互联互通。以医用防疫物资生产保障为重点，稳定核酸和抗原试剂生产，新型鼻喷疫苗批量用于本市紧急使用，解热镇痛药物产量短期提升 4 倍，呼吸机、监护仪等重症设备实现了本地保供，口罩、防护服等物资保障平稳有力。全面系统指导行业防疫工作，累计制定印发 13 版《北京市工业和软件信息服务业企业疫情防控指引》，围绕建立基础信息台账、加强食品冷链疫情防控、强化进口非冷链货品防疫管理等关键环节印发文件近 40 份，累计走访督导企业约 1000 家次，及时妥善处置 30 起工业和软件信息服务业领域涉疫事件。建立“跨省协调、部市协调、高位协调”三个机制，将 854 家企业纳入国家、市、区三级工业重点保供企业“白名单”，协调解决我市重点企业产业链供应链 1000 余项复工复产问题，办理车证超 10 万辆次，数量居全市各行业首位。

（九）圆满完成冬奥服务保障。首都经信系统 900 余名工作者精诚团结、全力以赴，克服疫情防控形势严峻复杂、保障时间周期长、临时紧急任务多等诸多困难挑战，圆满完成保障任务，3 个集体和 13 名个人获得省级表彰。赛会历史上首次实现宽窄带集群专网互联互通，跨地域异网指挥调度无障碍，网络呼叫次数、呼叫时长均创近年来重大活动保障新高。开创国内首例利用直升机完成重大国际赛事无线电安全保障工作的先例，实现了全方位、多手段、立体式的无线电监测全覆盖。我市 16 家都市产业企业为冬奥服务保障做出重要贡献，涵盖肉制品、乳制品、矿泉水、饮料等食品保供及运动营养、工艺美术等。高质量完成 5G+8K 超高清视频示范、氢燃料电池汽车示范运营、自主知识产权高密合度防护口罩、石墨烯发热材料、冬奥 App 等科技冬奥项目。通过科技冬奥应用，本市率先建成全球最大规模城市级 8K 立体播放体系，率先验证了“5G+8K”的科技和产业能力，初步构建起氢源保障、储用运输等方面氢能多元化应用生态。

一年来，我们深入学习贯彻习近平新时代中国特色社会主义思想，全面加强机关党的建设，96 项年度重点任务全部落地见效。系统部署推动深入学习贯彻党的二十大和市第十三次党代会精神，迅速兴起热潮，形成良好态势。巩固拓展党史学习教育成果，创建模范机关、政治机关、首善机关，推进市委巡视整改、民主生活会整改、全面从严治党（党建）工作检查考核整改、审计检查整改，贯彻落实意识形态工作责任制。落实“第一议题”制度和党组理论学习中心组 13 个年度重点专题学习计划，持续深化党的创新理论武装。紧扣重大任务，促进党建和业务融合。完成 37 个党支部换届选举。定期专题研究机关党建工作，压实各级抓党建政治责任。加强经常性党章党规党纪教育，开展“以案为鉴、以案促改”警示教育，制定《规范政商交往的正负面清单》，进一步完善权力清单、责任清单、风险清单。按期完成各项安全生产和消防工作任务，民爆行业未发生生产安全事故，安全形势相对平稳。在党建引领下，我们不断锤炼工作作风、提升工作能力，更加有力地推动各项任务落实落细，为我们做好新时期首都发展的各项工作打下了良好基础。

2022 年的成绩是过去五年砥砺奋进的重要组成。五年来，我们坚持党中央和市委市政府的领导，完整、准确、全面贯彻新发展理念，不断提高融入新发展格局、以首都发展为统领的政治站位，更加自觉从“国之大者”和首都发展大局高度谋划推动工作。我们坚守首都战略定位，坚持创新驱动发展，把握数字时代发展机遇，持续优化产业发展环境，实现了从疏解非首都功能促减量到加快动能转换谋增量的转变，从依赖传统规模增长到创新驱动绿色智能发展的转型，从部门型分散型信息化建设到规划引领智慧城市建设的转换，为首都经济社会发展作出了重要贡献。

这些成绩的取得，是习近平新时代中国特色社会主义思想科学指引的结果，是市委市政府坚强领导、统筹谋划、高位推动的结果，是各区各部门各单位大力支持、共同努力的结果，是全市经信系统团结一致、拼搏奋斗的结果。借此机会，我谨代表市经济和信息化局向全系统干部职工，向各区各部门，向广大企业以及产业界同仁，表示衷心的感谢和诚挚的敬意！

在看到过去一年取得很大成绩和多项突破的同时，必须清醒认识到，当前工作还存在一些问题和不足。一是 2023 年产业经济需求不振和成本高企的问题仍然突出，产业结构和动力调整仍在持续，推动经济整体好转需要付诸更大努力。二是中小企业运行面临需求减少、原材料价格上涨等实际困难，助企纾困政策分散，企业面临政策找不到、找不准等情况。三是高精尖产业核心零部件等对外依存度较高，京津冀产业协同存在断链断层，市区联动的产业发展协同推进机制不够。四是数据开放、交易的规则、标准有待完善，数据安全问题日益突出，数据要素市场还要加强培育。五是智慧城市建设市、区两级统筹力度及规划、顶层设计重视程度不足，场景开放及产业发展路径有待进一步探索。对于这些问题，我们将高度重视，在今后的工作中下更大气力加以解决。

二、2023 年工作计划

2023 年是全面贯彻党的二十大精神的开局之年，是在全面建设社会主义现代化国家新征程上全力推进新时代首都发展的关键之年，是落实“十四五”规划承上启下的攻坚之年，做好首都经济和信息化各项工作意义重大。全年工作的总要求是：坚持以习近平新时代中国特色社会主义思想为指导，全面贯彻党的二十大和中央经济工作会议精神，坚决落实中央和市委市政府决策部署，完整、准确、全面贯彻新发展理念，坚持以首都发展为统领，坚持“五子”联动，以推动高质量发展为主题，统筹发展和安全，强信心、促改革，加快现代化产业体系建设，提升产业链供应链韧性和安全水平，推动产业协同和高水平开放，促进数字经济和实体经济深度融合，提高城市智慧化治理能力，推动首都经济和信息化事业开创新局面。

为提振信心，并与“十四五”规划确定的目标做好衔接，根据市委市政府的统一部署，今年主要预期目标是：全市规上工业增加值增速目标 4%，软件信息服务业营收增速 10.5%（其中一季度工业增加值增速 -4%，软件信息服务业营收增速 13%）。工业重点产业固定资产投资完成 880 亿元，软件固定资产投资完成 480 亿元。数字经济增加值增速 6.5%、占 GDP 比重达到 43% 左右，核心产业增加值占 GDP 比重达到 25% 左右。

2023 年要着重做好以下工作。

（一）强化运行调度，全力保持经济运行在合理区间

切实增强促进产业平稳运行的责任感和紧迫感，持续推动稳经济各项政策落地见效，努力推动工业和软件信息服务业实现平稳增长。

一是全力完成稳增长各项工作。坚持“开门红”与“稳存量、抓增量”双管齐下，会同各区做好骨干企业排产计划，紧抓市重点工程和重点领域重大项目，重点推进紫光集团新华三、京东方 B20 等新项目尽早开工和长鑫集电、中芯京城、康龙化成等续建项目节奏前移。盯住大型平台企业稳运行稳投资和在京新业务布局，加大在集成电路、第三代半导体、虚拟现实、前沿新材料、机器人、新型储能、轨道交通等领域重大项目谋划储备，围绕“三三制”再谋划 300 亿～ 400 亿元新增项目。

二是持续稳住市场预期。主动下沉服务，精准指导帮扶，打通要素保障、物流保畅等堵点卡点，紧抓各项稳增长政策措施落地见效，“全市一盘棋”释放“保生产、稳经济、促发展”的明确政策信号。通过贷款贴息、保险补贴、融资租赁等多种方式，发挥高精尖产业资金对投资的撬动作用，做好高精

尖资金扩容和方向领域优化，突出“保重点、促投资、强配套”，鼓励企业加大投资和扩大生产，释放民间投资活力。进一步争取国家再贷款再贴现等金融工具对我市的支持力度，用好 REITs 等政策性金融工具，缓解企业资金困难。引导企业在北交所快速挂牌上市并形成北京特色和产业集聚，强化对上市企业再融资服务支撑及跟踪管理，指导募集资金在京项目化落地和归集使用。加大本市产品产销对接，用好“京益选”平台，做好数字家居产品推广。

（二）深化创新发展，全力打造高精尖产业集群

加快实施创新驱动发展战略，把发展经济的着力点放在实体经济上，扎实推进高精尖产业集群建设，构建现代化产业体系。

一是全面落实高精尖产业规划。持续研究出台一批促进高精尖产业发展的配套政策，统筹产业链和重大项目布局。系统梳理全市工业用地现状，编制工业用地规划意见，指导平原新城推出一批完成区域综合评估、明确准入标准、市政配套完善的工业用地。完善产业投资大数据服务平台，绘制产业地图，引导社会投资合理布局。深入实施“新智造100 工程”，对 200 家规上企业开展智能化诊断评估，新增 20 个数字化车间和智能工厂，推动数字化技术、系统集成技术、关键技术装备、智能制造成套装备的示范应用，支持一批企业实施数字化智能化转型升级项目。

二是加快推动重点领域创新发展。积极争取我市制造业产业技术创新体系试点示范，进一步加大对产研环节的支持力度，加快产研中试基地、测试验证中心建设，完善首流片、首批次、首试产等支持政策。电子领域以项目为抓手推动完善集成电路产业生态和重大生产力布局。医药领域引导昭衍生物、荷塘生华、医疗机器人产业创新中心等 CDMO 平台主动对接服务创新品种，推动肿瘤免疫细胞和基因治疗等产业生态型创新联合体建设。汽车领域完善车规级芯片检测认证体系，推进车规级芯片能力建设，提高固态电池等关键领域核心竞争力。智能装备领域发布实施新一轮机器人产业创新发展行动方案及支持政策，探索无生产制造商、共享工厂建设、机器人、智能检测装备等领域的创新发展模式。材料领域推动航空航天材料、生物材料、电子材料和新能源材料产业布局，支持新材料创新成果转化和规模发展。绿色能源领域推动氢能多领域综合示范，加快推进北京新型储能示范产业园区建设。软件领域加快信创园建设，推进构建信创重点应用场景全栈式解决方案，推动云原生应用引擎研发和生态打造，推动国际开源社区建设。积极布局卫星网络产业，推动商业航天基地、无人机基地建设。

三是着力提升产业链供应链韧性和安全水平。组织实施好产业“筑基”工程，聚焦高压储氢系统、燃料电池电堆、医疗机器人、智能制造、工业软件、基础软件、集成电路设计等领域，制定“卡脖子”攻关清单，加快新技术新产品研制突破进程。用好高精尖产业链强链补链支持政策，支持龙头企业建立供应链“B 计划”，推动引导京津冀范围内一批先进制造业企业入链进体系。

四是持续推动产业绿色低碳发展。持续深入实施“疏解整治促提升”专项行动，积极推进一般制造业企业调整退出和提质升级。不断完善绿色发展地方标准体系，开展 10 项以上用能、用水、清洁生产地方标准制修订。继续试行绿色诊断，鼓励企业实施绿色低碳技改项目，对绿色工厂加强动态管理，引导企业建设多能互补的绿色低碳企业园，加快推动制造业绿色低碳转型。

（三）坚持区域协同，推进产业协同开放取得新突破

深入实施京津冀协同发展战略，推进高水平对外开放，立足京津冀更高水平谋划高精尖产业链布局，助推区域产业转型升级。

一是深化京津冀产业协同。深入落实国家印发的京津冀产业协同发展“十四五”实施方案和京津冀三地新一轮合作协议，进一步完善三地产业协同发展工作机制，梳理核心产业链，共同绘制产业链图谱，开展“链主”企业培育行动计划，探索建立先进制造业集群跨区域协同培育机制，推进京津冀生命健康集群等共建园区，北京四环科宝沧州原料药项目二期等 30 余个项目开工。推动支持 2 家“轻资产”园区合作模式，输出品牌园区管理经验、运营模式、招商资源等，形成“北京研发 + 津冀转化”的新模式。三地共同培育京津冀工业互联网服务商，加快京津冀制造业数字化转型。加强全国一体化算力网络京津冀国家枢纽节点建设。

二是促进产业扩大开放合作。服务企业“走出去”和“引进来”，充分利用“两区”建设机遇，推动新增外资项目落地，鼓励存量外企产业升级。开展外资总部产业培育提升计划，拓展外资总部产业生态。以中德、中日国际合作产业园为主要窗口，做好政策机制创新、业务拓展签约和招商引资引智。

深化与重点国家使馆、国际商协会的产业交流合作。办好全球数字经济大会，机器人大会，智能网联汽车大会，能源转型高层论坛，服贸会专题展，京港、京台、京澳分论坛等活动，打造一批高水平产业交流合作平台。持续做好支援合作和对口协作，积极开展区域合作。

（四）聚焦政策服务，持续优化营商环境

坚持问题导向，进一步在政策、要素、平台、信息、服务方面加强统筹，切实解决企业发展中遇到的急难愁盼问题，增强中小企业发展信心。

一是着力提升营商环境软实力。狠抓北京市中小企业发展条例、北京45条、中小企业18条等已有政策法规落实。聚焦企业痛难点问题和共性诉求，动态更新、推动出台更精准更有针对性的政策措施。加强北京市中小企业公共服务平台和“北京通”企服版App功能升级和宣传推广，提升政策集成度、清晰度、受益度。建成一批产业特色鲜明、服务功能完善、运营管理规范、带动效应突出的示范平台和示范基地，培育认定一批市级中小企业产业集群。加大中小企业欠款化解工作力度。

二是持续加大企业培育力度。加大中小基金、高精尖基金等政府投资基金对创新型企业股权投资力度，深入实施中小企业首贷补贴、小微企业融资担保业务降费奖补政策，缓解中小企业融资困难。加强与北交所、上交所、深交所合作，为中小企业打造上市培育路径。开展专精特新人才专项支持工作，引进一批核心高管和技术人才。推动优质中小企业梯度培育管理实施细则等相关政策落实落细，引导本市中小企业坚定聚焦主业，走专精特新发展之路。

三是不断推进信用体系建设。强化信用应用基础支撑能力，加快推进信用平台二期立项，建设信用评估中心。进一步扩大信用+融资、信用+医疗、信用+家政、信用+旅游等领域的应用，促进信用数字产业集聚创新发展，依托信用数据专区，组织开展社会化信用评价试点，吸引一批信用数字经济上下游企业形成产业化集聚。深入推进京津冀晋区域信用合作建设，加快推进京津冀晋信用科技实验室建设运营。

（五）做好标杆引领，推进全球数字经济标杆城市建设

全面落实《北京市数字经济促进条例》，推进数字经济和实体经济深度融合，聚焦激活超大规模数据要素资产，打造具有国际竞争力的数字产业集群，构建数据驱动的高质量发展模式。

一是加快建设城市数字智能转型新基座。适度超前部署数字基础设施建设，推动高可靠低时延车联网、工业互联网和算力调度体系建设。新增5G基站1万个，积极拓展EUHT各类场景应用。狠抓存量数据中心绿色化、智能化改造升级，加快推动人工智能算力中心调度平台、北京科技创新算力中心等重点项目启动建设，将北京数字经济算力中心打造成为我市首个算力中心国产化标杆示范项目。

二是率先突破数据要素市场化配置改革。开展多层次、多形式的数字经济促进条例宣传培训，出台《关于培育数据要素市场做大做强数据产业的若干意见》，发布公共数据授权运营、数据交易市场、全流程项目管理等配套制度，形成数据交易负面清单和谨慎清单，率先创建数据基础制度先行示范区。发布公共数据年度开放计划，依托开放创新基地开展联合科研攻关和应用竞赛，引导平台企业、科研单位有序开放社会数据。争取国家数据登记中心落地北京，扩大数据资产登记和评估范围，推动资产入表入股和金融创新。推进数字经济全产业链开放，在北京经济技术开发区建设“数据特区”改革试验田，探索搭建分布式数据流动托管运营平台。

三是加快培育壮大数字产业发展集群。全面推进标杆工程，推进高级别自动驾驶示范区3.0阶段建设，加快扩区、L3试点准入等工作，带动智能网联和新一代数字化出行产业发展。提升北京国际大数据交易所市场化国际化运营能力，升级数据交易信息系统，拓展交易服务场景，实现交易品类和交易额提质上量，以数据融合应用推动数字金融产业发展。深化空间计算操作系统海淀区百万平方米试点成果，推动数字医疗、数字社区工程建设运营模式创新。建设互联网3.0示范区，推动数字化健康服务、数字消费等产业发展。做好平台企业“绿灯”案例落地工作，引导大平台与小主体共生共赢。

（六）持续做深做实，推动智慧城市建设巩固跃升

建立健全规划管控体系、平台支撑体系、数据治理体系，持续推进“三网”牵引领域应用，聚焦场景开放，推进智慧城市“深化巩固、跃迁提升、承上启下”。

一是建立健全“三个体系”。夯实规划管控体系，加强四级规划管控体系的权威性，强化部门间联动，提升政府投资信息化项目全流程、全生命周期统筹管理能力。筑牢平台支撑体系，“京通”围绕

政务和城市服务双管齐下，按照“应接尽接”原则，实现北京通全量服务接入，夯实“京办”应用接入支撑能力，逐步提高用户黏性和活跃度，持续完善“京智”，更好服务行政决策支撑体系。深化数字底座应用，推动市级重点算力中心项目落地建设，试点开展云、边、端联动应用，支撑全政务地理空间共享服务。做实数据治理体系，以数据专区、“信用+”等为典型场景，探索数据确权和交易，支撑培育建设数据要素市场。加大发展与安全统筹力度，做好国家各项网络数据安全法律法规及规章制度的宣贯和落实。

二是深化务实领域应用。提升“三个一网”应用牵引能力，通过“一网通办”提升整体公共服务能力，新增200个政务服务事项在统一申办受理平台上线，22类高频事项实现“跨省通办”。通过“一网统管”提升城市运行协同治理效能，建立市、区、街乡三级城市运行调度指挥体系。通过“一网慧治”提升领导决策支撑能力，数据下沉为基层治理赋能。稳步推进“八柱应用”建设，充分发挥生态水务、应急规划、人文教育、交通出行、医疗卫生、城市管理等行业领域牵头部门的主导作用，积极推进跨部门应用场景建设。

三是创新产业发展机制。重点聚焦场景开放、数据专区以及新技术、新产品、新模式应用，推进智慧城市产业发展机制体制研究。加快出台智慧城市应用场景开放实施举措，依托智慧生活实验室等载体，引导企业创新技术在重大应用场景中集中实现和展示，助力数字科技创新产业发展。

（七）坚持党建引领，持之以恒加强自身建设

坚持把深入学习贯彻党的二十大精神作为贯穿全年工作的鲜明主线，高站位、高标准、高质量，推动机关党的建设向中心聚焦、为大局聚力，为确保党中央决策部署和市委工作要求在首都经济和信息化领域落地生根、开花结果，提供坚强政治和组织保证。

一是持续推进全面从严治党向纵深发展。坚持和捍卫“两个确立”，坚决做到“两个维护”，强化政治机关意识。按照市委统一部署，深入学习贯彻党的二十大精神，努力在全面学习、全面把握、全面落实上下功夫。坚持不懈用习近平新时代中国特色社会主义思想凝心铸魂，跟进学习习近平总书记最新重要讲话批示指示精神，不断提高政治判断力、政治领悟力、政治执行力。严格落实重大事项请示报告制度。加强党风廉政教育，以钉钉子精神纠治“四风”，强化“三不腐”一体推进，持续释放从严从紧的强烈信号。坚持党建工作和业务工作同谋划、同部署、同推进、同考核，形成上下联动、齐抓共管的强大合力。深入践行新时代党的组织路线，围绕全局中心工作任务，以加强高素质专业化干部队伍建设为重点，统筹推进经信领域人才工作、机构编制管理、直属单位管理。

二是切实增强履职成效。深入贯彻学习习近平法治思想，落实全面依法治市规划和法治政府建设实施意见，统筹谋划落实法治政府建设重点工作。进一步加强与应急部门和属地政府安全生产的信息共享，探索建立项目落地前的安全风险联防联控机制，强化对军工系统、民爆行业等重点领域的监管力度。共同促进我市相关产业安全、健康发展。做好食盐管理，确保市场供应稳定。牵头建立无线电监管指挥中心，全力做好重大活动和各项考试无线电安全保障工作。全力做好质量考核工作，加强工信领域质量品牌建设。做好政务网络和数据安全检查、政务专网应急通信保障和规划建设等工作，全力推进国家专网在京落地。加强新闻宣传和舆论引导，做好政务公开和重大政策解读，推进热点问题舆情监测和分析研判，积极主动发声，回应社会关切。

专 文

本类目采用文章体，刊载2022年北京经济和信息化系统以党的二十大精神为指引，推进产业行业发展，构建时尚生态圈赋能首都城市更新，推动国有企业更好融入新时代首都发展、助力首都高质量发展而奋力拼搏等相关文章。

坚定信心 团结奋斗
以党的二十大精神为指引谱写产业报国新篇章

北京电子控股有限责任公司 王岩

党的二十大是在全党全国迈上全面建设社会主义现代化国家新征程、向第二个百年奋斗目标进军的关键时刻召开的一次十分重要的历史性盛会，从战略全局深刻阐述了新时代坚持和发展中国特色社会主义等一系列重大理论和实践问题，科学谋划了未来一个时期党和国家事业发展的目标任务和大政方针，对开创中国特色社会主义事业的新局面、开辟中华民族伟大复兴的新纪元，具有标志性、里程碑式的重大意义，为我们从党和国家事业全局中找准自身定位、推动战略落实提供了根本遵循。

北京电控所从事的电子信息产业是对国家具有重大战略意义的事业，在国家现代化建设的进程中肩负着重要使命和责任。近年来，在市委市政府坚强领导下，北京电控牢记产业报国的初心使命，围绕服务国家和北京市发展战略，聚焦解决我国“缺芯少屏”的难题，坚持用战略统领改革发展全局，扎实推进科技创新、深化改革、人才强企、管理提升和党的建设各项任务，企业规模效益和核心竞争力实现快速提升。2022年，面对百年变局和世纪疫情相互叠加的严峻考验，面对宏观经济下行、市场需求收缩和供应链受阻等多重压力，北京电控按照中央“疫情要防住、经济要稳住、发展要安全”的总要求，紧密围绕“一二一一”核心战略，统筹抓好疫情防控、经济运行和安全生产各项工作，整体实现营业收入超2000亿元、利润总额超40亿元，规模效益位居市属国企前列。

下一步，北京电控将坚定信心、保持定力、团结奋斗、从严治党，以昂扬斗志开启产业报国新征程，把党的二十大精神落到实处、取得实效。

第一，始终坚持产业报国的初心使命，以更大的志向谋划和推进芯屏生态战略。电子信息产业既是实体经济的重要组成部分，又是关键支撑。在新的历史时期，以电子信息产业为重点的实体经济被赋予新的历史使命，必须把握战略机遇，推动电控产业发展实现新突破。一是牢牢把握胸怀“国之大者”这个战略要求，着眼于服务国家科技自立自强和北京建设国际科技创新中心，主动融入新发展新格局，努力成为国家战略科技力量的重要组成部分。二是牢牢把握构建芯屏产业生态这个战略定位，结合战略评估和滚动修订，持续完善中长期发展战略，进一步清晰发展的方向和目标，在巩固提升半导体显示产业全球竞争优势的同时，全力把集成电路产业培育成北京电控第二个具有国际竞争力的大产业。三是牢牢把握建设世界一流企业这个战略目标，在国际产业分工的大背景下找准定位，面向全球整合优质资源，以内涵式发展引领质量效益提升，不断增强市场竞争力和行业影响力。

第二，始终坚持把创新作为引领发展的第一动力，不断提升产业核心竞争力。党的二十大既从党和国家长远发展的战略高度，把提升科技实力和创新能力作为重大任务进行部署安排，又从支撑发展、维护安全的现实考量强调科技创新的战略地位，更加突显了科技强国对现代化强国建设的支撑引领作用。要切实增强使命感和紧迫感，从战略高度推进科技创新各项任务。一是把握技术创新趋势，聚焦“芯屏”核心领域，加快技术攻关和工艺突破，瞄准人工智能、5G等新兴领域和量子、硅光等前沿技术，推进前瞻性、基础性技术创新，培育新的经济增长点。二是补齐科技创新短板，准确把握行业特点和企业发展阶段，坚持有所为有所不为，优化存量产业，拓展增量项目，提高科技创新的针对性和实效性。半导体显示产业要不断巩固全球领先地位，集成电路装备平台要巩固提升在国产集成电路装备领域的领先地位，集成电路制造平台要以科创板上市为契机，增强在特色工艺细分市场领域的竞争优势，北京电控要着眼维护产业安全进一步整合系统内外的优质创新资源，推进产业强链补链。三是建强创新人才队伍，继续实施人才领航战略，着力构建以产业领军人才、战略科技人才、优秀青年人才为梯次结构的人才队伍，深化与清华大学、北京大学等国内外知名院校的合作，办好“145”人才培养班，打造创新发展的后备力量。

第三，始终坚持把改革作为激发企业活力的关键之举，加快构建符合市场竞争规律的产业格局和经营机制。企业面临的形势任务是不断发展变化的，只要实践不止步，改革就不会停。要深刻认识改革进入深水区后的新形势新任务，坚持与时俱进，加快机制创新，推动资源配置不断优化，使企业发展活力得到充分激发和释放，探索出一条应对全球市场竞争的制胜之道。一是把牢改革的正确方向，坚持“三个有利于”的价值标准，不断深化市场化改革，着力破除不适应市场竞争规律的各种因素，更好发挥企业市场主体作用，真正改出活力、改出成效，同时要坚持遵规守纪，做到合法合规合程序。二是进一步优化产业格局，积极推动重点产业平台的股权多元化，整合资源做实做强产业平台，形成定位明确、主业突出的产业新格局；加快推进轻资产平台搭建，构建专心专注专业的运营管理模式，不断提升存量资源价值创造能力。三是不断深化机制创新，及时总结重点企业改革试点的成效和经验，实现可复制、可拓展，持续完善全级次任期制契约化管理体系，加大中长期激励力度，不断吸引和聚集优秀人才。

第四，始终坚持把安全稳定作为发展的基础底线，统筹好发展和安全，切实提高防范化解重大风险能力。增强忧患意识，居安思危，是我们党治国理政的重大原则。必须正确认识和把握新阶段的战略机遇与风险挑战，处理好发展与安全的关系，推动电控产业行稳致远。一是树牢底线思维，清醒认识当前发展所面临的不确定难预料因素增多和全球产业竞争日益激烈的复杂形势，深刻把握风险防范的极端重要性，居安思危、未雨绸缪，坚决守住不发生系统性风险的底线。二是强化风险管控，聚焦解决供应链风险，强化与战略合作供应商的协同联动，保障供应链安全自主可控；聚焦企业经营管理的薄弱环节，加强合规体系建设，持续完善以法人治理、职能管理和内部监督“三道防线”为主体的风险管理体系。三是夯实安全管理，深入推进社保稳定集中管理，进一步优化管理体系，创新方式方法，提升社保稳定工作效能；压紧压实安全生产责任制，构建科学高效的管理体系，提高信息化工作水平，持续提升安全管理能力。

第五，始终牢记全面从严治党永远在路上，以更强的决心和定力推动管党治党更加严紧硬。坚持党的领导、加强党的建设，是国有企业的“根”和“魂”。要按照中央和市委的决策部署，坚决扛起管党治党的主体责任，深入推进全面从严治党，更加突出基层党建的整体性、系统性、实效性，为“十四五”战略落实提供坚强保证。一是旗帜鲜明把政治建设摆在首位，以首善标准抓好党的二十大精神学习宣传贯彻，坚持不懈用习近平新时代中国特色社会主义思想凝心铸魂，引导党员干部深刻领悟“两个确立”的决定性意义，增强“四个意识”、坚定“四个自信”、做到“两个维护”。二是一以贯之加强基层党组织建设，持续健全完善全面从严治党（党建）“3+1”管理体系，压紧压实责任制，着力抓好基层组织、基本队伍和基础制度建设，按照“五个结合、四个对接”的工作机制深入推进党建与经营工作深度融合，不断提升基层党组织的政治功能和组织功能。三是驰而不息推进党风廉政建设，坚持严的主基调不动摇，深化“以案为鉴、以案促改”警示教育，锲而不舍落实中央八项规定精神，持续纠治“四风”，持续完善纪检监察与审计、财务等部门协同联动的“大监督”体系，不断提升监督效能，营造风清气正的发展环境。

学习贯彻党的二十大精神是一项长期坚持、不断深化的重大政治任务。北京电控将按照“全面学习、全面把握、全面落实”的总要求，以党的二十大精神统一意志、统一思想、统一行动，高水平建设芯屏产业生态，在产业报国新征程上谱写新篇章，为国家科技自立自强和北京建设国际科技创新中心贡献电控力量！

（摘自北京电控2022年度工作会议上的讲话）

推动国有企业更好融入新时代首都发展的实践与思考

一轻控股党委书记、董事长　郭明星

党的十九届六中全会是在党成立一百周年的重要历史时刻，在党和人民胜利实现第一个百年奋斗目标、全面建成小康社会，正在向着全面建成社会主义现代化强国的第二个百年奋斗目标迈进的重大历史关头召开的一次具有重大历史意义的会议。全会审议通过的《中共中央关于党的百年奋斗重大成就和历史经验的决议》集中全党智慧，全面系统总结党的百年奋斗重大成就和历史经验，着重阐释党的十八大以来党和国家事业取得的历史性成就、发生的历史性变革，确立习近平同志党中央的核心、全党的核心地位，确立习近平新时代中国特色社会主义思想的指导地位。在此大背景下，首都国企必须从党的百年奋斗历程中汲取智慧和力量，认清首都工作所处的历史阶段，牢固确立首都发展的理念，深入把握首都发展的内涵，在奋力谱写中华民族伟大复兴的北京篇章中展现新作为。

一、提高政治站位，增强服务首都发展的自觉性

首都首先是政治首都，各项工作首先是政治工作。首都工作关乎“国之大者”，凡事都要从政治上考量、大局下行事。作为首都国企，要牢记“看北京首先要从政治上看”的要求，增强“四个意识”、坚定“四个自信”，带头坚持和捍卫“两个确立”，更加坚定地做到“两个维护”，增强政治判断力、政治领悟力、政治执行力，始终在政治立场、政治方向、政治原则、政治道路上同以习近平同志为核心的党中央保持高度一致，一切听从党中央指挥和号令，不折不扣落实党中央决策部署，坚决做到政令畅通、令行禁止。要以理论清醒保持政治坚定，自觉学懂弄通做实习近平新时代中国特色社会主义思想，学深悟透习近平总书记对北京重要讲话精神。坚持以首都发展为统领，突出发挥国有经济战略支撑作用，全面贯彻落实市委市政府的战略意图，围绕服务“四个中心”功能建设，提升“四个服务”水平，注重“五子”联动有机统筹，对标对表全市重大战略任务，凸显国企责任，提升国有企业服务首都发展的能级。

二、建设优秀企业文化，打造企业竞争软实力

加强企业文化建设，有利于促进科学理念转化为企业行为，用文化的规范带动企业管理的规范；有利于促进企业文化融入企业管理，用文化的升级带动企业的升级；有利于激发企业的创造活力，用文化的创新带动管理的创新，实现企业管理水平的全面提升。国有企业作为社会主义市场经济的重要组成部分，要坚持以习近平新时代中国特色社会主义思想和党的十九届六中全会精神为指导，将社会主义核心价值观与企业发展实际相结合，用优秀的企业文化引领企业发展，发挥企业文化在企业管理中的创新理念、规范行为、提高素质、提升效率等基础性作用。身处轻工产业的一轻控股，首先一定要有强大的发展愿景，争做具有巨大影响力的行业龙头企业，为能够代表北京国企形象而努力。因此，要打造重视品质、先义后利的价值观，提倡拼搏向上、敢于创新、勇于斗争的精气神，创造开放宽容、协同高效、公平公正的工作机制，体现出“美质生活，一轻制造”的美好追求，切实筑就企业发展之魂。

三、全面深化改革调整，促使企业发展提质增效

国有企业改革是中央实施做强做大国有企业方针的重大战略步骤，推进国有企业改革，要有利于国有资本保值增值，有利于提高国有经济竞争力，有利于放大国有资本功能。2022 年是国企改革三年行动决战决胜之年，要突出重点、聚焦难点、务求实效，确保三年行动务期必成，推动国企改革三年行动走深走实，向市委、市国资委党委交出一份满意的答卷。依据加快完善中国特色现代企业制度的要求，深度推进加强党的领导与完善公司治理相统一，全面配齐建强企业董事会，推动董事会有效运行。不断深化市场化机制改革，实现国有企业子企业经理层成员任期制和契约化管理高质量、全覆盖，进一步推进企业管理人员能上能下、能进能出、收入能增能减在各层级企业落实落地，激发企业活力。要围绕一轻控股实际，持续调整优化产业布局、空间布局，突出主责主业，加快剥离低效无效资产，压减企业管理层级，推进瘦身健体，大力发展数字经济、生命健康、新材料等战略性新兴产业，不断提升国有资本配置效率和整体功能。

四、强化科技创新赋能，积极助推产业转型升级

坚持国家战略性需求导向推进科技创新，加快打造原创技术“策源地”，争当产业链“链长”，为实现高水平科技自立自强提供重要支撑。坚持服务北京科技创新中心定位，积极融入“两区”“三平台”和全球数字经济标杆城市建设，增强创新引领能力，加快一轻科技集团建设步伐，激发企业创新主体作用，加快集聚创新要素。探索智能制造、高科技新材料、双碳经济、工业互联网、基于电控系统共性技术在不同自动化行业拓展等领域新增长点。强化科研能力提升，完善科技创新体系，继续在光电功能材料、稀贵金属、塑料材料等领域发力，强化在高精尖产业领域的布局，形成科技板块优势效应，加快建设具有竞争力的专精特新科技企业集群。推动企业技术中心、高新技术企业等认证，积极参与各级政府科技创新工作，推进产业创新发展。聚焦高精尖产业，探索建立产业专家库，加大与高等院校、科研院所合作力度，提升科技水平，强化科技支撑。围绕北京市产业定位，加强与新材料产业企业合作，积极推进协同创新。

五、夯实基础管理水平，及时有效防范化解风险

实践证明，基础管理是支撑企业稳步发展、提升核心竞争力的基石，也是企业应对当前国内外严峻形势的现实需要。要不断提高科学研判与决策运筹的水平，充分挖掘整合内外部资源，实现企业资源价值链最大化，释放发展强大动能。在供给侧结构性改革背景下多维度推进品牌营销策划推广，以需求为导向不断改善产品供给。根据产业板块发展需要，加大渠道研究，努力开拓外埠市场，布局全国重点城市，加快核心市场发展。立足企业长远发展，提高成本管理意识及积极性，加大产品质量、工艺等研究力度，建立多层面、多因素联动的成本分析系统。逐步完善相互制衡的法人治理运行机制，努力实现“强内控、防风险、促合规”的目标，围绕年度重点任务，提升集团总部精准服务能力。要强化重点领域风险防范，及时有效化解投资、债务、金融业务等领域风险，坚决守住不发生重大风险的底线。压实安全生产责任，构建安全风险分级管控和隐患排查治理双重预防机制。深化内控体系管理，统筹推进企业法治能力建设，切实防范各类风险。

六、坚持共建共治共享，切实履行国企社会责任

牢牢把握首都功能战略定位，聚焦城市发展和民生改善，更好发挥国有经济战略支撑作用，彰显作为首都国企的使命担当。要切实强化大局意识，主动融入城市治理，坚持清底账、控新生，持续做好“疏解整治促提升”和无违建创建工作。着力提升物业管理“三率”水平，有序做好物业管理和垃圾分类工作。贯彻绿色北京战略，打造绿色低碳型企业，增强生态环保意识，持续打好污染防治攻坚战。运用好绿色发展支持政策，依法高效推进存量空间盘活利用，促进再生资源回收利用，实现存量空间资源循环发展。积极研究落实碳中和碳达峰行动方案，梳理碳排放总量，调整优化结构，推进清洁生产和减排降碳工作，推动传统产业绿色低碳循环化改造升级，坚持绿色低碳型发展。用好现有支持政策，持续关注新出台政策，积极沟通协调，稳妥有序推进农租房腾退。建立为民办实事长效机制，为职工群众办实事、解难题。通过采购重点帮扶地区农副产品、产业协作、对口帮扶等方式，精准有效开展帮扶活动，助力乡村振兴，彰显国企担当。

七、持续加强党建工作，推动全面从严治党向纵深发展

党的十九届六中全会审议通过的《中共中央关于党的百年奋斗重大成就和历史经验的决议》里，“十个明确”系统总结习近平新时代中国特色社会主义思想核心内涵，其中居于首位的就是党的领导。因此，要全面贯彻新时代党的建设总要求，用发展成果检验党建工作实效，以高质量党建引领企业高质量发展。推进党史学习教育常态化制度化，认真做好党史学习教育总结，使党史学习教育融入日常、抓在经常，形成长效机制。以党的政治建设为统领，推动直属单位党组织制定前置研究讨论重大事项清单及程序，修订完善党委会议事规则、“三重一大”决策制度，规范重大事项请示报告，充分发挥党委领导核心和政治核心作用。持续防范化解意识形态领域风险，营造团结奋进的主流舆论氛围。严格落实“三会一课”、主题党日、组织生活会和民主评议党员等制度，持续巩固夯实基层党组织建设，确保党的领导、党的建设全面落实到基层。紧紧围绕企业中心工作推动党建提升，促进党建与生产经营深度融合。围绕企业功能定位，聚焦企业转型和改革发展需要，不断优化班子结构，着力提升班子建设质量和水平。推进职业经理人试点工作，按期完成经理层任期制契约化工作，建设专业化领导干部队伍。持之以恒加强作风和纪律建设，进一步推动全面从严治党向基层延伸、向纵深发展，不断实现不敢腐、不能腐、不想腐一体推进战略目标，营造风清气正的良好政治生态。

（摘自2021年度企业领导人员理论文章）

汇聚强大合力
推动一轻高质量发展再上新台阶

一轻控股党委副书记、总经理　葛云程

2022 年，一轻控股坚持以习近平新时代中国特色社会主义思想为指导，认真学习宣传贯彻党的二十大精神、市第十三次党代会精神，坚决贯彻落实党中央国务院、市委市政府决策部署和市国资委工作要求，坚持以新时代首都发展为统领，围绕“五子”联动，主动服务和融入新发展格局，突出“强党建促发展”工作主线，聚焦做大规模、做强产业、做优园区，高效统筹疫情防控和生产经营，持续推进全面从严治党，积极履行首都国企责任，高质量发展迈出坚实步伐。

——经济运行平稳有序。面对疫情等超预期因素冲击，受房租减免等因素叠加影响，全年合并口径预计可视同完成营业收入 109.6 亿元，预计完成利润总额 15.3 亿元。在 2021 年全国轻工业百强综合榜单上名列第 22 位，在轻工业科技百强企业榜单上名列第 24 位。

——发展目标更加明确。以推动新时代首都发展为己任，聚焦四大主业，积极探索新技术、新模式、新业态，构建一轻高质量发展新格局，全力打造富有时代特征和首都特色的国内知名服务民生的大型都市轻工产业集团。

——产业基础日益牢固。完善高精尖产业布局，成立一轻科技集团，持续强化技术保障。全面布局酒类产业，提升清香型原酒酿造能力，进军酱酒行业，恢复啤酒产业。围绕做大消费产业板块，加强交流合作，加速生产基地建设，推进产业升级。

——党建引领作用明显。坚持“两个一以贯之”，把加强党的领导和完善公司治理有机结合起来。党组织战斗堡垒作用和党员先锋模范作用有效发挥。大力实施人才强企战略，加快建立健全集聚人才的体制机制，经营管理团队核心竞争力进一步增强。

2022 年主要工作开展情况：

一、突出战略引领，拓宽发展空间

一是坚持目标导向，发展路径更加清晰。围绕“十四五”企业定位、主业、核心战略及主要经济目标进一步完善产业规划。以折子工程项目为抓手，管控优化、科技与创新、改革与调整等方面成效显著。紧密围绕做大消费、做强科技、做优园区的战略目标，集团层面分别与怀柔区政府、京津冀国家技术创新中心、歌华传媒、建工集团、出版集团、华北电力大学等签署战略（框架）合作协议，全方位多领域加强合作。为夯实产业根基，积极推进设立一轻科技产业基金。

二是明确发展重点，产业布局持续优化。扎实推进酱酒产业布局，拓宽新领域新赛道。恢复双合盛啤酒产业。红星股份收入利润同比实现双位数增长。以做大做强做优为导向，促进“北冰洋”“义利”两个板块独立发展。收购兴汉网际，进军网络安全行业。立足隆达产业优势特色，持续深挖提质增效潜力。探讨做强做大中纸在线的商业模式，开展国际信用证业务，赋能浆纸主业板块发展。梳理日化品牌定位，升级上市新产品。启动龙徽桂花陈酒大单品项目，推出国产品牌威士忌、白兰地等产品。以“博美”品牌为依托加强玻璃交易中心服务平台建设，开展北酒所数字化战略转型项目研究。

三是不断深化国企改革，发展潜力进一步释放。圆满完成一轻控股国企改革三年行动主体任务，在市管企业 2021 年度国企改革三年行动评估考核中被评为“优秀”，并被列为国资委系统典型宣传案例。“对标世界一流管理提升行动”任务完成率 100%。推进科改示范企业改革创新行动，有色所制定实施《2022—2025 年综合改革方案》，完成 4 项年度改革任务。优化调整股权，整合资产公司内部资源，压缩管理层级。顺利完成退休人员社会化管理工作，推进实施企业年金。加快推进劣势企业退出，圆满完成年度考核任务。

二、集聚创新要素，搭建科技平台

一是整合优势资源，集中布局高精尖产业。成立一轻科技集团，重组科技产业资源。大豪科技深化拓展智能工厂云平台，开展融资租赁业务。加大高精尖企业科研投入，实施资产公司对玻璃院、首量科技增资项目。现有高新技术企业18家，拥有博士后工作站、国家企业技术中心、中国轻工业重点实验室等多家创新载体。新增国务院国资委“科改示范企业”（有色所）1家、“北京市创新型中小企业”（首量科技、星海钢琴）2家，北京市智能工厂（红星股份）和智能制造优秀场景（印刷集团）各1家；新增有色所、浙江大豪2家国家级专精特新“小巨人”企业，以及大豪科技、塑研所、金鱼科技、玻璃院、印刷集团等5家专精特新中小企业。

二是加快开发新产品新业态，持续焕发新活力。修订实施《科技创新成果奖励办法》《研发投入准备金管理办法》等制度，推进院企合作、校企合作，与高校院所联合实施研究项目。研发投入、新产品销售收入创新高，全年研发投入4.2亿元，同比增长约20%；新产品销售收入38亿元，同比增长约12%。上市新品300余种，推出劳动1号、北平制冰厂HPP柑桔汁、北冰洋柠檬汽水等热门品类。探索尝试北冰洋数字化转型创新等新业态项目，开设北平制冰厂，投放无人机柜，设立地铁无人便利店，重点打造大兴区域标杆运营模式。

三是稳步实施科技项目，科技成果不断涌现。年内申请专利74项，专利授权81项，有效专利持有量838项，发明专利占比继续提升。主持或参与制/修订156项标准，包括10项国际标准、87项国家标准。实施19项重点科技项目（总投资1.9亿元），有的项目获得国家相关部委资金支持。高可靠稀贵金属活性钎料技术填补国内空白。键合丝产品通过头部企业产品验证，高性能键合金丝实现进口产品替代。特种合金线材及相关产品化学分析方法标准获中国有色金属工业科学技术奖二等奖。大豪科技六代花样机电控系统获北京市新技术新产品。红星股份26款产品获“纯粮固态发酵白酒标志”认证，红星、龙徽、双合盛等多款酒品斩获国内国际赛事奖项。

三、立足强基固本，促进提质增效

一是加速实施基地项目，产业链强链取得新进展。白酒产业园项目（一期）试生产，启动二期投资立项；中华酒业生产基地一期项目完成初期各项工作。双合盛五星啤酒生产基地推进设备恢复与升级改造。北冰洋基地启动建设，增强供应能力。

二是加大市场开拓力度，渠道建设取得新成效。积极深入开展多种形式市场营销活动。红星股份围绕纯粮固态与纯粮小金标，进行多平台、多维度渠道营销推广，产品销售取得靓丽成绩。北冰洋公司积极建设全国营销网络，深耕终端网点建设。食品集团构建一体化营销体系，实现全渠道全平台推广。一轻日化持续拓展销售网络，加大市场覆盖。龙徽公司创新销售模式、拓宽销售渠道，积极开拓外埠市场和境外客户。双合盛公司布局经销体系，开发销售终端超过万家。

三是加强品牌运营，营销策划取得新进步。全面推进品牌战略实施，新注册133个商标。统筹加大品牌传播推广力度，提升品牌全国影响力。集合优势品牌参加2022年中国服贸会；亮相第五届上海进博会。推动全媒介组合传播，一轻品牌在新媒体官方矩阵总浏览/阅读量超千万。统筹开展品牌嘉年华活动，携多个热销品类亮相北京消费季，合理布局央视、地方卫视、有线电视与新媒体传播。红星股份坚持双品牌运作，以央视覆盖全国市场，以北京卫视、歌华有线传播两大品牌，优化传播矩阵。开展线下体验+线上推广+终端销售一体化整合营销探索。北冰洋公司持续深入开展品牌宣传，与湖南卫视《天天向上》联动推广品牌，以世界杯赛事为窗口，与CCTV-5等频道开展多时段、多栏目核心点位合作。星海钢琴成功举办第十九届“星海杯赛”，开创首届中国钢琴作品作曲比赛。

四是提高精细化管理水平，运营管控体系建设更完善。加强生产质量体系规范化管理，加大检查、抽查力度。加大技改投入，突出成本控制，有效发挥精细化管理作用。完成生产线智能化改造，大幅度提高生产自动化水平及生产效率。食品集团打造原料、成品、流通、零售全过程仓配系统，构建多层级仓配管理体系。龙徽公司精细化管理葡萄园，逐步提升庄园成品酒质量和产量。

五是优化园区布局，存量资产盘活取得阶段性成果。围绕首都功能定位和产业结构调整升级，科学谋划产业园区规划布局，高效推进盘活利用存量土地。采取多种方式集中开展园区项目研究论证。星海亦庄园区转型升级取得阶段性成果。龙徽1910文创园开园。隆达文创园品牌知名度持续提升，印刷二厂东朗电影产业园通过市级文化创意产业示范园初审；塑三文创园被朝阳区评定为第五批“蜂鸟企业”，荣获宣传部文化产业发展引导资金。土地处置有序推动。

四、坚持以人民为中心，积极履行国企责任

一是主动响应号召，圆满完成服务保障任务。全力做好各项重大活动和民生系列服务保障，食品集团成功研制国内第一款“零麸”无麸质面包供应保障北京冬奥会、冬残奥会；印刷集团高标准完成

印制保障任务，高质量完成重点图书印制任务。助力疫情防控，宝岛公司保障疫苗包装重点生产任务，一轻日化供应消杀产品，科技集团调集抗原试剂；派出 2 批共 140 名下沉干部支持社区疫情防控，减免 1292 户小微服务业企业租金约 3.1 亿元。

二是统筹发展与安全，保障运行平稳。坚持生产经营和疫情防控两手抓，抓细常态化疫情防控，加大复工复产工作调度，稳妥有序开展生产经营。坚决贯彻总体国家安全观，落实平安北京建设要求，扎实做好保密和国家安全人民防线建设。开展安全生产综合考核及专项整治，持续进行安全风险评估，做好重大节日和重点时期安全保障工作，夯实安全生产主体责任。积极稳妥做好信访维稳和“接诉即办”工作，优化工作流程，坚持“日报告、周调度、月分析”，全年办结 12345 派单 656 件。

三是持续融入城市治理，助力乡村振兴。稳步推进农租房腾退，协同推动“规自”整改。“非经”移交工作持续推进，破产企业退休职工供暖货币化补助稳步开展。积极推进双碳减排，持续开展垃圾分类。主动融入乡村振兴战略，全系统采购农产品，帮助经济薄弱村增收；选派 3 名领导干部分别赴拉萨、河北、沈阳进行对口支援。

五、优化体制机制，打造奋斗的企业文化

一是坚持“两个一以贯之”，优化法人治理结构。修订“三重一大”决策制度，推动各级党组织跟进完善相应制度规定。持续推进党建入章程向基层企业延伸，在二、三级国有独资、全资和绝对控股企业全面推行“双向进入、交叉任职”领导体制，使党组织成为公司法人治理结构的有机组成部分。完善董事会制度，持续提升董事会运行质量和服务效率，有效发挥专委会基础作用，促进董事会依法高效运行。全面完成子企业董事会应建尽建和外部董事占多数工作任务。实现了经理层任期制契约化工作“应推尽推”。

二是加强合规内控建设，夯实稳健发展基础。围绕改革发展中心任务，高质量开展法律审核把关，初步建成合规管理体系，扎实完成法治国企建设各项任务。进行专项审计，实施年度市管企业内部控制评价，发挥审计职能。完善财务管理制度，加强财务管控能力建设。积极探寻财务数字化转型实现路径，推动授信及融资业务开展，保障投资项目落地。

三是发挥文化赋能作用，提升综合服务水平。以奋斗文化为宗旨，重新梳理提炼，形成“企业文化手册”“企业视觉形象融合提升设计方案”。围绕赋能型总部建设，优化总部组织架构。按计划推进建设在线管控平台，不断强化网络安全工作。优化经济运行统计分析，开展经济运行调度。围绕中心工作，精准落实“三会”和综合协调会，提升会务工作标准，提高办文效率，强化决策服务。落实信息公开工作“全覆盖”要求，持续推进信息报送工作。启动数字档案室建设准备工作，及时提供档案利用服务。

2023 年工作总体思路是：

以习近平新时代中国特色社会主义思想为指导，全面贯彻落实党的二十大精神，深入贯彻习近平总书记对北京一系列重要讲话精神，贯彻中央经济工作会议“六统筹”发展思路，坚决落实市委全会精神，坚持稳中求进工作总基调，牢固坚守首都城市战略定位，坚持以新时代首都发展为统领，坚持“五子”联动服务和融入新发展格局，以“精益化管理”为工作主线，聚焦做强主业做大规模，推精品强品牌，抓管理增效益，聚合力扩优势，求创新促发展，坚定不移全面从严治党，坚决以高质量发展的实际成果检验贯彻落实党的二十大精神成效。

一、保持战略定力，狠抓规划落地

一要拓宽发展路径，全面转型升级。从进一步扩大规模和可持续发展战略规划全局出发，因势利导选择发展路径，既发挥自身优势发展存量，又开放兼容提升增量，充分开展行业研究，通过资本运作、产业合作等多种方式扩大规模。

二要强化全过程管控，有效落实规划。规划中期评估，围绕“十四五”核心战略，开展“十四五”主题论坛活动，促进企业“十四五”规划落地实施。稳妥做好年度投资管理，提升企业综合实力。加强折子工程全过程管理，全面掌握项目实施情况，及时跟进、协调解决困难问题，推进项目落地。

三要巩固国企改革成效，增强发展后劲。做好国企改革持续改进提升工作，落实“科改示范行动”实施方案，高质量完成改革任务。做好对标提升行动总结评估和经验交流分享，建立管理提升长效机制。有序推动 2023 年劣势企业退出工作，确保完成年度压减退出任务。

二、加快全域布局，坚持做强做大主业

一要继续加速产业链建设，夯实主业发展基础。加快全国产业基地布局。围绕提高产能和规模，有序推进白酒产业园迁建项目建设，按计划实施啤酒生产基地建设，推动酱酒生产加工项目建设。坚持“轻重结合”“产销匹配”“保量重效”发展思路，抓

好全国布局，推进园区建设等。

二要继续强化品牌运营，完善渠道布局。坚持立足北京、面向全国，充分发挥资源整合优势，探索建立立体化营销体系，把握市场、渠道、终端布局，统筹品牌、产业、产品、业态、场景，持续做好核心品牌和核心单品的宣传推广。紧盯消费需求，坚持守正创新，积极探索“老字号＋国潮”新模式，聚焦重点新业态，营造新场景，提供新体验。

三要持续强化产品支撑，丰富产品矩阵。深刻理解产品的基础性作用，形成支撑企业高质量发展的核心竞争优势。加大细分市场研究力度，做好顾客定义，满足多元化市场新需求；坚持品牌和品质齐头并进、内外兼修。推动新品上市，夯实市场基础。

四要继续坚持存量资产与新业态结合，加快智能园区转型升级优化。紧紧抓住城市规划和城市更新的机遇，推进各类产业园、文创园、科技园升级改造。推进重点项目开发实施。以优质园区为标杆，加大基础设施建设力度，不断提升园区整体形象及服务水平，打造更多具有国企特色的精品文创园区。

三、加强科技创新及产融结合，培育发展新动能

一要充分运用资本市场，助力高质量发展。规范运行一轻科技产业基金，加大并购合作力度。积极发展票据融资，及时补充流动资金；用足用好金融工具，支持主业发展。

二要坚持强链补链，打造新经济增长极。依托专精特新“小巨人”和专精特新中小企业等高新技术企业，加强与高等院校、科研院所合作力度，完善科技创新体系建设，培育链主企业。通过并购、合作、协同等，发挥链主企业穿链效应。拓宽产业赛道，提升消费引领能力，在促消费、稳经济上发挥作用，为创造美好生活贡献力量。

三要加强科技创新，发挥科技赋能作用。坚持创新驱动发展战略，强化研发投入准备金制度，稳步推进重点科技项目实施。加大创新资金扶持力度。发挥科技集团高新产业优势，立足三大定位，依托三大平台，完善三个中心。加大大豪业务推广与探索。

四、强化基础管理，实现高效运营

一要实施精细化管理，保障稳健发展。切实提高重大风险防控能力，为快速发展提供坚强支持和保障。深入推进合规管理制度落地运行，加强法律、内控和合规工作全面融合。抓好经济责任审计和专项审计等工作，充分发挥审计职能作用。

二要加强质量和成本管控，提升核心竞争力。深化校企合作，加大与重点院校合作力度。加强内部合作与联合研发，推进内部产研结合及成果转化。不断推进质量管理体系建设，加强检查抽查。持续改进生产工艺，提升运营效率。

三要坚持协同高效，增强综合服务效能。持续优化公司治理机制，健全议事规则和决策程序，进一步提高“三会”运作效率，确保重大决策高效落地。继续加强总部专业能力建设，提升战略投资和集团服务管控水平，赋能各平台各板块。加强信息化建设，全面提高综合服务部门工作效能。

五、积极主动作为，展现国企担当

一要守住安全和质量底线，确保和谐稳定。认真贯彻总体国家安全观，深化落实平安北京建设要求，畅通矛盾纠纷解决渠道，坚决守住不发生系统性风险的底线。持续压实安全生产责任制，全面做好各项安全保障。加强产品质量管控，把好质量安全关。认真落实新阶段疫情防控各项举措，因时因势优化疫情防控措施，确保企业生产经营正常开展。

二要坚持人民至上，办好民生实事。深入贯彻落实接诉即办工作条例，强化主动治理、未诉先办，高站位高标准做好信访维稳和“接诉即办”工作，稳妥有序推进解决历史遗留问题。发挥产业帮扶优势，采取多种方式支持乡村振兴，助力共同富裕。

三要落实绿色战略，建设生态企业。贯彻落实北京城市总体规划，积极支持城市更新。继续做好整治提升工作，确保全系统违建“零增长、减存量”。聚焦“双碳”目标，持续开展减碳降耗工作，加强环保法律法规宣贯，不断推进绿色改造，坚持低碳发展。

（摘自2022年度产业发展报告）

构建时尚生态圈赋能首都城市更新

北京时尚控股有限责任公司党委书记、董事长　顾伟达

“十四五”时期是大力推动新时代首都发展的关键时期。以服装服饰设计、时尚设计、时尚传媒为代表的时尚产业正成为北京文创产业的重要组成部分，为首都城市更新发展和全国文化中心建设提供了重要支撑。北京时尚控股打造的北京时尚产业平台北京时装周，引领首都时尚产业转型升级，赋能首都城市更新，助力首都“四个中心”建设和北京国际消费中心城市建设。

一、北京时装周时尚产业平台现状

2016 年，北京时装周时尚产业平台成立，成为顺应国际国内时尚产业发展潮流，促进北京时尚产业发展，推进时尚文化交流的一项战略举措。

七年来，北京时装周陆续在太庙、故宫宝蕴楼、水立方、首钢园、王府井、隆福文化中心、望京小街、张家湾设计小镇等首都时尚文化地标成功举办系列活动。北京时装周的品牌发布场次、发布品质以及专业化、国际化程度逐年攀升。板块内容历经拓展，2022 北京时装周已涵盖流行发布、展览展示、高峰论坛、专业赛事、颁奖盛典、云潮计划六大板块内容，线上线下活动累计百余场。2022 年，国际国内 200 余家媒体参与报道。截至目前，全网相关报道 1.2 万余条，新华网、北京广播电视台、北京日报、新京报、腾讯视频、微博时尚、哔哩哔哩等专题版面、新闻以及官方小程序访问量超过 3 亿，抖音平台北京时装周相关内容累计播放量 1.7 亿，微博北京时装周话题量累计达 5.8 亿。

历经七年发展，北京时装周逐步构筑起以文化引领、品牌创新、商业落地为核心的时尚文化产业服务平台，在重构首都时尚文化新格局、描绘数字化新图景、激发时尚消费新活力、融汇时尚生态平台新力量等方面交出不错的成绩单。

二、北京时装周时尚产业平台特色亮点

（一）文化引领特色显著。北京时装周依托北京独特文化底蕴，让时尚足迹遍及王府井、隆福文化中心、前门大街、南锣鼓巷等文化地标。参与到北京时装周的“老字号”品牌和国内新锐原创设计力量，多数以传统文化汲取设计灵感，通过文创、非遗相关主题的时尚发布秀、展览、论坛，展示中华传统文化技艺在新时代的蓬勃生命力。2022 年 4 月，北京时尚控股与工美集团的战略重组，为北京时装周发展带来新机遇，为时尚文化与工艺美术深度融合提供了平台。

（二）传播矩阵优势显著。北京时装周官方自媒体已涵盖“两微一端一抖”以及小红书等 13 个平台，合作主流媒体包括人民网、新华网、央视网、《北京日报》、北京广播电视台、《新京报》等 20 余家。北京时装周利用城市公共领域宣传载体进行广泛传播，邀请明星博主、时尚达人共同为活动助力发声，众多时尚、商业、科技等领域国际国内影响力媒体纷纷以专题形式深度报道。北京时装周通过“千媒万屏”立体式宣传，真正打造从传统媒体到数字媒体，从行业圈层到社会圈层，从“融媒矩阵”到“融媒强阵”的时尚传播力。

（三）跨界融合效果显著。北京时装周注重与多平台联动，通过与服贸会、北京国际设计周、北京消费季、王府井国际品牌节等知名平台展开合作，让各个产业、平台之间相得益彰、相互提升。特别是 2022 北京时装周，携手北京王府井国际品牌节，与王府井集团共同打造“2022 北京时装周 · 王府井集团时尚美学之夜”；携手北京潮玩造物博览会，云集上百家潮流文创品牌，助推潮流文创 IP 的合作与发展。

三、当前北京时装周时尚产业平台所面临的困境

（一）商业化落地力度不够。北京时装周虽与王府井、望京小街等平台联动效应不断叠加，但从商业化落地角度来说，面对快消费、快时尚新趋势，平台产业链资源整合与市场响应能力有待进一步加强，供给与消费的契合度有待进一步提升，数字时尚消费仍有广阔成长空间。

（二）可持续“时尚声量”创新路径仍需探究。北京时装周平台在建立常态化活动机制上仍有不足，在相对较长时间空白期内无法维持北京时装周期间形成的高声量、高流量，亟须整合时装周平台品牌资源价值，探索更多互利共赢合作形式。

四、北京时装周时尚产业平台未来发展思路

北京时装周作为首都时尚产业体系发展一大窗口，已成为首都城市更新发展中的一张亮丽名片和传播时尚文化的重要平台，如何促进时尚产业高质量发展迈上新台阶，构建“文、科、商、旅、体”首都时尚生态圈至关重要。

一是坚持以文化引领为核心。需要重视建构新时代首都时尚文化理念，充分挖掘中国传统文化元素与吸纳时代精神，加快融入到符合新潮流的时尚产品之中，打造满足首都百姓文化与生活方式的时尚品牌，这也是提升首都文化软实力的需要。

二是坚持以数字科技为路径。未来推动北京数字时尚产业发展，应该跳出传统产业发展模式，强化“数字时尚思维”，围绕时尚设计数字化、时尚营销数字化、时尚供给数字化、时尚消费数字化，走转型升级发展之路。

三是坚持以时尚商圈为抓手。北京要建设时尚之都，应该提升商圈内涵，激发时尚消费活力，对标国际顶级地标性商圈，通过北京时装周平台与商圈的联动，探索“商圈＋特色街区”新模式，打造新消费场景，建设新消费集聚区，助力提高商圈竞争力和影响力。

四是坚持以“打造世界旅游名城”为契机。依靠首都独特的历史传统文化和现代时尚文化元素，加强商业、文化、旅游、健康等消费跨界融合，积极探索拓展沉浸式、体验式、互动式消费新场景，最大化彰显北京建设国际消费中心城市的独特文化价值。

五是坚持以体育运动时尚为特色。2022 北京冬奥会的成功举办让北京成为名副其实的“双奥之城”，北京时装周将积极利用 2022 北京冬奥会契机，作为以体育运动元素主题的系列时尚产品的重要展示载体，持续引领首都“运动＋时尚”消费新热潮。

未来，北京时装周将继续在赋能首都城市更新、促进时尚产业与城市发展融合共生上不断深耕，紧紧围绕“五子”联动，助力首都融入新发展格局，积极构建“文、科、商、旅、体”首都时尚生态圈，进一步开拓首都时尚活动与顶级文化矩阵融合的城市时尚发展新局面。

（摘自 2022 年 10 月 13 日《北京日报》客户端）

责任为本　安全为基　绿色为先　创新为要
燕山石化全力助推首都高质量发展

燕山石化

2022 年 9 月 26 日，燕山石化召开发布会，宣布企业通过国际安全与可持续发展评级系统（ISRS）第 9 版 6 级标准评审，是国内首家通过 ISRS 第 9 版 6 级的炼化企业。

自挪威船级社 1978 年以损失因果模型为基础推出国际安全与可持续发展评级系统（ISRS）第 1 版以来，ISRS 已在全球数以千计的企业实施应用，形成安全与可持续性管理方面的最佳实践经验，成为卓越安全管理的全球标杆，并于 2019 年推出第 9 版。依据 ISRS 第 9 版标准，挪威船级社专家从管理体系、管理制度、组织架构、人员能力、安全文化以及执行力等方面，对 15 个程序和 133 个子程序进行整体评估，明确燕山石化达到 6 级标准，标志着燕山石化安全生产工作步入更加稳定的发展阶段。

党的十八大以来，燕山石化深入贯彻习近平新时代中国特色社会主义思想，在北京市委、市政府和中国石化党组的坚强领导下，聚焦“四个中心”城市战略定位，始终坚守安全底线，践行绿色低碳理念，坚持创新驱动发展，加快从传统石化企业向绿色能源和高端新材料方向转型。近两年，燕山石化干部职工认真贯彻落实习近平总书记视察胜利油田重要指示精神，锚定服务保障首都能源安全和经济社会发展的职能定位，矢志在北京市建设国际一流和谐宜居之都的新征程中再立新功、再创佳绩，以优异成绩迎接党的二十大胜利召开！

一、心怀国之大者　肩兹使命担当

为党分忧、为国尽责、为民奉献，是融入燕山石化血脉的红色基因。秉持大企业要为国家做大贡

献的使命感，燕山石化始终不忘初心、砥砺奋斗，坚持“国家需要什么我们就生产什么，人民需要什么我们就奉献什么”，讲政治、敢担当、勇创新、有作为，坚决做党和人民最可信赖的依靠力量。

重要时刻，勇于担当。2022年，作为中国石化与2022年北京冬奥会、冬残奥会官方战略合作项目，燕山石化于2020年建成设计规模为2000标准立方米/小时的氢气新能源装置，勇作冬奥能源保供的“主力军”。秉持“洁净能源，为冬奥加油”的信念，燕山石化圆满完成冬奥会、冬残奥会氢能保障任务，自产氢气成功点燃冬奥会、冬残奥会“主火炬”，实现冬奥会历史上首次火炬零碳排放，同时积极保障中国石化4座冬奥加氢站供应，全力满足赛事服务用氢能汽车需求。以此为契机，燕山石化紧盯北京市氢能市场需求，开创北京市和中国石化氢燃料重卡示范应用先例，成为国内最大的氢能叉车一次性应用示范场景，建成系统内首套30标准立方米/小时PEM制氢中试装置，氢气质量在线分析实现国内领先。

关键时期，挺身而出。2020年初，新冠肺炎疫情来袭，口罩等防疫物资纷纷告急。作为国内重要的医卫原料生产基地，根据中国石化党组部署，燕山石化火速转产增产紧缺医卫原料，依托自身在熔喷专用料研发方面的技术储备和经验积累，毅然跨界生产疫情防控关键物资——口罩核心材料熔喷布。燕山石化创造了“12天建成一条熔喷布生产线”的行业奇迹，在不到两个月的时间里全面完成两期工程4条生产线。随后，为进一步扩大产能，燕山石化积极攻关，成功应用氢调法生产熔喷专用料，熔喷专用料产能提升15倍以上，进一步扩大企业在熔喷布生产全产业链上的优势，为国家实现口罩核心材料产能突破、全面打赢疫情防控阻击战作出积极贡献。燕山石化合成树脂厂被中共中央、国务院和中央军委授予“全国抗击新冠肺炎疫情先进集体”荣誉称号。截至2022年年底，燕山石化具备90、95等2个等级的熔喷布稳定生产能力，可用于制作普通医用口罩、N95口罩和儿童国标口罩，日产能达12吨，每天可助力生产1200万只医用平面口罩。

二、夯实发展根基 坚守安全底线

疫情要防住、经济要稳住、发展要安全，这是党中央的明确要求。作为地处首都北京的唯一炼化企业，燕山石化持续强化对安全生产极端重要性的认识，确定了建设国内最安全的炼化企业的目标，一切以安全工作为前提，一切让位于安全工作的要求，一切工作围绕安全工作水平提升来推进落实，以最严的工作标准、最严的管理措施、最严的考核问责，紧紧抓住过程安全管理、现场直接作业环节安全管理和人的安全管理“三个重点”，筑牢管理、技术、制度、责任心“四道防线”。

燕山石化始终将HSE管理体系建设作为安全生产的治本之策。2021年，在新增安全生产禁令、生态环境保护禁令和保命条款的基础上，发布新版《燕山石化HSE管理体系手册》，进一步强调以“领导承诺和责任”为核心，以策划、支持、运行过程管控、绩效评价、改进为支持，注重问题溯源分析，以HSE绩效监测寻求企业HSE改进重点，形成独具燕山石化特色的安全管理体系文件，同步狠抓制度、技术、执行层面工作落实，着力构建HSE管理长效机制。

燕山石化持续深化风险分级管控和隐患排查治理双重预防机制，每年组织对生产经营全过程开展自下而上和自上而下的风险识别评估。在公司范围内全面推行隐患排查网格化管理，建立起涵盖生产厂、储运罐区、危化品库房、化验室等排查单元的隐患排查网格，每个网格确定一名网格长，工艺、设备、电气、仪表、安全5个专业网格员，强化源头管控，开展自检自查，督促整改落实。全方位推动生产区域“零用火”，2021年生产区域用火数量较2016年下降69.7%，有力提升企业本质安全水平。

三、绿色低碳发展 守护碧水蓝天

绿水青山就是金山银山。党的十八大以来，燕山石化坚持生态优先，全力以赴推动绿色发展、开拓绿色能源、促进绿色生产、提供绿色服务、攻关绿色科技，倡导绿色文化，守碧水青山，护蓝天净土，以坚定的行动向首都人民交出一份亮眼的绿色答卷，获评中国石化“绿色企业”，被国家工信部授予“绿色工厂”称号。

燕山石化始终以保障首都能源安全为己任，持续引领国内清洁油品质量升级。1997年，在国内率先生产出无铅汽油；2007年，建成国内首家可生产符合欧Ⅳ标准成品油的千万吨级炼油基地；2012年，领先生产出相当于欧Ⅴ标准的京标Ⅴ汽柴油；2017年，堪称世界最严标准之一的京标Ⅵ成品油全面供应北京市场；2021年，中国石化在京500多座加油站、5座油库提前55天完成京标ⅥB油品置换任务，为改善首都空气质量，助力“绿色冬奥”做出积极贡献。企业成品油供应量占北京市消费总量60%以上，为首都北京发展注入源源不断的绿色动力。

燕山石化践行绿色低碳战略，在2018年实现锅炉退煤的基础上，圆满完成锅炉清洁化改造任务，兑现“在2020年底前停止燃用石油焦”的承诺。在厂内和厂界设置46个VOCs网格化监测点，成为国内第一家进行VOCs网格化全覆盖在线监测的石化企业，实现VOCs排放量逐年下降10%。采用国际流行的“天然处理湿地”设计理念，建成闻名遐迩的牛口峪湿地，实现污水达标排放和区域内生态环境恢复保护的有机结合，湿地成功入选中国石化首批十大“社会责任示范基地”、十大“美丽石化－生态排放景观”。“十三五”期间，企业外排水COD（化学需氧量）平均浓度下降到18.24毫克/升，达到国际领先水平。

四、创新驱动发展 推动转型升级

创新是引领发展的第一动力。燕山石化紧盯世界大势、紧跟行业态势，不断适应和把握首都城市战略定位，坚持创新驱动、高端引领，以绿色、创新为转型发展方向，促进生产与研发并进、升级与转型并举。

党的十八大以来，燕山石化牢牢把握高端新材料的发展大势，瞄准“卡脖子”技术，以市场为导向，以科研为支撑，以创新为目标，依托中国石化“十条龙”科技攻关模式，聚焦关键核心，强化高端引领，加快实现科技自立自强。2016年，燕山石化采用自主研发技术，建成国内首套、至今唯一一套连续法、全封闭、超洁净的高等级电缆绝缘料生产装置。2021年，燕山石化所产110千伏电缆绝缘料首次实现工业化示范应用。

坚持“研制储备一批、开发推广一批、拓市扩量一批”，燕山石化积极开发新产品，主动培育新动能，致力打造“四个基地”产业格局。清洁高效油品生产基地扎实推进，成功生产研发高标号无铅航空汽油，成为亚洲首家具有UL91航空汽油生产资质的炼化企业；高性能合成材料研发和生产基地稳步发展，致力攻关“卡脖子”技术，超高分子量聚乙烯、EVA光伏料、高等级电缆绝缘料等新产品研发取得突破；高性能膜产业基地持续突破，新材料开发填补国内空白；氢能产业示范基地抢占先机，于国内首家获得清洁氢认证，致力成为氢能产业链上的贡献者、攻坚碳中和绿色技术的示范者。

“十三五”期间，燕山石化申请国家专利83项，授权75项，共获得省部级及以上奖项30项，实现技术转让（许可）项目5项次，获评国家知识产权优势企业。

在奋进新征程的行动中，燕山石化将牢记习近平总书记“能源的饭碗必须端在自己手里”的嘱托，全力建设“四个基地”、矢志打造科技先导型氢能发展领军企业和新材料研发生产领军企业，勇争第一、勇扛红旗、勇创一流，创出新时代炼化企业安全绿色高质量发展的典范，交出无愧于历史、无愧于时代、无愧于人民的优异答卷。

（摘自《北京日报创刊70年纪念特刊》第40版）

深入学习贯彻党的二十大精神
为首钢打好高质量发展基础努力奋斗

首钢集团有限公司党委书记、董事长　张功焰

党的二十大报告深刻分析了国际国内形势，强调未来5年是全面建设社会主义现代化国家开局起步的关键时期。当今世界百年未有之大变局加速演进，中国发展进入战略机遇和风险挑战并存、不确定难预料因素明显增多的时期。中央经济工作会议指出，当前中国经济恢复的基础尚不牢固，“三重压力”仍然较大，外部环境动荡不安，给中国经济带来的影响加深；同时，中国经济韧性强、潜力大、活力足，各项政策效果持续显现，今年经济运行有望总体回升。要深化国资国企改革，提高国企核心竞争力。完善中国特色国有企业现代公司治理，真正按市场化机制运营。市委十三届二次全会强调，抓好今年工作，要坚持稳中求进，保持战略定力，增强系统观念，注重改革创新，守住安全底线。从钢铁行业看，企业之间的竞争已经从过去某一个方面的竞争发展为产品、成本、服务、技术、环保及产业链、

生态圈全方位的竞争，今年乃至今后一段时间供强需弱的基本面不会有大的改变，竞争局面将更加激烈，企业面临的经营压力将是长期的。我们确定今年的预算目标，既要考虑国家政策利好，也要考虑钢铁行业正处于下行周期，总体上看挑战大于机遇，必须坚持实事求是、尊重规律、系统观念、底线思维；既要积极，也要稳妥，指标要有追求，但也不能盲目冒进；还要充分考虑三年打基础的目标任务，全面落实去年“三创”交流会确定的六个方面指标体系对工作的要求。

做好首钢各项工作，总的要求是：坚持以习近平新时代中国特色社会主义思想为指导，深入学习贯彻党的二十大和中央经济工作会议精神，认真落实北京市委市政府各项工作要求，坚持稳中求进，保持战略定力，聚焦提高核心竞争力，深化改革创新，坚持“六个坚定不移”，落实“八个注重”，确保完成打好高质量发展基础各项任务，推动首钢迈上高质量发展新征程。

综合考虑外部市场环境、规划目标和打好基础的要求，首钢集团主要经营指标安排：营业收入2230亿元，实现利润91亿元，考虑市场的不确定性和处理历史遗留问题需要，利润计划60亿元。要重点抓好以下几方面工作。

一、抓细“三个一块”，进一步改善资产质量

改善资产质量是打好首钢高质量发展基础最紧迫、最艰巨的任务，是企业生存和发展的客观需要。首钢集团上下必须坚定不移、持续推进，确保整体带息负债降低50亿元、目标100亿元以上，负债率再降低1个百分点以上。

要把抓好自身经营作为重中之重，坚持多创效益和实打实的现金流。有能力的单位，要优先偿还外部带息负债，偿还首钢集团有限公司和首钢财务公司借款。要大力压降“两金”占用，钢铁板块要坚持“快进快出”，执行低库存运行模式，高度关注应收、应付、库存的管理；股权平台要实行“两金”规模与占比双控，加快资金周转，控制经营风险；北京首钢房地产有限公司、北京首钢建设投资有限公司、首钢基金公司等单位要加大工作力度，狠抓“两金”压降。要严控投资，树牢投资能力和投资效益“两把尺子”，加强投资项目全生命周期管理，对确实需要上的项目，要做细做实可研，强化投资过程管控和投后管理，确保“干一个、成一个、见效一个”。要严控成本费用，大力压减一般性支出和非急需、非刚性支出。要持续推进资本运作，深入挖掘集团优质资产，积极对接多层次资本市场，持续开展资本运作，提高资本证券化水平。积极推进一线材等园区外在京土地盘活，尽快回笼资金化解集团债务。

二、抓实“两个平台”，持续推动钢铁业做优做强

高端化、智能化、绿色化是钢铁行业高质量发展的方向。我们要顺应行业发展趋势，以产销研和铁前一体化平台为抓手，加快创新步伐，持续深入打造“五大优势”。

聚焦产品深化创新，持续优化产品结构。要坚持高端化、特色化和差异化方向，根据产品赢利能力和市场需求，不断推进产品优胜劣汰，将资源向效益高、有市场潜力的产品和赢利能力强的产线倾斜。要发挥好产销研平台作用，着力在提升高端领先产品比例、巩固战略产品市场份额、强化特色产品市场拓展上下功夫。汽车板要深耕日系产品，持续开展GA外板拉练，提高产品质量和供货份额；加大新镀层、超高强钢等产品的推广力度；加快新能源汽车市场拓展。电工钢要重点拓展特高压、新能源等领域应用，用好新产线，提高无取向高牌号和取向超薄规格产品产量，持续巩固领先优势。镀锡镀铬板要推进DI材增量，加快拓展DR材产品用途。

聚焦成本深化创新，持续提高制造水平。要坚持极低成本管理，瞄准先进企业深化对标找差，持续推进“三个跑赢”“双百工程”，全面加强制造成本、经营成本的管控。特别要发挥好铁前一体化平台作用，建立技术支撑、资源拓展、渠道共享、能源开发等方面高效协同的工作体系，追求铁成本降低、高炉长周期高效稳定运行的目标。要坚持“做大蛋糕”，深挖主体设备、关键工序和界面之间的潜能，不断提升全流程的生产效率。北京首钢股份有限公司、首钢京唐钢铁联合有限责任公司要完善产线分工，提高专线化生产水平。首钢股份公司要确保取向电工钢二期工程二季度全面投产、尽快达产达效，围绕无取向高牌号、取向薄规格和精冲钢冷硬等产品，明确三套机组的产品定位；首钢京唐公司要坚持精品战略，持续提升产线制造能力和产线间的协同能力。要围绕产线实际提高智能制造水平，加快实现首钢顺义冷轧公司灯塔工厂、首钢京唐公司无人仓储及智能物流管控等项目高效运行，把成果体现在产品质量和效率效益提升上。首钢矿业公司要确保马城铁矿年底部分投产；通化钢铁（集团）有限公司、首钢水城钢铁有限公司要加快止血、尽

早扭亏，为达产提效创造条件。

聚焦协同深化创新，切实发挥整体合力。要发挥“一院多中心”在创新工作中的主导作用，围绕产品升级换代、产线瓶颈问题、用户使用技术等合理配置科研资源，加强与基地生产、营销服务的协同；积极融入国家创新体系，加强与高校院所、上下游龙头企业的联合，推进产业链共性关键技术研发，不断推动技术领先成为首钢核心竞争力。要加大铁前资源开发与高效利用、转炉底吹氧气石灰粉、中厚板极限规格拓展等重大工艺技术攻关，持续提升全流程节能降耗、降本增效水平。要强化挂牌督办机制，及时准确回应客户诉求，把客户反映的问题作为技术创新的着力点。环保工作重心要从投资治理向精细化管理转变、从超低排放向“双碳”管理转变。要坚持推进“双碳”工作方案落实，从满足客户需求出发，加快产品LCA体系建设和出口欧洲产品碳税体系认证，不断增强产品竞争力。

三、抓住招商运营环节，大力推进园区产业活力复兴

北京市第十三次党代会明确提出，推进新首钢地区转型发展，打造“一起向未来”的城市复兴新地标。这就要求我们加快推进京西新三年行动计划和首钢集团后冬奥时期园区产业复兴、活力复兴任务清单落实，把提升首钢园区运营质量摆在首要位置，统筹做好开发建设和招商运营各项工作。

瞄准优质企业，加快推进首钢园区产业集聚。招商引资依然是园区工作的重中之重，一刻也不能放松，要充分调动各方面资源，引导优质企业在园区集聚发展，确保首钢园区北区自持物业出租率达到90%以上。将举办活动和招商引资紧密结合，主动策划、做好联动，在服务保障好中国国际服务贸易交易会、中国科幻大会等重大活动的同时，做好园区推介工作。以应用场景建设为抓手，以各个创新中心项目为载体，加快引入高精尖企业。完善商业模式，强化运营管理，提升资产质量，探索证券化方式盘活资产。

紧盯关键节点，加快推动重大项目落地见效。通过引进重大项目带动产业集聚是推动园区开发提质增速的重要保证。要大力推动怡和项目后续工作，尽快实现开工建设，围绕地铁站点打造“产城融合、职住一体、功能齐备、配套完善”的国际人才社区。加快推进华夏银行项目建设，带动相关金融科技业态在园区集聚。

加强开放合作，加快实现冬奥遗产可持续利用。冬奥遗产是园区的一张“金名片”，一定要利用好。围绕服务首都核心功能，加快推进冬奥组委办公区再利用工作，做好滑雪大跳台、“四块冰”、香格里拉酒店等冬奥场馆设施的可持续利用，开展多业态、多元化运营，满足多层次需求。千方百计挖掘冬奥遗产价值，与工业遗存利用有机结合，增加活动频次、扩大活动规模，为园区发展注入新动能。

四、抓牢效率效益导向，努力推动产业协同发展

实现首钢集团产业协同发展是建设世界一流的综合性大型企业集团的客观要求。要准确把握行业发展规律和市场机遇，深入对标找差，提高全要素生产率，不断破解瓶颈问题、增强发展实力。

提升服务能力，持续增强金融业发展后劲。坚持金融为产业服务，推进司库体系建设，保障供应链、资金链安全。首钢财务公司要落实监管新规，严格执行内控制度，坚持稳健合规发展。运用好本外币一体化资金池，实现境内外资金看得见、管得住、调得动、用得好，确保资金应归尽归；要加大票据盘活力度，提高信贷服务精准度，为集团整体运行提供流动性支持。首惠产融公司要发挥好供应链金融平台作用，把风险管理作为重中之重，加强与财务公司、集采平台协同，组织各单位用好“首钢京票”，保障供应链安全。首钢基金公司要坚守支撑集团产业发展的使命，切实发挥内部“投行”作用。用好绿色基金，加快推动首钢绿能REITs扩募工作；用好转型基金，助力集团土地盘活；强化精准投资布局，提高市场化项目收益率；做好首钢基金二期的相关工作，为后续发展奠定基础。香港首控公司要发挥境外投融资平台作用，统筹推进首程控股、首钢资源资本运作，深入对接集团产业，助力集团资本证券化。

坚持“赛马”机制，着力推动新产业提质增效。要在提高资产质量和经营质量上下功夫，进一步将有限的资源配置到能够创造效益、有发展前景的地方，不断增强综合竞争实力。北京首钢股权管理有限公司要进一步发挥好平台作用，推进项下单位打造核心产业，提高劳动效率，加快资金周转，强化风险管控。北京首钢环境有限公司要坚持轻资产发展模式，加大生物质领域外部市场拓展力度，确保长治项目满足公募REITs扩募发行条件。首钢房地产公司要坚持稳健经营，加大重点区域、难点产品的存货去化力度，加快开发节奏和资金回笼，控制经营风险。北京首钢矿业投资有限公司要建立可复制、可推广的标准化矿山管理模式，进一步立足矿

产资源自然禀赋探索产业链延伸。

五、抓准主要矛盾问题，持续推进企业改革

改革只有起点、没有终点，要在持续深化上下功夫。坚持问题导向，坚持市场化方向，以更大的力度、更实的举措推进重点领域改革，进一步激发企业发展活力。

狠抓措施落地，持续深化瘦身健体。这是企业生存发展的内在要求，必须扭住不放，切实增强紧迫感、责任感。要坚持应退尽退、应退早退，确保全年退出30家以上。聚焦经营性亏损企业，逐一制订落实扭亏计划，扭亏无望的坚决退出，力争亏损企业减少30%以上。要深入推进转型提效，继续实行用工人数与劳动效率指标双控，实现集团全员劳产率增速跑赢市属企业，钢铁板块实物劳产率增速跑赢行业，非钢单位劳产率提高5%。

深化合规管理，持续提高集团化管控能力。这是依法治企、应对外部风险挑战的基础。要进一步提高公司治理有效性，核心是权力放得下、接得住、用得好。进一步规范子企业治理主体权责界面，切实发挥子企业董事会作用，提高决策效率和质量。深化经理层任期制和契约化运行管理，合理设计子企业经理层经营业绩指标，强化契约刚性兑现。要狠抓合规管理措施落地，深化试点工作，推动合规管理融入企业日常经营，实现"强内控、防风险、促合规"的目标。

强化市场主体意识，持续完善内部市场化机制。这是近几年集团改革的重要内容，要在巩固成果的基础上进一步完善提高。要持续强化投资回报，坚持以归母净利润30%为基准，收取子企业投资收益。要坚持工资总额决定机制不动摇，鼓励多创多超多得，实现靠提高效率效益增加职工收入；从企业生存发展角度出发，深入开展人工成本对标，确保集团人工费同口径降低3%。要进一步强化委托管理责任，优化效益效率和资产质量等方面的指标要求，切实提升管理成效。要推广项目风险抵押金和跟投等激励约束机制，切实提高非钢单位市场化项目赢利水平，实现风险共担、利益共享。

六、抓好党建工作，为打好高质量发展基础提供坚强保证

全面从严治党永远在路上，党的自我革命永远在路上。要深入落实新时代党的建设总要求，弘扬伟大建党精神，推动党建工作在打好首钢高质量发展基础中展现新作为。

深入学习宣传贯彻党的二十大精神，在统一思想凝心聚力上下功夫。各级党组织要认真落实集团党委的安排部署，原原本本学习党的二十大报告和党章，组织开展好主题教育、领导人员研修班、专题宣讲等活动，切实做到全面学习、全面把握、全面落实。要压紧压实意识形态工作责任，有针对性地开展思想政治工作。建设首钢融媒体中心，强化舆论引导。广泛开展"双争做"、打好"六个基础"群众性主题实践活动，持续讲好"首钢人的故事"。出台首钢卓越品牌建设实施意见，努力创建世界一流企业品牌。大力营造建功新时代的浓厚氛围，切实把广大党员干部职工的智慧和力量凝聚到落实党的二十大精神、打好首钢高质量发展基础的实践中来。

坚持发挥政治建设统领作用，在推动制度落实上下功夫。要牢记"看北京首先要从政治上看"的要求，深刻领会"两个确立"的决定性意义，增强"四个意识"，坚定"四个自信"，做到"两个维护"，不断增强政治判断力、政治领悟力、政治执行力。要加强党内法规制度落实情况监督检查，推动问题整改，确保制度执行到位。严格落实"第一议题"要求，加大检查力度，指导各级党组织自觉把对标对表习近平总书记相关重要讲话、重要指示批示和重要论述，贯穿于议事决策的全过程。强化"三重一大"决策制度执行，实现各层级治理主体权责边界清晰、议事流程规范、运转衔接有效。从讲政治的高度，做好安全环保、信访维稳、"接诉即办"工作，认真履行乡村振兴等方面的社会责任。

坚持抓基层打基础，在提升党建工作质量上下功夫。坚持问题导向，着力提升党组织建设标准化规范化水平，推动基层党建和生产经营双促进、双提升。坚持典型引路，深入基层开展调研，及时总结交流基层党支部建设工作经验，形成"比学赶超"的良好氛围。坚持加强党的领导和完善公司治理相统一，落实《北京国有企业党支部（党总支）参与重大问题决策工作指引（试行）》，提升党支部参与企业重大问题决策的能力水平。坚持抓好党建实务培训，着力提升基层党务工作人员素质。

坚持人才强企战略，在增强干部人才队伍活力上下功夫。强化领导班子建设，切实提高领导班子创造力、凝聚力和战斗力。各级领导人员要当好"施工队长"，发扬说到做到、干就干成的硬朗作风，带头深入调查研究，扑下身子干实事、谋实招、求实效。落实三年工作方案各项任务，统筹推进"80后"和"85后"进班子。做好首届首钢科学家年度

绩效评价和第二届评选工作，发挥科技领军人才的引领带动作用，进一步壮大高层次科技人才队伍。落实党委人才工作主体责任，“双一流”院校招聘比例达到30%以上。优化技能人才结构，以技能人才职业资格评价和取证工作为抓手，实现高级工及以上高技能人才比例达到50%。抓好优秀青年骨干、科技创新人才、高技能人才等培训，丰富各类人才储备。

严格落实主体责任，在持之以恒正风肃纪反腐上下功夫。完善全面从严治党责任体系，深化全面从严治党（党建）工作考核和政治生态分析研判，进一步发挥党内监督主导作用和“10+1”联合监督优势。紧盯“关键少数”，增强对“一把手”和领导班子监督实效。锲而不舍落实中央八项规定精神，对顶风违纪行为从严查处，坚决防反弹回潮、防隐形变异、防疲劳厌战。聚焦重点领域，深入开展“靠企吃企”、损害企业利益行为专项整治。坚持“以案为鉴、以案促改、以案促治”，提高一体推进“三不腐”能力和水平。认真开展巡察工作，切实做到巡察一家、规范一家、提升一家。持续推进市委巡视、市委全面从严治党（党建）反馈问题整改，确保问题改到底、改到位。

发挥桥梁纽带作用，在提高群团工作质量上下功夫。坚持党对群团工作的统一领导，聚焦增强政治性、先进性、群众性，充分发挥工会、共青团组织作用，团结动员广大职工群众在企业改革发展中建功立业。大力弘扬劳模精神、劳动精神、工匠精神，做好第三届“首钢工匠”评选工作，发挥工匠学院、职工创新工作室作用，开展创新工作室联盟创建活动，持续加强产业工人队伍建设。依法维护职工合法权益，进一步完善职工困难梯度帮扶机制，持续开展送温暖活动，提升普惠服务质量；建好职工文体活动阵地，积极构建职工生活幸福型企业。

打好高质量发展基础、推动高质量发展是首钢迈向世界一流企业的必由之路。各级党组织要深入学习贯彻党的二十大精神，团结带领广大党员干部职工进一步认清肩负的历史使命，坚定信心、踔厉奋发、勇毅前行，以昂扬的精神状态、务实的工作作风，在首钢改革发展新征程上展现新气象新作为。

[摘自2023年1月中共首钢集团第一届委员会第三次全体（扩大）会议上的报告]

大事记

本类目采用条目体、纪事本末体，以时间为序，刊载2022年北京工业和信息化领域发生的大事、要事、新事、特事。

1月

6日 密云区通信建设管理办公室举行揭牌仪式。

13日 红星白酒产业园酿酒车间单跨物流实验实现技术性突破，成为国内首家运用智能搬运机器人（AGV）车和智能行车的清香酒酿造车间。

同日 阿尔特汽车总部迁入北京经济技术开发区的阿尔特汽车科技园，是国内首家上市独立汽车设计公司。

14日 华科精准（北京）医疗科技有限公司生产的创新产品“神经外科手术导航定位系统”获国家药监局审批。该产品是具有自主知识产权的国内首创医疗器械，各项性能指标达到国际同品种器械水平。

同日 城四区首个制造业调试组装项目（精进电动新能源汽车用先进驱动电机控制器产业化项目）落地朝阳区十八里店乡。

18日 科技服务业联盟发布《中关村新兴科技服务业产业联盟团体标准版权管理办法（试行）》。

20日 体外膜肺氧合设备（ECMO）项目组召开航天新长征医疗器械（北京）有限公司成立大会。该公司是国内ECMO研制领域率先进行商业化的公司。

21日 银河航天（北京）科技有限公司自主研发的6颗低轨宽带通信卫星下线，完成出厂评审。是国内首次成批量研制低轨宽带通信卫星。

25日 龙芯3C5000L服务器获2021年度自主创新飞跃产品奖。该服务器采用全新的龙芯自主指令系统（LoongArch），无须国外授权。

26日 北京智能车联产业创新中心及中关村智通智能交通产业联盟编写的《北京市自动驾驶车辆道路测试报告（2021年）》发布。

27日 金隅集团入选国务院国资委《国有企业公司治理示范企业名单》，是北京市唯一入选的市管企业。

28日 华翊博奥（北京）量子科技有限公司成立，是国内首家专注于离子阱量子计算技术路线的高科技企业。

同日 北京市大数据中心紧急启动大规模核酸检测专用条码（转运箱条码和试管条码）生产封装工作，分三批次接收京津两地发货的62台ZEBRA牌条码打印机、2100卷打印纸和378卷色带。

30日 科技部火炬中心、中国工商银行印发《关于同意在中关村科技园等58个国家高新区首批实施科技金融创新服务“十百千万”专项行动的通知》。

31日 中国石化集团北京燕山石油化工有限公司通过《低碳氢、清洁氢及可再生氢标准及评价》，成为国内首家取得清洁氢认证的企业。

1月 京东方科技集团股份有限公司建成全球首家无氯气工厂，整体用电量降低4%。

同月 北京和华瑞博科技有限公司获中国首张国产关节手术机器人注册证。

同月 中关村物联网数字孪生技术学院推出国内首个数字孪生技术领域的职业能力培训岗位——物联网数字孪生技术开发师。

同月 首钢新一代高强车身外板UF钢系列新品通过网络直播方式发布。高强车身外板UF钢为Uni-FISH超细晶高强钢，是首钢在国内率先开发的新一代创新产品。

同月 北京首钢朗泽新能源科技有限公司的“工业尾气生物固碳利用新技术”在全国首届颠覆性技术创新大赛领域赛近3000个项目中脱颖而出，获绿色技术优胜奖。

2月

2日 北京一轻食品集团有限公司所属义利面包食品有限公司将700个送检合格的国内第一款“零麸”无麸质面包配送至奥运村，完成北京冬奥会食品保障供应需求，成为国内唯一生产无麸质面包资质企业。

11日 市经济和信息化局召开区块链先进算力实验平台项目启动会，微芯研究院、腾讯云公司、北京软件产品质量检测检验中心、北京北咨信息工程咨询有限公司等项目承担单位负责人参加会议。

14日 欧洲输电网运营商Tennet确认由昌平

园企业中电普瑞电力工程有限公司、国网智能电网研究院有限公司、美国 McDermott 组成的联合体为 Borwin6 海上风电柔性直流输电工程的 EPC 总包商，标志着中国高端输电技术首次进入欧洲市场。

19 日 集成电路高精尖创新中心在北京揭牌。

23 日 北京市推进京津冀协同发展 8 周年进展成效新闻发布会召开。市委、市政府，京津冀协同办、市经济和信息化局、市交通委等部门介绍了各自领域推进情况。

24 日 工信部信发司、市经济和信息化局在北京联合举办首版次软件政策座谈会。

25 日 朴道征信研究院成立仪式暨征信行业发展研讨会在北京举办。

同日 科技服务业联盟发布《科技资源共享科技资源信息集成规范》团体标准，标准编号为 T/STST 30—2022。

2 月 蓝箭航天空间科技股份有限公司朱雀二号遥一火箭由总装交付测试。10 月“天鹊”真空型发动机 TQ-15A 完成首次全系统试车，11 月朱雀二号遥二火箭开始总装，“云鹊”发动机首台全系统试车成功。

同月 《北京市生物医药全产业链开放实施方案》在经开区实施，是针对北京“两区”建设出台的第一个全产业链开放实施方案。

同月 市经济和信息化局完成北京冬奥会赛事活动和城市运行政务专网指挥通信系统保障任务。

同月 北京京仪科技孵化器有限公司获 2021 中国百家特色载体称号，是京仪科技孵化器连续第 3 年获此称号。

3 月

1 日 一轻食品集团旗下义利面包、义利休食、北冰洋汽水、双合盛啤酒、劳动 1 号大汽水等多个热销品类亮相北京卫视 2022 北京消费季启动特别节目。

同日 市经济和信息化局组织召开北京市数字经济立法座谈会，市人大、市两区办、对外经济贸易大学、工业互联网研究院等专家代表以及金融领域、制造领域和数字贸易领域的企业代表参加会议。

4 日 北人智能装备科技有限公司入选国务院国有企业改革领导小组办公室公布的“科改示范企业”名单。

8 日 一轻控股召开食品集团领导干部大会，宣布北京北冰洋食品有限公司和北京一轻食品集团有限公司分立，并任命两家公司新的领导班子。

10 日 甘李药业股份有限公司自主研发的胰高血糖素样肽 -1 受体激动剂（GLP-1）GZR18 已在美国开启双盲、随机、安慰剂对照、序贯、单次递增剂量的 I 期临床试验。

13 日 2022 年北京冬奥会和冬残奥会闭幕。市经济和信息化局无线电安全保障团队完成北京冬奥会开闭幕式和赛事无线电安全保障任务。

15 日 北京金隅集团股份有限公司与三一集团有限公司举行战略合作签约仪式。双方计划在新型建材产品、数字化转型及智能制造领域和物流运输服务领域等方面开展深度合作。

17 日 市经济和信息化局与国家开发银行北京市分行举行座谈，并签署《“十四五”时期开发性金融支持北京市高精尖产业发展合作备忘录》。

24 日至 25 日 第五届全球物联网大会暨全球物联网黑科技大赛总决赛利用线上云平台举办。

25 日 由北京市科委、中关村管委会，天津市科技局，河北省科技厅共同主办的 2022 中关村论坛系列技术交易首场活动——新技术新产品首发与供需对接（新一代信息技术和医药健康领域）专场活动在北京举行。

26 日 北京汽车魔核动力 1.5T 发动机获评“中国心”2021 年度十佳发动机。

28 日（瑞士当地时间） 由清华大学医学院生物医学工程系杜亚楠教授及转化团队北京华龛生物科技有限公司自主研发的 3D 微载体细胞规模化智造技术在日内瓦国际发明特别展上获金奖。该技术的核心产品——3D TableTrix® 微载片是全球创新型、国内首款可用于细胞药物开发的药用辅料级微载体。

30 日 北京生态岛科技有限责任公司成为房山区第一家危险废物（矿物油）收集试点单位。

同日 由北京理工大学机械与车辆学院和北京世冠金洋科技发展有限公司共同创建的世冠科技—北理工机车学院 GCKontrol 系统设计与仿真联合实验室成立。

31 日 《北京市关于支持发展高端仪器装备和传

感器产业的若干政策措施实施细则》在怀柔区发布，是全市 29 个高精尖产业中第一个由市级部门和区政府协同定制的产业政策。

31 日至 4 月 2 日 第十一届 APEC 中小企业技术交流暨展览会召开，北京展团组织北京市中小企业公共服务平台携手 12 家"专精特新"中小企业以 VR 形式共同参展。

3 月 北京移动、北京联通、北京电信经过近一年的技术攻关、产品研发和施工改造，具备 1 小时内全网群发应急短信通知能力，超额完成市领导预定的 2 小时内的任务目标，提升了信息推送时效性。

同月 北京诺诚健华医药科技有限公司自主研发的 1 类创新药"奥布替尼"获批开展治疗视神经脊髓炎谱系疾病的Ⅱ期临床研究。

同月 京东方科技集团股份有限公司半导体显示技术"硬核"创新突破，率先实现全尺寸氧化物产品覆盖。

同月 首钢迁安智新电磁材料有限公司企业标准 Q/SGZGS 0342—2020《冷轧取向电工钢带》获全国企业标准"领跑者"称号。

同月 首钢京唐钢铁联合有限责任公司 22SiMn2 耐磨钢新产品首发上线。

4 月

6 日 金隅兴发科技园项目获全球 TITAN PROPERTY AWARDS 地产大奖最佳设计创新类铂金奖。

8 日 北京冬（残）奥会总结表彰大会在人民大会堂举行，北京冬奥会无线电管理协调小组办公室获突出贡献集体称号。

9 日 大兴区举办氢能、商业航天专项政策发布暨项目签约仪式，发布《大兴区促进氢能产业发展暂行办法》（2022 年修订版）和《大兴区支持商业航天产业发展暂行办法》。

13 日 瑞斯康达科技发展股份有限公司与华北电力大学新能源实验室共同成立的智慧能源联合实验室举行揭牌仪式。

14 日 数坤（北京）网络科技股份有限公司头颈 CT 血管造影图像辅助评估软件（CerebralDoc）获批 NMPA 三类医疗器械注册证，是全球首张头颈 CTA 医疗 AI 三类证。

15 日 国内首个毫米波技术在安检领域的国家标准——《毫米波全息成像人体安全检查设备》（GB/T 41482—2022）发布。

同日 市委、市政府召开北京时尚控股有限责任公司与北京工美集团有限责任公司重组大会，宣布两家企业实施重组。

同日 海淀区工商联（商会）企业家会客厅（会员之家）成立。

同日 首届中关村（京西）人工智能会客厅在中关村科技园门头沟园举办。

同日 北京市中小企业服务中心、北京市中小企业公共服务平台联合市级中小企业公共服务示范平台、小型微型企业创业创新示范基地及合作服务机构，共同举办北京市"一起益企"中小企业服务行动启动仪式。

19 日 全国首个元宇宙数字艺术产业园——中关村数字媒体产业联盟元宇宙示范基地暨大稿元宇宙数字艺术区在北京城市副中心揭牌。

20 日 英国医药咨询公司 IDEA Pharma 发布 2022 年医药创新指数和医药发明指数排行榜。百济神州（北京）生物科技有限公司分别位列医药创新指数排名第 6、医药发明指数排名第 7，是国内唯一连续 2 年入围两大指数榜单的创新医药企业。

24 日 首届中关村商业航天大会暨 2022 年"中国航天日"主题活动以线上线下结合的方式在丰台区举办。

25 日 北京数字精准医疗科技有限公司生产的创新医疗器械产品"近红外荧光成像系统"在北京首次获批上市，该产品是国内唯一一款经过临床试验验证的可用于肝脏肿瘤显像的分子影像术中成像设备。

29 日 北京市经济和信息化局与河北省工信厅共同组织召开京冀地区新能源汽车动力电池回收利用线上座谈会。

4 月 北京和华瑞博科技有限公司膝关节手术机器人首台量产机在经开区生产基地投产下线，标志着实现国产膝关节手术机器人"零的突破"。

同月 北方华创 LPCVD 设备实现核心技术突破，助力 TOPCon 电池量产效率突破 24.9%。

同月 北京印刷集团有限责任公司、北京宝岛包装印刷有限公司与北京印刷学院达成合作协议，

共同成立联合工程研究中心

同月 北京京仪科技孵化器有限公司通过西城区科技企业孵化加速基地考核，连续5年获西城区政府科技服务平台奖励。

5月

7日 ARCFOX极狐阿尔法S全新HI版车型上市。

同日 中关村大数据产业联盟元宇宙智库委员会成立。同时，大数据联盟元宇宙智库委员会网站启用。

10日 北京市在中关村科学城北区翠湖科技园增建北京通用人工智能创新园。

同日 科技服务业联盟批准发布《预泄压蝶阀技术规范》团体标准，标准编号为T/STSI 31—2022，实施日期为5月15日。

18日 全球绿氢大会中国区域平行论坛在大兴国际氢能示范区举办。

23日 京仪设计院参与建设的国家高山滑雪中心、国家雪车雪橇中心两项冬奥工程被授予2022—2023年度中国建设工程“鲁班奖”。

24日 工信部公布2022年跨行业跨领域工业互联网平台清单，航天云网科技发展有限责任公司的INDICS工业互联网平台再次入选，位列第2名，继续保持行业领先地位。

27日 北京隆达轻工控股有限责任公司与北京一轻研究院有限公司所属26家企业实施整合，组建北京一轻科技集团有限公司。

31日 2022年北京绿色智能制造创新创业大赛启动仪式暨富士康智能制造加速营新闻发布会通过线上直播方式召开。

5月 大华公司自主研发出国内首款大功率电源性能综合测试仪。

同月 京东方集团联合德国TÜV莱茵发布中国半导体显示领域首个权威健康护眼标准——全面护眼显示标准。

同月 国产新一代梅赛德斯－奔驰电池在北京奔驰电池工厂下线，实现奔驰新一代纯电动车型关键零部件的本土化生产落地。

同月 北京旷视科技有限公司经过技术攻关，对旗下产品“旷视神行防疫卫士”实现自定义时限核酸过期告警功能。

同月 在第121届巴黎国际发明展览会上，首钢京唐钢铁联合有限责任公司吴礼云的“一种电、热、水联产方法及系统”和李明的“球团智能控制无人操作研发与应用”2项发明获金奖。其中，“球团智能控制无人操作研发与应用”实现工业生产中造球工序智能控制，填补中国该项技术空白。

6月

6日 华辉安健（北京）生物科技有限公司宣布在澳大利亚启动乙肝病毒（HBV）中和抗体HH-006I期临床试验并完成首例受试者给药，是由中国科学家自主研发的乙肝中和抗体首次在海外开展临床研究。

7日 北京中因科技有限公司眼科基因治疗产品ZVS203e-1获美国FDA孤儿药认定。是继眼科基因替代治疗产品ZVS101e之后，中因科技获得的第二个FDA授予的孤儿药资格认定。

8日 中国关心下一代工作委员会公布第五批全国关心下一代党史国史教育基地名单，全国54个单位入选，首钢园名列其中。

同日 经北京市高级别自动驾驶示范区唯一运营方——北京车网科技发展有限公司认证，北汽研究总院车路协同团队实现示范区内三个“第一”，即第一家实现V2X协议栈互通、第一家实现示范区多个路口V2X场景触发、第一家实现V2X信息安全通信。

10日 市科研院辐射技术研究所自主研发制备了一种具有抗辐照、耐高温蒸汽氧化性能的核燃料包壳涂层材料。该成果获得发明专利1项，获得中国博士后基金资助1项。

11日 大兴区举办首届中国——日本粒子治疗技术创新与合作论坛。

13日 北京奔驰第400万辆整车暨国产全新EQE在顺义工厂下线。

17日 市科研院分析测试研究所自主研发了一套老化试验粉体制备装置及老化试验箱，该成果获2项实用新型专利。

同日 第25届京台科技论坛——京台绿色智造产业线上路演交流活动通过牡丹融媒体直播方式在线上举办。

18日 百济神州（北京）生物科技有限公司研发的中国首款用于治疗儿童前体B细胞急性淋巴细胞白血病的免疫治疗药物——倍利妥上市。

21日 理想汽车公司在位于中关村示范区顺义园的北京研发总部举办2022夏季发布会，发布为家庭打造的智能SUV理想L9。

23日 市科研院资源环境研究所开发了以电催化氧化、单原子基类芬顿氧化、催化臭氧氧化为代表的PPCPs高效去除技术。该项技术已应用于高碑店污水厂和稻香湖再生水厂PPCPs检测。该成果发表学术论文1篇，形成实验室操作规程2套。

26日 WMC2022世界元宇宙大会在大兴经济开发区开幕。开幕式上举行“中国元宇宙创新应用大赛”总决赛颁奖典礼，北京中科深智科技有限公司等11家企业获得一等奖，北京无元技术有限公司等20家企业获得二等奖。

同日 2022京津冀汽车产业链对接活动采取“线上＋线下”形式在河北省石家庄市举办。

27日 北京同仁堂互联网医院揭牌仪式在浙江省乌镇市举办，该互联网医院是北京市首家独立设置的中医互联网医院。

28日 卓曜（北京）科技有限公司研制的国内首个全自主知识产权8K讯道摄像机系统通过工信部验证测试。

同日 友康生物科技（北京）股份有限公司推出新产品——病毒采样与核酸提取一体管，是全球首个可在4分钟内完成核酸提取的产品。

29日 由中关村物联网产业联盟发起、全国社区元宇宙工作委员会主办、滴度科技承办的首届中国社区元宇宙大会召开。

30日 天润云股份有限公司登陆香港证券交易所主板，成为第一家港股上市的全周期客户联络云平台公司。

同日 北汽研究总院智能网联中心软件开发团队智能车辆运动控制系统（IVMCS）获得ASPICE CL2证书，标志着北汽智能网联软件开发体系和车辆运动控制系统研发能力达到国际先进水平。

6月 北京东土科技股份有限公司与中国移动通信有限公司研究院、中国移动、京信网络系统股份有限公司共同发布国内工业互联网业界内首个5G云化工业基站，并完成端到端验证。

同月 798艺术区启动景观改造计划，全力打造世界一流艺术园区。

同月 市卫生健康委、市总工会公布第一届北京市健康企业名单，中国石油化工股份有限公司北京燕山分公司上榜，成为首批30家北京市健康企业之一，获“北京市健康企业”奖牌。

同月 燕山石化公司高压装置EVA产品包装线首次采用共享托盘出厂，是继二高压装置EVA产品实现共享托盘出厂后的又一次绿色物流实践。

同月 在第十一届中国智能制造高峰论坛暨第十九届中国智能制造盘点上，北京首钢股份有限公司获评智能制造示范工厂，“钢铁全流程过程质量管控”入选智能制造优秀场景名单。

7月

1日 市科研院城市系统工程研究所通过地理建模与仿真方法，提出基于矩阵计算的方法来理解城市拥堵的时空演化模式。该研究成果为冬奥会城市运行交通保障决策提供了支撑服务。

4日 北京京仪大气环保科技有限公司与国家遥感应用工程技术研究中心联合成立空天地一体化联合实验室。

同日 第23届比利时布鲁塞尔国际烈性酒大奖赛获奖榜单揭晓。北京红星股份有限公司生产的“红星钰玺·煌钰”获全场清香型白酒唯一大金奖。

5日 北汽福田智蓝汽车首批40台氢燃料重卡自卸车、牵引车交付北京市政路桥建材集团。此次交付的氢燃料重卡融合北京氢能产业多项技术，在国内属领先水准。

6日 2022数博会首期“数博思享会”活动在丰台区南中轴国际文化科技园举办。

7日 北京市工商业联合会、北京金融法院优化营商环境工作室成立。

7日至8日 北京市集中隔离工作组分别组织“一体化防疫平台”隔离管理模块使用培训和预发上

线工作，面向全市开展系统培训和流程演示，16+1区集中隔离工作组（专班）、114个隔离点工作人员参加活动，各区1～2个隔离点完成预发上线。

8日 中国轻工业企业管理协会发布2021年度轻工企业管理现代化创新成果名单。红星股份申报的《1234安全管理体系在白酒企业的创新及应用》被评为2021年度全国轻工企业管理现代化创新成果一等奖。

12日 财富Plus发布2022年《财富》中国500强排行榜，京东方科技集团股份有限公司列第57名，同时在半导体显示企业中列第1名；北京首钢股份有限公司列第101位。

13日至9月10日 由中关村实验室、国家工业信息安全发展研究中心、清华大学人工智能研究院、北京瑞莱智慧科技有限公司联合主办的北京市首届人工智能安全大赛在北京启动。

19日 京津冀三地经（工）信部门在河北省雄安新区举办对接交流活动，三地经信部门签署《共建先进制造业集群 共推产业协同发展战略合作协议》。

20日 由国家新能源汽车技术创新中心和德国西门子股份公司联合打造的国内首家整车能效开发试验室在经开区落成启用。

同日 北京市高级别自动驾驶示范区工作办公室宣布开放国内首个无人化出行服务商业化试点，百度和北京小马智行科技有限公司成为首批获许企业，标志着国内无人化出行服务从示范运营迈入商业化试点新阶段。

同日 北京朗视仪器股份有限公司生产，全球首款双源、双探测器的口腔CBCT产品——第三类创新医疗器械“耳鼻喉双源锥形束计算机体层摄影设备”通过国家药监局注册审批。

同日 “数字经济·触手可及”2022北京数字经济体验周暨数字消费节启动仪式在大兴区荟聚购物中心举办，标志着为期一周的数字经济体验周活动开幕。

21日 百度公司发布第六代量产无人车——Apollo RT6。该车实现100%车规级和整车全冗余系统。

同日 悦康药业集团股份有限公司被授予“北京台湾青年实习就业示范基地”。

22日 市科研院资源环境研究所研制的“一种可拆合自然散热结构的外加热立式电热炉”获第16届北京发明创新大赛铜奖。

22日至24日 第二十三届中国·青海绿色发展投资贸易洽谈会、第二届中国（青海）国际生态博览会在青海省西宁市城南国际会展中心开幕。北汽集团、首农集团、理想汽车等7家重点企业负责人组成的北京代表团参加青洽会开幕式、主旨论坛暨重大项目签约活动。

24日 搭载着能量粒子探测器的中国空间站“问天”实验舱发射升空。一轻院北京玻璃研究院研制的CLYC晶体应用于能量粒子探测器中，是国内首次实现CLYC晶体在深空探测领域的应用。

同日 SINOVAC科兴疫苗质量研究中心开工。该项目是北京市2022年重点工程计划及昌平区2022年医药健康重点落地项目，总投资额5亿元。

25日 乐普医疗发布《关于发行GDR（全球存托凭）并在瑞士证券交易所上市获得瑞士证券交易所监管局附条件批准的公告》。

同日 利亚德与参股公司赛富乐斯半导体科技有限公司共同完成使用NPQD® R1 Micro LED芯片制备的显示屏幕的开发和测试，是行业首款使用量子点Micro LED芯片的显示屏。

26日 世界品牌实验室（World Brand Lab）主办的第十九届世界品牌大会发布2022年《中国500最具价值品牌》分析报告。“金隅”品牌位列榜单第64名，连续占据中国500最具价值品牌榜单。

27日 北京艺妙神州医药科技有限公司获批CAR−T细胞治疗产品《药品生产许可证》，成为北京首家和全国为数不多获批CAR−T细胞治疗产品《药品生产许可证》的基因细胞药物企业。

同日 第七届“创客北京2022”创业创新大赛延庆区选拔赛结束。“北京中关村智连安全”和“交互式PET成像技术”分别获得企业组和创客组冠军。

同日 北京京城机电控股有限责任公司与海尔智家签署战略合作协议，共同推动在氢能、环保、智能制造等领域深化合作。

27日至29日 2022开放原子全球开源峰会在经开区举办，采用“线上+线下”方式，设置1场主论坛、14场专题论坛。

28日 2022全球数字经济大会开放原子全球开源峰会在北京召开。会上，市经济和信息化局发布《2022北京软件和信息服务业发展报告》。

同日 2022全球数字经济大会拉萨峰会在西藏自治区拉萨市开幕。其间，市经济和信息化局以“三京”为主题，在展示体验区布设“北京市智慧城市门户”专题展览。

29日 2022全球数字经济大会在北京国家会议中心开幕。会议期间，中国信息通信研究院发布《全球数字经济白皮书（2022年）》，北京市经济和信息化局发布《北京市北斗时空信息产业发展白皮书（2022）》。

同日 市经济和信息化局发布《北京市促进数字人产业创新发展行动计划（2022—2025年）》，提出国内首个数字人产业政策。

同日 龙徽1910文化创意产业园开园仪式在北京举行。产业园由原北京龙徽葡萄酒厂改造更新而成，占地约6.67万平方米，总建筑面积约4.7万平方米，有50余家企业入驻。

30日 小米集团牵头的3C智能制造创新联合体启动会在北京小米科技园举行。

7月 北京量子信息科学研究院和华夏银行、龙盈智达（北京）科技有限公司合作，试点应用量子直接通信技术服务于商业银行保密数据传输业务场景，在国际上首次实现量子直接通信技术在金融领域的应用。

同月 由北京品驰医疗设备有限公司负责研发生产，清华大学参与前期技术支持的“可充电植入式骶神经刺激脉冲发生器套件”获批，标志着国内首款自主知识产权的可体外无线充电的骶神经刺激器进入市场。

同月 761工场举办北京“两区”政策海外云推介系列活动，促成30个意向投资北京项目。

8月

1日 北汽研究总院动力中心混动团队“驱动系统及软件开发”能力，通过ASPICE CL2评估，标志着北汽研究总院混动开发过程管控能力已达国际先进水平。

同日 极狐阿尔法S白车身凭借多项行业首创技术和创新材料应用，获第九届中国轻量化车身会议（乘用车）最高奖项——车型卓越奖。

2日 昌平区首个虚拟代言人——“昌小平”上线。

3日 《财富》官方App全球同步发布最新《财富》世界500强排行榜。首钢位列第328，排名比2022年提高83位，这是首钢自2011年首次进入世界500强榜单以来第11次上榜。

5日 根据中国轻工业联合会发布的第八届中国工艺美术大师评选结果公告，北京市有9人获评新一届中国工艺美术大师，获评人数持续在全国名列前位。

9日 电子城高科旗下的知鱼智联科技股份有限公司登陆“新三板”。

10日 北京电控和清华大学共同建立的芯屏融合与系统集成技术联合研究中心揭牌。

同日 经国家外汇管理局北京外汇管理部备案，首钢获批“跨国公司本外币一体化资金池”试点企业资格，通过本外币一体化资金池成功办理境外成员企业资金归集首发试点业务。

11日 北京小米科技有限责任公司首款全尺寸人形仿生机器人CyberOne亮相秋季新品发布会。

同日 第七届“创客中国”北京市中小企业创新创业大赛暨“创客北京2022”创新创业大赛怀柔赛区复赛完成。北京中科纳通电子技术有限公司项目“第三代半导体纳米烧结银胶”获企业组一等奖，北京特博超越科技有限公司项目“基于新型磁控智能材料的4D打印与软体机器人项目”获创客组一等奖。

12日 北京京城机电控股有限责任公司加快疏解非首都功能，所属北京巴威公司曹妃甸高端装备制造新基地项目竣工，启动搬迁。

15日 北京化学工业集团有限责任公司所属职防院整建制划转北京市卫生健康委员会。

16日 北京展心展力信息科技有限公司的“基于移动端虚拟化技术的3D多人联机互动内容编辑器服务平台”等6个项目入选2022年新型信息消费示范项目名单。

18日至21日 2022世界机器人大会在北京举办。大会汇聚展出136家企业及科研机构的500余款先进技术和产品，发布36款全球首发新品，集中展示了30家行业应用场景。

19日 北京市氢能质量标准化技术委员会成立大会暨一届一次会议在大兴国际氢能示范区召开，是京津冀范围内成立的首个氢能质量相关的标准化技术委员会。

20日 北京（怀柔）韧性城市应用场景示范基地揭牌。

21日 2022年石景山区科技周启动仪式暨中关

村科幻产业创新中心揭牌仪式在首钢园 · 中关村科幻产业创新中心举行。

26 日　国务院批准举办的全球规模最大的新能源汽车大会——2022 世界新能源汽车大会在北京市、海南省两地以线上、线下相结合的方式召开。

同日　由北京一轻控股有限责任公司举办的首届一轻品牌嘉年华活动在北冰洋义利园区开幕。

31 日　“芯动未来共启新程”首钢智新电磁新能源专线投产暨新产品全球首发仪式举行。首钢 20SW1200H 和 ESW1230 两款新能源汽车用电工钢全球首发。

同日　北京市长城企业战略研究所发布《2022 中国 AI 芯片及应用新赛道研究报告》，展示了部分引领新赛道发展的企业案例。

31 日至 9 月 5 日　2022 年中国国际服务贸易交易会在北京国家会议中心和首钢园举办。

9 月

1 日　北京市经济和信息化局联合国家开发银行北京市分行在 2022 年中国国际服务贸易交易会上，举行“首都产业强链筑基”见贷即贴专项合作金融产品发布会。

6 日　由正东集团与中国服装设计师协联合共建的 751D · PARK 以及三里屯太古里、北京 SKP、SKP−S、国贸商城、王府井商业街入选第一批全球首发中心。

同日　克诺尔轨道交通中国创新中心揭牌仪式在海淀区举行。

7 日　全国社区元宇宙“回天”示范基地签约及启动仪式在北京举行，国内首个社区元宇宙产业服务基地落户昌平区。

8 日　燕山石化公司取得 100VLL 航空汽油适航批准书，成为中国石化首家具备生产销售该产品资质的企业。

9 日　党建引领中医药文化传承与创新展示中心在同仁堂股份公司大兴生产基地揭幕，该中心由同仁堂股份公司携手人民网智慧党建体验中心共同规划建设。

同日　由华辉安健（北京）生物科技有限公司联合北京中关村生命科学园发展有限责任公司共同建设、投资的华辉大分子生物药工艺研发平台在昌平园启动。

14 日　北京市经济和信息化局为北京智慧城市网络有限公司颁发 5905 ～ 5925 兆赫兹频段车联网试验频率使用许可。

15 日　北京医药健康产业国际项目合作对接会以线上和线下方式举办。该项目是市经济和信息化局支持大兴国际机场临空经济区产业招商发展的重要举措。

同日　同仁堂集团与北京中医药大学共同签约“治疗慢性心衰的芪参颗粒”转化合作项目，填补同仁堂在慢性心衰领域的空白。

15 日至 22 日　2022 北京时装周以“潮向未来”为主题，在王府井、隆福文化中心、望京小街、张家湾设计小镇等地区举办，200 余个品牌参与，多场线上线下活动。

16 日　北京时尚控股有限责任公司投资设立的混合所有制企业北京铜牛智能科技有限公司成立。

同日　市科研院城市安全与环境科学研究所提出的可实时评估人耳噪声暴露以及作业人员噪声暴露溯源分析的技术方法，已申报 2 项发明专利，5 项实用新型专利获授权。

16 日至 19 日　2022 世界智能网联汽车大会在顺义区召开。大会参展商涵盖新能源和智能网联汽车产业上下游企业 200 余家，全面展示智能网联汽车产业的前沿科技、创新产品、应用场景以及智慧交通及出行服务等内容。大会线上线下观看人数 1000 余万人次。

20 日　市工商联助力乡村振兴工作专委会成立大会在北京工商联大厦召开。

同日　第 25 届京台科技论坛——京台绿色智造产业发展论坛在北京举办。该论坛被列为第 25 届京台科技论坛“1+5+N”的 5 个主要论坛之一，实现 3 组京台重点协会和企业之间的战略合作签约和 8 项先进技术成果的发布。

21 日　北京市人民代表大会财政经济委员会第四十三次会议审议《北京市数字经济促进条例》（草案二次审议稿）。

同日　北京市地下管线协会成立大会暨第一次会员大会举行。

22 日　2022 北京时装周闭幕盛典暨铜牛“萃 · 至真”发布会在北京时装周永久会址——张家湾设

计小镇举行。

同日 同仁堂集团携手北京中科讯博通信技术有限公司打造的“同仁堂5G消息门户”项目获全国第五届“绽放杯”5G应用大赛5G消息专题赛商用方向决赛一等奖。

23日 梅赛德斯－奔驰第一辆国产重卡在北京福田戴姆勒汽车有限公司新厂区下线。

24日 爱康医疗北京昌平3D打印与智能制造基地奠基。

26日 国际安全与可持续发展评级结果发布会在北京举办，会上宣布燕山石化公司通过挪威船级社国际安全与可持续发展评级系统（ISRS）第9版6级评价标准，成为国内首家通过该评价的炼化企业。

同日 北京市工商业联合会、中国工商银行北京市分行共同启动北京市工商联金融“助力科技·助力小微”行动计划。

27日 北京建筑垃圾运输车辆新标准首个达标车——欧曼智蓝纯电重卡上市仪式在北京超级卡车体验中心举行。

同日 元宇宙与数字经济创新联合体启动仪式在中关村石景山园举行。

30日 北汽新能源向百度Apollo交付200台第五代共享无人车——Apollo Moon，成为首个实现百度第五代共享无人车批量交付和商业化应用的车企。

同日 京仪集团新增10家企业入选专精特新企业，其中包括北京北分瑞利分析仪器（集团）有限责任公司、北京京仪北方仪器仪表有限公司2家国家级专精特新“小巨人”企业。

9月 《北京城市副中心新型电力系统示范区建设方案》发布。

10月

1日至7日 时尚控股和北控集团共同主办的2022Hi Fashion移动驿站——首站活动在怀柔区雁栖湖国际会展中心祈年广场举行。

9日7时43分 中国首颗综合性的先进天基太阳天文台卫星“夸父一号”于酒泉卫星发射中心成功发射，并进入预定轨道。

11日 中车北京南口机械有限公司的5.0兆瓦风电齿轮箱首批两台下线并交付中车山东公司松原基地。

13日 龙徽1910文创园历史建筑群获首都规划建设委员会办公室授牌。

18日 市经济和信息化局公布2022年度第一批北京市市级企业技术中心创建名单，北京博恩特药业有限公司入选。

同日 中关村物联网产业联盟发布元宇宙行业的首个职业团体标准《社区元宇宙运营师职业标准》。

24日 汽车机器人ROBO-01首台验证样车完成试制并下线。

同日 丰田燃料电池研发与生产项目（一期）奠基仪式在北京经济技术开发区举行。

28日 北京市首批先行先试的区域联合体——北京市经济技术开发区科技服务创新联合体启动会召开。

同日 由北京银保监局、海淀区政府共同设立的中关村科创金融服务中心在海淀区中关村创业大街6号挂牌成立。

10月 北京量子信息科学研究院全光量子源团队开发完成国内首台产品级高功率飞秒振荡器——Fermion-007。

同月 国网北京市电力公司在平谷区峪口镇西凡各庄村建成北京市首个农村电力驿站。

同月 北汽研究总院的发明专利——《电动汽车的剩余续航里程估计方法、系统及电动汽车》通过欧洲实质性审查，成为北汽研究总院电动汽车控制领域首个出海专利。

同月 北京亦昭生物医药中试研发生产基地项目一期取得生产许可证，12月完成五方验收并实现首批10条2000升规模一次性原液生产线的投入使用。

同月 北京京仪仪器仪表研究总院有限公司的“低功耗80GHz毫米波雷达物位计电子芯研发”和“智能电表智能工厂数字化解决方案”2个项目入选《北京绿色产业项目库》。

同月 北京同仁堂股份有限公司的时疫清瘟丸、养阴清肺丸、苏合香丸、巴戟天寡糖胶囊4个产品通过加拿大天然健康产品注册，标志着同仁堂集团开启境外自主持证的国际化创新模式。

同月 北平制冰厂旗舰店在东城区交道口开业，为北京9家门店面积最大的店。

11 月

1 日 同仁堂安宫牛黄丸（脑血管用药）、同仁堂（滋补药）、同仁堂（中药饮片）荣膺“2021—2022 健康中国品牌榜”，同仁堂安宫牛黄丸荣膺“2021—2022 健康中国品牌榜 · 价值排行榜”，中国北京同仁堂（集团）有限责任公司获颁行业最高荣誉“西普金奖”。

2 日 北京化学工业集团有限责任公司与北京京城机电控股有限责任公司通过合资合作方式设立北京华腾京研科技有限公司，集中解决储氢装备关键材料“卡脖子”难题。

4 日 北京小蝇科技有限责任公司与中国医学科学院北京协和医院联合研发的外周血细胞图像白细胞辅助识别软件，获国家药品监督管理局（NMPA）审批通过，成为体外诊断行业（IVD）全国首张 AI 三类医疗器械注册证。

10 日 首届中国数字社区创新发展大会启动仪式在昌平区回天地区举行。

11 日 首批梅赛德斯－奔驰国产重卡自怀柔区庙城镇的北京福田戴姆勒汽车有限公司新厂区发车，销往国内多个城市。

14 日 北京微芯区块链与边缘计算研究院长安链团队研发成功海量存储引擎——Huge，中文名“泓”。

16 日 市工商联召开助力京津冀协同发展工作委员会成立大会。

17 日 北京京仪睿远科技服务有限公司所属远东科技文化园入选 2022 年度北京市级文化产业园区。

20 日 工信部印发《关于印发重点培育纺织服装百家品牌名单（2022 版）的通知》，确定铜牛为北京市 6 家重点培育消费品牌之一。

同日 北京红星股份有限公司北大库（一区）罐区建成投产。

21 日 市经济和信息化局大数据中心获批设立园区类博士后科研工作站。

25 日 京东方物联网移动显示端口器件生产基地项目点亮暨量产仪式在山东省青岛市西海岸新区举行，标志着全球最大移动显示模组单体工厂开始量产。

30 日 国内首部《科技服务业标准体系》（1.0 版本）发布会在云端召开。

同日 首惠产业金融服务集团有限公司在首钢供应链金融平台上开出首张“首钢京票”，面值 2000 万元。该平台上线运营，成为北京市属国企第一家可开立供应链多级流转债权凭证的国有企业。

11 月 京东方科技集团股份有限公司牵头制定的国内首个汽车抬头显示行业标准获工信部批准发布，成为国内 HUD（抬头显示）首个行业权威测试标准。

同月 首钢京唐钢铁联合有限责任公司的“基于 SPC 过程管理质量管控模式的构建与实施经验”项目，在 2022 年质量标杆典型经验遴选和交流活动中被评为全国质量标杆，成为全国 6 个典型经验之一。

同月 市科研院编纂的首都高端智库研究报告集《科技创新治理体系与高质量发展（2021）》由新华出版社出版发行。

同月 位于中关村顺义园的第三代半导体产业园投入运行。

12 月

2 日 2021 年度全国“生产力促进奖”评选结果揭晓，市科研院所属北京北科控股有限公司凭借京津冀协同创新和成果转化业绩，被授予全国“生产力促进（服务贡献）奖”。

4 日 神州细胞工程有限公司自主研发的重组新冠病毒 2 价 S 三聚体蛋白疫苗，经国家有关部门论证被纳入紧急使用范围。

8 日 北京晶品特装科技股份有限公司在上交所科创板上市。

9 日 北京市疫苗检验中心建设工程项目开工动员会在中关村生命科学园举行，标志着全国首个疫苗检验中心开工建设。

10日 中国石化国产化兆瓦级质子交换膜（PEM）电解水制氢装置在燕山石化开车，并于当日实现全流程贯通，产品质量检测合格。该装置是中国石化首套开车运行的兆瓦级质子交换膜电解水制氢装置。

11日 由世界可持续发展工商理事会、商业自然联盟、世界自然基金会等多家机构联合编制的《企业生物多样性保护案例集》发布，燕山石化的“达标排放的工业污水处理+湿地自然生态修复系统”生态型工业污水综合净化实践入选。

19日 诺华（中国）生物医学研究有限公司宣布设立卫生健康发展基金会，是首个获准在中国设立基金会的跨国医药企业。

20日 在2023中国和全球钢铁需求预测暨2022中国钢铁企业竞争力（暨发展质量）评级研究成果发布会上，首钢连续第5年获得A+（极强）评级。

21日 市科委、中关村管委会启动高品质科技园区建设，公布首批支持中关村生命科学园等科技园区的10个项目，涉及集成电路、医药健康等7个产业领域。

28日 中国金属学会发布全国首个针对钢铁行业高炉富氧采用变压吸附（VPSA）供氧的技术标准——《高炉炼铁变压吸附供氧技术规范》（T/CSI–44–2022）团体标准。

同日 北京奔驰新车型——梅赛德斯－奔驰长轴距GLC SUV在北京经济技术开发区下线。

同日 中关村科学城智能网联汽车协同创新平台在海淀区启动。

12月 北京品驰医疗设备有限公司申报的“3.0T磁共振兼容脑起搏器”通过《2022年首创产品首次进入市场拟支持项目》公示，是获得支持产品中唯一的医疗器械“国际首创产品”。

同月 北京京仪智能科技股份有限公司混改第一阶段业务及股权重组工作全部完成。

同月 北京京仪科技孵化器有限公司及所属融科孵化器同获北京市创业孵化示范基地称号，并入选市级20家创业载体。

同月 工信部公布第四批工业产品绿色设计示范企业名单，北京首钢股份有限公司入选，是该次评审中冶金行业类唯一上榜钢铁企业。

同月 同仁堂集团按照预防、治疗、康复阶段用药需求，梳理出41个中成药、8个保健产品服务首都群众抗疫，以最大限度保证市场供应。

年内

北汽福田欧辉客车参与北京冬奥会服务保障，既是北京赛区闭环内唯一客车品牌，也是服务北京冬奥会高山滑雪运动员、裁判及媒体的唯一摆渡用车。

经工信部评审，大兴区成为北京市唯一被评为工业稳增长和转型升级成效明显市（州）的区。

在中共北京市委宣传部2022年度北京市级文化产业园区拟认定公示中，北京时尚控股有限责任公司的5个园区上榜，其中莱锦园区为市级文化产业示范园（提名），铜牛电影园、永乐文智园、京工创新园、雪莲亮点园为市级文创园。

燕山石化所拥有的中国石化首套稀土顺丁橡胶装置，实现投产10年以来首次年产量超万吨。

在首钢北京园区冬奥核心赛区建成国内首座“发充储放”一体化充电站。

西什库31号文创园被评为西城区第二批创业孵化示范基地。

北京北冶功能材料有限公司、北京首钢吉泰安新材料有限公司和北京首钢朗泽新能源科技有限公司获国家专精特新“小巨人”企业称号。

北京清河三羊毛纺织集团有限公司注册商标溥利、北京京冠时尚纺织有限责任公司（北京毛巾厂）注册商标京冠通过北京市老字号协会认定的第7批北京老字号认定。

北京清河三羊毛纺织集团有限公司与北京市纺织品进出口有限公司进行重组。将纺织品公司所持北京京纺国际贸易有限公司全部股权无偿划转至毛纺集团，8月15日取得北交所产权交易凭证，8月23日完成工商登记变更，时尚控股所持纺织品公司全部股权无偿划转至毛纺集团，11月16日取得北交所产权交易凭证。

北京市、天津市、河北省、山西省等地联合发布《京津冀晋企业公共信用综合评价等级标准》，为全国首个公共区域标准。

聚焦数字经济

本类目采用条目体，刊载2022年北京经济和信息化系统聚焦数字经济领域的基础设施建设、数字经济标杆城市建设，数字经济立法，以及数字产业化等方面所取得的成就和开展的工作。设有概述、政策与措施、产业动态和研发与成果4个分目。其中，政策与措施分目包括出台的政策文件及实施情况、机构成立等内容；产业动态分目包括项目启动、专题论坛等内容；研发与成果分目包括数字平台建设、技术测试、解决方案等内容。

概 述

2022年，全市大数据管理机制和顶层设计初步建立，数字经济法律制度持续完善，数据治理体系逐步健全、数据开放水平稳步提升。年内，《北京市数字经济全产业链开放发展行动方案》《北京市营商环境创新试点数字经济小组工作方案》印发，“首届北京医疗健康数据创新应用竞赛”和“首届北京智慧交通开放创新大赛”举办，区块链技术应用加速落地，区块链+实体经济、区块链+民生服务、区块链+智慧城市、区块链+政务服务深度融合，“三京”“七通一平”共性基础设施建设持续夯实，数据要素市场建设取得成效，数据公开常态化机制初步形成。

政策与措施

【《北京城市副中心推进数字经济标杆城市建设行动方案（2022—2024年）》印发】 1月28日，通州区政府办印发《北京城市副中心推进数字经济标杆城市建设行动方案（2022—2024年）》，包括数字产业培育、产业数字转型、数据要素供给、标杆工程建设、数字赋能服务5类共57项具体任务。

（屠洪月）

【首个元宇宙数字艺术产业园揭牌】 4月19日，全国首个元宇宙数字艺术产业园——中关村数字媒体产业联盟元宇宙示范基地暨大稿元宇宙数字艺术区在北京城市副中心揭牌，首批入驻的元宇宙企业及项目举行了签约仪式。大稿国际艺术区是通州区首个利用老旧工业厂房改造成的文化创意产业园区，创建于2006年，改造建设后总建筑面积32000平方米。升级改造后的大稿艺术区以数字技术及数字艺术链接产业创新模式，创建线上线下融合的元宇宙数字艺术区及元宇宙虚拟园区新生态。园区内将建有元宇宙数字艺术大厦、元宇宙数字艺术办公空间、元宇宙创作空间、元宇宙艺术馆、元宇宙会客厅、元宇宙书店、元宇宙咖啡馆、元宇宙餐馆、元宇宙影院、元宇宙博物馆等，还将设立数字艺术大师工作室、艺术家直播基地、元宇宙IP孵化与投资平台等办公、体验、交流等场所及服务平台。

（市科委、中关村管委会）

【密云区推进数字经济发展实施方案印发】 4月28日，密云区印发《北京市密云区推进数字经济创新发展三年行动方案（2022—2024年）》，行动方案包含指导思想、发展目标、总体部署、主要任务和保障措施5个方面内容，明确数字经济“四大工程”21项任务。其中，新型基础设施建设工程包括5G网络、算力设施、大数据平台、城市智慧大脑、城市感知体系、数字城市管廊6项建设任务；产业数字化应用场景推广工程包括农业应用场景、制造业应用场景、服务业应用场景、文旅业应用场景、重点领域应用场景5项建设任务；数字产业化培育工程包括打造区域特色产业、数字经济产业培育、基础软硬件技术攻关、新技术应用探索4项建设任务；绿色数字生态提升工程包括数字政府、智慧生态保护、智慧平安社区、新型智慧校园、智慧康养服务、智慧公共交通6项建设任务。

（王效辉）

【《关于开展第一批实体身份标识认定工作的通知》印发】 5月24日，北京市大数据工作推进小组办公室印发《关于开展第一批实体身份标识认定工作的通知》（京大数据办函〔2022〕1号），提出城市建筑、城市交通、城市管理、感知体系4个领域25类实体身份标识认定工作任务清单，启动北京市第一批实体身份标识认定工作。该工作旨在加快推进“标识统一、编码规范”的城市码体系建设，实现实体身份编码“共识、共管、共享”。北京市经济和信息化局搭建的城市码服务平台同步上线试运行，有力地支撑标识规则申报、部门共识会签、规则发布和标识数据注册共享等工作。

（市经济和信息化局）

【《北京新型智慧城市感知体系建设2022年实施方案》印发】 5月30日，北京市大数据工作推进小组办公室印发实施《北京新型智慧城市感知体系建设2022年实施方案》。方案按照“十四五”时期基本建成统筹规范、全域感知、以数赋智、体系完备的城市感知体系的总体目标，2022年度全面突出“实”

的理念，部署 40 项 69 条重点任务，目标是着力推进重点行业和区域感知前端、载体普查及上链工作落到实处，分步建立感知前端一套台账；重点推进政务外网和视频专网互联互通及网络扩容，顺畅感知数据传输渠道；以试点形式推进云、边、端算力体系建设，搭建算法管理中心原型平台等共性基础设施，从支撑区域应用和单场景应用向支撑行业和全市应用逐步过渡；聚焦当前感知突出薄弱点，拓展城市交通治理、城市生命线保障、生态环境优化、城市自然灾害应急监测、城市公共安全等的感知覆盖面，推进非现场、非接触处置感知能力提升和场景应用，提升城市精细化管理和精准化服务水平。

（市经济和信息化局）

【《北京市数字经济全产业链开放发展行动方案》发布】 5 月 30 日，市经济和信息化局印发《北京市数字经济全产业链开放发展行动方案》（简称《行动方案》）。《行动方案》以“数据驱动、开放创新、应用牵引、安全发展”为原则，明确 6 个方面 22 条改革措施，主要包括加速数据要素化进程，推进数据采集处理标准化，组建数字经济标准委员会，实施数据分类分级管理，开展数据资产登记和评估试点，建设数据资产登记中心，探索将数据资产纳入资产管理体系。推动要素市场化改革突破，推进增值电信业务对外开放，促进数据交易繁荣健康发展，逐步健全数据资产评估、登记结算、交易撮合、争议仲裁等市场运营体系。打造数字技术新优势，集中突破高端芯片、人工智能、关键软件、区块链等领域关键核心技术，超前布局 6G、未来网络、类脑智能、量子计算等未来科技前沿领域；吸引国内外开源项目与机构在京落地，形成以公共平台、底层技术、龙头企业等为核心的多样化数字技术创新生态。赋能重点产业创新发展，加快科技研发和知识生产产业发展，推动工业互联网和区块链融合发展，探索出台工业软件、基础软件首版次应用奖励、保险补贴等措施；加快推动智能网联、数字医疗、数字金融、智慧城市等产业发展。加强数字经济治理，完善数字经济安全体系，建立安全评估机制，提升关键信息基础设施安全防护能力，推动隐私计算技术产业化，探索在京建设国际开源社区；完善企业合规体系建设，引导平台经济健康发展，探索沙盒监管机制，推动互联网 3.0 示范区建设。增强数字经济发展支撑，鼓励符合条件的市场主体参与数字基础设施的投资、建设和运营；优化数字经济营商环境，支持设立数字经济创投和产业发展基金；加大数字化人才培养，引进数字经济领军人才；落实数据知识产权保护工程，树立数字经济全产业链包容审慎监管和容错理念。

（市经济和信息化局）

【北京市数字经济标准化技术委员会成立】 6 月 29 日，北京市数字经济标准化技术委员会（简称标委会）成立大会在中国电子技术标准化研究院举行。北京市经济和信息化局副局长姜广智、中国电子技术标准化研究院副院长孙文龙、北京市市场监督管理局标准化处处长陈凌参加会议并致辞，标委会第一届委员会委员、相关领域的专家、企业代表参加会议。会议审议并通过标委会章程、任期内重点工作计划。标委会是在北京市市场监督管理局统一管理、北京市经济和信息化局分工管理和指导下，由中国电子技术标准化研究院、北京市数字经济促进中心牵头，联合 20 余家委员单位共同发起的全国首家以“数字经济”为工作领域的地方标准化非法人技术组织。

（市经济和信息化局）

【首批北京市信息消费体验中心授牌】 7 月 20 日，“数字经济 · 触手可及”2022 北京数字经济体验周暨数字消费节在北京市大兴区启动，北京市经济和信息化局党组书记、局长张劲松，北京市通信管理局党组书记、局长苏少林，北京市商务局党组成员、副局长郭文杰为首批北京市信息消费体验中心授牌。为贯彻落实国务院《关于进一步扩大和升级信息消费持续释放内需潜力的指导意见》和《北京市进一步扩大和升级信息消费持续释放内需潜力的行动计划（2019—2022 年）》，北京市经济和信息化局在全国率先制定信息消费体验中心地方标准，指导产业联盟制定信息消费体验中心的认定规则，通过组织企业贯标学习、现场评测指导和专家评审等流程，评选出 15 家北京市信息消费体验中心。

（市经济和信息化局）

【《2023年北京市智慧城市建设项目指引》印发】 7月27日，北京市大数据工作推进小组办公室印发《2023年北京市智慧城市建设项目指引》，为贯彻实施“十四五”时期智慧城市发展行动纲要，全面落实四级规划管控体系，指导2023年度智慧城市顶层设计和政府投资信息化项目清单申报，统筹推进智慧城市2.0建设，通过面向市区部门及企业，征集形成智慧城市场景需求清单和技术能力清单。场景需求清单聚焦重点领域、遴选小切口应用项目、标杆项目、技术研究项目等34项需求。技术能力清单包含数字孪生、智能决策等八大方向共44项技术，涉及多类企业。

（市经济和信息化局）

【《北京市数字经济促进条例（草案）》通过市人大常委会第一次审议】 7月27日，北京市十五届人大常委会四十一次会议听取数字经济促进条例（草案）说明和立法工作情况书面报告，这是市人大常委会首次审议《北京市数字经济促进条例（草案）》[简称《条例（草案）》]。《条例（草案）》提出加强新技术基础设施建设。包括统筹推进人工智能、区块链等新技术基础设施建设；推动数字产业化，提出“支持互联网医院发展”；推进智慧城市建设，实现重大突发事件的快速响应和应急联动等。北京数字经济立法，在全国范围内首次将智慧城市建设独立成章，打造智慧城市发展北京样板；构建数据交易制度，推动在数据要素市场领域先行先试，促进数据高效流通使用。

（市经济和信息化局）

【北京人工智能产业联盟专家顾问委员会成立】 7月28日，在2022全球数字经济大会人工智能专场论坛上，北京人工智能产业联盟专家顾问委员会成立，张劲松与中国工程院院士赵沁平、中国工程院院士郑纬民，以及中国电子学会、中科院自动化所、中国电子标准化研究院、国家工业信息安全发展研究中心、中国信息通信研究院、清华大学、北京航空航天大学、北京工业大学等单位的专家共同为委员会揭牌。北京人工智能产业联盟和集智未来联合发布“北京国家人工智能创新应用先导区示范案例”，集中展示北京国家人工智能创新应用先导区建设成果，案例涵盖科技冬奥、智慧城市、智能制造、智能网联汽车和先进技术5大领域和智慧政务、智慧医疗、城市治理等17个方向。

（市经济和信息化局）

【北京国际大数据交易所数据资产登记中心揭牌】 7月29日，北京国际大数据交易所数据资产登记中心在2022全球数字经济大会数据要素峰会上揭牌。作为数据进入流通环节的核心机构，登记中心是北京市构建数据要素核心基础设施、推进数据要素市场化流通的重要布局和重大探索。登记中心是全国首个数据资产登记中心，中心的建设基于北京市数字经济规则体系，建立数据资产登记相关政策和制度体系，为数据资产的登记提供规则依据和流程规范；依托区块链等先进技术搭建数据资产登记平台，发布数据资产凭证和数字交易合约，实现数据资产唯一性确权；打通数据资产登记平台和数据资产交易平台，探索建设数据资产登记—评估—交易—增值的生态体系，推动数据资产的开发利用和价值挖掘。

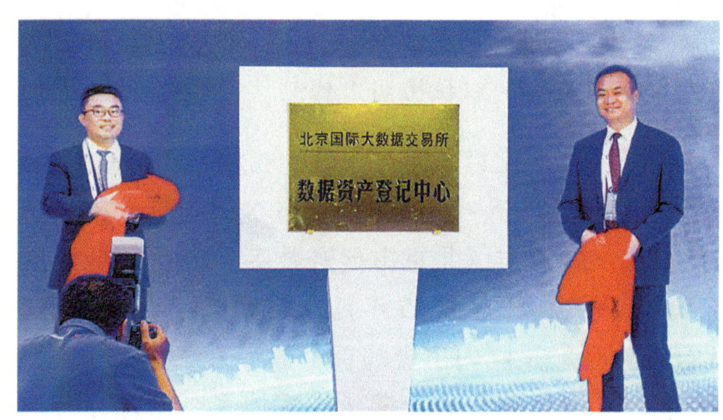

（BRTV新闻）

【工业互联网数字化转型促进中心（北京）揭牌】 7月29日，由顺义区政府与中国信息通信研究院等单位联合承办的工业互联网创新发展论坛举办。会上，位于顺义区的工业互联网数字化转型促进中心（北京）揭牌。工业互联网数字化转型促进中心（北京）旨在推动数字经济与实体经济深度融合，计划以工业互联网创新应用发展示范为核心理念，以北京市工业互联网创新发展基础为支撑，依托国家工业互联网标识解析顶级节点、“星火·链网”超级节点基础设施优势，打造成为集示范推广、测试认证、产教融合为一体的功能化、要素化、生态化综合服务平台。工业互联网数字化转型促进中心（北京）是推进产业数字化转型的公共服务体系，通过提供基础技术、试验设备、转型路径、典型场景等公共服务，降低产业数字化转型成本。

上图为 2022 年工业互联网数字化转型促进中心（北京）内展出的双机协同工作站

（“学习强国”小程序北京学习平台）

【国内首个数字人产业政策发布】 8 月 3 日，市经济和信息化局发布《北京市促进数字人产业创新发展行动计划（2022—2025 年）》（简称《行动计划》）。《行动计划》是国内出台的首个数字人产业专项支持政策，从构建数字人全链条技术体系、培育标杆应用项目、优化数字人产业生态等方面为支持数字人产业发展提供指引。《行动计划》提出到 2025 年，北京数字人产业规模突破 500 亿元，培育 1 ~ 2 家营业收入超 50 亿元的头部数字人企业、10 家营业收入超 10 亿元的重点数字人企业；建成 10 家校企共建实验室和企业技术创新中心；打造 5 家以上共性技术平台；培育 20 个数字人应用标杆项目；建成 2 家以上特色数字人园区和基地等目标。

（市经济和信息化局）

【城市副中心元宇宙创新发展行动计划印发】 8 月 22 日，通州区政府与市科委、中关村管委会，市经济和信息化局联合印发《北京城市副中心元宇宙创新发展行动计划（2022—2024 年）》，为全市首个市区两级协同、三方共推的元宇宙发展指南。元宇宙行动计划中提出力争通过 3 年的努力，将城市副中心打造成为以文旅内容为特色的元宇宙应用示范区，培育、引进 100 家以上元宇宙生态链企业，落地建成 30 项以上“元宇宙 +”典型应用场景项目，推动制定一批元宇宙相关标准，“1+N”产业空间体系初步形成。

（屠洪月）

【元宇宙与数字经济创新联合体成立】 9 月 27 日，由北京物联网智能技术应用协会主办的“元宇宙关键技术创新及应用研讨会暨元宇宙与数字经济创新联合体启动会”在中关村石景山园举行。会上，举办了元宇宙与数字经济创新联合体启动仪式。元宇宙与数字经济创新联合体是经北京市科学技术协会认定，由北京物联网智能技术应用协会牵头，国家工业信息安全发展研究中心、中国电子学会物联网专家委员会、中国物联网与传感器产业联盟、北京大学商业与艺术研究中心、北京数字创意产业协会、北京电子电器协会、北京通信信息协会、联通在线公司、北京虚拟动点科技有限公司等为联合体成员单位。该联合体重点围绕北京市“三城一区”、中关村一区 16 园数字经济、元宇宙产业的发展现状，以利亚德等北京市元宇宙、数字经济等领域的重点企业技术与市场需求为导向，以具体项目为牵引，整合高校院所、产业链企业、全国学会、市属学会、产业园区等各类创新资源，构建的元宇宙、数字经济相关领域科技创新综合服务平台，是北京市首批先行先试的产业创新联合体。

（市科委、中关村管委会）

【北京市大数据中心获批设立园区类博士后科研工作站】 11 月 21 日，经专家评议、市人力资源社会保障局核准，北京市大数据中心获批设立园区类博士后科研工作站。博士后科研工作站是在企业、科研生产型事业单位和特殊区域性机构内，经批准可以招收和培养博士后研究人员的组织，是产学研相结合、增强企业自主创新能力的有效载体，有助于吸引集聚博士后人才、提高企业技术创新、推动科技成果转化。

（市经济和信息化局）

【《北京市数字经济促进条例》发布】 11 月 25 日，北京市人民代表大会常务委员会发布《北京市数字经济促进条例》（简称《条例》），自2023年1月1日起施行。《条例》提出，推进传统基础设施的数字化改造，推动新型城市基础设施建设，并将数字基础设施建设纳入国民经济和社会发展规划、国土空间规划。新技术基础设施建设应当统筹推进人工智能、区块链、大数据、隐私计算、城市空间操作系统等。加快数据要素市场培育，推动数据要素有序流动，提高数据要素配置效率，探索建立数据要素收益分配机制。根据《条例》，北京市将引导企业、高校、科研院所、新型研发机构、开源社区等，围绕前沿领域，提升基础软硬件、核心元器件、关键基础材料和生产装备的供给水平，重点培育高端芯片、新型显示、基础软件、工业软件、人工智能、区块链、大数据、云计算等数字经济核心产业。与此同时，北京市将支持农业、制造业、建筑、能源、金融、医疗、教育、流通等产业领域互联网发展，推进产业数字化转型升级，支持产业互联网平台整合产业资源，提供远程协作、在线设计、线上营销、供应链金融等创新服务，建立健全安全保障体系和产业生态。北京市还将聚焦交通体系、生态环保、空间治理、执法司法、人文环境、商务服务、终身教育、医疗健康等智慧城市应用领域，推进城市码、空间图、基础工具库、算力设施、感知体系、通信网络、政务云、大数据平台以及智慧终端等智慧城市基础建设。

（市经济和信息化局）

【数据公开常态化机制形成】年内，市经济和信息化局聚焦企业登记、卫生、气象、交通、医疗等重点领域和数字标杆城市建设需求，制订北京市年度公共数据开放计划，发布年度公共数据开放计划工作通知。通过北京市公共数据开放平台，累计无条件开放12325个数据集57.5万个数据项13.48亿条公共数据，包括来自全市114个政务部门和区政府的涉及气象、金融、企业登记、公共服务事项指南、城市管理、人工智能训练、车路协同自动驾驶等热点领域的约1.48亿条高价值公共数据，以及来自社会企业的覆盖全球200余个国家（地区）的约12亿条疫情、疫苗接种和防疫政策等多维度高价值公共数据。北京市公共数据开放平台注册用户43552人，浏览量达244万次，开放数据下载使用量291651次。

（市经济和信息化局）

产业动态

【京张开展冬奥“城市大脑”建设对接工作】1月7日，市经济和信息化局赴张家口市，就京张两地协同开展冬奥“城市大脑”建设相关工作进行专题对接。会上，市经济和信息化局介绍了冬奥“城市大脑”建设内容、进展情况及工作计划，并重点就冬奥人员信息分析系统建设涉及张家口赛区场馆、酒店、驻地等重点场所人员信息提出明确需求；张家口市介绍了赛区运行管理及疫情防控相关信息化建设现状，其主要针对赛事核心区疫情防控正在开展相关系统建设；双方就如何开展两地涉奥人员数据整合对接，一体化联动支撑冬奥赛事保障工作进行探讨。会议商议，由张家口市结合冬奥“城市大脑”建设需求，进一步完善赛区重点场所人员信息分类采集，加入北京市“京办”数据填报工作体系，共同支撑做好冬奥人员信息分析系统建设。

（市经济和信息化局）

【市大数据中心生产封装45万份核酸检测条码】1月28日，市大数据中心贯彻北京市关于使用新版核酸检测信息系统支撑各区大规模核酸检测需求的工作部署，紧急启动大规模核酸检测专用条码（转运箱条码和试管条码）生产封装工作。截至29日中午，累计完成打印封装试管码45万份（转运箱条码9600份、试管条码44万份），实现交付丰台区5万份、通州区4万份、顺义区1万份，支撑了新版核酸检测系统投入使用和次日大规模核酸检测正常开展。

（市经济和信息化局）

【北京国际大数据交易所工作协调会召开】2月9日，市经济和信息化局组织市地方金融监管局、北京国际大数据交易所（简称北数所）召开工作协调会，研究北数所工作。会议听取并讨论北数所关于数据交易牌照、数据交易量、公司管理及团队建设、技术创新引领等工作安排，要求各相关部门以4月5日为数据交易牌获取的截止时限进行倒排工期；北数所要开拓多方数据来源如国家部委、大型央企、平台型企业、科研机构等，可以联合合作机构挖掘数据价值，扩大数据交易量。

（市经济和信息化局）

【区块链先进算力实验平台项目启动会召开】2月11

日，市经济和信息化局组织召开区块链先进算力实验平台项目启动会，北京市大数据中心，北京微芯区块链与边缘计算研究院、腾讯云计算（北京）有限责任公司、北京软件产品质量检测检验中心、北京北咨信息工程咨询有限公司等项目承担单位负责人参加会议。全市高度关注区块链算力实验平台，国家层面也高度关注北京市区块链平台建设进展和区块链创新应用试点方向。北京微芯区块链与边缘计算研究院代表项目承建团队从建设背景、建设内容、实施方案、预期效果4方面介绍项目建设实施工作安排；北京软件产品质量检测检验中心从测试目标及测试依据、项目实施方案等方面介绍项目评测有关内容；北京北咨信息工程咨询有限公司从项目概况、监理方案、监理建议及要求介绍项目监理有关内容。

（市经济和信息化局）

【数字经济立法企业座谈会召开】2月24日，市经济和信息化局组织召开北京市数字经济立法工作企业座谈会。座谈会由北京软件和信息服务业协会、北京人工智能产业联盟（筹）协助组织，邀请来自北京智源人工智能研究院、百度、奇安信科技集团股份有限公司、北京字节跳动网络技术有限公司、小米科技有限责任公司、好未来、第四范式（北京）技术有限公司、北京地平线信息技术有限公司、北京快手科技有限公司、中科创达软件股份有限公司、广联达、软通动力12家企业代表参加。市经济和信息化局对《北京市数字经济促进条例》的立法背景和主要内容进行介绍。参会各方围绕数据资源开放共享、人工智能应用场景、数据和数据要素的界分等问题开展讨论。会议决定，细化条例中有关数据资源开放和共享的规定。明确数据权属和责任分担，鼓励并保障平台企业安全、放心、高效地开放和共享数据资源，构建更兼容开放的数字经济生态圈；通过制定政策支持高级别（L4以上）自动驾驶汽车上路，支持安全性能基础设施建设；应对数字经济的衍生问题，如网络诈骗、超级平台垄断、消费者权益保护等，探索立法治理方式；增加数据和数据要素的区分条款；增加建筑数字化、智能建造以及新型信息技术服务领域促进性条款。

（市经济和信息化局）

【北京市大数据中心获评2020—2021年度“北京市青年文明号”】2月，共青团北京市委员会开展2020—2021年度北京市青年文明号主题活动。经综合考察、逐级推报、集中审核等程序，北京市大数据中心数据管理部获评“北京市青年文明号”。数据管理部以“高、快、精、实、细、韧”的工作作风，全面参与“北京大数据行动计划”、智慧城市建设、“北京健康宝”、北京冬（残）奥会等重点保障核心工作。

（市经济和信息化局）

【全国政协调研组在北京调研数字经济发展】4月7日，全国政协副主席、全国工商联主席高云龙率全国政协调研组来北京调研“推动数字经济持续健康发展”并召开专题座谈会。全国政协常委、经济委员会主任尚福林，市政协主席魏小东参加。会上，市委常委、副市长殷勇介绍了北京市数字经济发展整体情况，市科委、中关村管委会、市经济和信息化局、市商务局、市金融局、海淀区政府和经开区管委会负责人分别介绍有关情况。近年来，北京市聚焦重点领域，协同推动数字产业化和产业数字化，加快培育数据要素市场，努力做大做强数字经济，打造全球数字经济标杆城市。2021年，全市数字经济增加值规模达1.6万亿元，同比增长13.1%，占全市GDP比重为40.4%；数字经济核心产业实现增加值8918.1亿元，同比增长16.4%，占全市GDP比重22.1%，超过全国平均水平。

（中关村发展集团）

【2022全球数字经济创新大赛在北京启动】4月7日，2022全球数字经济创新大赛在北京启动。作为2022全球数字经济大会的重要组成部分，这次大赛由北京市经济和信息化局、朝阳区人民政府、亚洲数据集团共同承办，以“科技创新·产业赋能——数字经济新格局”为主题，以国际化、专业化、产业化为根本，通过举办1场大赛总决赛、5场分站赛，以及配套展览展示、产业对接、云上大赛等形式，打造“1+5+N”整体赛事架构。这次大赛立足全球数字经济产业发展新趋势，汇聚数字经济领域前沿技术、各国高精尖数字项目、国际创投机构，实现国际高

端创新资源、全球资本与国内创新载体的产业对接、资本对接，推动数字经济更好地服务和融入新发展格局。

（市经济和信息化局）

【城市副中心智慧城市建设专题工作会召开】5月11日，市经济和信息化局会同通州区经济和信息化局组织召开城市副中心智慧城市建设专题工作视频会，对副中心智慧城市“市区联动项目”和“数字底座项目”两项工作进行研究。市城市管理委、市教委、市公安局、市民政局、市应急管理局、市政务服务局、市水务局、市卫生健康委等市区两级业务部门及相关统筹单位30余人参加会议。会上，通州区经济和信息化局介绍区级“一网通办”“一网统管”“互联网＋教育”“跨体系数字医疗示范中心”“数字化社区”等市区联动项目的整体情况和“数字底座”各项任务的建设现状与需要协调的问题，市级各相关部门就市区联动项目的市级工作统筹情况、项目试点示范情况和市级层面具体要求进行说明，市经济和信息化局结合“三京”“七通一平”等全市统一入口和共性基础设施建设情况做出相关回应。

（市经济和信息化局）

【市政务信息系统评估评价工作启动】5月19日，市经济和信息化局印发《关于做好2022年北京市政务信息系统评估评价工作的通知》，启动政务信息系统评估评价工作。5月24日，市经济和信息化局、市大数据中心采取线上方式召开工作启动会，市公安局、市政务服务局、市财政局等100余家单位165人参加会议。会议针对评估评价工作目标、工作安排、结果应用等方面内容进行了解读。该次评估评价是北京市首次开展全市现有信息系评估，覆盖全市100余家部门2000余个信息系统。指标体系设定突出现有系统与《北京市“十四五”时期智慧城市建设控制性规划要求（试行）》一致性、现有系统成本效益情况两个导向。通过开展这项工作，计划建立北京市市级政务信息系统基本台账；形成《北京市市级政务信息系统评估评价报告》及各被评单位的标杆推广、技改升级、整合优化、停用退出的系统建议清单；按照降本增效的原则，推动评估评价结果成为信息化项目技术评审及项目立项、资金审批的重要参考；逐步建立信息系统评估评价常态化工作机制，形成工作闭环，建立“以评促管、以评促建、以评促用”的工作模式。

（市经济和信息化局）

【首届北京医疗健康数据创新应用竞赛举办】5月，在北京市经济和信息化局、北京市卫生健康委员会等单位指导下，北京国际大数据交易所（简称北数所）联合北京市大数据中心、北京大学人民医院、北京友谊医院、北京朝阳医院、北京胸科医院共同举办首届北京医疗健康数据创新应用竞赛。向社会开放3579例真实病例脱敏数据，探索开展医疗健康数据向社会无差别开放和合规应用，并评选出一批优秀成果。百度HCG智慧医疗团队、医渡云北京技术有限公司NLP团队、生命奇点数据智能团队、首都医科大学和北京工业大学联合团队均获得相应奖项。活动实现两个首创，首次实现向社会无差别开放真实电子病例数据，首次实现在线上竞赛中向社会安全开放高敏感的电子病例数据。

（市经济和信息化局）

【数字经济全产业链开放行动方案京港推介活动举办】6月2日，市经济和信息化局会同市投资促进中心举办以北京数字经济全产业链开放为主题的在线京港推介活动。活动中，市经济和信息化局介绍了《北京市数字经济全产业链开放发展行动方案》编制背景及22项具体措施，结合香港产业界关注的数据开放、数据交易，以及数字医疗产业、数字金融产业、智慧城市产业等在内的应用场景进行重点推介。香港精电国际有限公司、联科集团（中国）有限公司、卓荣集团、香港电讯、日赢控股有限公司等香港数字科技企业及香港中国商会等约100家企业、机构与商协会参会。会上，香港清创新科技有限公司与七六一工厂（北京）科技发展有限公司关于商用无人驾驶解决方案项目、香港元佑有限公司与北京北城视达科技有限公司关于电子元器件循环经济项目云签约。

（市经济和信息化局）

【开展传神公司数据资产评估试点】6月8日，市经济和信息化局邀请传神语联网网络科技股份有限公司、中国电子技术标准化研究院、北京中企华资产评估有限责任公司等多家单位，开展数据资产评估试点对接会，研究部署传神公司数据资产评估试点工作。会议讨论了数据资产评估试点在传神公司落地的相关问题，要求试点工作组与传神建立一套联合推动机制，聚焦传神公司相关特色翻译数据，推进传神公司数据资产评估试点落地，打造行业典型案例，并逐步探索出一套基于数据资产评估、登记、交易的数据资产价值化体系，支撑北京市数据要素市场不断完善。

（市经济和信息化局）

【北京数字经济体验周举办】7月20日，以主题为“数字经济·触手可及”的2022北京数字经济体验周暨数字消费节启动仪式在大兴区荟聚购物中心举办。活动汇聚全市“16+1”区数字经济资源要素，设置“1+3”（启动仪式+数字消费、数字科普、数字艺术）活动板块，构建覆盖全市“100+”数字经济新场景，营造市民对数字经济触手可及的氛围。启动仪式上，北京市相关单位及全市“16+1”区相关负责人共同发布数字经济体验场景地图，引导具有不同需求的群体合理规划体验路线，深入体验数字经济场景。在数字消费板块，根据《北京市数字消费能级提升工作方案》提出的建设成为全国“数字消费首善之城”要求，同步启动北京数字消费节，在全市范围内持续开展线上+线下数字消费系列活动，通过优惠促销、京城AR探店、直播带货七天乐、局长上线说数字消费、21天数字运动打卡活动等，进一步强化数字技术赋能消费创新引领作用，提升数字消费供给水平，打造现象级数字消费热潮。在数字科普板块，分别针对青少年、青壮年、老年群体，推出数字体验嘉年华、数字文旅打卡、智慧助老行动等多条科普体验路线，涵盖数字素养提升、场景开放日等活动和文旅打卡、数字技术、智慧助老、数字人民币、沉浸式艺术空间等场景体验，推动数字技术普惠，深化数字技术赋能产业。全面推出低（无）代码大赛，下设六大赛道，300余支战队、近2000名高校学生报名，为参赛选手学习和掌握低代码、无代码技术，体验数字化应用的开发过程搭建平台。在数字艺术板块，基于虚拟现实技术，筛选各区数字艺术体验空间、场景进行多维互动内容创作，通过沉浸式新媒体光影互动空间感受数字艺术的魅力，为公众群体带去更丰富的视觉体验，重新定义人们对艺术呈现的形态、表现的方法、认识的角度。截至7月26日体验周结束，全市100余个体验场景共吸引线下体验、线上浏览、直播观看等近千万人次参与，数字消费累计创造销售额超过69.3亿元，相关搜索引擎的网页结果数达22.2亿条。

（市经济和信息化局）

【第5届“数字中国建设峰会”召开】7月23日至24日，市经济和信息化局参加在福建省福州市举办的第5届“数字中国建设峰会”。该届峰会以“创新驱动新变革，数字引领新格局”为主题，通过论坛、展览、博览、竞赛等形式，充分展示数字中国建设最新成果。7月24日，在以“数字改革赋能治理创新 数据协同助力疫情防控”为主题电子政务（数字抗疫）分论坛上，市经济和信息化局负责人就北京科技新冠肺炎防疫工作开展情况，针对抗疫信息化新技术和后疫情时代数字技术对经济发展的促进两大话题展开发言，指出“北京健康宝”作为北京科技防疫工作的有力工具，在技术应用上做到“三可”，即数据可信、服务可靠、安全可控，从而实现科学精准防疫和便利百姓使用之间的平衡，并提出后疫情时代的数字技术“四新”观点，即“为供给侧带来新机遇、在消费侧催生新体验、使管理侧面临新挑战、从结构侧推动新业态”，应推进疫情防控建立的数字化成果延伸、转化和扩大，推动数字政府、数字经济建设。

（市经济和信息化局）

【“北京市2022年全民数字素养与技能提升月”活动启动】 7月24日，“北京市2022年全民数字素养与技能提升月”活动在中国科学技术馆启动。中央网信办信息化发展局副局长王江，中国科协党组成员、书记处书记、中国科技馆馆长殷皓，北京市委网信办主任、市委互联网企业工委书记韩昱和市人力资源社会保障局、市科协等单位及各区委网信办负责人出席活动。2022年的“全民数字素养与技能提升月”活动由中央网信办会同教育部等14部门首次举办，是贯彻落实习近平总书记重要指示精神、加快实施《提升全民数字素养与技能行动纲要》的重要举措，以“数字赋能 全民共享”为主题，全国各地结合地方实际，与中央同期举办各具特色的主题活动。活动主要面向青少年、老年人、残疾人等重点人群，采用政府引导与社会参与相结合、线上平台与线下渠道相结合、集中开展与持续推动相结合等方式，从普及数字素养教育、培养数字化人才以及弥合“数字鸿沟”入手，在1个月的时间里，陆续举办“信息技术展览”“数字教育进校园”“数字技能进社区”“首都百万老年人数字素养提升行动”“数字助残 共享未来”“数字巾帼先锋培育助力活动”“数字创新专题培训”等主题活动。促进市民更好地使用数字产品和服务，共享互联网发展成果，激发科技创新活力，助力首都经济社会高质量发展。

（“网信北京”微信公众号）

【开放原子全球开源峰会开源技术应用与治理分论坛举办】 7月27日，由国家工业信息安全发展研究中心举办的2022全球数字经济大会开放原子全球开源峰会开源技术应用与治理分论坛在北京举办。论坛以“开源潮起，安全为基，链接未来”为主题，旨在打造开源技术应用与治理的思想盛宴和高端对话平台，推动产学研用各方共建共治共享，护航开源生态健康可持续发展。工信部信息技术发展司副司长王威伟，北京市经济和信息化局党组成员、副局长王磊出席论坛并致辞。国家工业信息安全发展研究中心党委书记、副主任蒋艳，以及来自高校、科研机构、行业单位、产业企业的专家代表出席论坛并发言。

图为市经济和信息化局党组成员、副局长王磊出席论坛并致辞

（市经济和信息化局）

【2022全球数字经济大会人工智能专场论坛举办】 7月28日，2022全球数字经济大会人工智能专场论坛在国家会议中心举办。论坛以“人工智能驱动未来产业”为主题，来自相关部门和科技机构负责人、两院院士、中外科研专家、人工智能领域企业家等，围绕人工智能技术赋能数字经济、推动未来产业创新发展、助力北京国际科技创新中心建设等内容展开交流研讨。

（市经济和信息化局）

【2022全球数字经济创新大赛总决赛启动】 7月28日，2022全球数字经济创新大赛总决赛在北京国家会议中心启动。作为2022全球数字经济大会的重要组成部分，这次大赛由北京市经济和信息化局、朝阳区人民政府、亚洲数据集团共同承办，以“科技创新·产业赋能——数字经济新格局”为主题，以国际化、专业化、产业化为根本，汇聚全球200余位投资导师，面向全球包括芬兰、法国、德国、新加坡、美国、英国、韩国、挪威、瑞典、俄罗斯、匈牙利、意大利、比利时、奥地利、以色列等20余个国家公开招募共500余个路演项目，通过举办1场总决赛、5场分站赛，以及配套展览展示、产业对接、云上大赛、元宇宙会场等形式，打造“1+5+N”整体赛事架构，聚焦新一代信息技术、数字医疗、数字文体、数字低碳、数字消费、数字制造等全球数字经济重点发展产业，延展辐射20余个细分领域，为全球数字经济创客提供展示交流的重要平台。入围大赛总决赛的11个项目包含3个国际项目和8个本土项目，涉及人工智能边缘计算、卫星物联网、体育科技、智

慧体育、智能服务机器人、环保、智能制造、智能汽车等领域。总决赛现场，北京市经济和信息化局党组成员、副局长姜广智，北京市朝阳区人民政府党组成员、副区长舒华磊出席大赛总决赛并致辞，亚洲数据集团常务副总裁张莉为大赛送上寄语，美国旧金山市市长伦敦·布里德为大赛发来贺信。

图为北京市经济和信息化局党组成员、副局长姜广智出席总决赛并致辞

（市经济和信息化局）

【2022 全球数字经济大会召开】 7 月 29 日至 30 日，2022 全球数字经济大会在北京国家会议中心举办。大会由北京市人民政府、国家发展和改革委员会、工信部、商务部、国家互联网信息办公室、中国科学技术协会共同主办，北京市经济和信息化局、拉萨市人民政府、朝阳区人民政府、中国通信企业协会、中国信息通信研究院、亚洲数据集团联合承办。大会以“启航数字文明——新要素、新规则、新格局”为主题，围绕数字基础设施布局、新型数据要素配置、新兴数字产业孵化、数字核心技术创新、数字治理体系建设、全球规则标准合作，通过线上线下相结合的方式举办主论坛、6 个主题峰会、49 场专题论坛，组织数字经济体验周、数字经济精品展、全球数字经济创新大赛、成果发布会等特色活动，汇聚政、产、学、研、用、金多方共同助力全球数字经济标杆城市建设，推动全球数字经济领域交流合作。大会主论坛上发布《全球数字经济白皮书（2022 年）》。峰会上发布《2022 北京软件和信息服务业发展报告》《北京市推动软件和信息服务业高质量发展的若干措施政策》。启动全国开源大赛、开放原子校园行活动和互联网 3.0“启元计划”，上线中小企业安全服务平台。开放原子开源基金会与北京经济技术开发区签署入区协议，落地国际一流开源社区项目。北京国际大数据交易所成立 CBD 跨国企业数据流通服务中心。专题论坛上发布《数字济生态全球治理北京宣言》《2022 年中国云计算生态蓝皮书》《中国企业数字化转型白皮书》《2022 中国数字医疗行业洞察》《北京数字经济标准体系框架》《北京市北斗时空信息产业发展白皮书（2022）》《数字化基层治理研究报告》等权威报告，《2022 北京产业互联网创新应用场景案例》《数字化基层治理典型案例》《2022 全国企业数字化转型典型案例》等案例集。成果发布会为全球数字经济创新大赛、全球 AI 大数据竞赛以及北京数字经济体验周的低（无）代码大赛获奖团队颁奖。全球数字经济创新大赛汇聚全球 200 余位投资导师，面向全球 20 余个国家公开招募 500 余个路演项目，共颁发冠军 1 个、亚军 2 个、季军 3 个、创新奖 5 个。全球 AI 大数据竞赛面向优秀青年创业团队，1670 支团队 5627 名选手报名参赛，开源鸿蒙、智慧营销、智能通信 3 个赛道共 24 个团队获奖。低（无）代码大赛汇聚国内代表性的低（无）代码 6 大平台和共 200 支参赛队伍，参赛对象覆盖清华大学等近 100 所高校的学生群体以及企事业单位、个人用户，共有 6 个赛道 23 个团队获奖。新品发布环节，2022 全球数字经济大会“全球数字经济大会创新引领成果、产业创新成果”名单发布，共有 15 家企业项目入选创新引领成果，同时有 40 余家企业项目入选产业创新成果。成果发布会为 2022 全球数字经济大会合作伙伴授牌。该届大会合作伙伴有全球荣耀合作伙伴中国工商银行股份有限公司，战略合作伙伴北京银行股份有限公司、百度在线网络技术（北京）有限公司、奇安信科技集团股份有限公司，高级合作伙伴有北京三快在线科技有限公司。

图为成果发布会上，为 2022 全球数字经济大会合作伙伴授牌

（市经济和信息化局）

【数字化基层治理论坛举办】 7 月 29 日，北京市经济和信息化局、北京市科学技术协会、北京物联网学

会等单位共同承办的全球数字经济大会分论坛“数字化基层治理论坛”在中关村软件园互联网创新中心举办。论坛主题为“科技惠民、数字融合、智慧赋能”。民政部、市民政局、市公安局、市住建委，昌平区、海淀区、大兴区、通州区等单位，高校、科研院所的专家，企业代表等出席论坛。基层治理的数字化转型更是北京建设数字经济标杆城市中的重要一环，市经济和信息化局将以智慧城市2.0建设为契机，推动基层治理与大数据、云计算、物联网、区块链、人工智能等信息化技术深度融合，不断拓展基层治理应用场景，快速实现首都基层治理的数字化转型。

（市经济和信息化局）

【回天数据专区研讨会召开】 8月25日，市经济和信息化局会同昌平区经济和信息化局在昌平区云智中心召开探索回天数据专区建设、推进回天大脑2.0相关工作研讨会。会上，昌平区经济和信息化局介绍了回天数据专区建设工作方案，提出数据获取、数据应用、运营及安全管理方面的思考。会议明确，回天数据专区作为全市首个区域类数据专区，建设要以政府引导、授权运营、市场运作、创新引领和依法合规为原则，以优化回天地区基层治理、培育和带动经济产业发展为目标，充分融合回天产业联盟等多方市场化资源，探索形成可复制、可推广的建设运营模式。

（市经济和信息化局）

【WMC2022世界元宇宙大会开幕】 8月26日，WMC2022世界元宇宙大会在大兴经济开发区开幕。大会由北京大兴经济开发区联合中国仿真学会、中国指挥与控制学会、北京理工大学主办，历时3天，由开幕式、元宇宙大会科技成果体验及4场主题论坛组成。大会以“洞见元宇宙，数字新空间”为主题，邀请5位院士、50位元宇宙领域专家和300余家元宇宙知名企业共聚，线上线下同步互动，旨在搭建政、产、学、研、金多边共赢平台，交流元宇宙前沿技术发展趋势，展示元宇宙生态链科技成果和互动体验，推动元宇宙产业创新发展。开幕式上举行了“中国元宇宙创新应用大赛”总决赛颁奖典礼，31个优质项目入围全国总决赛。北京中科深智科技有限公司等11家企业获得一等奖，北京无元技术有限公司等20家企业获得二等奖。

（刘　莉）

【朝阳区左家庄街道开展“一楼一码”“一码共治”试点】 9月1日，市经济和信息化局到朝阳区左家庄街道开展“一楼一码”试点和“一码共治”基层治理实践情况调研，并与朝阳区科信局、左家庄街道进行座谈，就研究推进城市码应用、助力基层治理进行研讨交流。调研组实地走访新源街沿线商户，与执法队队员和沿街商户交流，了解“商户码”在门前三包、新冠肺炎疫情防控、群众共治等方面使用情况；深入新源里社区，实地查看社区“楼宇码”挂牌使用情况，现场扫码体验，并听取社区负责人“一码共治”情况介绍，了解“一码共治”应用场景和实施效果。

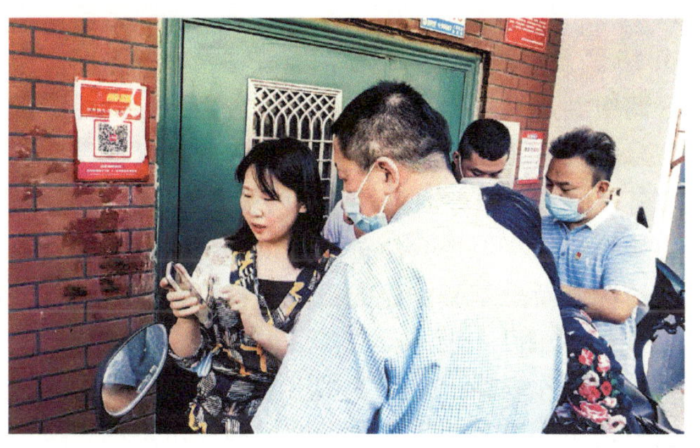

（市经济和信息化局）

【北京市数据中心政策宣贯会召开】 9月27日，市经济和信息化局联合市发展改革委、市科委、中关村管委会等市级联席会议成员单位线上召开北京市数据中心政策宣贯会，进一步推动落实《北京市数据中心统筹发展实施细则》，加快全市算力中心绿色低碳高质量发展，推进存量数据中心转型升级。北京市各区联席会议成员单位80余人参加会议。会议深化各区对相关政策要求的理解和把握，明确下一步北京数据中心的重点工作方向和要求，对各区紧抓数据中心联席会议机制，有序推动全市算力中心高质量建设起到指导作用。

（市经济和信息化局）

【市委常委会研究数字经济促进条例事项】 11月16日，市委常委会召开会议，研究数字经济促进条例等事项。市委书记尹力主持会议。会议听取《北京市数字经济促进条例》立法工作情况汇报，指出，要以《条例》出台实施为契机，抢抓机遇、乘势而上，进一步做大做强做优数字经济，加快建设全球数字经济标杆城市。统筹规划布局数字基础设施，适度超前推进信息网络基础设施、算力基础设施、新技术基础设施建设，构筑领先的技术能力支撑体系。大力培育数据要素市场，办好市大数据中心，推进北京国际大数据交易所建设。深入推动数字产业化、产业数字化，抓紧高端芯片、基本算法等核心技术攻关，培育具有国际竞争力的数字产业集群。推动数字经济与实体经济深度融合，不断拓展新模式、新业态。用好“两区”政策，高水平建设数字贸易港、数字贸易示范区。以数字赋能城市治理，加快智慧城市建设，推进一网通办、一网统管、一网慧治。建立数据治理和合规运营制度，加强重要数据安全管理和个人信息保护，筑牢数字经济安全屏障。

（市经济和信息化局）

【“全市一张图”市区两级共建共享工作培训会召开】 11 月 24 日，市经济和信息化局以在线会议方式，组织 16 区及经开区信息化部门召开“全市一张图”市区两级共建共享工作培训研讨会。会上，市经济和信息化局介绍“全市一张图”已有的建设成果、面向各区的共享服务内容及市区两级共建共享的机制。市规划自然资源委介绍智慧城市“全市一张图”数据情况及新型基础测绘的工作内容。会议拟定成立“全市一张图”市区共建共享工作专班，每区指定专人负责工作联络，定期发布市级“全市一张图”的能力清单，以及各区的数据清单和应用案例。截至年底，市经济和信息化局会同市规划自然资源委汇聚并发布 2021 年政务电子地图和 2020 年航拍影像数据，完成委办局 800 余万条数据落图，实现统一底图数据整合，并形成全市地形级—六环范围内城市级—三环范围内单体化部件级实景三维模型。

（市经济和信息化局）

【北京数字经济与东盟国家对接交流活动举办】 11 月 30 日，由国家工业信息安全发展研究中心和北京市经济和信息化局主办的北京数字经济与东盟国家专项对接交流活动在线举办。来自国内和东盟国家有关政府部门官员、驻华使领馆代表、专家学者以及公司代表出席会议。参会人员围绕东盟国家在积极推进数字经济国际合作、推动信息网络互通和信息资源共享等方面的实践经验等主题展开，共同探讨北京与东盟国家在数字经济领域合作及未来发展趋势。市经济和信息化局向与会东盟国家政府和机构代表分享了北京数字经济建设成果，尤其在新型数字基础设施建设、数字技术创新和产业培育、数据要素培育和制度创新等方面重要进展。北京在算力规模、万人 5G 基站数、工业互联网平台数、人工智能和区块链企业数等诸多方面均居全国首位，已建成北京国际大数据交易所、全球首个高级别自动驾驶示范区和智能网联汽车政策先行区，印发《北京市数字经济促进条例》。

（市经济和信息化局）

【北京数字经济国际合作对接活动举办】 12 月 8 日，市经济和信息化局在线主办 2022 年北京数字经济国际合作对接活动。欧洲联盟代表团、德国联邦外贸与投资署、英中贸易协会、匈牙利驻华大使馆、以色列驻华大使馆、斯洛文尼亚驻华大使馆、比利时布鲁塞尔外国贸易与投资促进局、芬兰商会、法国驻华使馆、韩国驻华使馆、中国欧盟商会、美国信息产业机构、日本电子信息技术产业协会以及 60 家重点外资企业共 100 余位代表参与线上对接。会上，市经济和信息化局向参会企业和嘉宾解读《北京市数字经济促进条例》；市委网信办解读《数据出境安全评估办法》。欧盟、德国、英国、以色列等国际政府和机构代表分享各国数字经济发展措施和经验。国内外多方共同研讨合作机制，推动重点领域、重点项目合作。

（市经济和信息化局）

【回天大脑获全国城市数字治理创新案例优秀奖】 12 月 19 日，由市委、市政府组织的“北京党建引领接诉即办改革论坛”在北京召开。在数字治理平行论坛上，发布《“数字治理 · 智慧赋能”全国城市数字治理创新案例（2022 年）》，首都信息接诉即办一体化数智化平台、北京回天城市大脑等多个案例入选。“回天城市大脑，超大型社区大数据治理实践探索”紧扣“七有五性”指标需求，重点聚焦基层治理问题，优先打通数据共享通道，加速推动市区两级数据资源下沉赋能，试点完成了基层治理、社区管理和交通出行 3 个领域 9 个应用场景建设。

（于凌燕　赵星）

【金隅集团“数智化转型”连获 3 项国家级荣誉】 12 月，工信部官网公示 2022 年度工业互联网平台创新领航案例、2022 年度智能制造示范工厂揭榜单位和优秀场景，金隅集团多家企业上榜。北京建筑材料科学研究总院有限公司获北京市推荐入选国家级工业互联网平台创新领航应用案例；承德金隅水泥有限公司入选国家智能制造示范工厂；天津金隅振兴环保科技有限公司、河北金隅鼎鑫水泥有限公司、内蒙古伊东冀东水泥有限公司、陕西金隅节能保温科技有限公司、冀东海德堡（扶风）水泥有限公司、大厂金隅天坛家具有限责任公司6家企业入选智能制造优秀场景名单。工信部公示的工业互联网平台创新领航应用案例，是聚焦工业企业数字化转型面临的关键问题，围绕平台化设计、数字化管理、智能化制造、网络化协同、个性化定制、服务化延伸等六大应用模式，征集遴选一批技术先进、模式创新、成效显著、易复制推广的工业互联网平台创新领航应用案例，旨在推动工业互联网平台规模化应用，全面支撑制造企业数字化转型与产业链现代化建设，推进工业互联网创新发展。以北京建筑材料科学研究总院有限公司作为服务商，北京金隅琉水环保科技有限责任公司作为应用企业申报的“水泥生产线智能诊断创新应用”，由于在数字化管理领域创新性强、成效突出，具有显著的领航示范效应，获得北京市认可和推荐，并入选。智能制造示范工厂和优秀场景目的是遴选一批智能制造优秀场景，以揭榜挂帅方式建设一批智能制造示范工厂，树立一批各行业、各领域的排头兵，推进智能制造高质量发展，承德金隅水泥有限公司揭榜的“智能制造示范工厂”，全国范围内仅99家企业入围。2022年，金隅集团制定了《数智化转型“十四五”规划》，明确“以产业数字化为根本，积极探索数字产业化，实施“1230”工程和落实“双百”规划目标，颁布了相关实施细则，成立集团“一把手”牵头的数智化转型工作领导小组，明确111项任务清单，并设置专职部门负责推进。

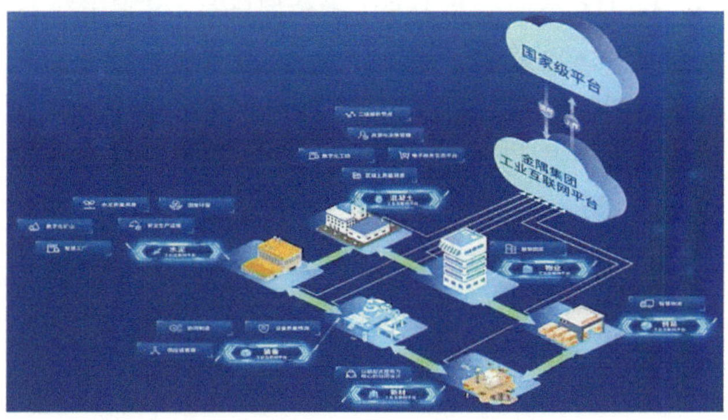

图为金隅集团制定的工业互联网规划概览

（资料来源：人民网）

【目录区块链建设】年内，市经济和信息化局加快推进北京市区块链先进算力实验平台建设，基本完成六里桥和永丰基地机房建设工作，实现市级目录区块链系统2.0上线，启动政务区块链支撑平台试运行。完善目录体系，市级层面新增中共北京市委政法委员会、北京市人民检察院第一分院、北京市门头沟区人民检察院等8个市级部门“入链”，新增8801条数据目录“上链”，累计82个市级部门1182个业务处室1496个信息系统9349条职责目录110652条数据目录；区级层面，新增79个信息系统75846条数据目录“上链”，累计16个区742个区级部门1162个信息系统59561条职责目录269622条数据目录。

（市经济和信息化局）

【持续深化大数据平台能力】年内，市经济和信息化局累计完成大数据平台智能外呼、智能搜索等4类共18个共性组件及平台门户建设，支撑16个部门32个应用的共性组件服务；完成隐私计算系统与目录区块链的对接，结合金融、位置专区开展场景验证；形成全市统一的“人—企”综合库及关系图谱，覆盖11822万人、309万家企业。

（市经济和信息化局）

【加快数据专区建设】年内，市经济和信息化局印发《关于推进北京市数据专区建设的指导意见》；金融数据专区共享1500余个数据项、3.89亿条数据，累计为60余家金融机构以及3万余名用户提供超过4500余万次服务；位置专区向大数据平台提供电信运营商数据1500余亿条，支撑疫苗接种、常住人口统计、回天大脑建设等30余个应用场景；空间专区已完成时空平台、遥感专区和SDGs专区平台建设。

（市经济和信息化局）

【东城区打造数字经济新优势】年内，东城区印发《东城区推进数字经济标杆城市建设行动方案(2022—2024年)》，明确“数字赋能实体经济”“扶持标杆企业发展”“基础设施精准覆盖”“挖掘数据富矿资源”“构建数字政府体系”5方面18项重点任务，完成东城区数字经济基础分析，梳理形成任务、政策、项目、企业等4项清单，编写完成细分领域定位研究分析报告，搭建构成数字经济产业评价指标体系，开展东城区数字经济产业企业调研和东城区数字经济产业功能区布局研究。

（东城区科技和信息化局）

【通州区数字经济发展】年内，通州区经济和信息化局组建招商团队，对接决策咨询机构和招商中介机构，推动中国电子商会与区政府签订战略合作协议，依托其元宇宙、数字城市、自主创新与安全技术等重点产业分支机构，通过对接企业并开展多层次活动，向通州区导入产业资源；推进北京市商汤科技开发有限公司与区政府签订战略合作协议，在推动人工智能计算中心运营公司在副中心落地、打造副中心数字经济产业生态以及打造副中心AI落地应用场景等方面开展合作。加强重点项目跟踪服务，推动北京小乔机器人科技发展有限公司、北京蘑菇智行科技有限公司在国家网络安全产业园区（通州园）注册，北京漫联星球数字科技有限公司在张家湾设计小镇落地。北京（通州）大运河文化旅游景区5A创建智慧化景区建设完成技术评审，有序推进跨体系医疗示范中心和数字化社区两个市级标杆工程。中国信息通信研究院信息通信技术产业创新基地项目取得“多规合一”初审意见函、选址意见书和备案证明，完成土地补偿费用缴纳；电投工业互联网数据安全信息港项目实现主体封顶，腾龙通州网络安全技术研发及应用平台云计算数据中心基本完成土建工程。在市经济和信息化局的指导下，区经信局组织罗克佳华科技集团股份有限公司、传神联合（北京）信息技术有限公司、北京开运联合信息技术集团股份有限公司3家企业参与全市数据资产评估试点，探索推进数据资产+金融新模式示范。北京银行城市副中心分行与罗克佳华科技集团股份有限公司就数据资产化、数据资产抵押贷款达成合作意向，落地全国首笔1000万元数据资产质押融资贷款；同时，北京银行城市副中心分行基于北京开运联合信息技术集团股份有限公司评估的数据资产作为增信手段，与开运集团达成合作，授予1000万元流动资金贷款额度。

（屠洪月）

【通州区数字底座建设】年内，通州区政府与北京市通信管理局、中国联合网络通信有限公司北京市分公司、中国移动通信集团北京有限公司、中国电信股份有限公司北京分公司及中国铁塔股份有限公司北京市分公司签署战略合作协议，筑牢数字保障底座，打造“双千兆”全国标杆性城市。区政务大数据平台及区级目录链平台搭建完成，其中视频汇聚平台完成区内2万余路视频对接，区级目录链建设实现数据确权，确保数据有序流动以及数据交换行为全流程路径追踪明细，保障了数据安全有序。

（卢　迪）

【大兴区数字基础设施建设】年内，大兴区新建5G通信基站416个，累计建成2905个，推动5G网络建设由“广覆盖”向“精准覆盖”转变。印发大兴区数据中心规划建设方案，以立足服务产业发展为根本，适度发展数据中心，严控新建项目落地。建成“一云两平台”基础架构，完成政务服务、医疗健康、民生服务、社会治理、城市管理、交通治理、生态宜居和产业服务等8大领域的智慧应用建设。“综治信息平台”累计采集全区人、房、车、企、房屋租赁、隐患信息等数据292.5万条；“智慧市政平台”实现104平方千米范围内井盖、管网实时监测；“网上办事大厅”和“行政审批平台”实现1906项政务服务事项“最多跑一次”。“人口健康信息平台”实现网上挂号385余万人次，远程医疗12余万次。城乡规划、城市运行、生态环境、产业发展、政务服务、卫生健康等15个场景接入区级领导驾驶舱。

（刘　莉）

【大兴区贸易数字化建设】年内，大兴区搭建新型国际贸易公共服务平台，为15家银行、20余家贸易企业提供服务，核查业务约10亿元；打造数据跨境协同创新中心，围绕各行业数据跨境安全与治理需求，探索数据跨境合规路径，试点搭建服务平台，开展政策研究、咨询评估、重点行业数据分类分级治理等相关工作。

（刘　莉）

【推进“数智密云”城市大脑重点项目建设】年内，密云区经济和信息化局加快推进“数智密云”一期项目建设，完成共享交换、数据治理、领导驾驶舱等7个系统设计开发和领导驾驶舱设计、城市数字地图基础要素服务等5项实施服务。共梳理国家部委、市、区116个单位共15521类数据目录；汇聚市、区两级共15522类数据资产，约5800万条数据量；完成公安分局4684路视频对接融合工作，基于数字地图已标注并应用3586路。结合区防控办和区政务服务局需求，依托“数智密云”平台共性技术支撑能力，1周内快速定制设计开发了“密云区核酸检测信息查询比对子系统”和“密云区政务服务企业用户空间信息上报子系统”。

（张　鹏）

研发与成果

【“京智”移动版上线运行】4月，“京智”移动版（“慧治”1.0版）完成建设并提供试用。“慧治”1.0版包含城市运行、视频调用、系统接入、决策辅助4个功能板块。其中，城市运行板块上线14个指标主题页面和1471项指标，视频调用板块接入雪亮工程9.3万个摄像头，系统接入板块接入单点登录系统134个，决策辅助板块初步上线5个专题应用。截至年底，初步完成“京智”移动版1.0版并接入“京办”，完成突发事件、百姓诉求、城市监控、人口态势、疫情防控等14个领导决策专题应用场景建设，面向市领导及市级部门主管领导开展应用推广，累计为48个部门248位用户开通服务。

（市经济和信息化局）

【北京CBD全球数字会客厅线上发布】5月，北京CBD全球数字会客厅上线，计划从数字化招商、办公服务及商务拓展与推广等方面，帮助企业实现线上办公和真实场景的商务洽谈。北京CBD全球数字会客厅拥有多个应用场景。会客厅内外的场景与北京时间保持一致，可实现黑夜白昼、一年四季的变换。体验者既能“走进”会议室落座，也能凭窗“眺望”CBD的美丽天际线。

（“学习强国”小程序北京学习平台）

【国内首个聚焦人工智能产业创新服务的数字平台启动】7月28日，在2022全球数字经济大会人工智能专场论坛上，国内首个聚焦人工智能产业创新服务的数字平台“北京人工智能产业大脑”启动。平台在北京市经济和信息化局指导下，由集智未来联合国家工业信息安全发展研究中心、北京人工智能联盟、北京智源人工智能研究院产业知识计算引擎创新中心共同研发，覆盖北京市18类数据集，监测全国人工智能相关企业近1万家，其中核心人工智能企业近3500家，北京市占比30%以上。

（市经济和信息化局）

【国际首次实现量子直接通信技术在金融领域应用】7月，北京量子信息科学研究院和华夏银行、龙盈智达（北京）科技有限公司合作，试点应用量子直接通信技术服务于商业银行保密数据传输业务场景，在国际上首次实现量子直接通信技术在金融领域的应用。通过在银行与其企业客户之间构建基于量子直接通信技术的安全信息传输新模式，对重要数据的传输起到“镖局”的作用，防范因数据传输发生信息泄露造成的风险，为企业和银行数据资产安全保驾护航。

（郑 雪）

【“京通”小程序上线运行】年内，市经济和信息化局协同市政务服务局，完成靓证、搜索等9大核心功能建设，实现“京通”小程序在百度、支付宝、微信三端上线运行；日活跃用户约200万，接入服务525项，其中高频服务401项，以“旗舰店”方式整合并接入11区服务；初步完成“京通”管理规范体系建设，制定京通客服体系建设方案。

（市经济和信息化局）

电子信息产业

本类目采用条目体，刊载2022年北京电子信息产业概述、助力北京冬（残）奥会、政策与措施、产业动态、研发与成果、企业选介和产品选介7项内容。其中，助力北京冬（残）奥会分目在2022年鉴相关记述内容的基础上进行了补充完善；政策与措施分目包括出台的政策文件及实施情况，机构、园区、基地设立调整变化等内容；产业动态分目包括生产经营、项目启动、签约、论坛、获奖等内容；研发与成果分目包括新产品发布、技术测试、解决方案等内容；企业选介分目在重点介绍一级企业的基础上，对二、三级企业的主营业务范围进行简述；产品选介分目对行业内产品的生产销售情况进行简述。

概 述

2022年是实现高质量发展的关键之年，电子信息行业整体运行呈现稳中有进态势。根据市统计局统计数据，全年计算机、通信和其他电子设备制造业实现利润总额420.3亿元，同比增长24.7%。规模以上工业实现产值3407亿元，同比下降9.2%，实现增加值增速3.6%，其中集成电路领域增长22.4%。根据行业协会统计数据，全行业实现主营业务收入5309.75亿元，同比下降6.24%；出口交货值1197.59亿元，同比下降8.34%。全年手机产量为9414.75万部，同比下降18.87%；台式微型计算机产量为530.91万台，同比下降32.93%；笔记本计算机产量为1.02万台，同比下降91.71%；显示器产量为227万台，同比下降55.31%；电子元件产量为174.88万只，同比下降17.11%；半导体分离器件产量为43.82亿只，同比下降28.2%，集成电路产量为144.07亿块，同比上升15.72%；液晶显示面板产量为33869.39万平方米，同比上升40.29%；电视机产量为391.92万台，同比下降53.71%；智能家居设备产量为253万台，同比下降72.71%。

（市经济和信息化局）

助力北京冬（残）奥会

【七九七音响完成国家冰雪运动训练科研基地扩声工程】1月，为服务保障2022年北京冬（残）奥会，北京第七九七音响股份有限公司完成国家冰雪运动训练科研基地主要场馆的扩声工程。该项工程涉及速滑馆、轮滑馆、训练比赛指挥中心和会议室4个场馆，需完成设计、施工、系统调试和技术培训等工作任务。根据总体设计要求和场馆实际情况，为了解决回声及声聚焦等不良声学现象带来的语言清晰度问题，设计团队经过反复测试，最终确定的设计方案经受住现场严格测试和复杂环境的考验，声学性能测试超过体育场馆一级标准，在项目验收和试运行中获得相关方好评。

（“国资京京”微信公众号）

【北奥集团交付冬奥会和冬残奥会体育展示音频内容和娱乐节目】1月，北京北奥集团有限责任公司北京冬（残）奥会现场音乐库和娱乐表演节目完成并交付北京冬奥组委。在冬奥会比赛中，展示运动员和观众在现场听到的每一首音乐，及看到的每一段表演。

（“国资京京”微信公众号）

【京东方科技装点冬奥会开幕式】2月4日，2022年北京冬奥会开幕。开幕式的舞台地面是8K超高清显示系统，整体面积达10393平方米，京东方采用多个8K+级分辨率的画面融合技术，可呈现出100000：1超高对比度，3840赫兹超高刷新率，以及29900×15096超高分辨率的绚丽画面。京东方在设计“雪花”形态主火炬台时，团队通过500余张设计图纸和近10轮的制样，研发出行业内发光面最窄的单像素可控异形显示产品，呈现雪花的线条感和细腻的画面显示效果，将艺术创意变为现实。

（京东方BOE）

政策与措施

【小米智慧产业园区整体交付】1月，小米智慧产业园完成全部工程建设，实现整体交付，是继小米移动互联网产业园、小米电子产业园之后，小米集团在北京市落地的第3个园项目，也是小米集团重要的研发基地和人才基地。小米智慧产业园位于未来科学城西侧、朱辛庄组团核心位置，总建筑面积23.1万平方米，建有住宅楼4栋、办公楼3栋及配套下沉广场、庭院等开放共享空间。

（魏清华）

【数码视讯参与制定首批“百城千屏”技术标准】2月16日，由中央广播电视总台超高清视音频制播呈现国家重点实验室牵头、世界超高清视频产业联盟

(UWA) 制定的首批《“百城千屏”超高清视音频传播系统技术标准》对外发布。数码视讯作为该项标准的主要参编单位之一。该标准已率先应用于中央广播电视总台的“百城千屏”推广活动中，全国30余个城市多块超高清大屏采用总台CCTV-8K超高清频道信号同步播出。

（郑　雪）

【集成电路高精尖创新中心成立】 2月19日，集成电路高精尖创新中心在北京揭牌成立。该中心由北京大学、清华大学联合牵头，协同有关高校、科研机构及企业等单位共同建设，聚焦相关前沿技术研究，突破一批关键核心技术，打造集成电路高层次人才培养特区，加快推动创新链、产业链与人才链的有机衔接与融合，为国家培养一批集成电路高层次领军人才。中心主任由中国科学院院士、东南大学校长黄如和中国工程院院士、华中科技大学校长尤政共同担任。

（市科委、中关村管委会）

【首批北京电控职工创新工作室挂牌】 3月，北京电控系统基层一线的15个职工团队获得北京电控职工创新工作室授牌，是北京电控工会首批认定的职工创新工作室。北京电控推动职工创新工作室创建工作，已有市级创新工作室11个，其中有3个市级示范性职工创新工作室，多项创新成果获得表彰。

（“国资京京”微信公众号）

【中国半导体显示领域首个权威健康护眼标准发布】 5月，京东方集团联合德国TÜV莱茵发布中国半导体显示领域首个权威健康护眼标准——全面护眼显示标准。该标准首次从护眼技术、动态显示特性和环境光管理3个维度对显示屏护眼能力进行权威界定，成为显示行业向健康环保方向发展的风向标。

（北京电控）

【小米智能工厂二期项目主体结构封顶】 8月10日，小米智能工厂二期项目实现主体结构封顶。该项目位于中关村科技园区昌平园国际信息产业基地，占地面积约5.8万平方米，规划总建筑面积14.1万平方米。项目于2021年7月14日开工，计划于2023年6月进行首条手机产线安装调试，年底竣工投产。小米智能工厂二期项目为市级重点工程项目，将打造成为京津冀地区智能制造示范工厂、世界级“灯塔工厂”，实现全流程关键制造要素100%数字化管控。工厂建成全部达产后年产能不低于1000万台智能手机，年产值超500亿元。

（张　玥）

【芯屏融合与系统集成研究中心揭牌】 8月10日，北京电控和清华大学共同建立的芯屏融合与系统集成技术联合研究中心（简称联合研究中心）揭牌。联合研究中心是建在清华大学校内的非实体科研机构，面向光电芯片、集成电路装备、传感芯片器件、检测装备、智慧医工等方面进行多学科领域交叉融合的基础研究，并开展联合技术攻关和人才培养，推动相应国家及行业标准制定，通过产学研合作，促进清华大学科技成果转化应用，全面提升北京电控自主创新能力和核心竞争力，为北京电控构建芯屏产业生态提供智力支持。

图片资料来源于“国资京京”微信公众号

（北京电控）

【全球最大移动显示模组单体工厂投产】 11月25日，京东方物联网移动显示端口器件生产基地项目点亮暨量产仪式在青岛西海岸新区举行，标志着全球最大移动显示模组单体工厂开始量产。该项目由京东方投资建设，一期总投资81.7亿元，占地面积53.87万平方米，项目设计产能近2亿片，产品主要应用于手机、显示器、AR/VR等智能终端。

（京东方）

【京东方牵头制定国内首个汽车抬头显示行业标准】 11月，由京东方牵头制定的中国电子行业标准《车用平视显示器光学性能测试方法》获工信部批准发布，成为国内HUD（抬头显示）首个行业权威测试标准。该标准从适用范围、术语定义、测试条件、测试系统、测试方法等多维度，规定HUD视场角、亮度、畸变、白平衡误差等光学性能参数的测试方法，建立科学全面的测试流程。在驾驶过程中，HUD能够将重要行车信息投影到驾驶员前面的风挡玻璃上，让驾驶员尽量做到不低头、不转头就能看到时速、导航等信息图像，降低了行车过程中的安全隐患。

（京东方）

【第三代半导体产业园投入运行】11月，位于中关村顺义园的第三代半导体产业园投入运行。产业园占地7.4万平方米，以新能源汽车、5G通信、能源互联网等重大应用需求为牵引，突破核心技术，实现第三代半导体技术与产业自主可控，形成国内领先、国际一流的第三代半导体产业集聚区。园区采用“孵化平台—加速平台—产业园区”的全链条孵化培育模式，专注于第三代半导体光电子、电力电子、微波射频三大领域，聚合发展全产业链，提供孵化服务、投融资服务、产业服务等，精准匹配资本需求，构建第三代半导体产业服务全链条的培育体系。

（市科委、中关村管委会）

【北京电控所属燕东微登陆A股科创板】12月16日，北京电控所属北京燕东微电子股份有限公司（证券简称燕东微，股票代码688172）在上交所科创板上市，成为2022年第一家上市的市属国企。燕东微上市完成后，成为北京电控旗下第四家上市公司，发行价格为每股21.98元，发行股数17986.5617万股，融资金额约40亿元，主要投入到建设基于成套国产装备的特色工艺12英寸集成电路生产线项目。

（“国资京京”微信公众号）

【5部门联合制定北京市支持发展高端仪器装备和传感器产业若干政策措施实施细则】年内，市经济和信息化局联合市发展改革委等5部门制定《北京市支持发展高端仪器装备和传感器产业的若干政策措施实施细则》，推进300余家仪器和传感器企业在怀柔区落地发展，引导多家新型研发机构、中科院所等在怀柔区集聚，吸引科研人才1.4万余人，其中院士等高层次人才超200人，产业示范区建设已初具规模。

（市经济和信息化局）

产业动态

【北广科技中标地面数字电视700兆赫频率迁移项目】1月5日，北京北广科技股份有限公司中标“地面数字电视700兆赫频率迁移”项目，中标金额2.986亿元。中标产品包括发射机4086台、多工器1343台，覆盖山西省、吉林省、浙江省、安徽省、江西省、湖北省、广东省、海南省、贵州省、青海省10个省，涉及广播电视发射台站1843个。

（“国资京京”微信公众号）

【龙芯3C5000L服务器获自主创新飞跃产品奖】1月25日，龙芯3C5000L服务器在由51CTO主办的“激活创新力·筑基数字经济”年终评选活动中，获2021年度自主创新飞跃产品奖。该服务器是龙芯中科技术股份有限公司面向服务器领域倾力打造的高性能通用处理器，采用全新的龙芯自主指令系统（LoongArch），无须国外授权。

（王汝鹏）

【京东方新型显示国家工程研究中心入选国家级工程研究中心名单】1月，京东方新型显示国家工程研究中心入选国家发展改革委发布的入新序列管理的国家工程研究中心名单，成为国内显示行业唯一一家国家级工程研究中心。该研究中心前身为京东方TFT-LCD工艺技术国家工程实验室（简称工程实验室），2008年经国家发展改革委批复，依托京东方建立，是显示行业首个国家工程实验室。工程实验室攻克超大尺寸、超高分辨率等高端TFT-LCD显示技术，形成代表高端LCD技术解决方案的ADS PRO技术族群，推出55英寸8K打印OLED显示屏、全球首款55英寸4K AMQLED显示屏、主动式玻璃基P0.9 Mini LED显示产品，并支撑京东方建成全球首条10.5代TFT-LCD生产线，国内首条6代柔性AMOLED生产线。

（市经济和信息化局）

【北广科技两产品被认定为第十五批北京市新技术新产品】1月，经专家评审、新技术新产品（服务）认定小组审核、公示等环节，北广科技地面数字电视发射机、全固态高能功率源获得由市科委、中关村园区管委会，市发展和改革委，市经济和信息化局，市住房和城乡建设委，市市场监督管理局等部门联合发布的“北京市新技术新产品（服务）证书”，被认定为第十五批北京市新技术新产品。

（“国资京京”微信公众号）

【联想集团再次入选《财富》全球最受赞赏公司排行榜】2月2日，《财富》杂志发布2022年度全球最受赞赏公司排行榜，联想集团再度入围榜单，位列算力行业前五名，排名创6年来新高。全球最受赞赏公司排行榜是《财富》的一项专业的全球公司评价系统，榜单主要基于对1500家年收入在100亿美元以上的全球500强公司进行实际调查，邀请公司高管、董事会成员和分析师根据9项标准对来自52个行业的公司加以评级，包括创新能力、吸引人才的能力、企业资产运用、社会责任、管理质量、财务稳健性、投资价值、产品和服务质量以及全球化竞争力等。联想集团因在创新能力、管理和产品质量、全球化竞争力、ESG（环境、社会和公司治理）等方面有出色表现入选。

（市经济和信息化局）

【京东方 2021 年专利申请全球第七位】 2 月 10 日，世界知识产权组织（WIPO）公布 2021 年全球国际专利申请排名，中国国际专利申请量继续保持第一名，其中京东方科技集团股份有限公司（简称京东方）以 1980 件 PCT 专利申请量位列全球第七，连续 6 年进入全球 PCT 专利申请 TOP10。京东方技术创新成果已全面应用于多形态柔性显示、8K 超高清显示，以及智慧零售、智慧金融、智慧车联、智慧园区、智慧教育等物联网创新领域，为人们带来高品质产品和软硬融合的智慧解决方案。

（京东方）

【京东方与中国击剑协会签订战略合作协议】 2 月 24 日，京东方集团与中国击剑协会再度合作，签订战略合作协议，成为中国国家击剑队首席战略合作伙伴。双方协议约定，京东方除资金支持外，还将向中国击剑协会提供一系列智慧显示、智慧物联等物联网创新解决方案，全方位应用于中国击剑队的训练备赛、日常学习和健康管理，以创新科技赋能体育。京东方为中国击剑队提供 LED 拼接显示屏等超高清显示产品，采用 1.8 毫米超小像素点间距、通过恒流方式驱动，实现百万级超高对比度，可清晰记录运动员每一次出剑力量、速度、动作，为击剑队训练观摩提供领先的数字化支持。京东方为中国击剑队配备智慧一体机，集电子白板、无线传输、视频会议、高清显示于一体，可与教练在超高清屏幕上共享教学视频、学习报告等资料，为中国击剑队的训练及学术交流提供技术保障。

（“国资京京”微信公众号）

【利亚德 3 款产品获德国红点设计大奖】 3 月 22 日，利亚德集团发布消息，其 TX-Micro 系列 LED 显示屏、TVS 系列小间距 LED、HKS LED 显示屏 3 款产品同时获素有设计界“奥斯卡”之称的 2022 年德国红点设计大奖。

（郑　雪）

【京东方入选全球智能制造领域“灯塔工厂”名单】 3 月 30 日，世界经济论坛对外公布新一批“灯塔工厂”名单，京东方获全球智能制造领域最高荣誉“灯塔工厂”，成为中国大陆第一家也是唯一一家入选的显示企业。“灯塔工厂”由世界经济论坛与麦肯锡咨询公司共同发起，在全球范围内甄选第 4 次工业革命先进技术应用的领军企业，之前全球范围内仅有 90 座工厂入选。京东方首次申报即入选，标志着其在大规模应用工业 4.0 新技术方面走在世界前沿。该次入选“灯塔工厂”是京东方福州第 8.5 代半导体显示生产线，总投资 300 亿元，主要研发生产高分辨率（UHD）、大尺寸低功耗等高端液晶显示产品，广泛应用于智慧家居、智慧零售、智慧出行、数字艺术等各大创新应用领域。

（市经济和信息化局）

【同方威视获日内瓦国际发明展金奖】 3 月，日内瓦国际发明特别展对外公布获奖名单，同方威视技术股份有限公司（简称同方威视 ）申报的参赛项目全部获奖。获金奖项目为同方威视旗下新鸿电子有限公司研制的“毫米间距”靶点分布式碳纳米管冷阴极 X 射线源。获银奖项目分别是清华大学与同方威视共同研制的世界首套基于碳纳米管冷阴极分布式 X 射线源的静态 CT 系统；清华大学、同方威视和神目科技共同研制的毫米波人体安全检查仪；同方威视与鉴知技术有限公司共同研制的小型化拉曼光谱系统。

（市经济和信息化局）

【京东方 f-OLED LTPO 变频显示屏实现量产】 3 月，京东方创新研发出业内领先的量产型 LTPO 变频显示屏，实现 LTPO 背板技术即低温多晶硅和氧化物杂合 TFT 驱动技术。f-OLED LTPO 变频显示屏在提升暗态显示均一性、减少低频闪屏、增强 OxideTFT 抗光敏性、提高背板透过率及优化 LTPO 量产工艺等一系列技术难题上取得重要创新突破。产品低频画质更优异，健康显示更护眼，功能集成空间大，实现低功耗、长续航。

（“国资京京”微信公众号）

【和利时获中国软件诚信示范企业称号】 5 月 10 日，由中国软件行业协会主办的 2022 中国国际软件发展大会暨第五届中国软件产业年会以线上方式举办。和利时集团凭借技术创新能力、诚信品质以及行业应用市场获得中国软件诚信示范企业和 2021 年软件行业应用领域领军企业称号。

（市经济和信息化局）

【京东方多款全球首创 MLED 玻璃基产品亮相 2022 国际显示周】 5 月 10 日，2022 国际显示周在美国圣何塞开幕，京东方携 ADS Pro、f-OLED、α-MLED

三大显示技术品牌多款全球首发产品及元宇宙、裸眼3D、智能座舱等新一代前沿应用亮相显示周，向全球展现“中国智造”的实力和自信。ADS Pro作为京东方自主研发的高端LCD显示技术解决方案，具有超高刷新率、全视角、硬屏触控等优势。F-OLED为京东方独有的高端柔性OLED技术解决方案，该技术不仅能呈现全面屏、折叠、卷曲等多种全新形态，还可实现屏下指纹识别、屏下摄像头、生物识别等多功能的智慧集成，为柔性显示发展注入巨大想象力和拓展空间。α-MLED技术为京东方首创的玻璃基主动式新型LED显示系统及解决方案，在实现极致细腻画质表现的同时，为用户带来全场景的沉浸式体验。

（京东方）

【京东方连续12年上榜《财富》中国500强】7月12日，2022年《财富》中国500强榜单发布，该榜单考量了全球范围内最大的中国上市企业在过去1年的业绩和成就。京东方凭借2021年出色的经营业绩、市场表现与品牌价值提升，排名较去年大幅提升，位列榜单第57名，同时在半导体显示企业中名列第1名。

（王汝鹏）

【京东方入选2022年生态品牌认证榜单】9月6日，由凯度集团、《财经》杂志、牛津大学赛德商学院联合主办的2022第一届生态品牌峰会发布2022年生态品牌认证榜单，京东方成为首批获得生态品牌认证的12家品牌之一。该榜单旨在对传统品牌向生态品牌转型过程中的进度和成果展开评估。会上同时发布《生态品牌发展报告（2022）》，京东方科技集团股份有限公司作为报告中的生态品牌标杆案例，从用户体验交互、开放协同共创及社会价值贡献3个维度为生态品牌转型与建设提供理论及实践方面指引。

（王汝鹏）

【新松半导体总部项目签约】10月31日，由沈阳新松机器人自动化股份有限公司投资5.18亿元建设的集成电路真空机械手及洁净自动化设备生产线项目完成签约，项目位于北京经开区，主要生产真空、洁净机械手和洁净自动化等设备，是集成电路产业关键零部件。

（王汝鹏）

【利亚德超大屏幕为足球世界杯观众带来沉浸式观赛体验】11月21日，2022年卡塔尔世界杯开赛，利亚德集团的“中国屏”再次闪耀舞台。从体育场到球迷场外观赛区，从电视台直播演播室到户外广告、酒店、咖啡吧等，利亚德1500平方米的LED显示屏满足全场景需求，全方位服务卡塔尔世界杯。

（市经济和信息化局）

【利亚德获DIC AWARD国际显示技术创新金奖】12月6日，DIC AWARD 2022国际显示技术创新大奖发布。利亚德凭借对市场需求的敏锐捕捉，对产品极致性价比的打磨，以及对推动LED会议产品在市场快速普及应用，助力办公数字化体验升级等方面的贡献，利亚德Timesight系列获得DIC AWARD 2022全球显示技术创新大奖的商显应用创新金奖。

（市经济和信息化局）

【紫光展锐获2022年天鹅奖3项大奖】12月22日，在2022 5G终端全球创新峰会暨第十届手机设计大赛天鹅奖颁奖典礼上，紫光集团下属紫光展锐（上海）科技有限公司（简称紫光展锐）的新一代系统级安全高性能5G SoC-T820芯片获2022年度最佳终端解决方案奖。同时，大会授予紫光展锐2022年手机产业链英雄榜TOP50和致敬天鹅奖十年——贡献企业奖。该次获奖的T820是紫光展锐新一代系统级安全的高性能5G SoC，采用八核CPU架构，6纳米EUV先进工艺，金融级全内置安全方案，5G双卡双待和稳定高速的5G连接，以及1.08亿像素高清摄像头，FHD+分辨率120赫兹刷新率显示，4K 60帧高清视频录制与播放，HDR10+高清标准，8TOPS A算力等优异特性，让5G能力不断提升。

（市经济和信息化局）

【京东方第六代新型半导体显示器件生产线项目签约】12月28日，由京东方科技集团股份有限公司投资290亿建设的第六代新型半导体显示器件生产线项目完成签约，项目位于北京经开区，主要采用LTPS（低温多晶硅）/LTPO（低温多晶氧化物）和Micro OLED两种技术，生产以VR为主的高端中小尺寸显示器件及Mini LED直显背板产品，项目建成后将进一步夯实京东方在显示行业领先地位，促进元宇宙产业链发展，在北京市及经开区形成新的产业发展高地。

（陈真权）

【2022北京微电子国际研讨会举办】 12月28日，2022北京微电子国际研讨会暨IC WORLD大会在经开区举行。大会由北京市经济和信息化局和北京经济技术开发区管委会主办，以“蓄势起航 焕然一芯”为主题，同期举办学术会议和博览会，博览会展览面积约3000平方米，共有2万人次通过线上方式参会交流。会议邀请国内产业界70余位专家学者和718家产业链企业参与探讨交流。高峰论坛邀请13位国内知名专家和企业家，围绕产业链上下游联合攻关机制、硅光、RISC-V和Chiplet（芯粒）等新赛道以及资源保障体系等方面内容开展深入交流。

（郭怡睿）

【同方威视等企业案例入选中国人工智能知识产权首批优秀案例】 年内，中国人工智能产业发展联盟发布《中国人工智能产业知识产权白皮书2021》，同方威视“WEKNOW系列X光图像智能识别技术和产品专利布局”案例，与中国移动集团有限公司、小米集团、商汤集团有限公司等公司的案例一同入选中国人工智能产业知识产权首批10件优秀案例。

（市经济和信息化局）

【和利时工业软件获中国自动化产业年会大奖】 年内，2022中国自动化产业年会（CAIAC2022）公布2021中国自动化领域多项大奖获奖结果。北京和利时工业软件有限公司数据采集与监控系统HiaPlantSCADA凭借其技术的领先性、开发的灵活性获得年度最具竞争力创新产品奖项。

（市经济和信息化局）

【重点项目建设】 年内，市经济和信息化局协调推进3个12英寸生产线项目建设，涉及总投资1400亿元。燕东微电子项目启动厂房改造及设备购置，经开区聚集装备、零部件及材料配套企业近50家，涉及总投资300余亿元，吸引设计、研发、产业服务和国际合作项目落地近30个。推进央企合作，加快推动中国电科京外优质资源落地北京，推进智慧创新园企业入驻，经开区和顺义区产业化项目加快落地。组织尚亦城集团、微芯院、格灵深瞳、京东方、利亚德等企业，在首钢园10号馆打造“元宇宙全球现场”，搭建“创新发布馆”“沉浸式体验馆”“元宇宙游戏馆”“元宇宙产业生态馆”4大主题展区。加快怀柔科学城产业转化示范区建设。A栋工程主体结构完成约70%，动力中心完成总工程量的28%。海创微芯项目采购6台设备和一套版图设计软件，建筑物主体建设工作正在推进；启元实验室智能微系统平台项目，启动实验室产业转化及公共平台开放洽谈工作，微纳系统设计集成与测试平台贴片倒装系统、金属刻蚀机、涂胶显影机等20余套设备完成招标，厂房完成主体结构封顶；惯性与声学传感技术北京市工程研究中心项目完成拟采购设备清单，开启场地整体设计工作。

（市经济和信息化局）

研发与成果

【京东方为荣耀首款折叠旗舰手机供应显示屏】 1月10日，荣耀手机发布折叠旗舰Magic V系列的首款机型，京东方为该机型供应柔性OLED显示屏，以最优折叠屏屏占比和弯折性能、超清画质、超长屏幕续航、超快触控反应、健康护眼等多项创新技术，打造多形态智能手持设备显示的新标杆，彰显京东方在柔性显示领域的领先实力。此款折叠屏采用京东方自研广色域技术，DCI-P3最高可达106%，画面清晰细腻，至臻色彩显示。

（“国资京京”微信公众号）

【牡丹集团数码艺术作品全球首发】 5月25日，由北京牡丹电子集团有限责任公司（简称牡丹集团）出品的《富春山居图》全卷数码艺术作品在数字藏品平台——“鲩物”首次发行。《富春山居图》系列数字藏品共7卷，每卷借助数字技术创新演绎，以动态画面+古曲配乐的形式呈现富春胜景的不同侧面，近距离领略重峦叠嶂的恢宏气魄与一渔一樵的灵动魅力，品味中国传统文化中的美学和哲学。

（市经济和信息化局）

【利亚德黑钻 Diamond 系列产品全球首发】 6 月 30 日，利亚德集团（简称利亚德）召开“Micro LED 迈入通用显示，迎接半导体时代来临”新技术新产品全球发布会，宣布“利亚德黑钻”系列 Micro LED 技术及新品。该次全球首发的利亚德黑钻 Diamond 系列产品应用最先进的 Micro LED 显示技术，产品涵盖 P0.9—P1.8 新品，以及 P1.0 以下 Nin1 Micro LED 显示产品，覆盖 80% 室内小间距产品。该系列产品采用最先进的 Micro LED 全倒装芯片及封装技术，具有高稳定性、高可靠性，对比度提高 3 倍，亮度提高 1.5 倍，均匀度更好，能耗更低，性价比更高等综合技术与产品优势。

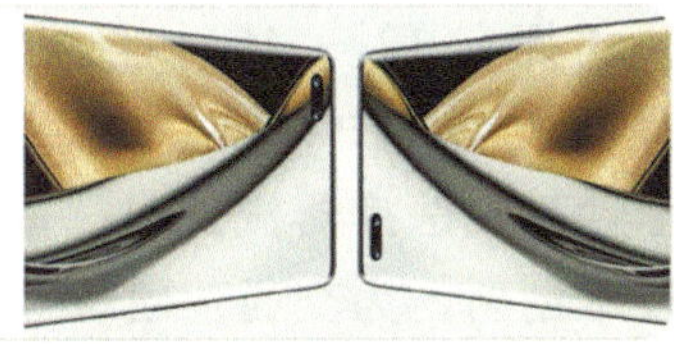

（市经济和信息化局）

【国内首个 5G 云化工业基站建成】 6 月，北京东土科技股份有限公司与中国移动研究院、中国移动、京信网络公司共同发布国内工业互联网业界内的首个 5G 云化工业基站，并完成端到端验证。该次 5G 工业基站的发布和成功验证，将 5G 专网的极致和确定性网络能力引入到工业控制系统中，有助于深化 5G 与工业融合，实现 5G 一网到底，承载 IT 和 OT 域的全部工业应用，促进工业互联网的云化、无线化和国产化。

（市科委、中关村管委会）

【京东方为华为新品供货高端柔性 OLED 屏】 7 月，华为举行新品发布会，带来全新一代 nova10 Pro 等产品。作为影像旗舰，nova10 Pro 等产品搭载北京电控所属京东方柔性 OLED 屏幕，兼顾高质量画质呈现和多频刷新率模式、低功耗及健康护眼等多项领先创新技术，为用户带来视觉体验。华为 nova10 Pro 采用京东方 6.78 英寸环幕柔性 OLED 屏幕，峰值亮度可达 1000 尼特，在户外强光条件下依旧能呈现绚丽多彩的显示画面。nova10 Pro 等产品还适配多频刷新率模式，最高兼容 120 赫兹变速高刷，同时搭配 300 赫兹触屏采样率，满足不同场景屏幕需求。设计方面，京东方供货的 nova10 Pro 等手机新品均采用双曲窄边框。正面双曲屏设计加上极窄的边框，大幅提升正面屏占比，在拥有超高颜值的同时，带来舒适的手感，边缘触碰过渡也更加顺滑自然。nova10 Pro 等产品在低功耗和护眼方面，京东方通过迁移 OLED 光谱的有害蓝光峰值位置减轻蓝光的危害，大幅降低屏幕产生的有害蓝光占比，更好地实现柔性 OLED 屏幕健康护眼优势。nova10 Pro 等产品还搭载京东方自研新一代 Q8 EL 器件，屏幕显示功耗降低 10% 以上，续航能力全面升级。群智咨询（Sigmaintell）数据显示，2021 年京东方柔性 OLED 智能手机面板出货量约 6000 万片，同比增长近 60%，蝉联国内第一、全球第二。

（“国资京京”微信公众号）

【同方威视发明国内唯一达到 ECAC 标准的痕量炸探产品】 8 月，同方威视 TR2000DC 无源痕量炸探设备配合新版仿生取样器通过欧洲民航会议（ECAC）和法国民航技术局（STAC）痕量检查设备货物检查和旅客检查双标准，并获得 STAC 同类型设备认证，是国内唯一达到 ECAC 标准的痕量炸探产品，实现国际民航旅检、货检应用。TR2000DC 设备基于自主研制的离子迁移谱技术（IMS）和无源电离技术（NRIS），探测灵敏度为传统有源技术的 10 倍以上，通过应用智能算法可在 3 ～ 5 秒内快速报警；通过取样器采样，能够避免安检员与旅客、行李物品的直接接触；有效提升安检查验效率与旅客的安检体验。

（市经济和信息化局）

企业选介

【北京燕东微电子股份有限公司】 简称燕东微电子，1987 年成立，是专注于集成电路芯片设计制造的市属国有企业，控股股东为北京电子控股有限责任公司，其他主要股东包括国家集成电路产业投资基金股份有限公司、京东方科技集团股份有限公司、北京亦庄国际投资发展有限公司、北京京国瑞国企改革发展基金（有限合伙）等。燕东微电子成立 30 年以来，专注细分市场，致力于搭建北京市集成电路特色工艺平台，逐渐形成“IDM+Foundry”的产业发展模式，在集成电路设计、制造、封测领域积累丰富经验，累计申请专利 400 余件，申请专利数量逐年提升，连续 6 年获得中国半导体功率器件十强企业称号。拥有 1 条月产 6 万片的 6 英寸线，1 条月产 6 万片的 8 英寸线和 1 条 6 英寸 SiC 试验线。2022 年，公司实现营业收入 21.75 亿元，利润总额 5.28 亿元。

（燕东微电子）

【北京电子控股有限责任公司】 简称北京电控，是以电子信息产业为主导的北京市属国有特大型高科技产业集团，前身为 1988 年成立的北京市电子工业办公室，所属部分重点企业为国家“一五”计划期间的重点工程，被誉为共和国电子工业的摇篮。北京电控主要产业分布于半导体显示、集成电路、新能源、电子信息服务等战略新兴产业领域，旗下拥有京东方、北方华创、燕东微电子等 14 家二级企业和 2 家事业单位，从业人员 9 万余人。

2022 年，北京电控贯彻中央“疫情要防住、经济要稳住、发展要安全”的总要求，坚持“创新为本、改革为要、管理为先、控险为重、稳定为基”经营方针，顶住新冠肺炎疫情冲击，稳住经济运行，守住安全底线，重大项目有序推进，重点工作取得成效，实现营业收入超 2000 亿元、利润总额超 40 亿元，规模效益位居市属国企前列。

（北京电控）

【京东方科技集团股份有限公司】 简称京东方，1993 年 4 月成立，是一家为信息交互和人类健康提供智慧端口产品和专业服务的物联网公司，形成以半导显示事业为核心，Mini LED、传感器及解决方案、智慧系统创新、智慧医工事业组合发展的“1+4+N”航母事业群。在 MLED 领域，公司以独有的主动式驱动架构、高速转印技术，为客户提供先进微米级封装工艺的下一代 LED 显示系统及解决方案，推出 75 英寸 8KMini LED、0.9 毫米像素间距 Mini LED 显示产品等。传感器及解决方案聚焦医疗影像、生物检测、智慧视窗、微波通信、指纹识别等领域，公司拥有 12 ～ 46 寸的全尺寸 X 射线平板探测器背板产品（FPXD），应用于日本、韩国等国的全球性高端医疗器械公司；智慧视窗通过显示和传感技术创新，为交通、建筑等领域提供传感器件及解决方案。智慧系统创新事业通过人工智能、大数据、云计算技术聚焦软硬融合的产品与服务，为智慧金融、智慧园区等物联网细分领域提供整体解决方案，其中智慧金融解决方案覆盖 2200 余个网点，智慧园区解决方案在北京市、天津市、重庆市等 20 余个城市落地应用。智慧医疗事业通过科技与医学融合创新，构建以物联网技术为支撑的智慧分级健康管理体系形成智慧健康管理生态系统，打造以健康管理为核心、医工终端为工具、互联网医院及数字医院为支撑的全周期健康服务闭环。公司在北京市、合肥市、成都市、苏州市等地布局多家数字医院，提供以人为中心的全周期、全方位的健康管理服务。

2022 年，京东方营业收入为 1784.14 亿元，归属于上市公司股东的净利润为 75.51 亿元。截至年底，京东方累计有可使用专利超过 7 万件。年度新增专利申请中发明专利超过 90%、海外专利超过 35%，其中 OLED、传感、人工智能、大数据等领域的专利申请占比超过 50%，覆盖美国、日本、韩国、欧洲等国家和地区；全球 PCT 专利申请量在世界知识产权组织（WIPO）公布的 2022 年全球国际专利申请排名中位列第 7，在美国专利服务机构 IFI Claims 发布的 2022 年度美国专利授权量统计报告中位列全球第 11。根据全球市场调研机构 Omdia 数据显示，京东方在智能手机、平板电脑、笔记本电脑、显示器、电视 5 大应用领域显示屏出货量均位列全球第 1。公司升级品牌定位以“传承、创新、发展”为理念，将“用心改变生活”确立为公司的品牌使命，发布“科技引领 产品卓越 融合共生 以人为本”的品牌原则和品牌承诺；发布在西南地区的总体战略布局，以四川省成都市、绵阳市及重庆市为核心打造西南产业集群；与创维集团有限公司共同推出全球首款，用主动式玻璃基技术 Mini LED 电视。

（京东方）

【北方华创科技集团股份有限公司】简称北方华创，2001 年 9 月成立，是国内集成电路工艺设备产品门类最多、规模最大、技术领先的平台型龙头企业，致力于成为半导体基础产品领域值得信赖的引领者，在半导体装备和精密元器件领域拥有深厚实力。北方华创半导体装备业务板块主要包含刻蚀机、PVD（物理气相沉积）、CVD（化学气相沉积）、ALD（原子层沉积）、清洗机、氧化 / 扩散炉等六大类，广泛应用于大规模集成电路、先进封装、LED（半导体照明）、MEMS（微机电系统）、电力电子、平板显示、光伏等半导体领域。公司坚持创新驱动发展战略，获得国家科技进步奖二等奖 1 项，北京市科学进步奖 8 项；申请各类发明专利 5900 余件，其中核心技术领域申请专利 3000 余件，海外专利近 700 项。北方华创精密元器件业务板块拥有 60 余年的精密元器件研发生产经验，生产的高精密电阻器、钽电容器、石英晶体器件和负载点电源模块等产品广泛应用于航空航天、船舶、通信等领域。2022 年，公司实现营业收入 146.88 亿元，归属于上市公司股东的净利润 23.53 亿元。

（北方华创）

【北京天科合达半导体股份有限公司】简称天科合达，2006 年 9 月由新疆天富集团、中国科学院物理研究所共同设立，注册资本为 50600 万元，是国内首家专业从事第三代半导体碳化硅（SiC）晶片研发、生产和销售的国家级高新技术企业。公司被认定为国家级高新技术企业、中关村高新技术企业、北京科技研究开发机构；获科技部授予的“十一五”国家科技计划执行优秀团队奖、省部级科技进步一等奖。公司先后申请专利 60 余项，已获授权专利 40 余项；参与起草并正式发布国家标准 4 项，行业标准 1 项，团体标准 8 项。公司立足于自主研发，坚持产业创新，打破国外企业的技术垄断。公司在导电型碳化硅单晶领域长期稳居国内第一，2021 年跃居世界前四。SiC 作为第三代半导体基础材料，天科合达为全球 SiC 晶片的主要生产商之一。公司坚持现代企业管理制度，具备完整、规范的管理体系，已通过 IATF16949：2016 车规级质量管理体系认证。产业涵盖碳化硅单晶炉制造、碳化硅单晶生长原料制备、碳化硅单晶衬底制备和碳化硅外延制备。公司拥有两处完整的集晶体生长—晶体加工—晶片加工—清洗检测的全套碳化硅晶片生产基地。2022 年，公司产值 4 亿元，较上年增长 53.4%。

（刘　莉）

【北京元陆鸿远电子技术有限公司】简称元陆鸿远，2009 年 12 月成立。公司以瓷介电容器、滤波器等电子元器件的技术研发、产品生产和销售为主营业务，是国内高可靠领域多层瓷介电容器主要生产厂家之一，连续多年入围中国电子元件行业骨干企业，被评为工信部专精特新“小巨人”企业，拥有博士后科研工作站、北京市企业技术中心、CNAS 认可实验室及多个联合实验室，拥有专利成果百余项。2022 年，公司产值 3.9 亿元。

（刘　莉）

【北京恩力动力技术有限公司】简称恩力动力，2012 年 7 月创立，致力于世界级固态电池技术创新、产品化及产业化，已成为细分领域隐形冠军企业。作为固态电池行业隐形冠军，恩力动力专注于世界级先进固态锂金属电池技术创新，研制出世界首创的实测重量能量密度 520 瓦时 / 千克、实测体积能量密度 1100 瓦时 / 升的软包锂金属二次电池。恩力动力主导设立的先进电池及材料国际创新中心落地星光工业园南区 13 号楼，总面积约 4000 平方米。公司拥有国际（美国、日本、中国）先进电池领域顶级团队，包括诺奖得主“锂离子电池之父”和“固态电池泰斗”超离子导体发明人古迪纳夫教授；携手美国德州大学奥斯汀分校、日本东京工业大学和国内清华大学等开展合作研究；与日本产业链从上游材料、中游电芯制造、到下游系统应用的 10 余家企业合作开发先进电池技术和产品；拥有关键材料和电芯制造的核心技术，完成固态电池材料和电芯制造的实验室研发及核心专利布局，70 余项先进电池核心专利和专利授权，其中包括 20 项国际专利 / 授权；样品测试结果表现出优异的产品性能（安全，高能量 / 功率密度，充放电快，宽温域，长寿命）；与软银（SoftBank）等国际大客户开展合作开发和产品定制，通过 Ah 级软包电池样品测试，性能指标居国际先进水平。公司集聚国际电池领域顶级研发和产业化团队，利用其世界领先的固态电池关键材料和电芯制造核心技术，携手 2019 年诺贝尔化学奖得主“国际锂电池之父”古迪纳夫教授、日本超离子导体发明人“全固态电池第一人”菅野教授，与日本固态电池产业链上中下游 30 家企业全面对接，解决能量密度和安全性双重挑战，在中国孵化出世界领先的固态电池产业链，满足移动电子、电动汽车、新能源储能带来的巨大市场需求。

（刘　莉）

【北京中兴高达通信技术有限公司】 简称中兴高达，2012 年成立，是 PDT 联盟、B—TrunC 联盟、DMR 联盟核心理事会员单位。中兴高达位于北京经济技术开发区荣昌东街甲 5 号，拥有 600 余名高科技人才、300 余项专业集群技术专利，以及覆盖全球 40 余个国家 / 地区的销售和工程交付能力。公司致力于专业数字集群技术研究和产品研发应用，可提供宽带集群、窄带集群、公网集群、应急通信、一体化通信指挥、5G 等产品及解决方案。

2022 年，中兴高达营业收入为 5.8 亿元，税收超 3800 万元。截至年底，累计获得专利证书 300 余项。高达产品也一直为国家重大活动提供保障，如北京两会、70 周年国庆、建党 100 周年及北京冬奥会等。

（中兴高达）

【惠然科技有限公司】 简称惠然科技，2016 年成立，总部位于北京市，是以电子光学技术为核心，在科学研究及产业领域，提供高端场发射扫描电镜及其衍生设备的高科技企业。产品扫描电镜是利用电子束进行检测与分析的科学仪器和工业设备，可用于纳米至亚纳米级别的生命科学、材料科学、纳米科技、医疗诊断、芯片研究等多个领域的研究与应用。电镜目前行业国有化不足 1%，加之中美贸易战卡脖子问题严峻，使得该行业成为国家的战略产业，是 2020 年科技部公布的 35 项“卡脖子”工程关键设备与关键技术之一。2022 年，电子光学原型机验证成功。

（刘　莉）

【龙芯中科（北京）信息技术有限公司】 简称龙芯中科，2019 年成立，是六大国产芯片企业之一，是国家高新技术企业、国家规划布局内重点集成电路设计企业、国家二级保密单位，建有高性能 CPU 北京工程实验室，累计申请专利上千项。龙芯中科技术积累源于中科院计算所 2001 年启动的龙芯 CPU 项目，主要产品包括专用、工控以及桌面 / 服务器的小、中、大三类 CPU，在安全领域、通用领域、嵌入式领域等多个场景广泛应用。龙芯中科面向国家信息化建设需求，面向国际信息技术前沿，以创新发展为主题、以产业发展为主线、以体系建设为目标，坚持自主创新，全面掌握 CPU 指令系统、处理器 IP 核、操作系统等计算机核心技术，打造自主开放的软硬件生态和信息产业体系，为国家战略需求提供自主、安全、可靠的处理器，为信息产业的创新发展提供高性能、低成本的处理器和基础软硬件解决方案，在经开区信创园建设龙芯中科芯片研发测试基地，开展龙芯系列芯片设计、芯片测试及产品前适配业务。2022 年，龙芯中科完成科创板上市。

（龙芯中科）

【华翊博奥（北京）量子科技有限公司】 简称华翊量子，2022 年 1 月 28 日成立，是国内首家专注于离子阱量子计算技术路线的高科技企业，创始团队来自清华大学量子信息中心，创始人及首席科学家为清华大学量子信息中心执行主任段路明教授。公司在研究量子计算机方面具备坚实理论和技术基础，致力于提供最先进的离子阱量子计算机系统，以满足相关商业、研究等需求，主要客户为生物制药行业、金融行业，基于新材料、新能源的化工及汽车行业企业。4 月 22 日，华翊量子完成过亿元天使轮融资。本轮融资主要用于研发一百至两百量子比特规模的离子阱量子计算机，以及开发相应的量子计算云平台。

（华翊量子）

产品选介

【爱德曼系列金属板氢燃料电池】 由爱德曼（北京）氢能科技有限公司生产，是大兴区生产氢燃料电池系统的重点企业。2017 年 9 月，第一代金属板氢燃料电池上市。氢燃料电池发电机组采用 20 英尺集装箱（6058 毫米 ×2438 毫米 ×2896 毫米）结构，箱内布置高性能燃料电池电堆并配套氢气调节分配系统以及各附属系统的连接管路。燃料电池分布式发电产品实现单套系统发电功率超 1000 千瓦，每千克氢气发电超 19 千瓦时，2022 年出货量位列全国第

一。“车用大功率高性能金属板氢燃料电池关键技术

及产业化”成果，经中国汽车工程学会鉴定，金属双极板初始接触电阻与腐蚀电流、功率体积比（5.18千瓦/升）等技术水平居国际先进，单堆额定功率优于丰田二代电堆水平。2022年，公司销售额超4000万元。

（刘 莉）

【大豪全流程智能工厂云平台工业互联网系统】 由北京大豪科技股份有限公司专门针对工业互联网、云计算、物联网、大数据等当前先进技术，建立起缝制针织设备领域的新一代信息技术系统。大豪智能工厂云平台商业版于2020年底开发完成并上线运营，包括WEB、App及看板等多个用户端的应用能力。大豪云由“智能工厂系统”“仓储与进销存管理系统”“全流程生产跟踪系统”等多个应用系统组成，面向缝制、针织行业提供一站式智能管理解决方案。大豪智能工厂云平台统一多种工厂管理系统软件架构，支持刺绣机、袜机、手套机、横织机等多种工厂类型的MES产品、WMS产品，通过模块化配置满足缝制设备加工企业多种缝制设备单元统一协调生产管理需要，提高工厂生产经营效率和竞争力。大豪云平台已申请多项发明专利、实用新型专利和外观设计专利。2022年入选浙江省数字工厂标杆示范企业（培育类）和省级产业数字化服务商，获中国轻工业联合会科学技术进步奖二等奖。

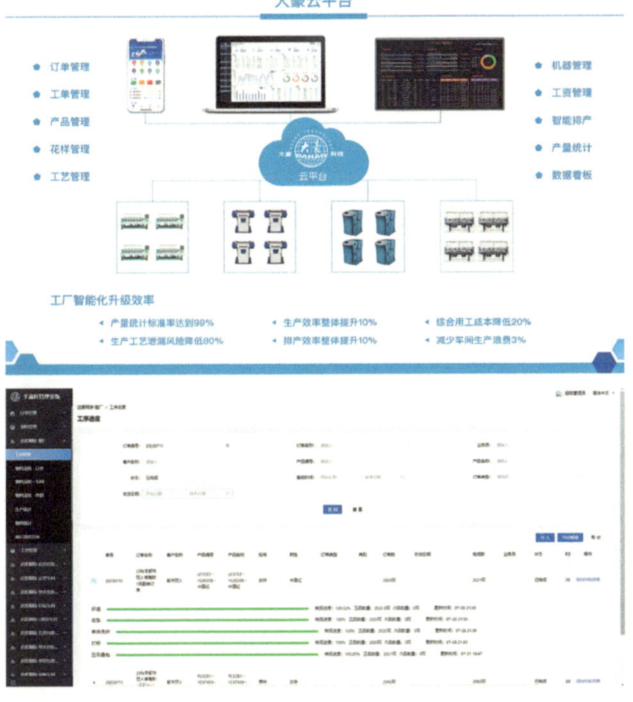

（大豪科技）

【新型氧化物半导体显示技术产品】 由京东方科技集团股份有限公司研发生产。氧化物显示技术迁移率为a-Si TFT的10倍以上、漏电流为a-Si TFT和LTPS TFT的千分之一以下，满足全尺寸高性能产品品质需求。2020年开始量产110英寸8K 120Hz GOA显示屏，全球首次实现氧化物大尺寸GOA产品量产。该项目获北京电控第六届技术创新奖产品创新特等奖。

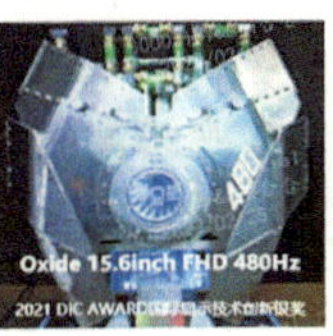

（京东方）

【金属化薄膜沉积设备】 由北京北方华创微电子装备有限公司研发生产，主要应用于集成电路领域。通过持续的技术创新，开发出大产能传输平台及多工艺腔室整合集成系统、物理气相沉积设备的磁控管溅射源等多个关键零部件，突破氢自由基低损伤清洗等多项工艺技术，具有完全自主知识产权。该产品在溅射源设计、等离子产生与控制、颗粒控制等方面均可满足金属化薄膜沉积工艺的各项指标需求。

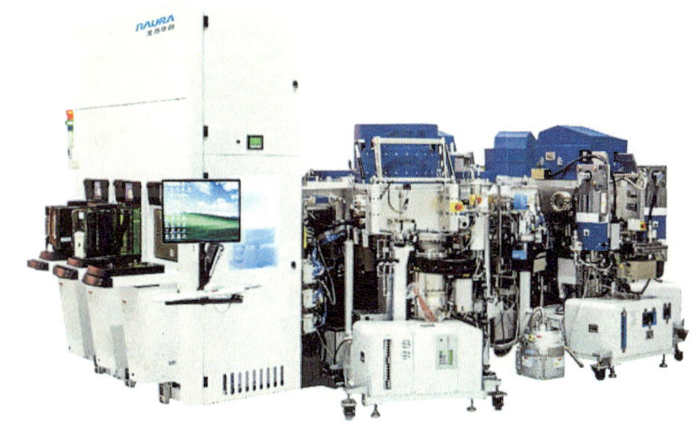

（北方华创）

【OLED微米级内弧边微裂纹外观检测设备】 由北京兆维电子（集团）有限责任公司研制，主要应用于泛半导体领域OLED显示面板模组制程的外观缺陷检测。该产品涉及高速飞拍+高亮频闪点光源同轴照明+大角度形变样品高分辨率显微成像技术、高精度对位技术、高速检测存储技术、深度学习技术，适用于高速、复杂背景条件下的OLED曲面屏边缘区裂纹检测需求，可以检测出3D边缘在内的产品四周裂纹缺陷，检测分辨率可达到0.5微米。该产品的研制成功解决了新型OLED显示器件在线式的曲面内弧缺陷检测技术难题，能够有效提升首都制造业装备技术竞争力，为推动北京精密制造业迅速发展助力。

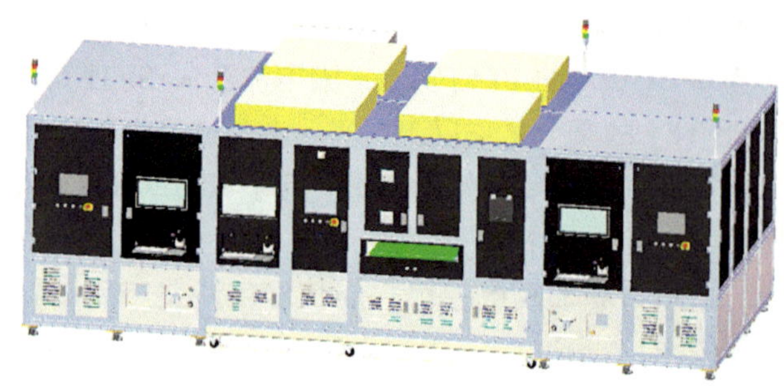

（北京兆维集团）

【直流电子负载】 由北京大华无线电仪器有限责任公司研发生产；参与多个国家重点专项，打破进口仪器的设备垄断。产品具有多场景应用、安全保护的特性，4U/6kW 的功率密度处于国内先进水平。可提供 150 伏、600 伏、1200 伏三种电压等级，满足用户多种测试需求；具有 7 种工作模式，并且具备动态和列表等测试功能；具有过压、过流、过功率、过温、反接等多种保护功能，为用户安全使用提供保障。

（大华无线电）

软件与信息服务业

本类目采用条目体，刊载2022年北京软件与信息服务业概述、政策与措施、产业动态、研发与成果、企业选介和产品选介6项内容。其中，政策与措施分目包括出台的政策文件及实施情况，机构、园区、基地设立调整变化等内容；产业动态分目包括经营业绩、项目启动、签约、论坛、获奖等内容；研发与成果分目包括新产品发布、技术测试、解决方案等内容；企业选介分目对重点企业的主营业务情况进行简述；产品选介分目对行业内部分产品的生产销售情况进行了简述。

概　述

2022年，北京软件与信息服务业加速进入以平台为驱动的数字经济发展阶段，新技术、新产品、新平台加速数字产业化扩张，新业务、新应用、新模式加速产业数字化融合，并将持续驱动"十四五"期间经济社会的转型发展。北京市软件与信息服务业全行业实现增加值7456.2亿元，占全市GDP的比重为17.9%，仅次于金融业；同比增长9.8%，高于第三产业增速6.4个百分点；全行业实现营业收入24849.9亿元，同比增长7.3%，高于第三产业增速8.4个百分点；固定资产投资年度任务为340亿元，全年累计完成固定资产投资527.7亿元，同比增长36.0%，超全年投资目标任务187.7亿元。从业人员平均数约114.5万人，同比下降1.2%，占全市从业人员的17.5%，占比居各行业首位。大中型企业研究开发费用合计2508.4亿元，同比增长10.2%；期末有效发明专利数107454件，同比增长22.8%。

（市经济和信息化局）

政策与措施

【创建京津冀工业互联网协同发展示范区】 1月21日，创建京津冀工业互联网协同发展示范区获得工信部支持批复。创建京津冀工业互联网协同发展示范区是北京市围绕高精尖产业发展规划，强化"五子"联动、推动京津冀产业协同发展的重要举措。京津冀工业互联网协同发展培育了一批工业互联网领军企业和优秀服务商，初步形成工业互联网协同发展产业生态。市经济和信息化局计划会同天津市、河北省工信主管部门，围绕培育京津冀先进制造业产业集群，发挥三地比较优势，细化建设方案重点任务分工，聚焦三地优势产业龙头布局，在基础设施联通、科技创新攻关、融合应用提升、产业生态营造等方面开展先行先试，加快形成可复制、可推广的发展经验，打造服务京津冀、赋能全国产业转型升级的工业互联网发展新高地，推动提升三地产业基础高级化、产业链现代化水平，构建京津冀高质量发展现代产业体系。

（市经济和信息化局）

【GCKontrol系统设计与仿真联合实验室成立】 3月30日，由北京理工大学机械与车辆学院和北京世冠金洋科技发展有限公司（简称世冠科技）共同创建的世冠科技—北理工机车学院GCKontrol系统设计与仿真联合实验室成立。联合实验室计划以车辆装备系统设计与仿真相关研究为重点，开展国产系统设计与仿真软件在车辆装备设计与控制相关领域的科学研究。

（郑　雪）

【天润云在香港交易所主板上市】 6月30日，天润云股份有限公司登陆香港证券交易所主板，成为第一家港股上市的全周期客户联络云平台公司。企业于2006年成立，注册地为北工大软件园的亦庄云基地，是该基地第一批孵化企业。

（陈真权）

【首批北京市信息消费体验中心被授牌】 7月20日，在2022北京数字经济体验周启动活动上，市经济和信息化局、市通信管理局、市商务局领导为首批北京市信息消费体验中心授牌。市经济和信息化局贯彻落实国务院《关于进一步扩大和升级信息消费持续释放内需潜力的指导意见》和《北京市进一步扩大和升级信息消费持续释放内需潜力的行动计划（2019—2022年）》，在全国率先制定信息消费体验中心地方标准，指导产业联盟制定信息消费体验中心的认定规则，通过组织企业贯标学习、现场评测指导和专家评审等流程，评选出15家北京市信息消费体验中心。

2022年评选出的15家信息消费体验中心名单

表1

序号	名称
1	联想未来中心
2	曲美家居信息消费体验中心
3	三翼鸟丨海尔智家北京体验中心001
4	腾讯WeSpace信息消费体验中心
5	苏宁易购智慧生活体验中心北京慈云寺桥店

（续表）

序号	名称
6	多点 DMALL+ 物美联想桥数字零售体验店
7	北京荟聚
8	鑫方盛工业品数字消费体验中心
9	西单大悦城
10	凯叔讲故事体验中心
11	依文城堡信息消费体验中心
12	盒马 X 会员数字消费体验中心
13	SoReal VR 超体空间信息消费体验中心
14	小米之家王府井 APM 体验店
15	小米之家通州万达体验店

（市经济和信息化局）

【《2022 北京软件和信息服务业发展报告》发布】 7 月 28 日，由开放原子开源基金会、北京市经济和信息化局、北京市经济技术开发区管理委员会共同承办的 2022 全球数字经济大会开放原子全球开源峰会在北京召开。会上，市经济和信息化局发布《2022 北京软件和信息服务业发展报告》，从产业全景、重点领域、双创效应、资本运作、人才智力、产业协同和政策举措 7 个维度，对 2021 年产业发展的年度数据进行呈现。报告显示，北京软件和信息服务业呈现 10 大特点：北京加强产业谋篇布局，加快推动数字经济发展；北京软件和信息服务业持续恢复，产业发展韧性持续显现；头部企业经营实力凸显，创新企业竞争优势明显；中小企业创新活力强劲，专精特新助力产业“高精尖”发展；产业布局持续改善，推进“北京服务”相关产业高速发展；产业互联网各领域取得突破，网络安全产业加快集聚发展；创新研发能力迈上新台阶，研发投入不断加大；新设企业数量提升，初创企业注册资本增高；行业投融资市场回暖，企业上市热情高涨；行业从业人数大幅增长，平均工资加快增长。

（市经济和信息化局）

【《北京市北斗时空信息产业发展白皮书（2022）》发布】 7 月 29 日，市经济和信息化局在 2022 全球数字经济大会北斗时空信息建设发展论坛上，发布《北京市北斗时空信息产业发展白皮书（2022）》（简称《白皮书》）。《白皮书》对北京市北斗时空信息的产业发展、应用情况、推进方向等进行全面详细的梳理介绍，同时结合北京数字经济发展的新形势和新要求，提出北京市北斗时空信息产业未来发展的新思路。北京市是北斗卫星导航系统的发源地，形成国内领先、具有国际影响力的北斗时空信息科技创新链与产业链，拥有 23 家上市企业，20 余家企业入选国家级“专精特新”小巨人；拥有该领域 40 余个国家和省部级重点实验室等科技创新基地，10 余家国内权威测试检测服务机构；已初步形成以中关村科学城空天产业园、朝阳区地理信息服务出口基地、顺义区国家地理信息科技产业园、北京经济技术开发区北京市北斗产业创新基地等为核心的产业集群。

（市经济和信息化局）

【知鱼智联登陆“新三板”】 8 月 9 日，电子城高科旗下科技生态运营服务重要平台——知鱼智联科技股份有限公司通过全国中小企业股份转让系统挂牌审核，登陆“新三板”。证券简称知鱼智联，证券代码 873751。知鱼智联以人工智能、云计算及行业解决方案为核心业务，广泛布局智慧零售、智慧园区、云计算平台等领域，提供专业化信息技术服务，先后获国家高新技术企业、福建省科技小巨人领军企业、瞪羚企业认定。

（北京电子城）

【国内首家时间敏感网络关键设备实验室落地】 年内，工信部工业互联网产业联盟发布联盟实验室建设名单，工业互联网产业联盟时间敏感网络关键设备实验室落户北京东土科技股份有限公司（简称东土科技）。实验室的设立标志着国内时间敏感网络关键设备的研发和产业化应用进入全面提速阶段，有助于打破时间敏感网络技术的国外垄断、实现工业网络关键技术设备的自主创新。东土科技作为产业联盟时间敏感网络（TSN）关键设备实验室的责任单位，联合产业链上下游企业、高校和科研院所，征集并推动 TSN 网络集成创新及试点示范，发掘和推广更多新模式、新业态、新场景，助力工业互联网试点示范和工业互联网企业内网标杆计划；开展 5G+TSN、实时虚拟化控制、未来工业创新网络等相关重大关键技术、产业共性技术的创新性研究，推动关键设备创新研发及大规模产业化。

（摘自 2022 年 2 月 15 日东土科技官微）

产业动态

【第 13 届中国卫星导航年会新闻发布会在北京召开】 4 月 14 日，第 13 届中国卫星导航年会新闻发布会在北京召开。中国卫星导航年会是国际卫星导航重要会议之一，是中国展示北斗系统建设发展成就、促进导航技术创新、推动北斗产业发展的重要综合交流平台。北京市曾举办2010年首届和2019年第10届年会。

中国卫星导航系统管理办公室副主任陈谷仓（左二），市经济和信息化局党组成员、副局长王磊（右二），顺义区委常委、副区长徐晓俊（右一），市经济和信息化局信软处处长尤靖（左一）。

（市经济和信息化局）

【5 个平台入选工信部跨行业跨领域工业互联网平台】 5 月 24 日，工信部发布“2022 年跨行业跨领域工业互联网平台名单”。北京市航天云网科技发展有限责任公司的“航天云网 INDICS 工业互联网平台”、北京东方国信科技股份有限公司的“东方国信 Cloudiip 工业互联网平台”、用友网络科技股份有限公司的“用友精智工业互联网平台”、北京百度网讯科技有限公司的“百度开物工业互联网平台”、京东科技控股股份有限公司的“京东 JD 工业互联网平台”共 5 个平台入选。

（市经济和信息化局）

【东方晶源光刻软件及电子束设备产业化项目签约】 6 月 15 日，由东方晶源微电子科技（北京）股份有限公司投资 5 亿元建设的光刻软件及电子束设备产业化项目完成签约，项目占地约 2.46 万平方米，新建厂房主要用于光刻机及半导体检测设备的硬件设计优化、配套软件产品研制开发等。项目建成后将突破光刻机核心器件与图形缺陷检测领域的“卡脖子”问题，进一步推动芯片制造产业链过程化进程。

（郭怡睿）

【“2022 北京网络直播促销月”启动】 6 月 16 日，2022 北京网络直播促销月通过直播方式线上启动。活动作为 2022 北京消费季的重要活动和推进实施《北京市数字消费能级提升工作方案》的重要举措，助力复工复产，持续释放消费潜力。活动由市商务局和市经济和信息化局等单位共同举办，组织全市知名品牌企业、直播基地、直播平台、个人主播广泛参与，打造持续 1 个月的北京特色直播促销活动。活动采取“5+3”形式，即举办 5 场专题直播促销活动；推出明星达人专场直播、推介一批直播电商基地、发布支持直播电商发展的政策措施。并通过直播推荐榜单发布、专场对接交流、活动成果评比等方式，鼓励支持企业加快拓展直播渠道，扩大直播电商业务，支持消费新业态。

（市经济和信息化局）

【助企纾困促消费新闻发布会召开】 7 月 7 日，市经济和信息化局领导出席“助企纾困促进消费加快恢复具体措施”新闻发布会，以数字消费为主题介绍市经济和信息化局在助企纾困、促进消费方面出台的具体措施，计划从推动直播电商创新发展、推动数字技术深度赋能、推动网络进一步提速降费和推动完善数字消费良好环境 4 个方面助力北京市数字消费能级提升。《关于助企纾困促进消费加快恢复的具体措施》发布，结合数字消费创新引领和扩大升级信息消费工作实际，着力推动新一代信息技术赋能消费创新发展，以提升数字消费能级为牵引，助力复工复产，促进北京市消费。

（市经济和信息化局）

【京津冀工业互联网协同发展座谈会召开】 7 月 21 日，京津冀工业互联网协同发展座谈会在中国工业互联网研究院召开。工业和信息化部、北京市经济和信息化局、天津市工业和信息化局、河北省工业和信息化厅和中国工业互联网研究院等单位负责人出席会议。会上，京津冀工业互联网协同发展工作组秘书处介绍了前期工作成果和《京津冀工业互联网协同发展 2022 年工作方案》，表示将全力支撑三地工信部门，在京津冀打造“一园三平台一中心一标杆”，即 1 批工业互联网产业园，京津冀工业互联网公共服务平台、京津冀工业互联网生态孵化平台和京津冀产业链服务平台 3 类平台、1 个京津冀工业互联网人才培训中心及 1 批工业互联网标杆企业，共同构筑京津冀工业互联网产业高地、运营高地和人才高地。市经济和信息化局表示将会同天津市、河北省经（工）信主管部门，共同打造立足京津冀、辐射全国的工业互联网创新生态，为京津冀的企业提供“听得懂、看得见、用得上”的工业互联网解决方案，支撑京津冀共建先进制造业产业集群。

（市经济和信息化局）

【6个项目入选国家新型信息消费示范项目名单】 8月16日，工信部公布2022年新型信息消费示范项目名单，名单包括信息消费+乡村振兴、信息消费体验中心、新型信息消费产品与服务3个方向9个领域，遴选具有明显的行业或区域特色，具备较强的代表性、示范性、创新性和可推广性的示范项目。北京展心展力信息科技有限公司的“基于移动端虚拟化技术的3D多人联机互动内容编辑器服务平台”、北京达佳互联信息技术有限公司的“基于快手App的直播+短视频农村信任电商项目”等6个项目入选工信部2022年新型信息消费示范项目名单。

北京市入选工信部2022年
新型消费示范项目名单

表2

序号	项目名称	申报单位	项目内容
1	基于移动端虚拟化技术的3D多人联机互动内容编辑器服务平台	北京展心展力信息科技有限公司	聚焦数字内容消费，提供普惠性的虚拟体验；提供释放创造力的媒介，让更多的开发者分享和发挥创意
2	基于快手App的直播+短视频农村信任电商项目	北京达佳互联信息技术有限公司	面向农村电商消费，让农民和农产品得到更多“被看见”的机会，实现了高交互、多维度的内容消费新体验
3	如视VR在线展览博物馆示范项目	如你所视（北京）科技有限公司	运用VR技术打造了可视化呈现、互动性传播、沉浸式信息消费体验新场景，打破了时空限制，增强了信息消费体验
4	京东物流数智化供应链兴农服务消费示范项目	北京京东乾石科技有限公司	围绕兴农服务消费，已在全国70家基地农场实现实质落地，是“新型信息消费+智慧农业”领域的典型案例
5	曲美家居用户直连智造定制化服务	曲美家居集团股份有限公司	定制化服务依托大数据用户画像需求分析，实现消费者、制造业和信息化高度融合，满足消费者个性化、差异化需求
6	一亩田数字农业新基建建设项目	北京一亩田新农网络科技有限公司	作为新型电子商务平台，利用信息技术助力解决“三农”问题，推动农村电商发展，助力农村电商消费

（市经济和信息化局）

【24个项目入选国家工业互联网App优秀解决方案名单】 11月2日，工信部组织开展2022年工业互联网App优秀解决方案征集遴选，征集内容包括关键支撑工业App、基础共性工业App、行业通用工业App、企业专用工业App。北京市24个项目入选工信部2022年工业互联网App优秀解决方案名单。

北京市入选工信部2022年
工业互联网App优秀解决方案名单

表3

序号	解决方案名称	企业名称
1	基于物联网技术面向工业领域解决方案	北京同创信通科技有限公司
2	面向大型邮轮设计建造的知识服务与辅助智能设计App解决方案	北京智通云联科技有限公司
3	基于工业互联网的企业安全生产云平台解决方案	北京首钢自动化信息技术有限公司
4	船舶海工装备数字化解决方案	北京云道智造科技有限公司
5	锻压智能装备App解决方案	北京天拓四方科技有限公司
6	基于AR技术的设备管理远程协作解决方案	阿依瓦（北京）技术有限公司
7	工业质检App解决方案	腾讯云计算（北京）有限责任公司
8	航天器测试云App解决方案	北京空间飞行器总体设计部
9	面向军工制造领域的数字质量解决方案	北京轩宇信息技术有限公司
10	基于CPDM的产品下厂验收应用解决方案	北京机电工程总体设计部
11	面向数字化装配与集成测试产线的孪生解决方案	金航数码科技有限责任公司
12	面向装备制造领域制造执行管理的解决方案	昆仑数智科技有限责任公司
13	面向天然气零售领域的工业互联网解决方案	昆仑数智科技有限责任公司
14	面向工程建设领域数字化协同设计融合移动GIS解决方案	国家石油天然气管网集团有限公司
15	基于物模型的电力物联网终端数据共享App解决方案	北京智芯微电子科技有限公司
16	面向电力交易和售电领域的解决方案	国能网信科技（北京）有限公司
17	面向5G全连接工厂的数字化管理解决方案	联通数字科技有限公司
18	基于VR的数字化设备运维解决方案	中冶京诚工程技术有限公司
19	面向煤矿安全生产运营解决方案	中煤电气有限公司
20	KJSNet煤矿复合灾害远程监测预警解决方案	煤炭科学技术研究院有限公司

（续表）

序号	解决方案名称	企业名称
21	面向建筑能源系统的智慧高效运维解决方案	建科环能科技有限公司
22	基于工业互联网电力智能检修平台解决方案	国能国华（北京）燃气热电有限公司
23	鸿蒙平台综采设备手机监控软件应用	北京天玛智控科技股份有限公司
24	光纤激光系统仿真设计解决方案	中国科学院软件研究所

（市经济和信息化局）

【“京益选”平台上线】 11 月 11 日，由市经济和信息化局打造的北京制造品牌专栏“京益选”平台上线，电脑端、手机端 App，微信扫二维码 3 种登录方式同步开通。该平台旨在提高北京市优质制造业产品影响力和认知度，拓展产品直销渠道，打造良好的产业电商销售与服务生态。平台首期在京东平台开设，集中展示 46 家 507 款具有北京市特色的民生产品。

（市经济和信息化局）

【北大法宝合规义务库获 2022 智慧检务创新产品】 11 月，在法治日报社举办的 2022 政法智能化建设创新案例和论文征集宣传活动中，智慧法院创新案例、方案、产品、论文获奖结果公布，北大法宝合规义务库获 2022 智慧检务创新产品。该合规义务库搭建以知识为建设核心，将法律法规、规章制度与具体业务流程相关联，提炼各部门各项业务必须遵守的条款，将合规要点与具体岗位、风险及控制措施相关联、相匹配，形成各岗位合规要点。

（北大英华）

【网根科技（北京）有限公司获首张互联网域名根服务器许可证】 年内，工信部为国家工业信息安全发展研究中心签发互联网域名根服务器及其运行机构许可证，是《工业互联网标识管理办法》实施以来工信部签发的首张工业互联网标识解析根节点运行机构许可证。该中心控股企业——网根科技（北京）有限公司获得互联网域名注册管理机构许可证。

（摘自石景山区经济和信息化局官网）

【工业互联网建设】 年内，市经济和信息化局推动工业互联网标识解析国家顶级节点（北京）接入二级节点 80 个，主动标识近 300 万枚，数量均为全国第一名。培育航天云网、东方国信、用友、百度、京东共 5 个工信部跨行业跨领域工业互联网平台；启动工业互联网企业网络安全分类分级工作，推动北京工业互联网安全态势感知平台接入各类设备 / 系统近 500 万个。出台专精特新制造业中小企业数字化赋能奖励政策，促进工业互联网融合应用；推进中国工业互联网研究院选址落地朝阳，推动中关村工业互联网产业园加快建设，构建产业发展良好生态。

（市经济和信息化局）

【推动构建“网络安全（信创）+ 开源”体系】 年内，部市合作推进国家网络安全产业园加快发展，海淀园、通州园、经开区信创园累计聚集 362 家企业。推动西北工业大学北京研究院、开放原子开源基金会、网络安全领军人才培育基地、中国信通院国家 ICT 技术产业创新基地等重点项目落地。以信创和开源为抓手，构建基础软硬件技术体系，打造“两中心两平台一院一论坛一基金会”。编制北京市支持经开区建设全国信创产业高地的产业支持政策，推进软件与集成电路、电子、装备等产业融合应用、融通发展，构建数字经济发展新动能。发布《信息安全技术网络预约汽车服务数据安全要求》（GB/T 42017—2022）国家标准，会同相关委办局及科研机构开展宣贯及行业贯标工作。

（市经济和信息化局）

研发与成果

【北大法宝取得智能文本比对发明专利授权】6月14日，北京北大英华科技有限公司的北大法宝取得“一种法律差异化判定方法、装置及计算机设备、存储介质”发明专利授权。该专利的实现基础是文本分析并结合人工智能领域的自然语言处理技术，即在输入一篇新制定的法律规范后，智能地判定出新制定的法律规范和现存的法律规范之间的差异。该专利应用在北大法宝智慧立法系统，辅助立法工作人员智能判断新旧法规法条之间的差异，提高立法工作人员的工作效率。法宝数据库V6版已在法律变迁栏目内使用该专利，并提供智能文本比对功能。

（北大英华）

【长安链中嵌入高性能抗量子密码模块】6月，由北京微芯区块链与边缘计算研究院牵头研发的区块链技术体系长安链中嵌入高性能抗量子密码模块，使其能够对抗已知的传统密码攻击和量子攻击。该研发团队将一种后量子数字签名算法模块化嵌入长安链底层架构。该算法在选择信息攻击下高度安全，足以对抗已知的密码传统攻击和量子攻击。该技术具有较大的应用价值：在金融领域，银行间票据信息传输、签名验证的真实性将获得进一步保证，企业可以放心信贷、公众也可以安心网购。

（市科委、中关村管委会）

【全球首款量子点Micro LED芯片量产】7月25日，利亚德与参股公司赛富乐斯半导体科技有限公司（简称Saphlux，致力于第三代半导体技术，利亚德为其第二大外部股东）共同完成使用NPQD® R1 Micro LED芯片制备的显示屏幕的开发和测试，导入量产。是行业首款使用量子点Micro LED芯片的显示屏。

（郑　雪）

【昌平区首个虚拟代言人上线】8月2日，依托回天大脑迭代升级，昌平区首个虚拟代言人——“昌小平”上线。二六三网络通信股份有限公司介绍，“昌小平”背后有一整套以人工智能为主的现代科技体系。基于元宇宙创作背景，在场景设计中，技术团队融合昌平地图关键元素、长城和回天大脑数字场景，然后将数字人、场景、动作输入数字引擎进行合成。

（于凌燕　赵星）

【区块链开源存储引擎“泓”问世】11月14日，北京微芯区块链与边缘计算研究院长安链团队研发海量存储引擎——Huge，中文名“泓”。该引擎可支持PB级数据存储，是现有全球支持量级最大的区块链开源存储引擎。在区块链与5G、人工智能等数字经济新基建相融合的应用场景中，通过“泓”加持，长安链将进一步为可信万物互联保驾护航。为实现更有效率的存储、读写、查重、调用、归档等功能，“泓”采用了混合式存储架构、数据分片、冷热分离等技术；为确保数据安全，“泓”的存储模块提供透明数据加密功能。

（市科委、中关村管委会）

【华航唯实工艺和软件参与冬奥会火炬制作】年内，北京华航唯实机器人科技股份有限公司参与2022年北京冬奥会火炬“飞扬”在生产制作阶段的整体打磨抛光工艺。针对火炬“飞扬”在制作过程中所遇到的复杂工艺难点，华航唯实自主研发的工业机器人离线编程软件PQ Art发挥重要作用。

（郑　雪）

企业选介

【统信软件技术有限公司】简称统信软件，2019年成立，是以国产操作系统等基础软件研发与服务为核心的重点软件企业，主要产品统信操作系统（UOS）是2大国产主流操作系统之一，与6大国产芯片厂商（龙芯、飞腾、华为、兆芯、海光、申威）完成全面适配，与国内各主流整机厂商，以及数百家软件厂商完成兼容性适配工作，是国家发展自主可控信息技术体系的重点项目之一。

截至2022年年底，统信UOS装机量已突破500万套，并连续3年保持市占率第一位；在服务器端通用新增市场销售额占比近30%，增速为行业第一名。统信生态适配数量已突破100万个，生态伙伴数量超过5400家，社区注册用户超24万个，应用商店上架应用达6万余款。统信软件在经开区信创园建设全国总部及研发中心，从事自主可控操作系统等基础软件的研发和测试业务。

（统信软件）

【金篆信科有限责任公司】 简称金篆信科，2021年11月2日注册于经开区国家信创园，投资5亿元建设GoldenDB总部项目。GoldenDB金融数据库是中兴通讯联合中信银行共同研发的金融级分布式数据库。针对银行核心业务，采用分布式架构，具备高可靠、高性能、高可用性，高效可靠容灾能力及资源可灵活调度的数据库服务等特点，支持金融行业已有业务升级及创新业务快速部署的需求。GoldenDB作为成熟稳定商用领先的金融级分布式数据库，是业界唯一一家实现国有大行、股份制行、运营商等核心业务交易系统数据库全面覆盖的产品。

2022年，金篆信科对外发布面向混合交易负载场景的GoldenDB v7.0年度新版本，该版本在HTAP、云原生、工具以及语法兼容等方面实现创新和突破，引领国产分布式数据库发展。GoldenDB v7.0版本可支撑核心实时交易系统，支持银行、运营商在“双11”与计费等核心场景的海量数据且高并发量数据处理，满足数据处理的吞吐量和响应性。该版本已通过权威认证，代码自研率大于96%，安全可靠。

（金篆信科）

【通明智云（北京）科技有限公司】 简称通明智云，2021年成立，是神州数码集团战略投资公司，致力于开发基于国产硬件平台的自主知识产权的负载均衡、应用交付以及边缘计算网关系列产品。

2022年，公司在经开区国家信创园落地自主可控的云原生应用引擎项目，由北京市牵头领导工作，计划持续组织NGX代码专家重新编写底层代码，正在开发完成自主应用引擎1.0版本，后续开发下一代云原生应用引擎核心技术。项目拟建设北京云原生应用引擎创新联合体、应用引擎产业联盟和应用引擎研究院。

（通明智云）

产品选介

【无人天车与智能库管技术】 由北京科技大学设计研究院有限公司研发，于2018年在珠海粤钢、中冶新材冷轧等生产场景进行应用。该技术通过库区智能调度和天车控制系统协调有序地指导天车进行作业，实现无人化生产吊运操作，并提供精细的库区管理、准确的物料跟踪以及实时的生产承接。通过库区系统与MES系统，一级、二级系统的衔接，可以有效贯通工厂的信息流和物流，进一步提升生产率。该技术在珠海粤裕丰棒材物流库、马钢特钢高线成品库实现示范应用，攻克库区钢材三维料型检测、基于机器视觉的电磁吊精准吊运、多智体天车地面协同调度优化等技术难点，实现智能库区内10部天车7×24小时的无人全自动操作，以及全自动的汽车入库、出口装卸操作。在节省人力的同时，大幅度提高生产调度效率，并通过解决棒材生产库区瓶颈释放产能，属于长材平面智能库应用技术领域世界首创。

2022年，该技术应用于涟钢热处理板厂成品库和南钢宽厚板产线堆冷区成品库。通过构建产线的无人行车、定位行车和智能库管系统，实现以下目标：减轻地面人员负担，提高工作效率；根据钢种、规格、作业计划等进行物料优化堆垛，减少无效作业，节能降耗；对库区内的物料进行智能监控与调度，加快物料流转，降低在制品库存；行车精确定位，物料位置准确跟踪；库内物料实物与信息实时同步。

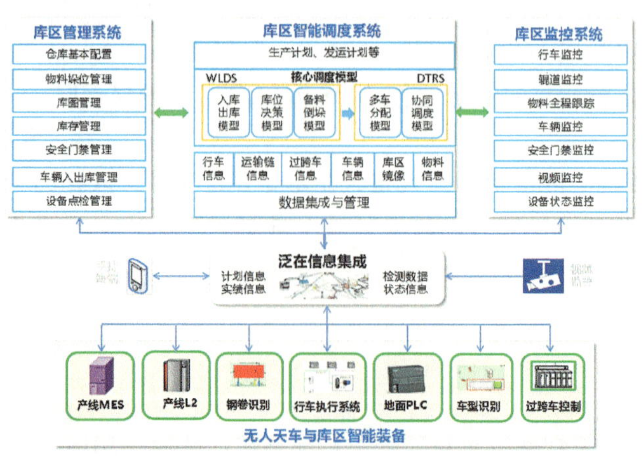

（王晓晨）

【热连轧电气自动化控制系统】 由北京科技大学设计研究院有限公司研发，于2003年应用。该系统适合中国带钢及铝合金热轧生产的 N-ROLL 系统，可为轧制领域提供整套的电气设备和工艺自动化解决方案，能够提供交、直流传动控制，基础自动化，过程自动化和生产管理系统的全套多级控制系统，覆盖从系统设计、软件设计编程、集成制造、现场调试服务到开工投产的全过程。该系统采用热备系统或容错服务器以及多层高速网络结构的硬件方案，并采用具有自主知识产权的稳定高效的过程自动化系统开发平台，应用程序采用标准化、可自由组合和单独升级的模块设计，为扩展和升级提供极大的方便和空间；采用先进的解析算法模型，能对轧件的温度、形状和轧制过程的力能参数和辊缝形状进行精确预报和控制，并自主开发基于机理模型和数据驱动的全流程数学模型和板形控制、多机架协调宽度—厚度控制、单—双—多机架（中厚板轧机或连轧粗轧机）轧板宽度—厚度控制、终轧温度和卷取温度控制、微恒张力控制等专有控制技术；可实现基于统计过程控制、数据挖掘、信息融合等技术的系统智能故障自诊断及控制，并采用容错控制策略提高系统对异常状态的适应能力；针对超薄规格产品生产，开发了非对称和非稳态条件下的质量控制技术。系统可适用于碳钢、不锈钢、硅钢、双多相钢等产品生产控制。最新开发的大数据平台、质量管控、生产状态分析、能源介质监控、能耗预测、性能预报、设备生命周期管理、智能磨辊间等功能模块，提升了系统的智能化水平。该解决方案在 50 余条新建或改造的钢铁热轧生产线上得到应用，成为冶金行业电气自动化系统集成方案领先者之一。系统具有调试时间短、达产快、维护方便、运行稳定可靠、控制精度高，在提高产品质量、扩大品种和缩短建设速度上都达到国际先进水平。

2022 年 1 月河北安丰 1450 毫米热轧产线投产，最高月产量达到 48 万吨。2022 年 3 月港陆 1700 热连轧生产线在短短 10 天的年修改造期间，设计院公司对该产线运行 10 年的“中枢”自动化控制系统全部更新，使用新一代模型、板形等控制技术。改造后的生产能力和产品质量提升到国内同类轧机先进水平。2022 年 4 月 12 日投产的德龙 2550 毫米高端热轧项目是江苏德龙集团在溧阳投资兴建的一条世界最大宽幅不锈钢热轧生产线，该产线使用多项设计院公司自主研发创新成果，控制系统高度智能化，填补了国内多项技术空白，产品包括普碳钢、不锈钢等，已生产最宽 2040 毫米的不锈钢热轧钢卷，在国际上处于领先地位。2022 年 11 月凌钢 880 毫米中宽带热连轧生产线改造完成，改造后的自动化系统采用集控操作，应用设计院公司最新的数字化技术，包括板坯自动识别、磨辊间智能管控、质量管理、热轧设备状态监控与精度分析、工序能源精细化管理等系统，在设计院公司和凌钢项目组双方配合下，推动凌钢中宽带热轧厂向数字化、智能化、绿色化工厂转型升级。大修改造后，可以实现 R2 空过、R2 和热卷箱连轧连卷、R2 和精轧机 F0 连轧等多种灵活生产模式，能用于不同产品品种和规格的生产，其中 R2 和 F0 连轧生产模式属于全国首创。产品质量精度较以前有很大提升，7.0 毫米厚度以下规格的精度达到 ±25 微米之内，所有规格的宽度精度控制在 3 毫米之内。

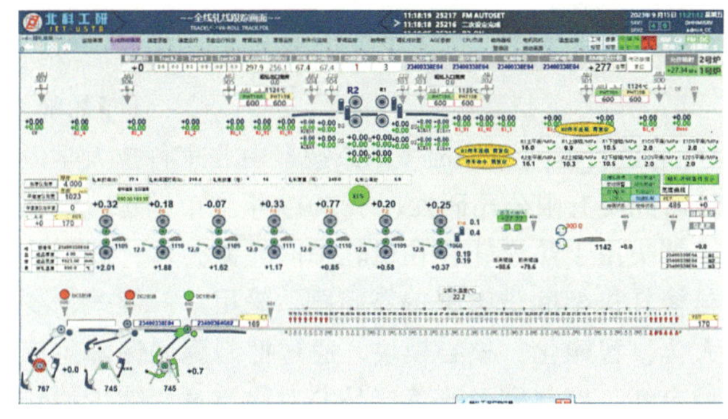

（郭　强）

【钢板表面质量在线检测系统】 由北京科技大学设计研究院有限公司研发，于 2003 年上市销售。该系统采用高清工业相机、高亮高准直 LED 光源、图像处理服务器以及基于 AI 的机器视觉处理技术，可以实时高效地检测识别钢板表面各类缺陷，利用检测系统的在线检测能力和图像识别分析能力，实时生成质量管理数据，实时报告质量缺陷，后续减少质量异议，进而为质量控制和工艺改进提供关键支撑；并且为后续的质量等级划分提供数据支持，实现整块钢板的表面质量判级，有效降低工人劳动强度，提高生产效率。该系统的整体检出率能达到 95% 以上，缺陷综合识别率能达到 85% 以上。在国内板坯、中厚板、热连轧、冷轧酸洗、棒材等产线表面质量检测项目业绩合同超过 100 套，其中中厚板表面检测系统在国内市场占有率超过 80%。表检系统的技术先进性、可靠性及稳定性得到企业和行业专家的认可，并多次获得省部级奖项。

2022 年承接邯钢 3500 毫米中厚板表面质量检测系统项目，检测设备分别安装在热矫直机后和定尺剪后，通过分析不同工序下的缺陷分布对比可回溯缺陷产生的原因，并可保存很长时间段生产的钢板历史缺陷信息，作为质量评估的依据。对企业正确解决质量异议，维护企业形象与声誉起到关键作用。进一步推广应用于涟源钢铁 2250 毫米热轧带钢生产线，替换原国外进口表检系统。该系统可对生产过程中的热轧带钢表面缺陷进行全板面、全过程检测，具有很高的检测精度和缺陷识别率。

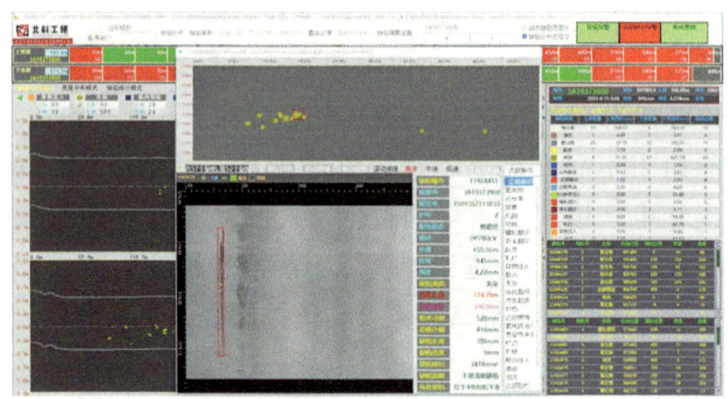

（邓能辉）

【热轧运行非对称测控技术系统】 由北京科技大学设计研究院有限公司研发，于 2019 年上市销售。该系统解决由于热连轧存在粗轧中间坯镰刀弯、翘扣头与精轧机架间带钢跑偏等问题。采用“一键式、少人化、智能化”核心模块，通过抑制跑偏保障生产稳定性、控制楔形改善产品非对称质量、减少操作干预改变生产模式，形成 20 余项国家发明专利、完成多项成果技术鉴定。相关技术推广应用在首钢、马钢、鞍钢等 20 余条热连轧产线，可实现粗轧零操作干预、精轧减少 60% ~ 80% 操作干预，提高楔形命中率 5% ~ 10%，并有效减少堆钢甩尾频次与处理废钢时间效率损失。

2022 年先后签订涟钢 2150 毫米粗轧中间坯镰刀弯测控项目、山西建龙 1500 毫米粗轧中间坯镰刀弯测控项目、邯钢 2250 精轧机架间跑偏测控项目和鞍钢鲅鱼圈 1580 毫米全线非对称测控项目。其中，鲅鱼圈项目包含粗轧镰刀弯、翘扣头测控模块以及精轧机架间跑偏测控模块。测控系统上线后，现场各项非对称运行指标有了显著改善，带钢甩尾率较之前降低 40% 左右，人工操作干预量减少 80% 以上。

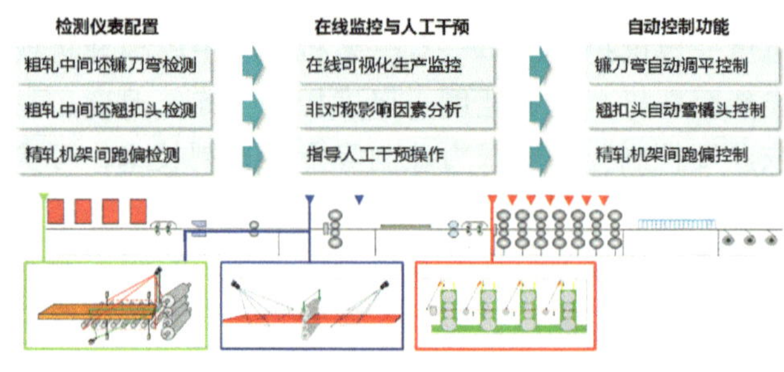

（徐　冬）

汽车与交通设备产业

本类目采用条目体，刊载2022年北京汽车与交通设备产业概述、助力北京冬（残）奥会、政策与措施、产业动态、研发与成果、企业选介和产品选介6项内容。其中，助力北京冬（残）奥会分目在2022年鉴相关记述内容的基础上进行了补充完善；政策与措施分目包括出台的政策文件及实施情况，机构、园区、基地设立调整变化等内容；产业动态分目包括经营业绩、项目启动、签约、论坛、获奖等内容；研发与成果分目包括新产品发布、技术测试、解决方案等内容；企业选介分目在重点介绍一级企业的基础上，对二、三级企业的主营业务范围进行了简述。

概　述

2022 年，北京汽车与交通设备产业受国内新冠肺炎疫情影响，面临需求收缩、供给冲击、预期转弱三重压力，市经济和信息化局通过紧盯重点企业、抢抓产值增量、加大服务和调度力度，全年实现整车产量 87 万辆，产值 3348 亿元。规模以上企业完成总产值 3585 亿元，增速同比下降 2.6%。年内，全市推动汽车电动化、智能化、网联化转型，理想汽车、卫蓝电池等重大项目在北京落地，第五届世界智能网联汽车大会举办，《北京市智能网联汽车政策先行区智能网联客运巴士道路测试、示范区应用管理实施细则（试行）》《北京市智能网联汽车政策先行区乘用车无人化道路测试与示范应用管理实施细则》发布。

（市经济和信息化局）

助力北京冬（残）奥会

【国家主要领导考察调研二七厂冰雪项目训练基地】 1 月 4 日，国家主要领导在北京考察 2022 年北京冬（残）奥会筹办备赛工作时，来到二七机车公司二七厂冰雪项目训练基地考察调研。中共中央政治局常委、国务院副总理韩正，中央政治局委员、北京市委书记蔡奇和市长陈吉宁陪同。二七厂冰雪项目训练基地是一个集科研、训练于一体的国家冰雪运动复合型基地，场馆和设施设备均已投入国家队冬奥备战使用。国家主要领导先后走进基地六自由度训练馆、综合风洞馆，详细询问钢架雪车等项目六自由度训练系统运行、速度滑冰团体追逐项目风洞训练情况，沿途观看国产 4 人雪车、国产雪蜡车、应急医疗救治设备等器材装备展示，了解基地建设和打造冰雪运动科学训练体系情况。在体能中心医疗站，习近平总书记详细了解基地综合运用超低温冷疗舱、漂浮舱等设备，全方位提高运动员康复治疗水平情况。国家主要领导向正在基地备战北京冬奥会的运动员、教练员及保障人员表示慰问，并就基地使命职责发表重要指示：二七厂冰雪项目训练基地肩负着中国冰雪运动科技研发的重要使命。希望你们担当使命、勇攀高峰，为加快发展中国冰雪运动做出更大贡献。

（付强　王甜甜）

【北电科林专网通信车为冬奥会提供技术保障】 2 月 4 日至 20 日，在冬奥会期间，北京北电科林电子有限公司（简称北电科林）设计制作的两辆 1.4 吉赫宽带集群政务专网专业用通信车分别在延庆区、河北省张家口市赛区执行任务，为北京冬奥组委、北京赛区各竞赛场馆关键环节指挥调度提供通信网络支撑。该专网通信车装载宽带数字集群专网系统基站、硬盘录像机、静中通卫星天线等专业设备，用于专网信号盲区覆盖或弱区临时覆盖，信号传输与北京市应急卫星网互通，覆盖冬奥会场馆等重点区域，实现应急通信，是车载移动通信保障工作的核心，为赛会指挥调度提供专业技术服务。

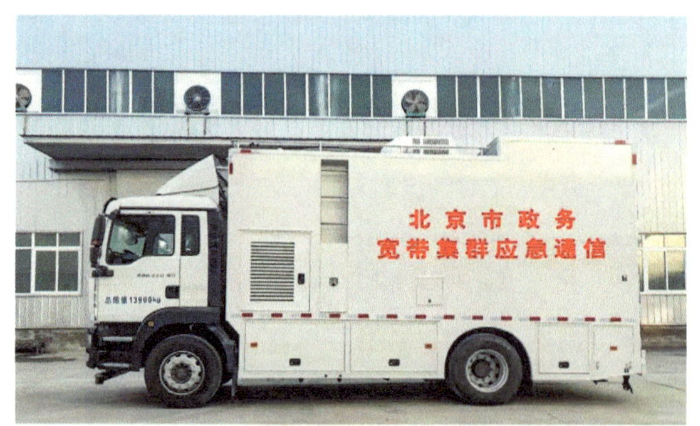

（“国资京京”微信公众号）

【氢燃料电池汽车成为北京冬奥会交通主力】 2022 年北京冬奥会，氢燃料电池汽车成为运输主力，实现氢燃料电池汽车“从 1 到 100”的规模化应用和产业化突破。为实现氢燃料电池汽车在北京冬奥会上使用，北京市推动修订《燃料电池电动汽车加氢口》《燃料电池电动汽车车载氢系统试验方法》《燃料电池电动汽车　车载氢系统　技术条件》等标准。氢燃料电池发动机运行过程中仅产生电、水和热，相比于燃油公交车，氢燃料电池公交车每百公里可减少二氧化碳排放 94.8 千克。氢能汽车的应用，实践了“绿色奥运”的理念，使奥运会成为首个实现“碳中和”的奥运赛事，实现了全球首次大规模氢能源汽车的示范应用。2008 年北京夏季奥运会期间，3 辆氢燃料电池汽车运行，建成中国首座车用加氢站，开启氢燃料电池汽车“从 0 到 1”的示范。

（市经济和信息化局）

政策与措施

【阿尔特汽车科技园启用】 1 月 13 日，经开区新建成的阿尔特汽车科技园一期、二期启用，位于经开区核心区凉水河二街 7 号院，建筑面积为 6.40 万平方米。阿尔特汽车总部迁入科技园。阿尔特汽车总部建有技术研发中心、造型设计中心、动力总成中心、性能试验中心、综合管理中心，同时配置国际级的高端研发测试软硬件和设备。作为阿尔特汽车的总部基地，承担高质量研发、测试服务等重任。阿尔特汽车是在北京经开区成长起来的国内首家上市独立汽车设计公司，其在整车及核心零部件研发、平台开发等方面均具有领先市场地位，为近百家客户研发出近 300 款车型。

（安兴华）

【全球首个车路协同自动驾驶数据集发布】 2 月 24 日，北京车网科技发展有限公司、清华大学智能产业研究院（AIR）、百度 Apollo 等单位共同发布全球首个基于真实场景的车路协同数据集（DAIR-V2X），为上下游生态搭建统一的技术和数据底座。DAIR-V2X 数据集是首个用于车路协同自动驾驶研究的大规模、多模态、多视角数据集，全部数据采集自高级别自动驾驶示范区内真实测试场景，车路两端时空同步，且包含 2D&3D 标注，实现单目 2D&3D 目标检测、点云 2D&3D 目标检测、多模态融合感知、车路协同融合感知等感知应用。数据集 DAIR-V2X 已经面向国内科研院所及企业开放，促进学术界和产业界共同打造数据驱动的车路协同自动驾驶。

（市经济和信息化局）

【丰田燃料电池研发中心与生产项目签约与奠基】 2 月，经开区管委会与华丰燃料电池有限公司和联合燃料电池系统研发（北京）有限公司签署入区协议。该项目计划投资 14 亿元，在路南区 N4 地块建设燃料电池研发中心和生产基地。该项目聚焦商用车燃料电池系统，研发公司将发挥 6 家股东技术优势，推动燃料电池技术研发，由生产公司快速产品化，促进燃料电池最新技术在中国的应用和普及。10 月 24 日，丰田燃料电池研发与生产项目（一期）奠基仪式在北京经济技术开发区举行。燃料电池研发中心由丰田汽车公司、北京亿华通科技股份有限公司、中国第一汽车股份有限公司、东风汽车集团有限公司、广州汽车集团股份有限公司、北京汽车集团有限公司于 2020 年 8 月在北京共同设立，其中丰田汽车公司控股 65%，侧重于技术研发；生产项目建设主体华丰燃料电池有限公司于 2021 年 6 月在北京成立，丰田公司与亿华通各占股比 50%，侧重于产品生产和市场推广。研发与生产项目总占地面积约 11 万平方米，计划建设燃料电池研发中心、检测线、生产线等设施，开展面向国内市场需求的燃料电池系统研发和生产，一期生产能力为 1 万台 / 年，2023 年末竣工投产。

（罗贤升　市经济和信息化局）

【北京市启动燃料电池汽车示范应用项目申报】 4 月 8 日，市经济和信息化局印发《关于开展 2021—2022 年度北京市燃料电池汽车示范应用项目申报的通知》。示范应用项目主要采取“应用场景示范 +‘示范应用联合体’申报”方式实施，聚焦省际专线货运、城市重型货物运输、城市物流配送和城市客运 4 类应用场景，涉及车辆 1162 台。由燃料电池汽车整车制造企业牵头，会同燃料电池系统企业、车辆运营企业、加氢站运营企业组成联合体进行申报。经第三方机构评审并达到中央考核要求后，择优予以奖补资金支持。通过统筹考虑购置、运营、氢能供应等关键环节，进一步提升燃料电池汽车市场竞争力，助力燃料电池汽车示范应用。

（市经济和信息化局）

【国内首个乘用车无人化运营试点在北京开放】 4 月

28 日，《北京市智能网联汽车政策先行区乘用车无人化道路测试与示范应用管理实施细则》发布，在国内首开乘用车无人化运营试点。试点开放的是副驾驶有安全员的无人化载人，相关政策内容是对已有的智能网联乘用车无人化道路测试政策运行过程的阶段性总结与升华，是对无人化运营及服务模式的探索。首批计划投入 14 台无人化车辆开展示范应用，百度、小马智行成为首批获得先行区无人化示范应用道路测试通知书的企业。2021 年 10 月，北京市自动驾驶办公室制定并发布《北京市智能网联汽车政策先行区无人化道路测试管理实施细则》，该细则在政策先行区运行半年以来，自动驾驶道路测试里程数超过 8 万公里，车辆运行状况良好，无安全事故，为开放无人化运营奠定扎实基础。

（市经济和信息化局）

【北汽集团推出商用车延期还贷政策】 5 月 28 日，北汽集团旗下金融机构北京现代汽车金融有限公司（简称北汽金融）落实国家商用车客户贷款支持政策，协同集团旗下商用车企业北汽福田，推出专项纾困政策，缓解商用车客户还款压力。对于 6 月 30 日前通过北汽金融完成融资的商用车客户，给予最长 6 个月的延期还本付息政策，政策实行至年底。此政策预计将惠及超过 2.6 万名购买福田汽车的货车司机，延缓资金量约 70 亿元。

（“国资京京”微信公众号）

【北汽集团发布“BLUE 卫蓝计划”】 6 月 15 日是第十个全国低碳日，主题为“落实‘双碳’行动，共建美丽家园”。北汽集团举行“BLUE 卫蓝计划”线上发布会，宣布将深入推进全面新能源化与智能网联化，打造乘用车、商用车全系列绿色低碳产品，全力在2025年实现碳达峰,2050年实现产品全面“脱碳”、运营碳中和。为此，北汽集团计划重点开展产品降碳、技术降碳、制造降碳、低碳生态四大行动，推动“双碳”目标落地。发布会上，北汽集团介绍了“BLUE 卫蓝计划”，对北汽致力碳中和的全新理念进行介绍。B 为 Belief，代表低碳理念。北汽着眼打造面向未来的全新低碳经营体，将低碳理念贯穿企业与产品全部流程节点。L 为 Life，代表美好生活。北汽将通过实现“双碳”目标，进一步驶向助力人们美好生活、全人类可持续发展的终极指向。U 为 User，代表用户导向。北汽将牢记服务用户是实现目标的根本，持续满足用户需求，形成与用户的良好互动。E 为 Ecology，代表生态模式。北汽将以车为平台，开启广泛合作与内外协同，共同构建全产业链、全生命周期参与的绿色可持续生态。北汽集团“双碳”行动的目标是全力在 2025 年实现碳达峰，2050 年实现产品全面脱碳、运营碳中和。到“十四五”末，产品平均碳排放在 2020 年的基础上下降 33%。“十四五”期间单位产值碳排放下降 21%，单车碳排放下降 24%，达到国内先进水平，2030 年碳排放强度指标达到国际先进水平。

（“国资京京”微信公众号）

【国内首家整车能效开发试验室启用】 7 月 20 日，由国家新能源汽车技术创新中心和德国西门子股份公司联合打造的国内首家整车能效开发试验室在经开区落成启用。该试验室作为国内第一名、全球领先的用于新能源车整车能效开发试验室，专注于新能源车辆的整车能效开发，同时也可用于混合动力车辆以及传统内燃机车辆，填补了国内此领域空白。该试验室最低测试温度为 −40℃，国外同类试验室最低测试温度为 −7℃，可同步进行不少于 500 项技术指标数据采集，国外同类试验室同步检测项目约为 200 项。

（张福逸）

【全球首个开源开放的智能网联路侧单元操作系统发布】 8 月 1 日，全球首个开源开放的智能网联路侧单元操作系统（简称“智路 OS”）在北京发布，由工信部装备工业发展中心、“科创中国”开源创新联合体、开放原子开源基金会、北京市经济和信息化局、北京经济技术开发区管理委员会指导，中国汽车工程学会、清华大学智能网联汽车与交通研究中心、清华大学智能产业研究院（AIR）、百度公司、北京车网科技发展有限公司、北京智源人工智能研究院 6 家单位联合发起。“智路 OS”以北京市高级别自动驾驶示范区落地应用实践经验为基础，面向智能网联、高级别自动驾驶和交通数字化管理等全场景，打造统一的技术和数据底座，支持路侧智能设备的软硬件解耦，促进智能网联产业应用的多样化和规模化发展。该系统将推进厂商快速开发、降低成本，突破

"缺芯少魂"的产业瓶颈，促进智能网联产业发展。

（市经济和信息化局）

【京津冀燃料电池汽车示范城市群首年度示范任务完成】 8月12日，作为首批纳入国家燃料电池汽车示范城市群的京津冀燃料电池汽车示范城市群第一年度示范结束。京津冀燃料电池汽车示范城市群第一年度燃料电池汽车推广目标为1073辆，实际完成上牌1239辆，其中北京市第一年度推广目标为865辆，实际完成上牌1105辆。按计划实现了电堆、空压机的技术自主创新及产业化应用，提前实现膜电极、双极板、氢气循环系统等关键零部件的研发产业化，填补催化剂、质子交换膜的国内自主化应用空白。该示范城市群于2021年8月13日获批启动建设。

（市经济和信息化局）

【克诺尔轨道交通中国创新中心揭牌】 9月6日，克诺尔轨道交通中国创新中心揭牌仪式在海淀区举行。该中心是克诺尔系统中国区在亚太地区第一个创新中心，对于进一步整合国际领先技术和研发实力，引进德国工业4.0智能制造、轻量化新材料开发及应用等国际领先的创新项目，与海淀区企业、院校广泛开展合作，共建轨道交通产业生态圈具有重要意义。

（郑　雪）

【北汽集团将兴东方科技无偿划转首农食品集团】 9月7日，北汽集团与首农食品集团举行交接会，北汽集团将所属农机板块企业兴东方科技无偿划转给首农食品集团。该次划转有利于北京国有资本布局结构优化，提高北京汽车和农业产业的集中度，推动北汽和首农打造主责主业更加聚焦、业务结构更加清晰、核心能力更加突出的国有企业。

（"国资京京"微信公众号）

【高级别自动驾驶测试示范区数据白皮书发布】 9月18日，北京市高级别自动驾驶示范区工作办公室在2022世界智能网联汽车大会上发布《北京市高级别自动驾驶测试示范区数据分类分级白皮书》。该白皮书通过全面梳理数据资产，通过制定数据分类分级方法，明确数据安全等级保障要求，为全面、高效保障数据安全建立基础，填补国内自动驾驶示范区数据分级分类领域的空白，为行业数据安全管理提供"北京经验"。

（市经济和信息化局）

【建筑垃圾运输车辆安全管理技术标准发布】 9月27日，北京汽车行业协会《建筑垃圾运输车辆安全管理技术要求》（T/BJQC 202201—2022）团体标准发布会在北京超级卡车体验中心举行。市城市管理委、市经济和信息化局、市生态环境局、市公安交管局、怀柔区政府、北汽集团等相关领导和负责人出席发布会。该团体标准是由北京汽车行业协会牵头，组织北京福田戴姆勒汽车有限公司、北汽福田汽车股份有限公司、北京环卫集团环卫装备有限公司、首都信息发展股份有限公司等企业共同制定并发布。标准首次对纯电动、氢燃料电池建筑垃圾运输车辆提出规范性的要求，并对车辆安装智能安全系统、外观涂装、标识等方面进行规范。

（市经济和信息化局）

【清研智行研发总部及生产基地项目签约】 9月，经开区管委会与清研智行（北京）科技有限公司签署入区协议。该项目计划投资3亿元，在高端汽车及新能源汽车关键零部件产业园建设UWB（超宽带）数字化生产线，生产车用UWB数字钥匙、车用UWB雷达并提供局域高精定位解决方案。

（杨昌林）

【《北京市燃料电池汽车标准体系》印发】 10月13日，为有序推进北京市燃料电池汽车标准化工作，加强燃料电池汽车标准化顶层设计，依据《氢能产业发展中长期规划（2021—2035年）》《北京市氢燃料电池汽车产业发展规划（2020—2025年）》等文件，市经济和信息化局、市市场监督管理局组织制定并印发《北京市燃料电池汽车标准体系》。该体系包括技术标准、测试方法标准、产品标准、质量管理标准和评价标准5个方面。

（市经济和信息化局）

【海斯坦普北京智能工厂项目落地】 11月，海斯坦普汽车组件（北京）有限公司（简称海斯坦普）北京智能工厂项目在经开区落地。该智能工厂首次采用尺寸在线检测技术，可每2.5秒扫描一个测量要素并得出结果。其应用使产品得到100%检验，确保不良品控制在厂内，不流出到客户端。年内已完成一期 6 条产线的技术改造。未来海斯坦普（北京）将具备年产 60 万辆份汽车高端轻量化车身装焊总成的生产能力。

（张福逸）

【北京安鹏碳中和基金合作签约仪式举行】 12 月 30 日，北京安鹏碳中和基金合作签约仪式举行。市政府、市经济和信息化局等相关政府部门领导及北京汽车集团有限公司、北京昌平科技园发展有限公司、中国太平洋财产保险股份有限公司、北京汽车集团产业投资有限公司负责人出席签约仪式。该基金由北汽产投联合市经济和信息化局产业发展促进中心、北京昌平科技园发展有限公司、太平洋产险共同出资成立，目标总规模 30 亿元，首期募资已经完成，重点布局于以新能源汽车、氢能、储能及燃料电池为代表的绿色低碳产业。

（贾苗苗）

【高级别自动驾驶示范区政法标体系持续完善】 年内，北京市依托《北京市智能网联汽车政策先行区总体实施方案》和《北京市智能网联汽车政策先行区道路测试、示范应用及商业运营服务管理办法（试行）》两大顶层设计文件，从环境、速度、车辆三维立体模型衍生形成五大类管理体系，匹配 N 项基础支撑措施，覆盖智能网联汽车道路测试、示范应用、商业运营服务等诸多阶段。累计完成制修订示范区准入政策、技术规范 11 项，在全国率先开放自动驾驶出行服务商业化试点，拓展经开区 60 平方千米无人化全域开放，授予无人接驳车编码路权，填补国内智能网联客运巴士的监管空白。同时完善车—路—云—网—图—安全标准体系，形成示范区标准 14 项，实现团标立项 5 项，申请北京市地方标准 4 项，参编行业标准 1 项、国家标准 1 项、国际标准 1 项。

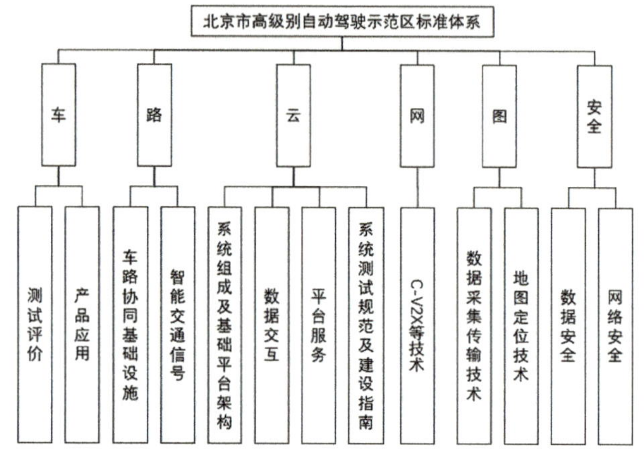

北京市高级别示范区车—路—云—网—图—安全标准体系架构图

（市经济和信息化局）

产业动态

【北京市自动驾驶路测累计行驶超 390 万千米】 1 月 26 日，由北京智能车联产业创新中心及中关村智通智能交通产业联盟编写的《北京市自动驾驶车辆道路测试报告（2021 年）》在京发布。报告显示，截至 2021 年年底，全市共有 16 家测试主体的 170 辆车参与自动驾驶车辆通用技术测试。道路测试安全行驶里程累计超过 3911694 千米。其中，载人测试车辆达到 124 辆，累计载人测试道路里程达 251 万千米，超过 30 万人次参与载人试运营测试，道路测试试运营进入规模化阶段。代表企业百度在首钢园区内完成 63409.94 千米无人化载人示范，载客数量达 17433 人次。北京市已建立一整套涵盖封闭试验场地、仿真测试平台、自动驾驶车辆技术评价、测试道路要求、数据采集要求等多个方面的较为完备的自动驾驶车辆技术测试评价标准体系。

（市科委、中关村管委会）

【北京汽车魔核动力 1.5T 发动机获十佳发动机称号】 3 月 26 日，在北京举办的“中国心”2022 年度动力日上，北京汽车魔核动力 1.5T 发动机获得“中国心”2021 年度十佳发动机。北京汽车魔核动力 1.5T 发动机通过“VGT +Miller”的技术方案，带来动力性和燃油经济性革命性的完美平衡。其拥有 138 千瓦的最大功率、305 牛 · 米的峰值扭矩，同时具备高达 39.2% 的超高热效率，整车 WLTC 循环节油大于 4.5%。在为消费者提供更为愉悦驾驶体验的同时，增强用户的用车燃油经济性。魔核 1.5 T 发动机获奖，标志着北京汽车迈入智能动力科技 3.0 时代。

（贾苗苗）

【市经济和信息化局与大众斯堪尼亚汽车公司座谈交流】 4 月 15 日，市经济和信息化局和北京中德产业园相关负责人共同走访大众斯堪尼亚汽车公司，就大众斯堪尼亚汽车公司在中国业务开展情况以及未来业务布局开展座谈，推介北京高精尖产业发展环境和数字经济标杆城市建设方案。大众斯堪尼亚汽车公司是大众集团的全资子公司，主要业务为商用车的制造与销售，未来还将布局新能源汽车以及无人驾驶等业务板块。公司在北京设有销售（中国）有限公司，位于江苏如皋的整车制造工厂已开工建设。

（市经济和信息化局）

【集度汽车北京总部项目签约】4月，经开区管委会与集度科技有限公司签署入区协议。该项目计划投资10亿元，在高端汽车及新能源汽车关键零部件产业园建设办公及测试空间。该项目将发挥百度“链主型”企业的引领带动作用，在“软件定义汽车”的新趋势下，在操作系统、人工智能、自动驾驶等领域不断完善开发区汽车产业生态。同时，集度汽车计划参与高级别自动驾驶示范区建设，在AI芯片、车控操作系统、车辆环境感知技术等方面开展自主可控的技术研发。

（杨昌林）

【2022京津冀汽车产业链对接活动举办】6月26日，2022京津冀汽车产业链对接活动在石家庄市举办，谋划建设京津冀新能源和智能网联汽车产业生态圈，围绕整车企业形成产业配套半径，吸引国内优势企业落地布局。活动采取“线上＋线下”形式召开，吸引北汽福田汽车股份有限公司、一汽丰田汽车有限公司、前海中旗物联科技有限公司、莱尼中国等260家企业，天津经开区、三河经开区等27个重点产业园区参加，涉及整车、电气、底盘、动力、车身等5个领域。活动以“强链补链延链 对接合作促进”为主题，由北京市经济和信息化局、天津市工业和信息化局、河北省工业和信息化厅联合主办。对接活动主要是加强京津冀三地汽车零部件企业及上下游企业的对接，在现有密切合作的基础上，搭建三地零部件企业和整车企业更多交流平台，寻求合作伙伴，跨区域布局产业项目。

（市经济和信息化局）

【北汽福田首批氢燃料重卡自卸车及牵引车交付】7月5日，北汽福田智蓝汽车首批40台氢燃料重卡自卸车、牵引车交付北京市政路桥建材集团。该次交付的40台智蓝氢燃料电池重卡融合了北京氢能产业多项技术，展示北京在氢能发展方面的突出创新能力，在国内属领先水准。

（贾苗苗）

【北汽鹏龙获中国汽车经销商集团百强榜第11位】7月14日，北汽鹏龙获中国汽车经销商集团百强榜第11位，再次登上中国汽车经销商集团百强排行榜并且名列前茅，是北汽鹏龙推进高质量发展、实现“十三五”任务，创造改革创新转型新动能、锻造“十四五”发展新引擎的机遇和起点。

（贾苗苗）

【国内首个无人化出行服务商业化试点开放】7月20日，北京市高级别自动驾驶示范区工作办公室宣布开放国内首个无人化出行服务商业化试点，百度和北京小马智行科技有限公司（简称小马智行）成为首批获许企业，计划在经开区核心区60平方千米范围内投入30辆主驾无人车辆，开展常态化收费服务，标志着国内无人化出行服务从示范运营迈入商业化试点新阶段。根据新修订的《北京市智能网联汽车政策先行区自动驾驶出行服务商业化试点管理实施细则（试行）》对申请主体提出的核心指标高度量化、可执行，对运营里程、接单次数、用户好评率等都提出具体要求。在获得许可前，自动驾驶企业在“主驾有安全员”商业化试点阶段接单量不少于2万次，“主驾驶无安全员，副驾有安全员”的示范应用阶段接单量不少于1000次。

（市科委、中关村管委会）

【北京奔驰—清华大学碳中和校企合作项目启动】7月22日，北京奔驰—清华大学碳中和校企合作项目启动仪式举办。以碳中和实践活动为契机，北京奔驰与清华大学计划进一步深化研究生培养相关合作：以实质性联合培养作为纽带，发挥企业在资金、项目、平台等方面的优势，扎根工程实践和生产一线，促成产教供需双方直接见面，双向对接，有效匹配，共同进步，共同为碳中和目标达成贡献力量。

（贾苗苗）

【北汽福田欧辉客车中标城市副中心新能源客车采购项目】7月，北汽福田欧辉客车中标公交集团城市副中心公交2022年度210辆新能源客车采购项目，助力城市副中心“绿色交通”建设。订单包括145辆

10 米纯电动客车及 65 辆 7 米纯电动客车。

（“国资京京”微信公众号）

【极狐阿尔法 S 白车身获车型卓越奖】 8 月 1 日，极狐阿尔法 S 白车身凭借多项行业首创技术和创新材料应用，获第九届中国轻量化车身会议（乘用车）最高奖项——车型卓越奖。车身作为可靠及安全的守护屏障，从材料、工艺到架构上，致力于为用户带来“舒适、安全、节能”的驾驶体验。

（贾苗苗）

【2022 世界新能源汽车大会召开】 8 月 26 日，2022 世界新能源汽车大会在北京市、海南省两地以线上、线下相结合的方式召开。作为国务院批准举办的全球规模最大的新能源汽车大会，其专业化程度高，紧扣新能源汽车未来趋势，聚焦前沿科技与未来产业，推动北京汽车产业和技术创新发展。大会技术展览展出面积达 1.3 万平方米，大会期间举办 20 余场会议论坛及多场同期活动。

（柴　进）

【北汽福田智蓝轻卡获欧盟整车形式认证（WVTA）证书】 8 月，北汽集团北汽福田卡车类产品福田智蓝轻卡，获得首张欧盟 WVTA 证书——欧盟整车形式认证（Whole Vehicle Type Approval，WVTA）证书，标志着智蓝轻卡已满足欧盟强制性准入相关法规要求，计划开启向欧盟市场及认可相关法规认证的其他国家与地区的出口业务。欧盟是全球汽车产品进出口管理最严格的市场之一，欧盟 WVTA 作为汽车产品进军欧盟市场的“通行证”，强调安全性、可靠性、环保性等方面的法规要求，是国际上公认的最具“含金量”的认证体系之一。这次轻卡产品的欧盟 WVTA 认证测试由莱茵 TÜV 负责执行。作为国际领先的技术服务供应商，莱茵 TÜV 在汽车检测认证领域拥有逾百年的技术积累，在欧盟已获得多个国家交通部的授权。莱茵 TÜV 对智蓝轻卡进行相关法规的性能与安全验证，涵盖电磁兼容 EMC、整车电安全、噪声、车道偏离预警、预先紧急制动等 30 余项测试。

（“国资京京”微信公众号）

【2022 世界智能网联汽车大会召开】 9 月 16 日至 19 日，2022 世界智能网联汽车大会在中国国际展览中心（顺义馆）召开。大会主题为“智能加速度 网联新生态”，由北京市人民政府、工信部、公安部、交通运输部、中国科学技术协会联合主办，工信部装备工业发展中心、北京市经济和信息化局、中国电子信息产业发展研究院、北京市顺义区人民政府、中国国际贸易促进委员会机械行业分会、中国电工技术学会共同承办。大会论坛部分采用线上线下相结合的多媒体传播方式，设置“引领篇”“支撑篇”“聚合篇”“突破篇”“驱动篇”“共赢篇”6 个篇章，围绕“向未来”“夯基础”“稳链条”“强技术”“创应用”“铸融合”等多方面，集中呈现 1 场开幕式暨主论坛、7 场主题峰会、6 个特色专场、2 场闭门会、1 个实地调研活动。大会展览部分采用室内室外相呼应、静态展示和动态体验并举 3 种模式进行展示。参展规模约 4 万平方米，共设 12 个展区，包括整车展区、智能专区、车联网安全展区、中德合作展区、韩国展区、智能装备展区等 9 个专业展区以及“智能车时空穿梭”元宇宙展示、北京市高级别自动驾驶示范区展示、科创中国 · 智能网联汽车科技创新成果征集展示 3 个特色展示。展会设置智能网联创新生态体验区智联未来生态展区、自动驾驶演示、2022 全国智能驾驶测试赛总决赛等，作为世界智能网联汽车大会的特色配套活动。展会参展商涵盖新能源和智能网联汽车产业上下游企业 200 余家，全面展示智能网联汽车产业的前沿科技、创新产品、应用场景，以及智慧交通及出行服务等内容。大会期间发布《国内外智能网联汽车法律法规对标白皮书》《北京市高级别自动驾驶示范区数据分类分级白皮书》《中国汽车基础软件发展白皮书 3.0》《中德车联网（智能网联汽车）C-V2X 量产应用研究报告（2022 年）》《中国汽车产业发展年报（2022）》等一系列研究成果。

图为顺义展区内展出科技感十足的美团自动配送车（2022年9月摄）

（市经济和信息化局）

【极狐汽车极锋动力获十佳新能源汽车动力系统大奖】 11月16日，“中国心”2022年度十佳新能源汽车动力系统评选结果揭晓，极狐汽车极锋动力（α-power）获“中国心”十佳新能源汽车动力系统大奖，是北汽研发电驱动力总成产品第三次获此殊荣。

（贾苗苗）

【北汽研究总院智能网联汽车测试验证项目获金奖】 11月26日，北汽研究总院“C-V2X的智能网联汽车实车测试验证平台建设项目”获2022年世界物联网博览会——物联网与数字经济融合发展项目新技术新产品新应用金奖。北汽研究总院开发的基于C-V2X的智能网联汽车实车测试验证平台，具备系统测试、软件测试、仿真测试等验证和二次开发的能力，能够作为先进的技术平台，服务于下一代智能网联技术迭代，助力提高交通运输系统的效率和安全性以及自动驾驶车辆的安全性和可靠性。

（贾苗苗）

【新能源汽车换电试点城市建设】 截至2022年底，北京市在出租、私人、租赁等领域累计推广5.2万辆换电车，累计建成换电站248座。工信部于2021年印发《关于启动新能源汽车换电模式应用试点工作的通知》，启动新能源汽车换电模式应用试点工作。北京市、南京市、武汉市、三亚市、重庆市、长春市、合肥市、济南市8个综合应用类城市和宜宾市、唐山市、包头市3个重卡特色类城市成为第一批新能源汽车换电试点城市，试点期为2021年10月至2023年10月。试点内容主要分为加强技术研发、开展示范应用、完善基础设施、加强监测管理、健全标准体系、优化产业生态以及强化政策支持7个方面。

（市经济和信息化局）

【北汽新能源产业集群落户唐山市】 12月，北汽集团所属北汽福田雷萨（唐山）新能源汽车产业基地在河北省曹妃甸新区投产。投产仪式当天，该基地首台氢燃料商用车下线，兼容换电模式的全新一代大电量（350度）换电重卡产品发布，进一步扩充纯电动类产品运输距离，为用户带来性价比最高，高质量、低能耗、定制化等价值和解决方案。

（“国资京京”微信公众号）

【北京市高级别自动驾驶示范区完成2.0阶段建设】 年内，北京市高级别自动驾驶示范区完成2.0阶段建设，经开区核心区在329个智能网联标准路口，双向750千米，城市道路和10千米高速公路实现车路云一体化功能覆盖，网联云控系统实现车路数据融合，对外服务能力不断增强，支持车网融合的超高速无线通信技术EUHT专网完成铺设，分米级高精动态地图平台搭建完毕，“多杆合一、多感合一”模式下建设成本下降近40%，车路协同使车辆每万千米碰撞风险降低23%，红绿灯推送触达每周超过2.7万次，路侧盲区障碍物信息参与车辆关键决策率达到37%，交通信控优化实现车均延误率和车辆排队长度下降30%，城市级工程实验平台初具规模。

（市经济和信息化局）

研发与成果

【北汽集团旗下福田欧曼银河重卡上市】 2月28日，福田欧曼银河重卡上市。欧曼银河重卡致力于干线物流高效运输，聚焦快递、快运、冷链、危化品等多个细分场景，在应用场景中为客户创造价值，在全生命运营周期中降低运营成本。欧曼银河重卡历经5年潜心研究与创新，是北汽福田汽车股份有限公司（简称北汽福田）技术品牌“银河技术”的成果结晶，通过大量运用新材料、全面优化总成结构，实现整备质量降重400千克。另外，还有预见性巡航系统及采埃孚AMT变速箱，结合103个工况、253个场景的匹配测试标定，制定最优节油策略；从轻量化、智能化、一体化、场景化、AMT控制5个方面着眼，全面节油可达10%。

（“国资京京”微信公众号）

【极狐阿尔法S全新HI版车型上市】 5月7日，ARCFOX极狐阿尔法S全新HI版车型上市。极狐阿尔法S全新HI版是全球首款搭载华为HI全栈智能汽车解决方案的量产车、全球首款支持城市道路高阶智能驾驶辅助系统的量产车、全球首款搭载基于HarmonyOS开发的智能座舱的豪华纯电量产轿车。

（贾苗苗）

【北京奔驰新一代高性能电池投产】 5月，国产新一代梅赛德斯－奔驰电池在北京奔驰电池工厂下线，电池具备出色的性能、效率和充电容量，安全性、耐用性及续航性能方面均符合全球统一标准，未来搭载于即将投产的国产全新电动车型EQE，实现奔驰新一代纯电动车型关键零部件的本土化生产落地。

奔驰电池生产线（2022年摄）

（柴　进）

【北京奔驰第400万辆整车暨国产全新EQE下线】 6月13日，北京奔驰第400万辆整车暨国产全新EQE在顺义工厂下线。随着全新EQE下线，北京奔驰已形成由11款车型组成的产品矩阵，其中包括全新EQE、EQA纯电SUV、EQB纯电SUV、EQC纯电SUV四款纯电车型和E350eL插电式混合动力轿车。

（贾苗苗）

【理想新车L9在中关村顺义园发布】 6月21日，理想汽车公司在位于中关村示范区顺义园的北京研发总部举办2022夏季发布会，发布为家庭打造的智能SUV理想L9。理想L9围绕家庭用户打造6座舒适空间、自研的旗舰级增程电动和底盆系统，让驾乘体验更加舒适，CLTC综合续航里程1315公里，WLTC综合续航里程1100公里；创新的五屏三维空间交互智能座舱，将智能电动车的驾驶、视听、娱乐体验提升到新高度。

（市科委、中关村管委会）

【百度发布第六代无人车】 7月21日，由百度与央视新闻联合举办的2022百度世界大会在线上召开。会上，百度公司发布第六代量产无人车——Apollo RT6。Apollo RT6是百度面向未来出行自主研发、正向设计的量产车，支持有方向盘、无方向盘两种模式，实现100%车规级和整车全冗余系统。基于自动驾驶技术的突破，Apollo RT6成本降低为业界的1/10，仅为25万元。

（市科委、中关村管委会）

【梅赛德斯－奔驰国产重卡下线及投产运营】 9月23日，梅赛德斯－奔驰第一台国产重卡下线。11月11日，首批梅赛德斯－奔驰国产重卡自怀柔区庙城镇的北京福田戴姆勒汽车有限公司新厂区发车，销往国内多个城市。12月10日，2022梅赛德斯－奔驰国产重卡中国上市发布会通过线上直播形式召开。北京福田戴姆勒高端重卡（H6）项目作为市级重点项目，于2020年9月1日开工建设，2022年10月投产。项目占地面积超40万平方米，总投资超38亿元，工厂集自动化、柔性化、智能化、数字化于一体，在质量、制造、设备、物流、能源等维度实现信息技术与制造技术的深度融合。项目计划直接促使福田戴姆勒优化产品组合结构，提升核心竞争力和盈利能力。

图片资料来源于“国资京京”微信公众号

（怀柔区经济和信息化局）

【首个北京建筑垃圾运输车辆新标准达标车上市】 9月27日，首个北京建筑垃圾运输车辆新标准达标车——欧曼智蓝纯电重卡上市仪式在北京超级卡车体验中心举行。为助力“绿色北京”战略，将“双碳”行动融入产业的转型升级、聚链补链中，福田汽车践行社会责任，从自身出发延伸至建筑垃圾运输全产业链，从建筑垃圾渣土消纳、运输、产生等环节，探索全产业链“零碳”发展新路径。

（贾苗苗）

【北汽新能源向百度 Apollo 交付第五代共享无人车】 9月30日，北汽新能源向百度 Apollo 交付200台第五代共享无人车——Apollo Moon，成为首个实现百度第五代共享无人车批量交付和商业化应用的车企。基于 IMC 架构，极狐版 Apollo Moon 实现千兆以太网传输速率，比传统架构提升百倍，5G 和 V2G 技术的运用，实现高带宽和低延迟的特性，能够支持 5G 云代驾功能，保障在“车内无人”的情况下仍能做到“万无一失”，为自动驾驶汽车量产化奠定坚实基础。

（贾苗苗）

【集度汽车机器人首台验证样车下线】 10月24日，集度科技有限公司宣布汽车机器人 ROBO-01 首台验证样车完成试制并下线。同时集度高阶智能驾驶研发已于10月初开启城市域及高速域测试，进入多城场景泛化阶段。

（杨昌林）

【北京奔驰长轴距 GLC SUV 下线】 12月28日，北京奔驰新车型——梅赛德斯 - 奔驰长轴距 GLC SUV 在经开区下线。作为一款专为中国市场开发的“核心豪华”车型，奔驰 GLC 采用 12.3 英寸液晶仪表与 11.9 英寸中控屏，搭载第二代 MBUX 智能互联系统，提供多种动力系统可选，包括 2.0T 加 48V ISG 的轻混和 2.0T 插混车型。同时首次提供 7 座版的全新长轴距 GLC SUV。

（柴　进）

【中关村科学城智能网联汽车协同创新平台启动】 12月28日，中关村科学城智能网联汽车协同创新平台在海淀区启动。平台由中关村自动驾驶示范区建设运营公司——翠湖智能网联联合上下游创新企业、科研院所、行业机构共同发起成立。协同创新平台将搭建产业促进、汽车硬件、汽车软件、信息安全及测试检验等多个服务平台。其中，产业促进平台将有效引导产学研合作、上下游对接、投融资对接等各类活动；硬件服务平台计划参与应用示范项目，深化联调联试成果，累积智能网联车技术的工程化及真实场景落地经验；软件服务平台将共同研发软硬件快速验证平台和软件开发平台，聚焦未来数据驱动、软件定义汽车、云原生等软件开发趋势；信息安全平台将推动行业信息安全技术创新性、前瞻性建设与应用；测试检验平台将为智能网联汽车企业提供硬件测试、软件测试、仿真测试等服务。

（市科委、中关村管委会）

企业选介

【中车北京二七机车有限公司】 简称二七机车公司，隶属于中国中车集团有限公司（简称中车集团公司），前身是始建于1897年的邮传部卢保铁路卢沟桥机厂，是北京近代工业的主要发源地之一，是中国共产党领导下“二七”工人运动的主要策源地，中国第一台内燃机车诞生地。2018年，作为首批响应疏解非首都核心功能的在京央企，按照中车集团公司统一部署全面退出传统制造业，二七机车公司将既有制造业务全部转移至中车集团公司内其他兄弟企业后，开始向现代服务业转型升级。二七机车公司对部分老旧厂房进行改造，于2019年通过对外合作开发建成二七厂1897科创园。科创园占地约6万平方米，先后引入科技、文创等多家企业入驻。与国家体育总局、北京体育大学合作，建设中车二七国家冰雪运动训练科研基地，2019 年完成速滑馆建设，已投入使用。2020 年，完成全部场馆建设，助力国家队备战 2022 北京冬奥会。2021 年，二七机车公司实现营业收入 1.49 亿元，主要经营范围包括开发、设计、销售铁路及城市轨道交通运输设备、电子设备、机械电器设备；提供技术咨询服务；出租商业办公用房等。截至年底，二七机车公司拥有员工 674 人，资产约 27.9 亿元。下属参控股公司 2 家，分别为北京中车长客二七轨道装备有限公司、北京中车二七达诺巴特机床制造有限公司。

2022 年，二七机车公司拥有员工总数 636 人，机车公司实现营业收入 14020 万元，净利润 −14868 万元。下属参股公司有北京中车长客二七轨道装备有限公司 1 家。

规划发展。年内，二七机车公司强化规划引领和导向作用，统筹安排、系统推进，构建包括 1 个总体规划、7 个专项规划在内的公司“十四五”发展规划体系，明确公司“1234”战略目标，统筹推进公司人力资源、财务管理、审计风险合规、培训业务、资产和能源管理、安全生产、生态环境保护“十四五”子规划的编制、评审、下发工作。

改革改制。年内，二七机车公司根据《中国中车 2022 年深化改革工作要点》，制订《二七机车公司 2022 年改革工作计划》，确定公司改革工作总体思路、组织机构，以及管理提升、“两制一契”管理、组织机构改革、两定两优、党的领导 5 项主要工作。有序推动二七机车公司吸并二七机车厂压减工作，完成可研报告、风险评估报告编制并通过中车集团公司评审公示；有序推进组织机构合一，促进中车北京二七机车有限公司与中车北京二七车辆有限公司融合，将两公司现有 19 个管理机构压减至 12 个，完成 30 名中层领导后备人才选拔，平稳有序分批完成 56 名中层管理人员重新竞争上岗工作，形成两个公司、一套机构、集中合署办公的融合局面。

生产运营。年内，北体大二七国家冰雪运动训练科研基地与二七厂 1897 科创城启动区运营平稳。截至 1 月，基地已累计服务保障 40 余支国家集训队，近 4 万人次的驻训、调训和测试服务。北京冬奥会结束后，完成国家冰雪运动科训基地所需的全部规划许可证和施工许可证办理，完成除锅炉房等 3 个小单体之外的其余房屋全部规划验收、竣工验收及备案工作；有序推动 110 千伏变电站及配电站改造工作。窦店产业园全力推进园区规划许可证、施工许可证办理，11 月取得备料厂房及 10 个单体的建设工程规划许可证，明确中车北京二七车辆有限公司设备维修分公司全面接管物业管理工作；北京隆轩橡塑有限公司轴承保持架制造能力建设项目获得中车集团公司批复，9 月项目开始施工建设，11 月完成现场施工以及部分生产工艺设备设施的招标工作；配合保障北京中车长客二七轨道装备有限公司的正常生产经营并推动剩余厂房房屋的招商引资工作，通过窦店园区管委会吸引新源智储能源发展（北京）有限公司、安迈特科技（北京）有限公司、首望体验科技文化有限公司等优势产业入驻园区。

经营管理。年内，二七机车公司明确主生产厂区资产采用进场挂牌出租的方式寻求承租方，6 月 24 日主生产区房屋出租项目在北京交易所平台挂牌见网；推进西峰寺大修厂房、机车调试试验库等区域的出租评估工作。扩大窦店产业园厂房租赁规模，窦店产业园厂房、场地、办公室租赁客户共计 5 家，租赁总面积合计约 13 万平方米，比 2021 年同期增长 14.4%，租金收入总金额约 5847 万元，比 2021 年同期增长约 18%。持续推进低压恒流远距离传控技术及 5G 智慧轨道控制技术在轨道交通行业应用、环保“超炭”专用设备研发制造技术、钢结构装配式集成建筑、轨道交通检测认证平台、储氢技术及容器技术研发等既有高新技术产业孵化项目。明确“建设一个科技孵化园区，开展新材料研发及应用、轨道交通装备试验验证服务以及体育装备研发制造三个业务”的科技孵化业务方向定位。对接北京隆轩橡塑有限公司加速推进新材料产业向高精尖纵深发展。

职业技能培训。年内，二七机车公司开展职业技能等级认定、“互联网＋培训”、红色培训项目增值服务等，实现收入共计 222.1 万元；完成培训师队伍体系建设，培养初级培训师 29 人；拓展校企培训合作模式，为公司员工提质培优、增值赋能，完成多媒体作品制作员、电子商务师、电工、智能楼宇 4 个职业的课程开发工作；发挥红色培训资源优势，围绕“二七”红色文化和冰雪基地以及北京市及周边红色景点，构建 15 条红色教育培训课程；策划社会大课堂培训班，完成 2022 年丰台区中小学生社会大课堂资源单位申报，开发 3 门工业文化课程并上报市教委审核；搭建公司组织员、信息员、保密员、女职工优秀事迹宣讲等网络课程体系，为网络课程运营打好基础。

基础设施建设。年内，二七机车公司与长辛店街道办事处共同开展二七体育场升级改造工作，于

2022 年 11 月 12 日对外开放经营；调研探索老旧厂房改造、城市更新、产城融合等政策支持，开展对原柴油机组装、清洗厂房以及构件厂房改造成为体育场馆的策划，对厂房改造投资费用测算、投资回报周期进行研究，探索开展体育产业相关业务。

企业文化建设。年内，二七机车公司发挥长辛店二七纪念馆全国爱国主义教育基地优势，累计接待参观学习的各事业单位、社会团体 260 余个近 7500 人，个人参观者 3000 余人；对接丰台区委宣传部，在陈庄大街设立以“红色中车　国家名片”为主题的 100 米文化展示墙，展示 140 年来秉承实业兴邦、产业报国使命的中国中车发展史，持续推动中车红色、工业文化在全社会广泛传播，扩大中车品牌影响力。

（二七机车公司）

【中车北京南口机械有限公司】简称南口公司，隶属于中国中车股份有限公司，前身为 1906 年詹天佑创办的第一家国有铁路工厂。南口公司先后与国内外企业共同组建 6 家参控股合资公司，分别为 1996 年成立的北京南口斯凯孚铁路轴承有限公司、2006 年成立的克诺尔·南口供风设备（北京）有限公司、2009 年成立的铁科（北京）轨道装备技术有限公司、2018 年成立的中车福伊特传动技术（北京）有限公司、2018 年成立的上海中车福伊特传动技术有限公司、2018 年成立的北京中车南口科创园区管理有限责任公司，形成拥有“现代化生产技术装备、集成化核心主导产品、自主化研发创新能力、多元化产品市场布局”的机械传动系统生产基地。2021 年，按照合并口径，南口公司实现营业收入 3.01 亿元，公司本部固定资产原值 4222 万元、净值 369 万元、长期股权投资 5.8 亿元。设置行政部室 7 个、党群系统部门 2 个、实体单位 1 个、合资合作企业 6 个。在岗员工总数 187 人，其中硕士及以上学历 25 人、本科学历 115 人、专科学历 27 人、中专及以下学历 20 人。

2022 年，南口公司实现营业收入 4.03 亿元，同比增长 33.89%，公司本部完成固定资产原值 3763 万元，净值 502 万元，长期股权投资 8.6 亿元。公司在岗员工总数 178 人，其中硕士及以上学历 28 人、本科学历 110 人、专科学历 22 人、中专及以下学历 18 人。公司设置行政部室 6 个、党群系统部门 2 个、经营实体单位 1 个、合资合作企业 6 个。开展对标世界一流管理提升行动，完成 39 项工作任务。推进三年“强基工程”，完成 24 项强基工作任务，完善 117 项管理制度。南口公司获北京市创建安全生产示范企业证书。

改革改制。年内，南口公司全面完成 63 项改革任务，国企改革三年行动收官。持续深化市场化经营机制改革，优化调整公司组织机构和管理职能，撤销存续管理部。南口公司收购中车集团北京南口实业有限公司持有的铁科（北京）轨道装备技术有限公司股权项目获得中车可研报告批复，完成产权转让协议签署、公司注资、资金划转、产权登记、工商登记等工作。

经营管理。年内，南口公司强化运营管控，明确业务权责边界，重点工作清单化、措施具体化、奖惩刚性化，持续优化管理水平，补强管理短板和薄弱环节。制订落实公司“合规管理强化年”实施方案，健全风险控制体系，提升风险管控水平。开展“严肃财经纪律、依法合规经营”综合治理专项行动，完成 17 项问题整改，建立长效保障机制。扎实推进降本节支增效工作，对“15+3”管控费用认真梳理分析，通过生产资源整合、优化设计、改进工艺以及修旧利废等措施，实现费用支出增幅低于营业收入增幅。有序推进应收账款清欠、资产处置、原有订单跟踪及售后服务等专项工作，持续降低“两金”占用，完成年度重大风险敞口减少目标。编制和实施产业数字化和数字化转型方案，打造数字化产品。落实工程审计、合同审核合规性要求，严格把控重要事项前置程序和流程，发挥审计监督职能，降低合规风险。

科技创新。年内，南口公司承担中车“2022 年科研开发计划”研发任务，“6.X−7.X 兆瓦陆上双馈风电齿轮箱”重大项目完成产品设计、“风电齿轮箱用滑动轴承传动技术研究”重点项目完成样机试制；装载的塔上风电齿轮箱 CMS 系统实现齿轮箱实时监测、频谱分析、远程设置和系统支持等网络可视化监测；海上风电项目 10 兆瓦半直驱风电齿轮箱完成概念设计和详细设计；时速 160 千米分散型动车齿轮箱在铁科院进行车辆试验，时速 250 千米中国标准动车组 CR300 齿轮箱完成里程考核进入 CRCC 审核阶段，CR300 动车冷却系统项目进入型式试验阶段；完成 2 种新产品及 7 种铸铁转子验证；首批 3 台齿轮箱样机交付中车时代电动汽车股份有限公司，投入长沙公交和株洲公交装车试验，性能表现优异。

订单完成交付。年内，南口公司全年新签订单 4.52 亿元，同比增长 16.80%。风电市场，新签风电齿轮箱订单 77 台，年内全部完成交付。其中，与中车株洲电力机车研究所有限公司签订 5 台 3.6 兆瓦风电齿轮箱订单，与中车山东风电有限公司签订 68 台 5.0 兆瓦风电齿轮箱和 4 台 3.6 兆瓦风电齿轮箱订单。完成远景能源有限公司 19 台 24+ 齿轮箱代加工和 223 套 5.X—6.X 兆瓦平台齿轴加工订单。轨道市场，完成中车大同电力机车有限公司 100 台份 HXD2 齿轮产品订单，完成中车大连机车车辆有限公司 120 台份曲轴齿轮订单。转子市场，完成顿汉布什、格什特、莱姆森转子的试制和交付。压缩机市场，完成中车山东风电有限公司、株洲时代新材料科技股份有限公司空压机设备安装调试，与中车青岛四方车辆研究所有限公司签订销售合同；完成厂内气站扩建，实现压缩机产品向“系统＋”战略发展方向突破。

基建技改与安全管理。年内，南口公司完成开闭站 10 千伏高压开关柜更新改造，提高供电设备智能化、自动化水平，保证园区用电安全。停运公司闲置和负荷小变压器 5 台，每月节省电费约 5000 元。根据实际用电负荷情况，对 10000 千伏安主变压器及时申报停运，年节约电费支出约 416 万元。完成售电公司和国网北京市电力公司网上交易平台直接购电，年用电量 4600 万度。开展查漏堵漏，完成 38 项维修工作，日节水量约 1000 吨。制订落实单身宿舍修缮方案，改善合资企业员工住宿条件。严格按照党中央、国务院、地方政府以及中车疫情防控要求，坚持做好常态化疫情防控，确保园区正常运营。南口公司获得北京市创建安全生产示范企业证书。

人力资源管理。年内，南口公司实施市场化经营机制改革，落实科学定岗定编优效优员工作方案，中层管理人员、一般管理人员分别减少 25% 和 12.5%，完成中车下达指标。推进管理人员能上能下，开展中高层管理人员竞争性选拔，完成公司总经理、领导班子副职及中层正职选拔任用。根据中车相关要求，研究编制公司“十四五”优秀年轻管理人才队伍建设实施方案，建立健全优秀年轻管理骨干选拔培养使用管理制度，上报中车备案。结合全球一体化工作方案，新建并发布《中车北京南口机械有限公司职业生涯发展通道管理办法（试行）》，搭建人才职业发展通道。灵活调配园区内 5 家公司以及兄弟单位各类用工资源，全年节约用工成本约 600 万元。根据中车核心人才管理办法和相关通知要求，开展第四届中车核心人才选拔评审工作，推荐核心管理人才 6 名、核心技能人才 1 名。开展职称外语考试、职称评审和职业技能等级认定工作，通过英语考试 16 人、高级职称 12 人、中级职称 17 人、初级职称 2 人，通过技师、高级技师资格评审及职业技能鉴定 93 人。开展职业技能理论知识及技能比武大赛，持续深化园区产业队伍建设改革。全年开展各类培训 43 项，其中内部培训 39 项、委外培训 4 项，涉及 344 人次。

（何自豪）

【北京汽车集团有限公司】 简称北汽集团，1958 年成立，是中国主要的汽车集团之一。经过 60 余年的发展，北汽集团已拥有“北京”“BEIJING”“ARCFOX”“昌河”“福田”等自主品牌，先后引进“现代”“梅赛德斯 · 奔驰”等国际品牌。汽车整车产品覆盖轿车、越野车、商用车和新能源汽车各个门类。北汽集团已经发展成为涵盖整车及零部件研发与制造、汽车服务贸易、综合出行服务、金融与投资、通用航空等业务的国有大型汽车集团。2021 年，北汽集团实现整车销量 172.3 万辆，行业排名第 6 位；实现营业收入 4818 亿元。全年实现利润 229 亿元，在北京产值 3247.2 亿元。连续 9 年入围《财富》全球 500 强，2021 年排名第 124 位。

2022 年，北汽集团实现整车销量 145.4 万辆，完成汇总营业收入 4507 亿元；利润总额 240.2 亿元，同比增长 4.7%。全年完成在京产值 2782 亿元，在北京纳税 373 亿元，同比增长 15.4%，为服务首都实体经济、稳定经济大盘贡献力量。连续 10 年入围《财富》全球 500 强，2022 年排名第 162 位。年内，北汽集团完成北京冬奥会赛时技术服务保障任务，542 辆保障车总体安全运营里程为 93.61 万千米，载客 4.7 万人次，减碳 765.89 吨，得到北京冬奥组委及相关委办局高度肯定。连续 18 年为全国“两会”提供车辆服务保障，44 辆保障车配备专属技术保障团队，对车辆进行安全性等 45 项静态检查、100 余项动态事前检查与问题排除，服务保障 15 天，累计安全行驶里程超 4000 千米。精准扶贫带动乡村振兴，北汽技师学院“组团式”教育援疆，深化与阜平职教中心的帮扶合作。持续加强消费帮扶，累计完成采购超 2300 万元，实现带动当地建档立卡贫困人口 41319 人次。超前超额实现削薄任务目标，分别向结对帮扶的密云区大城子镇 4 个集体经济薄弱村投入帮扶资金超 78 万元。全力配合全市疫情防控保障工作，坚决落实应急项目工作部署，组织千人会战抢工期抢进度，全力推进北汽越野车安置房应急项目建设，累计配合接待隔离人员 7 批次。

（贾苗苗）

【北汽福田汽车股份有限公司】简称福田汽车，1996年8月28日成立，是中国品种最全、规模最大的商用车企业。1998年6月在上海证券交易所上市，股票代码为600166，是一家跨地区、跨行业、跨所有制的国有控股上市公司。旗下拥有欧曼、欧辉、欧马可、奥铃、时代、萨瓦纳、拓陆者、萨普、图雅诺、风景、蒙派克、伽途、瑞沃等业务品牌，生产车型涵盖轻型卡车、中型卡车、重型卡车、轻型客车、大中型客车以及核心零部件发动机。2021年，福田汽车全年销量65万辆，保持商用车销量全国第1名，是中国第1家“千万级”商用车企业，全年公司出口整车56058辆。福田汽车在2021年世界品牌实验室作为独立第三方的品牌评审机构发布《中国500最具价值品牌》排行榜中以1808.36亿元位列第34，位居商用车行业第1、汽车行业第4。

2022年，受经济下行、流通不畅、油价持续高位等因素叠加影响，商用车市场迎来深度回调。福田汽车加快业务、产能和市场结构调整，重点发力轻卡、小卡和微卡等传统优势市场，以及中重卡等高附加值业务，全力提升盈利能力，盘活存量资产，布局、延伸产业链，打造新的利润增长点。全年销量46万辆，保持商用车销量第1名，市场占有率13.9%，同比增长0.4%，总体经营指标稳中有进，进入高质量战略发展阶段。其中，重卡累计销售6.8万辆，市场占有率10.1%，同比增长2.5%。中型卡车中期改款产品投放上市，产品竞争力持续提升，累计销售3.4万辆，占有率达到35.7%。轻卡业务调整初见成效，销售31.1万辆，其中领航S1、奥铃M卡上市后市场表现强劲，细分市场地位快速跃升至第一。福田公司推进国际化战略，推动海外业务发展，构建海外体系能力，业务结构进一步优化，中重卡、皮卡业务提升明显，在美洲、东南亚、西亚等国家优势突出；收益改善明显，盈利能力大幅提升；完成新能源轻卡欧洲区域上市，为突破发达国家市场奠定基础。全年出口整车8.8万辆，同比增长56.4%，市场占有率15.1%，同比增长1.1个百分点。

（贾苗苗）

【北京现代汽车有限公司】简称北京现代，于2002年10月18日成立，由北京汽车投资有限公司和韩国现代自动车株式会社共同出资设立，注册资本20.36亿美元，中韩双方各占50%，合资期限为30年。北京现代坐落于顺义区北京汽车生产基地，拥有3座整车生产工厂、3座发动机生产工厂和1座技术中心。北京现代先后建立河北省沧州市工厂和重庆工厂项目，已形成“三地五厂”的全国产能布局。2021年，北京现代全年实现整车批发销售36.1万辆，整车终端销售38.4万辆。推出全新一代名图、第五代途胜L、库斯途等多款新产品。

2022年，北京现代加快推进数字化、智能网联技术，自动驾驶技术应用，推出第四代胜达旅行家、全新菲斯塔NL Line、第五代途胜L8AT等多款车型。聚焦品牌营销创新，北京现代进一步提升伊兰特等主力车型销售占比，全年实现整车销售25万辆。生产方面，秉承“绿色、品质、智能、高效”的理念，依托智能化生产设备、国际化管理体系以及超过90%的自动化率，保证精度、输出高质量产品。合理利用弹性生产设计和车型混动生产，有效降低制造成本。推进优化网络布局及覆盖，持续提升渠道健康度，借力热点创新营销，提升品牌与车型热度，强化技术品牌特性传播，推进粉丝营销，实现精准营销、服务、线索管理，助力客户价值转化。产品方面，北京现代持续关注中国市场变化和消费需求，推动转型向新，拓展产品矩阵。推动主力车型智能网联升级，自动驾驶技术应用满足不同消费者需求。加速推动多款新能源车型开发，首款搭载F-OTA技术的专属平台EV车型计划在2023年上市。

（贾苗苗）

【北京和田汽车改装有限公司】简称和田汽车，2002年11月11日在市工商行政管理局大兴分局登记成立。公司位于大兴区庞各庄工业开发区，占地面积8万平方米，主要从事工程车、厢式运输车、环卫车等改装和销售，已通过质量体系认证和CCC认证。经营范围包括汽车改装、道路货物运输、加工金属结构、机动车维修和销售五金、建筑材料、汽车、汽车配件，货物进出口，专业承包，租赁汽车，租赁建筑机械设备。2022年，公司产值为12.3亿元。

（刘　莉）

【万都（北京）汽车底盘系统有限公司】简称万都公司，2003年1月14日经市政府批准成立。万都公司隶属于韩国汉拿集团，是一家韩国在京独资企业，公司注册资金为3800万美元，投资额为9500万美元。万都公司是一家高新技术企业，主要生产和销售汽车制动系统、转向系统、减震系统。公司产品质量可靠、性能优越、技术先进，是国内20余个汽车生产厂家的汽车底盘一级供应商。2021年被北京市税务局授予纳税信用A级企业、北京海关授予北京市高级认证企业、上汽通用汽车授予优秀供应商等称号。2021 年，公司实现销售额 38 亿元，在职员工达 700 余人。

2022 年，公司实现销售额 38.4 亿元，获北京市纳税 A 级企业、GM 品质优秀供应商、北汽优秀合作公司等称号。

（吴　迪）

【北京奔驰汽车有限公司】 简称北京奔驰，2005 年 8 月 8 日成立，是北京汽车股份有限公司与德国戴姆勒股份公司（Daimler AG）、戴姆勒大中华区投资有限公司共同投资，集研发、发动机与整车生产、销售和售后服务为一体的中德合资企业。北京奔驰已建立起全球面积最大、综合性最强的梅赛德斯－奔驰乘用车生产制造基地，拥有戴姆勒公司首个德国本土以外的梅赛德斯－奔驰汽车发动机制造工厂、戴姆勒合资公司里最大的研发中心，并成为戴姆勒全球唯一同时拥有前驱车平台、后驱车平台、电动车平台和动力系统平台的豪华汽车合资企业。北京奔驰生产的产品主要有梅赛德斯－奔驰长轴距 E 级轿车、长轴距与标准轴距 C 级轿车、长轴距 A 级轿车、长轴距 GLC SUV、GLA SUV、GLB SUV、全新 EQE 等多款燃油及新能源车型，实现发动机核心零部件与整机出口，整车与发动机产量进入 400 万时代。作为首都汽车工业持续向高精尖方向转型升级的代表，北京奔驰集世界先进制造工艺与现代化管理于一身，将“数字化、柔性化、高效、可持续”全面贯彻到生产每个环节，获全球卓越运营工厂、绿色示范工厂、北京市制造标杆企业及中德智能制造合作试点示范等称号。2021 年，北京奔驰实现整车销售 56.1 万辆，销量稳居国产豪华品牌前列。北京奔驰 E 级轿车、C 级轿车、GLC SUV 三款主力车型实现月销均值过万。

2022 年，北京奔驰面临供应链竞争、市场活力不足等外部压力，主动实施网络化管理等举措，全年整车生产再次突破 60 万辆，实现销售 59.2 万辆，同比增长 5.5%，居国产豪华品牌前列。北京奔驰全力推动产品战略落实，梅赛德斯－奔驰全新 EQE、C350 eL 插电式混动轿车以及全新长轴距 GLC SUV 如期投产，M260 发动机、EB42X 动力电池成功搭载，为持续发展积蓄动能。北京奔驰全方位推进“新豪华主义”制造理念落地，携手合作伙伴打造绿色汽车钢铁供应链，助力“双碳”目标达成。持续深耕智能制造和绿色制造，获评北京市智能制造能源计量中心（汽车制造）。

北京奔驰顺义工厂外景（2022 年摄　图片资料来源于“国资京京”微信公众号）

（贾苗苗）

【北汽蓝谷新能源科技股份有限公司】 简称北汽蓝谷，2009 年成立，2018 年 9 月在上海证交所完成重组更名暨上市，股票代码为 600733，由北汽集团发起并控股，是中国首家独立运营、首个获得新能源汽车生产资质、首家进行混合所有制改革、首批试点国有企业员工持股改革的新能源汽车企业。公司主要业务为新能源纯电动汽车与核心零部件的研发、生产、销售和服务。自 2013 年起，北汽蓝谷连续 7 年保持国内纯电动汽车产销冠军，最高达到年销 15 万辆。公司是国内少数全面掌握纯电动汽车三电核心技术、集成匹配控制技术，兼具资产规模大、产业链完整、产品线丰富、产品市场应用广的国内新能源汽车企业，累计销售新能源汽车超过 50 万辆。2021 年，北汽新能源实现整车销售 2.6 万辆，其中高端品牌 ARCFOX 销量保持高速增长。自主开发的全自动化电控测试系统，在国内首个获得 TMMi 三级估计软件测试认证。在国内量产首个液冷超级充电站，充电能力达到 480 千瓦，可扩展到 600 千瓦。

2022 年，北汽新能源面对行业竞争加剧，原材料及零部件价格高企、芯片及电池等核心资源供应紧张的市场环境，全面推进各项经营工作，实现销量 5.02 万辆，实现营业收入 95.14 亿元。持续推进极狐品牌营销能力提升，全年新增渠道网点 100 家，累计运营 186 家门店，在重点城市基本实现销量、份额双增长。产品方面，实现极狐阿尔法 S 全新 HI 版上市，推动阿尔法 T、阿尔法 S 的 2023 款、N50、考拉项目开发进入生产导入阶段，推动 N51AB 项目开发进入 EP 验证阶段，开展阿尔法 T、阿尔法 S-HI 中改预研以及阿尔法 T 换代预研工作，启动 2024—2025 年全新产品预研工作。为提升用户体验，在生态、语音、智驾、导航、车控等多个板块进行新功能交付及功能体验优化。其中对极狐阿尔法S和阿尔法T车型进行6次OTA升级，交付34项新增功能，对阿尔法S全新HI版车型进行4次OTA升级，交付28项新增功能。

（贾苗苗）

【北京汽车股份有限公司】 简称北汽股份，2010年9月成立，股票代码01958.HK，是北京汽车集团有限公司乘用车整车资源聚合和业务发展的平台，北京市政府重点支持发展的企业。2014年12月19日完成首次公开发行H股并在香港联交所主板挂牌上市。北汽股份的主要业务涵盖乘用车研发、制造、销售与售后服务，乘用车核心零部件生产、汽车金融以及其他相关业务。2021年，北汽股份整车销售103.1万辆，其中北汽品牌批发销售7.2万辆，新能源车型销量同比增长72.9%。

2022年，面对新冠肺炎疫情多点频发、原材料价格持续上涨、行业竞争加剧等诸多外部挑战，北汽股份全年实现整车销售94.7万辆。其中，北京品牌抓住机遇，多措并举，整体经营保持稳定，核心市场及产品取得突破，北京奔驰推动产品结构优化，销量稳居国产豪华品牌前列，北京现代聚焦主力车型差异化营销，经营良性开展，福建奔驰持续提升稳定经营能力。其中，北京品牌全年实现整车销量7.2万辆，同比减少0.7%。以EU5为助力车型全力开拓纯电市场，实现纯电车型销量同比增长51.1%；对公换电车型EU5快换版稳定交付，助力出行行业全面实施电动化。搭载Harmony OS智能操作车机系统的智能车型——魔方与定位悦享生活家的X7，形成“双子星”产品组合，加快全面电动化布局，落实“双碳目标”，加速推动混动平台、全新纯电平台落地。海外市场方面，全年实现整车出口1.8万辆，同比增速81.8%，优于中国汽车出口增速，X7在越南市场表现优异。国际业务试点实施特品连营模式，拓展新能源、越野车型出口，魔方等车型完成出口属地认证。

（贾苗苗）

【北京博泽汽车部件有限公司】 2012年2月成立，总投资6000万美元，占地面积1.4万平方米。公司坐落于北京市大兴区西红门镇鼎业路23号。公司主要从事轿车车门内板系统，摇窗机系统，冷却风扇系统，门锁、中央控制锁系统，座椅系统等汽车零部件产品的制造，与汽车制造商奔驰、北汽、长城等建立长期的合作伙伴关系。2022年，公司营业额17.6亿元，在职人员280余人。

（刘　莉）

智能制造与装备产业

本类目采用条目体，刊载2022年北京智能制造与装备产业概述、助力北京冬（残）奥会、政策与措施、产业动态、研发与成果、企业选介和产品选介7项内容。其中，助力北京冬（残）奥会分目在2022年鉴相关记述内容的基础上进行了补充完善；政策与措施分目包括出台的政策文件及实施情况，机构、园区、基地设立调整变化等内容；产业动态分目包括经营业绩、项目启动、签约、论坛、获奖等内容；研发与成果分目包括新产品发布、技术测试、解决方案等内容；企业选介分目在重点介绍一级企业的基础上，对二、三级企业的主营业务范围进行了简述；产品选介分目对行业内部分产品的生产销售情况进行了简述。

概　述

2022年，北京市规模以上装备企业957家。产值10亿元及以上装备类企业48家，较2021年增加3家，年产值超50亿元企业8家。截至年底，全市装备产业实现产值2874.5亿元，同比增长2.5%。年内，北京装备产业转型升级及结构优化进一步推进，初步形成机器人及智能制造装备、先进能源装备两大领域“双轮驱动”，科学仪器、公共安全和应急装备、冰雪装备等特色专用装备“多点支撑”的高端产业发展格局。年内，《北京市智能制造诊断评估工作规则（试行）》和《北京市数字化车间与智能工厂认定管理办法》发布。

（市经济和信息化局）

助力2022北京冬（残）奥会

【天海工业完成北京冬奥会供氢任务】2月4日，2022年北京冬奥会开幕，主火炬由往届的“大火”变“微火”，传递出低碳环保的绿色奥运理念。奥运历史上主火炬首次采用氢燃料，配置高压氢气供气系统，对可靠性提出极高的要求。京城机电所属企业北京天海工业有限责任公司完成北京冬奥会主火炬供氢任务，并向冬奥会140台氢能源大巴车提供高压储氢系统，为“绿色办奥”提交一份优异答卷。

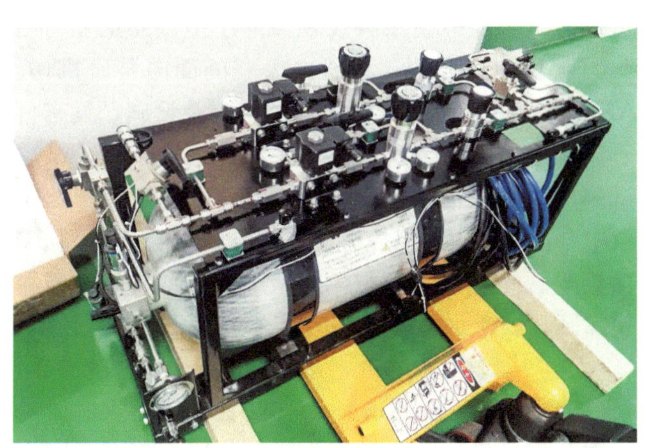

（京城机电）

【京仪设计院参建的两项冬奥工程获“鲁班奖”】5月23日，京仪设计院参建的国家高山滑雪中心、国家雪车雪橇中心两项冬奥工程被授予2022—2023年度中国建设工程“鲁班奖”（国家优质工程）。国家高山滑雪中心又名“雪飞燕”，2018年1月12日开工，2021年6月25日竣工，占地面积约432.4万平方米，总建筑面积约4.3万平方米，分为山顶出发区、中间平台、竞速结束区及集散广场、竞技结束区，可容纳5000个坐席以及3500个站立席位。共设有7条雪道，其中3条为比赛赛道，4条为训练雪道。雪道起点位于海拔2198米的小海坨山顶，是国内难度最大、标准最高、唯一满足北京冬奥会赛事要求的高山滑雪比赛场地。承担了北京冬（残）奥会高山滑雪项目11个子项的全部竞赛任务，共产生11枚冬奥金牌，30枚冬残奥会金牌。国家雪车雪橇中心又名“雪游龙”，2018年1月11日开工，2021年6月27日竣工，位于延庆赛区西南侧，建筑面积5.25万平方米，提供观众坐席2000个、站席8000个，是国内首条雪车雪橇赛道，世界第17条符合奥运比赛标准的赛道。赛道全长1975米，最高设计时速134.4千米，垂直落差超过121米，具有世界独具特色的360°回旋弯的赛道，是冬奥会中设计难度最高、施工难度最大、施工工艺最为复杂的新建比赛场馆之一。冬奥会期间进行了雪车、钢架雪车和雪橇项目的比赛，共产生10枚金牌，中国选手闫文港获钢架雪车首枚奖牌。

（京仪设计院）

政策与措施

【一站式应急装备应用示范基地揭牌】3月18日，北京应急技术创新联盟在丰台区玉泉营红博馆打造的一站式应用示范基地揭牌。应用示范基地具备应急物资储备、应急产品展销、应急培训演练等功能，为应急产业资源打造了展示窗口，为政府和社会各界提供了一站式服务对接平台。

（市经济和信息化局）

【数字化装备与机器人产业园第一次专班会召开】 3月25日，北京市数字化装备与机器人产业园第一次专班工作会在昌平区政府召开。昌平区经济和信息化局汇报产业园前期工作开展情况及下一步工作安排；市经济和信息化局围绕建立产业园区目的、选址等相关情况进行通报，提出6个方面的工作要求：解决企业发展共性问题，打造“共享中试工厂”；推动昌平区和海淀区合作，制定创新型政策；抓场景建设，激活企业市场化订单；做好京津冀区域联动，带动周边经济发展；注重产业生态培育；抓好龙头项目，带动完善产业链项目在京落地，集聚发展。

（市经济和信息化局）

【北京市关于支持发展高端仪器装备和传感器产业实施细则发布会召开】 3月31日，北京市《关于支持发展高端仪器装备和传感器产业的若干政策措施实施细则》（简称《实施细则》）发布会暨长城海纳硬科技加速器开园仪式和入驻项目签约活动在怀柔区长城海纳硬科技加速器园区举行。为加快推动高端仪器装备和传感器科研成果转化、助力北京国际科技创新中心和全球数字经济标杆城市建设，市经济和信息化局会同市发展改革委，市科委、中关村管委会，市财政局，怀柔区政府等5部门联合印发《实施细则》。《实施细则》针对高端仪器装备和传感器领域企业和研发机构，从鼓励应用基础研究、加快成果转化应用、支持企业集聚发展、支持企业利用多层次资本市场做大做强、吸引创新人才集聚、鼓励对外合作交流6个方面进行政策支持，全链条支持高端仪器装备和传感器产业发展。

（市经济和信息化局）

【国内首个毫米波技术在安检领域的国家标准发布】 4月15日，国内首个毫米波技术在安检领域的国家标准——《毫米波全息成像人体安全检查设备》（GB/T 41482—2022）发布。同方威视技术股份有限公司（简称同方威视）作为主要起草单位参与标准制定工作，是同方威视参与起草的第14项国家标准。作为全球领先的安检解决方案供应商，同方威视自主研发的毫米波人体安检仪已通过中国民用航空局A级许可认证和欧洲民航会议（ECAC）SSc A类标准2.1测试，广泛应用于全球民航、海关、监狱、政府机构及重大赛事活动等行业领域。该产品及核心技术曾获日内瓦国际发明展金奖、中国专利优秀奖、北京市科学技术进步奖一等奖等科研奖项。

（郑　雪）

【人工智能创新园落地中关村科学城】 5月10日，北京市在中关村科学城北区翠湖科技园增建北京通用人工智能创新园。该创新园旨在聚焦通用智能发展，服务重大科研任务，面向基础研究、前沿科技、学术生态、产业应用、人才培育等领域，建设集“政、产、学、研、用”于一体的AI垂直产业生态，打造人工智能发展新高地，为世界人工智能基础创新和产业集聚发展树立新标杆。人工智能创新园位于中关村科学城北区的翠湖科技园新增A1资源3–2–6005地块，用地范围南起创新园纬七路，北至创新园纬三路，东起翠湖东路，西至创新园经十路，属于研发设计用地，由实创股份子公司北京实创智源有限责任公司开发建设。项目用地面积为4.77万平方米，总建筑面积99446.51平方米。其中，地上建筑面积56945.8平方米，地下建筑面积42500.71平方米。主要包含算力中心，人工智能产业展示中心，可灵活租用的科研设计用房，以及健身、餐饮、商业、展览等相关配套服务。其中，算力中心主要用于支撑人工智能算力云平台建设。展示中心主要展出人工智能领域先进科技成果、前沿技术、尖端产品等内容，提供新奇科技体验服务。创业孵化区域引进人工智能等前沿科技领域的小型创业企业、创业团队和创业人才。科研办公空间面向科研机构、AI企业等主体提供优质的办公空间及设施，设有科研设施用房、研发实验室、工程验证实验室、试产试制用房及其他配套用房等，打造人工智能产业集聚中心。园区引入电控雾化玻璃、透明电子屏、LED顶棚等智能产品及建材，打造绿色、低碳的智慧科技园区。该产业园将于2024年年底竣工并投入使用。

（市科委、中关村管委会）

【三一重能科创板上市】 6月22日，三一重能股份有限公司（简称三一重能，股票代码688349）在上海证券交易所科创板上市并挂牌交易。发行定价为29.80元/股，开盘即大涨34.23%；首日收盘价为40.96元/股，市值达482亿元。三一重能是“全球新能源500强企业”，并被工信部认定为智能制造标杆企业；近年来市场占有率持续提升，成为全球综合排名前十、中国前五的风电整机商。其主营业务为风电机组的研发、制造与销售，风电场设计、建设、运营管理以及光伏电站建设运营管理业务。公司通过整合国际化研发资源，持续打造具有竞争优势的风机产品；具备独立进行风电场设计、建设和运营的能力；形成了数字化顶层设计、智能化生产制造、整机系统集成、核心部件制造、风场设计、风场 EPC、风场运营维护为一体的风电整体解决方案。

（魏清华）

【北分科技创新园一期更新改造完成】 6月，京仪伍玖确定北分科技创新园区整体规划设计项目（概念方案设计）方案。围绕打造“具有工业遗产特色的科技创新园区”的园区定位，结合园区产业结构定位，传承园区历史文化，彰显科技属性；完成园区核心区域基础设施更新改造工程。借助荣耀公司进驻北分科技创新园区为契机，推进园区建设，开展荣耀项目配套综合维修改造工程。截至年底，该工程均按计划竣工验收，至此完成北分科技创新园区核心区域基础设施更新改造。

（齐好杰）

【空天地一体化联合实验室成立】 7月4日，京仪大气与国家遥感应用工程技术研究中心联合成立空天地一体化联合实验室。实验室建立在怀柔区，并聘请国家遥感中心和北京京仪大气环保科技有限公司人员担任实验室主要管理成员，其中国家遥感中心主任池天河担任实验室管理委员会主任，王大成、马军等5人担任副主任。实验室的成立旨在结合空间遥感、信息化智能化等专业方向和企业重大需求，探索研究机构与企业协同创新的新模式，促进双方实质性、高水平、可持续的科技合作，促进学科发展，加速成果转化。

（京仪大气）

【3C 智能制造创新联合体在北京启动】 7月30日，小米集团牵头的3C智能制造创新联合体启动会在北京小米科技园举行。3C智能制造创新联合体由小米集团联合产业链上下游企业、高校院所等20家创新主体组建，集聚智能制造领域科研、产业、应用优势资源，基础研究环节参与成员包括清华大学、中国科学院软件研究所等高校院所，技术协同攻关环节参与成员包括北京思灵机器人科技有限责任公司等企业，应用场景验证等环节参与成员包括中国电信集团有限公司等企业。创新联合体设立理事会作为领导机构，并设行政、技术双总师，成立专家委员会，聘请中国工程院李培根院士、侯晓院士和李克强院士为名誉顾问，成立专职工作推进组负责日常组织协调，围绕产业需求精心打造智能装备、智能机器人、智能工艺、智能制造系统、体系标准等5个研究中心和1个成果转化中心。

（郑　雪）

【北京巴威公司启动搬迁】 8月12日，京城机电加快疏解非首都功能，北京巴威公司曹妃甸高端装备制造新基地项目竣工，启动搬迁。该项目占地20.2万平方米，一期建筑面积约7.9万平方米，总投资5.12亿元，项目建成后将成为华北地区锅炉制造等级和制造规模达到世界领先水平的海上高端锅炉制造新基地。

（京城机电）

【《北京市数字化车间与智能工厂认定管理办法》发布】 11月7日，市经济和信息化局制定发布《北京市数字化车间与智能工厂认定管理办法》，加快数字化车间、智能工厂建设，打造北京市智能制造标杆示范，引导和鼓励北京市制造业数字化、网络化、智能化转型升级。

（市经济和信息化局）

【晶品特装在科创板上市】 12月8日，北京晶品特装科技股份有限公司（简称晶品特装）在上交所科创板上市。晶品特装成立于2009年7月，主营业务为光电侦察设备和军用机器人的研发、生产和销售，系军工领域特种装备研发与制造的国家级高新技术企业，涉及军工信息化、智能化、无人化技术领域，是国家军用机器人整机和核心部件重要供应商，为昌平区重点“服务包”企业之一。该次发行拟募集资金用于特种机器人南通产业基地（一期）建设项目、研发中心提升项目、补充流动资金。

（张　玥）

【京仪智能科技混改及重组工作完成】 12月，北京京仪智能科技股份有限公司混改第一阶段业务及股权重组工作全部完成，实现整体运营并启动实施第二阶段引入战略投资者工作，市场活力进一步释放；京仪装备科创板上市工作进入冲刺阶段。混改企业各项业务取得成效，经济效益显著提升。

（京仪智能科技）

产业动态

【北一机床与日本大隈株式会社云签约】1月14日，京城机电所属北一机床与日本大隈株式会社云签约，开启深化合作新征程。双方计划继续发挥各自优势，不断拓宽合作范围、延伸合作深度、扩大合作规模、提升合作质效，培育新的增长点。

（京城机电）

【萨姆森智能控制设备基地扩产项目签约】1月，经开区管委会与萨姆森控制设备（中国）有限公司（简称萨姆森）签署入区协议。萨姆森拟投资1.6亿元，选址核心区72M1地块，约7400平方米工业用地，打造萨姆森中国智能控制设备基地。德国萨姆森集团是全球著名的流程工业控制阀制造商，为全球客户提供高质量控制阀产品和全方位的智能阀门工程解决方案。集团在全球有18家生产基地，业务遍布40多个国家200个地区，在全球拥有多个合作伙伴，包括拜耳、可口可乐、中石油、西门子等知名企业。北京经开区的2家公司均为萨姆森集团全资子公司，是萨姆森在中国唯一的总部、研发及生产基地。

（杨亚男）

【软体机器人创新末端执行器智能制造总部项目签约】1月，经开区管委会与北京软体机器人科技有限公司（简称SRT）签署入区协议。SRT在经开区租赁天骥智谷园区，租赁面积为3500平方米，用于建设SRT创新末端执行器智能制造总部项目，打造全国总部、研发总部和结算中心，面向创新末端执行器、康复用外骨骼机器人、数字化生产设备及解决方案3个产业领域进行研发生产。北京软体机器人科技有限公司是全国首个使用柔性材料制备柔性夹爪动作抓取易损伤或软质不定形物体的企业，有效解决了工业自动化生产“最后一厘米”难题，已为蒙牛、宁德时代、美团、海尔等全球知名企业提供智能化解决方案。

（杨亚男）

【京仪科技孵化器获中国百家特色载体称号】2月，京仪科技孵化器获2021中国百家特色载体称号，是京仪科技孵化器连续第3年获此称号，也是100家特色载体组委会、专家团队对京仪孵化器在创新创业孵化服务及孵育成果的再次认可。该活动聚焦产业化、数字化、精益化，发掘孵化载体在产业赋能、数字赋能等方面的新价值，2021年10月全国双创周上启动，共吸引来自全国25个省100余个地级市576家载体参与。

（京仪科技孵化器）

【北一机床获北京市专精特新“小巨人”企业】3月1日，市经济和信息化局公布2021年第二批北京市专精特新“小巨人”企业名单，北京北一机床有限责任公司凭借在技术创新、产品研发、市场地位、拓展潜力等诸多方面的优势入选。

（“国资京京”微信公众号）

【北人智能入选国务院国资委“科改示范企业”名单】3月22日，国务院国有企业改革领导小组办公室公布“科改示范企业”充实扩围名单，北人智能装备科技有限公司（简称北人智能）入选。北人智能落实国企改革三年行动，转换经营机制，提升自主创新能力，加大科技研发投入，改革目标取得阶段性成效，近3年，公司主导产品在出版装备和高端软包装装备细分市场占有率为70%和80%，均排国内第一。“科改示范行动”是继国企改革“双百行动”“区域性综改试验”后的又一国企改革专项工程，选取改革创新紧迫性较强的国有科技型企业，按照高质量发展要求，进一步推动深化市场化改革，重点在完善公司治理、市场化选人用人、强化激励约束等方面探索创新、取得突破，打造一批国有科技型企业改革样板和自主创新尖兵，在此基础上复制推广成功经验。

（“国资京京”微信公众号）

【思灵机器人获国家级专利奖】4月15日，国家知识产权局发布第23届中国专利奖评审结果，北京思灵机器人科技有限责任公司（简称思灵）获中国专利外观设计优秀奖。思灵上榜专利是公司“Diana”型号产品的外观设计专利。在设计该产品的时候融入“灵敏”和“智能”两个思灵机器人的企业理念，秉承“以人为本”的设计理念，创造出一个将拟人运动学和工业功能完美融合的机器人产品。“Diana”型号机器人巧妙的外形设计和灵敏的关节让产品在工作的时候更加顺畅和精确，帮助机器、机器人和用户之间的协作更加紧密、安全、流畅。

（郑　雪）

【首届中关村（京西）人工智能会客厅举行】4月15日，首届中关村（京西）人工智能会客厅在中关村科技园门头沟园举办。活动由门头沟区政府、中关村发展集团、华为技术有限公司联合举办。专注于人工智能与深度学习领域的30余家科技企业参会，就人工智能领域科技创新与产业发展进行探讨，旨在探索人工智能“根技术＋产业资本＋产业政策”建设新模式，打造具有特色产业的“京西智谷”，形成“普惠算力＋创业服务＋创新平台＋优质人才”的产业发展新模式。

（市科委、中关村管委会）

【京仪融科孵化器再获政府奖励资金】 4月，京仪融科孵化器通过西城区科技企业孵化加速基地考核，连续5年获西城区政府科技服务平台奖励。京仪孵化器所属融科孵化器围绕企业改革发展，在加大科技服务力度、强化产业支撑、服务地方经济社会发展等方面探索具有专业特色的科技创新服务之路。

图为2016年京仪融科孵化器获中关村科技园区西城园管委会授牌

（孙　哲）

【2022年北京绿色智能制造创新创业大赛启动】 5月31日，在北京市经济和信息化局、北京市人民政府台湾事务办公室、北京经济技术开发区管理委员会的共同指导下，2022年北京绿色智能制造创新创业大赛启动仪式暨富士康智能制造加速营新闻发布会通过线上直播方式举办。这次活动由富士康工业互联网办公室主办，富能智造（北京）科技服务有限公司、智慧工厂研究院承办，北京中小企业公共服务平台、北京国融工发投资管理有限公司、中关村创业生态发展促进会、北京创业公社投资发展有限公司协办，由华为技术有限公司、亚马逊云科技共同合作举办。富士康作为智能制造行业龙头企业，2021年4月首次推出富士康智能制造加速营，遴选数十家全国优秀中小企业入营，取得良好成效。

（市经济和信息化局）

【北京巴威签订首个海外干熄焦项目】 5月，北京巴威与韩国BHI公司签订现代制铁CDQ干熄焦项目。该项目为3台干熄焦锅炉，供货范围包括详细设计、原材料采购、包装、运输到韩国港口。围绕该项目，BHI放弃成本居高不下的韩国产品，在中国寻找品牌口碑及制造能力均为国际高水准的合作伙伴，经过层层筛选以及北京巴威的积极响应，最终选定北京巴威作为该项目在中国的配合厂家。在设备投标阶段，北京巴威与BHI通力合作、紧密配合，帮助BHI获得现代CDQ项目的设备总承包合同。

（“国资京京”微信公众号）

【京台绿色智造产业线上路演交流活动举办】 6月17日，为加强两岸经济交流合作，推进两岸产业融合发展，进一步促进两岸产业基础再造提升和产业链优化升级，推动产业高端化、智能化、绿色化转型，第25届京台科技论坛——京台绿色智造产业线上路演交流活动通过牡丹融媒体直播方式线上召开。这次论坛由北京市经济和信息化局指导，北京市绿色产业发展促进会、北京软件和信息服务业协会、台湾绿色能源产业联盟、台湾智慧产业电脑物联网协会联合主办，活动主题为“绿色低碳　智领未来”。北京市经济和信息化局二级巡视员王佐，台湾新北市原副市长、新北智慧城市产业联盟首席顾问叶惠青，台湾绿色能源产业联盟理事长陈光雄，北京牡丹电子集团董事长王家彬等领导，两岸绿色低碳、智能制造领域专家、社团和企业代表等700余人参加会议。王佐在致辞中谈到，全球新一轮科技革命和产业变革加速演进，新一代信息技术与先进制造技术深度融合，制造业高端化、智能化、绿色化发展趋势越发明显。国家“十四五”规划和2035年远景目标纲要提出，要深入实施智能制造和绿色制造工程，发展服务型制造新模式，推动制造业高端化、智能化、绿色化发展。“智造100”工程以来，北京市传统优势产业智能化转型升级加速推进并取得显著成效。为贯彻落实《中共北京市委关于制定北京市国民经济和社会发展第十四个五年规划和二〇三五年远景目标的建议》精神，北京市经济和信息化局制订《北京市“新智造100”工程实施方案（2021—2025年）》。在论坛上，王佐详细介绍了该方案的总体要求、发展目标、重点任务和保障措施，并欢迎两岸企业家积极参与北京市高精尖产业发展，共同致力于构建具有全球影响力的智能制造产业生态，打造“北京智造”新名片。台湾新北市原副市长、新北智慧城市产业联盟首席顾问叶惠青在致辞中回顾了京台科技论坛多年来主题元素的变化，并表示2022年讨论的三个重点元素是能源、低碳和智慧科技。希望通过这次两岸技术和经验的交流，共同打造新的智慧能源系统、绿色低碳智慧未来以及两岸产业互赢新局面。台湾绿色能源产业联盟、用友网络科技股份有限公司、新汉智能系统股份有限公司等6家单位相关负责人作主题演讲。其中，台湾绿色能源产业联盟与北京市绿色产业发展促进会通过视频连线方式签署了战略合作协议。

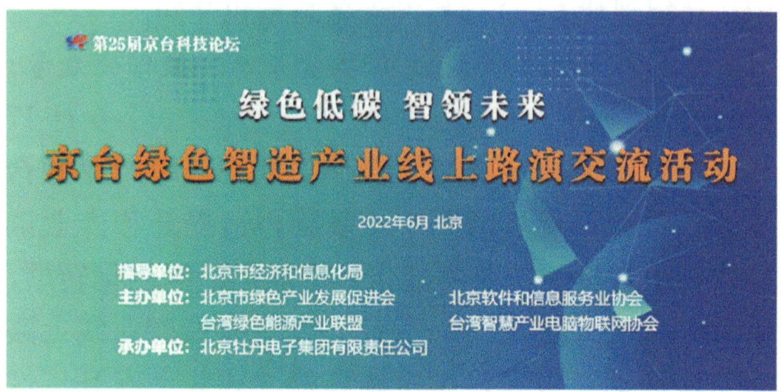

（市经济和信息化局）

【国内首个全自主知识产权8K讯道摄像机系统完成验证】 6月28日，超高清视频（北京）制作技术协同中心/北京中联合超高清协同技术中心有限公司完成卓曜（北京）科技有限公司（简称卓曜科技）研制的国内首个全自主知识产权8K讯道摄像机系统样机的系统架构和核心功能验证测试。验证测试证明卓曜科技研发代号为“Vessel”的国产8K讯道机系统能够满足完整的广播级直播讯道摄像机业务流程。

（郑　雪）

【智能制造国际项目合作对接会举办】 6月29日，北京智能制造国际项目合作对接会以线上线下模式举办。会议由市经济和信息化局主办，丰台区科学技术和信息化局、中关村科技园丰台园管委会支持召开。加拿大Mech Solution公司、英国蓝光科技公司、以色列stratasys公司、美国ZSFaB公司、美国ATCS公司、北京汇力智能科技有限公司、北京金航智造科技有限公司、南方德茂（北京）资本管理有限公司、中核集团同方股份有限公司和深圳市京信国投基金管理有限责任公司作为嘉宾参加对接，线上参会企业人员超过200人。市经济和信息化局介绍了2021年高精尖产业发展及开放情况，针对参会的智能制造国际企业宣贯《北京市“十四五”时期高精尖产业发展规划》和《北京市“新智造100”工程实施方案》。线上线下企业嘉宾分别就特种机器人、智能分拣机器人、AI工业机器人、无人机、智能传感器、智能仓储物流装备、绿色智能、3D打印增材制造、AI智能打印管理平台等智能制造领域的投资愿景和投资需求进行了推介和对接，其中加拿大Mech Solution公司的AI智能3D打印管理平台项目、英国蓝光科技的智能传感器产业化项目、美国ZSFaB公司的3D打印定制产业项目均与北京市相关园区达成初步合作意向。

（市经济和信息化局）

【京城机电打造高端装备产业集团】 截至6月，京城机电已拥有15家高新技术企业，国家及北京市“专精特新”企业8家，8家技术中心，10家重点实验室和工程中心，承担科技部国家科技支撑计划项目15项，工信部04重大专项57项，市科技支撑计划项目40项，有效发明专利达162项，主持和参与制定国家、行业、团体标准等219项，明确“卡脖子”技术16项，并立项实施9个“揭榜挂帅”项目，全力加速企业产品、服务，制造能力数字化、智能化、智慧化的转型升级，做强、做优、做大装备制造业。

（“国资京京”微信公众号）

【首个全国性人工智能安全赛事举办】 7月13日至9月16日，由市科委、中关村管委会，市经济和信息化局等单位指导，中关村国家实验室和北京瑞莱智慧科技有限公司等单位承办的AISC首届人工智能安全大赛在北京举办。赛事以“共筑AI安全 安享智能未来”为主题，系首个全国性人工智能安全赛事，也是中关村论坛国际前沿科技创新大赛专题赛之一，大赛旨在推动人工智能安全技术创新、实战演练、场景挖掘和人才培养。全国范围内70余所高等院校、科研院所、企业机构的超过400支团队，共计600余名选手参赛。经过3个月角逐，上海交通大学联合战队“AreYouFake”与北京交通大学战队“BJTU-ADaM”分别摘得深度伪造安全与自动驾驶安全赛道桂冠，北京理工大学战队“DeepDream”与建信金科战队“Tian Quan&LianYi”共同位列人脸识别赛道第一。活动中，由国家工业信息安全发展研究中心牵头、华为技术有限公司和北京瑞莱智慧科技有限公司参与撰写的《人工智能算力基础设施安全发展白皮书》发布。

（市经济和信息化局）

【京仪大气入选经开区零碳和绿色产业两项目库】 7月25日、10月10日，北京京仪大气环保科技有限公司产品技术及项目案例分别入选北京经济技术开发区“零碳产业项目库”和“北京绿色产业项目库”。大气光化学污染防治综合解决方案项目应用地为北京市怀柔区，该项目旨在帮助提升怀柔区大气VOC监测预警能力，促进光化学污染控制，助力城市环境改善；大气网格化微型监测分析仪是京仪大气公司研发的基于环境和温室气体协同监测的创新技术产品，该产品同步应用于怀柔区大气光化学污染防治综合解决方案项目，并参与应用于密云区冯家峪清新空气监控（对口帮扶助乡村振兴）项目。该产品的应用为怀柔区环境监测监管提供了重要数据支撑，同时为密云区乡村振兴建设提供了重要工作支持。

（京仪大气）

【京城机电与海尔智家签署战略合作协议】 7月27日，京城机电与海尔智家签署战略合作协议，双方将重点在氢能产业、环保产业、智能制造、工业互联网、智慧城市服务和投融资等方面进行深入合作，发挥各自资源禀赋和业务优势，加强协同创新，构建共同的创新生态体系，促进双方产业链和创新链深度融合，不断提升双方核心竞争力和社会影响力，用持续创新的产品和服务，更好地服务全球客户。

（京城机电）

【2022世界机器人大会召开】 8月18日至21日，由北京市人民政府、工业和信息化部、中国科学技术协会共同主办，中国电子学会、北京市经济和信息化局、北京经济技术开发区管理委员会承办的2022世界机器人大会在北京召开。大会以“共创共享 共商共赢”为主题，聚焦产业链供应链协同发展，围绕“机器人+”应用行动，为全球机器人产业搭建一个产品展示、技术创新、生态培育的高端合作交流平台。大会得到世界工程组织联合会、国际机器人研究基金会等24家国际机构的支持，共设三大主题峰会，46场专题论坛、国际双多边会议及配套活动，图灵奖得主、两院院士、知名专家和行业精英等300余位嘉宾参会。大会汇聚展出136家企业及科研机构的500余款先进技术和产品。发布《中国机器人产业发展报告（2022）》《先进机器人与自动化学术会议论文集》《2022—2023年机器人十大前沿技术》《2022—2023年十大机器人应用热点产品》等重要研究成果和一体化关节模组、智能咽拭子采集机器人、室外喷涂机器人、腹腔镜手术机器人等36款全球首发新品。集中展示30家减速器、控制器、操作系统等核心零部件产业链攻关成果，展现出机器人正在深度融入制造、农业、医疗等行业应用场景。

（市经济和信息化局）

【京台绿色智造产业发展论坛举办】 9月20日，由北京市经济和信息化局与北京市科学技术委员会、中关村科技园区管理委员会指导，北京市绿色产业发展促进会、北京智能制造创新联盟、北京国际科技合作中心、北京软件和信息服务业协会、北京经济技术开发区零碳产业创新协会、台湾电脑商业同业公会联合会、台湾绿色能源产业联盟、新北市智慧城市产业联盟等8家京台重点行业协会联合主办的第25届京台科技论坛——京台绿色智造产业发展论坛在北京举办。论坛被列为第25届京台科技论坛“1+5+N”的5个主要论坛之一，主题为“绿色低碳 智领未来”，聚集京台两地绿色智造产业领域知名专家学者和领军企业代表，围绕绿色低碳、清洁能源、循环经济、智能制造、数字赋能、智能工厂等重点领域的新技术、新业态、新应用等展开研讨。论坛促成3组京台绿色制造领域的战略合作签约：北京市绿色产业发展促进会与台湾绿色能源产业联盟、北京智能制造创新联盟与新北市智慧城市产业联盟、富能智造（北京）科技服务有限公司与北京小趣智品科技有限公司和北京神州汉方医药科技有限公司。论坛现场发布北控水务集团有限公司污泥双回流高效脱氮技术、三一重工股份有限公司灯塔工厂、用友网络科技股份有限公司Yon BIP制造云产品等8项先进技术成果。

（市经济和信息化局）

【京仪研究总院2个项目入选《北京绿色产业项目库》】 10月，经北京市绿色产业发展促进会专家评审推荐，京仪研究总院“低功耗80GHz毫米波雷达物位计电子芯研发”和“智能电表智能工厂数字化解决方案”2个项目入选《北京绿色产业项目库》。“低功耗80GHz毫米波雷达物位计电子芯研发”项目采用80GHz雷达芯片技术，通过非接触式的测量方式，有效解决破损、挂料，配件更换等问题。相较于80GHz以下的雷达物位计，该物位计具有更高的距离分辨率和测距精度、更高的速度分辨率和精度、更小的天线尺寸、更小的波束角等优势，适用于高温高压反应釜，超大储罐测量、导波管道测量；适用于强粉尘、蒸汽等极恶劣工况，以及带搅拌、加热棒等特殊过程仓储罐体。“智能电表智能工厂数字化解决方案”项目包括工厂自动化产线和生产信息化管理系统，符合国家电网规范的电工装备智慧物联平台（EIP2.0）标准，并通过国家电网验收。该项目构建起企业内部现场控制层与管理层之间信息互联互通，提升智能电能表的生产效率和产能，提高管理效率，节能降耗效果显著。

（京仪研究总院）

【京仪融科孵化器入选市创业孵化示范基地】 12 月，京仪科技孵化器及所属融科孵化器同获北京市创业孵化示范基地称号，并入选市级 20 家创业载体。

（孙　哲）

【京仪科技孵化器获北京市企业管理创新奖】 12 月，第三十六届北京市企业管理现代化创新成果、2022 年度北京市企业文化优秀成果获奖项目名单公示，京仪科技孵化器的《大型国企基于创新孵化的全生态体系构建与实施》项目获企业管理现代化创新成果一等奖、企业文化优秀成果特等奖。该项目对全生态体系构建与实施进行分析和总结，提出发挥产业资源优势，搭建深度融合开放共享“五位一体”科技创新体系；聚焦七大功能，助力科技型中小企业快速发展；打造创业苗圃，为原始创新和初创企业助力；持续孵化赋能，推动技术转移和科技成果转化加速落地；关注高端需求，提供扩展服务和增值服务，促进高速成长等 5 个方面的举措，帮助“双创”工作者更有效地利用创新资源孵化创新创业主体。

（党建武）

【重大项目建设】 年内，市经济和信息化局开展项目谋划储备和推进重大项目建设，形成新增入库项目 22 个，在库项目总数 62 个，总投资额 312 亿元。其中，谋划项目 15 个，投资额 86.2 亿元；储备项目 7 个，投资额 31 亿元；新建项目 11 个，投资额 60 亿元；续建项目 11 个，投资额 60.2 亿元；计划竣工项目 17 个，投资额 74.6 亿元。

（市经济和信息化局）

【“新智造 100”项目建设】 年内，市经济和信息化局起草制订《北京市智能制造诊断评估工作规则（试行）》。组织开展 2021 年智能化技改项目补充复核工作，安排 2021 年高精尖资金 2997 万元用于支持补充复核通过的 7 个智能化技改项目。对 2021 年高精尖产业发展资金——智能化技改资金进行事后绩效评价。制订《2022 年北京市高精尖产业发展资金申报指南》方向 8：“新智造 100”项目奖励申报指南，制订项目复核流程及复核要点。组织开展多场政策宣贯会，宣传“新智造 100”项目奖励政策并解读项目申报要点。会同评审机构完成 2022 年“新智造 100”奖励项目的资金复核工作，制订北京市“数字化车间”“智能工厂”评价标准，发布《北京市数字化车间与智能工厂认定管理办法》，培育认定北京市智能工厂 36 个、数字化车间 47 个。开展 2022 年度国家智能制造示范工厂和智能制造优秀场景的征集、初审、推荐工作，推荐北京天玛智控科技股份有限公司等 10 家企业申报示范工厂，推荐 SMC（北京）制造有限公司等 26 家企业申报优秀场景。起草《关于深化我市制造业数字化转型的报告》，梳理《“十四五”时期智能制造装备创新产品清单》，包含 55 项创新产品和部件。

（市经济和信息化局）

研发与成果

【北大先锋变压吸附制氧设备投产】 8 月，北大先锋在新能源领域建设的一套 ZO−1850/90 型变压吸附制氧设备投产，首次开车 1 小时内即产出合格氧气，各项指标均满足客户需求。

（北大先锋）

【小米全尺寸人形仿生机器人发布】 8 月 11 日，小米集团发布全尺寸人形仿生机器人 CyberOne——“铁大”，身高达 1.77 米，重量为 52 千克，可实现每小时 3.6 千米的双足步行速度，支持单手握持 1.5 千克重物等功能。在视觉感知方面，CyberOne 搭载自研 Mi-Sense 深度视觉模组，结合 AI 交互算法，拥有完整的三维空间感知能力，8 米内深度信息精度可达 1%；在运动控制方面，小米自研全身控制算法，协调运动 21 个关节自由度，实现运动姿态平衡；在人机交互方面，CyberOne 搭载自研 MiAI 环境语意识别引擎和 MiAI 语音情绪识别引擎，能够感知 45 种人类语义情绪，分辨 85 种环境语义；在四肢方面，CyberOne 采用 5 种关节与 21 组驱动模组构成，最大模组峰值扭矩300牛·米，峰值功率密度96牛·米/千克，达到国内领先水平；在学习能力方面，CyberOne具备上肢零力矩拖动示教功能。

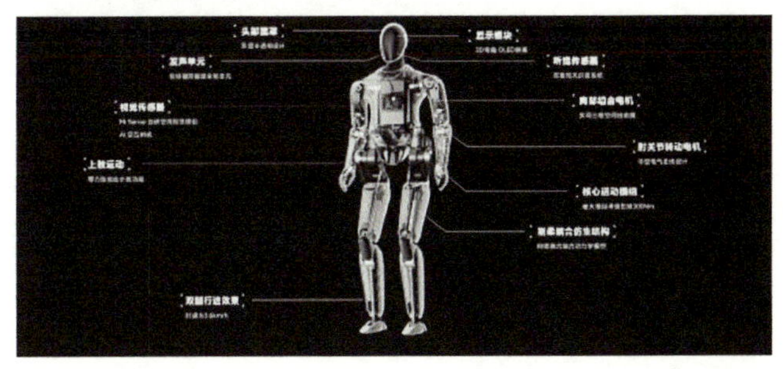

（郑　雪）

【国内首台产品级高功率飞秒振荡器开发完成】 10月，北京量子信息科学研究院全光量子源团队开发完成国内首台产品级高功率飞秒振荡器——Fermion—007。产品采用了低热阻晶体封装、一体化密封、温湿度负反馈控制等多项工程技术，并对腔体、冷却模组的设计进行了模拟优化，以降低高泵浦热量对激光器运行环境的不利影响。激光器采用克尔透镜锁模作为飞秒脉冲产生、维持的机制，相比可饱和吸收体具有更长的寿命和更高的器件可靠性。此外，研发团队首次将新型“射频同步技术”应用到Fermion—007中，用以自启动及维持飞秒锁模状态，从根本上克服了克尔透镜锁模飞秒振荡器长期存在的“失锁”问题。该产品在不需要额外放大的情况下，Fermion—007可直接输出大于7瓦、80兆赫兹的飞秒脉冲激光，脉冲宽度0～120飞秒，中心波长1035纳米。此外，输出激光还具有优异的光束质量和长期稳定性，两维M2小于1.2，12小时连续运转功率均方根值小于0.3%。

（市科委、中关村管委会）

企业选介

【北京京仪工贸有限公司】 简称京仪工贸，前身是1955年由北京市电子仪表工业局成立的北京电表厂，按照京仪办〔2006〕253号文件要求，以北京远东仪表公司为基础组建北京京仪工贸公司，注册资本为9215.7万元。2016年1月15日，京仪工贸主体改制名称变更为北京京仪工贸有限公司，股东为北京京仪集团有限责任公司，其职责由京仪集团辅业管理平台转型为现代服务业管理平台。2021年，京仪工贸实现营业收入1921万元，物业服务支出1567万元，净资产收益率实现9.7%。截至2022年年底，拥有及管理的资产总额70326.7万元，固定资产5701.4万元，投资性房地产21648.9万元。公司下设7个职能部室7个项目部，6家托管单位，3家分公司，2家子公司，所属及管理的职工155人（其中从业人员139人，不在岗人员16人），管理的离退休人员6950人。

2022年，京仪工贸在资源运营方面，合并口径房租收入实现19587万元，同比增长6.9%；在物业管理方面，实现收入1787万元，连续两年实现物业服务单项不亏损。在“三降一减一提升”工作方面，企业资产负债率、成本费用占比分别为34.8%、59.9%，比同行业平均值分别低33.5、32.3个百分点；净资产收益率为13.3%，比同行业平均值高9.1个百分点。全年营业收入、利润总额、经营活动现金净流量等主要指标较2021年同期分别增长3.5%、14.4%、30.1%，经营规模与效益持续提升。

（京仪工贸）

【北京京仪椿树整流器有限责任公司】 简称京仪椿整公司，前身是1960年成立的北京椿树整流器厂，企业性质为集体企业。2002年，企业改制为北京京仪椿树整流器有限责任公司，隶属于北京京仪集团有限责任公司，注册资金7284万元，资产总额5512.7万元。2021年4月，注册资本增加250万元，变更后注册资本为7534.7万元，是中国最早生产电力电子器件和电力电子变流装置的高新技术企业。2021年，京仪椿整公司实现工业总产值1146万元，工业增加值120万元，营业收入3935万元，销售收入1380万元，利润总额1110万元。

2022年，京仪椿整公司实现工业总产值是975万元、营业收入4119万元、销售收入1612万元、利润总额759万元。京仪椿整公司致力于大功率特种电源等产品领域的研究与开发，为客户提供集设计、研发、制造、服务于一体的最佳解决方案，主要业务有污水处理、固废处理、军工等。京仪椿整公司拥有一个北京市优秀创新工作室，有39名员工，电力电子相关专业的工程技术人员占20.5%，本科及以上学历26人，其中硕士学历5人，本科以上学历人员占66.7%。

（京仪椿整公司）

【北京京仪北方仪器仪表有限公司】 简称京仪北方，1980年11月1日成立，2003年经重组改制为北京京仪北方仪器仪表有限公司，位于国家新媒体产业基地大兴工业开发区盛坊路2号仪表基地，拥有资产总额超亿元，是一家集智能计量仪表研发、生产、销售、服务于一体并配套智慧能源管理系统的国家级高新技术企业，是国有中型股份制企业，国家最早定点生产电能表的企业之一，是国内唯一的传统国有电能表生产企业，曾被市政府授予北京市模范集体称号。

2022年，公司混改工作《聚焦二次创业的混合所有制改革》获第三届现代工业企业创新成果·现代工业企业管理创新成果二等奖；“应用可靠性在线监测及智能分析系统的数字化车间”典型场景实力入选“国家2022年制造业质量管理数字化典型场景和解决方案优秀案例”；“非接触式”无源无线电气传感器及“双碳”能源数字化解决方案获“第一届丝路物联网操作系统生态应用创新创业大赛”创意设计赛道优胜奖。2022年公司产值2.1亿元。

（刘　莉）

【北京京仪集团有限责任公司】 简称京仪集团，1983年成立，前身为北京市电子仪表工业局，是一家集研发制造、投资运营、现代服务于一体的综合性产业集团，注册资本12.9 1亿元。2011年与北京控股集团有限公司战略重组，成为其推进高端装备制造业务发展的重要企业。拥有各级控股、参股企业60余家，与北京ABB贝利控制有限公司、北京ABB电气传动系统有限公司、北京ABB低压电器有限公司、艾默生过程控制有限公司等多家世界500强公司建立长期合资合作关系。京仪集团重点发展智能仪表、科学仪器、电力电子与半导体附属装备、创新培育（智能制造、智慧大气、科技孵化）业务，以光伏电站、新能源培育为目标市场的投资运营业务，以文化创意、特色酒店、职业教育为核心内容的现代化服务业务。2021年年底，京仪集团国有及国有控股实现工业总产值22.2亿元、增加值5.9亿元、营业收入29.4亿元、利润总额3.0亿元，科技支出1.6亿元，拥有控股、参股企业60余家，主要产品有智能仪表、科学仪器、电力电子、半导体附属装备以及创新培育业务。

2022年，京仪集团国有及国有控股实现工业总产值26.48亿元、工业增加值10.03亿元、营业收入36.75亿元、利润总额5.19亿元，科技支出2.07亿元、占营业收入的5.64%。高端装备制造业务累计订货完成35.24亿元，同比增长13.33%。其中，半导体附属设备持续服务长江存储科技有限责任公司、中芯京城集成电路制造（北京）有限公司等战略客户；北京京仪智能科技股份有限公司中标山东裕龙石化有限公司裕龙岛炼化一体化项目，仪表框架合同金额超1.5亿元；罗斯蒙特产品订货累计3.84亿元；自主温度压力仪表完成订货1.7亿元；物位流量仪表完成订货5195万元；智能电表3次中标累计金额达3.2亿元；实验室仪器业务准确分析国际局势，全力开拓俄罗斯市场；在线分析仪器应用于大型化工项目；镀膜业务累计订货超5100万元；智能化弱电工程服务承接北京栖湖饭店重建项目金额2008万元；光伏EPC业务连续中标1.86亿元；组件销售实现订货2.62亿元；大气环保业务首个4000余万元项目执行验收，与多个高校开展产学研合作。

（京仪集团）

【北京人民电器厂有限公司】 北京人民电器厂有限公司改制成立于1992年，隶属于首瑞（北京）投资管理集团有限公司，与集团下属的北京固安祥电气有限公司、北京翠祥电气元件有限公司、北京固安祥电力电子有限公司共同构成一条完整的电气产业链，能够为用户提供完整的电气技术解决方案。北京人民电器厂有限公司是北方地区最大的低压电器制造企业，公司坐落于北京市大兴区经济开发区金苑路29号，注册资本1亿元，主要服务于工业和电力系统，主要为用户提供交流断路器、直流断路器、控制电器、隔离电器、电动机保护电器、双电源自动转换开关以及低压成套设备，是北方地区最大的低压电器制造企业。2022年，公司工业产值36295万元，净增量7650万元，同比增幅26.7%。

（刘　莉）

【北京京城机电控股有限责任公司】 简称京城机电，前身为北京市机械工业管理局。1997年6月转制为企业，名称为北京机电工业控股（集团）有限责任公司。2000年9月更名为北京京城机电控股有限责任公司，是首都大型装备制造与服务公司。京城机电深耕装备制造领域，完成众多国家急需的重大技术装备，填补多项国内空白，在国家装备制造中处于行业领先地位，打造出“京城”“北一”“北人”“华德”“天海”等众多知名品牌，产品销往美国、法国、德国、意大利、澳大利亚、日本、瑞士、新加坡、印度、越南等70余个国家和地区。2021年，京城机电实现营业收入105亿元，同比增长5.7%，完成年度预算的105%，为“十四五”战略开局奠定了坚实基础。

2022年，京城机电实现营业收入108.7亿元，同比增长1.86%，完成年度预算的97.09%，有效推进

“十四五”战略目标实施。京城机电拥有150余家下属企业、28家重要子公司、11家专精特新企业（国家级4家）、3家制造业单项冠军企业和1家A+H股上市公司，位列2021年中国机械工业百强企业第47。

科技创新。年内，京城机电所属企业主持和参与国家级、市区级科技专项共20项，推动重大装备国产化进程，完成国家科技重大专项“高档数控机床与基础制造装备”课题10项、验收6项。开展战略研发项目“揭榜挂帅”，新增战略研发项目14个，支持企业研发资金1.4亿元。强化研发投入刚性约束，全年研发投入强度达5.2%。参与创新主体申报。北人智能装备科技有限责任公司获批国家技术创新示范企业和“绿色工厂”称号；北京华德液压工业集团有限责任公司获全国制造业单项冠军示范企业称号；北京天海工业有限责任公司获批国家级专精特新“小巨人”企业；北京北一机床有限责任公司、北京华德液压工业集团有限责任公司、北京明晖天海气体储运装备销售有限公司获批北京市专精特新企业。

项目建设。年内，京城机电所属企业——北京北一机床有限责任公司与日本大隈株式会社签订15年合资续延合同，北京北一科堡机床技术服务有限公司、北京北一法拉利机床有限公司投入运营。北京华德液压工业集团有限责任公司参与徐工“登顶行动”、201所等科技攻关项目，落实“卡脖子”工程促进产品转型升级。北京天海工业有限公司抢抓市场，出口业务保持稳定增长，在北美、亚洲市场同比增长10%。持续开拓海外新客户，与斯堪尼亚签订框架合同，加快产品结构调整，三型瓶实现批量出口。北京京城环保股份有限公司接连抢夺开封市、西安市和天津市3个重点污泥项目订单，中标开封污泥运营项目，标志着从系统集成延伸至运营服务迈出关键一步，承接顺义区厨余垃圾应急处理项目，为进一步开拓餐厨垃圾处理市场奠定基础。北人智能装备科技有限公司持续坚持技术创新，解决高端书刊机印刷速度与折页精度等“卡脖子”难题，高速光学膜精密涂布机交付客户，进一步巩固高端涂布机市场地位，被国务院国有企业改革领导小组办公室认定为科改示范企业。北京巴布科克·威尔科克斯有限公司全力开拓三改联动服务市场，取得托克托、库车、大板等改造项目，紧抓传统煤电市场强力复苏机遇，中标多个项目，新签订单超30亿元。北京北重汽轮电机有限责任公司与华西能源工业股份有限公司签订330兆瓦汽轮发电机组海外合同，并签订首台GRT汽轮机与半速发电机合同，实现在高转速反动式汽轮机组领域里程碑式的突破。北京京城智通机器人科技有限公司实现收入利润双增长，同比增长68%；泸州智通自动化设备有限公司二期厂房即将交付，计划提升产能30%。青岛北洋天青数联智能有限公司与海尔智家股份有限公司签订战略合作协议，进一步深化在智能家电领域合作，开展智能制造基地建设，推进制造能力高端化、智能化。中航迈特增材科技（北京）有限公司粉末出货量同比增长83%，稳居行业前3名；成功研制系列金属3D打印设备，首台套交付用户。北京京城增材科技有限公司实现首台小型打印设备销售；与空客签署战略合作协议，提供专属打印服务。

国企改革。年内，京城机电坚决推动国企改革3年行动，实现高质量收官。7个方面83项重点任务全面完成，在完善中国特色现代企业制度、健全完善市场化经营机制、全力服务保障首都发展、推进国有经济布局优化和结构调整等方面取得显著成效，获市国资委2021年度考核优秀。京城机电系统内44家应建董事会单位，全部实现应建尽建和外部董事占多数，探索形成纵向委派、横向任职外部董事任职机制，助力企业董事会更科学、有效决策。完善市场化选人用人机制，公司系统98户子企业全部纳入任期制和契约化管理，领导人员做到“应签尽签”，进一步完善干部能上能下的内部竞争机制、员工能进能出的市场流动机制、收入能增能减的激励约束机制。统筹推进北京第一机床厂等10余家企业全面完成公司制改革，推进管理能力现代化。加快“瘦身健体”，综合运用对外转让、吸收合并、清算关闭、改善经营等方式，完成全部23家“两非两资企业”清理任务。

服务首都。年内，京城机电与北京城市副中心投资建设集团有限公司再次携手，就北京探矿机械厂和京城重工台湖两个项目地块签订合作协议，全面助力城市副中心高质量发展。北京北重汽轮电机有限责任公司与北京建工集团有限责任公司签约，确定北重科技文化产业园一期综合管网及景观项目工程合作，开启多渠道招商模式。北京京城置地有限公司完成卢沟桥一期项目竣工验收，实现居民入住。北人集团有限公司所属北京亦创国际会展中心连续举办7届世界机器人大会。

疏解非首都功能。年内，京城机电及所属企业北京巴布科克·威尔科克斯有限公司完成曹妃甸高端制造基地竣工验收，启动搬迁工作。坚持疏解提升并举，北京京城机电资产管理有限责任公司完成尚德园区违建拆除；北人集团有限公司通州老旧厂房改建不动产登记中心并交付使用。

扶贫援教。年内，京城机电全面助力乡村振兴，结合公司产业特点和实际情况，扎实推进京蒙协作、精准帮扶，开展产业帮扶、消费帮扶、就业帮扶和教育帮扶等工作，选派2名年轻干部担任第一书记，京城机电、北京北重汽轮电机有限责任公司、北京京城机电资产管理有限责任公司提供专项资金支持，带动乡村振兴。继续开展京外对口帮扶，将就业、教育、消费帮扶进一步做细做实。

风险防控。年内，京城机电进一步加强风险防控，深化合规内控建设，结合审计整改和制度执行过程中的问题，新建制度6项、修订36项、合并废止2项。加强境外企业监管，坚持周报制度，实时掌控企业经营状况。持续开展审计监督和问题整改。历年列入审计整改问题清单共计517项，已完成整改479项，完成率93%。制定东西部审计中心建设方案，为加强审计监督力度打下基础。

安全生产。年内，京城机电重视安全环保工作，层层压实主体责任，结合党的二十大等重大活动保障及百日行动要求，组织开展4轮安全大检查以及光伏设备、三类房屋、吊装作业等专项排查，动态更新安全隐患台账，严控销账程序，安全稳定责任进一步落实，确保北京范围内全年未发生火灾等重大安全事故。

（京城机电）

【北京京仪科技孵化器有限公司】 简称京仪科技孵化器，1998年成立，隶属于北京京仪集团有限责任公司，是依托北京控股集团有限公司、京仪集团建立。是产业驱动型国家级专业孵化器，国家级众创空间，同时是中关村管委会认定的中关村京仪海归人才创业园，总孵化面积近15万平方米。2021年，京仪科技孵化器启动硬科技孵化平台、产业孵化培育平台和大兴加速器建设，搭建综合服务多功能厅，建立实验测试加工平台和创业导师咨询服务平台，技术创新体系进一步完善。

2022年，京仪科技孵化器秉承“支持创新创业，培育高新企业，整合产业资源，加速成果转化，促进产业发展”的宗旨，重点集聚仪器仪表和高端装备制造领域创新创业要素，落实北控集团、京仪集团“双创”政策窗口的同时，肩负服务创新创业、培育新兴产业的平台使命，服务京津冀协同一体化平台，打造成为北京市领先、全国一流的专业化标杆型科技企业孵化器。京仪科技孵化器沿着企业成长生命周期打造的“创业苗圃＋孵化器＋加速器＋产业园”全孵化链条，“众聚科技英才 创新拓展未来”，践行传统孵化器转型升级，为创业者提供覆盖从想法到伟大企业的全流程服务。构建开放共享、资源链接、载体互动、文化营造的氛围，围绕产业链、创新链、资金链进行资源整合，打造科技创业生态系统。京仪科技孵化器一区四园拥有孵化面积15万平方米，公共服务面积5000平方米，入孵科技型中小企业320余家，其中上市企业8家、国家高新技术企业65家、市级专精特新企业21家、国家级专精特新“小巨人”企业4家，企业拥有各类专利800余项。

（京仪科技孵化器）

【北京京诚凤凰工业炉工程技术有限公司】 简称京诚凤凰炉公司，2007年9月19日成立，属于中外合资国有控股企业，前身为成立于1992年的北京凤凰工业炉有限公司，是中冶集团旗下中冶京诚工程技术有限公司控股子公司。公司是北京市高新技术企业、中关村高新技术企业、中关村重点培育企业、国家火炬计划重点高新技术企业；申请并获得授权专利10项；被认定为北京市企业技术中心；被授予北京市专精特新中小企业称号。公司主要从事设计、研制（生产制造外包）工业炉的设备和零部件以及设备总装和工业炉工程总承包，研发和设计冶金节能、环保设备技术、蓄热装置、油气化雾化装置、1000℃以上陶瓷换热器等设备。产品覆盖国内各大钢铁企业，远销俄罗斯、土耳其、伊朗、印尼、印度等20余个国家。基于源头治理的无焰燃烧超低氮排放技术开发及应用获得2022年度冶金科学技术奖三等奖。

2022年，公司产值为9.6亿元，营业收入9.5亿元，利润3600余万元，税收1700余万元，研发投入2889万元。

（刘　莉）

【北京京仪仪器仪表研究总院有限公司】 简称京仪研

究总院，2007年成立，注册资本1.28亿元，隶属于北京京仪集团有限责任公司，主要致力于仪器仪表行业的科研与技术支持，是京仪集团设立的高新技术研发、行业技术发展预测的研究机构。京仪研究总院集中科技资源，打造科技创新管理体系，打造京仪集团的科技创新中心。2021年，京仪研究总院实现工业总产值1031.68万元，工业增加值－1763.72万元，实现主营业务收入1031.68万元，实现利润总额－1846万元，科技投入1747万元。研究总院完成所属3家企业的改制事项。

2022年，京仪研究总院坚持以“十四五”规划为引领，承担京仪集团科技创新平台建设重任，以全面提升科技创新能力为目标，以管理创新为基础，重点夯实科技创新核心支撑作用，全面加快重点科研项目实施，持续推动科技创新工作的高质量发展。2022年企业通过ISO 9001质量管理体系认证，科研项目及拓展业务进一步聚焦“智能制造”及“高端仪器仪表”并推进相关产业培育工作，智能制造项目得到进一步的推广和应用，高端仪器仪表项目取得阶段性成果。6月，京仪研究总院牵头浙江清华柔性电子技术研究院与北京京仪集团有限责任公司签署合作框架协议，并开展视觉缺陷检测项目合作。同月，京仪研究总院加入中国科协检测技术与仪器装备科技服务团合作平台。12月，京仪研究总院获得ISO 9001质量管理体系认证证书。年内，京仪研究总院有激光熔覆系统、苹果智能检测系统、压力表智能检定系统、机械人焊接系统、智能电能表数字化生产线系统，以及气相色谱仪直塔式液体自动进样器、高温物性测试仪等产品。

（京仪研究总院）

【北京晶品特装科技股份有限公司】 简称晶品科技，2009年成立，是军工领域特种装备研发与制造的国家级高新技术企业。晶品科技涉及军工信息化、智能化、无人化技术领域，通过自主研发具备复杂系统总体研制能力，以总体单位身份研发多款型号产品成功列装一线部队，逐步形成“智能感知”+“机器人”两大业务板块。晶品科技自成立以来，坚持以军事需求为导向，以解决部队实战问题为出发点，按照产学研深度融合、一体化发展思路，立足于自主创新，专注于系统顶层设计和装备发展体系规划，突破并构建光电侦察设备、军用机器人领域涉及的七大核心技术群，逐渐成长为国家军用机器人系统整机和核心上游部件重要供应商。自主研发并储备系列化（侦察/排爆/核化/作战）机器人、系列化轮式/履带式无人车、系列化光电雷达侦察设备、系列化高精密吊舱、系列化遥控武器站以及模拟训练系统等相关的先进技术及样机产品，其中多型装备在公开实物比测中名列前茅，并批产列装部队，其卓越性能有力支撑用户履行使命任务的能力。基于技术及产品的先进水平，通过行业评比、公开竞赛等方式获多项荣誉及奖励：2019年获北京市民参军骨干企业称号；2019年公司REOD400型排爆机器人参加武警部队组织的“反恐突击2019”全国竞赛，获决赛第1名；2020年获中国机器人行业年会“军警先锋奖”；2021年参加武警部队组织的“智卫杯”全国无人系统挑战赛，获无人打击决赛（无人车组）第1名。

2022年，公司获评北京市专精特新“小巨人”企业、北京市“专精特新”小巨人企业。第一名中标“5公斤级地面机器人”和“20公斤级地面机器人”，获评年度中国机器人行业领军企业TOP50；第二名中标“某型枪声探测系统”；光电载荷方面开展系列无人机载荷、系列导引头研制，第一名中标“某型多旋翼无人机飞行器光电吊舱”。

（张　玥）

【北京京仪敬业电工科技有限公司】 简称敬业科技公司，隶属于北京京仪集团有限责任公司，是2010年3月由北京京仪敬业电工集团有限公司主辅分离，采用存续分立方式分立新设的有限责任公司，注册资本5009万元。2010年，京仪集团组建北京京仪科技股份有限公司（简称京仪科技）。敬业科技公司于2011年8月10日变更为京仪科技，注册资本增加1318万元，变更后注册资本为6327万元。2021年4月注册资本增加150万元，变更后注册资本为6477万元。2022年3月注册资本增加120万元，变更后注册资本为6597万元。敬业科技公司致力于提供节能、环保、智能化的电气自动化领域综合解决方案。分别从德国、法国、瑞典、日本等国引进多项先进技术，与ABB公司（北京ABB贝利电气传动系统有限公司、北京ABB低压电器有限公司、北京ABB贝利工程有限公司）和艾默生电气（中国）投资有限公司建立合作关系，生产低压电器、低压无功功率补偿装置、谐波滤波设备、配电设备自动化集中监控、智能型变频节电设备、节能高效电机等机电一体化节能、智能产品。产品广泛应用于智能配电、节能、环保、军工等领域。敬业科技公司拥有员工93人，其中研发、工程技术人员占23.7%。本科及以上学历39人，其中硕士10人、博士2人。

2022年，敬业科技公司实现工业总产值6920万元，营业收入13783万元，销售收入12926万元，利润总额2289万元，科技投入2177万元，占营业收入的15.8%。合并口径主营业务毛利同比增长24.1%。主要产品有加工制造成套控制设备、电站自动化设备、分马力电机、油泵电机、微电机等。

年内，敬业科技公司完成电机业务改革升级方案及敬业北低自动化公司混改方案初稿。挖掘组合业务信息，指导促成双创项目椿整公司电力电子事业部和敬业科技公司电机事业部公司内部跨部门业务资源共享，探索外部市场内部化分工合作的收益分享方式、扩展大扭矩分装式永磁式直流力矩电机产品谱系，实现公司大军工平台建设的新业务增量。敬业科技公司获得专精特新创新型中小企业资质，敬业科技、敬业北低获中关村高新企业资质。

（敬业科技公司）

【北京京仪自动化装备技术股份有限公司】 简称京仪装备，2016年成立，隶属于北京京仪集团有限责任公司，是京仪集团推行混合所有制改革，与混改团队、社会资本共同投资设立的公司。京仪装备的主要产品包括半导体专用温控装置系列产品（Chiller）、晶圆倒片机（Wafer Sorter）系列产品、废气处理装置（Local Scrubber）系列产品，应用于半导体、LED、LCD等领域。京仪装备研发生产的晶圆传片机Sorter G3、高速集成电路制造晶圆倒片机（12英寸双臂晶圆倒片机）、拥有独立自主知识产权的半导体专用温控设备、双腔燃烧水洗式废气处理装置等产品皆达到国际先进水平。2021年，京仪装备实现销售收入49109万元。

2022年，京仪装备公司实现销售收入66372万元，其中研发费用支出4840.7万元。公司着力发展半导体高端装备，不断巩固和发展高科技产业的战略地位和竞争优势，致力于成为行业领导地位的中国半导体专用设备领军企业。主要产品有半导体温控装置系列（Chiller）、机器人系列（Wafer Sorter/AMR）、废气处理装置系列（Local Scrubber）等专用设备。

（京仪装备市场部）

【北京京仪大气环保科技有限公司】 简称京仪大气，2019年5月成立，是由北京京仪集团有限责任公司及清华大学大气污染防控产业化团队共同投资组建，注册资本1亿元。公司总部位于北京市，业务遍及全国众多城市和地区。京仪大气依托北控集团、京仪集团、清华大学平台与技术优势，形成智慧环保顶层规划与建设、空气质量精细化监测监管、VOCs和臭氧成因分析及管控、移动源综合立体监测与防控、空气质量达标规划调控、碳排放监测评估与治理等为核心的多元业务能力，致力于为政府和企业客户提供大气环境防治与绿色低碳发展综合解决方案。2021年，京仪大气公司践行国家生态环保和碳达峰碳中和战略，落地北京市怀柔区大气光化学污染综合调控解决方案项目、北京市大兴区碳排放摸底与趋势预测项目，为地方明确碳达峰碳中和。

2022年，京仪大气继续探索新的业务模式，开展与中科院等高校科研院所加强产学研合作，助力企业高质量发展。

（京仪大气）

【北京京仪智能科技股份有限公司】 简称京仪智能科技，2020年6月28日成立，是按照京仪集团和北控集团批复的混合所有制改革方案，由京仪集团和核心骨干团队持股的平台公司共同发起设立的混合所有制企业，京仪智能科技在北京怀柔科学城注册成立，注册资本5亿元。京仪智能科技聚焦智能化控制系统、高端仪表与传感器、科学仪器、高端电力电子装备及军工、人工智能、智能制造、智慧城市等产业相关领域。2021年，京仪智能科技实现营业收入12.42亿元、利润总额5951万元、净利润5208万元。完成北京市北分仪器技术有限责任公司100%股权、北京京仪博电光学技术有限责任公司100%股权、北京京仪自动化系统工程研究设计院有限公司100%股权、重庆布莱迪仪器仪表有限公司51%股权、北京北分麦哈克分析仪器有限公司81.34%股权的收购工作，北京北分瑞利分析仪器（集团）有限责任公司、北京远东仪表有限公司、北京京仪北方仪器仪表有限公司的主辅分立工作。

2022年，京仪智能科技实现营业总收入12.94亿元、利润总额0.82亿元。完成北京北分瑞利分析仪器（集团）有限责任公司、北京远东仪表有限公司、北京京仪北方仪器仪表有限公司、北京布莱迪仪器仪表有限公司100%股权收购工作。京仪智能科技本部通过高新技术企业认定。所属北京北分瑞利分析仪器（集团）有限责任公司、北京市北分仪器技术有限责任公司、北京北分麦哈克分析仪器有限公司、北京远东仪表有限公司、北京布莱迪仪器仪表有限公司、北京京仪北方仪器仪表有限公司、北京北仪优成真空技术有限公司、北京京仪博电光学技术有限责任公司8家公司取得由北京市经济和信息化局颁发的北京市专精特新中小企业认证。其中北京北分瑞利分析仪器（集团）有限责任公司、北京京仪北方仪器仪表有限公司获得工业和信息化部颁发的专精特新“小巨人”企业认证。

（京仪智能科技）

【北京京仪绿能电力系统工程有限公司】 简称京仪绿能，2010年成立，是由京仪集团、北京能源投资集团、保定英利能源（中国）有限公司合资组建的高科技新能源企业，注册资金1.1875亿元。京仪绿能专注于可再生能源相关业务的研发、咨询、应用和服务，是北京市高新技术企业、中关村高新技术企业及市级专利试点企业。致力于为客户提供完整的清洁能源发电、供热、智能化运维及分布式综合能源服务解决方案。京仪绿能先后获中国光伏年度十大创新企业、年度十佳光伏企业等称号，获批北京市企业技术中心，通过质量、环境、健康ISO体系认证，是中国可再生能源光伏专委会副主任单位和中关村储能产业技术联盟会员单位。京仪绿能在储能、智能微电网及“煤改电”等领域与多家企业展开合作，为客户提供全过程、全方位咨询和服务。2021年，京仪绿能智能制造与装备产业实现工业总产值4187万元、工业增加值2676万元、营业收入4086万元、利润99万元，科技研发投入70万元。

2022年，京仪绿能智能制造与装备产业实现工业总产值4645万元、工业增加值2019万元、营业收入5039万元、利润230万元，科技研发投入126万元。主要产品有光伏系统集成、大规模光伏电站、光伏建筑一体化、光伏农业、渔光结合及综合利用、智能运维管理、光伏电站运行维护、清洁能源供热运维等。

（京仪绿能）

【北京京仪睿远科技服务有限公司】 简称京仪睿远，2021年7月21日成立，是北京控股集团有限公司所属京仪集团下属全资子公司，国有独资企业，属于京仪集团现代服务业板块。公司经营范围包括技术开发、技术咨询、技术服务；销售仪器仪表、电子产品、安全技术防范产品、计算机软件及辅助设备，工程设计，会议服务，承办展览展示，汽车租赁（不含九座以上客车），机械设备租赁，机动车公共停车场服务，经济信息咨询，企业管理，物业管理，出租商业用房、办公用房。2021年，京仪睿远按照公司法的要求，完善董事会、监事会制度，形成权力机构、决策机构、监督机构与高级管理人员之间权责分明、各司其职、有效制衡、科学决策、协调运作的法人治理结构。公司有员工110人，下设7个部门，同时负责管理北京京仪远东系统工程技术有限公司1家子公司、托管北京京仪海福尔自动化仪表有限公司、北京布莱迪工程技术有限公司2家公司。

2022年，京仪睿远优化场地资源的空间布局，提高运营效率和质量，打造以和平里远东科技文化园区为总部中心，京仪系统、海福尔、布莱迪为项目部，打造“一核三地”科技文化园格局。远东科技文化园房屋面积约2.8万平方米，园内多栋精装写字楼。园区周边配套成熟，紧邻地铁5号线、13号线，交通便利、环境优美。园区入驻企业40余家，包含多家上市企业，多家专精特新企业、多家双高新企业。根据园区区位和规模，整合运营的资源，形成了以科技、文化、信息业态为主导的产业集群。园区在产业集聚、生态构建等方面持续发挥国企担当，成为区域经济高质量发展的重要引擎。

（何少洁）

【北京京仪伍玖科技发展有限公司】 简称京仪伍玖，2021年8月18日成立，是北京北分瑞利分析仪器（集团）有限责任公司主辅分立后的新设公司，公司设立七个部门，下设一家全资子公司和一家参股公司。职工总数94人，大专以上学历占66.67%，高级职称3人，中级职称12人，主营业务专业人才占比38%。公司位于海淀区北清路160号，属于《北京城市总体规划（2016年—2035年）》中“两横一纵三轴格局，一带一核多极体系”和《海淀分区规划（国土空间规划）（2017年—2035年）》中“两横轴”中的“北清路前沿科创发展走廊”，地处中关村科学城北部核心区及中国（北京）自由贸易试验区科技创新片区，也是中关村国家自主创新示范区北部集聚区的重要组成部分。京仪伍玖持有北清路160号北分科技创新园区、酒仙桥A5楼等房产土地资源，主要从事科技创新园区投资运营、科技服务、生产性服务和物业管理等业务。成立当年，京仪伍玖引入北京荣耀终端有限公司，园区内聚集京仪科技混改企业、外资企业、大型头部企业等科技创新型优质客户，产业覆盖科学仪器、移动终端、航天航空、检验检测、新型材料、科技服务。

京仪伍玖致力于打造“具有工业遗产特色的科技创新园区”，传承“工业遗产”特色，突出“科技创新”属性，助力入驻企业运营发展，资本对接等全综合服务。2022年，京仪伍玖（合并口径）营业收入完成5269万元，利润总额完成265万元，经营活动现金净流量1440万元。园区入驻企业15家，包括国家级专精特新“小巨人”企业、专精特新企业、国家高新技术企业，主要集中在装备制造、国防军工、大信息、生产性服务等产业领域，符合园区发展定位。

（京仪伍玖）

产品选介

【TRP 系列直联高速旋片式真空泵】 由北京北仪优成真空技术有限公司研制，于 2004 年投产，应用于制冷、化工、医疗、镀膜、实验室、热处理、电子与半导体等领域。该产品具有极限真空度高、低噪声与振动、稳定的压力油循环保护、维修保养方便等优点。内置完善的逆止阀系统，可以在停泵时保护真空系统。便捷的气镇阀控制，使该泵具有一定的水蒸气处理能力。该系列产品包括：TRP-6/12/24/36/48/60/90、TRP-324A、TRP-324B 等，可满足用户对不同抽速旋片泵的需求。产品每年销往全国各地并出口至欧洲、南美、北美等地，产品申请获得国内多项专利。2022 年销售收入 3400 余万元。

（北仪优成）

【阻性漏电式电气火灾监控探测器】 北京航天常兴科技发展有限公司生产，于 2017 年上市。该产品采用全新漏电检测技术，是真正意义上的智能探测器，可监测低压电路的绝缘状态，检测漏电、温度、电压、功率、电能等电气参数，当漏电值超过设定值时发出声光报警信号。漏电报警时，报警指示灯亮，显示屏幕显示报警通道号、报警值、报警设定值。多路同时报警时，装置自动切换显示报警线路相关报警内容。全天候 24 小时电气系统绝缘性能监控、精度高、抗干扰能力强、误报率极低。该产品入选 2021 年北京市首批首台（套）重大技术装备目录，享受政府补贴。2022 年，阻性漏电式电气火灾监控探测器销售收入 2700 万元、产值 2500 万元。

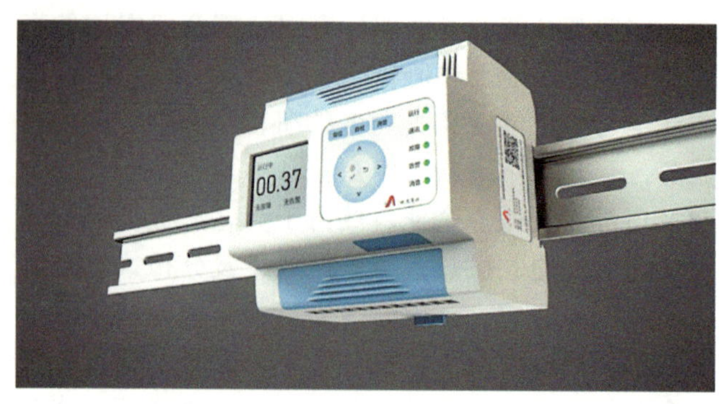

（刘　莉）

【中厚板全流程先进冷却工艺装备系统】 由北京科技大学设计研究院有限公司研发，于 2018 年应用。该系统主要包括连铸坯板坯表面淬火、中间坯冷却、轧后快速冷却技术、离线热处理常化冷却及淬火机等技术，实现从连铸、轧制及热处理全流程冷却工艺装备的解决方案。连铸坯板坯表面淬火技术可以解决热装裂纹问题，提高热装率及热装温度；中间坯冷却可以减少待温时间、提高轧制节奏，实现提高生产效率和产能的目的；轧后快速冷却技术通过相变强化、细晶强化及析出强化实现轧材组织性能控制；离线热处理常化冷却及淬火机可以实现高强钢离线调质处理及产品性能挽救。该技术主要特点：采用新一代超密 SUPIC 冷却技术，具有冷却速率高及冷却均匀性好的特点；20 毫米厚钢板冷却速率最大可达 45℃/s；钢板板面温度波动范围 ±15℃内；主要性能如屈服强度波动范围 ±3% 内；板坯表面淬火可以有效减少含 Nb 及含 Al 钢的表面裂纹；中间冷却装置可以实现提高产能 10% ～ 50%；轧后快速冷却装置可以实现 ACC/IDQ/DQ 工艺，进行高强钢开发及减量化生产，可以满足 60 毫米厚 DQ 工艺；离线淬火机可以满足 150 毫米厚钢板淬火工艺。该技术共获得授权发明专利 16 项，获得省部级科学技术奖 2 项，成功应用于宝武集团鄂城钢铁有限公司、南京钢铁集团有限公司、山钢集团莱芜分公司、天津钢铁集团有限公司、河北敬业中厚板有限公司、南阳汉冶特钢有限公司、安徽首矿大昌金属材料有限公司及山西太钢不锈钢股份有限公司临汾分公司等。

2022 年，该超密 SUPIC 快冷装置系统进一步应用到南钢 3500 毫米 炉卷轧机产线上，系统投用后设备冷却能力提高≥ 50%；冷却均匀性改造前同板温差≥ 100℃，改造后同板差≤ 30℃，生产板形改善明显；成功开发了 Q690、Q550、X80 及 12MnNiVR 等钢种，实现平轧及卷轧 DQ/IDQ/ACC 工艺，板形及性能一次性合格率超 2σ。此系统对于南钢进一步保持国内中厚板品种开发及生产优势方面奠定了坚实的基础。同年基于该冷却装置的中间冷却系统成功应用于莱钢 4300 毫米宽厚板和鄂钢 4300 毫米宽厚板生产线，通过中间冷却的应用，控制轧制产能提高 10% 以上，并有效地减少了奥氏体再结晶区和未再结晶区的混晶，抑制了晶粒粗化，大幅改善轧件内在质量，同时有效抑制表面氧化铁皮的产生，改善了表面质量。

南钢 3500 炉卷轧机超密 SUPIC 快冷装置

（刘　涛）

【六代新款多功能花样机电控系统】 由北京大豪科技公司开发，于 2019 年上市。六代新款多功能花样机采用高性能 CPU 打造的全新一代工业缝纫机电控系统，较上一代更加丰富，既有注重单机的系统集成度一体化四轴驱动的产品，也包含了多轴同步旋转类电控系统。既注重单机性能表现，实现出色的功率集成密度和高性价比，也增强了互通、互联，协同组网的能力。开放的 CAN 总线互联扩展结构，允许多机扩展互联，可以轻松搭建激光切割、贴袋机、接橡筋机等自动缝制单元应用方案，并支持基于云平台的缝工厂互联，给客户提供更好的组网服务，打造更智能、更贴心的缝制生态系统。该系统已申请多项发明专利、实用新型专利和外观设计专利。2022 年，六代花样机电控系统获评“第十六批北京市新技术新产品”。

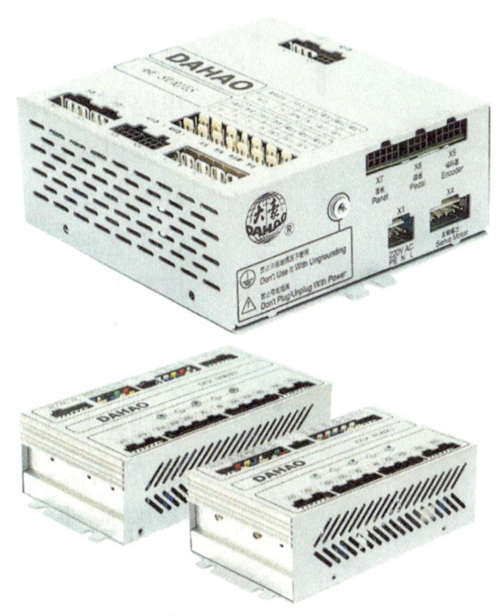

（大豪科技）

【DDZY47-M（Z/J）型单相费控智能电能表】 由北京京仪北方仪器仪表有限公司生产，于 2021 年上市。该产品适用于参比电压 220 伏、参比频率 50 赫兹的单相交流有功电能，具有红外通信、RS485 通信接口，并配有通信模块标准接口，可选配多种通信模块；具有远程费控功能，可对电表进行远程拉合闸；是一款具有测量精度高、稳定性好、可靠性高、显示直观、过载能力强等显著优点的民用计量智能仪表产品。该产品年销售量居北京市电能表企业第 1 位，占全国市场份额的 3.54%。2022 年，该产品销售额 19851 万元、产值 21409.49 万元。

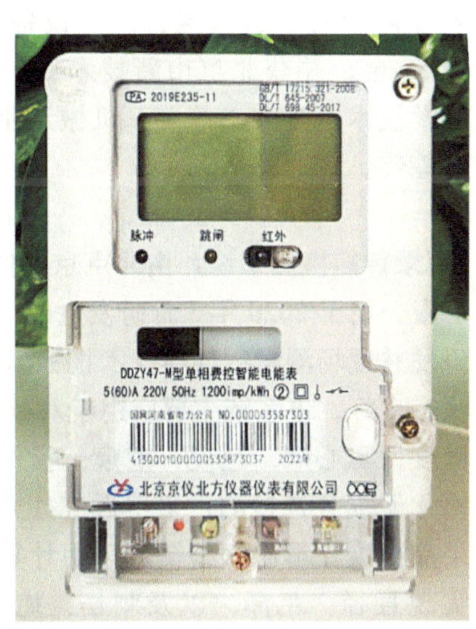

（刘　莉）

【半导体专用三通道混合温控设备 T-320】 由北京京仪自动化装备技术股份有限公司研发、生产与销售，2019—2020 年研发成功，2021 年上市，主要应用于集成电路制造过程中刻蚀工艺腔的温度控制。该产品由 3 个通道组成，其中通道 1 满足 -20 ～ 50℃的控温要求，通道 2 满足 30 ～ 100℃的控温要求，通道 3 满足 30 ～ 40℃的控温要求。产品主要由制冷系

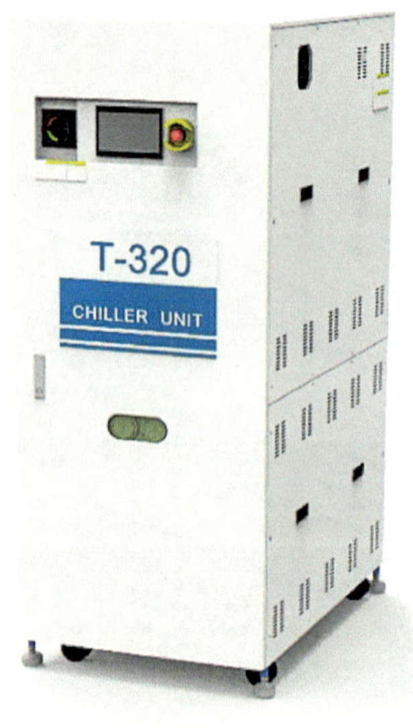

统、循环系统、控制系统组成，为集成电路制造刻蚀工艺设备提供温度可控的循环冷却液，实现对刻蚀工艺腔进行精密温度控制，达到集成电路制造的工艺温度要求。产品采用先进的智能控制算法，有效提高系统控制精度及响应速度，自主开发的三通道混合温控系统，能够实现 −20 ～ 100℃的温控需求，先进的节能控制系统算法实现设备节能控制。该产品各项性能参数满足刻蚀主工艺设备使用要求，在国内 12 英寸集成电路制造产线通过客户验证并实现批量应用。该产品的研发打破国外温控设备厂家的垄断，提升京仪装备在集成电路制造领域的整体实力，累计取得订单超过 100 台。2022 年，半导体专用三通道混合温控设备 T−320 销售数量为 58 台，并获北京市新技术新产品认证、北京市科学技术进步奖二等奖、机械工业科学技术进步奖三等奖。

（曹小康　芮守祯）

【苹果智能检测系统】 由北京京仪仪器仪表研究总院有限公司于 2020 年 3 月研发生产，2021 年完成样机研发并现场测试，各项技术指标满足客户使用要求，状态良好。该系统主要应用于对苹果的重量、直径、糖度、霉心病、色度、疤痕、损伤等的智能化、规模化无损分选检测；采用近红外光谱检测技术实现果品糖度、霉心病检测；采用计算机视觉检测技术实现直径、色泽，以及刺伤、疤痕、磕碰等 19 种缺陷检测；采用传感器技术实现重量检测。该系统实现线上实时检测、结果实时上传、后端实时分拣的自动化分拣模式，提高了检测质量并大量节约人工成本，加快苹果收购及出售过程。2022 年，检测系统升级优化，进一步提高产品性能、完善检测标准、提高检测速度、降低设备成本。该系统的检测速度达到 2 ～ 3 个 / 秒，可检测的缺陷类别达到 19 种，具有 8 个等级 18 项分级指标，检测准确率达到 90%。2022 年，该系统获得发明专利 1 项，并形成销售订单。

（京仪研究总院）

【390L 车用压缩氢气塑料内胆碳纤维全缠绕气瓶及储氢系统】 由北京天海工业有限公司研发生产，于 2022 年 10 月通过全部型式试验测试。390 升车用压缩氢气塑料内胆碳纤维全缠绕气瓶（Ⅳ型瓶）。该规格产品采用先进的塑料内胆碳纤维全缠绕结构，突破塑料内胆成型等关键技术，通过各项严格试验测试，质量储氢密度可达 6.6%wt，具有“容积更大、重量更轻、抗疲劳寿命更高”的特点，是具有自主知识产权的新一代车载储氢气瓶。当Ⅳ型瓶 390L−8 瓶组系统应用于 49 吨重卡时，续航里程可达 600 千米以上。2022 年，公司为各大汽车厂商提供 50 套储氢系统。

（李　惠）

【HD−A11VLO215 开式回路斜盘式轴向柱塞泵】 由北京华德液压工业集团有限责任公司自主研发的一款高压大排量轴向柱塞泵。2021 年开始研发，2022 年上市。该产品恒功率控制叠加负载敏感控制，排量从 0 开始无级调速，理论最小排量可到 0；高寿命铜材滑靴，提供高耐久性；通轴结构，可串接各种形式辅助泵使用；具有出色的吸油特性、低噪声等优点。该产品广泛应用于工程机械、轻工设备、钢铁冶金、矿山机械、船舶等领域。2022年共销售59台。

（张时剑）

【斜轴式柱塞变量马达 HD-A6VE160HZ3】由北京华德液压工业集团有限责任公司研制，2021年研发，2022年上市。该马达轴向锥形柱塞结构，具有宽阔的调节范围，能够满足高转速和大扭矩要求，额定压力40兆帕，最高压力可达45兆帕；马达的安装法兰设计在马达壳体中间位置，允许马达和减速机一体化嵌入式安装，结构紧凑，液控2点控制，通过施加先导油使液压马达排量设定在最大排量和最小排量；集成先导溢流阀，内置平衡阀BVI，减少柱塞马达超速和吸空的危险。该产品应用于履带式行走驱动，适用于开式和闭式回路的液压传动系统。2022年共销售120台。

（张时剑）

【新型感压膜片】由北京布莱迪仪器仪表有限公司自主研发，于2022年10月投入生产。该新型感压膜片包括膜片基体，膜片基体每个波纹均设有若干个小波纹。在该项目中，突破传统膜片的局限性，在原膜片每个波纹的基础上增设若干个小波纹，使膜片在通过直径的剖切截面与膜片的交线比传统膜片更长，膜片材料延伸的潜能增大，相当于大波纹和小波纹变形量的叠加，提高膜片的灵敏度，能够在较大量程内保持线性，从而保证仪器仪表在高量程内进行测量的准确性。该膜片的研发成功，使公司摆脱对进口芯片的依赖，从根本上解决压力仪表的弹性元件问题，使膜片压力表、隔膜压力表的精度和稳定性都有明显提升。产生的直接经济效益达450万元。该新型感压膜片已申请发明专利并受理。

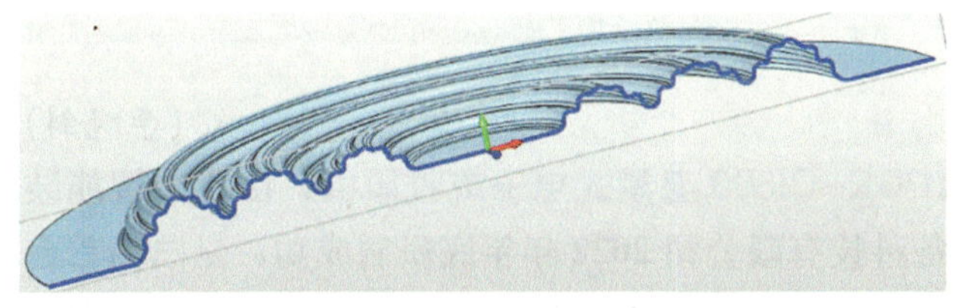

（北京布莱迪）

【高压弹簧管加工装置】由北京布莱迪仪器仪表有限公司自主研发，2022年12月投入生产。该装置主要用于将管材加工为高压弹簧管，包括带有第一加工槽的卷轴和挤压槽轮。通过改变第一加工槽的形状，改变高压弹簧管的螺旋段截面形状，从而提高高压弹簧管的成型质量和性能，所产高压弹簧管各项性能参数均满足高压压力表性能。该装置已申请发明专利并受理。截至年底，该装置为企业节约成本150万元。

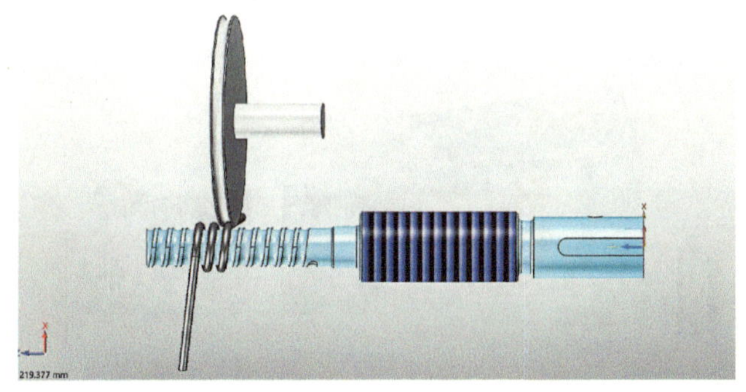

（北京布莱迪）

【XKAg 高速龙门铣床】由北京北一机床有限责任公司2022年研制，计划2023年上市。机床为高速、高架桥式数控龙门铣床，具有足够的静态、动态刚度和精度，并具有高速切削加工能力。主要用于铝合金零件、复合材料以及黑色金属的高效、高精度五轴联动加工，适合大型模具、轨道交通、汽车等行业的高端制造。机床还可配置排屑装置、冷却液供应回收装置、刀库以及整体防护。工作平台还可配置数控转台和其他工装扩展工艺范围，进一步提高加工效率。

（李晓剑）

【POE-CI300 卫星式电子束胶印机】 由北人智能装备科技有限公司 2022 年年底研制成功，是国内首台集数字化、绿色化、智能化于一身的可变尺寸卫星式胶印机，兼容水胶印和无水胶印两种印刷方式，采用 EB/UV 油墨印刷，辐照装置进行油墨固化，对环境趋零排放，对食品卫生零污染，能彻底解决环保、卫生及安全问题，是世界上最环保的印刷方式之一。该胶印机采用可变尺寸印刷技术，可满足个性化包装需求，所用油墨固含量接近 100%，满足绿色、环保要求，具有墨色预置及遥控、自动套色、机器人换单等特点，智能化程度高，采用全伺服驱动，性能稳定、印品质量好。该机适用于高档礼品盒、烟标、食品、医药、化妆品等包装材料的绿色环保印刷。2022 年，该机处于产业化推广阶段。

（北人智能）

【斜轴式柱塞变量马达 HD-A6VM215】 由北京华德液压工业集团有限责任公司于 2022 年研发并上市，该马达轴向锥形柱塞结构，具有宽阔的调节范围，能满足高转速和大扭矩要求，额定压力 40 兆帕，最高压力可达 45 兆帕，体积与 200 排量马达相同，扭矩提升 6%；启动特性好，电比例控制，重复精度高，可配备 ExdIMb 认证比例隔爆电磁铁；排量无级可调，理论最小排量可达 0；可叠加测速传感器、冲洗阀、平衡阀等多种功能，广泛应用于卷扬、回转、动力头工况，适应特殊工况要求，控制特性好。2022 年共销售 130 台。

（张时剑）

【FB/FB1 系列高性能防爆比例阀】 由北京华德液压工业集团有限责任公司 2022 年完成研制开发并上市销售。该产品可达到一类煤矿防爆等级（FB）：Ex d I Mb 和二类化工防爆等级（FB1）：Ex d IIC T4 Gb；包括全系列防爆比例方向阀、防爆比例电液换向阀、防爆比例溢流阀、防爆比例减压阀等产品，可适用于煤矿井下和化工可燃气体环境，可实现各类液压系统的动作，可实现数控编程控制。该产品广泛应用于挖煤机、井下作业机车、化工厂液压成套设备等，可实现液压系统的自动控制，降低人员危险。2022 年共销售 DBE/FB、4WRZ/FB、3DREP6/FB、DBET/FB 四大类产品，累计 68 台。

防爆比例先导溢流阀 DBE10/20/30-FB/FB1

防爆比例溢流阀 DBE6-FB/FB1

防爆比例溢流阀
DBET6—FB/FB1

防爆比例换向阀

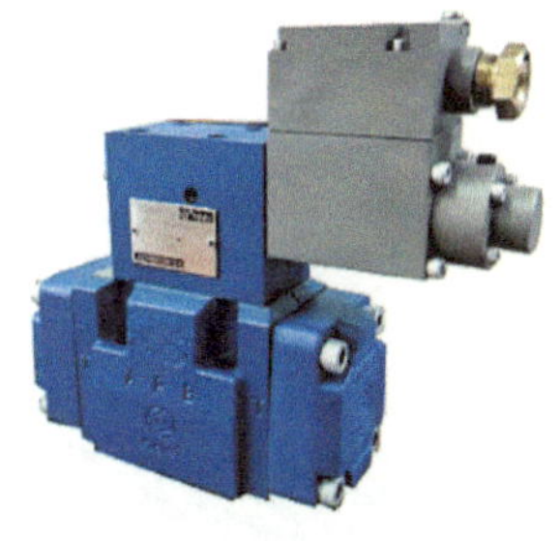
防爆比例减压阀

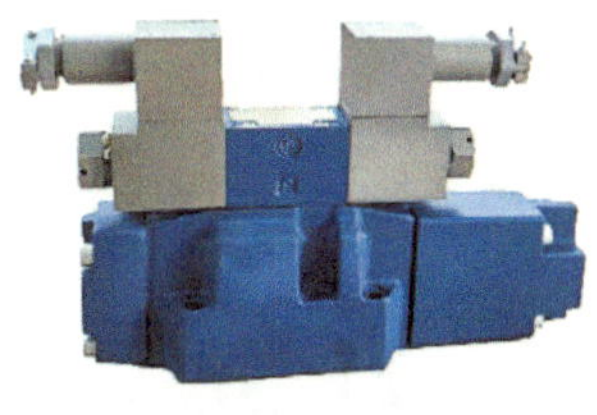
防爆比例溢流阀

（秦海兴）

【JC1218 系列工业级砂型 3D 打印机】 由北京京城增材科技有限公司于 2022 年研发成功。具有自主知识产权。该设备采用多喷头阵列打印模式，打印分辨率可高达 400dpi，成型产品尺寸精准；设备可成型最大尺寸为 1200 毫米 × 1800 毫米 × 700 毫米，可配置双工作箱模式，实现连续作业，大大提高成型效率；精准的在线混砂系统摒弃了传统的离线独立大型混砂机，实现“即混即用”；添加剂精准定量配料系统可以满足航天的特殊材料铸件对砂型模具的需求；该设备加入了工业 4.0 的智能化控制设计，实现设备的连续打印、无人值守以及远程监控、操作等。该设备已经在工业制造、文化创意、消费品领域得到广泛的市场应用。

（庞瑞峰）

【无源无线智能传感器】 由北京京仪北方仪器仪表有限公司于 2022 年研发成功，2023 年上市。该产品适用于所有用电耗能场景，可为各用电场景的解决方案提供精细、实时、便捷的电力原生数据，满足能耗统计、管理、调度、降本增效等需求。针对传统数据采集痛点，颠覆传统安装运维方式，极大降低施工和运维成本。具有零碳、绿色，无源自供电；“非侵入”卡扣式便捷安装，免停电免布线；全参数采集（电流、电压、电量、功率因数、有功功率、无功功率、温度、负荷类型、电流方向、开合状态等）；Sub1G 无线通信技术的性能和优势。该产品已取得国际 CE 认证、北京市计量检测科学研究院校准证书，是 2022 年国际传感器创新创业大赛获奖产品、2022 年“丝路”物联网操作系统生态应用创新创业大赛获奖产品、获中国节能协会颁发的碳中和实践创新奖，入选首批北京市绿色低碳技术产品项目库，收录中国仪器仪表学会科研仪器案例库。

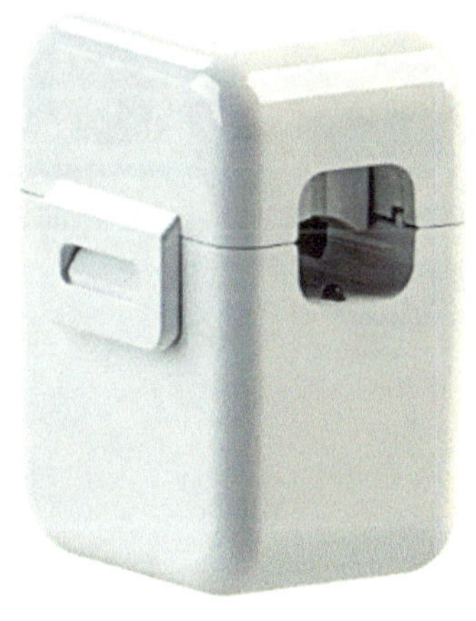

（京仪北方）

【GW-1000 无线智能数据采集器】 由北京京仪北方仪器仪表有限公司于 2022 年基于高灵敏度、强抗干扰能力的 Sub-1G 无线通信技术自主研发生产，2023 年上市。GW-1000 产品具有强大的数据采集功能，实现数据高速、低延时传输；可进行边缘计算减轻服务器负荷；支持国内、外各大运营商网络，可灵活自由切换；支持远程 OTA 升级，远程运维和调试。

（京仪北方）

生物与医药产业

本类目采用条目体，刊载2022年北京生物与医药产业概述、新冠肺炎疫情防控、政策与措施、产业动态、研发与成果、企业选介和产品选介7项内容。其中，新冠肺炎疫情防控分目汇集了北京工业和信息化领域相关政策与措施、服务与保障、复工复产、研发与成果等内容；政策与措施分目包括出台的政策文件及实施情况，机构、园区、基地设立调整变化等内容；产业动态分目包括经营业绩、项目启动、签约、论坛、获奖等内容；研发与成果分目包括新产品发布、技术测试、解决方案等内容；企业选介分目在重点介绍一级企业的基础上，对二、三级企业的主营业务范围进行了简述；产品选介分目对行业内部分产品的生产销售情况进行了简述。

概　述

2022年，北京生物医药产业在《北京市“十四五”时期高精尖产业发展规划》指导下，产业能级稳步提升，市场主体势头强劲，产业集群效应凸显，政策机制日趋完善，有力地保障首都全年的新冠肺炎疫情防控工作，推动产业加速发展。截至2022年年底，北京市生物医药规模以上工业企业375家，实现工业总产值2032.6亿元，同比下降51.5%。其中，医药制造业完成产值1745.1亿元，同比增长2.8%；医疗器械完成产值287.5亿元，同比增长2%。产业完成工业固定资产投资134.4亿元，同比增长9.1%，在全市工业占比达13.7%。医药健康产业工业固定资产投资连续五年保持正增长，连续两年达到百亿量级，2022年投资额达2018年的4.8倍。截至年底，北京市医药健康上市企业累计达85家（当年新增11家），获批上市1类新药3个（全国18个）；进入创新通道获批上市创新医疗器械11个、AI三类器械9个（全国23家），数量连续多年居全国首位。

（市经济和信息化局）

新冠肺炎疫情防控

【健康宝AI应用助力火车站疫情防控】1月14日，市经济和信息化局到北京西站与中国铁路北京局（简称北京局）就健康宝AI应用情况开展座谈交流。在市经济和信息化局支持下，北京站、北京西站进站口部署10套健康宝机器人，具备1秒内刷身份证完成体温测量、人证核验、健康状态、核酸检测、疫苗接种、电子登记等核验功能，加快了查询速度，缓解了火车站工作压力。市经济和信息化局支持铁路部门落实《关于全力做好2022年春运工作的意见》，推广刷身份证自动核验健康码服务，在前期健康宝AI应用试点基础上加快推广应用，在出站口部署健康宝机器人，对来京人员进行健康状态、核酸等核验，更好地助力疫情防控，全力保障北京冬（残）奥会举办。

图片资料来源于2022年1月17日北京日报客户端

（市经济和信息化局）

【健康宝AI应用助力解放军总医院疫情防控】1月25日，市经济和信息化局到解放军总医院就健康宝AI应用赋能医院疫情防控试点工作开展座谈交流，双方围绕健康宝AI应用试点方案进行研讨。在市经济和信息化局支持下，在医院北门入口处部署手持式、闸机式、立式等多种类型的健康宝智能终端设备，具备1秒内刷身份证、社保卡完成体温测量、到访登记、健康状态查询等核验，支撑建立“从进门到就诊”的三级防疫筛查制度。

（市经济和信息化局）

【同仁堂国药捐10万盒藿香正气片助香港抗疫】3月2日，同仁堂国药公司向香港特别行政区政府（简称香港特区政府）捐赠10万盒藿香正气片，价值近600万港元。捐赠仪式在香港柴湾政府物料营运中心举行。香港特区政府商务及经济发展局局长邱腾华、香港特区政府食物及卫生局副局长徐德义、全港社区抗疫连线总召集人陈振彬、同仁堂国药公司独立非执行董事曾钰成，以及同仁堂国药公司执行董事兼首席执行官陈飞等参加药物捐赠仪式。香港特区政府商务及经济发展局局长邱腾华表示，内地向香港提供中成药和快速测试剂等物资，体现了中央对香港市民的关顾，十分感谢同仁堂国药的捐赠。

（李　淦）

【6家示范区企业获批上市新冠抗原自测试剂】3月10日，国务院应对新型冠状病毒肺炎疫情联防联控机制综合组印发《新冠病毒抗原检测应用方案（试行）的通知》，决定在核酸检测基础上增加抗原检

测作为补充，并制订《新冠病毒抗原检测应用方案（试行）》。截至3月30日，国家药监局陆续批准21个新冠抗原检测试剂，其中6个来自中关村示范区医药企业，分别是北京金沃夫生物工程科技有限公司、北京华科泰生物技术股份有限公司、北京热景生物技术股份有限公司、北京万泰生物药业股份有限公司、北京乐普诊断科技股份有限公司和北京卓诚惠生生物科技股份有限公司。这些企业生产的新冠抗原自测试剂分为三类，分别对应的是胶体金法、乳胶法、荧光法，均简单易操作，取样方便，能在15分钟内快速筛查新冠病毒，缩短等待时间。

（市科委、中关村管委会）

【北汽集团负压救护车赴吉林抗击疫情】3月24日，首批20余辆北汽福田生产的负压救护车抵达吉林，冲向抗击疫情前线。有“移动N95”之称的负压救护车是疫情防控一线的重要装备，在救治和转运传染病患者时可以减少医务人员交叉感染的概率。北汽集团旗下图雅诺、风景G9、新威霆等新一代负压救护车型，增设5G通信系统，实现信息可视化和实时管控，具备一次性成型医疗舱及供电系统，便携式负压隔离担架舱可防止生物性或辐射性微粒在病员与外界环境间的传播，实现安全隔离、高效转运。

（“国资京京”微信公众号）

【“健康＋时尚”的京纺国际防疫口罩】3月，北京京纺国际贸易有限公司（简称京纺国际）履行社会责任，打造新冠肺炎防疫物资类品牌，及时调整口罩等防疫物资品牌的经营方式，全力以赴做好防疫口罩的生产保供，加大医用外科类口罩和N95医用防护类口罩的生产和存储，加大消毒产品和其他防护产品的储备，以高品质产品和服务满足社会、市场和消费者的各类需求。截至3月底，京纺国际累计向各企事业单位供应口罩1.2亿只。在标准化的防疫产品基础上开拓了口罩定制业务，为企事业单位各项重大活动提供支持。先后为北京环球影城开幕式、北京城市建筑双年展、全国总工会文工团新春活动、菜百首饰新年活动、北京时装周等大型活动提供个性化定制服务。

（“国资京京”微信公众号）

【科兴奥密克戎株新冠疫苗在国内获批临床研究】4月26日，国家药品监督管理局批准科兴控股生物技术有限公司基于奥密克戎变异株（Omicron）研制的新冠病毒灭活疫苗进入临床研究，用以评价新冠病毒变异株疫苗在各类人群中的安全性和免疫原性。

（魏清华）

【金隅集团所属公司承建首都机场移动式防疫服务舱】4月，金隅集团所属冀东发展集团燕东建设公司凭借钢结构制造特级资质、钢结构制作安装一级资质和国家装配式基地、装配式低层住宅产业化示范基地的强大实力，携手盾石电气公司数智化服务团队，以专业技术能力、实践经验和人才优势，签署首都机场移动式防疫服务舱项目，为首都防疫工作贡献力量。

（“国资京京”微信公众号）

【燕山石化实行封闭运行管理】5月7日，为高效应对严峻的新冠肺炎疫情防控形势，确保疫情防控和生产经营双战双胜，按照北京市、房山区相关防控政策，燕山石化公司厂区、办公区实行封闭运行，生产运行实行“三班两倒”，工程施工项目暂停。封闭管控区内人员作业工作、食宿生活等均在封闭区域内依托各单位现状条件解决；确需厂区外安排住宿的人员，实行住地、工区两点一线，落实闭环管理。

（刘方旭）

【“核酸比对登记簿”小程序应用推广会召开】 5月10日，市经济和信息化局召开全市经济和信息化系统“核酸比对登记簿”小程序推广应用部署会。会上，市经济和信息化局传达近期全市新冠肺炎疫情防控工作精神，并向全市工业企业部署“核酸比对登记簿”小程序推广工作。

（市经济和信息化局）

【北京电控疫情管理平台上线】 5月26日，北京电控新冠疫情管理平台上线，并在全系统所属单位各管理层级和全体职工中推广应用。北京电控疫情防控领导小组在推进该平台的建设和推广中，开展平台的设计、编制、测试、完善等工作，仅用12天就完成了平时一个月才能完成的任务，实现了该平台及时上线应用。北京电控新冠疫情管理平台主要包括无接触上报、网格化管理、异常提醒、汇总分析等功能，支持所属企业多层级管理。平台支持微信小程序、Web浏览器等不同应用方式，员工通过微信小程序进行每日打卡、涉疫急报。网格管理员通过PC机进行日常打卡管理、健康数据管理和统计分析，完成数据的收集、汇总、整理、分析和上报等环节工作。

（“国资京京”微信公众号）

【旷视科技研发“神行防疫卫士”】 5月，北京旷视科技有限公司经过技术攻关，加之具备北京大数据管理局对接资质和核酸信息返回接口，对旗下产品“旷视神行防疫卫士”实现自定义时限核酸过期告警功能。该产品具有多种能力，包括4种身份识别能力：刷身份证、扫二维码、刷脸、刷卡；6种防疫核验能力：体温、健康码、核酸、疫苗、抗原、口罩佩戴；2种门禁控制能力：门禁信号、韦根信号。这些功能可以按需组合，可以根据当地政策或阶段性政策，灵活设置，灵活搭配，灵活修改。“神行防疫卫士”已在北京市、广东省、重庆市等全国多地落地应用，并成功对接甘肃省、广西壮族自治区、江西省、四川省等超过20个省区市的健康防疫大数据，助力当地的科学防疫和复工复产。

（市科委、中关村管委会）

【燕山石化紧急调配防疫物资驰援颍上县】 5月，燕山石化收到来自定点帮扶县——安徽省颍上县人民政府《关于请求解决帮助防疫物资的函》，称该县口罩、消毒液等防疫物资紧缺，恳请公司给予帮助。公司领导高度重视，立刻部署，综合管理部、行政事务中心、物装中心迅速成立临时工作组，第一时间与颍上县对接需求，制订物资捐赠方案、准备防疫物资、落实物流运输、办理防疫物资运输证，于5月9日将捐赠的防疫物资装车发出。经24小时连夜运送，防疫物资于10日下午送达颍上县，颍上县红十字会接收了防疫物资并发来感谢信。

（刘方旭）

【海昶生物新冠疫苗完成美国FDA IND申请】 6月22日，清华工研院细胞与基因治疗创新中心（CGTIC）战略合作的浙江海昶生物医药技术有限公司自主研发的新型冠状病毒mRNA疫苗加强针项目完成美国FDA IND申请（受理号：IND 28424）。清华工研院细胞与基因治疗创新中心为该项目提供研发与CDMO服务，完成多批克级GMP-mRNA原液交付。

（张　玥）

【9600余名专业电力人员为中考提供保障】 6月24日，2022年北京市中考开始。北京电力在市委、市政府和国家电网公司统一领导和部署下，按照与高考“标准一致、措施一致、要求一致”的原则，9600余名各专业电力保障人员通力合作，全力为广大中考学子提供优质可靠电力保障。2022年，北京市共在18个考区设置常规考点，并准备备用考点、隔离考点。中考供电保障工作面临度夏防汛大负荷期、高温、闷热、雷雨大风等诸多挑战，北京电力启用两级指挥体系，统筹调度指挥供电保障工作，做到“考点确定一处，方案细化一处、保电安排一处”，

6 月，海淀公司为中考保障用户开展电力设备状态检测工作

确保信息传递快速、指挥调度到位。该公司与北京市考试管理机构等持续保持沟通，及时跟踪新冠肺炎疫情防控区域变化，针对考点变化、用电负荷变化等情况建立联动机制，根据调整情况及时部署并落实保障工作。安排专人与各考点开展“一对一”对接，建立联系机制，动态掌握供电安全情况。中考前，北京电力对中考保障重点变电站、配电站室、电力线路进行了隐患排查治理，利用红外热成像、超声波等方法开展设备状态检测，确保设备状态良好、运行稳定。按照“早确认、早进入、早检查”原则，该公司对全部考点开展用电安全检查和大负

6 月，石景山供电公司发电车运行人员在区考试中心开展发电车接入工作

荷试验测试，发现并督促客户开展隐患整改，做到服务、通知、报告、督促“四到位”。北京电力逐考点制定发电车应急预案，依据考点分布情况部署抢修点，与市、区两级政府部门提前对接，明确考试期间应急处置人员“白名单”，落实应急情况下抢修人员、车辆进入考点封闭区域绿色通道，确保应急处置快速高效。中考期间，北京电力跟踪北京市疫情防控最新政策，动态调整防疫措施，针对封控区、管控区等不同防疫区域差异化安排巡视看护路径和点位，确保人员防疫安全。电力运维人员对重点保障变电站加强值守保障，对重点配电线路开展不间断巡视，并结合天气环境和保障范围变化及时采取针对性措施。“1+N”服务保障团队根据疫情防控政策，进驻重要保障客户内部开展保障或在周边就近开展值守，协助客户开展设备巡视检查和应急处置工作。应急抢修队伍 24 小时待命，携应急发电车、发电机等各类应急装备，确保紧急情况下及时高效处置。

6 月，朝阳供电公司员工开展中考保障线路特巡工作

（“国资京京”微信公众号）

【友康推出全球首个 4 分钟内完成核酸提取的产品】 6 月 28 日，友康生物科技（北京）股份有限公司（简称友康）推出新产品——病毒采样与核酸提取一体管，是全球首个可在 4 分钟内完成核酸提取的产品，减少了 1 ～ 2 小时的等待时间。产品核心技术为友康自主开发的条件高分子材料提取棒。该高分子材料具有多维空间结构，病毒外壳在采样液中被裂解后，提取棒可持续吸附病毒核酸，即可在转运过程中实现核酸提取，并在 4 分钟内完成纯化。

（郑　雪）

【一轻控股启动同心抗击疫情行动】 6 月，一轻控股在稳生产、保供应、促发展的同时启动以“大爱在‘疫’线，一轻在行动”为主题的同心抗击新冠肺炎疫情行动，为打赢新冠肺炎疫情防控阻击战贡献国企力量。为给疫情防控一线的工作人员改善工作环境，为排队进行核酸检测的市民送去荫凉，一轻食品集团以平均每天配送一个区的速度，将总价值超过 1000 万元的抗疫物资包送达北京全域 8000 余个常态化核酸检测点位。抗疫物资包中有帐篷、汽水、矿泉水、84 消毒液等。疫情期间，近 150 家百年义利连锁店全部正常营业，备足面包、熟食、日常用品等生活物资，最大限度保障社区居民需求。为方

便市民购物，一轻食品集团年初以来连开6家百年义利新店。依托北京城区百余家百年义利连锁门店，北京地区全程自配，搭配“一轻优选”线上商城开展“同心抗疫 保供到家”服务，3千米内24小时送达。5月初，一轻食品集团旗下品牌劳动1号联合新华社共同发起“汗卫家园——为劳动者打汽”公益活动。通过专为劳动者打造的大汽水——劳动1号，以百万产品向疫情之下坚守岗位的工作者致敬。

（“国资京京”微信公众号）

【首个国产新冠中和抗体联合治疗药物上市】7月7日，腾盛华创医药技术（北京）有限公司（简称腾盛华创）宣布，其长效新冠中和抗体安巴韦单抗和罗米司韦单抗联合疗法在中国商业化上市，成为首个国产新冠中和抗体联合治疗药物。据全球3期临床试验数据显示，这一联合疗法可使患者住院和死亡风险降低80%。该联合疗法于2022年3月获国家卫生健康委员会批准纳入《新型冠状病毒肺炎诊疗方案（试行第九版）》。

（郑　雪）

【“一体化防疫平台”隔离管理模块上线】7月8日，北京市“一体化防疫平台”隔离管理模块完成预发上线。市集中隔离工作组于7日、8日分别面向全市组织“一体化防疫平台”隔离管理模块系统培训、流程演示，16+1区集中隔离工作组（专班）、114个隔离点工作人员参加活动，各区1～2个隔离点完成预发上线。该次培训和预发活动，通过视频直播方式全面介绍隔离管理模块发码、展码、信息录入和人房关联等功能。

（市经济和信息化局）

【SINOVAC科兴疫苗质量研究中心开工】7月24日，SINOVAC科兴疫苗质量研究中心开工。该项目是北京市2022年重点工程计划及昌平区2022年医药健康重点落地项目，总投资额5亿元，主要用于疫苗从原材料到成品的全程质量研究，计划2023年正式投入使用。中心坐落于北京市昌平区智通路15号，占地面积2.9万平方米，总建筑面积2.6万平方米。

（魏清华）

【应急帐篷助力新疆和田疫情防控】8月26日，时尚控股下属新疆京和纺织科技有限公司接到新冠抗疫应急物资生产任务，在不到10天的时间内，完成1500套单帐篷和1500套棉帐篷的加急生产，助力新疆和田市疫情防控工作。

（时尚控股）

【神州2价新冠疫苗获批紧急使用】12月4日，神州细胞工程有限公司自主研发的重组新冠病毒2价（Alpha/Beta变异株）S三聚体蛋白疫苗（项目代号：SCTV01C），经国家有关部门论证，被纳入紧急使用范围。

（王子韬）

【全国首个疫苗检验中心开工建设】12月9日，北京市疫苗检验中心建设工程项目开工动员会在中关村生命科学园举行，标志着全国首个疫苗检验中心开工建设。该项目由北京市依托北京市药品检验研究院建设，建设内容包含疫苗检验所需的5个专业实验室及其配套设施。该疫苗检验中心建成后，将具备在产疫苗和新上市疫苗的批签发检验能力，为北京市疫苗从研发到生产的全生命周期提供技术支撑服务。项目总建筑面积1.6万平方米，总投资2.02亿元，计划于2024年4月竣工。

（市科委、中关村管委会）

【新冠肺炎更名为新型冠状病毒感染】12月26日，国家卫健委发布公告，将新型冠状病毒肺炎更名为新型冠状病毒感染。同时，国务院应对新型冠状病毒感染疫情联防联控机制综合组要求，自2023年1月8日起，对新型冠状病毒感染实施“乙类乙管”。公告称，自2023年1月8日起，解除对新型冠状病毒感染采取的《中华人民共和国传染病防治法》规定的甲类传染病预防、控制措施；新型冠状病毒感染不再纳入《中华人民共和国国境卫生检疫法》规定的检疫传染病管理。同时，对新型冠状病毒感染实施“乙类乙管”。依据传染病防治法，对新冠病毒感染者不再实行隔离措施，不再判定密切接触者；不再划定高低风险区；对新冠病毒感染者实施分级分类收治并适时调整医疗保障政策；检测策略调整为“愿检尽检”；调整疫情信息发布频次和内容。依据国境卫生检疫法，不再对入境人员和货物等采取检疫传染病管理措施。

（“学习强国”App）

【同仁堂集团全力以赴保障抗疫用药供应】 12 月，同仁堂集团全力以赴保证抗疫用药生产供应，用实际行动落实北京市稳产保供专题会精神。同仁堂集团第一时间召开全系统稳产保供工作调度会，由各级企业一把手担任专项工作组组长，统筹推进全系统疫情用药生产供应工作；按照预防、治疗、康复阶段用药需求，聚焦抗感冒、退烧镇痛、止咳祛痰、消炎抗病毒等功效梳理出 41 个中成药、8 个保健产品作为主打产品，服务首都群众抗疫，疫情用药采取优先排产、优化检验等一系列优先措施，以最大限度保证市场供应。

同仁堂广大党员干部职工驻守生产一线，全力保障生产供应（2022 年摄）

（李　淦）

【京城机电推进复工复产】 12 月，京城机电召开新冠肺炎疫情防控措施优化调整后推进复工复产工作视频会。会议传达了市国资委关于疫情防控措施优化调整后复工复产和城市运行保障工作专题会精神，并通报了集团截至 11 月底的经济运营情况。会议指出，各企业要落实好“疫情要防住、经济要稳住、发展要安全”的要求，全面贯彻落实市委、市政府和市国资委相关工作要求，全力以赴抓好疫情防控和复工复产各项工作，确保完成全年各项任务目标。会议强调，要落实好最新的疫情防控政策，做到精准、有序；要进一步优化完善应急预案，做好物资储备；要发挥领导干部率先垂范作用；要全面推进复工复产工作。

（“国资经济”微信公众号）

【同仁堂互联网医院开设新冠肺炎互联网门诊】 12 月，同仁堂集团所属北京同仁堂互联网医院开设新冠肺炎互联网门诊，医生可在线为患者提供健康评估、咨询诊疗、居家健康指导和心理疏导，并提供药品邮寄业务，患者足不出户即可获得疫情防治医疗保障。北京同仁堂互联网医院整合了同仁堂中医药资源，组织中医专家研制推出覆盖新冠预防、阳性期、转阴后各阶段的中药方，开展线上预防咨询、复诊开方及配送服务。同时，同仁堂互联网医院业务得到同仁堂各医疗机构的线下配合。北京同仁堂中医医院开设发热诊室，安排志愿者协助发热患者交单取药。呼家楼第二社区卫生服务中心、酒仙桥卫生服务中心、黄寺综合门诊部及社区医疗机构为确保辖区居民第一时间用药，协调各科室 24 小时坚守在岗，通宵工作，从开药方到抓药、清洗、熬制、包装，再到分装打包、运输，以中医特色诊疗保障广大居民健康。

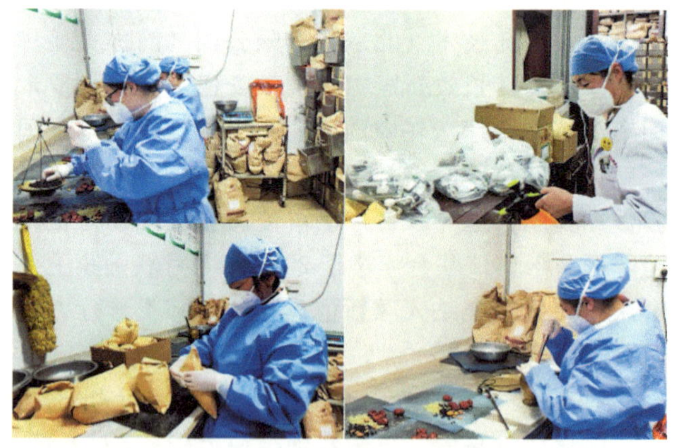

（“国资京京”微信公众号）

【首钢医院“云端义诊”可以实现精准诊断】 12 月 1 日至 31 日，面对新冠肺炎疫情形势，首钢集团所属北京大学首钢医院统筹安排疫情防控和正常医疗服务，发挥互联网优势，通过北京大学首钢医院互联网医院平台开展线上义诊活动，力争满足患者的咨询问诊、求医购药等医疗服务需求。北大首钢医院互联网医院成立于 2021 年 7 月，为常见病、慢性病患者提供足不出户的“互联网＋医疗”新模式；其服务内容有预约挂号、在线复诊、电子处方、药品配送到家等，同时向所有患者提供健康咨询服务。

（“国资京京”微信公众号）

【化工集团复工复产冲刺全年经营目标任务】全市新冠肺炎疫情防控措施优化调整后，化工集团有序推动复工复产，一手优化防控措施，一手抓复工复产和安全稳定，全系统迅速行动，全力以赴冲刺全年经营目标任务。11月至12月，试剂所高纯试剂和中钞防伪试剂产能稳步提升。高纯试剂产量占全年总量的15.3%，中钞防伪试剂产量占全年总量的23.7%。华腾橡塑公司结合实际，及时将新的疫情防控措施落实到岗到人，全体员工全力以赴赶进度，奋力打好“收官战”。11月下旬以来，天海公司重点为中芯国际、中芯北方、中芯京城、京东方、福莱克斯、中钞防伪、夏禾科技等重点企业运输危险废物。两周共运输危险废物150余吨，保证了重点企业的正常生产运行。12月上旬，天海公司全面启动复工复产。3套生产装置满负荷运行，全面恢复采购和销售工作。截至11月底，华腾橡塑公司生产医用检查手套3.3亿只，医用手术手套8000余万副；安徽华腾生产家用及工业用手套共7700余万副，高质量保供首都各大医院和医疗机构医用手套的使用。

（“国资京京”微信公众号）

【京能集团打出复工复产“组合拳”】12月，新冠肺炎疫情防控措施优化调整后，京能集团所属清洁能源强化责任担当，探索有效途径，打出复工复产“组合拳”。在做好疫情防控的同时，不断增强复工复产工作的预见性、应对的科学性、措施的精准性。坚决扛起保电保供大旗，主动担当作为履行国企责任。京能清洁能源所属7家京内燃气电厂安全生产形势整体保持平稳，自冬季供暖以来，市属各燃气电厂累计上网电量22.9亿千瓦时，供热570.8万吉焦，为北京疫情防控、复工复产提供了基础保障。

京阳热电工人做好安全检查，为复工复产提供基础保障（2022年摄）

（“国资京京”微信公众号）

【科兴新冠疫苗全球研制及应用项目获市科技一等奖】12月，由大兴区人民政府提名，SINOVAC科兴旗下北京科兴中维生物技术有限公司联合中国食品药品检定研究院、中国科学院生物物理研究所、中国疾病预防控制中心传染病预防控制所、浙江省疾病预防控制中心以及北京昌平实验室申报的“新型冠状病毒灭活疫苗的全球研制及应用”项目获2021年度北京市科学技术进步奖一等奖。北京市科学技术奖由北京市人民政府设立，旨在奖励科技界的优秀人士与团体。为表彰在科技抗疫中作出重要贡献的科技成果，本年度在北京市科学技术进步奖提名和初审中增设“抗疫成果组”，重点奖励在疫情防控中经过应用验证，发挥重要作用的疫苗、新药、试剂开发等科技成果，新冠疫苗项目是其中之一。

（张　玥）

【一轻日化保障防疫物资供应】年内，北京一轻日用化学有限公司中标“北京市级民用防疫物资政府临时储备项目（第二次）（重招）”04包和05包，负责保供470克84消毒液23.5吨，10千克84消毒液50吨，占全市总储备量326.9吨的22.48%。

（一轻控股）

【6 款新冠检测试剂获批】年内，北京市 6 款抗原试剂国内率先获批上市，数量居全国首位，日产能由 440 万人份快速提升至 940 万人份，有力支持了国家调拨和援港工作。金豪制药、卓诚惠生等核酸检测试剂生产企业日产能稳定在 200 万人份以上，有效保障北京市核酸检测工作开展；京东方、卡尤迪快检设备为多种应用场景提供了新手段。

（市经济和信息化局）

【新冠肺炎治疗药物研发生产】年内，腾盛华创医药技术（北京）有限公司的国内首个中和抗体药物获批上市；北京协和药厂国内首个小分子药物阿兹夫定落地生产，市级多部门联合推动北京华润双鹤药业股份有限公司签约建设扩产产能；国药集团药业股份有限公司与默沙东、泰德制药与盐野义就特效药物达成引进合作；华辉安健（北京）生物科技有限公司广谱抗病毒药物 HH120 等多款新冠病毒治疗创新药物加速开展临床研究。

（市经济和信息化局）

【金隅集团统筹疫情防控与复工复产】年内，金隅集团定期召开集团疫情防控领导小组会议，科学精准落实各项防控措施，并通过干部下沉支援、志愿服务、捐赠抗疫物资等多种形式助力属地打赢疫情防控阻击战。面对北京多轮反复疫情，3000 余名物业员工始终坚守抗疫一线，以实际行动保障城市运行和人民群众生命安全，践行首都国企责任担当。全速推进在京地产项目，北京市朝阳区十八里店朝阳港一期土地一级开发项目 1303-693 地块 R2 二类居住用地项目于 8 月开盘，逆市热销，实现开盘热销 16.68 亿元，北京市海淀区西北旺镇 HD00-0403 街区永丰产业基地（新）F1 地块项目开盘热销 40 亿元。大红门区域北木南厂地块 9 月 23 日入市成交。组织重点工程（项目）施工，全面完成北京市市级重点工程年度建设任务，各固定资产投资项目稳步推进，冀东水泥磐石有限责任公司磐石新型建材产业园 4500 吨 / 天熟料水泥生产线项目完成土建及主机设备安装，唐山曹妃甸冀东装备机械热加工有限公司年产 2.5 万吨大型金属材料智能制造项目完成设备安装，北京金隅节能保温科技（大厂）有限公司陕西澄城县年产 4 万吨岩棉项目、北京金隅加气混凝土有限责任公司年产 60 万立方米加气混凝土生产线项目先后建成投产。

（薛鑫宇）

【国防科工做好疫情防控和稳产促产】年内，市国防科工办多措并举做好疫情期间稳产保供工作。利用服务包机制，拓展重点企业保供协调渠道。迅速响应，随时办理，为重点区域审批开具《应急物资进出京调拨转运证明》91 次，确保审批不过夜，全力保证疫情期间重点区域应急物资物流畅通。编制航空航天企业“一企一策”方案预案关注重点提示，了解重点企业新冠肺炎疫情防控进展，协调解决物资运输等问题。统筹协调各部门，做好各项疫情防控和安全预案，服务疫情期间国际亚太空间合作组织在北京召开重要会议，保障阿联酋国家元首特别代表访华交流军贸事宜。

（市经济和信息化局）

【统筹推进全市经信系统疫情防控】年内，市经济和信息化局组织召开全系统疫情防控工作调度会 11 次，部署全市经信领域疫情防控和复工复产工作。印发《关于做好近期工业领域疫情防控工作的通知》《关于督导工业和软件信息服务业企业建立并做好基础台账管理工作的通知》等 30 余份文件。编制《北京市工业和软件信息服务业企业疫情防控指引》（第十二版、第十三版），部署落实中共中央国务院和市委、市政府关于做好疫情防控的最新要求，从严从紧抓好全市工业、软件和信息服务业领域复工复产防控和供应链保障工作。加强工业领域货运司机防疫管理，印发《关于做好工业领域物资运输车辆司乘人员核酸检测的通知》，从严落实进返京司乘人员核酸检测要求。落实《应急物资货运车辆及人员进京防疫指引》要求，督促企业切实抓好人员、车辆和货品防疫工作。强化工业进口非冷链货品防疫管理，印发《关于严格落实进口非冷链货品常态化疫情防控指引的通知》《关于加强工业和软件信息服务业企业进返京人员和进口非冷链货品防疫管理的紧急通知》，建立进口非冷货品企业及人员信息台账。

（市经济和信息化局）

【加强疫情防控督导与企业服务】年内，市经济和信息局加强经开区工业和软件信息服务业企业新冠肺炎疫情防控督导与企业服务，保障产业链稳定。现场走访和电话督导企业 46 家次。为经开区京东方、奔驰等重点企业办理物资转运证明和运输需求审核，其中企业 1270 家次，车辆 16873 辆次。下沉社区一线，协助开展社区疫情防控工作。

（市经济和信息化局）

【推动工业领域复工复产】年内，市经济和信息化局开展 4 轮疫情防控走访督导，实现全市 17 个区（含经开区）全覆盖，涉及企业 1053 家。用好“三个抓手”，全力以赴稳链畅通保供。运用工业企业人员“核酸比对小程序”，加强从业人员核酸监测督促，规定周期内核酸检测率保持在90%以上；发挥好“通行证”作用，累计办理重点物资运输车辆证明11万余张，最大限度为企业复工复产、达产增效创造条件；建立完善重点保供企业“白名单”制度(共854家)，指导“白名单”企业及有意愿有条件的企业制订闭环方案并提供配套保障。截至12月31日，根据各区反馈，规上工业企业复工率100%，已复工工厂人员到岗率86.0%。

(市经济和信息化局)

【化工集团应对疫情勇挑重担】 年内，北京北化房地产开发有限公司的华腾美居酒店完成接待313名两奥国内媒体、志愿者及3000余人集中隔离任务。北京普莱克斯实用气体有限公司为两奥指定的京张两地医院和医疗单位提供医用氧服务，服务首都疫情防控用瓶装氧气340瓶/天，液氧79吨/天。东方宾馆先后承接河北大厂医务人员38人、通州区疫情防控指挥部150人服务保障任务。华腾拓展旌凯大厦、东四环92号院承接朝阳区新冠肺炎疫情防控指挥中心及集中隔离点任务。北京华腾橡塑乳胶制品有限公司稳产保供，为首都各大医疗机构提供医用手套2.3亿只。北京华腾检测认证有限公司为北京生物制品研究所提供标准溶液。北京化工厂有限责任公司供应北京亦庄水务有限公司、北京环卫集团等城市运行保障单位环保试剂1.8万吨。北京华腾拓展物业管理有限责任公司、北京北化房地产开发有限公司、北京华腾丹陛华物业管理有限公司及其他有关企业完成519户服务业小微企业和个体工商户租金减免6946.92万元。集团所属单位55名干部下沉社区，百余名职工参与社区志愿活动。

(化工集团)

【东城区疫情防控指导及管理】 年内，东城区科技和信息化局按照市区两个渠道，统计报送工业企业中高风险地区人员排查报表。统计工业企业疫苗情况，19家规模以上企业2121人已接种第三针，接种率达98.01%。全面排查3家进口非冷链工业企业消杀情况，并纳入核酸比对小程序管理，每日报送“快递修理保安食堂保洁”五类从业人员核酸情况，每月动态更新从业人员台账。指导4家工业企业防控演练；为工业企业发放抗原试剂盒、办理通行证，保障企业正常生产经营。依托“目录区块链”系统申请并整合市经济和信息化局健康宝个人健康状态、核酸检测结果和市卫健委疫苗接种等相关数据，搭建“东城区疫情防控动态信息管理系统”。

(区科技和信息化局)

【海淀区重点防疫物资保障】 年内，海淀区为北京纳通科技集团有限公司、海杰亚（北京）医疗器械有限公司等防疫物资生产企业开辟绿色审批通道，确保原材料和设备供应。建立应急物资储备库，围绕中和抗体、疫苗等重点救治药品，口罩、防护服、采样管、核酸检测试剂及方舱、消毒剂等医疗防护物资，呼吸机、负压面罩等医疗救治设备，明确动态、可调控的战略储备机制和应急响应机制。落实并完善应急储备库机制，重点支持11家企业开展实物储备能力和生产动员能力建设，紧急协调北京航天长峰股份有限公司、北京怡和嘉业医疗科技股份有限公司等企业，保障区内20余家医疗机构对于制氧机、监护仪、呼吸机等紧缺医疗物资的需求。

(郑　雪)

【丰台区推动企业复工复产】 年内，丰台区科学技术和信息化局协调河北省三河市推动北京当升材料科技股份有限公司产能恢复，实现产值同比增长48%；将北京榆构有限公司、北京澳丰源科技有限公司、北京汇力智能科技有限公司纳入纾困企业名单，通过对接浙商银行，为汇力智能获得700万元贷款；帮助依文服饰股份有限公司、北京谊安医疗系统股份有限公司等防疫物资生产企业开拓市场；为10家重点保障企业发放抗原试剂盒3.64万个；为北京榆构有限公司、依文服饰股份有限公司等22家企业办理物资运输通行证667份，服务1200余辆车，保障企业物资物流运输，减少疫情对产业链供应链等重要生产经营环节的影响。

(王　蕾)

【石景山区助力企业疫情防控】 年内，石景山区经济和信息化局督导企业落实新冠肺炎疫情防控主体责任，全年检查企业300余家次，大数据排查风险人员3000余人次。发挥稳定产业链供应链协调机制，将9家企业纳入“白名单”，为11家企业办理重点物资通行证，为企业争取市高精尖产业资金220万元，精准服务优质中小企业124家，切实减轻企业负担。

(代　蓉)

【门头沟区疫情防控检查】 年内，门头沟区全力做好新冠肺炎疫情防控工作，对制造业责任台账内的64家企业开展全覆盖走访指导工作，与企业沟通，完善疫情防控预案，加强疫情防控人员培训，配合企业做好疫情防控工作，确保疫情防控和有序复工复产两手抓两不误。累计指导检查企业 4682 家次。

（李　昂）

【房山区疫情防控和安全生产】年内，房山区经济和信息化局统筹工业和信息化领域疫情防控工作，动用上千次人力坚持走访督导 171 家规下工业企业和 37 家冷链企业，运用大数据手段支撑疫情防控工作，工业和信息化领域未出现大规模疫情传播。出台《关于开展工业、软件和信息服务业安全生产管理工作实施方案》，明确各部门安全生产管理职责，建立行业安全管理工作联动机制，共开展检查 1653 家次，发现各类问题隐患 346 处，316 处整改完毕。梳理新一轮空气重污染应急减排名单，完成 15 家企业空气重污染天气绩效评级 D 升 C。

（刘海龙）

【通州区疫情防控】年内，通州区经济和信息化局深入企业进行实地检查，做好企业常态化疫情防控工作，加强督导检查，指导企业落实各项防控措施。加强对全区规模以上工业和软件信息服务业、通信相关企业重点人群疫苗接种的组织协调，提高疫苗接种率。全区通信相关人员接种率 92.36%、软信类人员接种率 94.7%、规模工业人员接种率 96.3%。统筹全区重点防疫医疗物资和消杀产品的生产调度，对接市医用防疫物资保障小组，协调相关医疗物资紧急调配，准确掌握全区防疫物资生产企业、药品生产企业产品相关信息并建立工作台账。加强对冷链食品及相关人员、冷库统计管理；对冷链食品生产加工企业排查建账，严格开展冷库食品排查、规范冷链食品入库防疫管理；严格履行“四方责任”，补齐漏洞，做好食品工业企业冷库存货食品涉疫风险排查和防控工作。年初疫情特殊时期，利用线上交流方式，以“财源建设”“保增长、促发展，做好一季度开门红”“稳经济运行”等为主题，组织开展企业座谈，了解企业面临的影响正常生产经营困难，会同相关部门予以解决。做好工业企业生产物资物流运输保通保畅，做好对乡镇、办事处及申报企业指导工作，为 319 家次工业企业办理《应急物资进出京调拨（转运）证明》，涉及车辆 644 车次，有效缓解部分企业生产物资运输难问题；启用“北京市智慧货运综合服务平台”，对工业企业在线提出的《北京市重点物资运输车辆通行证》办理需求申请进行二级审核，严格落实“即接即办”工作原则，第一时间进行在线审核，全年累计审核通过企业办理《通行证》申请 820 家次，涉及运输车辆 3228 车次。

（刘书标　刘建波）

【大兴区疫情防控】年内，大兴区经济和信息化局多管齐下，多点发力，筑牢守好疫情防控防线。常态化开展“四不两直”走访督导工业企业落实各项防疫要求，累计走访 2000 余家次。为全区 700 个检测点提供技术支撑，解决各类突发问题百余起。通过大数据平台共享接入检测数据，提供结果查询；推广应用核酸比对小程序。做好大数据组数据派单排查。推进防疫一体化皮基站建设，安装开通皮基站 3140 台，为疫情防控精准流调提供数据支持。制订《关于规模疫情下重点企业闭环运行服务保障方案》，将 318 家企业纳入区内重点保障企业“白名单”，促进产业链上下游企业协同复工复产，其中 22 家企业纳入北京市重点保供企业名单。精准纾困，针对河北省、天津市等多地疫情压力和物资进京难问题，为北京科兴中维生物技术有限公司、北京三元食品股份有限公司等 78 家企业 8351 辆车申办通行证；为北京以岭药业有限公司等协调办理外地产业链企业的生产供应及运输；为北京金沃夫生物工程科技有限公司等协调解决企业用工需求问题。落实“双报到”机制，开展党员干部下沉工作，累计派出 26 名干部支援机场转运及隔离点工作，派出 56 名干部下沉旧宫 11 个社区、4 个核酸检测点，支援门岗值守及核酸检测工作 795 人次，派出 67 名干部下沉兴丰街道 4 个社区，支援门岗值守工作累计 412 人次。

（刘　莉）

【昌平区疫情防控】年内，昌平区经济和信息化局对规上工业企业进行走访督导，指导企业严格按照市级防控指引要求落实企业主体责任。全年累计出动人员 1405 人次，走访企业 2695 家次。成立抗原专班及疫苗专班，全力做好抗原物资生产和保障工作。贯彻落实工信部关于重点企业“白名单”制度，促进企业产业链供应链畅通循环，全年纳入国家级“白名单”4 家、市级“白名单”16 家、区级“白名单”83 家。为工业企业办理应急物资进出京调拨（转运）证明 835 次，帮助企业解决应急物资进出京难题。与三大运营商合作，向昌平区流动人口发送疫情防控短信 1673.9 万条。在区内人员密集场所等重点区域安装防疫二合一设备 1638 台，保障重点场所的疫情流调。

（于凌燕　赵星）

【平谷区疫情防控】年内，平谷区科技和信息化局帮助企业纾困解难，为区内规上工业企业办理“应急物资进出京调拨证明”1129 张；大力推进疫苗接种，工业企业（食品除外）接种率达99.6%，通信行业达97.3%，在重点行业中排名靠前；制定《平谷区关于进一步加强工业及信息服务业企业疫情防控指引》《北京市平谷区科学技术和工业信息化局重点企业生产闭环管理预案》等文件，动态调整疫情防控各项措施，组织29家“白名单”企业闭环生产，开展进口非冷链企业线上、线下应急演练；严格落实包镇包企工作机制，成立13个检查小组，指导企业严格疫情防控各项要求，实现2周一覆盖。

（区科技和信息化局）

【怀柔区推进企业复工复产】年内，怀柔区经济和信息化局确定北京福田戴姆勒汽车有限公司、北京春风药业有限公司等保供白名单企业25家，全面落实复工复产工作要求，为企业解决受疫情影响的物资、人力、仓储等问题，指导企业加强对关键岗位员工的防疫、轮岗备岗保障。派驻人员进驻北京春风药业有限公司、北京红林制药有限公司等医药生产企业，协助企业办理扩产项目相关手续，保障企业达产满产，全力保障药品供应。强化产业链上下游协同和跨区域协调，为企业审核并办理《重点物资运输车辆通行证》累计5100余次。落实企业安全生产专项整治3年行动，共检查生产经营单位896家次，发现问题隐患1020项，下达整改通知单623份。

（区经济和信息化局）

【密云区统筹推进疫情防控和复工复产】年内，密云区经济和信息化局开展工业企业防控和安全生产督导，累计督导企业186家次、392人次；开展涉及中高风险地区进返京人员排查15轮；开展疫情防控培训和演练10期；加强工业企业从业人员疫苗接种和核酸检测。坚持“人、物、环境”同防，组织落实进口非冷链疫情防控指引。推广使用“人员核酸比对登记簿”，工业企业和进口非冷链企业使用单位数居生态涵养区首位。

（田兆龙）

【密云区疫情防控信息化服务保障】年内，密云区经济和信息化局以信息化手段助力科学防控，对接“北京市集中隔离信息化平台”做好管理维护。完成23个集中隔离点的门磁报警器安装及必要的视频监控升级补点等工作。联通、移动电信运营商通过电话协查核酸检测阳性人员同时空人员信息，累计完成近4000人信息补全。在市场、商超、景区、医院、家具城等重点场所安装皮基站574个并激活使用，为全区疫情防控提供有力支撑。

（王效辉　张鹏）

【延庆区疫情防控】年内，延庆区经济和信息化局按照区级分工，负责81家工业企业和5家通信企业。81家工业企业中，正常生产40家、停产38家、软注册3家。对照《北京市工业和软件信息服务业企业疫情防控和复工复产指引（第十三版）》，对46家企业实行日排查，内容涉及进出京信息、核酸检测信息、密接人员信息、疫苗接种等情况。对食品冷库企业从业人员实施日核酸检测，对进口非冷链企业落实《进口非冷链货品防控指引（第三版）》。

（单荣华）

政策与措施

【同仁堂互联网医院获批并揭牌】1月，北京同仁堂互联网医院通过东城区卫健委审核，取得医疗机构执业许可证。6月27日，在2022西湖论坛上，北京同仁堂互联网医院揭牌仪式在浙江省乌镇互联网国际会议中心乌镇厅举办，该互联网医院是北京市首家独立设置的中医互联网医院。同仁堂互联网医院是中国北京同仁堂集团借助“互联网+”模式，依托同仁堂中医药优势资源，打造的“互联网+中医”在线诊疗平台，是为患者打造的全新医疗健康生态系统。互联网医院将按照营业范围开展诊疗项目，在线为患者提供常见病、慢性病复诊服务。

（李　淦）

【乐普医疗发行全球存托凭证在瑞士证交所上市】7月

25 日，乐普医疗发布《关于发行 GDR（全球存托凭）并在瑞士证券交易所上市获得瑞士证券交易所监管局附条件批准的公告》。乐普医疗作为国产心血管龙头，自 1999 年以来，相继完成了支架、导管等多项介入医疗核心产品的研制开发和产业化工作，在业内创造了多个“第一”：第一个获得国家药监局颁发的“冠状动脉支架输送系统”产品注册证（Ⅲ类）、第一个研发并试制成功抗感染“药物中心静脉导管”、国内首个用于治疗原发冠状动脉粥样硬化患者的血管内狭窄的生物可吸收支架等，也是新《监管规则》发布后第一批公布瑞士上市计划的中国企业。

（张 玥）

【爱博医疗医疗器械研发中心及生产基地项目主体封顶】 9 月 27 日，爱博诺德（北京）医疗科技股份有限公司（简称爱博医疗）医疗器械研发中心及生产基地项目主体封顶仪式于爱博医疗总部南邵园区举行。医疗器械研发中心及生产基地项目位于昌平区南邵镇爱博医疗公司总部园区内，总建筑面积超过 1.5 万平方米。项目建成后，进一步拓展公司在研发实验、产品检测等方面的建筑空间，推动眼科技术创新、扩大产能，提升昌平区高端医疗器械科技创新实力。

（张 玥）

【亦昭生物医药中试研发生产基地竣工】 10 月，北京亦昭生物医药中试研发生产基地项目一期取得生产许可证，12 月完成五方验收并实现首批 10 条 2000 升规模一次性原液生产线的投入使用。北京昭衍生物技术有限公司已建成 10 条符合中国、美国、欧盟以及 WHO 等国际标准的 2000 升一次性大分子原液生产线，及冻干、水针、预充针等多种剂型的高端制剂车间；同时拥有 50 ～ 5000 升各型反应釜，能够满足复杂工况产品中商业批原料药的生产需要。

（贾玉龙）

【万泰生物落地小汤山美丽智造园】 12 月 15 日，未来科学城科研成果转化基地（原小汤山镇工业区）（一期）项目 CP04-0201-0013、0016、0018 地块出让。北京万泰生物药业股份有限公司以 2.2 亿元竞得，标志小汤山美丽智造园建设发展迈出关键性的第一步。

（于凌燕 赵星）

【诺华在中国设立卫生健康发展基金会】 12 月 19 日，诺华中国宣布设立卫生健康发展基金会，在全国范围内开展公益慈善活动，促进中国卫生健康事业发展，推动社会的发展与进步，并助力共同富裕。基金会注册在海南自由贸易港博鳌乐城国际医疗旅游先行区。诺华是首个获准在中国设立基金会的跨国医药企业。

（张 玥）

产业动态

【万洁天元获得“椎体成形工具包”医疗器械注册证】 1 月，北京万洁天元医疗器械股份有限公司“椎体成形工具包”产品获得第二类医疗器械注册证，是继球囊扩张压力泵的第二款获证的万洁脊柱微创产品。多项测试结果显示，该产品在技术、质量方面已经达到国际同类产品水平。椎体成形工具包是用于经皮椎体形成术的配套使用工具，在椎体成形术后凸成形术中建立手术通道，并通过该通道进行骨水泥注入或作为取活检的通道。

（“国资京京”微信公众号）

【美国食品药品监督管理局受理百悦泽®（泽布替尼）上市许可申请】 2 月 22 日，美国食品药品监督管理局（FDA）受理百济神州的百悦泽®（泽布替尼）用于治疗成人慢性淋巴细胞白血病（CLL）或小淋巴细胞淋巴瘤（SLL）患者的新适应证上市许可申请（sNDA）。百济神州是一家立足于科学的全球性生物科技公司，专注于开发创新可负担的药物，旨在为全球患者改善治疗效果，提高药物可及性。

（魏清华）

【同仁堂集团宋福印名医工作室成立】 3 月 3 日，同仁堂集团宋福印名医工作室成立，同仁堂集团 4 名青年医师拜师宋福印。宋福印长期从事中医临床工作，独创了“气血脉形辨证”理论，为北京同仁堂中医医院名誉院长。宋福印名医工作室将定期组织学术讲座、开展科研工作、推广中医新技术、培养中医药人才；加强与社区基层医疗机构合作，利用专家资源优势开展医疗帮扶、技术指导，通过会诊、查房等方式为地方及周边群众提供中医诊疗服务。

（“国资京京”微信公众号）

【3D 微载体细胞规模化智造技术获日内瓦发明金奖】 4 月 8 日，由清华大学医学院生物医学工程系教授杜亚楠及转化团队北京华龛生物科技有限公司自主研

发的3D微载体细胞规模化智造技术获日内瓦发明金奖。该技术可为细胞药物研发企业提供定制化扩增工艺整体解决方案，同时在再生医学、类器官与食品科技（细胞培养肉等）领域也具有广泛的应用前景。其核心产品3D TableTrix®微载片（微载体）是一种多孔微球，具有化学、物理性质精准可控的特点，可以根据细胞种类进行细胞微环境的定制化设计；通过特异性裂解技术，能够实现细胞100%收获；具备中国检验检疫科学研究院等相关权威机构的检验报告，已获得美国FDA DMF及中国国家药监局药用辅料资质；是全球创新型、国内首款可用于细胞药物开发的药用辅料级微载体。

（郑　雪）

【中国科兴埃及冷库援建项目开工】4月14日，科兴控股生物技术有限公司援建的埃及冷库项目在埃及吉萨省十月六日城举行开工仪式。埃及卫生与人口部代理部长哈立德·加法尔、中国驻埃及大使廖力强、中国科兴国际业务高级总监张启超、埃及Vacsera公司CEO赫芭·瓦丽等出席仪式。建成后存储能力达1.5亿剂，极大助力埃及在短期内成为地区的疫苗生产和出口中心。

（魏清华）

【全球首张头颈CTA医疗AI三类证获批】4月14日，数坤科技子公司语坤（北京）网络科技有限公司头颈CT血管造影图像辅助评估软件（CerebralDoc）获批NMPA三类医疗器械注册证，是全球首张头颈CTA医疗AI三类证。该产品依托于数坤科技原创的医疗影像图像处理技术和AI图像算法，可对头颈动脉CT血管造影影像进行显示、处理、分析，可用于头颈动脉血管是否存在50%及以上狭窄进行辅助分诊评估，智能输出结构化报告，极大提升医生诊断效率和准确率。

（魏清华）

【百济神州进入IDEA Pharma全球医药指数榜单前10位】4月20日，英国医药咨询公司IDEA Pharma发布2022年医药创新指数和医药发明指数排行榜。百济神州（北京）生物科技有限公司凭借卓越的研发布局和创新能力，分别位列医药创新指数排名第6、医药发明指数排名第7，是国内唯一连续2年入围两大指数榜单的创新医药企业。

（魏清华）

【倍利妥获批用于治疗儿童白血病】5月4日，百济神州宣布中国国家药品监督管理局批准倍利妥（注射用贝林妥欧单抗，BLINCYTO）用于治疗儿童复发或难治性（R/R）CD19阳性的前体B细胞急性淋巴细胞白血病（ALL）。倍利妥已于2020年12月获得NMPA附条件批准，用于治疗这一适应证的成人患者。

（魏清华）

【同仁堂集团中药材种养殖高质量发展大会召开】5月7日，同仁堂集团中药材种养殖高质量发展大会召开。会议主要是按照国家新版GAP规范要求，部署实施同仁堂集团中药材种养殖高质量发展工作方案、推进同仁堂中药全流程质量溯源能力建设。

（李　淦）

【同仁堂安宫牛黄丸位列全国城市实体药店中成药销售额榜首】5月22日，新浪网发布最畅销药品、企业20强。北京同仁堂的安宫牛黄丸夺得全国城市实体药店中成药销售额Top20品牌第一名。2021年，北京同仁堂的安宫牛黄丸销售23亿元，同比增长24%。

（“国资京京”微信公众号）

【昌平区21款器械产品入选国家药监局创新医疗器械清单】6月2日，国家药监局更新发布《国家药监局已批准的创新医疗器械》清单（创新医疗器械是指具有中国发明专利，技术上属于国内首创、国际领先，具有显著临床应用价值的医疗器械）。截至发布当日，清单共包括全国共125家企业161款产品。其中，北京市28家企业47款产品。昌平区北京品驰医疗设备有限公司、语坤（北京）网络科技有限公司、爱博诺德（北京）医疗科技股份有限公司、乐普（北京）医疗器械股份有限公司、博奥生物集团有限公司、北京颐合恒瑞医疗科技有限公司6家企业共21款产品入选，创新医疗器械产品数量约占全市45%，占全国13%。

（张　玥）

【百泽安在国内获批9项适应证】6月10日，中国国家药品监督管理局（NMPA）批准百济神州（北京）生物科技有限公司抗PD-1抗体药物百泽安（替雷利珠单抗注射液）联合化疗用于复发或转移性鼻咽癌（NPC）患者的一线治疗。百泽安已在中国获批9项适应证，包括肺癌、肝癌、食管癌、尿路上皮癌等，是国内获批适应证最多的PD-1药物。此外，美国FDA、欧盟EMA已受理百泽安的新药上市申请。6月13日，科威特卫生部、巴林国家卫生监督管理局和卡塔尔公共卫生部已批准百济神州（北京）生物科技有限公司的BTK抑制剂百悦泽（泽布替尼）用于治疗既往接受过至少一种治疗的套细胞淋巴瘤（MCL）成人患者。百悦泽已在全球50个国家和地区批准上市。

（张　玥）

【首届中国－日本粒子治疗技术创新与合作论坛举办】 6月11日，大兴区举办首届中国－日本粒子治疗技术创新与合作论坛。本次论坛活动为期2天，通过云端会议形式在线举办并由专属视频号全程直播。大会围绕“高端粒子技术领域双边合作与创新发展”主题，重点设置论坛开幕式、专题分论坛、重点合作项目签约仪式3大环节，来自日本国立癌症研究中心、大阪重粒子线中心、日立（中国）有限公司、东芝（中国）有限公司、住友重机械工业集团、中国原子能科学研究院、中国医学科技交流协会、北京华清粒子科技有限责任公司、上海艾普强粒子设备有限公司等两国相关行业头部机构和企业在内的知名院士专家、产业精英人士和粒子领域权威学者相聚云端，聚焦工程与临床技术，展开深入探讨和交流。

（刘　莉）

【凡知3款检测试剂盒获欧盟CE准入资格】 6月21日，北京凡知医学科技有限公司自主研发的猴痘病毒核酸检测试剂盒、呼吸道病毒多重核酸检测试剂盒和人乳头瘤病毒（14型）DNA检测试剂盒均获得欧盟CE准入资格，可在欧盟国家以及认可欧盟CE认证的国家进行销售。

（郑　雪）

【优迅医学检测试剂盒获欧盟医疗器械CE证书】 6月30日，北京优迅医学检验实验室有限公司的人循环肿瘤DNA多基因突变联合检测试剂盒及试剂盒配套生物信息软件均获欧盟医疗器械CE证书。优迅医学的人循环肿瘤DNA多基因突变联合检测试剂盒搭载于优迅医学USCISEQ－200测序平台，该平台已获NMPA注册证书。通过分析患者血液样本中的ctDNA，可一次检测覆盖单核苷酸变异（SNV）、拷贝数变异（CNV）、插入和缺失（indels）、基因融合（GeneFusions）等多种变异类型，结合配套分析软件，可为医院、第三方临检机构提供可靠检测结果，为患者提供全面、精准的靶向治疗解决方案。

（郑　雪）

【推想医疗脑卒中AI产品获中美双认证】 7月12日，推想医疗科技股份有限公司（简称推想医疗）颅内出血CT图像辅助分诊软件获批国家药品监督管理局医疗AI三类证。2021年8月，推想医疗脑卒中产品（InferRead CT Stroke）已通过美国FDA认证。推想医疗脑卒中AI产品成为国内首个斩获NMPA与FDA“中美双认证”产品。推想医疗脑卒中项目已入选工信部、国家卫健委5G+医疗健康应用试点。

（郑　雪）

【北陆药业中标第7批全国药品集中采购】 7月12日，北陆药业生产的碘帕醇注射液［100ml：37g（I）］中标国家组织药品集中采购和使用联合采购办公室组织的第7批全国药品集中采购。碘帕醇注射液是非离子型碘对比剂，主要用于脊髓神经根造影术、CT检查中增强扫描、数字减影血管造影术等，是影像科广泛使用的非离子型碘对比剂之一。药品纳入全国集中采购后，将主供广东省、上海市等9个省市。截至年底，公司格列美脲片、碘海醇注射液，碘帕醇注射液3种药品纳入全国药品集中采购。

（王希华）

【悦康药业被授予北京台湾青年实习就业示范基地】 7月21日，由国务院台办、教育部、全国青联和北京市政府共同主办的2022两岸青年峰会在京开幕。会上，悦康药业集团股份有限公司被授予“北京台湾青年实习就业示范基地”。

（朱　蕾）

【北京首张CAR－T细胞治疗产品生产许可证获批】 7月27日，北京艺妙神州医药科技有限公司（简称艺妙神州）成功获批CAR－T细胞治疗产品《药品生产许可证》，成为北京首家和全国为数不多获批CAR－T细胞治疗产品《药品生产许可证》的企业。艺妙医疗自主开发的首款抗肿瘤药物IM19 CAR－T细胞注射液，分别用于治疗复发或难治的侵袭性非霍奇金淋巴瘤、急性B淋巴细胞白血病和套细胞淋巴瘤。该产品针对3个适应证的研究已全部进入注册临床阶段。

（郑　雪）

【同仁堂健康药业与京东健康达成战略合作】 7月，同仁堂健康药业公司与京东健康达成战略合作。双方计划围绕用户拓展、模式创新、产品研发、品牌共建等方面共同发力，为同仁堂老字号品牌焕发年轻用户新活力，共同探索年轻用户黏性与价值提升。

（李　淦）

【国内首个可充电植入式骶神经刺激器获注册证】 7月，由北京品驰医疗设备有限公司负责研发生产，清华大学参与前期技术支持的“可充电植入式骶神经刺激脉冲发生器套件”注册申请获国家药品监督管理局批准。标志着国内首个自主知识产权的可体外无线充电的骶神经刺激器进入市场。

（张　玥）

【同仁堂签署“暖灯行动”首个落地合作项目】 8月

17日，同仁堂药材参茸集团与中国老年保健医学研究会、北京博奥晶方生物科技有限公司签署“暖灯行动”三方合作框架协议，成为该行动首个落地合作项目。“暖灯行动”是经国家卫健委立项论证，由中国老年保健医学研究会实施开展的老年健康促进公益项目，纳入健康中国行动。北京博奥晶方生物科技有限公司系出博奥生物集团有限公司暨生物芯片北京国家工程研究中心，创始人中国工程院院士程京推动建立分子版《本草纲目》，首创世界最大规模的中药分子药效基因表达谱数据库。协议三方将通过优势互补、资源共享，实现科研、学会、产业深度融合，在推动中药材质量标准提升、中药创新药开发、中西医结合精准诊疗和支持乡村振兴发展等方面开展深入合作，探索实施“乡村振兴＋中医药产业发展＋老年健康服务”的中医药发展新模式。

8月17日，中国老年保健医学研究会会长高松柏（中），中国工程院院士程京（左六），中国北京同仁堂（集团）有限责任公司党委书记、董事长王贵平（右六）出席战略合作签约仪式

（李　淦）

【昌平区召开医疗器械产业监管政策专题培训会】 8月23日，昌平园工委、管委会会同区市场监管局，围绕企业经营注册变更、生产经营备案管理、质量控制等高频业务，召开医疗器械产业监管政策专题培训会。培训采取线上、线下相结合的形式，培训内容主要为《医疗器械注册与备案管理办法》《体外诊断试剂注册与备案管理办法》《医疗器械生产监督管理办法》等政策法规，同时设置交流环节，由市场监管局工作人员现场解答参会企业政策疑点。园区45家医疗器械企业的党组织负责人和业务负责人参会。

（张　玥）

【语坤科技入围人工智能医疗器械创新任务揭榜单】 8月，工信部科技司、国家药品监督管理局医疗器械注册司对人工智能医疗器械创新任务揭榜入围单位进行公示，人工智能医疗器械创新任务揭榜工作是工信部、国家药监局为深入贯彻落实习近平总书记关于揭榜挂帅工作的重要指示精神，加快推动人工智能技术与医疗器械深度融合发展，面向智能产品和支撑环境2个方向，聚焦智能辅助诊断产品、智能辅助治疗产品、医学人工智能数据库等8类揭榜任务，征集并遴选一批具备较强创新能力的单位集中攻关。昌平园“AI+医疗”头部企业——语坤（北京）网络科技有限公司研发的“冠脉CT血管造影辅助诊断软件”“肝脏局灶性病变辅助诊断软件”项目分别列入“揭榜单位”“潜力单位”揭榜名单。

（张　玥）

【同仁堂股份与人民网共建中医药文化传承创新智能平台】 9月9日，党建引领中医药文化传承与创新展示中心在同仁堂股份公司大兴生产基地揭幕，该中心由同仁堂股份公司携手人民网智慧党建体验中心共同规划建设。揭幕仪式上，同仁堂股份公司与人民网创业投资有限公司签订战略合作备忘录。双方将建立深度合作，以生态发展观为根本遵循，结合国家中医药“十四五”发展规划，打造全国范围内生态文明、中医药文化展示与体验的示范基地，讲好中医药故事，让参观者感受中医药的伟大与神奇。

（李　淦）

【大分子生物药工艺研发平台落户昌平园】 9月9日，由华辉安健（北京）生物科技有限公司联合北京中关村生命科学园发展有限责任公司共同建设、投资近2亿元的华辉大分子生物药工艺研发平台在昌平园正式启动。平台是用于成药性验证、工艺开发和临床试验用药生产的开放灵活性中试平台。总建设面积7200平方米，拥有200升、500升、1000升、2000升单体生物反应器，总产能约4000升，软硬件条件先进。

（市科委、中关村管委会）

【同仁堂集团与北京中医药大学签约转化合作项目】 9月15日，在2022中国国际服务贸易交易会北京中医药创新发展论坛上，同仁堂集团与北京中医药大学共同签约“治疗慢性心衰的芪参颗粒”转化合作项目。中药创新药芪参颗粒来源于北京中医药大学，该创新药由研发团队历经多年研究，组方独特，疗效确切，研发过程中获多项国家级课题支持。同仁堂集团与北京中医药大学联合开展治疗慢性心力衰竭病症的中药创新药物研发，可以填补同仁堂在慢性心衰领域的空白，满足同仁堂集团全面高质量发展的战略需求。

9月15日，同仁堂集团党委书记、董事长王贵平（左）与北京中医药大学校长徐安龙（右）共同签约“治疗慢性心衰的芪参颗粒”转化合作项目

（李　淦）

【北京医药健康产业国际项目合作对接会举办】9月15日，北京医药健康产业国际项目合作对接会以线上和线下模式举办。会议由市经济和信息化局主办，北京大兴国际机场临空经济区（大兴）管委会、大兴区经济和信息化局、英中贸易协会（CBBC）支持。出席会议的嘉宾有大兴区经济和信息化局、北京大兴国际机场临空经济区招商局、北京中日创新合作示范区、大兴生物医药产业基地相关代表，匈牙利驻华大使馆科技参赞、英中贸易协会北京首席代表、韩国贝浪生物有限公司、俄罗斯斯科尔科沃科技园、美国亚沃科技、日本盛本医药、芬兰 Wellbridge 公司、斯洛文尼亚 Bioaim 公司、韩国 Mediage 公司、金石投资和方富资本等。会议期间，线上线下嘉宾分别就酶活性机活剂、健康管理数据分析、人工智能早期癌症筛查、新兴抗体药物、细胞和基因治疗、高端医疗设备、辅助诊断等生物医药领域的投资愿景和投资需求进行推介和对接。通过对接，芬兰 Wellbridge 公司和韩国贝浪等部分项目与北京市相关区达成合作意向，将持续推进产业化落地。

（市经济和信息化局）

【“同仁堂 5G 消息门户”获全国大赛一等奖】9月22日，全国第五届“绽放杯”5G 应用大赛 5G 消息专题赛商用方向决赛在江苏省无锡市举行，同仁堂集团携手北京中科讯博通信技术有限公司打造的“同仁堂 5G 消息门户”项目在中国电信、中国移动、中国联通三大运营商支持下，经过复赛、决赛获一等奖。“同仁堂 5G 消息门户”以“同修仁德，济世养生”为主题，充分利用 5G 消息移动互联技术。平台涵盖中医文博、健康养生、服务中心三大板块，构建起从中医药文化传播到客户服务、再到商业转化的循环体系。此举将助力同仁堂数字化转型升级，为推动企业高质量发展、实现“有健康需求的地方就有同仁堂”的战略愿景提供信息支撑。

（李　淦）

【博恩特药业入选市级企业技术中心创建名单】10月18日，市经济和信息化局公布 2022 年度第一批北京市市级企业技术中心创建名单，北京博恩特药业有限公司入选。该公司研发中心以药物微球技术为起点，致力于中国高端制剂的平台建设和质量提升工作，并依托研发与产业化两大核心平台，建立了以自主研发为主、仿制为手段的高端制剂技术研究中心，研发管线涉及肿瘤、妇科、儿科等疾病领域，其中主打产品注射用醋酸亮丙瑞林缓释微球（博恩诺康）曾获北京市科学技术奖三等奖。公司在研项目 20 余项，有多个已完成工艺验证，提交 CDE 申报 4 项且多个品种突破了国际技术壁垒。

（王希华）

【同仁堂股份公司 4 个产品获批境外注册许可证】10月，加拿大卫生部向北京同仁堂股份有限公司核准签发《加拿大天然健康产品注册许可证（一类）》，批准公司 4 个产品“时疫清瘟丸、养阴清肺丸、苏合香丸、巴戟天寡糖胶囊”通过加拿大天然健康产品注册。根据加拿大相关天然健康产品注册法规，持证商取得加拿大卫生部颁发的《加拿大天然健康产品注册许可证（一类）》，可在加拿大开展天然健康产品临床验证。标志着同仁堂集团开启境外自主持证的国际化创新模式，让中医药“出海”更加顺畅，实现有健康需求的地方就有同

仁堂的战略愿景。

（李　淦）

【可瑞生物推进 TCR 创新药布局】 10 月，北京可瑞生物科技有限公司（简称可瑞生物）完成亿元级 Pre–A+ 轮融资。该轮融资计划用于多个创新的 TCR–T 细胞治疗产品与可溶性 TCR 蛋白药研发管线的推进，包括靶向 KRAS–G12 突变的细胞治疗产品和全球创新靶向 KRAS–G12 突变的 TCR 蛋白药物。可瑞生物致力于开发基于 T 细胞受体（TCR）的创新药物，通过技术革新，建立体系化的 TCR 研发平台，解决 TCR 克隆和优化中的一系列技术难点，可以高效率地进行通量化 TCR 创新药开发；基于国际领先的 SMART–TCR 亲和力优化平台，提升 TCR 亲和力优化的成功率和效率，并搭建完善的可溶性 TCR 蛋白药研发技术平台。基于极富创新的研发技术平台以及成熟的工艺开发及分析质控产业化平台，开发针对多靶点多种实体肿瘤及病毒性感染疾病的丰富产品管线。

（张　玥）

【同仁堂在西普会获多项大奖】 11 月 1 日，2022 年西普会健康产业（国际）生态大会在海南省琼海市博鳌镇举办。同仁堂集团携所属企业及众多产品亮相，并获得多项大奖。在西普金奖颁奖仪式上，同仁堂安宫牛黄丸（脑血管用药）、同仁堂（滋补药）、同仁堂（中药饮片）入选 2021—2022 健康中国品牌榜，同仁堂安宫牛黄丸入选 2021—2022 健康中国品牌榜 · 价值排行榜，中国北京同仁堂（集团）有限责任公司获颁行业最高荣誉“西普金奖”。

（李　淦）

【全国首张体外诊断行业三类医疗器械注册证获批】 11 月 4 日，北京小蝇科技有限责任公司与中国医学科学院北京协和医院联合研发的外周血细胞图像白细胞辅助识别软件，获国家药品监督管理局（NMPA）审批通过，成为体外诊断行业（IVD）全国首张 AI 三类医疗器械注册证。该产品有望弥补现有检验手段和人才的不足，提高检验效率和准确率。

（郑　雪）

【诺华中国与国药控股达成战略合作】 11 月 30 日，诺华中国宣布与国药控股股份有限公司签署推广协议。根据协议，从 2023 年 1 月 1 日起，诺华将格列卫®（伊马替尼）与恩瑞格®（地拉罗司分散片）在中国市场的商业推广权交给国药控股。通过共同探索创新的商业合作模式，充分发挥中国本地第三方商业化平台的专业和优势，最大化格列卫®与恩瑞格®的药物可及性。

（张　玥）

【国际核酸药物产业园启动实质性建设】 12 月 13 日，国际核酸药物产业园进入实质性建设阶段，中关村科技园区大兴生物医药产业基地首批组织北京睿博解码生物科技有限公司、北京瑞博开拓医药科技有限公司、北京艾福睿健生物科技有限公司、思合（北京）生物医药有限公司、北京华鑫恒基生物科技有限公司、北京炫景瑞医药科技有限公司、制能（北京）生物科技有限公司 7 家行业领军企业开展北京国际核酸药物产业园项目集中签约暨入驻。北京国际核酸药物产业园旨在引领国内核酸药物产业发展，园区一期已完成建设，建筑面积 2.3 万平方米，二期规划建设用地约 6.67 万平方米。

（刘　莉）

【同仁堂健康药业 9 项质量课题获奖】 12 月，北京质量协会下发《关于公布 2022 年北京质量协会下半年质量管理小组活动成果的通知》，同仁堂健康药业公司申报的 9 项课题全部获奖。其中，健康药业福州公司课题——“缩短破壁灵芝孢子粉多糖检测时间”获一等奖（领先级奖）。

（李　淦）

【品驰医疗磁共振兼容脑起搏器获首创产品项目支持】 12 月，北京品驰医疗设备有限公司（简称品驰医疗）申报的“3.0T 磁共振兼容脑起搏器”通过《2022 年首创产品首次进入市场拟支持项目》公示。首创产品首次进入市场项目由北京市科学技术委员会、中关村科技园区管理委员会组织评审，旨在支持关键领域“补短板”、填补国内（国际）空白、技术水平国内（国际）首创的技术产品（统称为首创产品）实现首次应用，支持的产品分国际首创和国内首创两种类型。3.0T 磁共振兼容脑起搏器是本次获得支持产品中唯一的医疗器械“国际首创产品”。

（张　玥）

【百奥药业二期生产厂房项目完工】 12 月，北京百奥药业有限责任公司二期生产厂房项目完工，完成五方验收。该项目位于昌平园西区，于 2021 年 4 月 18 日开工建设，二期总建筑面积近 1.3 万平方米（地面上 9900 平方米），总投资近亿元。二期厂房将打造成高端、智能、环保的生产线，重点用于高端仿制药片剂、鼻喷剂、贴剂研发、生产，以及药品仓库和配套设施。

（张　玥）

【GE 分子影像工厂项目竣工】年内，航卫通用电气医疗系统有限公司投资 1 亿元，在北京影像设备制造基地内扩建分子影像工厂项目，引入 PET/CT、SPECT/CT 核医学等高端医疗设备产线等。该项目于 3 月开工，12 月底完工，占地约 1260 平方米。

（王子韬）

【通用电气医疗北京影像制造基地建设】年内，通用电气医疗北京影像设备制造基地（简称通电医疗基地）由航卫通用电气医疗系统有限公司和北京通用电气华伦医疗设备有限公司组建，是通用电气医疗集团全球最大的生产和研发基地之一。占地约 60 万平方米，员工总数约 900 人，产线覆盖 CT、血管机、乳腺机、手术机、X 光机、PET/CT 等多个主力产品。2017 年，通用医疗基地生产的 CT 全球已累计装机超过 27800 台。2021 年，通用电气医疗进一步扩大在北京投入，投资建设分子影像工厂项目，持续引入 PET/CT、核医学等高端医疗设备产线。2022 年 12 月，主力产品 PET/CT 取证，开始生产销售。

（通电医疗基地）

【产业集群与园区建设】年内，京津冀生命健康产业集群入选国家先进制造集群，成为京津冀三地第一个联合的先进制造业产业集群；中关村国家自主创新示范区位列科技部《2022 中国生物医药产业园区竞争力评价及分析报告》榜首；昌平区生命科学产业集群入选国家中小企业特色产业集群。

（市经济和信息化局）

【高精尖项目库持续强化】年内，市经济和信息化局高精尖项目库已入库亿元以上重点项目百余个、十亿元以上重大项目近 40 个，投资额超 920 亿元。各主导产业区建立重点项目调度机制，市区形成工作合力服务项目落地建设，推进土地供应、手续办理，加快建设，动态解决重点问题。

（市经济和信息化局）

【配置完善产业要素】年内，北京生物与医药产业在空间方面，通过新增用地和存量空间再利用实现用地超 125.4 万平方米；标准厂房开工建设总面积超 100 万平方米，为处于临床阶段即将面临产业化的项目快速提供空间；政策方面，在全国率先发布政策，明确医保基金可以支付临床试验中常规门诊、常规联合用药等费用，创新药及器械不参加 DRG 分组付费，从支付端鼓励创新应用。“北京普惠健康保”实施并完善，提高产业主体创新研发积极性。人才方面，按照《北京市医药健康领域引进急需紧缺人才的若干政策措施》，聚焦创新、临床、产业、环境、储备等 5 个方面 11 类紧缺人才，围绕临床研究、制剂、AI 医疗、细胞与基因治疗等关键技术人才重点引进，2022 年全市新引进医药类人才超 500 人。

（市经济和信息化局）

【高精尖资金支持不断加强】年内，市经济和信息化局发挥政府资金引导作用，支持创新成果落地、智能绿色技术改造和京津冀产业链布局等环节，全年支持 123 家企业 151 个项目，其中投向医药健康产业化环节资金超 4 亿元。

（市经济和信息化局）

【医药产业承接能力提升】年内，昭衍生物技术有限公司 CMO 平台一期 3 万升大分子生产线投入使用；水木未来结构解析、寻济生物药物制剂、荷塘生华细胞与基因治疗 CDMO 等专业技术平台完成建设并对外服务；百放英库、新生巢、巢生等专业孵化器参考欧美先进模式建设和运营。

（市经济和信息化局）

【提高产业链自主可控能力】年内，市经济和信息化局开展医疗机器人、生物药两个重点产业链图谱梳理，寻找产业链卡点和堵点，鼓励药品器械上下游配套企业在京津冀范围内布局，提高产业链自主可控性。

（市经济和信息化局）

【重点企业扩大在京布局】年内，市经济和信息化局引进首个国外大分子生物药诺华司库奇尤单抗注射液拟在北京落地生产，GE 医疗拟与北京市签署战略合作备忘录，落地分子影像工厂。医疗机器人产业创新中心发挥集聚作用，吸引外地创新品种嫁接北京市优质审批市场资源。

（市经济和信息化局）

研发与成果

【华科精准微型手术机器人系统获准上市】 1月13日，华科精准（北京）医疗科技有限公司（简称华科精准）自主研发生产的一款国家创新产品“高智能”Q300系列微型神经外科手术机器人系统获国家药监局批准上市。该神经外科手术机器人系统由华科精准联合清华大学及多家医院联合研发，其拥有自主知识产权的微型机械臂体积小巧，重量仅约1.4千克。该产品系列具有高智能化、高精准度、高便捷性的特点，可用于执行各类脑出血、脑肿瘤活检及相关手术，有望扩展神经外科机器人手术的应用场景。

（“国资京京”微信公众号）

【和华瑞博国内首款关节手术机器人投产下线】 1月，北京和华瑞博科技有限公司获中国首张国产关节手术机器人注册证。4月，和华瑞博膝关节手术机器人首台量产机在经开区生产基地投产下线，并在经开区开启规模化量产同步推向市场，实现了从技术创新到成果转化的跨越式发展，标志着国产膝关节手术机器人实现“零的突破”。和华瑞博外科已在经开区建立年产150台的生产线和完善的质量体系，后续将扩充无菌车间。

（隋丞琳）

【中国首款双特异性抗体上市】 6月18日，由百济神州（北京）生物科技有限公司研发的用于儿童适应证的注射用贝林妥欧单抗（商业名：倍利妥）上市。作为中国首款用于治疗儿童前体B细胞急性淋巴细胞白血病的免疫治疗药物，倍利妥通过激活体内T细胞来杀灭肿瘤细胞，在多个临床研究中证实其相比传统化疗大幅提升的疗效和安全性，并为临床治疗提供全新的免疫治疗思路。

（市科委、中关村管委会）

【同仁牛黄清心丸治疗缺血性眩晕的药效学研究取得新进展】 年内，北京同仁堂研究院开展同仁牛黄清心丸治疗缺血性眩晕的药效学研究并取得新进展。该实验基于“前庭系统在维持平衡方面起主导作用，前庭神经核对供血变化敏感，血流稍有减少即可产生眩晕、恶心、呕吐等平衡障碍表现”，通过对大鼠右侧颈总动脉和右侧锁骨下动脉结扎，造成大鼠脑前庭神经核缺血，观察分析结扎动脉后5分钟、10分钟、15分钟、20分钟、25分钟、30分钟给药组与未给药组的前庭神经核血流量变化。研究结果表明，同仁牛黄清心丸能够明显减缓由于动脉结扎导致的前庭神经核血流下降速度。未给药组前庭神经核血流下降率为39%～44%，给药组前庭神经核血流下降率为15%～26%，表明药物可改善前庭神经核缺血的程度，对缺血性眩晕具有一定的治疗作用。

（“国资京京”微信公众号）

【国产体外膜肺氧合机注册上市】 年内，航天新长征医疗器械（北京）有限公司的国产化体外膜肺氧合机（ECMO）上市，成为国内首款兼容进口耗材的ECMO主机。

（市经济和信息化局）

企业选介

【中国北京同仁堂（集团）有限责任公司】 简称同仁堂集团，是市政府授权经营国有资产的国有独资公司。清康熙八年（1669）创建北京同仁堂，1723年开始为皇室供奉御药。同仁堂人恪守“炮制虽繁必不敢省人工，品味虽贵必不敢减物力”的古训，树立“修合无人见，存心有天知”的自律意识，铸就同仁堂“同修仁德，济世养生”企业精神和“配方独特、选料上乘、工艺精湛、疗效显著”产品特色，打造成中国中药行业金字品牌。1992年8月11日，以北京市药材公司所属同仁堂制药总厂、北京中药总厂、药材公司为基础，组建中国北京同仁堂集团。1997年，同仁堂集团将所属北京同仁堂制药厂、制药二厂、制药三厂、药酒厂、中药提炼厂、进出口分公司和外埠经营部7个单位的生产经营性资产重组成北京同仁堂股份有限公司，在上海证券交易所上市，以2亿元股本募集资金3.54亿元。2000年，同仁堂集团分离制药二厂、中药提炼厂和进出口公司中具有科技含量的经营资产，成立北京同仁堂科技发展股份有限公司，在香港联合交易所创业板上市，以1亿元股本募集资金2.3亿元。2001年7月6日成立中国北京同仁堂（集团）有限责任公司。2021 年，同仁堂集团整体实现营业收入 190.19 亿元，实现利润总额 23.92 亿元。

截至 2022 年年底，同仁堂集团拥有 7 个二级集团（北京同仁堂股份集团、北京同仁堂科技发展集团、北京同仁堂国药（香港）集团、北京同仁堂健康药业集团、北京同仁堂商业投资集团、北京同仁堂药材参茸投资集团、北京同仁堂医养产业投资集团）、1 个院（研究院）、1 个党校、5 个直属子公司（制药公司、生物制品公司、配方颗粒公司、同创公司、供应链公司）。同仁堂集团是以中药为主业，集科工贸、产供销为一体的大型中药企业集团，业务涉及中药材种植、饮片加工、中成药、普通营养食品、保健食品、传统滋补品、生物制品、化妆品及出口贸易。共拥有药品、医院制剂、保健食品、食品、化妆品、中药饮片、消毒产品、农产品 8 大类约 3000 种产品（含中药饮片），有 43 个生产基地、1 个国家工程中心和博士后科研工作站。同仁堂集团下属北京同仁堂股份有限公司、北京同仁堂科技发展股份有限公司和北京同仁堂国药（香港）集团为上市公司。同仁堂集团内设党委办公室（党委巡察办公室）、党委组织部（人力资源部）、党委宣传部、纪委办公室、文化传承中心、战略规划部（董事会办公室）、综合办公室、运营管理部、市场监管部、科技质量部、安全工装环保部、法律合规部（品牌风控部）、投融资管理部、财务管理部、审计部、信息化管理部 16 个部门。有职工 3.66 万人。2022 年，同仁堂集团整体实现营业收入 204.71 亿元，同比增长 7.63%；实现利润总额 28.67 亿元，同比增长 19.86%。

（李　淦）

【北京北陆药业股份有限公司】 简称北陆药业，1992 年成立，注册资金约 4.9 亿元，1999 年入驻中关村密云园，是一家从事医药产品研发、生产和销售的国家高新技术企业。公司拥有北京市密云区、河北省沧州市和浙江省台州市 3 个生产基地，北京市和浙江省 2 个研发基地。公司推出的第一支国产造影剂——钆喷酸葡胺注射液，打破了国外产品垄断，填补国内市场空白。2009 年 10 月 30 日，作为首批 28 家企业之一，北陆药业在深圳证券交易所创业板挂牌上市（股票代码：300016）。2020 年收购海昌药业后，实现了造影剂原料药的战略布局和造影剂产业链的整合，奠定了公司“原料药 + 制剂”一体化的经营模式。在 2021 年的国家医药集采中，碘海醇成为全国 3 个中标产品之一。公司 2021 年实现营业收入 8.4 亿元，实现净利润 1.4 亿元。2021 年 9 月，北陆药业公司获北京民营企业中小百强和北京民营企业社会责任百强两项称号。

2022 年，公司研发投入金额为 9976.47 万元，同比增长 93.37%，占全年收入比重达 13.03%，创近几年历史新高，荣获“2022 北京制造业企业 100 强”。公司新成立北京北陆益康医药研发有限公司，作为公司仿制药高端制剂和创新药研发平台，与公司原有的北陆研究院、企业发展部（BD）构成公司多层次研发体系。

（王希华）

【北京费森尤斯卡比医药有限公司】 简称北费，1994 年成立，是德国费森尤斯卡比股份公司在中国的全资子公司。该公司致力于将费森尤斯卡比集团的优质药品、先进技术以及治疗理念引进中国。北费在中国主要业务涉及慢性肾衰的营养治疗，生产和销售的主要产品系列包括：代血浆——万汶、贺斯；延缓肾衰药物——开同；静脉麻醉剂——静安、竟安；以及复方营养混悬剂、复方氨基酸注射液（17AA）、复方氨基酸注射液（18AA）、复方氨基酸注射液（17AA）、复方氨基酸注射液（18AA）等。除国内生产销售外，北费生产的开同还出口全球多个国家。凭借创新、优质的产品和覆盖全国 1000 多家医院的销售网络，北费产品年销售额达数亿元，持续年平均增长率超过 30%，已发展成为中国肾病治疗和麻醉领域的领先者。

2022 年，公司产品力卡文、菲新捷（新一代高剂量静脉铁剂羧基麦芽糖铁）上市。费森尤斯卡比中国在“2022 αi 优质职场年度盛典”评选中荣获年度蝉联认证和出类拔萃奖。全年产值实现 18 亿元。

（刘　莉）

【拜耳医药保健有限公司】 简称拜耳医药保健，1995 年 8 月在经开区注册成立，是拜耳集团的合资子公司。公司由拜耳医药股份有限公司以及拜耳（中国）有限公司共同持股管理，在北京市、广州市、启东市设有分工厂。在中国有约 6200 名员工，其中北京约有 1500 名，包括约 500 名北京工厂员工。拜耳医药保健是全国首家获得新版 GMP 证书的企业，也是基本药物生产和电子监管实施的示范生产基地，2017 年获北京市人民政府质量管理奖。拜耳医药保健在北京本地生产的大品种有拜唐苹、拜新同、拜瑞妥、拜阿司匹林、拜复乐（片）等。

2022 年，拜耳医药保健实现产值 213.56 亿元，为北京市唯一一家连续 11 年产值过百亿的生物医药企业，北京市医药制造业产值贡献第一的企业，地均产值位列经开区第一。

（拜耳医药保健）

【北京联馨药业有限公司】 简称联馨药业，1999 年成立。公司主要产品是“人工麝香”，联馨药业经原卫生部、国家中医药管理局等有关部门批准，按照现代企业制度组建的有限责任公司，是国内唯一人工麝香生产企业。2022 年产值为 15.1 亿元。

（刘　莉）

【悦康药业集团股份有限公司】 简称悦康药业，2001 年成立，总部位于北京市，是一家集新药研发、药品生产、流通销售和国际贸易于一体的医药集团企业。悦康药业以“产品、产能、产业链”为核心，在北京组建了集团药物研究院，并以安徽省、河南省医药原料基地为基础，在北京市、广州市、合肥市建立了不同的制剂生产基地。悦康药业现为中国医药工业百强企业、医药工业研发十强、国家技术创新示范企业、全国质量标杆企业、国家绿色制造体系建设示范企业绿色工厂、国家智能制造试点示范企业、国家认定企业技术中心，是北京生物医药产业跨越发展工程 G20 行业领军企业、北京市智能制造标杆企业，并获全国文明单位称号。公司相继组建了头孢药物晶型研究国家地方联合工程实验室、心脑血管北京市工程研究中心、微丸缓控释制剂技术开发平台等，建立了悦康集团院士专家工作站、博士后科研工作站。有品规 200 余个，涵盖心脑血管、消化系统、抗感染、内分泌、抗肿瘤等多个治疗领域。

2022 年，悦康药业集资 1.8 亿元建成核酸药物创新中心并投入运营，建立了集核酸药物前期药物筛选、质量研究、中试放大于一体的研发体系，开发理念、质量规范与国际头部企业接轨。阳离子脂质 YK-009 专利获得授权，企业获得具备自主知识产权的 LNP 递送系统，打破西方专利垄断。多肽药物 YKYY017 雾化吸入剂获得治疗及预防新型冠状病毒感染 2 个临床批件，Ⅰ期临床试验已在中日友好医院启动，主要研究者是中日友好医院药物临床试验研究中心博士李劲彤；Ⅱ / Ⅲ期的主要研究者将由中国工程院副院长、国家呼吸系统疾病临床医学研究中心主任王辰和中日友好医院副院长曹彬共同担任。

（张玉海）

【神州细胞工程有限公司】 简称神州细胞，2002 年在经开区成立，是由国际知名的生物药研发和产业化专家、国家新药创制重大专项总体组专家谢良志博士创建的生物医药高科技企业，是国内最早从事重组蛋白和单克隆抗体药物研发和产业化的企业之一。神州细胞致力于研发具备差异化竞争优势的创新型生物药，专注于恶性肿瘤、自身免疫性疾病、感染性疾病和遗传病等多个治疗和预防领域。经过 20 余年的生物制药技术积累和创新，已有 3 款药物上市，治疗甲型血友病的首个国产重组八因子蛋白新药“安佳因”于 2021 年 7 月获批上市，打破国外大型药企对八因子产品的垄断壁垒；自主研发的治疗淋巴瘤的新型抗 CD20 单抗瑞帕妥单抗“安平希”于 2022 年 8 月获批上市；二价新冠重组蛋白疫苗“安诺能 2”于 2022 年 12 月被纳入紧急使用。公司在研品种管线丰富，其中阿达木单抗、贝伐珠单抗已报产。重点在研品种还包括全球首个 14 价 HPV 疫苗、PD-1 单抗等，正在开展临床Ⅱ / Ⅲ期研究，还有 20 余个生物药产品管线正在研发中。2022 年，神州细胞产值超 13 亿元。

（王子韬）

【北京华医圣杰科技有限公司】 简称华医圣杰，2002 年成立，是北京市中关村高新技术企业。公司专业从事心脏病介入器械产品的设计、开发、生产和销售。公司自主研发、生产的产品包括先心封堵器和 PFO 卵圆孔未闭封堵器、房间隔缺损封堵器（ASD）、室间隔缺损封堵器（VSD）、动脉导管未闭封堵器（PDA）、卵圆孔未闭封堵器（PFO）、血管异常通路封堵器（Plug）、封堵器输送系统、网篮导丝、造影导管、导丝、动脉鞘，均已获得国家食品药品监督管理局颁发的Ⅲ类医疗器械注册证，深受国内、外医护人员及患者的好评。2022 年，公司产值 4.2 亿元，比 2021 年增长 20%。

（刘　莉）

【北京康辰药业股份有限公司】 简称康辰药业，2003 年落户中关村密云园，是一家集高新医药研发、生产、销售于一体的全国性制药公司。2018 年 8 月 27 日，康辰药业在上海证券交易所主板挂牌上市，首次公开发行股票，股票代码 603590。康辰药业是中国研发驱动型制药企业，覆盖化学药、生物药、中药三大业务板块，形成了从上游到下游的全产业链条，拥有专门从事创新药物研发的专业机构——康辰药物研究院，建立了从选题调研、临床前研究、注册申报，到临床研究、知识产权保护的完整研发体系。康辰药业拥有出凝血、抗肿瘤、骨科和妇科等产品管线，在研产品有 KC1036、CX1003、CX1026 等多款肿瘤领域一类新药和 KC–B173、KC–B203 等出凝血领域药物及妇科领域创新药物 ZY5301，并已获得多项国内、国际 PCT 发明专利，填补多项国际国内空白。其中，国内血凝酶制剂唯一的一类创新药“苏灵”，是全球唯一单组分蛇毒血凝酶产品，已成为业内领军品牌。2022 年，公司产值 5.2 亿元，营业收入 8.6 亿元。

（易晓琳）

【北京博恩特药业有限公司】 简称博恩特药业，2004 年成立，是集医药微球的研发、生产和销售于一体的现代化医药公司，是经认定的国家高新技术企业、中关村高新技术企业、中关村瞪羚计划企业、北京市 2021 年信用“AAA”级企业。博恩特药业主营产品注射用醋酸亮丙瑞林缓释微球（博恩诺康®）为国内首个获准上市的药物微球品种，被评为 2009 年十大重磅新品。该产品的上市打破药物微球生产被欧美日垄断近 30 年的局面，填补无国产注射用微球制剂的空白，2021 年实现销售收入 12.5 亿元。在项目成果方面，公司研发团队在多肽微球药物产业化技术研究方面完成了多项技术突破和理论创新，其中共申请发明专利 14 项，获得授权 7 项；申请实用新型专利 10 项，获得授权 9 项；申请外观专利 5 项，获得授权 5 项。

2022 年公司实现产值 15 亿元，销售收入 14.26 亿元，被认定为北京市专精特新企业、北京市企业技术中心，主营产品“注射用醋酸亮丙瑞林缓释微球（博恩诺康）”2022 年获北京市中小企业创新创业大赛暨“创客北京 2022”企业组三等奖、医药健康二等奖。

（王小雨）

【天根生化科技（北京）有限公司】 简称天根生化，2005 年 7 月成立，是德国 QIAGEN 公司的全资子公司，是集研发、生产、销售、客户服务于一体的生物类高新技术企业，长期致力于为广大客户提供从样本保存到核酸提取、检测为一体的整体解决方案。产品线包括基因组 DNA 提取，RNA 提取，质粒提取，DNA 产物纯化和凝胶回收，PCR/RT–PCR 及 qPCR 产品，表观遗传学相关（miRNA 提取及检测试剂盒和甲基化相关试剂盒），二代测序（NGS）文库构建产品和科技服务，克隆和点突变产品，无细胞蛋白表达，蛋白质检测相关产品。提供实验室常用仪器和自动化工作站，自动化核酸提取仪及配套试剂，开放式主流自动化核酸提取平台的整合方案。产品广泛应用于生命科学、医学、农业、制药、环境等领域的基础研究。客户遍布大学、研究所、医院、检验所、血站、出入境检验检疫等单位。天根生化作为生命科学产业的上游原料供应企业，凭借丰富的专业经验为分子诊断，生物医药，科技服务和畜牧养殖，食品生产加工等领域的企业客户提供从样本处理到核酸提取，检测的定制化企业解决方案。现有专门针对病原检测、NIPT、肿瘤早筛及伴随诊断、药企及 CRO、猪瘟检测以及食品安全检测等不同应用领域的 600 余款定制化方案，产品远销至全球 30 余个国家。2022 年，天根生化收入 3.66 亿元，纳税 4014 万元。

（张　玥）

【北京金沃夫生物工程科技有限公司】 2006 年 3 月 17 日成立，位于北京市大兴区经济开发区科苑路 18 号，注册资本 1350 万元，是一家集产品研发、生产、销售、服务于一体的综合性医疗器械高新技术企业。公司研发生产的新型冠状病毒（2019–nCoV）抗原检测试剂盒（乳胶法）于 2020 年 11 月 3 日经国家药品监督管理局批准上市，注册证编号为国械注准 20203400831，是北京市第一家获准注册的产品，于 2022 年 3 月 12 日获准用于人群鼻拭子采样自测。公司 2022 年度工业产值 93140 万元，净增量 83381 万元，同比增幅 854.4%。

（刘　莉）

【北京五和博澳药业股份有限公司】 简称五和博澳，2010 年成立，位于中国药谷 – 北京大兴生物医药产业基地，专注具有自主知识产权、高技术壁垒的原创新药，聚焦代谢性疾病、恶性肿瘤、抗炎免疫等重大疾病的临床治疗需求，定位“现代天然药物”和“高端创新制剂”。五和博澳先后入选国家高新技术企业、北京市生物医药 G20 企业、中关村重大前沿原创高精尖企业、北京市专精特新企业。公司高度重视新药研发工作，成立医药创新研究院，与中国医学科学院药物研究所开展产学研深度融合，以产学研共建联盟为纽带，打造“现代天然药物”和“高端创新制剂”的自主研发平台，建立完整新药研发体系和梯度化创新团队，形成针对创新药产业化共性关键问题的核心技术体系。

2022 年，五和博澳共孵化新药项目 10 余项，获国内外发明专利 20 余项，国家和省部级等基金支持 20 余项全年产值 1.08 亿元。

（刘　莉）

【北京华脉泰科医疗器械有限公司】 简称华脉泰科，2011 年 4 月成立，是一家专注于血管疾病治疗领域创新产品及疗法研发与应用的高新技术企业，主营业务为主动脉、外周及冠脉、神经介入及通路领域医疗器械产品的研发、生产和销售。2022 年，公司产值 1.5 亿元，比上年增长 45%。

（刘　莉）

【华夏生生药业（北京）有限公司】 简称华夏生生药业，2012 年成立，位于大兴生物医药基地天贵大街 16 号，占地面积约 1.32 万平方米，建筑面积 13289.98 平方米，是国家高新技术企业、中关村高新技术企业，北京市专精特新“小巨人”企业，北京市企业技术中心，北京市企业科技研究开发机构、北京市知识产权示范单位，是集药品研发、生产、批发、销售于一体的大型综合性制药企业。公司主要产品为基础性大输液及治疗型产品，其中有葡萄糖注射液、氯化钠注射液、左氧氟沙星氯化钠注射液、盐酸莫西沙星氯化钠注射液、氨溴索注射液、甲硝唑氯化钠注射液、替硝唑氯化钠注射液、甘露醇注射液、甘油果糖氯化钠注射液、单硝酸异山梨酯氯化钠注射液等。其中左氧氟沙星氯化钠注射液 2021 年获第五批国家集中采购中标。2022 年，公司产值 5.57 亿元，销售收入 5.07 亿元，研发投入 7685.3 万元。

（刘　莉）

产品选介

【脑深部刺激系统】 由北京品驰医疗设备有限公司研发生产。该产品可用于帕金森病、特发性震颤、肌张力障碍、强迫症等疾病的治疗。北京品驰脑神经刺激系统（脑起搏器，DBS）2000 年开始启动研发，2009 年开展第一例临床试验，2014 年获全系列脑起搏器产品注册证，2016 年 10 月获 CE 认证。截至 2021 年年底，品驰临床合作中心超过 300 家，全国累计植入超过 30000 次。脑深部电刺激系统包括体内植入产品和体外产品两部分。体内产品包括电极、延长导线和脉冲发生器，体外产品包括患者控制器、医用程控仪、体外充电器、测试刺激器等。北京品驰医疗设备有限公司和清华大学研制开发的植入式脑深部电刺激器为三类有源植入医疗器械，主要用于帕金森病和肌张力障碍的治疗。2022 年 1 月，3.0T 磁共振兼容脑起搏器（型号：G106、G106R）获批上市，3.0T 磁共振兼容脑起搏器属于第三代脑起搏器，为国家创新医疗器械，产品重点突破 3.0T 磁共振兼容、无线充电、异地远程程控等创新技术，实现患者体内脑起搏器开机状态下 3.0T 磁共振扫描，为脑科学与脑疾病研究提供技术手段。成果入选“中国 2022 年度重要医学进展”。截至 2022 年年底，品驰脑起搏器系列产品已在全国 300 余家医院完成超过 1.7 万例植入手术，成为中国临床应用的主流，获国家科学技术进步奖一等奖（2018 年）、制造业单项冠军产品称号（2021 年），成为国内高端医疗器械从跟跑、并跑到领跑的成功范例。

（张　玥）

【骶神经刺激系统】 由北京品驰医疗设备有限公司和清华大学研制开发的植入式骶神经刺激器（又称骶神经刺激器，膀胱起搏器，SNM）为三类有源植入医疗器械、国家创新医疗器械，2018 年获得国家药品监督管理局（NMPA）颁发的三类医疗器械注册证，是国产首个获批的骶神经刺激器，主要用于治疗膀胱过度活动症，包括急迫性尿失禁、尿急和（或）尿频等。2022 年 7 月，可充电植入式骶神经刺激器（型号：G134R）上市，是国家药品监督管理局批准的首个可充电植入式骶神经刺激器产品，实现刺激器体外无线充电，进一步提升产品使用寿命。截至 2022 年年底，品驰骶神经刺激器产品已在全国 100 余家医院完成超过 1400 例植入手术，进入《北京市首台（套）重大技术装备目录（2021）》。

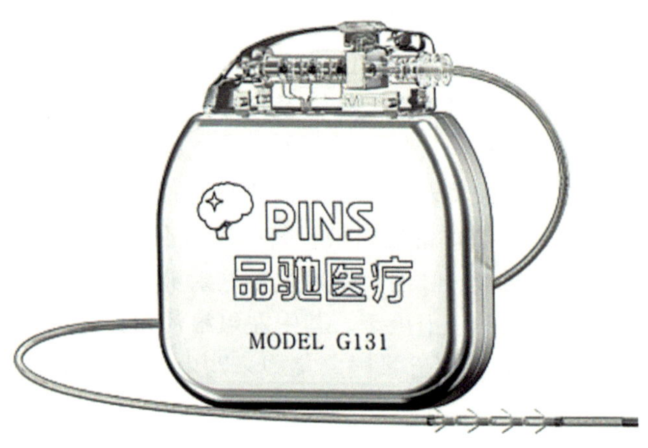

（张　玥）

【新型冠状病毒（2019-nCoV）抗原检测试剂盒（乳胶法）】 由北京金沃夫生物工程科技有限公司生产，2020 年 11 月取得国内医疗器械注册证，是国家药品监督管理局首批批准注册的新型冠状病毒抗原检测试剂。该产品应用乳胶免疫层析技术，采用双抗体夹心法的原理检测人口咽拭子、鼻咽拭子和鼻拭子中的新型冠状病毒 2019-nCoV N 蛋白抗原，特异性抗原抗体反应，灵敏度高，特异性强，实验环境要求低，常见干扰物无影响，具备卓越的抗干扰能力，具有诊断快速、操作简便、灵敏度稳定、抗干扰能力强、常温储存等优势。该产品除在国内销售，在欧洲、东南亚等市场均实现了销售。2022 年，产品国内销售约 730 万人份、外贸销售约 1 亿人份。

（刘　莉）

【桑枝总生物碱片】 由北京五和博澳药业股份有限公司生产，2020 年获批上市，是国内近 10 年首个获批的糖尿病中药新药，也是中西合璧的植物有效组分降血糖原创天然药物，产品研发获得国家“十二五”“十三五”重大专项等国家级及省部级基金支持，亮相国家“十三五”科技创新成就展，入选中国 2020 年度重要医学进展、中华中医药学会 2020 年度十大学术进展，开创了糖尿病治疗新纪元。公司持续开展学术深化和产品迭代升级，通过前沿生物学评价技术和产业化放大经验，拓展了桑枝总生物碱在“肥胖症、多囊软巢综合征（PCOS）、非酒精性脂肪肝炎（Nash）”等新增适应证。2022 年，桑枝总生物碱片的销售额突破 1 亿元。

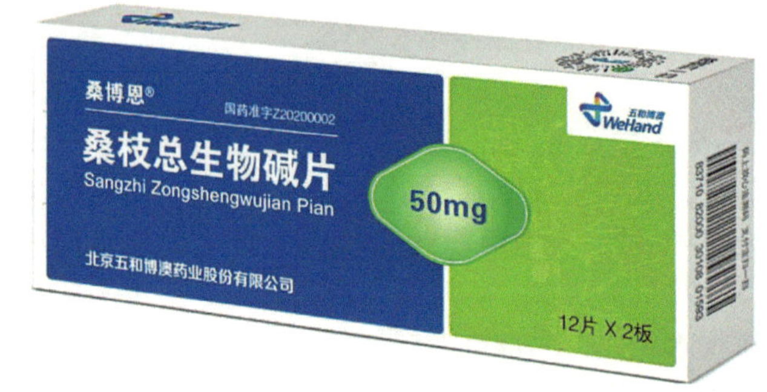

（刘　莉）

【左氧氟沙星氯化钠注射液】 由华夏生生药业（北京）有限公司生产，于 2021 年 2 月上市。该产品常用于泌尿生殖系统、胃肠道疾病，以及呼吸道、皮肤组织等敏感细菌感染的治疗，是国家医保乙类药，2021 年国家第五批集采药品，过评产品，2022 年销售额为 2.68 亿元。

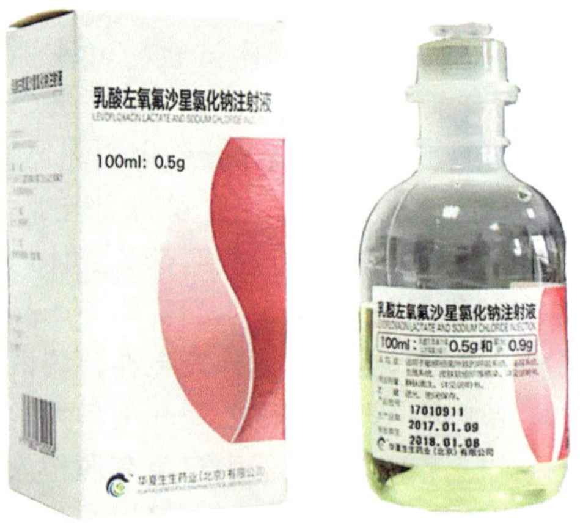

（刘　莉）

【盐酸氨溴索注射液】 由华夏生生药业（北京）有限公司生产，于 2022 年 8 月上市。该产品临床用于伴有痰液分泌不正常及排痰功能不良的急性、慢性

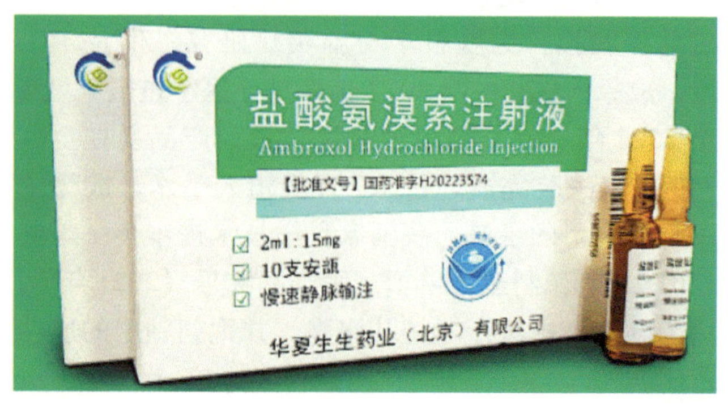

肺部疾病，为国家基本医疗目录药品、抗疫重点保供药品、过评产品。盐酸氨溴索注射液上市时间是2022年8月。

（刘　莉）

【全自动数字 PCR 仪 D50】 由新羿制造科技（北京）有限公司研发生产，该产品可实现96样本高通量快速检测，为数字PCR领域国际领先水平。检测限低至100拷贝/毫升（或更低），实现数字PCR检测上机后一键自动操作，大幅度节省人力成本。完成首批96样本的数字PCR检测需2.5小时，后续每1.5小时可完成下一批96样本检测，单台日检量可达1000样本。产品拥有国内发明专利，适用于医院检验科、病理科等科室，以及药物开发、疫苗研发、检测试剂开发等企业，可替代人工进行大批量复杂样本的高灵敏度生物样本检测。2022年10月26日至28日，在南昌举行的第十九届中国国际检验医学暨输血仪器试剂博览会上，新羿生物进行了新品发布会，展示新一代D系列全自动数字PCR系统。截至2022年年底，生产并销售全自动数字PCR一体机6台，客户单位包括中国最好的检验科之一——中国医科大学附属第一医院检验科，以及疾控、高校等各领域用户。

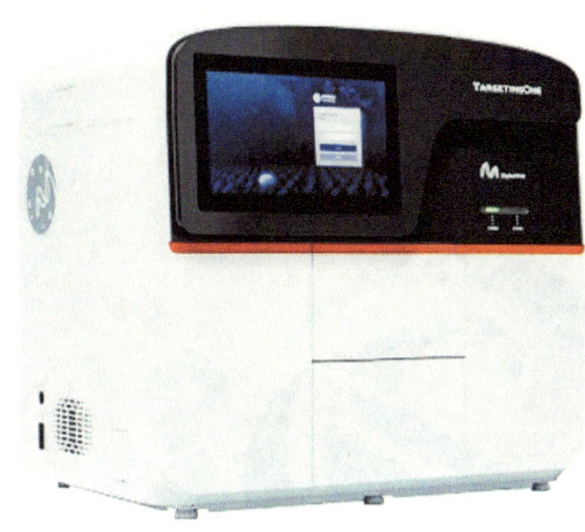

（张　玥）

都市产业

本类目采用条目体，刊载2022年北京都市产业概述、政策与措施、产业动态、研发与成果、企业选介和产品选介6项内容。其中，政策与措施分目包括出台的政策文件及实施情况，机构、园区、基地设立调整变化等内容；产业动态分目包括经营业绩、项目启动、签约、论坛、获奖等内容；研发与成果分目包括新产品发布、技术测试、解决方案等内容；企业选介分目在重点介绍一级企业的基础上，对二、三级企业的主营业务范围进行了简述；产品选介分目对行业内部分产品的生产销售情况进行了简述。

概　述

2022年，北京都市产业整体运行情况和多数重点企业运行态势好于预期。全市规模以上企业611家，全年累计完成产值1238.2亿元，完成固定资产投资22.9亿元，超额完成全年目标。年内，全市16家都市企业进入2022年北京冬奥会、冬残奥会的服务保障名单，2022北京时装周、2022年服贸会第十六届北京工艺美术展等系列活动举办，加快时尚产业品牌化、高端化发展，全市重点企业继续开展“三品”专项行动，对接“京益选”平台，拓展名优产品直达消费者渠道。

（市经济和信息化局）

政策与措施

【北冰洋与一轻食品集团分立】3月8日，一轻控股召开食品集团领导干部大会，宣布北京北冰洋食品有限公司和北京一轻食品集团有限公司分立，并任命两家公司新的领导班子。2020年4月15日，经一轻控股2020年第四次董事会审议通过，同意将一轻控股持有的北冰洋公司的100%股权无偿划转至食品集团。划转后，北冰洋公司成为食品集团的全资子公司。2021年12月20日，经食品集团党委集体研究，领导班子审议通过，制订北冰洋公司独立发展方案，北冰洋公司作为饮料集团主体承载统筹北冰洋饮料产业的发展。自2022年3月8日起，北冰洋公司开始独立运营，由北京一轻资产经营管理有限公司直接管理，将食品集团持有的北冰洋大兴公司、昌平工厂公司、安徽公司、重庆公司的国有股权划转至北冰洋饮料集团，成为饮料集团的生产型子公司。

（食品集团）

【联合工程研究中心成立】4月，北京印刷集团有限责任公司、北京宝岛包装印刷有限公司与北京印刷学院达成合作协议，共同成立联合工程研究中心，根据企业实际需要，由校企双方成立项目组共同开展工作。项目组成员由北京印刷学院机电工程学院的教师与企业专业技术人员组成。

（隆达公司）

【《北京市工业和信息化领域2022年质量品牌工作计划》印发】5月24日，为进一步推动北京市工业和信息化领域质量品牌建设，市经济和信息化局印发《北京市工业和信息化领域2022年质量品牌工作计划》（简称《工作计划》）。《工作计划》包括加强全面质量管理；推动重点行业质量水平提升；深化工业品牌培育，扩大北京工业品牌影响力等内容，并对各区工业和信息化主管部门、北京经济技术开发区管委会、各有关单位和北京质量协会提出加强组织谋划、创新工作方式、明确落实负责3点要求。

（市经济和信息化局）

【北京一轻科技集团有限公司成立】5月27日，为贯彻落实市委、市政府关于“十四五”时期建设北京国际科技创新中心的战略部署，根据一轻控股“十四五”时期在高精尖产业攻关、研发能力提升、检测服务资源整合及技术储备等领域的战略发展目标需要，加快建设具有竞争力的专精特新科技企业集群，实现“1+1＞2”的融合协同发展，一轻控股对北京隆达轻工控股有限责任公司与北京一轻研究院有限公司所属26家企业实施整合，组建北京一轻科技集团有限公司。北京一轻科技集团有限公司涉及有色金属及有机材料的研发与生产、检验检测及标准制修订、园区经营等多个板块。资源整合后，一轻科技集团将围绕新材料与智能元器件、新资源食品及日用化学品、双碳及数据信息服务等三大战略领域，重点建设科技创新、产业发展、检测服务、园区运营等四大平台，打造技术服务支撑、科技成果转化、新兴产业培育高地。为北京一轻高质量发展提供支撑。科技集团贯彻执行“人才强企”的人才战略，科技集团及所属企业大力开展人才队伍建设工作，积极引进、培养科研等领域高技能人才，优化人才结构，提高竞争力。截至2022年12月，科技集团含所属企业在岗职工739人。具有初级及以上职称人员占比约30%，技能劳动人才占比约15%。从事科研技术相关岗位人员占比约25%，本科及以上学历人数占比约42%，40岁及以下中青年人员占比约56%。

（科技集团）

【时尚控股与工美集团重组】 4月15日，北京市委、市政府召开北京时尚控股有限责任公司与北京工美集团有限责任公司重组大会，宣布两家企业实施重组。根据《北京市人民政府国有资产监督管理委员会关于北京时尚控股有限责任公司与北京工美集团有限责任公司重组的通知》要求，时尚控股与市国资委、工美集团、国通公司、首旅集团、北交所协调沟通，于9月28日取得北交所企业国有资产交易凭证，完成工美集团5.82%股权无偿划转工作。年底完成工美集团公司章程中相关内容的修订及工商变更、备案手续。

（时尚控股）

【北京铜牛智能科技有限公司成立】 9月16日，时尚控股投资设立混合所有制企业——北京铜牛智能科技有限公司成立。时尚控股投资额1000万元，吸引社会资金550万元。铜牛智能公司的设立进一步拓展公司智能穿戴和数字化医疗市场，丰富公司互联网大数据综合服务业务。

（时尚控股）

【一轻食品丹江口产业园项目开工】 9月20日，北京一轻食品集团有限公司丹江口产业园项目在湖北省丹江口市开工。项目位于丹江口经济开发区产业园区内，占地8.856万平方米，总建筑面积约4.89万平方米。项目总投资10亿元，由北京一轻食品集团有限公司、湖北丹江国有资本投资集团有限公司、新农创振兴实业（北京）有限公司共同出资组建的一轻（丹江口）有限公司作为生产运营单位，项目生产产品包括茶饮料、中高端饮用水、北冰洋桔汁汽水、HPP鲜榨桔汁等产品。

（食品集团）

【同仁堂养生酒研发中心揭牌成立】 10月，北京同仁堂养生酒研发中心在北京揭牌成立，助力同仁堂集团所属北京同仁堂股份有限公司养生酒板块高质量发展。北京同仁堂养生酒研发中心成立后，主要致力于在组方配伍开发、基酒风格筛选、功能因子确定、生产工艺论证、品质指标测定等方面开展研究，开发出与药酒相比，口感更加绵柔的养生露酒，满足人们对于健康养生的客观需求。

（“国资京京”微信公众号）

【北平制冰厂旗舰店开业】 10月，位于交道口的北平制冰厂旗舰店开业，售卖现制饮品、现烤面包和老式点心，吸引市民前来“打卡”。新开业的交道口店北平制冰厂在北京9家门店面积最大的店。

（“国资京京”微信公众号）

【红星股份怀柔厂区北大库（一区）建成投产】 11月20日，北京红星股份有限公司北大库（一区）罐区建成投产。建筑面积1655.75平方米，建成后增加储能5000吨，增加3万吨成品产能，实现1.8万吨储能及年产7万吨成品酒能力，半成品酒储期40天至60天。

（红星股份）

【新疆铜牛服装有限公司服装基地开工建设】 年内，时尚控股及铜牛集团援疆重点项目——新疆铜牛服装有限公司服装基地项目完成一期冲锋衣生产线建设，累计完成投资546.6万元。项目总投资2996万元。该项目于7月立项，位于新疆维吾尔自治区和田地区北京工业园区洛浦县电子城1#厂房，整幢4层共计12659平方米，项目建成投产后可实现600人就业。

（时尚控股）

【毛纺集团与纺织品公司重组完成】 年内，为加快推进“十四五”时期贸易资源整合、优化贸易结构，北京清河三羊毛纺织集团有限公司（简称毛纺集团）与北京市纺织品进出口有限公司（简称纺织品公司）进行重组，将纺织品公司所持北京京纺国际贸易有限公司全部股权无偿划转至毛纺集团，8月15日取得北交所产权交易凭证，8月23日完成工商登记变更；将时尚控股所持纺织品公司全部股权无偿划转至毛纺集团，11月16日取得北交所产权交易凭证。

（时尚控股）

【北京铜牛股份有限公司增资项目完成】 年内，为落实首都“四个中心”建设，按照市委、市政府提出的打造一流特色小镇的基本设想，时尚控股经与北京通州投资发展有限公司、北京市建筑设计研究院有限公司共同协商，在2021年北京铜牛股份有限公司完成非公开协议转让部分股权的基础上，以同比例增资方式进行增资，推动设计小镇建设，助力企业实现转型升级。调整后，北京通州投资发展有限公司持股50%，时尚控股和铜牛集团作为一致行动人合计持股40%，北京市建筑设计研究院有限公司持股10%，增资项目总投资额1.8亿元，其中时尚控股出资3020.74万元、铜牛集团出资4179.26万元，12月1日完成工商变更。

（时尚控股）

产业动态

【红星公司获“北京老字号工匠”授牌】 1月5日，北京老字号协会为红星股份有限公司“北京老字号工匠”授牌仪式在红星大厦召开。会上，市商务局向2021“北京老字号工匠”获得者——红星酿造副总经理、北京二锅头酒传统酿造技艺第九代传承人张坤授牌。

1月5日，北京市商务局副局长郭文杰向2021年“北京老字号工匠”获得者——红星酿造副总经理、北京二锅头酒传统酿造技艺第九代传承人张坤授牌

（红星股份）

【第八届中国工艺美术大师评选】 1月21日，北京市组织召开第八届中国工艺美术大师评选推荐工作动员会。会上，对《关于开展北京市第八届中国工艺美术大师评选推荐工作的通知》《北京市第八届中国工艺美术大师评选推荐工作实施方案》《北京市第八届中国工艺美术大师评选推荐工作实施细则》等政策进行重点宣讲。2月24日，北京市第八届中国工艺美术大师评选推荐领导小组组织专家委员会对申报人员的参评作品进行集中评选。评选共涉及25位参评人员报送的75件（套）作品，专家委员会按照《北京市第八届中国工艺美术大师评选推荐工作实施细则》有关要求，分别从工艺选材、技艺水平、艺术创新等多个维度，对参评人员的作品进行集中打分，最终推荐出12名候选人代表北京市参加第八届中国工艺美术大师评选。经国家评选，9人获评新一届中国工艺美术大师。截至年底，北京市有各级别工艺美术大师和民间工艺大师390名，其中中国工艺美术大师44名、市级工艺美术大师和民间工艺大师346名。

（市经济和信息化局）

【食品集团亮相北京卫视2022北京消费季】 3月1日，食品集团旗下义利面包、义利休食、北冰洋汽水、双合盛啤酒、劳动1号大汽水等多个热销品类亮相北京卫视2022北京消费季启动特别节目。首发新品“劳动1号”大汽水在北京卫视、BRTV财经频道等多个平台持续3小时的直播节目中重磅发布。

（食品集团）

【北京工艺美术博物馆入选北京市第二批市级新时代文明实践基地名单】 3月12日，市委宣传部、首都文明办组织评选出100家市级新时代文明实践基地。北京工艺美术博物馆入选北京市第二批市级新时代文明实践基地名单。北京工艺美术博物馆创建于1987年，由北京工美集团有限责任公司（简称工美集团）打造，是全国第一家由企业创建的专业性工艺美术博物馆，开创企业办博物馆的先河。自成立以来，工美集团就将博物馆作为传播工艺美术知识、弘扬中华优秀传统文化的重要窗口，坚持自负盈亏、向社会免费开放，每年投入大量资金维系博物馆的正常运营。北京工艺美术博物馆占地5000平方米，分为珍宝馆、造办处、“燕京八绝”区等区域，馆藏历代工艺美术珍精品20多类3000余件。

（“国资京京”微信公众号）

【北京传统工艺美术大赛启动】 4月15日，由市经济和信息化局指导，北京产业发展促进中心、北京工艺美术行业协会、北京工艺美术学会联合主办的2022年“工美杯”北京传统工艺美术大赛暨第十一次北京传统工艺美术珍品评选活动启动。大赛主题为“凝聚匠心·创意工美”，通过网上申报、网上审核、作品公示等工作程序，共征集作品614件（套）。7月14日，评选工作组在北京工艺美术博物馆组织召开专家评审会，对征集作品进行现场评审，共评出获奖作品352件（套），其中金奖37件（套）、银奖70件（套）、铜奖105件（套）、优秀作品奖140件（套）。在此基础上，专家评审会又对37件（套）金奖作品进行珍品评审，其中有4件（套）作品建议被评为北京传统工艺美术珍品。

（市经济和信息化局）

【一轻研究院搭建智能化室内种植研发平台】 6月，北京一轻研究院有限公司利用现有楼宇改造，搭建智能化室内植物种植研发平台，约250平方米植物种植洁净实验室和一套可移动式集装箱的示范性植物工厂投入运行。植物工厂采用先进的气雾培模式，在每层植物的正上方是替代太阳的LED人工光源照明系统，能够人为控制光照周期和光强大小，为不同品种作物、不同生长期作物的健康生长提供全方位保障。还能控制气雾培喷灌的频次和时长，能通过传感器实时监测和设置每间实验室的温度、湿度及二氧化碳浓度、营养液浓度和pH值等，通过远程在线采集实时数据，管理人员能更精准地掌握作物的生长状态，对植物工厂的环境条件进行实时调控。植物工厂内还可将储存在水箱的营养液通过水泵和管道泵入每层栽培架，再通过回水管道回流至水箱循环利用，大大提高了土地利用效率和水肥利用效率。

（一轻研究院）

【首钢集团打造服贸会服务保障2.0版】 2022年中国国际服务贸易交易会继续在国家会议中心和首钢园区举办。首钢建投、首钢建设、首自信、诚信监理、绿化公司等单位打造服贸会服务保障2.0版本，从设计优化入手，围绕交通动线、配套设施等方面，做好改造提升、功能提升、活力提升，确保服贸会二期工程如期完成。服贸会二期工程项目包括3个会议室和3个卫生间的建设，总建筑面积约3400平方米。截至6月，首钢园空压机室和焦侧除尘会议室已进入装修阶段，缓冲间会议室二次结构砌筑完成，外墙保温及屋面防水正在施工，服贸会首钢园场馆15号馆卫生间进入装修阶段，高道料仓、焦化2号楼卫生间二次结构砌筑完成，屋面及管线预留预埋正在施工。

（“国资京京”微信公众号）

【工艺美术大师精品成果亮相中国美术馆】 7月4日，由中国美术馆、北京工美集团有限责任公司主办，北京工艺美术行业协会和北京市工艺美术高级技工学校承办的“匠心传承——工艺美术大师精品展”在中国美术馆开幕。展览展出中国工艺美术大师王希伟、李志刚、赵春明和北京一级工艺美术大师袁长君、李东、高东升共6位大师近年来创制的60件作品，涵盖玉雕、雕漆、花丝镶嵌、内画等领域。

（市经济和信息化局）

【“红星钰玺·煌钰”获国际烈性酒大金奖】 7月4日，被誉为“烈酒奥运会”的第23届比利时布鲁塞尔国际烈性酒大奖赛获奖榜单揭晓。北京红星股份有限公司生产的“红星钰玺·煌钰”从中国大陆赛区的123家企业的397款烈性酒样品中脱颖而出，获全场清香型白酒唯一大金奖。“红星大酒缸酒”获银奖。

（红星股份）

【红星股份安全管理体系获全国管理创新成果一等奖】 7月8日，中国轻工业企业管理协会发布2021年度轻工企业管理现代化创新成果名单。红星股份申报的《1234安全管理体系在白酒企业的创新及应用》被评为2021年度全国轻工企业管理现代化创新成果一等奖。

（红星股份）

【食品诚信标准宣贯培训会召开】 8月25日，市经济和信息化局、市市场监管局在北京会议中心共同举办食品工业企业诚信管理体系国家标准宣贯培训暨推进食品产业高质量发展工作会。各区经济和信息化主管部门、各区市场监管部门有关负责人，全市食品相关行业协会以及50余家规模以上食品工业企业负责人等近100人参会。培训会上，市市场监管局宣贯食品生产领域信用监管、产业高质量发展、常态化疫情防控、冷链食品疫情防控等工作要求；市经济和信息局对北京市高精尖产业相关政策进行宣贯；北京红星股份有限公司、北京圃美多绿色食品有限公司、北京金米兰咖啡有限公司3家重点企业就智能制造促进企业高质量发展作典型发言。这是自2017年7月1日《食品工业企业诚信管理体系》国家标准实施以来，北京市连续第6年组织举办的宣贯培训会。

（市经济和信息化局）

【首届一轻品牌嘉年华活动举办】 8月26日，由北京一轻控股有限责任公司举办的首届一轻品牌嘉年华活动在北冰洋义利园区开幕。活动以“美质生活一轻陪伴”为主题，集结一轻控股旗下双合盛、北冰洋、义利、龙徽、金鱼及中华酒六大老字号品牌集体亮相。活动以老字号“传承品牌创新”为主线，运用北京老字号特色品牌文化元素，打造具有老字号特色的消费潮流。

（一轻控股）

【2022年服贸会召开】 8月31日至9月5日，2022年中国国际服务贸易交易会（简称服贸会）在北京召开。服贸会重点设置综合展，包括国别展、省市展、成就展、创新科技展4个部分，以及电信、计算机和信息服务等九大专题展。综合展位于国家会议中心，专题展大部分安排在首钢园区。电信、计算机和信息服务专题由市经济和信息化局牵头组织，位于首钢园10号、11号馆，以“链接全球·赋能未来”为主题，分为电信服务、数字技术、信息服务、元宇宙发布、元宇宙体验、元宇宙展示6个展区，总面积17150平方米，参展企业124家。

9月1日、北京市经济和信息化局局长张劲松在服贸会首钢园11号馆巡展

（市经济和信息化局）

【首钢园服贸会场馆焕新升级】 8月，2022年中国国际服务贸易交易会开幕后，文旅服务，健康卫生服务，教育服务，供应链与商务服务，体育服务，金融服务，电信、计算机和信息服务，工程咨询与建筑服务等专题展亮相首钢园，首钢园服贸会场馆为八方宾客带来全新体验。12座展馆矗立在首钢园服贸会场，众多老工业建筑林立四周，充满岁月痕迹的老厂房与蕴含科技感的崭新展馆让首钢园服贸会

现场呈现出一种工业风与现代时尚的视觉冲击。首钢园区利用工业遗存焦侧除尘、空压机室、缓冲间改造新增 3 处共计 4 间多功能空间，会议室增加至 17 处；可容纳 6000 余人同时举办活动和会议，提供多类型活动场所，进一步提高空间利用率。在服贸会区域新增 2336 平方米铺装道路；两个开放式展馆间新增 1.2 万平方米可上人大草坪，并在 7 处主要景观节点新增 6515 平方米缀花草坪。首钢园区新增 10 余家特色餐饮，开业餐饮单位达到 50 余家，首钢园区各类供餐、就餐点位增加至 116 处，同时满足接待 1.3 万人的就餐，总供应量达到 3 万份以上，基本能够保障园区各类人员的需求。

首钢园区服贸会安保线范围由原来的占地 93 万平方米、安保线 6.8 公里缩小至 43 万平方米、安保线 4 公里。除封闭区外，全部对社会开放，将极大减少对社会面交通影响。封闭区人员出入口在北登录厅、南登录厅基础上，新增西北登录厅、西南登录厅。园区各类停车场提供停车位约 7000 个；增设优化园区内外摆渡车路线。开设古城地铁站—首钢二高炉南路摆渡专线。同时增加园区内、外引导标识，重点点位上线电子地图。一系列的服务提升为观众带来更便捷、舒适的观展参会体验。2022 年首钢园服贸会场馆焕新升级，园区聚焦改造提升、功能提升、活力提升。服贸会 2.0 版优化首钢园服贸会举办场地整体环境氛围布置，结合首钢园区各类冬奥遗产，创造更多景观打卡点，将首钢园服贸会的各类活动营造出独具特色的与会观展体验。

（“国资京京”微信公众号）

【天坛龙顺成红木家具亮相中国国家版本馆】 8 月，中国国家版本馆开馆暨展览开幕式在北京举行。金隅集团所属金隅天坛龙顺成承担内部部分家具项目。金隅龙顺成作为国家级非遗京作硬木家具制作技艺的传承保护单位，承担中国国家版本馆部分家具项目，由龙顺成“京作家具制作技艺”传承人、2021 年“大国工匠”年度人物刘更生带队设计并制作，以传承百年的匠心精神对待每一个制作环节，展现出京作红木家具的“型、材、艺、韵”。

（“国资京京”微信公众号）

【第十六届北京工艺美术展举办】 9 月 1 日，2022 年中国国际服务贸易交易会专题展开幕，由市经济和信息化局主办、产业发展促进中心承办的第十六届北京工艺美术展在首钢园 2 号馆举办。该届工艺美术展分为 2022“工美杯”北京传统工艺美术大赛金奖作品展示区、《北京市传统工艺美术保护办法》颁布实施 20 周年展区、第八届中国工艺美术大师作品联展以及工艺互动体验区。金奖作品展区集中展示第十一届北京传统工艺美术珍品以及 2022“工美杯”北京传统工艺美术大赛金奖作品，涵盖玉雕、景泰蓝、花丝镶嵌、陶瓷、织绣等技艺门类。

（市经济和信息化局）

【北京工艺美术行业培训会召开】 9 月 13 日至 14 日，市经济和信息化局在北京西国贸大酒店召开 2022 年北京工艺美术行业培训班，全市工艺美术大师、设计技艺人员、企业管理人员参加培训。培训安排《“传统图案——现代设计”转译的空间价值》《中国工艺美术大师评选情况介绍》《中国文化的系统认知与究竟探索》《对设计创新的思考》等课程，邀请国内知名专家学者进行授课。2017 年以来，北京工艺美术行业培训已连续举办 6 届，累计邀请 29 位知名院校学者、工艺美术大师和企业负责人，对工艺美术历史现状、技艺传承、产业发展、品牌建设、跨界融合、鉴证服务、投融资等多主题进行授课，累计培训行业人才 1400 余人次，有效提升行业人才综合素质，促进行业队伍向年轻化、高素质化方向发展。

（市经济和信息化局）

【2022 北京时装周举办】 9 月 15 日至 22 日，北京时装周以“潮向未来”为主题，在王府井、隆福文化

中心、望京小街、张家湾设计小镇、前门大街、南锣鼓巷等北京时尚文化地标举办线上线下多场活动。2022北京时装周由市委宣传部、市经济和信息化局、市文化和旅游局等部门指导，北京服装纺织行业协会、北京时尚控股有限责任公司、《时尚北京》杂志共同主办。时装周以国潮、国货为核心，200余个品牌参与，举办多场线上线下官方活动，在传统文化纵深弘扬、绿色时尚求索践行、双奥元素传承创新、数字场域接轨升级4个方面较往届均有所突破。2022北京时装周在北京时装周永久会址张家湾设计小镇闭幕。

（市经济和信息化局）

【2022Hi Fashion移动驿站助力品牌商业化】 10月1日至7日，时尚控股和北控集团共同主办的2022Hi Fashion移动驿站——首站活动在雁栖湖国际会展中心祈年广场举行，汇聚铜牛、雪莲、工美、光华、京工、大华、毛纺等品牌，并借助线上商城小程序、微信社群等形式开展线上营销，以“老字号+国潮”“文创+新消费”“数字+科技”“京郊+夜经济”“线上+线下”的形式促进品牌推广及商业转化，助力北京国际消费中心城市建设。Hi Fashion移动驿站作为时尚控股品牌发展的优质平台，通过选址、设计、营销、选品等综合策划在短时间内聚集流量，以艺术表现和媒介传达，在短期内创造社会受众的高度参与，让消费者在沉浸式体验中感知品牌传达的文化与个性，从而带动综合业态收益。

（时尚控股）

【铜牛进入工信部重点培育纺织服装百家品牌名单】 11月20日，工信部印发《关于印发重点培育纺织服装百家品牌名单（2022版）的通知》，确定铜牛为北京市6家重点培育消费品牌之一。

（时尚控股）

【做好企业精准服务】 年内，市经济和信息化局贯彻市领导关于“在政策上突出精准、在落实上突出精细，在服务上突出精心”的工作指示，多次走访调研顺义区、怀柔区、大兴区、平谷区、房山区等重点区，加强与区工业主管部门联系和协调；走访调研北京首农食品集团有限公司、北京燕京啤酒股份有限公司、北京一轻食品集团有限公司、北京时尚控股有限责任公司、北京印刷集团有限责任公司、北京一轻日用化学有限公司、上海烟草集团北京卷烟厂有限公司等重点企业100余家次，深入了解企业运行情况，听取企业遇到的困难和需要协调解决的问题，做好经济运行调度、疫情防控指导、安全生产指导等工作，为企业解决协调原材料供应、运营、项目投资改造等方面问题，鼓励企业向智能化、绿色化升级。同时加大对北京燕京啤酒股份有限公司、上海烟草集团北京卷烟厂有限公司等“服务包”企业精准服务力度。

（市经济和信息化局）

【雪莲、天坛、雷蒙品牌登品牌价值榜】年内，时尚控股旗下雪莲、天坛、雷蒙 3 家品牌参与由世界品牌实验室主办的第 19 届“世界品牌大会”价值评估，其中雪莲品牌价值评估为 239.68 亿元，位列第 329 名；天坛品牌价值评估为 205.62 亿元，位列第 368 名；雷蒙品牌价值评估为 165.95 亿元，位列第 376 名。

（时尚控股）

【溥利、京冠通过第 7 批北京老字号认定】年内，北京清河三羊毛纺织集团有限公司注册商标溥利、北京京冠时尚纺织有限责任公司（北京毛巾厂）注册商标京冠通过第 7 批北京老字号认定，被北京市老字号协会认定为北京老字号。

（时尚控股）

【冬奥特许经营项目完成】年内，为抢抓北京冬奥运会赛时销售黄金期，有效应对特许商品供需短期失衡的突发情况，在冬奥组委的支持下，工美集团在采购端和销售端双向发力，快速稳定市场秩序，最大限度满足市民冬奥热情。在采购端，迅速对接生产商返厂复工，并协调仓储物流企业调配货源。在销售端，依托以工美大厦商场特许旗舰店和新奥工美特许零售店为中心，辐射全国 32 家特许零售店和 134 个特许零售专柜，开展“现货 + 预售”组合销售。全年冬奥项目实现销售收入 4.46 亿元，毛利 1.45 亿元。

（时尚控股）

【国礼和政府重大项目保障】年内，工美集团在多项国礼和政府重大项目中承担重要任务，自主设计研发 20 余件作品成为多个大型外事活动国礼和双边礼，彰显“国礼造办”的实力和担当。工美集团承接 2022 年“光荣在党 50 年”纪念章制作和配送任务以及各类、各级别奖章设计制作项目近 40 项；作为唯一受邀的社会设计单位，中选第 19 届亚运会 30 克圆形银质纪念币设计方案；完成市政府冬奥服务保障纪念证书设计制作任务；协助“微芯院”完成市级研发项目——“智能健康手环”的外观设计工作。工美集团被纳入 2022 年北京推进首都国际交往中心功能建设重点任务的国礼储备库项目。

（时尚控股）

【5 个文创园区获评市级文化产业示范园】年内，在中共北京市委宣传部 2022 年度北京市级文化产业园区拟认定公示中，时尚控股的 5 个园区上榜，其中莱锦园区为市级文化产业示范园（提名），铜牛电影园、永乐文智园、京工创新园、雪莲亮点园为市级文创园。

（时尚控股）

【光华京兴新材料科技园区建设】年内，时尚控股所属光华京兴新材料科技园区项目累计完成投资 2003.58 万元，主要开展招标、设计、水土保持论证、安全评价、水资源论证等前期工作。该项目于 3 月 10 日正式立项，园区面积 29.61 万平方米，建设规模 18.83 万平方米，主要包括生产厂房、集中办公及宿舍楼、食堂等。建设计划总投资预计 57351 万元，目标是建成产业用纺织品业务稳定生产基地。

（时尚控股）

【迷奇生物推进新媒体业务】年内，迷奇生物依托高级神奇美容蜜、牡丹面膜、祛斑霜、喷雾等主力单品，聚焦消费者抗衰、去皱、美白、祛斑等护肤需求，加大精准投放，全年抖音迷奇主账号短视频共计投放 3430 个，粉丝量由 5000 人增加至 77.9 万人，直播间实现 24 小时不间断直播，抖音平台共计带来销售额 5408.40 万元。同步在小红书、淘宝逛逛、得物 App、点淘 App 等平台，全年共计投放 2071 篇达人笔记，高频次、多领域营销曝光，为旗舰店引流转化奠定了客群基础，店铺访问量达 284 万人次，其中新客占比 78%，同期增长 60%。与“甄嬛传”联名研发飞天牡丹系列产品，获抖音电商平台抗皱面霜榜首榜。

（王　磊）

研发与成果

【红星白酒产业园启用智能搬运机器人车】1 月 13 日，红星白酒产业园酿酒车间单跨物流实验取得阶段性成果，实现技术性突破，成为国内首家将智能搬运机器人（AGV）车和智能行车运用在清香酒酿造车间，实现全程物料不落地及全程机械运输。

（红星股份）

【国内第一款“零麸”无麸质面包面市】2 月 2 日，北京一轻食品集团有限公司所属义利面包食品有限公司将700个送检合格的国内第一款“零麸”无麸质面包配送至奥运村，完成冬奥会食品保障供应需求，成为国内唯一生产无麸质面包资质企业。食品集团为2022北京冬奥会食品保障供应单位，为冬奥会测试赛提供北冰洋汽水，为正式赛提供义利面包。2月，“零麸”无麸质面包面向市场供应。该产品通过北京冬奥组委特指定的NSF对“零麸”无麸质面包和“零麸”无麸质马芬蛋糕产品做的无麸质认证检测，获得符合美国FDA无麸质标注规则的NSF无麸质认证（GF）。

（食品集团）

【京工集团推出“金榜题名”系列文创T恤产品】 5月，北京京工服装集团有限公司（简称京工集团）设计推出“金榜题名”系列文创T恤产品，通过时下流行的盲盒形式发售，把美好祝福传递给所有备考考生。“金榜题名”系列文创T恤产品包括4个常规款和1个隐藏款，其中带有“一路连科”“三元及第”“一甲传胪”“蟾宫折桂”纹样的T恤为常规款，带有“成龙成凤”纹样的T恤作为此次“金榜题名”系列文创T恤盲盒的隐藏款。“金榜题名”系列文创T恤在面料上选取柔软亲肤的全棉材质，具备吸汗排湿的特点，适合在夏季穿着。落肩的宽松版型增加穿着的舒适感，尽显潮流风范。采用数码印与刺绣相结合的制作工艺，在绣线的重叠交错下呈现出传统韵味的立体图案效果。T恤包装的红色桶面布满吉祥云纹，就像一个大炮竹，寓意喜事临门、步步登高。近年来，京工集团稳步推进国企改革三年行动，加快转型升级、创新发展，在诸多领域中均有新突破、新作为。其中，文化创意业务作为集团重要增量创新业务，重点包括园区建设、产业生态打造、项目孵化、时尚教育培训、文化衍生品开发等内容。年初，京工集团文创产品上线，推出了本命年主题“祥瑞双虎”系列文创产品。

（“国资京京”微信公众号）

【京粮集团“古船”品牌系列产品新装上市】 截至8月，为迎合广大消费者的感官体验，提升“古船”品牌知名度，打造“古船”品牌新形象，首农食品集团所属京粮集团全面推动“古船”系列产品升级，推出米、面、杂粮等新品包装。重新包装后的“古船”5公斤精致雪花粉、麦芯小麦粉、雪花粉、高筋特精粉4款主要产品完成线上线下铺市工作。“古船”大米系列新品陆续进入首都市场。从销售数据看，5月至7月，“古船”系列米面产品销售量比2021年同期增加70%以上，新品包装拉动销量提升。

（“国资京京”微信公众号）

【红绒特体福棺研发上市】 年内，福源公司设计研发“红绒特体福棺”“环保木纹特体加大福棺”。产品整体外观采用长方形棺底、棱坡梯形棺盖，辅以电子调色、绘制个性化产品图案。围绕八宝山、东郊殡仪馆惠民服务举措及馆方工作建议，成立福源销售业务专班，完成推广销售工作。

（卢　艺）

企业选介

【北京北冰洋食品有限公司】 简称北冰洋公司，创始于1936年，前身是北京第一家人工制冰企业——北平制冰厂。1949年，工厂收归国有并更名为北京新建制冰厂，是中国饮料、冷食行业的创始企业之一。1951年，工厂开始生产汽水，正式注册“北冰洋”商标，商标图案由雪山和白熊组成。1985年，北京市北冰洋食品公司正式成立，1985年至1988年是企业发展的历史辉煌期，北冰洋汽水成为“北京的符号”，玻璃瓶上的“北冰洋”字体深入人心。1994年，伴随招商引资大潮，公司与外资企业合作，之后北冰洋品牌逐渐淡出大众视野。2007 年，中方成功收回北冰洋品牌。2011 年，北冰洋汽水重新进入饮料市场，产品上市后迅速热销。

2022 年 3 月 8 日，北京北冰洋食品有限公司自北京一轻食品集团有限公司分立，开始独立运营，由北京一轻资产经营管理有限公司直接管理。公司主要从事饮料、制造和销售等相关业务。主要产品包括桔汁汽水、橙汁汽水、酸梅汽水、低糖精制桔汁汽水等。公司有北京大兴、北京昌平、安徽马鞍山、重庆江津（在建）4 大生产基地，并已完成北京、华北、华东、华南、华中、西南 5 大区域布局。2022 年，北冰洋公司全年合并收入 75364 万元，利润总额 15491 万元。分立后，北冰洋公司加速营销网络建设，拓展销售机会，开发全新消费场景。完成新版“喜气洋洋”礼盒产品开发，打造礼品消费模式。拓展海外市场和“到家”消费场景。北冰洋汽水已在全国多个省、直辖市、自治区进行销售，同时在欧美、东南亚等多个国家和地区销售，开拓了杭州市场“到家”业务客户。在品牌宣传上推陈出新，以年轻化的视觉内容和全方位营销方式推动品牌升级，全新定位“果汁汽水”品类，以“果汁汽水 喝北冰洋”为品牌 Slogan，抢占果汁汽水细分赛道，成为饮料行业新细分赛道引领者。推出新品柠檬汽水，以“果汁型”“发酵果汁”两个关键词作为新品研发方向，自主开发 330 毫升玻璃瓶发酵桔汁汽水。与北京一轻研究院加强产学研合作，开展红桔加工关键技术研究及工业化应用，形成北冰洋公司在国内红桔行业的专业技术优势；开展高阻隔 PET 瓶涂层技术适用性研究，为北冰洋公司新产品的改进方向提供支持。

（北冰洋公司）

【北京红星股份有限公司】 简称红星股份，前身是 1949 年 5 月成立的华北酒业专卖公司实验厂，其后收编源升号等 12 家老酒坊，全面继承北京二锅头传统酿造技艺。1949 年 10 月，华北酒业专卖公司实验厂更名为华北税务总局华北酒业专卖公司联合工厂。1951 年 9 月更名为北京市专卖事业公司东郊酿造厂，1953 年 1 月更名为国营北京酿酒厂，1965 年 8 月更名为北京酿酒总厂，1993 年 2 月更名为北京红星酿酒集团公司，2000 年 8 月更名为北京红星股份有限公司。2021 年，红星股份实现营业收入 28.0 亿元，利润总额 5.04 亿元，净利润 3.84 亿元。

2022 年，红星股份实现营业收入 31.3 亿元，完成计划的 102%，同比增幅 11.8%；利润总额 6.06 亿元，完成计划的 110%，同比增幅 20.3%；净利润 4.73 亿元，完成计划的 111.6%，同比增幅 23.1%。超额完成上级下达的各项任务指标，均实现双位数增长。公司坚持“红星高照”与“红星”双品牌运作，以央视覆盖全国市场，强化“红星，北京二锅头始创者”的品牌主张，对前门源升号博物馆、怀柔北京二锅头酒博物馆升级改造并重装开放。先后研发中档盒装产品——钰玺系列、大酒缸，高档光瓶产品——大曲酿等，特色旅游商品——红星“馆藏原浆”；升级中档盒装产品——蓝盒，多款产品上市。截至 2022 年年底，红星旗下 26 个产品获得“纯粮固态发酵白酒标志”认证。钰玺系列中，煌钰、鸿钰为 2022 年上市，斓钰为 2023 年上市，大曲酿为 2022 年上市，红星“馆藏原浆”为 2022 年上市，蓝盒为升级产品。

年内，红星高照系列生产 31.936 吨，销售 27.1 吨，销售额 0.2501 亿元；红星大小二系列生产 58053.526 吨，销售 58332.41 吨，销售额 13.0552 亿元；红星蓝瓶系列生产 40431.89 吨，销量 37412.56 吨，销售额 13.35856 亿元；红星纯粮兼香系列生产 3341.471 吨，销量 3726.7 吨，销售额 0.90359 亿元；红星古酿系列生产 27.799 吨，销量 26.92 吨，销售额 0.02826 亿元；红星钰玺系列生产 97.785 吨，销量 60.5 吨，销售额 0.18011 亿元；红星蓝花瓷系列生产 112.933 吨，销量 86.6 吨，销售额 0.2526344 亿元；红星蓝盒系列生产 111.651 吨，销量 85.4 吨，销售额 0.12052 亿元；红星桶酒、甑流系列生产 10669.764 吨，销量 10842.85 吨，销售额 1.23883 亿元。

年内，红星股份继续提升智能化水平，完成 SRM 系统、核心终端、团购系统上线工作，并启用 HR 系统实施工作，进一步提升红星智能制造水平。红星股份怀柔工厂获市经济和信息化局智能工厂认定。怀柔厂区基建项目持续进行，保健酒项目投入使用；怀柔北京二锅头酒博物馆改造项目完成施工布展、重装开业；半敞开酒库项目完成施工及设备安装，投入使用。红星白酒产业园一期项目建筑各单体施工完成，原酒输送项目、酿造一二车间智能酿造及中试车间等设备已转固完成，酿造一车间投产。红星股份公司申报的《1234 安全管理体系在白酒企业的创新及应用》被评为第三十五届北京市企业管理现代化创新成果二等成果、被评为轻工企业管理现代化创新成果一等成果。

（红星股份）

【北京乐器研究所】 简称乐器所，前身为 1956 年成立的中国轻工业科学研究院乐器研究所，是全国唯一的乐器科研院所。国家轻工业乐器质量监督检测中心、全国乐器标准化中心、国家轻工业乐器信息中心、全国乐器标准化技术委员会秘书处亦设在乐器所，共同形成北京乐器研究所立足首都、服务文化产业、弘扬民族文化的功能定位，使其在国内乐器科技、质量、标准、信息领域占据重要地位。乐器所作为公益性科研院所，围绕《北京市推进全国文化中心建设中长期规划（2019年—2035年）》《关于推动北京音乐产业繁荣发展的实施意见》，助力北京文化中心、科技创新中心建设。长期以来，在乐器材料、声学品质、传统工艺和音色的抢救性保护方面开展科技研发，并在2017年至2019年建立“民族乐器音色库”，推动乐器文化传播与推广，不断加强科研环境建设和技术提升，拥有技术领先、覆盖广泛的质量检测、信息资料、数码乐音研发等技术中心和声学、物理、化学、材料等科研部室；集聚工业设计、微电子自控、音乐学、声学、检测、编辑出版等多学科技术人员；拥有“钢琴自动演奏系统”“静音系统和电鸣乐器音源”“连杆式结构木质电钢琴键盘”等多项国家专利技术。近年来，在“乐器声学品质”“新材料和替代材料”“古乐器的复原”等方面不断开拓研发。同时拥有包括演奏家、制作家、理论家等专业人才的专家数据库。

2022年，根据京编委〔2021〕39号文件精神，北京乐器研究所、国家轻工业乐器质量监督检测中心整建制并入北京轻工技师学院，新组建北京轻工技师学院（北京乐器研究所）。北京乐器研究所按照北京市编委、北京一轻控股有限责任公司和北京轻工技师学院的相关要求进行转隶合并的相关工作，对发展定位、职责功能等进行调整。

（轻工技师学院）

【北京时尚控股有限责任公司】简称时尚控股，注册资本171074.82万元，前身为1958年成立的北京市纺织工业局，曾更名为北京市纺织工业总公司、北京纺织控股（集团）有限责任公司。2016年6月，经市政府批准，更名为北京时尚控股有限责任公司，是北京市属国有企业，旗下企事业单位100余家，拥有北京工美、雪莲、雷蒙、铜牛、天坛、伊里兰、绿典、ArtFusion Ace、PURE TOUCH等老字号品牌和时尚品牌，拥有莱锦文化创意产业园、铜牛电影产业园、京工时尚创新园、雪莲·亮点文创园等10余个文化创意产业园区及10余个纺织科技品牌和12家高新技术企业以及近400名国家级、市级工艺美术大师，同时运营星级酒店、购物中心、5A级写字楼、住宅等商业项目。时尚控股培育时尚产业平台，北京时装周陆续在太庙、故宫宝蕴楼、水立方、首钢园、王府井、隆福文化中心、望京小街、张家湾设计小镇等首都时尚文化地标，举办流行发布、展览展示、高峰论坛、专业赛事、云潮计划等时尚文化活动，是首都城市的一张亮丽名片和传播时尚文化的重要平台。2021年，时尚控股资产总额179.5亿元、营业收入138.4亿元、利润总额3.8亿元，现价工业总产值完成12.38亿元、营业收入完成30.99亿元、销售利润完成2.2亿元。

2022年，时尚控股与北京工美集团有限责任公司（简称工美集团）实施战略重组，重点发展服装纺织、文化创意、工艺美术、信息服务四大业务板块。科技创新取得新成效，北京铜牛集团有限公司首次将定位印花技术应用于医用防护口罩，口罩包装袋“零污染，全降解”；北京京兰非织造布有限公司认定为北京市专精特新“小巨人”企业；北京铜牛集团有限公司、北京铜牛信息科技股份有限公司、北京铜牛科英针织技术开发有限公司、北京佳华泰科技有限公司、北京佳泰新材料有限公司及北京光华启明烽科技有限公司认定为北京市专精特新中小企业，2022年时尚控股所属企业获授权专利29项，其中发明专利5项；参与制修订标准8项；登记软件著作权5项。2022年，时尚控股资产总额183.6亿元、营业收入141.7亿元、利润总额8204.9万元，考虑租金减免及防疫物资减值因素影响，利润总额完成4.3亿元。工业企业现价工业总产值完成11.2亿元、营业收入完成29.54亿元、销售利润完成2.26亿元。

国企改革。年内，时尚控股落实3年国企改革任务，74项改革基本完成。其中，前置事项清单，董事会配齐建强，落实董事会职权、经理层成员任期制和契约化管理，管理人员竞争上岗、末等调整和不胜任退出，完善出资人监督手段等重要机制类改革任务取得明显进展。落实外部董事占多数及董事会职权向经理层授权。全面推行任期制和契约化管理，4家企业引入职业经理人，74.73%的企业开展管理人员竞争上岗，58.24%的企业实施管理人员末等调整或不胜任退出。制定构建“六位一体”监督协同机制的实施意见，形成两级全覆盖的违规经营投资责任追究工作体系，内部协同及移送受理工作机制初步建立。

（时尚控股）

【北京一轻控股有限责任公司】简称一轻控股，由北京国有资本运营管理有限公司出资、隶属于北京市国资委的大型国有独资公司。前身是1958年成立的北京市轻工业局，于1993年被授予国有资产经营管理权，依法注册为北京一轻总公司，1996年更名为北京一轻集团有限责任公司，2000年更名为北京一轻控股有限责任公司，2019年11月与北京隆达轻工控股有限责任公司合并重组。总资产233亿元，生产经营食品、饮料、酒类、日化用品等多种轻工产品，涉足国有资产经营管理，制造、仓储、物资供销业，综合技术服务咨询等领域。拥有1家博士后工作站、1家中国轻工业重点实验室、1家国务院国资委“科改示范企业”、1家国家企业技术中心和5家北京市企业技术中心以及18家高新技术企业、4家专精特新“小巨人”（国家级3家、北京市1家）和6家专精特新中小企业。拥有1个国家级非物质文化遗产（北京二锅头酒传统酿造技艺）、红星、义利、星海、中华4个中华老字号，红星、义利、星海、北冰洋、五星、龙徽6个北京老字号以及大豪、金鱼、雪花、华盾等众多知名品牌。2021年，一轻控股主要经济指标平稳增长，合并口径实现营业收入103.91亿元、利润总额18.52亿元。

2022年，一轻控股坚持以新时代首都发展为统领，围绕“五子”联动，主动服务和融入新发展格局，突出“强党建促发展”工作主线，聚焦做大规模、做强产业、做优园区，高效统筹疫情防控和生产经营，持续推进全面从严治党，积极履行首都国企责任，高质量发展迈出坚实步伐。经济运行平稳有序，视同房租减免及中轴线申遗腾退因素，全年合并口径营业收入111.32亿元，完成预算的100.09%，同比增长2.13 %；利润总额18.75亿元，完成预算的101.36 %；上缴税费13.21亿元。在2021年全国轻工业百强综合榜单上名列第22位，在轻工业科技百强企业榜单上名列第24位。一轻控股以推动新时代首都发展为己任，聚焦“轻工产品制造与服务、食品制造与销售、信息服务业、园区开发与运营管理”四大主业，探索新技术、新模式、新业态，构建一轻高质量发展新格局，打造富有时代特征和首都特色的国内知名服务民生的大型都市轻工产业集团。完善高精尖产业布局，成立北京一轻科技集团有限公司，持续强化技术保障。全面布局酒类产业，提升清香型原酒酿造能力，进军酱酒行业，恢复啤酒产业。围绕做大消费产业板块，加强交流合作，加速生产基地建设，推进产业升级。党建引领作用明显。坚持“两个一以贯之”，把加强党的领导和完善公司治理有机结合起来。党组织战斗堡垒作用和党员先锋模范作用有效发挥。实施人才强企战略，加快建立健全集聚人才的体制机制，经营管理团队核心竞争力进一步增强。

（一轻控股）

【北京一轻日用化学有限公司】 简称一轻日化，前身是1958年建立的北京市糠醛化学厂和1965年成立的北京日化总厂。2010年12月22日，北京一轻日用化学有限公司注册成立，2011年3月9日挂牌。总部坐落于通州区中关村科技园通州园·光机电一体化产业基地科创东六街6号，占地面积10万平方米，注册资金5010万元。一轻日化按照“人文北京、科技北京、绿色北京”的首都发展战略，紧跟北京一轻控股有限责任公司“7+1+3”集团化建设步伐，全面整合一轻日化行业资源。所辖企业主要有北京丽源有限公司、北京日用化学二厂有限公司、北京金鱼科技有限责任公司（简称金鱼科技）以及合资企业资生堂丽源化妆品有限公司、北京乐金日用化学有限公司。2021年，一轻日化完成营业收入17573.88万元，资产运营收入完成4309.52万元，利润总额完成2463.92万元。

2022年，一轻日化充分发挥企业内生动力，高效统筹各方合力，主动作为、多方协调，各项重点工作呈现出均衡推进、重点突破、整体提升的良好态势。营业收入完成14783万元，为全年指标21702万元的68.1%，比2021年同期降低15.9%。资产运营收入完成2968万元，比2021年同期下降31.1%。利润总额完成22万元，为全年指标1620万元的1.4%，比2021年同期降低99.1%。液洗收入完成10764万元，比2021年同期减少11.36%；化妆品收入完成461万元，比2021年同期减少46.0%；牙膏收入完成580万元。

公司治理。年内，一轻日化完善公司治理，调整组织架构，成立一轻日化董事会，选用职业经理人，完成组织架构调整。一轻日化以“北京创造”为目标，围绕“品牌、市场、研发、效益”，发挥人才、技术、品牌、资产、资金规模及经营模式等优势，坚持做强、做优、做大的经营理念，力争打造成符合首都发展需要并具有国内一流竞争力的综合性日化产业集团。年内，一轻日化下属企业金鱼科技再次获得高新技术企业认证，并入选北京市专精特新中小企业，进入通州区2022年度高精尖产业发展资金拟支持企业名单；研发的“织物柔顺护理剂及其制备方法”获发明专利授权；推出金鱼氨基酸果蔬餐具净、金鱼小苏打果蔬餐具净、金鱼玻尿酸果蔬餐具净3款果蔬餐具净产品，推出金鱼奢藏秘境香氛洗衣液套装。

（一轻日化）

【北京邮票厂有限公司】 前身为1959年9月25日建成的，隶属于邮电部邮政总局，结束了新中国没有专业邮票印厂的历史。2020年更名为北京邮票厂有限公司，与全球30余个国家和地区建立了业务联系，为美国、丹麦、蒙古、哈萨克斯坦、新加坡等20多个国家和地区的客户提供了设计、制版、雕刻、印制和加工等服务。北京邮票厂有限公司现为中国邮政集团公司所属单位，经过五十多年的发展，始终以“建设国内一流、国际知名的安全印务企业”为目标，主要致力于纪特邮票等邮资票品的设计、研发和生产，形成了以尖端防伪为特色，集创意设计、工艺研发、印制加工和增值服务于一体的产业链。北京邮票厂有限公司是国际政府间邮票印制者大会的主要成员单位、中国防伪协会副理事长单位、中国印刷协会会员单位、国家首批“印刷复制示范企业”，拥有了国家秘密载体印刷复制、国家涉密防伪票据印制、中央国家机关政府定点采购等种类齐全的印制资质。

2022年，北京邮票厂有限公司有固定资产7亿元，年均收入5亿元，在职员工500余人，产品覆盖了邮资票品、印花税票、身份证、国地税发票、证卡票签等中高端防伪印品，形成了设计、技术、生产、营销、管理等多支人才队伍。自主培育了一支20余人的专职邮票设计家队伍、30余人的电脑图像设计师队伍，还与北京印刷学院、石家庄邮电学院等建立了长期用人合作关系，培养印刷专业人才和复合型人才，形成了“文化+防伪”的特有优势。

北京邮票厂有限公司具有雄厚的印制设备基础，生产能力充足、印刷手段丰富，拥有各类高精度大型印刷机14台、精密制版系统3套、各类辅助设备600余台（套）。其中，格贝尔五色照相凹版印刷机、胶雕联合印刷机、影雕联合印刷机、良明胶雕印刷机等具备国际领先水平。北京邮票厂有限公司还掌握了多色照相凹版、雕刻凹版、影雕混合版等多种印刷工艺及全套印后加工工艺，能够满足制作各类中高端防伪印品的需要。

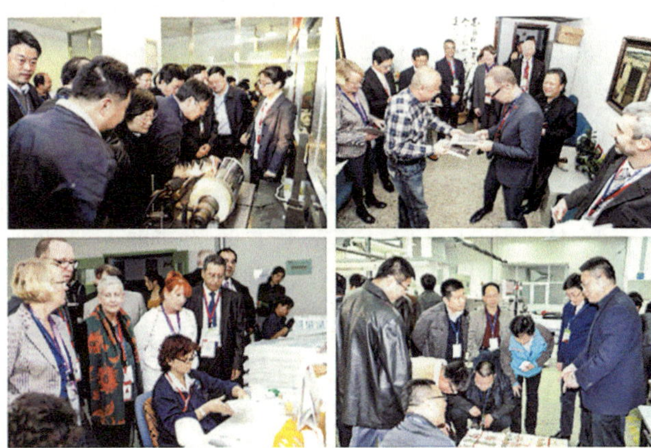

北京邮票厂有限公司坚持科技领先的发展战略，重视尖端印刷技术和防伪技术的研究，已掌握异形齿孔、缩微文字、荧光纤维纸、核加密防伪油墨、高精度明暗连续码、高级防伪底纹等一批国际尖端印刷防伪技术，具有性能先进、大众易识别的优点，深受用户青睐。生产场地均配有恒温恒湿控制系统

及先进周密的安全防控体系，为产品质量及安全提供了可靠的保障。

（胡　陈）

【北京玻璃研究院有限公司】 简称玻璃院，前身为1960年成立的北京玻璃研究院。2020年12月18日，经北京市东城区市场监督管理局核准，北京玻璃研究院由全民所有制企业改制为有限责任公司，名称变更为北京玻璃研究院有限公司，是北京一轻研究院有限公司下属的科研院所之一。专业从事光电功能材料研究、开发和生产，致力于人工晶体及器件、光学纤维及器件、特种玻璃及制品三大核心专业，产品广泛应用于航空、航天、兵器、核工业、船舶等军用和民用领域。玻璃院作为国内最早研制人工晶体的单位之一，已发展成国内卤化物晶体品种最全、质量最好、规模最大的供应商，技术达到国际领先水平。2021年，玻璃院资产总额11947万元，营业收入3878万元。在岗职工硕士及以上学历人员占比30.4%，正高级工程师1人，高级工程师8人，中级工程师1人。

截至2022年年底，拥有卤化物闪烁晶体产品相关的“原料处理—晶体生长—晶体加工—晶体封装—性能测试”全流程设备和工艺技术，实现直径4英寸的LaBr3：Ce闪烁晶体的生长和加工，直径1.5英寸的LaBr3：Ce闪烁晶体的批量生产，年产量达700块。闪烁晶体产品先后在空间科学先导专项首发星“怀柔一号”卫星、“创新X”系列首发星“SY–01”卫星、中国首颗综合性太阳探测卫星“夸父一号”卫星、中国空间站首个科学实验舱“问天”实验舱等多个重大科学工程实现应用。作为国内拉出第一根光纤的单位之一，以及航空航天集团的定点配套单位，特种光纤产品技术水平国内领先，实现了进口替代与工程化应用，解决了该类光纤的“卡脖子”问题，可广泛应用于惯性导航、红外成像、管道泄漏监测等领域。特种玻璃产品技术成功应用于长征系列火箭、神舟系列飞船、中国空间站等火箭、卫星、载人航天、行星探测的国家重大工程，以及飞机发动机、喷火筒、特种合金锻造等航空航天工业和国防工业中。2022年，玻璃院资产总额16925万元，营业收入4244万元。硕士及以上学历人员占比40%，正高级工程师1人，高级工程师8人，中级工程师4人。

（一轻研究院）

【北京有色金属与稀土应用研究所有限公司】 简称有色所，前身为1963年成立的北京有色冶金研究所，隶属于北京市冶金工业局，1968年3月更名为北京有色金属研究所。1969年，有色所与北京铝箔厂（延庆部分）合并，更名北京有色金属材料试验厂（简称有色试验厂），属企业性质，隶属于北京市冶金工业局。1972年，北京市冶金工业局与首都钢铁公司合并，有色试验厂隶属于首都钢铁公司。1976年经北京市计委批准，将北京有色金属材料实验厂分开，成立北京铝箔厂和北京有色金属研究所。北京有色金属研究所属事业单位，隶属于首都钢铁公司属下的有色金属公司。1978年10月起，北京有色金属研究与北京稀土研究所在北京稀土研究所合署办公。1979年11月经北京市“三委一办”（市计委、市纪委、市科委、市财贸办公室）成立北京有色金属与稀土应用研究所，属差额拨款事业单位。自1983年1月14日起隶属于北京市有色金属工业总公司，2000年转制为全民所有制企业。2019年3月，有色所100%股权无权划转至北京有色金属工业总公司，2021年6月改制为国有独资公司，更名为北京有色金属与稀土应用研究所有限公司。

2022年10月，有色所股权无偿划转至北京一轻科技集团有限公司。年内，有色所入选国务院国资委的科改示范企业，被认定为国家级专精特新“小巨人”企业、北京市级专精特新“小巨人”企业，2021年北京市专精特新中小企业。先后被认定为国家高新技术企业、北京市企业技术中心、北京市国资委重要子企业北京市电子信息用新型钎焊材料工程技术研究中心、集成电路封装键合新材料制备北京市工程实验室。有色所主要从事新材料产业中的先进电子材料研究、开发、生产和技术服务。产品广泛应用于电子信息、航空航天、电力机械、轨道交通等国民经济主要行业和国家重点项目，为国家重要领域、重点型号、重大任务，研制开发了一大批拥有自主知识产权的关键技术和特殊材料，其中有独创独占技术，有打破封锁、替代进口技术。有色所着力打造多项细分领域“隐形冠军”，在一些特殊细分领域具有较明显的竞争力，多种产品在行业内为独家产品，市场占有率较高，影响力较大，在行业内名列前茅。截至2022年年底，有色所连续3次获中国电子材料行业50强企业，注册资本18993.22万元。

年内，有色所参与的国家重点研发计划“科技助力经济2020”重点专项项目《稀贵金属活性焊接材料研发及产业化》、朝阳区科信局项目《商业航天器新型导电环合金材料研制》通过验收。承担的市国资委“智能装备用高可靠微组装材料产业化”项目结题，通过项目实施，有色所微电子封装用钎焊材料实现销售收入5146.8万元，利润1620.4万元。立项北京市国资委项目“大规模集成电路用热管理新材料产业化项目”，项目建设内容完善热管理新材料中试线和检测平台，同时合理规划布局，建成大规模集成电路用热管理新材料产业化生产线。申报的北京市高精尖产业发展资金项目——重点新材料首批次应用示范奖励方向，获得市经济和信息化局补贴104万元；申报的北京市朝阳区高新技术产业发展引导资金项目《微电子封装高可靠系列钎料研发及产业化》获得朝阳区科委补贴资金200万元。有色所的新产品“新型低银钎料”“新型铝合金中温钎料”获市经济和信息化局颁发的北京市信息技术新产品（服务）认证证书。申请受理发明专利6项、授权发明专利6项，参与制定修订国家标准、行业标准8项。其中，参与制定的国家标准“电子围栏导体用铝合金线材”“铂钯银相关产品化学分析方法”获中国有色金属工业科学技术奖二等奖；参与制定的国家标准《半导体封装用金基键合丝、带》获全国有色金属标准化技术委员会技术标准优秀奖二等奖；主起草制定的国家标准《铝合金中温钎料》获中国有色金属工业科学技术奖三等奖。截至2022年年底，有色所累计申请发明专利87项、实用新型专利1项，获得授权的有效发明专利53项、实用新型专利1项，参与起草或修订国标、国军标、行业标准67项（国家标准36项、行业标准29项、团体标准2项），其中46项标准已发布。

（有色所）

【北京市塑料研究所有限公司】 简称塑研所，前身为始建于1964年的北京市塑料研究所，原为北京市重点科研院所，2001年转制为科技开发型企业，2021年6月完成公司制改革，更名为北京市塑料研究所有限公司。2022年5月组建北京一轻科技集团有限公司后隶属于科技集团。塑研所2002年通过ISO9001质量管理体系认证，2009年获国家高新技术企业认证，2021年成为中关村高新技术企业，2022年，塑研所获北京市专精特新中小企业称号。塑研所主要从事特种工程塑料的加工与应用，业务涉及半导体、光伏、电子信息、节能环保、医疗卫生及航空航天、国防军工等众多领域。独立承担并完成国家多个“五年规划”和“863计划”等高技术含量的科研课题20余项，重点军工配套科研课题近百项及众多的技术服务性横向课题，取得大批科研成果，获得国家科学技术进步奖、部（市）级科学技术进步奖等奖项近50项，拥有授权专利37件、在权专利27件、标准制定29项。塑研所是国内最早从事硅片承载器（花篮）产品研发、生产的企业，为行业内重要骨干企业主要国内供应商之一，产品广泛应用于半导体集成电路行业、LED行业、光伏行业等领域。塑研所主办的《塑料》杂志创刊于1972年，是国内外公开发行的中国塑料产业内最早的专业性技术刊物之一，是《中国科技论文统计源》、北京大学图书馆《中文核心期刊要目总览》核心期刊、中国科学院《中国科学引文数据库》核心期刊和美国化学文摘（CA）收录期刊，WJCI科技期刊世界影响力指数报告来源期刊。塑研所下设北京市塑料制品质量监督检验站，是经市经委批准成立的北京市级质检站，是国内最早成立的塑料制品专业检测站，具有第三方公正性地位，有实验室认可和资质认定证书，在批准的能力范围内开展检测工作。

塑研所注册资本3000万元，年营业收入5000万元。公司下设经理办公室、综合管理部、财务部、科研开发部、销售部、生产基地、编辑部等多个部门。2022年公司从业人员79人，其中管理人员26人，专业技术人员50人，大专及以上学历人员占职工总数的71.08%，具有中级职称以上人数占职工总数的30.12%。

（塑研所）

【北京市印刷技术研究所有限公司】 简称印刷技术研究所，前身为1979年1月14日成立的北京市印刷技术研究所，为全民所有制事业单位，行政工作隶属北京市出版事业管理局，业务工作接受北京市科学技术委员会领导。1983年6月，印刷技术研究所归属北京市文化局领导，由北京市印刷工业公司代管。1985年9月，印刷技术研究所由北京市文化局直接领导。1986年6月，印刷技术研究所划归北京市印刷工业总公司。20世纪80年代中期开始致力于高保真复制技术的研究，提供图像采集、艺术品高保真复制、书画装裱等系列专业化服务，为博物馆、档案馆、书画家、收藏家等机构和个人定向复制、装裱书画作品。印刷技术研究所数次为北京故宫博物院、中国军事博物馆、中国档案馆等复制其馆藏作品及其馆藏党和国家领导人的手迹、档案、历史资料，并与相关博物馆、文化机构和艺术家达成合作。冬暖画《千里江山图》被列入第24届冬季奥林匹克运动会特许商品名录。2001年2月6日，印刷技术研究所改制为全民所有制企业，主管部门为北京印刷集团有限责任公司。2018 年 1 月，印刷技术研究所完成公司改制，更名为北京市印刷技术研究所有限公司。2021 年印刷技术研究所与北京工美集团签约，成为 2022 年北京冬奥会特许产品生产商，热融画产品成为 2022 年北京冬奥会特许产品。同时，受张家口市崇礼区政府邀请，印刷技术研究所成为冬奥会主要赛区的文创礼品策划制定展销商。2021 年印刷技术研究所开始尝试网络直播带货等销售方式，开拓多种销售渠道增加业务收入，形成销售额 1305.43 万元，利润总额 80.85 万元。

2022 年，印刷技术研究所扩展产品营销宣传渠道，与众筹、直播、互联网商城等互联网企业展开合作。销售加热画 4000 余幅，复制画近 2000 幅。形成销售 332.75 万元，利润总额达 72.56 万元。

（隆达公司）

【北京大豪科技股份有限公司】 简称大豪科技，前身为 1986 年成立的北京一轻研究所的电脑刺绣机课题组，2000 年 9 月成立大豪科技，注册资本 9.24 亿元。2015 年 4 月在上海证券交易所主板资本市场上市，证券代码 603025，是中国缝制机械电控领域第一家上市公司。大豪科技是专业从事工业计算机数控技术、工业互联网与物联网技术及其产品研发、销售和生产的高新技术企业，是缝制机械设备电控行业的领导厂商和缝纺行业综合解决方案提供商。经过 30 余年的持续发展与创新，大豪科技刺绣机电控产品及其配套驱动器的市场占有率位居世界前列，特种工业缝纫机和袜机电控产品市场占有率位居国内前列，“大豪”品牌在国内外市场上享有较高声誉和品牌知名度。2012 年以来，在中国制造转型升级与缝制设备智能化发展的时代背景下，公司推出的缝制设备远程运维平台、缝制加工智能工厂管理系统解决方案，成为国家智能制造试点示范项目。2004 年，公司于北京中关村科技园区酒仙桥电子城科技园内投资扩建 15000 平方米的产研基地，建有研发、办公、生产基地达到 6 万余平方米。旗下拥有北京工缝智控科技有限公司、北京兴汉网际股份有限公司、天津大豪融资租赁有限公司、浙江大豪科技有限公司、浙江大豪明德智控设备有限公司、太原大豪益达电控有限公司、苏州特点电子科技有限公司、诸暨轻工时代机器人科技有限公司等子公司，2019 年 9 月参股成立威尔克姆大豪（北京）软件技术有限公司，并在国内外 20 余个地区设立分公司、办事处。公司秉承“创新无止境”的企业精神，持续加大科研投入，持续创新，拥有多项专利和软件著作权，作为主草和参草单位参与多项国际、国家及行业标准的起草。公司凭借雄厚的企业实力和前沿的产品技术水平，获工信部颁发的中国单项制造业冠军示范企业，国家发展改革委等部门联合颁发的国家级企业技术中心称号。“大豪”牌刺绣机电控系统被评为北京市名牌产品、第八届北京最具影响力十大品牌。公司自主研发的产品于 1990 年 12 月荣获国家科学技术进步奖二等奖，2010 年、2015 年至 2017 年、2020 年至 2023 年荣获多项北京市、中国轻工业联合会科学技术进步奖，2018 年、2020 年荣获中国专利奖，2013 年、2015 年、2017 年、2019 年、2022 年荣获中国缝制机械协会的优秀产品奖等奖项。2021 年，大豪科技完成营业收入 15.05 亿元，完成利润总额 4.16 亿元，上缴税金 1.44 亿元。

2022 年公司实现营业收入 15.98 亿元，实现利润总额 5.14 亿元，上缴税金 1.54 亿元。大豪被评为中国轻工业数字化转型先进单位。“高效多头多功能刺绣机数控系统”被科技部、环保部、商务部、国家质监总局联合评选为国家战略性创新产品。在加强技术创新、提升产品质量、满足用户多方面需求的同时，不断加强内部管理体系和管理规范建设，建立完善的 SAP 信息化系统和 OA 办公自动化系统，通过 ISO9000 质量管理体系认证。公司崇尚“创新、合作、共赢”的核心价值观，着力以科技赋能中国制造，致力于将公司打造成一家实力雄厚、管理先进，国际知名的工业自动化领先企业集团。

（大豪科技）

【北京迷奇生物科技有限公司】 简称迷奇生物，前身是 1987 年 9 月成立的北京市亚美日化厂（简称亚美日化），是市属集中安置残疾人的国有福利企业。2014 年 3 月 4 日，亚美日化隶属关系变更为北京市民政工业总公司，2021 年 6 月由全面所有制改制为有限责任公司，企业名称变更为北京迷奇生物科技有限公司。迷奇生物是一家集研发、生产和销售于一体的综合性化妆品生产企业，旗下有近百款“迷奇”系列化妆品。厂房位于北京市东五环内，可以进行 OEM 和 OTM 加工。迷奇生物内设经理办公室、财务部、人力资源部、技术与品控中心、市场部、商务合作部、生产调度部、供应部、材料产品管理部、行保部共 10 个部门，配料和生产 2 个车间。在职职工 98 人（残疾职工 53 人），其中在岗职工 78 人（残疾职工 33 人），待岗职工 20 人（残疾职工 20 人），退休职工 105 人（残疾职工 69 人）。党支部 1 个：北京大宝、迷奇有限公司党支部，党支部书记 1

人，副书记1人，党小组2个，正式党员38人。

2022年，迷奇生物在天猫、京东、拼多多、有赞、小红书、抖音、快手、得物等平台开设店铺并进行宣传，产品销售额达7100万余元，同比增长771.52%。

（王　磊）

【北京宝岛包装印刷有限公司】 简称宝岛公司，1993年12月成立。公司成立30年来，秉承“品质、效率、服务”的企业精神，创新发展，处于同行业前列，形成了从包装设计到印刷及后加工的一套完整供应体系。获得ISO9001、ISO14001资质，主要生产纸箱、纸盒、标签、说明书、精装礼盒等产品，合作客户覆盖食品饮料、疫苗、生物制剂、日化美妆、医药、礼品保健、电子工业等多个行业。公司占地面积2.4万平方米，建筑面积1.5万平方米，员工140余人。2021年销售收入1.2亿元。2022年销售收入6450万元，完成产品2.4亿个。

（隆达公司）

【北京科勒有限公司】 简称北京科勒，1993年成立，总部在北京市密云区，属于北京市高新技术企业。主要生产高档水龙头，年产量为155万套，组装水龙头及配件500万套，2021年产值为15.5亿元。北京科勒设有水龙头亚太研发中心，拥有水龙头行业在国内最先进的研发实验室。2020年北京科勒获由e-works颁发的卫浴行业首个中国智能生产杰出应用奖。截至2021年年底，公司共有88项专利，其中实用新型专利80项 、发明专利8项。获国家高新技术企业证书、中关村高新企业证书。产品通过中国环境标志产品认证，并获得中国环境标志优秀企业奖。万元产值能耗持续保持在北京市平均水平的1/10以下。2022年公司整体运行状况基本稳定，全年销售收入11.3亿元，主要产品产量达124万套，基本达到产量的预期目标，荣获工信部颁发的“国家级绿色工厂”称号。

（胡　淼）

【北京福源殡葬用品有限责任公司】 简称福源公司，1996年成立，前身是北京京海纸制品厂。2003年6月27日，北京市民政工业总公司同意北京市京海包装制品厂改制为股份合作制企业的申请，并委托北京中威华德诚资产评估有限公司对其改制所涉及的资产进行评估工作，同时成立产权界定小组。2004年5月24日，北京市京海包装厂召开职工代表大会，同意企业改制为有限责任公司，改制后更名为北京京海纸制品有限责任公司，公司股东由北京市三露厂企业法人股东、北京市民政工业总公司国有股东和北京市福利企业集体资产管理协会3家股东组成。2004年5月28日，北京京海纸制品有限责任公司成立。2017年10月，北京京海纸制品有限责任公司整建制划归北京市定福庄园艺场（后改为北京园福源物业管理有限责任公司）管理。福源公司（京海纸制品公司于2019年更名为福源公司）是一家肩负集中安置残疾人就业的生产型福利企业，是北京市民政局系统北京市社会福利事务管理中心所属北京市民政工业总公司管理的市直属福利企业。占地面积26666平方米，注册资金1260万元，经营地址朝阳区定福庄路，主营研发、生产、销售各类纸棺、木棺、骨灰盒等殡葬用品。福源公司内设办公室、生产科、销售科、供应科、财务科、人力资源科、行保科、质检科、仓储科、运输科、设备科、工会共12个科室。有董事会成员5名、监事会成员3名、董事长1名、总经理1名、副经理2名。

2022年，福源公司主辅产品共计完成销售额3194万余元。纸棺月均产量3464具，年度总销售额1482万元；木棺月销售量368具，年度总销售额766万余元；骨灰盒月销售量569只，年度总销售额847万余元；纸箱月产量7210个，年度总销售额99万余元。截至年底，福源公司有职工76人，其中残障职工18人。年内，福源公司依托八宝山、东郊殡仪馆产品业务招标项目为工作导向，完成寿衣类产品殡葬产品商标注册认证；完成GB/T 19001—2016/ISO 9004:2015质量管理体系认证；完成中国环境标志（Ⅱ型）（自我环境声明）产品认证。

（卢　艺）

【北京格雷时尚科技有限公司】 简称格雷集团，2002年4月23日成立，前身是成立于1994年的北京威克多制衣中心，以服装为主营业务，是国家高新技术企业、北京市重点总部企业、工信部确定的重点跟踪培育的中国服装家纺自主品牌企业、国家级两化融合管理体系贯标试点企业。作为集团总公司，为集团服装产业、格雷众创园、上德置业三大板块的运营主体，负责基础建设和市场零售业务。公司位于大兴区工业开发区金苑路甲15号，注册资本3600万元，是一家集高级成衣研发、设计、销售于一体的现代化服装企业。公司拥有“VICUTU”威可多、“GORNIA”格罗尼雅、“VGO”微高的自主品牌，主导产品为中高档男士服装及配饰。公司连续多年入选百强企业名单，获北京市著名商标和最具文化创意十大时装品牌市场潜力奖，获得专利37项。

2022 年，格雷集团工业产值 82761 万元，净增量 7358 万元，同比增幅 9.8%。公司现有员工 3100 人。

（刘　莉）

【北京隆达轻工控股有限责任公司】 简称隆达公司，成立于 2000 年 12 月 29 日，是由原北京二轻有限责任公司与北京印刷集团公司通过合并重组方式组建的国有资产经营控股公司。2002 年 3 月 26 日，北京市有色金属工业总公司整体并入隆达公司。2019 年 11 月 11 日，与北京一轻控股公司实施合并重组，由一轻控股行使出资人职责。2022 年 5 月 27 日，隆达公司原新材料产业板块相关企业划归一轻科技集团管理。2021 年，隆达公司实现营业收入 29.98 亿元、利润总额 3.1 亿元。

2022 年，隆达公司实现营业收入 8.47 亿元、利润总额 1.25 亿元。现有特色印刷、文化创意两大业务板块，主要从事特色印刷包装产品、文创园区建设和管理等相关业务。特色印刷板块：主要以印刷包装产品为主，在行业上可划分为出版物印刷、安全印务、包装印刷、印刷物资销售 4 个类别。全年累计新申请专利 10 项，授权 7 项；开展新产品研发 3 项。年内，北京印刷集团有限责任公司、北京宝岛包装印刷有限公司与北京印刷学院达成合作协议成立联合工程研究中心；北京印刷集团有限责任公司获北京市专精特新中小企业称号及北京市高新技术企业认证，“新智造 100”项目获北京市高精尖产业发展专项经费。北京宝岛包装印刷有限公司获市经济和信息化局“做优做强高精尖企业”称号，获大兴区经济和信息化局“2021 年产值增长奖励”。北京印刷集团有限责任公司质量精准追溯、柔性生产配置和北京宝岛包装印刷有限公司精益生产管理 3 个智能制造场景获 2022 年度国家优秀智能制造场景。文化创意服务板块方面，主要是文创园区建设和管理，通过盘活工业老厂区的房产资源，先后与合作方共同建设了一批文创园区，实现老厂区向特色文化创意服务产业转型升级。77 文创园、弘祥 1979 文化创意园、东郎（通州）电影创意产业园、锦珑（北京）创意产业园进入北京市级文化产业园区名单。塑三文创园获评朝阳区第二批文化事业产业融合发展示范园区、第五批“蜂鸟企业”和 2021 年北京市文化企业“投贷奖”支持单位，园区品牌影响力持续提升。隆达公司明确战略定位，聚焦产业发展与园区运营双轮驱动，推动数字经济与实体经济融合发展，打造智能工厂与智慧园区示范样板。高质量完成对标提升目标任务，持续提升公司运营管理水平，逐步形成系统完备、科学规范、运行高效的企业管理体系。“三降一减一提升”专项行动有序推进，3 年以上应收账款净值较 2021 年年底减少 12.5%，完成既定工作目标。企业减亏工作进展顺利，北京市北泡轻钢建材有限公司、北京宝岛包装印刷有限公司、北京瑞成斋图文设计有限公司、北京轻联富文新特印刷有限公司 4 家企业合计扭亏。劣势企业退出目标任务全面完成，北京绿源塑料有限责任公司、北京北人羽新胶印有限责任公司完成退出工作，自行退出 7 家长期吊销企业。落实“第一议题”制度，加强工作体系建设。围绕“三重一大”制度执行、规范企业决策管理、财务管理、物业经营管理、基建项目管理、违规经营投资管理、接诉即办等工作开展专项检查，确保各项工作落实到位，针对问题整改到位。

（隆达公司）

【今麦郎饮品股份有限公司】 简称今麦郎，2005 年 10 月成立，注册资本 13.1 亿元，主要从事饮品研发生产和销售。经过 10 余年发展，今麦郎已经拥有 27 个子公司、3 个分公司，旗下有凉白开、芒顿小镇、天豹、苏打水、软化纯净水、茶饮料等系列饮品，产品行销全国各地。2021 年，今麦郎北京公司产值达 23.4 亿元，税金 1.42 亿元。公司拥有 9 条国际先进生产线，引进法国 SIDEL COMBI 及德国 KRONS 三位一体全自动生产线，水处理采用美国海德能 RO 膜和超滤等先进工艺，生产线采用多种节能降耗设计，使用高效电机、余热回用，变频控制等节能设备，纯净水利用率高达 80%，单条生产线最高产能可达 8.1 万瓶 / 小时，处于行业先进水平。2022 年，今麦郎产值 28 亿元，同比增长 20%，获得北京市“数字化车间”称号，并再次申请成为国家高新技术企业，集团获 2021 中国民营企业 500 强第 483 位及 2021 中国制造业民营企业 500 强第 273 位。

（于子龙）

【北京一轻食品集团有限公司】 简称食品集团，2013 年 8 月 8 日成立，隶属于北京一轻控股有限责任公司，旗下拥有“义利”“北冰洋”“双合盛”三大著名品牌。食品集团集合了中华老字号“义利”（创始于 1906 年）、北京老字号“北冰洋”（创始于 1936 年）、百年京酿“双合盛”（创始于 1915 年）、大汽水“劳动 1 号”等著名品牌。主要生产、加工和销售饮料、面包、啤酒、糕点、糖果、冷食和熟食等。食品集团下属多家分子公司，分别在北京市大兴区、昌平区和安徽省马鞍山市拥有三大生产基地。通过百年义利商业连锁店、北平制冰厂冰吧、京轻便利店、一轻优选商城等多个商业渠道输出产品及品牌，是一家集食品生产与经营、食品技术开发、商业连锁经营、工业产业设计、工业旅游文化发展等于一体的综合性食品企业集团。2021 年，食品集团完成营业收入 10 亿元，同比增长 3.5%；利润总额 4 亿元。

2022 年 3 月 8 日，北京一轻食品集团有限公司将北京北冰洋食品有限公司（简称北冰洋公司）分立。北冰洋公司独立运营，由北京一轻资产经营管理有限公司直接管理。2022 年，分立后的食品集团不含投资收益，营业收入（含京轻饭店）为 11.67 亿元，利润总额盈利 1.01 亿元。食品集团坚持无添加、健康、年轻化、高端化产品理念，全年共计开发 151 个新产品。在国内首次开发出“零麸”无麸质面包，完成北京冬（残）奥会保供任务；取得三明治汉堡类产品生产许可证，相继推出冰砖、冰冰熊、三明治、汉堡、HPP 柑桔汁、鲜奶面包等新品。黄油铁桶饼干获盒马饼干类销量第一位、获北京“外事商务礼品主题”TOP20 奖；义利京式自来红月饼、苏式鲜花玫瑰月饼获北京月饼文化节“优秀产品”奖；“劳动 1 号”果味汽水获 2022 中国饮品创新增长大会“中国饮品年度创新产品 TOP30”大奖。HPP 柑桔汁引领“100% 无添加冷压榨果汁饮品”消费新潮流。

塑造老字号新形象。年内，多品类联动推广，开展“年轻有啤汽”IP 打造，完成线下啤酒花园 + 线上短视频推广 + 终端促销活动一体化整合营销；开展“大爱在‘疫’线，一轻在行动”活动，展现企业社会责任和良好形象；五一劳动节开展致敬最美劳动者，推动“劳动 1 号”上市；策划“回不去的童年”，推出义利动物饼干，微博热搜 9600 万次；联合双合盛与北京电视台推出“京城十二时辰”，增加北冰洋冰品品牌曝光度，官方视频全网播放量超 10 亿次；举办第 1 届一轻品牌嘉年华活动，活动当日合计交易总额 1612 万元，活动总曝光 2000 万次以上；产品亮相北京卫视 2022 北京消费季启动特别节目。

升级改造基地建设。年内，完成面包车间设备新增、车间升级改造；完成建设冷饮车间，实现自产；完成糕点车间设备升级改造；完成糖果车间产能扩大、新增生产线及配套设施；完成升级改造义利、北冰洋文化馆和主题公园；逐步将大兴基地打造成集“科研、生产、文化、总部管理”综合功能于一体的绿色、智能、体验式花园总部基地。与湖北省丹江口市政府签署建立综合产业园框架合作协议，设立一轻食品（丹江口）公司。

创新发展实体业态。年内，“北平制冰厂”冰吧旗舰店在花园路园区开业，成为北京新晋网红打卡地。截至 2022 年年底已开设 8 家，获 2022 年度（第十八届）北京十大商业品牌的 2022 年度北京商业首店之星。义利西餐厅重装开业，京轻智能便利店持续服务市民“早餐夜宵不用愁，老字号商品轻松买”，义利北冰洋乐园登上 2022 北京网红打卡地榜单，DIY& 义利品牌展示中心创造温馨十足的亲子体验。

（食品集团）

【北京乐纯食品有限公司】简称乐纯，2015 年成立，是朝阳区高新和专精特新技术企业，也是可口可乐在亚洲地区第一家给予战略投资和合作的创业公司。乐纯是国内首家引进 GEA WESTFALIA 千万级滤乳清设备，拥有首条滤乳清酸奶生产线，首批使用 2C 冷链物流布局的乳品生产企业。2022 年 2 月，乐纯获第二届朝阳区“凤鸣计划”高成长企业称号，3 月上榜《中国青年报 · 中青在线》发布《“00”后新锐乳品品牌影响力 TOP10》。截至年底，乐纯已搭建起多品类健康食品矩阵，除低温酸奶，也在原制奶酪、特色纯牛奶、婴标食品等新兴品类上成长为头部品牌。

（乐　纯）

【益海嘉里（北京）粮油食品工业有限公司】益海嘉里（北京）粮油食品工业有限公司于 2010 年开建，2012 年投产。位于京开高速与南六环交汇处东北角。主要业务范围为油籽压榨、食用油精炼、专用油脂、油脂化工、玉米深加工、大豆精深加工、水稻循环经济、小麦深加工、食品原辅料、粮油研发产业。公司占地约 10 万平方米，

一期投资4.4亿元，建筑面积约2.3万平方米。建成总仓容近5万吨的原粮立筒仓22个，现代化面粉生产线3条，可以日处理小麦1800吨，年生产面粉56万吨。2022年，公司总产值15亿元，生产的“金龙鱼”牌1千克内蒙平原雪花粉、“金龙鱼”牌5千克雪晶麦芯小麦粉、“金龙鱼”牌5千克多用途麦芯小麦粉获由北京市粮食行业协会颁发的“北京好粮油”荣誉称号。

（刘　莉）

产品选介

【出版物类产品】 由北京印刷集团有限责任公司于1949年推出。该产品包含传统印刷和数码印刷两种方式，生产的主要产品包括重点出版物、绿色出版物、党和国家重要文件文献、画册等。印刷集团作为22家北京市出版物印刷服务首都核心功能重点保障企业之一，主要服务对象为各大出版社、国家机关、北京市政府部门及各企业。2022年，印刷集团承印传统印刷产品1000余万册，销售收入3080万元；数码印刷产品25万册，销售收入927.94万元。

（隆达公司）

【金鱼洗涤灵】 由北京一轻日用化学有限公司所属北京金鱼科技有限责任公司生产，于1983年上市。该产品是中国第一瓶洗涤灵，结束了热水碱面洗碗的时代，具有划时代的意义。作为中国洗涤灵产品的开创者，金鱼洗涤灵在20世纪80年代就采用了先进的配方技术和国内领先的生产工艺，其“黄瓶绿盖”的经典包装形象、红色灵动的拖尾金鱼logo也深入消费者心中，以坚持高于国家标准的优质产品成为业内标杆。该产品为食品用洗涤剂A类产品，可直接接触食品，且经国家微生物检测中心检测，可有效除菌、去除果蔬表面残留的农药，安全卫生。产品配方温和中性，洁净不伤手，选用原料可生物降解，不污染环境。自2003年起，金鱼洗涤产品连续荣获全国市场同类产品5大畅销品牌。2022年，该产品系列全系添加氨基酸表面活性剂，关爱使用者手部肌肤，通过了洗涤用品亲肤认证，产品获中卫安（北京）认证中心颁发的亲肤产品认证证书。

（一轻日化）

【即开型刮开式彩票产品】 由北京印刷集团有限责任公司与中国福利彩票发行管理中心于1987年研发生

产。该产品在某一固定奖组的彩票中，将中奖符号印制在彩票介质上加以遮盖，并事先公告中奖符号，购买者从同一奖组的彩票中选购后即时刮开遮盖物以确定是否中奖和兑奖的彩票品种。即开型彩票的特点是预先印制，即买、即开、即兑。2022 年，印刷集团共承接即开型彩票合同 59 份，全年上市新产品数量共 23 款，有 4 款产品长居全国销量前 10 名，其中“888”票种稳居全国销量前三，全年面值销售超 11 亿元。全年累计实施 4 个研发项目，研发项目合计完成立项金额 1550 万元。

（隆达公司）

【龙徽怀徕珍藏】 由北京龙徽酿酒有限公司生产，于 1988 年上市。龙徽怀徕珍藏选用当年庄园中长势、品相最好的葡萄，产品的高品质得益于龙徽公司独具匠心的酿酒师。龙徽怀徕珍藏自产品上市以来，产品总产量近千吨，实现销售收入 2.6 亿元。2022 年，龙徽怀徕珍藏销量 30 余吨，实现销售额 800 余万元。

（龙徽公司）

【证书类产品】 由北京印刷集团有限责任公司于 2002 年研发生产。该产品主要包括国家部委、全国各省、市、自治区的《不动产权证书》、商标注册证、烟草专卖零售许可证、国税总局税务登记证、各大院校毕业证书等重要证书类产品。该类产品多数具备防伪特性。生产中使用的防伪技术有国家专控定位水印防涂改纸、证券专用纸的授权使用，国际先进防伪软件广泛运用于证书产品中；如防伪底纹、团花、浮雕底纹的制作，短波双波段有色荧光墨技术、黑色荧光油墨、珠光油墨技术、有色和无色荧光防伪油墨的运用，防磁防透射刮开油墨防伪及数字信息防伪技术系统、凹印和柔印等特殊工艺的运用，光栅等立体效果的呈现，字母、标识的缩微技术，以及公司特有的以色列赛天使可变数据、图形、号码的喷印和一维、二维条码的喷印等各种防伪手段和技术。2022 年，印刷集团承印证书类主要产品不动产权证书 330 万册，销售收入 1300 万元。

（隆达公司）

【三三三倍®希腊酸奶系列】 由北京乐纯食品有限公司生产，2015 年上市，采用先进的滤乳清技术，过滤掉乳清成分，让牛乳的精华和营养最大限度保留。每生产 1 千克的乐纯希腊酸奶，需要使用接近 4 千克的生牛乳，通过三种乳酸菌发酵而成，除了基础的保加利亚乳杆菌和嗜热链球菌，还加入一种益生菌——乳双歧杆菌。基于独特工艺，该系列酸奶浓厚到可以倒杯不洒，绵密醇厚的冰淇淋口感，丝滑浓郁，满满奶香。因其蛋白质含量丰富，配料表干

净简单，还严格控制糖和脂肪，很受孕期和身材管理期的用户喜爱。上市以来，已经创作了超过 50 款极其少见的甜品酸奶口味。目前在售 17 款，包括椰子玫瑰、红丝绒、抹茶、杨枝甘露、香草榛子、茉莉花茶、朗姆红提、黄金柚子等，单品累计销售量已超过10亿杯。2022年，该产品实现销售额1.5亿元。

（乐　纯）

【北冰洋原味酸奶、乳酪酸奶】由北京一轻食品集团有限公司委托内蒙古草原心乐乳业有限公司生产，于 2018 年 2 月上市。北冰洋大瓷罐酸奶承载着老北京人记忆，100% 纯正生牛乳，进口丹麦菌种，自然慢发酵，奶味十足，微米级细腻质地，口感更醇正，原味不添加。2022 年，联合双合盛与北京电视台推出“京城十二时辰”，增加北冰洋冰品品牌曝光度，赢得好评。2022 年销售近 1000 万元。

（食品集团）

【热融画产品】由北京市印刷技术研究所有限公司于 2018 年研发推出。该产品运用石墨烯远红外线辐射供暖原理，采用喷印工艺，色彩逼真不褪色，通过装饰艺术在工作生活环境中的合理运用，实现产品在实用与艺术上的完美融合，为客户带来健康温暖的同时带来美的享受，2021 年开始正式投入市场。2022 年，印刷技术研究所扩展产品营销宣传渠道，与众筹、直播、互联网商城等互联网企业展开合作。销售加热画 4000 余幅，复制画近 2000 幅。形成销售额 332.75 万元，利润总额 72.56 万元。

（隆达公司）

【万里挑一®纯牛奶】由北京乐纯食品有限公司生产，于 2019 年上市。产品含 4.0 克蛋白质、120 毫克钙、高于普通牛奶 3 倍的氨基酸含量，是万里挑一®奶源的品质标准。2022 年，该产品实现销售量 176 万箱，销售额 1.5 亿元。

（乐　纯）

【义利牛舌酥饼】由北京义利面包食品有限公司生产基地生产，2021 年 1 月上市。北京特色牛舌酥饼因形如牛舌而得名，是北京特色小吃之一。2022 年销售额约 224 万元。

（食品集团）

【拿破仑蛋糕】由北京义利面包食品有限公司生产基地生产，2021 年 1 月上市。拿破仑蛋糕外层是松软的千层酥皮，内里夹心香甜奶油和层层果仁，口感集松化与嫩滑于一身，法文名为 Mille-feuille，即有一千层酥皮的意思，又被称为千层酥。2022 年销售额约 26 万元。

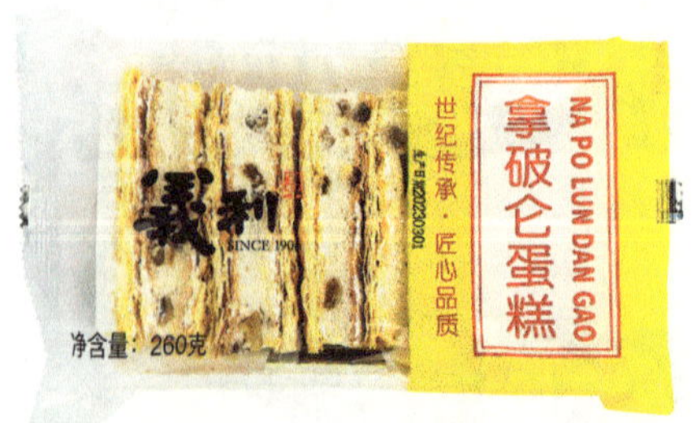

（食品集团）

【乐纯新鲜奶酪】由北京乐纯食品有限公司生产，2021 年 8 月上市，是一款适合 12 个月以上孩子食用的 100% 原制干酪，高钙、高蛋白、低钠、零蔗糖。产品采用 50 克吸嘴袋环保包装，全程冷链运输，做到冷热两吃，可水浴加热，可重复开启，将更多成本放在奶酪本身。2022年，该产品实现销量100万袋，销售额3500万元。

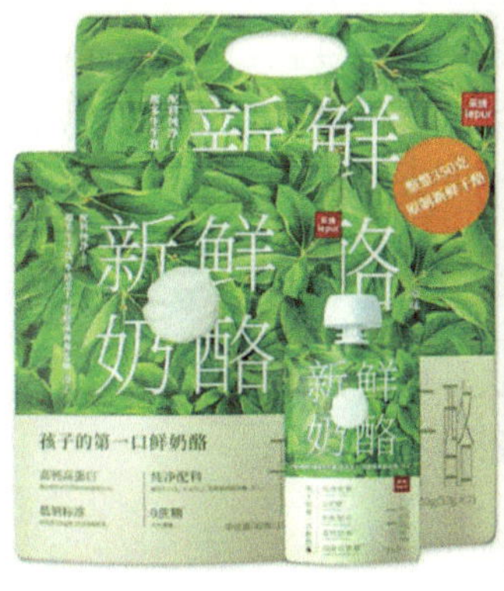

（乐　纯）

【义利黄油饼干】由北京一轻食品集团有限公司委托涿州北方绿色巨人农业发展有限公司生产，于2021年11月上市。采用优质发酵黄油，经高温烘焙后，饼干色泽金黄，口感香酥松脆，奶香四溢。上市后广受欢迎，在铁桶装基础上后续又推出纸盒装，提升了产品性价比。作为国潮复古系列经典产品，受到一致好评。2022年，义利黄油饼干获北京旅游文创大赛“外事商务礼品主题TOP20”。2022年销售额约176万元。

（食品集团）

【纯净翻乐碗系列】由北京乐纯食品有限公司生产，于2021年上市，是一款引领了即食谷物酸奶碗潮流的产品。每款谷物顶盖中都需要从巧克力、坚果、燕麦、饼干、脆脆、水果冻干中选取超过4种食材进行组合，非常考验调和风味的能力。采用甜菊糖苷和伊代欣糖2种不引起血糖升高的植物提取成分代替蔗糖进行发酵，甜味与蔗糖很相似，但其“非致龋齿性”不会被引起蛀牙的微生物利用，是一款照顾成长期孩子的产品。翻乐碗每百克风味发酵乳中含4.5克蛋白质，热量仅80千卡。符合GB 19302—2010食品安全国家标准规定，风味发酵乳蛋白最低要求2.3克/100克，翻乐碗蛋白含量超过标准90%以上。翻乐碗特别设计成了可以直接看到谷物组合的透明顶盖，每次只需要撕开顶包，倒入零蔗糖的纯净酸奶，10余秒就能获得一杯充斥着咸、香、酥、脆、绵5种不同层次的美味酸奶碗，吃到最后仍然酥脆不软榻。已上市椰片榛果曲奇、海盐巴旦木、草莓腰果黑巧和芝士柠檬白巧。2022年，该产品实现销售量238万杯，销售额2861万元。

（乐　纯）

【义利零麸面包、零麸马芬蛋糕】由北京义利面包食品有限公司生产，于2022年2月上市。该系列产品采用全球甄选近百种原装进口原料，近千次配方烘焙实验，10余道工序严苛检测，添加多种健康食材，营养全面，口感丰富。2022年，义利零麸系列产品获国际NSF无麸质认证，成为2022北京冬奥会、冬残奥会指定产品，填补了冬奥无麸质产品供应缺口。2022年营销约21万元。

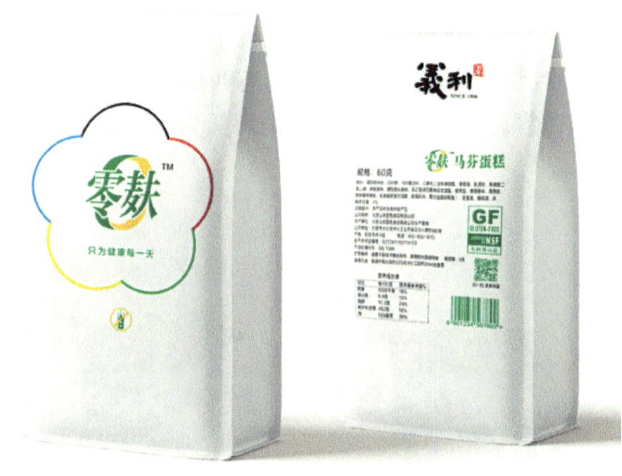

（食品集团）

【JINGGUAN 60支超细无捻套巾】由北京京冠时尚纺织有限责任公司研发生产，2022年3月上市。该产品采用 60 支高支长绒棉无捻设计，拥有棉花糖般的独特手感，触感更加柔软舒适、细腻亲肤，透气性能优异，并具有超高的吸水性，吸水率超过 50%，且入水后更加柔软。该产品在加工过程中采用优选染料，绿色健康环保，是一款高端家居日用纺织产品。2022 年产品产量 0.8 万套，实现销售收入 40 万元。

（时尚控股）

【乐纯宝宝奶酪】 由北京乐纯食品有限公司生产，2022 年 5 月上市，是果泥和奶酪的首次创新结合。可满足 GB 10770—2010 婴幼儿罐装辅助食品的一系列严格要求，包括原料限制、商业无菌等规定，同时一次性做到零添加蔗糖、零添加甜味剂、零添加无机钙、零添加氯化钾。奶酪的发酵使用的是卫健委公布的 Bb−12 和 Bi−07 婴幼儿可食菌种，高蛋白、极低钠，适合 6 个月以上辅食期的婴幼儿食用。采用 50 克可重复开启环保吸嘴袋。每支宝宝奶酪中含有 200 毫克钙含量，根据《中国居民膳食指南 2016》中针对 0.5 ~ 1 岁宝宝每天 250 毫克的适宜钙摄入量参考，一支就能补充 80% 的钙需要。奶酪是牛乳发酵脱水后凝乳而成，大多数的乳糖会随着乳清排出，剩余部分乳糖会在奶酪成熟过程中转化为乳酸，因此也适合乳糖不耐的人群食用。有西梅和燕麦桃桃两款口味在售。2022 年，该产品销售额为 1018.5 万元。

（乐　纯）

【金鱼科学精洗尊享装】 由北京一轻日用化学有限公司生产，于 2022 年 12 月上市。该产品开发设计理念为倡导科学洗涤新方式，采用香氛洗衣液 + 渍易净小喷瓶的组合方式，满足生活场景各种需求，科学匹配产品，减少功效成分的过度使用。留香持久，织物经换季贮存仍保持清香。分为 4 款：1 号综合款，可去除重油重垢（火锅油渍、辣椒油渍、食用 油渍、酱油渍等）；2 号女神款，可去除血渍奶渍（人体分泌物、血渍、粉底渍、口红渍等）；3 号学生款，可溶解笔渍油渍（中性笔、圆珠笔、签字笔、火锅油渍、泥渍等）；4 号净色款，可去除茶渍果渍（果汁渍、咖啡渍、茶渍、红酒渍、草渍等）。

（一轻日化）

【金鱼高浓缩洗涤灵】 由北京一轻日用化学有限公司生产，于 2022 年 12 月上市。该产品开发设计围绕高浓缩、快速去油、高性价比的思路进行，是国内第一瓶浓缩标准洗涤灵，采用浓缩标准设计的超强配方，选用国际先进的表面活性剂加工而成，强效去污，柠檬清香，可 1∶5 按需稀释，省钱好用。

（一轻日化）

【金鱼果蔬餐具净新消费系列】由北京一轻日用化学有限公司生产，于2022年12月上市。根据“放心洗，安心吃”的概念衍生出金鱼果蔬餐具净新消费系列，推出金鱼氨基酸果蔬餐具净、金鱼小苏打果蔬餐具净、金鱼玻尿酸果蔬餐具净三款果蔬餐具净产品。3款果蔬餐具净产品各有其特点，其中金鱼氨基酸果蔬餐具净添加氨基酸表面活性剂，配方温和，高效去除重油的同时不伤手；金鱼小苏打果蔬餐具净添加食品级小苏打，具有超强的去油去污能力；金鱼玻尿酸果蔬餐具净添加食品级透明质酸，缓解洗涤后肌肤紧绷状态，呵护消费者手部肌肤。金鱼果蔬餐具净系列产品采用食品级配方，可直接接触食品，洗后无残留，且经第三方检测机构检测，除菌率高达99.9%，可满足日常清洁需要。

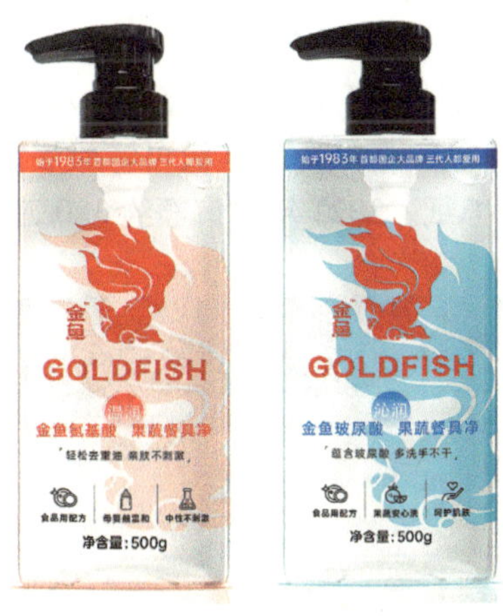

（一轻日化）

【PURE TOUCH 牌“山水城市”系列产品】由北京大华天坛服装有限公司研发，于2022年上市。该系列产品涵盖大衣、衬衫、半裙、长裤等多个品类，设计主旨聚焦于人与未来城市之间的时空连接与情感沟通，以色彩艺术展示多元魅力，以环保面料展示自然风尚。该系列产品采用全新的醋酸面料，具有吸湿透气性强、抗菌性能高、光泽度好的特点，其迭代产品三醋酸以天然木浆为原料，具有环保、舒适的特性。将醋酸面料与独特自然的花纹相融合，服装美观、亲肤、舒适，且具有摩登都市感，将时尚与自然结合。2022年，该系列产品研发投入共计260万元，实现销售收入325.5万元，实现销售利润52.4万元。

（时尚控股）

【索罗娜健康休闲系列产品】由北京铜牛集团有限公司研发生产，于2022年上市。该系列产品以舒爽保形、健康呵护为设计目标，以环保健康先进聚合物——索罗娜纤维为主要原材料，通过与棉、艾草等天然纤维混纺或交织，开发出舒弹、不易起球变形、色彩丰富的面料。采用人因工程原理，将高性能面料通过时尚款式和版型设计，开发出索罗娜系列休闲女衫、休闲女裤。产品具有低碳环保、抗紫外防护、抗菌、舒爽保形等特性，是春秋出游服装的理想选择。2022年，该系列产品销售收入138万元，取得较好的经济效益，市场前景广阔。

（时尚控股）

【玻璃瓶装柠檬汽水】由北京北冰洋食品有限公司2022年研发生产。该产品整体美观、大气时尚，瓶身采用浮雕工艺展示北冰洋商标，产品信息采用丝网印刷工艺，深受年轻人喜爱；公司紧密结合中国传统节日，开发适合国人节日期间消费场景的橙桔双拼汽水礼盒（即“喜气洋洋”礼盒），产品外观洋溢着节日的喜气，备受全国市场欢迎。

（北冰洋公司）

【夜光杯威士忌】由北京龙徽酿酒有限公司生产，于2022年上市。龙徽“夜光杯”品牌经历60余年的发展，获奖项 20 余个，拥有多个核心产品。该款夜光杯牌单一麦芽威士忌，重点在醇酿工艺上，龙徽夜光杯单一麦芽威士忌采用 72 小时的醇酿时长，比一般的威士忌多出 20 余小时。该款酒威士忌采用慢蒸馏的方法，让酒体在蒸馏壶里有了更多的铜对话，酒体更加柔顺细腻，再通过北美橡木波本桶陈酿 6 年，酒体绵香顺滑。

（龙徽公司）

【龙徽桂凝香】 桂凝香酒是龙徽公司打造的最新产品，于 2022 年年底上市，是桂花系列创新产品的典型代表。龙徽桂凝香色如琥珀，甜美的桂花香和热带水果香气完美融合，口感细致优雅，酒体醇厚，沿袭了桂花酒一贯的高品质标准，酸甜平衡，余味悠长，是酒中之上品。桂凝香最大的创新是“无糖”，满足了当下消费者对于低糖和无糖饮品的需求，给消费者带来与众不同的品评体验，是龙徽公司在技术创新和工艺创新上的杰出成果。

（龙徽公司）

【义利天然黄油排包】 由北京义利面包食品有限公司生产基地生产，于 2022 年上市。天然黄油排包选用爱尔兰进口天然发酵黄油，高品质奶源口感，可以满足一家人健康营养早餐需求，2022 年营销约 176 万元。

（食品集团）

【义利月饼】 由北京义利食品有限公司于 2022 年创新包装形式。义利旗下有多种不同风格、不同口味月饼（广式月饼、苏式月饼、京式月饼、花式月饼），以及荷花酥等精美糕点。2022 年，义利京式自来红月饼和苏式鲜花月饼获北京月饼文化节“优秀产品”奖。义利京式月饼自来红、自来白，从原料、配方、工艺、口感等获得评委一致认可，层层起酥，薄如粉笺，细如棉纸。2022 年销售额约 380 万元。

荣誉证书

北京义利面包食品有限公司：

你单位的京式自来红月饼；苏式鲜花玫瑰月饼被评为2022年（第二十二届）北京月饼文化节优秀产品，特此奖励。

北京焙烤食品糖制品协会

（食品集团）

【北冰洋冰砖冰淇淋】 由北京一轻食品集团有限公司委托北京北冰洋冷冻食品有限公司、固安县东宝食品生产有限公司生产。2022 年，北冰洋冰品新品发布“纯鲜奶制作，不加一滴水”——北冰洋冰砖，不添加一滴水，用纯鲜奶做冰淇淋，整块冰砖奶香浓郁。北冰洋冰砖冰淇淋 2022 年销售额约 3 万元。

（食品集团）

【“劳动 1 号”大汽水】 由北京一轻食品集团有限公司委托广东蓝带集团北京蓝宝酒业有限公司生产，于 2022 年上市。“劳动 1 号”已在北京市和外埠餐饮、便超、现代、自有等渠道铺货。秉承“打工人皆为劳动者”的理念，劳动 1 号是属于新时代奋斗者的大汽水，600 毫升，适合解除咸、辣、腻。2022 年“五一”期间，“劳动 1 号”联合新华社共同发起“汗卫家园 为劳动者打汽”“五一”劳动节前公益活动，以百万产品向疫情之下坚守岗位的劳动者和“逆行者”致敬。2022 年，“劳动 1 号”获“中国饮品年度创新产品 TOP30”，销售 19 万余件，销售额约 2200 万元。

（食品集团）

【shuǐ 饮用天然矿泉水】 由北京一轻食品集团有限公司委托河北省保定市雄县白马食品有限公司生产，于 2022 年上市。该产品源自雄县白马平均 400 米深度泉井，天然弱碱性矿泉水，经 300 米余层页岩及沙砾自然过滤，富含钾镁锶钙钠多种微矿物质，经常饮用，有益健康。新注册“丹泉”“丹水”等商标品牌。2022 年销售达 200 万元。

（食品集团）

材料与绿色环保产业

本类目采用条目体，刊载2022年北京材料与绿色环保产业概述、助力北京冬（残）奥会、政策与措施、产业动态、研发与成果、企业选介和产品选介7项内容。其中，助力北京冬（残）奥会分目在2022年鉴相关记叙内容的基础上进行了补充完善；政策与措施分目包括出台的政策文件及实施情况，机构、园区、基地设立、调整变化等内容；产业动态分目包括经营业绩、项目启动、签约、论坛、获奖等内容；研发与成果分目包括新产品发布、技术测试、解决方案等内容；企业选介分目在重点介绍一级企业的基础上，对二、三级企业的主营业务范围进行了简述；产品选介分目对行业内部分产品的生产销售情况进行了简述。

概　述

2022年，北京材料产业规模以上工业企业工业总产值10008.4亿元，同比增长13.6%。全年材料产业主要行业中，石油加工、炼焦及核燃料加工业营业收入757.8亿元，同比增长18.3%；利润10.5亿元，同比增长17%；化学原料和化学制品制造业营业收入334.4亿元，同比增长1.9%；利润34.6亿元，同比下降39.6%；黑色金属冶炼及压延加工业营业收入127.5亿元，同比下降10.9%；利润2.5亿元，同比增长42.5%；非金属矿物制品业营业务收入538.2亿元，同比下降5.5%；利润14.5亿元，同比下降66.8%。

协调推进重大项目建设，包括总投资6.1亿元的大兴国际氢能示范区南区（一期、二期）项目、总投资4.6亿元的先进航空预浸料生产能力提升建设项目、总投资3.4亿元的燕化蓝翠鸟项目和总投资1.8亿元金隅北水二氧化碳捕集、封存及资源化利用项目。

年内，市经济和信息化局印发《北京市制造业绿色诊断工作规则（试行）》《北京市“十四五”时期制造业绿色低碳发展行动方案》，以及一般制造业疏解提质专项工作方案。开展重点行业节能、节水等制造业绿色发展相关地方标准修订，会同北京节能环保中心组织召开节能政策宣传及节能技术线上交流会，做好污染过程内部管控工作，组织工业企业实施停限产措施或错峰生产，改善空气质量。一般制造业疏解提质、绿色制造示范项目建设取得阶段性成果。

（市经济和信息化局）

助力北京冬（残）奥会

【金隅天坛家具助力北京冬奥会】 截至1月10日，北京金隅天坛家具股份有限公司（简称金隅天坛家具）完成北京冬奥会全部家具产品的交付及检查工作。金隅天坛家具为北京冬奥会共计43个场馆（竞赛场馆、非竞赛场馆、训练场馆）提供21.1万件家具产品。金隅天坛家具旗下北京市龙顺成中式家具有限公司（简称龙顺成）为北京冬奥会场馆礼宾及相关空间（11个场馆、20个空间）提供展陈家具产品服务。金隅天坛家具在筹备工作中，贯彻绿色、共享、开放、廉洁的办奥理念，严格落实简约、安全、精彩的办赛需求，按时保质、保量提供家具的生产和交付服务。

图为金隅天坛家具供应北京冬奥会主新闻发布厅的折叠椅

（“国资京京”微信公众号）

【燕山石化氢气点燃北京冬奥“主火炬”】 2月4日，北京2022年冬奥会在国家体育场（鸟巢）开幕。燕山石化生产的高纯氢气点燃国家体育场主火炬，完成冬奥会开幕式主火炬所需燃料氢气的生产保障任务，为绿色冬奥赋能。

3月21日，燕山石化化学品厂氢气新能源充装现场（李雪 摄）

（刘方旭）

【甲基叔丁基醚稳定供应北京冬奥会使用】 2月19日，满载2000吨MTBE（甲基叔丁基醚）的40车铁路罐车抵达储运厂货运站，并于 20 日全部卸货完毕，有效地保证北京 2022 年冬奥会期间的大宗原料供应稳定。这是燕山石化持续推进“公转铁”运输业务，提升危化品运输本质安全水平，打造大宗物料绿色供应链重要举措之一。

（刘方旭）

【金隅集团供应水泥助力北京冬奥会】 2 月 4 日，第二十四届冬季奥林匹克运动会开幕。金隅集团为北京冬奥会场馆建设供应水泥 73 万吨，配套基础设施建设供应水泥 450 万吨，全力保障太子城冰雪小镇、古杨树场馆群、张家口奥运村，以及延庆区域冬奥会配套基础设施，京张高铁、京张高铁（崇礼支线）、延崇高速河北段等工程建设。

（“国资京京”微信公众号）

【首钢及职工获国务院表彰】 4 月 8 日，在北京冬奥会、冬残奥会总结表彰大会上，中共中央、国务院授予首钢北京冬奥会冬残奥会突出贡献集体，首钢职工李刚、潘晓智获北京冬奥会冬残奥会突出贡献个人。首钢作为北京 2022 年冬奥会和冬残奥会官方城市更新服务合作伙伴，按照北京市委、市政府决策部署要求，成立北京 2022 年冬奥会和冬残奥会首钢运行保障指挥部，确保“一赛场、一总部、四中心、多队伍”及首钢园区安全稳定运行，保障冬奥会首钢园赛区赛事顺利举行。

（马　晓）

【首钢服务保障北京冬奥会】 年内，首钢完成北京冬奥会、冬残奥会首钢园赛场赛事保障和外围保障任务。北京首钢建设投资有限公司统筹协调，首钢园区体育运动服务中心、首钢园区综合服务有限公司、北京大学首钢医院等单位提供专业服务，北京首钢国际工程有限公司、北京首钢建设集团有限公司、北京首钢自动化信息技术有限公司、首钢园区管理部等单位全力保障场馆设施稳定运行，240 余名职工进入闭环工作，青年志愿者近 200 人活跃在冬奥区域，向全世界展示首钢转型发展的崭新形象。

（马　晓）

政策与措施

【金隅冀东水泥战略重组完成】 1 月 13 日，冀东水泥公告吸收合并金隅冀东水泥（唐山）有限责任公司并募集配套资金暨关联交易项目非公开发行股票发行情况报告书。报告书显示，这次发行价格为 11.20 元 / 股，发行股数为 178571428 股，募集资金总额约 20 亿元，发行对象共 13 家。至此，金隅集团 2021 年资本市场“一号工程”收官，历时 5 年的金隅冀东水泥战略重组完成。通过这次交易，冀东水泥的权益产能、归母净资产、归母净利润等股东权益指标大幅增长，总股本、市值迈上一个新台阶。同时，随着 20 亿元募集资金到位，冀东水泥的资产负债结构进一步改善，经营发展获得充裕的资金支持。整个交易完成后，金隅集团对冀东水泥直接、间接控股比例合计约 62%，成为冀东水泥直接控股股东。

（“国资京京”微信公众号）

【《北京市制造业绿色诊断工作规则（试行）》印发】 2 月 16 日，市经济和信息化局印发《北京市制造业绿色诊断工作规则（试行）》。该工作规则包括总则、被诊断企业的确定、诊断流程与要求、奖励资金的申请和拨付、服务商和被诊断企业的管理 5 部分内容。其中，“绿色诊断”主要是指绿色诊断服务商参照《北京市制造业企业绿色诊断服务指南》和《绿色工厂评价通则》（GB/T 36132—2018）等文件和标准，对北京市规模以上和上规培育制造业企业在北京生产制造环节开展诊断评估，客观评估被诊断企业的绿色化水平，找出企业绿色发展中存在的不足和问题，并提出合理可行的绿色化技术改造建议和管理提升建议。绿色诊断服务商由市经济和信息化局征集遴选，名单向社会公布。年内，市经济和信息化局组织服务商首次面向 179 家企业开展绿色诊断服务，提出针对性的绿色化提升方案。

（市经济和信息化局）

【氢能、商业航天专项政策发布】 4月9日，大兴区举办氢能、商业航天专项政策发布暨项目签约仪式。会议发布《大兴区促进氢能产业发展暂行办法》（2022年修订版）（简称氢十条2.0）、《大兴区支持商业航天产业发展暂行办法》（简称航天十条）。美锦能源、航天众信、航天航太、氢能联合体（申威狮星、大连新源动力、佛山清极能源）6个氢能、商业航天项目集中签约。氢十条2.0主要对从事氢能领域的企业、民办非企业单位开展科技创新、成果转化、平台建设等给予支持。航天十条主要支持商业航天领域相关企业、民办非企业单位，促进产业高质量发展。

（刘　莉）

【智慧能源联合实验室成立】 4月13日，瑞斯康达科技发展股份有限公司与华北电力大学新能源实验室共同成立的智慧能源联合实验室举行揭牌仪式。双方将在智慧能源、多能互补、能源数字化等领域研发产品、整合方案，并实现科研成果的转化与推广。

（郑　雪）

【《北京市“十四五”时期制造业绿色低碳发展行动方案》印发】 6月1日，市经济和信息化局印发《北京市“十四五”时期制造业绿色低碳发展行动方案》。该方案制订的总体思路是以制造业高质量发展为主题，以供给侧结构性改革为主线，以能源结构优化和资源能源高效利用为重点，以全产业链和产品全生命周期绿色提升为抓手，以绿色低碳管理服务长效机制为保障，逐步构建产业绿色低碳化与绿色低碳产业化相互促进、深度融合的现代化产业格局。方案制订的基本原则是整体谋划，统筹推进；双碳引领，创新发展；节约优先，低碳示范；政府引导，市场推动。工作目标是，在节能降碳方面，工业能源消费总量达到北京市要求，万元工业增加值能耗比2020年下降12%以上，万元工业增加值碳排放比2020年下降20%左右；在节水方面，万元工业增加值用水量比2020年下降10%以上，工业用水重复利用率保持在95%以上；在绿色制造示范创建方面，绿色工厂累计达到150家，绿色供应链管理企业累计达到30家。《行动方案》共有7大行动22项任务。其中，产业结构优化升级行动包括推进一般生产制造环节疏解退出和优化高精尖产业体系工作，制造业企业节能降碳行动包括推动用能结构低碳化、提高能源效率和加强能耗和碳排放双控，资源利用效率提升行动包括推动重点行业节水改造和加强非常规水利用，促进资源高效循环利用等，生产过程清洁优化行动包括推行绿色设计、推进清洁生产、深化挥发性有机物治理和加强其他污染物排放控制。生产方式数字化转型行动包括利用数字化手段赋能供应链管理、产品全生命周期绿色低碳和资源能源消耗及污染排放管理，绿色产业创新发展行动包括推动低碳关键技术突破和创新应用，打造绿色智慧能源产业集群和促进节能环保产业发展等，管理服务强化提升行动包括健全制造业绿色发展地方标准体系，加强绿色制造服务供给，发挥标杆企业示范引领作用。为促进重点行业绿色提升，《行动方案》明确了汽车、电子、医药、原材料等重点行业绿色低碳发展方面的主要工作。

（市经济和信息化局）

【京能集团收购华通热力】 7月13日，京能集团取得中国证券登记结算有限责任公司出具的《证券过户登记确认书》，标志着京能集团收购北京华远意通热力科技股份有限公司（简称华通热力）股权一揽子工作的主要部分完成，成为华通热力（股票代码002893）单一股份表决权比例最大的股东。华通热力成立于2002年，是一家专注于供热领域业务的A股上市公司，在北京持有近2600万平方米供热市场，京能集团计划充分吸收其市场化管理方面的经验，借力上市公司多元股东结构，发挥国企资源和增信优势，进一步提升热力市场开拓转化能力，快速提高集团京内供热占比。

（“国资京京”微信公众号）

【化工集团所属华腾新材挂牌新三板创新层】 7月28日上午9时30分，随着全国股转公司一层大厅现场开市钟声的敲响，化工集团所属北京华腾新材料股份有限公司（简称华腾新材，证券代码873721）在新三板创新层挂牌。华腾新材成为市属国企北京化工集团旗下首家登陆资本市场的企业。华腾新材成立于2005年2月22日，是在北京市化学工业研究院基础上，通过资产重组改制设立，专业从事聚氨酯胶黏剂等粘接材料研发、生产和销售的高新技术企业，是国内较早进入聚氨酯胶黏剂行业的企业之一。截至2022年，公司产品主要应用于食品、医药、日化等行业的软包装制造环节，已经形成上百种型号的全系列产品。年内，公司被认定为北京市“专精特新”中小企业。

（“国资京京”微信公众号）

【化工集团 2 万吨生产基地项目奠基】 7 月 28 日，北京化工集团所属广东国望精细化学品有限公司 2 万吨生产基地项目奠基仪式在广东省江门市珠西新材料集聚区举行。广东国望公司 2 万吨生产建设项目总投资约 2.28 亿元，项目占地面积 26449 平方米。建有综合楼、甲类生产车间、动力车间、甲类库 1、甲类库 2、丙类库、埋地罐区、环保中心、消防水池，计容建筑面积 20302.56 平方米，容积率 0.768。项目建成后，生产规模可达年产 20000 吨，其中包括高端功能溶剂型聚氨酯胶黏剂 15000 吨 / 年 [含改性聚氨酯胶黏剂（甲组分）、改性聚氨酯胶黏剂（乙组分）、改性聚氨酯胶黏剂（油墨用）]，无溶剂胶黏剂 5000 吨 / 年 [包括无溶剂黏合剂 NCO 组分（A 组分）、无溶剂黏合剂 OH 组分（B 组分）、无溶剂黏合剂（预聚体）NCO 组分、无溶剂黏合剂（预聚体）OH 组分）]，工业防冻液原液 100 吨 / 年。

（化工集团）

【《北京市关于支持氢能产业发展的若干政策措施》发布】 8 月 11 日，市经济和信息化局发布《北京市关于支持氢能产业发展的若干政策措施》，强化市区产业政策协同，通过科技研发创新、技术装备产业化、产业创新发展、基础设施建设、示范推广应用、标准体系建设、服务体系建设 7 个方向共 20 条具体措施，进一步释放对北京市氢能产业的培育和发展的支持。

（市经济和信息化局）

【首钢园中关村科幻产业创新中心揭牌】 8 月 21 日，以“走进科技你我同行”为主题的 2022 年石景山区科技周启动仪式暨中关村科幻产业创新中心揭牌仪式，在首钢园 · 中关村科幻产业创新中心举行。揭牌仪式上启动 2022 年石景山区科技周，北京市石景山区人民政府、首钢集团有限公司、北京中关村通力科技服务有限公司（简称中关村通力公司）共同签署中关村科幻产业创新中心项目合作框架协议。该次活动由市科委、中关村管委会，石景山区政府，首钢主办。活动所在区域是首钢园的金安科幻广场，也是中国科协和北京市重点打造的科幻产业集聚区。中关村科幻产业创新中心落户首钢园，作为集聚区的重点项目之一，是在中国科协和北京市委、市政府的指导下，在市科委、中关村管委会统筹协调下，由石景山区政府、首钢、中关村通力公司共同支持设立，中心以科幻、元宇宙产业为主导，推动人工智能、虚拟现实、5G 等高精尖产业深度融合，助力首钢园打造成为具有全球影响力的科幻产业高地。创新中心已入驻企业 33 家，包括多家京外的创新企业，同时有 50% 企业由海外归国专家或团队创立。

2022 年，首钢园创新中心招商稳步推进，腾讯科技、百度萝卜、云转播等 7 家企业注册落地

（马　晓）

【金隅集团检测业务分拆上市项目实现新三板挂牌】 9 月 30 日，金隅检测业务分拆上市项目实现新三板挂牌。年内，金隅集团响应市政府号召，支持北京市资本市场发展，推动公司检测业务分拆上市项目，于 2022 年取得全国股转公司《关于同意北京建筑材料检验研究院股份有限公司股票在全国中小企业股份转让系统挂牌的函》。至此，金隅集团检测业务分拆上市项目实现年度集团检测业务实现登陆资本市场的目标。

（卢衍成）

【《北京城市副中心新型电力系统示范区建设方案》发布】 9 月，在 2022 年“电力之光”中国电力科普日活动开幕式上北京电力发布《北京城市副中心新型电力系统示范区建设方案》。该方案提出到 2035 年，北京城市副中心将建成数字化低碳城市电网，成为国内领先、世界一流的新型电力系统示范区。

（“国资京京”微信公众号）

【北京华腾京研科技有限公司成立】 11月2日，北京华腾京研科技有限公司成立仪式在北京华腾美居酒店举办。该公司由化工集团与京城机电通过合资合作方式设立，共同开展车载Ⅳ型储氢瓶内胆关键材料研发，引用创新机制，推动产学研用贯通，集中解决储氢装备关键材料“卡脖子”难题。公司内设综合管理部、财务部、技术部3个部门，有员工13人，平均年龄38岁。其中，研发人员9人；硕士研究生3人、本科3人；高级职称2人、中级职称1人。

（化工集团）

【变压吸附提氢团体标准发布】 12月8日，中国国际科技促进会标准化工作委员会发布公告，北京北大先锋科技股份有限公司参与起草的《中温变压吸附法提氢系统技术要求》团体标准正式发布。该标准由清华大学山西清洁能源研究院、清华大学、北大先锋、山西阳煤丰喜泉稷能源有限公司、北京佳安氢源科技股份有限公司共同起草，该标准规定了以各类含氢气体为原料，采用中温变压吸附法提纯氢气的制氢系统的术语和定义、分类与命名、技术要求，标准适用于工业用、商业用固定式、移动式中温变压吸附提纯氢气。标准的实施将极大地促进我国能源、化工、汽车、环境等相关产业向更加清洁、低碳、安全、高效方向发展，对中国“双碳”目标实现和氢能行业发展具有重要意义。

（北大先锋）

【全国首个钢铁行业变压吸附供氧团体标准发布】 12月28日，中国金属学会发布《高炉炼铁变压吸附供氧技术规范》（T/CSM—44—2022）团体标准并于当日起实施。该标准是全国首个针对钢铁行业高炉富氧采用变压吸附（VPSA）供氧的技术标准，规定了变压吸附制氧技术应用于高炉炼铁中的术语和定义、原理与流程、应用分类、技术要求、基本操作与防护措施，适用于采用变压吸附制氧技术为高炉炼铁提供氧气设施的设计及运行，钢铁行业中的热风炉、加热炉和焦炉等采用富氧燃烧的工业窑炉可以参照。该项标准由北京北大先锋科技股份有限公司（简称北大先锋）作为主要起草牵头单位，联合湖南华菱涟源钢铁有限公司、湖南华菱湘潭钢铁有限公司、山东省章丘鼓风机股份有限公司、安徽马钢气体科技有限公司、日照铸福实业有限公司、唐山唐钢气体有限公司、南昌方大资源综合利用科技有限公司、重庆赛迪热工环保工程技术有限公司、上海梅山工业民用工程设计院有限公司等单位共同编制完成。

（北大先锋）

【化工集团完成3家事业单位改革】 落实市委编办部署，完成北京化学工业集团有限责任公司离休干部管理服务中心、北京市化工产品质量监督检验站、北京市化工职业病防治院3家事业单位改革，其中北京市化工职业病防治院8月15日整建制划转市卫生健康委。

（化工集团）

【首都电力交易中心有限公司股份制改革完成】 年内，国网北京电力完成首都电力交易中心有限公司股份制改革，引入6家外部股东（国家能源投资集团、中国三峡新能源股份有限公司、大唐国际发电股份有限公司、华能国际电力股份有限公司、中国华电集团发电运营有限公司、北京能源集团有限公司），国网北京电力占股比由100%降至43%，形成多元制衡的法人治理结构。

（洪　伟）

【《北京市工业污染行业生产工艺调整退出及设备淘汰目录》印发】 年内，市经济和信息化局制定并报请市政府印发《北京市工业污染行业生产工艺调整退出及设备淘汰目录》（2022年版），该目录涵盖了国家和本市现有产业政策中要求淘汰退出的领域，同时结合北京市实际情况和大气污染防治工作需要，提出了更严格的要求。

（市经济和信息化局）

【推进一般制造业疏解提质专项】 年内，市经济和信息化局印发《北京市2022年一般制造业疏解提质专项工作方案》，明确任务目标和工作要求。市经济和信息化局持续完善“动态发现、及时入账、精准引导、有序出账”的企业疏解提质动态管理新机制，通过技改提升、转型升级、关停退出等3条路径动态推进企业疏解提质。全年全市共完成疏解提质项目166个，其中绿色化智能化技改提升类项目110个、利用闲置腾退空间落地高精尖项目13个、一般制造生产环节退出类项目43个。

（市经济和信息化局）

【绿色标准体系制修订】 年内，市经济和信息化局根据全市实际生产情况和未来产业发展需求，开展重点行业节能、节水等制造业绿色发展相关地方标准修订，完成生物药和化学药制品、肉制品及副产品加工、冷轧板材、印刷、饮料5项用水定额标准和乘用车、商用车制造，液晶显示器件，数控机床，沥青混合料5项能耗限额标准制订、修订工作。

（市经济和信息化局）

【绿色制造示范项目建设】 年内，市经济和信息化局落实国家和北京市绿色制造体系建设相关要求，引导鼓励企业和园区实施绿色制造工程、绿色化技术改造，完善绿色管理体系；组织开展国家级绿色工厂、绿色园区、绿色供应链管理企业、绿色产品、绿色设计示范企业等推荐工作。全市共20家绿色工厂、2家绿色供应链管理企业、7种绿色产品、1个绿色园区入选国家级绿色制造示范名单。

（市经济和信息化局）

产业动态

【金隅集团入选国资委公司治理示范企业名单】 1月27日，金隅集团入选国务院国资委《国有企业公司治理示范企业名单》。在国务院国资委组织的国有企业公司治理示范企业创建活动中，金隅集团作为全国范围内仅有的17家地方国有企业（示范集团层面）之一，围绕《国企改革三年行动实施方案（2020—2022年）》，聚焦8个方面改革任务，围绕88项改革要求，紧扣128项改革措施，成为北京市唯一市管企业入选国务院国资委《国有企业公司治理示范企业名单》。

（卢衍成）

【燕山石化成为国内首家取得清洁氢认证企业】 1月31日，中国石化集团北京燕山石油化工有限公司（简称燕山石化）通过《低碳氢、清洁氢及可再生氢标准及评价》，成为国内首家取得清洁氢认证的企业。

（刘方旭）

【智新电磁入选制造业单项冠军示范企业】 1月，首钢迁安智新电磁材料有限公司被认定为第六批制造业电工钢产品领域单项冠军示范企业，入选工信部与中国工业经济联合会联合印发的《第六批制造业单项冠军及通过复核的第三批制造业单项冠军企业（产品）名单》。制造业单项冠军企业是指长期专注于制造业某些特定细分产品市场，生产技术或工艺国际领先，单项产品市场占有率位居全球前3名的企业。首钢智新电磁材料产线自主集成世界先进的工艺技术装备，自主创新，打破国外技术封锁，推进电力电子关键软磁功能材料国产化，把“大国重器”关键核心技术牢牢掌握在自己手中，累计获得150余项专利授权，产品质量达国际领先水平。

（马　晓）

【首钢朗泽获全国颠覆性绿色技术优胜奖】 1月，北京首钢朗泽新能源科技有限公司的“工业尾气生物固碳利用新技术”在全国首届颠覆性技术创新大赛领域赛近3000个项目中脱颖而出，获绿色技术优胜奖。大赛重点聚焦集成电路、人工智能、未来网络与通信、生物技术、新材料、绿色技术、高端装备制造以及交叉学科等可能产生重大颠覆性突破的技术领域。“工业尾气生物固碳利用新技术”是首钢历时10年自主研发气体生物固碳集成技术，可将含CO、CO_2的工业尾气直接转化为生物乙醇、新型饲料蛋白等高价值产品，实现工业尾气资源高效清洁利用，为工业流程绿色再造提供国之利器。该项技术突破天然蛋白质植物合成的时空限制，可广泛应用于钢铁冶金、电石、石化炼油和煤化工等领域。

（马　晓）

【中国高端输电柔直技术首次进入欧洲市场】 2月14日，欧洲输电网运营商Tennet确认由昌平园企业中电普瑞电力工程有限公司、国网智能电网研究院有限公司、美国McDermott组成的联合体为Borwin6海上风电柔性直流输电工程的EPC总包商。标志着中国高端输电技术首次进入欧洲市场，将有力带动国内半导体器件、高端电力装备、海上风电等相关产业高质量发展。柔性直流技术是目前世界上灵活性最高、适应性最强的新一代输电技术，是支撑能源转型和新型电力系统构建的重要技术手段。Tennet公司是欧洲最大的电力运营公司之一，承建了欧洲约70%的高压大容量海上风电柔直工程，即将建设的Borwin6海上风电柔性直流输电工程应用条件复杂、技术标准高，额定电压±320千伏，额定容量980兆瓦，风电场离岸距离100千米以上，代表了柔性直流工程的最高水平。

（魏清华）

【首钢助力国家超级高铁发展】 2月，在纳入国家“十四五”规划超级高铁重点项目高速飞车试验线上，北京首钢机电有限公司将“首钢制造＋首钢服务”应用于研发中，得到中国航天科工集团有限公司认可与好评。由中国航天科工集团第三研究院与山西省政府合作对“高速飞车试验线项目”攻关，建设超高速低真空管道磁悬浮交通系统全尺寸试验线，初步试验速度1000千米/小时。首钢机电公司承接真空管道先导段前2孔梁的制造、运输及现场安装。

（马　晓）

【首钢超厚板供应孟加拉帕德玛大桥】2月，“一带一路”建设重要交通支点，被孟加拉国人民誉为“梦想之桥”的帕德玛大桥全桥钢梁贯通，进入测试阶段。该桥是采用欧洲标准超厚板、全焊接结构、公铁两用钢桁梁桥，厚度70～115毫米超厚板全部为首钢供应，整体供货7万余吨，供应比例70%。帕德玛大桥项目是中国和泛亚铁路重要通道之一，主桥长6.15千米，采用双层钢桁梁结构。在该项目投标前，首钢技术研究院桥梁钢团队与中铁大桥局集团密切合作，就钢板技术问题进行交流和研究，完成产品欧标CE认证，并两次接受孟加拉国和欧美桥梁专家审核。首钢桥梁技术团队通过刻苦攻关，解决特厚桥梁钢厚板性能均匀性差、超厚板预热温度高难焊接、超厚板强度和低温韧性难以匹配等技术难题。

（马　晓）

【燕山石化5家青年集体获北京市青年文明号】2月，北京团市委下发《关于命名2020—2021年度北京市青年文明号的决定》，燕山石化公司储运厂油品车间技术组、高科公司研究中心、合成树脂厂一聚装置技术组、烯烃厂生产科、化学品厂一苯酚装置技术组5家青年集体获北京市青年文明号。

（刘方旭）

【危化品专家指导组到燕山石化检查指导工作】3月2日，由国务院安委办派驻的2022年第一轮危险化学品重点县专家指导服务组到燕山石化检查指导工作。北京市、房山区两级应急管理局有关负责人陪同检查指导。国务院安委办危险化学品重点县专家指导服务组通报了此次检查指导的目的和重点任务。坚持企业全覆盖自查、地方专家全覆盖复查、国务院安委会办公室专家抽查核查的工作方法，推动开展全覆盖安全诊断和分类整治。

（刘方旭）

【金隅集团与三一集团签订战略合作协议】3月15日，金隅集团与三一集团举行战略合作签约仪式。双方计划在新型建材产品及服务领域，装配式体系、工程车辆、工程机械产品及服务领域，数字化转型及智能制造领域和物流运输服务领域等多方面开展全方位深度合作。

（金隅集团官网）

【2022中英氢能产业论坛举行】3月18日，在市经济和信息化局与英国驻华大使馆共同支持下，由英国国立能源研究加速器（ERA）和北京清华工业开发研究院联合主办的2022中英氢能产业论坛以线上形式在北京举行。论坛围绕两国氢能发展现状与趋势进行展示和探讨。英方对中方2年来所取得的成就表示赞赏，并强调通过中英双方合作，共同扩大氢能产业规模，形成规模效益的重要性。中方对英方在氢能重载卡车、氢能火车以及管道输氢等方面的领先技术非常赞赏，并强调通过技术共享与产业链结合形成创新生态的重要性。论坛的举办为英国与中国建立氢能技术交流桥梁，为两国的企业和研究人员开发新技术提供平台和契机。

（市经济和信息化局）

【市主要领导到首钢园区调研】3月19日，市委书记蔡奇到新首钢地区调查研究。他强调，新首钢因夏奥而生、因冬奥而兴，百年首钢抓住了奥运机遇实现华丽转身，新时代又赋予其新的使命。要进一步探索老工业区更新的“首钢模式”。坚持开放合作，走专业化、市场化、国际化运营开发模式，完善城市功能，“厂区”“园区”向“社区”“街区”转变。强化内外连通，畅通区域微循环，提升设施衔接和城市治理水平。推行数字化、智慧化治理，建设5G示范园区。完善停车、餐饮、购物等商业商务配套设施。要积极引进新业态新模式，打造国际消费中心城市重要节点。编制实施冬奥会遗产再利用规划，利用冬奥品牌效应，积极培育“体育+”，与科技、文化、传媒等融合发展。坚持数字赋能，积极发展人工智能、云转播、自动驾驶、元宇宙等场景应用。建好科幻产业集聚区、首钢文创园，支持“首店”“首发”“首秀”等特色活动。要引领京西地区转型发展。持续推进永定河生态修复治理，加快首钢水系与永定河流域连通。统筹京西地区产业布局，引进一批带动性强的标志性项目。做强京西文旅品牌，办好永定河文化节。推动“京西八大厂”“一线四矿”改造利用，打造融合型文旅产品。“三区一厂”履行主体责任，共同把新首钢地区规划建设管理好。首钢要深入推进转型发展，向世界一流企业迈进。

（马　晓）

【金隅通达耐火公司入选国务院国资委“科改示范企业”名单】3月22日，国务院国有企业改革领导小组办公室公布“科改示范企业”名单，北京金隅通达耐火技术有限公司（简称金隅通达耐火公司）入选该名单。金隅通达耐火公司作为北京金隅集团股份有限公司全资子公司，经40年的发展积累，形成基础研究、工程设计、产品研发、专业化生产和工程总包服务的耐火材料全产业链体系，是国内产品品种全、服务领域广、综合竞争力强的绿色新型耐火材料专业服务商之一。近3年，金隅通达耐火公司共开展科技项目近50项，包括4项“十三五”国家重点研发计划项目课题和7项与北京科技大学、武汉科技大学等高等院校联合开展的产学研项目。科技投入超1亿元。申请专利48项，其中发明专利31项；获得授权专利15项，其中国际发明专利1项。主持参与制修订国家标准、行业标准等18项。发表科技论文50余篇，其中核心期刊14篇。获省部级（含行业）科技奖项46项。

（“国资京京”微信公众号）

【首钢电工钢带获评全国企业标准“领跑者”】 3月，首钢迁安智新电磁材料有限公司企业标准Q/SGZGS0342—2020《冷轧取向电工钢带》获全国企业标准“领跑者”称号。首钢智新电磁材料公司通过自主研发掌握取向电工钢带全套核心控制技术，产品跻身变压器材料世界第一梯队，综合技术性能达到国际先进、部分指标国际领先水平。基于首钢取向电工钢带生产实绩，制定企业标准Q/SGZGS0342—2020《冷轧取向电工钢带》，使产品牌号更为高端和全面，横向厚度差、纵向厚度差等10余项指标精度要求均高于国标，技术水平符合企标“领跑者”各项标准。公司参与制定国家标准10项，主导制定行业标准2项、团体标准1项，参与制定行业标准3项、团体标准4项。

（马　晓）

【首钢立体车库获新技术新产品证书】 3月，市科委网站公示第十六批北京市新技术新产品（服务）名单。北京首钢城运控股有限公司的平面移动式公交机械立体车库PPY/GJ型3层和PPY/TGGJ型5层2款产品入选，获北京市新技术新产品证书。“北京市新技术新产品（服务）证书”由市科委、中关村管委会，市发展改革委，市经济和信息化局，市住房城乡建设委，市市场监管局共同审查、评估、认定、颁发，具有极高权威性。公司持续完善升级公交立体车库产品，通过北京首钢二通厂、明月湾、回龙观等项目实施，形成多项技术储备，成为公交立体车库产品端领航者。

（马　晓）

【金隅兴发科技园项目获全球地产最佳设计创新奖】 4月6日，金隅兴发科技园项目获全球TITAN PROPERTY AWARDS地产大奖最佳设计创新类铂金奖，该奖项是美国国际奖项协会（IAA）旗下的全球性赛事，面向建筑、室内、房地产开发和房地产营销等领域征集设计作品。金隅集团积极落实“疏解非首都功能”重大战略要求，主动关停兴发水泥厂，充分尊重原水泥厂工业建筑整体风貌，保留并利用好具有显著历史人文价值、典型工业符号特点的54处建筑，将其转型升级为金隅兴发科技园，打造形成国家标志、世界顶尖的以北京雁栖湖应用数学研究院为代表的高等研究机构聚集区，搭建数学科学与数学应用领域的交流平台，构建与怀柔科学城相配套的创新体系。

（任琳琳）

【首钢职工创新成果在首届大国工匠创新交流会上展出】 4月27日，由中华全国总工会主办，广东省总工会、深圳市人民政府、中国职工技术协会承办的首届大国工匠创新交流大会通过线上线下相结合方式，并同步开展“工匠云直播”等活动。在全国职工创新成果交流区，展出北京首钢股份有限公司李春元创新成果《高牌号无取向硅钢超低同板差研究与应用》、杨晓婷创新成果《大型高炉内燃式热风炉燃烧器局部修复技术研究》。在中国机械冶金建材工会交流区，展出北京首钢股份有限公司李旭东创新成果《层流冷却横向流量检测设备开发》、李晨光《高液天车挂钩智能监控及预警系统》、安冬洋创新成果《新能源汽车驱动电机用高强低铁损25SWYS480产品开发》，首钢京唐钢铁联合有限责任公司肖华生创新成果《首钢京唐板坯高效连铸技术开发与应用》、张维中创新成果《热轧中间坯头尾剪切精度控制技术的开发与应用》，以及首钢通化钢铁集团有限公司陈兆惠创新成果《矿井设备巡视检查仪》。在北京市总工会交流区，展出北京首钢机电有限公司卫建平创新成果《全自动取料筛分称重机》《无进刀槽螺旋类零件加工方法》《三维仿真配管技术的应用》。

（马　晓）

【首特钢园区两重点项目建成】 4月，位于首特钢园区内的首特钢科技中心项目和中国光大银行金融科技中心项目及其自来水、供电、燃气、热力及污排等市政工程和周边道路建设全面完工。首特钢科技中心项目东至特钢东一路、南至特钢中街、西至古城西路、北至特钢北一街，项目用地为研发设计用地，总用地面积2.84万平方米，地上建筑面积8.51万平方米，总建筑面积13.72万平方米，建筑容积率

3.0，控高60米，建筑规模13万多平方米，绿地率35%，停车总数超过1100辆。中国光大银行金融科技中心项目北至特钢北一街、南至特钢中街、西至特钢东一路、东至古城二号路，项目容积率3.0，控高60米，总建筑规模9万余平方米。项目为中国光大银行定制建设研发中心和云计算中心，共有研发中心、数据中心、能源中心3栋建筑。

（马　晓）

【全球绿氢大会召开】 5月18日，全球绿氢大会中国区域平行论坛在大兴国际氢能示范区举办。大会由大兴氢能示范区和国际绿氢组织（GH2）共同主办，北欧兴亚绿色产业中心、中关村氢能与燃料电池技术创新产业联盟、Trendbank势银协办，主论坛设在巴塞罗那。平行论坛围绕“中国：一个绿氢强国，氢能产业发展中长期规划”主题，与全球各国绿氢行业同仁共同探讨可再生能源和绿氢的发展模式和思路。大兴国际氢能示范区位于北京南部，毗邻新机场，会聚了氢的制储运加用全产业链企业100余家，形成了以科技园区、应用场景、产业基金为载体，专项政策、加氢站建设、产业联盟、认证检测、科研院所等为支撑的开放产业生态体系。

（刘　莉）

【首钢上榜全国科技创新企业500强】 5月30日，在第六个全国科技工作者日，《全国科技创新百强指数报告2022（企业、高校及研究机构篇）》在北京发布，评出全国科技创新企业500强，首钢位列第157名。首钢科研水平和科技成果持续进步，获省部级科技奖励17项，其中一等奖6项，“京唐低碳清洁高效炼铁工艺和技术集成”“高安全性车身结构用钢制造及应用关键技术集成与创新”分别获全国冶金行业、北京市科学技术奖一等奖。完成科技成果126项，国际先进及以上水平28项，占比22.2%。践行《国家标准化发展纲要》，加快推进智能制造、“双碳”等领域的标准化布局，制修订国际标准6项，国家、行业、团体标准39项。申请发明专利741件，获发明专利授权409件。

（马　晓）

【北京绿色智能制造创新创业大赛启动】 5月31日，2022年北京绿色智能制造创新创业大赛启动仪式暨富士康智能制造加速营新闻发布会通过线上直播方式举办。该次活动由富士康工业互联网办公室主办，富能智造（北京）科技服务有限公司、智慧工厂研究院承办，北京中小企业公共服务平台、北京国融工发投资管理有限公司、中关村创业生态发展促进会、北京创业公社投资发展有限公司协办，由华为技术有限公司、亚马逊云科技共同合作举办。活动助力持续完善“北京智造”生态圈建设，聚焦高精尖产业，全面普及数字化、网络化、绿色化，深度实现智能化，推动制造业企业逐步转型、梯次升级，建立引领全国、领先全球的智能制造标杆示范。

（市经济和信息化局）

【首钢多项产品获行业金杯奖】 5月，中国钢铁工业协会发布冶金产品实物质量品牌培育产品名单，首钢多项产品榜上有名。北京首钢股份有限公司新能源汽车驱动电机用无取向电工钢带（片）35SW1900被评为金杯特优产品，北京首钢股份有限公司汽车冷成型用热连轧酸洗钢板和钢带S500MC、QStE500TM，首钢长治钢铁有限公司的钢筋混凝土用热轧带肋钢筋（盘条）HRB400E，通化钢铁集团有限公司的低合金高强度结构钢热轧钢带Q355B，被评为金杯优质产品。

（马　晓）

【首钢职工两项发明获巴黎国际发明展览会金奖】 5月，在第121届巴黎国际发明展览会上，首钢京唐钢铁联合有限责任公司吴礼云的“一种电、热、水联产方法及系统”和李明的“球团智能控制无人操作研发与应用”2项发明获金奖。“一种电、热、水联产方法及系统”，提供热法海水淡化与汽轮发电机组耦合的水电共生技术，用热法海水淡化装置代替汽轮发电机的凝汽器，利用发电后的负压乏汽进行海水淡化，系统热效率从30%提高到81.5%。“球团智能控制无人操作研发与应用”围绕提高球团产线运行效率、改善产品质量研发并应用多项关键技术，智能造球系统，实现工业生产中造球工序智能控制，填补了中国该项技术空白。巴黎国际发明展览会创办于1901年，每年举办1次，由法国发明者与制造者协会主办，评奖具有良好声誉，影响范围广，系巴黎国际博览会的一部分，每年都有 40 余万人次参与。

（马　晓）

【新研氢能总部基地项目签约】 5 月，经开区管委会与新研氢能源科技有限公司签署入区协议。该项目将投资 3.8 亿元，在永昌中路甲 6 号院 1 号楼建设总部、研发中心及示范生产线，主要研发、销售金属双极板等核心部件，构建围绕氢燃料电池电堆为核心的产业生态。

（安兴华）

【燕山石化开展危化品运输管理提升行动】 6 月 15 日，燕山石化公司、炼油销售公司、化工销售华北分公司 3 家单位联合召开燕山石化危化品运输安全管理提升行动启动会暨“四个标准，十大零容忍”发布会。会议采用视频形式举行。会议发布燕山石化危化品运输管理“四个标准，十大零容忍”管理要求。会上，与会人员共同观看危化品运输安全警示片，并通报有关事故情况；炼油销售公司安全环保部、化销华北分公司作危化品运输管理经验交流；燕山集联介绍危化品停车场服务内容和管理要求；部分危化品运输承运商代表作表态发言。

（刘方旭）

【节能政策及节能技术线上交流会召开】 6 月 16 日，市经济和信息化局会同北京节能环保中心组织召开节能政策宣传及节能技术线上交流会。各区工业主管部门、工业企业及绿色诊断服务商参加交流会。会上，市经济和信息化局介绍了《北京市“十四五”时期制造业绿色低碳发展行动方案》的制订背景、主要目标和重点任务，并对绿色制造标杆创建、绿色诊断、空气重污染绩效评价和绿色低碳发展项目奖励等政策进行解读。北京节能环保中心以推进北京市碳达峰碳中和及绿色发展为主线，就节能与可再生能源领域相关政策进行讲解。会上分享了葛洲坝节能科技有限公司的 CO_2 载冷制冷系统和利时科技集团有限公司的智慧暖通控制系统、北京中竞国际能源科技有限公司的压缩空气智慧节能系统以及北京天诚同创电气有限公司的多能互补的智能微网方案。

（市经济和信息化局）

【首钢获智能制造最佳实践奖】 6 月，在第十一届中国智能制造高峰论坛暨第十九届中国智能制造盘点上，北京首钢股份有限公司获评智能制造示范工厂，“钢铁全流程过程质量管控”入选智能制造优秀场景名单。全流程过程质量管控平台，实现从钢水投入到成品产出整个过程监控、调整、判定、预测、检验和处理；实现全流程一体化闭环质量管控、上下游质量信息实时共享，提高产品稳定性。数字化质量管控平台覆盖 21 个生产机组、59 个生产过程、6500 余个设备 1 万余项的工艺和设备过程数据的采集和转换，实现全流程过程质量判定与预警，提高质量过程控制效率和精度；AI 图像识别技术代替人工判定，实现表面缺陷分类、特征提取、组合等自动识别；跨工序表面质量缺陷遗传性追溯，实现全流程表面缺陷演变准确、便捷对应和追溯分析，快速锁定缺陷来源工序位置和产生原因。

（马　晓）

【燕山石化获首届北京市健康企业称号】 6 月，市卫生健康委、市总工会公布第一届北京市健康企业名单，中国石油化工股份有限公司北京燕山分公司上榜，成为首批 30 家北京市健康企业之一，获“北京市健康企业”奖牌。

（刘方旭）

【金隅集团与清华工研院签署战略合作协议】 7 月 5 日，金隅集团与北京清华工业开发研究院（简称清华工研院）举行战略合作签约仪式。双方计划在共建科技创新园区、打造产业创新生态、探索科技金融服务模式等领域开展合作。

（资料来源：企业官网）

【燕山石化与北京经济管理职业学院开展校企合作】 7 月 7 日，燕山石化与北京经济管理职业学院签订《企业新型学徒制企校合作协议书》，力求在创新人才培养模式、深化人才培养等方面进一步加强企校合作，实现企业得人才、职工得技能、院校得发展的多赢目标。

7 月 7 日，燕山石化与北京经济管理职业学院校企合作签约仪式。图中签约代表（左至右）为尹志刚、张英华（张明慧 摄）

（刘方旭）

【首钢股份上榜《财富》中国500强】7月12日，财富Plus发布2022年《财富》中国500强排行榜，北京首钢股份有限公司名列第101位。首钢股份公司坚持绿色制造、智能制造、精品制造、精益制造、精准服务齐头并进，持续发力，保持强劲的市场竞争力。践行绿色发展理念，探索产业链减排路径，降低钢铁产品全生命周期碳排放总量，为行业树标杆、为下游创条件、为社会谋福祉。适应新发展格局要求，坚持以高端产品、高端渠道为引领，持续优化客户和渠道结构，汽车板、电工钢、镀锡板等高端产品集群国内市场占有率稳居前列。取向电工钢产品在全球在建总装机容量最大的白鹤滩、乌东德水电站供货比例达到50%、76%。

（马　晓）

【“金隅”品牌列“中国500最具价值品牌”64位】7月26日，世界品牌实验室（World Brand Lab）主办的第十九届“世界品牌大会”发布2022年《中国500最具价值品牌》分析报告。“金隅”品牌以1032.19亿元的品牌价值位列榜单第64名，品牌价值同比大幅增加110.63亿元，连续占据中国500最具价值品牌榜单。

（任琳琳）

【首钢7家单位15名职工受表彰】7月，中国机械冶金建材职工技术协会表彰2022年全国机械冶金建材行业工会经济技术先进单位和岗位能手，首钢集团有限公司及北京首钢股份有限公司、首钢京唐钢铁联合有限责任公司、首钢矿业公司、首钢长治钢铁有限公司、首钢水城钢铁（集团）有限责任公司、通化钢铁集团股份有限公司工会获“全国机械冶金建材行业工会经济技术先进单位”称号。北京首钢股份有限公司王秋娜、黎先浩，首钢京唐钢铁联合有限责任公司杨明、郭佳宁，首钢矿业公司刘宏伟、徐鹏，首钢水城钢铁（集团）有限责任公司沈华、彭登学、覃国庆，首钢长治钢铁有限公司孙倩、马翔，通化钢铁集团股份有限公司马增毅、于洋，北京首钢环境产业有限公司杨海廷，北京首钢吉泰安新材料有限公司王刚获全国机械冶金建材行业岗位能手称号。

（马　晓）

【京能集团服务首都提升供热服务保障能力】7月，京能集团持续推动京内供热资源整合，扩大京内供热市场规模，提高服务保障民生的能力。京能集团从供热系统重构、智慧供热、市场拓展等方面做出部署，推动供热低碳化、数字化和智慧化转型，构建与国际一流的和谐宜居之都相匹配的供热服务保障体系。截至7月，京能集团京内供热管理面积3.43亿平方米，约占全市供热面积的40%。按照集团“十四五”总体规划，2025年年底供热占比计划超过50%。

（“国资京京”微信公众号）

【京能集团全力支持北京分布式光伏开发】7月，京能集团开展京内分布式光伏项目管理提升行动，发布《京能集团北京市分布式光伏开发行动方案》，制定并实施《京能集团北京市分布式光伏项目开发奖励办法（试行）》。该方案要求，京能集团所属企业要坚持服务北京，充分发挥首都国企担当，全面动员、全员参与北京市分布式光伏试点推动工作，强化责任指标和全过程监督管控，落实市场化激励机制，提升工作的主动性和积极性。根据北京分布式光伏项目的开发建设运营特点，创新管理模式，在京能集团内推进开发设计标准化、设备集采标准化、施工质量标准化、运维监控标准化，进一步降本增效，提升京能品牌在北京分布式光伏项目的市场核心竞争力。各企业要根据自身属地优势，分头行动、协同开发、资源共享，形成“集团一盘棋”的整体合力，确保任务目标按期完成。京能集团先后与金隅集团、北汽集团、首农食品集团、首钢建设投资公司、中铁投资集团等企业签订战略合作框架协议，围绕“双碳”目标、京津冀协同发展契机和北京市“十四五”规划，发挥各自优势资源，建立战略合作伙伴关系，在“楼宇+光伏”“交通+光伏”“农业+光伏”及综合能源开发等领域开展合作。

（“国资京京”微信公众号）

【首钢上榜世界500强】8月3日，《财富》官方App全球同步发布最新《财富》世界500强排行榜。首钢以420.903亿美元的营业收入列第328位，排名比2022年提高83位。是首钢自2011年首次进入世界500强榜单以来第11次上榜。首钢钢铁业持续做优做强，制造能力不断提升，产品结构持续优化，经营能力稳步提高，铁、钢、材产量创出历史新高。

（马　晓）

【首钢入选本外币一体化试点企业】8月10日，经国家外汇管理局北京外汇管理部备案，首钢获批“跨国公司本外币一体化资金池”试点企业资格，通过本外币一体化资金池成功办理境外成员企业资金归集首发试点业务。7月，中国人民银行、国家外汇管理局决定，在北京等8个地区开展第二批跨国公司本外币一体化资金池试点，进一步优化管理政策，允许跨国公司在境内办理境外成员企业本外币集中收付业务，便利跨国公司以人民币开展跨境收支业务，提高跨国公司企业跨境资金统筹运营能力。

（马　晓）

【北京电力全力确保服贸会供电】 自 8 月 27 日起，北京电力全面进入服贸会保电阶段，5426 名保障人员以最高标准、最强组织、最严要求、最实措施、最佳状态，全力确保服贸会供电万无一失。北京电力建立供电保障指挥体系，成立总指挥部、2 个现场指挥部、12 个分指挥部，科学周密制订供电保障方案，细化编制重点任务工作计划。保障阶段，北京电力三级指挥体系不间断高效运转，强化电网运行监控，电力运维人员对重点保障变电站、线路等开展不间断巡视测温和定点看护。安排应急发电车 5 辆现场待命，应急抢修人员提前在各保障点驻扎做好应急准备，确保突发情况下反应敏捷、处置有效。在国家会议中心及首钢园区成立 6 支共 334 人客户服务团队，高质量做好峰会主会场视频、音响、转播等电子设备的不间断供电保障，确保国会二期、首钢两个展览区域供电充足可靠。同步做好景观布置点、灯光秀、户外电子屏等用电设施的供电服务工作。

8 月，朝阳供电公司员工对国家会议中心服贸会相关电力设施进行测温、巡视工作

（“国资京京”微信公众号）

【首钢 11 项成果获冶金科学技术奖】 8 月，2022 年中国钢铁工业协会、中国金属学会冶金科学技术奖评审结果揭晓。由首钢牵头的《高铝钢及微合金钢板坯连铸关键技术开发与应用》，首钢参与的《高炉安全长寿自修复理论与关键技术研发应用》《大板坯连铸—轧钢界面高效化、绿色化关键技术开发与集成应用》获一等奖。首钢牵头的《高品质厚板关键制造技术开发与应用》《汽车用高性能复相钢制造关键技术及应用》《基于特大型高炉风口焦溶损机理研究的焦炭质量调控技术》《高品质商用车车轮钢高效化制备及应用关键技术》《首钢京唐热轧数字化智能制造系统》，首钢参与的《钢铁材料环境腐蚀评价技术体系创新与工程应用》《露采高陡岩质坡体开挖失稳机理及防治关键技术与工程应用》获二等奖。首钢牵头的《高炉炉顶设备稳定长寿技术研究及应用》获三等奖。冶金科学技术奖是中国冶金行业最高科学技术奖，每年组织评审、奖励 1 次。2022 年评选出冶金科学技术特等奖 1 个、一等奖 23 个、二等奖 29 个、三等奖 58 个。

（马　晓）

【中电普瑞助力国家重大工程建设】 8 月，“西电东送”国家重大工程白鹤滩水电站第 10 台机组投入商业运行，总装机容量达到 1000 万千瓦。昌平园企业中电普瑞电力工程有限公司以其特高压直流、柔性直流、柔性交流等核心技术参与建设重点工程白鹤滩－江苏 ±800 千伏特高压直流输电工程（简称白江工程）和白鹤滩－浙江特高压直流输电工程。白江工程输送容量达 800 万千瓦，白江工程虞城换流站是世界首座采用“常规直流＋柔性直流”混合级联接线的换流站，中电普瑞系统参与白江工程柔直换流阀及耗能装置的设计与供货，确保了白江工程顺利投运。白鹤滩－浙江特高压直流输电工程线路全长 2140.2 千米，途经川渝鄂皖浙 5 省，中电普瑞电力工程有限公司为该工程供应核心装备特高压换流阀，已进入现场安装调试阶段。

（张　玥）

【金隅集团列 2022 中国企业 500 强第 169 位】 9 月 6 日，中国企业联合会、中国企业家协会联合发布“2022 中国企业 500 强”榜单及其分析报告。金隅集团位列 2022 中国企业 500 强第 169，同比提升 5 位；位列 2022 中国制造业企业 500 强第 75；位列 2022 中国战略新兴产业领军企业 100 强第 76。

（任琳琳）

【燕山石化取得 100VLL 航空汽油适航批准书】 9 月 8 日，燕山石化公司取得 100VLL 航空汽油适航批准书，成为中国石化首家具备生产销售该产品资质的企业。

（刘方旭）

【2022 全球能源转型高层论坛举办】 9 月 17 日至 18 日，2022 全球能源转型高层论坛在昌平区未来科学城举办，是能源领域的国家级高层次论坛活动连续第 4 年在未来科学城能源谷核心区举办。论坛由国务院发展研究中心等 4 部委与北京市政府共同举办，以“数字赋能 绿色未来”为主题，由开幕式、主论坛、

7 场专题分论坛的线下活动和线上播出并行的会议方式以及重点项目集中签约、重大成果发布、展览展示、创新大赛组成。2022 全球能源转型高层论坛更加注重论坛的国际化、专业化、开放性，更加注重与北京市和昌平元素的全面融合。科技成果发布展示了昌平区在构建能源领域高精尖产业格局的独特优势，集中发布了清华大学、北京大学、华北电力大学等高校及中电智能、中海油的 20 项最新的科技创新成果，包含重大技术突破、能源管理技术创新、新能源领域技术成果、传统能源领域提质增效 4 个方面。

（市经济和信息化局）

【金隅集团与北科院签署合作协议】 9 月 22 日，金隅集团与北京市科学技术研究院签署战略框架合作协议。通过签约，双方建立长期、全面的战略合作伙伴关系，利用金隅集团在新型绿色环保建材制造、房地产开发等领域的技术创新和工程应用场景，依托北科院在科技创新研发、高端人才智库、科技孵化服务等方面的优势，共同围绕新能源与新材料、信息与智造、固废资源化、生态环境保护、安全生产与应急管理、绿色建材与智慧建筑等领域开展广泛而深入的合作。

（任琳琳）

【首钢制作国庆主题花篮亮相天安门】 9 月 24 日，由北京首钢建设集团有限公司钢构分公司制作安装 8 米高 245 吨重的天安门广场中心“祝福祖国”巨型花果篮再次盛放。这是首钢连续第 15 年承担国庆期间天安门主题景观花篮的制作安装任务。

（马　晓）

【燕山石化国际安全与可持续发展评级达 6 级标准】 9 月 26 日，燕山石化公司举行国际安全与可持续发展评级结果发布会，宣布燕山石化公司通过挪威船级社国际安全与可持续发展评级系统（ISRS）第 9 版 6 级评价标准，标志着燕山石化公司成为国内首家通过 ISRS 第 9 版 6 级评价的炼化企业。

9 月 26 日，燕山石化公司国际安全与可持续发展评级发布会现场。图中人物李刚（左）、高芹忠（右）（李雪　摄）

（刘方旭）

【燕山石化户外劳动者职工之家揭牌】 9 月 28 日，燕山石化户外劳动者职工之家举行揭牌仪式。燕山石化公司户外劳动者职工之家位于燕化星城小区羽毛球馆内，服务对象主要为户外劳动者，可为其提供饮水、热饭、避雨、充电、卫生间、医药箱、爱心雨衣、打气筒、网络、书籍阅览等服务。

9 月 28 日，燕山石化户外劳动者职工之家揭牌仪式现场（鲁贺　摄）

（刘方旭）

【燕山石化党建新书出版】 10 月 12 日，燕山石化公司举行《铸牢国有企业的根和魂：燕山石化公司党建工作巡礼》党建新书发授仪式。该书由中国战略与管理研究会指导，燕山石化公司编著，重庆出版社出版发行。本书对燕山石化公司在党的政治建设、思想建设、组织建设、作风建设、纪律建设以及统战群团工作方面进行了系统梳理和全面概述，具有很强的指导性；除工作综述外，以具体案例佐证，具有很强的实践性；将党建工作与企业生产经营工作深度融合，将燕山石化发展历史和荣誉作集中展示，在体现融合性的同时更展现党建工作的全面性。

10 月 12 日，燕山石化党建新书发授仪式现场（李雪 摄）

（刘方旭）

【北京市首个“心桥 · 电力驿站”建立】 10 月，国网北京电力在平谷区峪口镇西凡各庄村建成北京市首个农村电力驿站，深化政企网格融合，选派电力管家驻村，实现村内各项涉电业务“就近能办、简单速办、少跑易办”，试点工作开展以来，该村意见工单较上年同期降低 26.66%。

（耿 涛）

【华腾化工签约中芯国际】 10 月，北京华腾化工有限公司与中芯北方集成电路制造（北京）有限公司签订《危险化学品仓储及运输服务合同》。该合同的签订，标志着化工集团以保障首都城市安全运行和服务北京重点产业发展为战略首务取得新进展。这次合作，中芯国际将在集团大兴化工园区甲、丙类库房存储光刻胶稀释剂、光刻胶及酸碱类危化品共计 6 种。

（化工集团）

【“飞天”“星光”颁奖礼在首钢园举办】 11 月 1 日，每年举办一次的电视领域“政府奖”，第 33 届电视剧“飞天奖”、第 27 届电视文艺“星光奖”颁奖典礼在首钢园冰球馆举行。颁奖典礼举办地首钢冰球馆位于北京首钢园国家冬奥训练中心区域，是冬训中心“四块冰”中唯一一个设置观众看台的场馆，观众区设有固定和可移动座椅，观众座位数量可在 2500 ~ 4500 个之间自由组合。

（马 晓）

【燕山石化在全国竞赛取得佳绩】 11 月 9 日，2022 年全国行业职业技能竞赛——裂解汽油加氢装置操作工技能竞赛闭幕。这是中国石化 2022 年首先开赛的炼化工种国家级竞赛。燕山石化公司裂解汽油加氢装置操作工工种获团体二等奖，个人获 1 金 1 银。

（刘方旭）

【金隅冀东水泥获评领军企业】 11 月 17 日，中国建筑材料联合会在 2022 年全国建材行业大会上发布“2022 年度全国建材行业十大科技突破领军企业”榜单，金隅冀东水泥上榜。会上，金隅冀东水泥与中国建筑材料联合会签订全国建材行业第二批重大科技攻关“揭榜挂帅”项目任务书，计划承担建材制造企业“零外购电”成套技术研发与应用和建材智能化成套技术开发与“零员工”工厂应用示范两项科技攻关任务，推进公司科技创新发展。

（资料来源：企业官网）

【首钢京唐被评为全国质量标杆】 11 月，首钢京唐钢铁联合有限责任公司“基于 SPC 过程管理质量管控模式的构建与实施经验”项目，在中国质量协会组织开展的 2022 年质量标杆典型经验遴选和交流活动中，被评为全国质量标杆，成为全国 6 个典型经验之一。首钢京唐公司采用 SPC 过程管理质量管控模式，以质量体系为标准、以生产过程为焦点，搭建了从用户到用户的一贯制质量管理平台，实现全流程生产过程的可追溯分析与管理。利用信息化手段，

减少人工统计工作强度和主观性。从数据点的采集、准确性校核、数据处理、应用配置，到 SPC 分析功能的优化完善、异常点分析、数据清洗、分析应用，实现各 SPC 控制点的系统评价。

（马　晓）

【燕山石化生态型工业污水综合净化实践入选《企业生物多样性保护案例集》】12 月 11 日，由世界可持续发展工商理事会、商业自然联盟、世界自然基金会等多家机构联合编制的《企业生物多样性保护案例集》发布，燕山石化“达标排放的工业污水处理 + 湿地自然生态修复系统”生态型工业污水综合净化实践入选《中国石化：孕育生物多样性效益的园区建设》案例。

（刘方旭）

【首钢连续获评 A+ 极强评级】12 月 20 日，在 2023 中国和全球钢铁需求预测暨 2022 中国钢铁企业竞争力（暨发展质量）评级研究成果发布会上，首钢再次获得 A+（极强）评级，是首钢连续 5 年获 A+（极强）评级。自 2011 年起，冶金工业规划研究院已连续 12 年研究发布中国钢铁企业竞争力评级。该次评估范围包括 109 家钢铁企业，评估围绕粗钢产量、炼钢设备先进性、铁矿石等原料保障程度、吨钢利润、环保绩效、研发费用占比等 29 项指标开展。评级为 A+（极强）的还有中国宝武钢铁集团、鞍钢集团、中信泰富特钢集团、江苏沙钢集团等 19 家。

（马　晓）

【首钢股份入选工业产品绿色设计示范企业】12 月，工信部公布第四批工业产品绿色设计示范企业名单，北京首钢股份有限公司入选，是该次评审中冶金行业类唯一一家上榜钢铁企业。首钢股份公司实施品牌战略，形成具有核心竞争力的高端产品集群，汽车板、电工钢等产品。汽车板市场份额国内领先，是国内外知名车企重要供应商，被中联钢评为全国钢铁产业链汽车板优秀制造商 3A 级企业，与 54 个汽车制造主机和配套厂建立合作。无取向电工钢市场占有率国内领先，形成 4 大类 76 个牌号的产品序列；取向电工钢实现 18SQGD065—30SQG120 牌号产品全覆盖，成为全世界第四家拥有全低温工艺产业化的企业，产品广泛应用于 500 千伏及以上超、特高压变压器生产制造，实现国网交流“双百万”变压器应用突破，薄规格产品成功应用于中国高铁首套智能化变电站，跻身变压器材料世界第一阵营。

（马　晓）

【京腾昊桦一期项目完成主体工程建设】12 月，化工集团所属江苏京腾昊桦科技有限公司一期年产 1 万吨聚芳醚（PAE）树脂项目完成主体工程建设，具备水联运试车条件。京腾昊桦 PAE 项目于 2019 年 10 月入选“国家强基工程”项目，并获得工信部 2019 年大金额财政资金支持。2021 年 2 月正式开工建设，建设用地 80 亩，项目建成后，将形成年产 1 万吨聚芳醚的生产能力，能够有效降低对国外技术的依赖，具备广阔的市场空间。

（化工集团）

【燕山石化 1- 己烯产品出口扩展至 15 个国家】年内，燕山石化 1- 己烯海外出口扩展至 15 个国家，新增美国、新加坡、阿尔及利亚、越南、阿塞拜疆 5 个出口国家，出口总量为 1.81 万吨，产量和出口量双创历史新高。

（刘方旭）

【燕山石化稀土顺丁橡胶首次突破万吨】年内，燕山石化所拥有的中国石化首套稀土顺丁橡胶装置，通过不断攻关优化，实现投产 10 年以来首次年产量超万吨。

（刘方旭）

【开展新材料首批次奖励】年内，为支持北京新材料新产品推广应用，推动北京 A 市新材料产业高质量发展，市经信和信息化局持续推进北京市新材料首批次应用示范奖励政策，发布《北京市重点新材料首批次应用示范指导目录（2021 年版）》，年内共支持了 26 家企业 34 个产品的新材料首批次应用。

（材料处）

【首钢园区建设】年内，首钢园区承载能力不断提升。完成园区北区道路、绿地、文物等 13 项主要公共设施移交。建成园区东南区道路 9.7 千米，满足居民基本出行需求。完成中国国际服务贸易交易会区域高道料仓、缓冲间等工业构筑物手续办理。首钢园区登榜“2022 中国新时代 100 大建筑”。产业招商取得重要进展。首钢园区进入北京“两区”重点园区序列。重大项目落地，华夏银行股份有限公司项目实现签约，航空航天工业部探月中心、八院云箭入驻首钢园区制氧厂创新中心。引入通力科技服务有限责任公司等一批高精尖企业，中关村科幻产业创新中心正式运营，园区北区新增签约面积 5.8 万平方米、注册企业 66 家，自持物业出租率 87%。打造中国国际服务贸易交易会 2.0 版本，参观人数 16.7 万人次。推进冬奥遗产对社会开放，世界儿童日主题点亮活动、“冰墩墩”“雪容融”裸眼 3D 形象首发仪式在首钢滑雪大跳台举行，“飞天奖”“星光奖”在冰球馆揭晓。首钢园 · 六工汇等商业空间开业，举办各类活动40余项，入园客流增长7倍以上，形成集产业、餐饮、酒店、零售、展览、体验等多元场景于一体的特色消费生态。

（马　晓）

【首钢3个单位获评专精特新“小巨人”企业】年内，北京北冶功能材料有限公司、北京首钢吉泰安新材料有限公司和北京首钢朗泽新能源科技有限公司获国家专精特新“小巨人”企业称号，专精特新中小企业是指做到专业化、精细化、特色化、创新能力突出的中小企业。“小巨人”企业是专精特新中小企业中的佼佼者，专注于细分市场、创新能力强、市场占有率高、掌握关键核心技术、质量效益优的排头兵企业，是全国中小企业评定工作中最高等级、最具权威的称号。

（马　晓）

【首钢科幻产业集聚区建设】年内，首钢园区围绕企业发展过程中政策、人才、场景、研发、合作、宣传6个方面核心诉求，构建并完善“一体四翼六维”体系，致力打造具有国际影响力的科幻创造高地、科幻开放高地、科幻人才高地和科幻创投高地，树立北京科幻品牌世界影响力，开辟发展新领域新赛道，不断塑造发展新动能新优势，奋力开创首钢园高质量发展新格局，助力北京国际科技创新中心建设。科幻产业集聚区以首钢园工业遗址公园为启动区，包括金安桥和南部绿轴区域，占地面积71.7万平方米，建筑面积近16万平方米。主要包括：科幻企业聚集区——建筑面积9.2万平方米的金安科幻广场；以首钢园一高炉SoReal元宇宙乐园、服贸会10号馆元宇宙体验中心、百度Apollo无人自动驾驶等为代表的新场景空间；承载服贸会等现代会展功能的工业绿轴区域及公共空间，以及正在打造的13栋特色工业遗存，营造活力共享新空间。首钢联合石景山区及企业、高校、科研机构共同组建全国首个“科幻产业联合体”。截至年底，联合体已扩容至60余家科幻、元宇宙企业相继入驻首钢园，初步构建起“内容创作+IP转化+影视特效制作+硬科技+沉浸式体验”的产业发展格局，成为行业交流、合作以及展示的重要平台。在市科委支持下，聚焦科幻影视拍摄、动作捕捉、光学影像等落地5大公共服务平台。联合石景山区政府、腾讯公司共同出资设立北京科幻国际大奖，共同设立全国首支科幻产业股权基金，基金规模3亿元。

（马　晓）

【金隅集团争创先进企业】年内，金隅集团参与重点时期空气质量保障工作，在北京冬奥会和二十大等重点时期，自主承诺减排，实施生产调度，为北京“1微克”蓝作出贡献。张家口金隅水泥有限公司、张家口冀东水泥有限责任公司被评为张家口宣化区“北京2022年冬奥会和冬残奥会空气质量保障先进集体”，冀东海天水泥闻喜有限责任公司在“冬奥”期间采取停产措施，被评为山西省“春节蓝”功勋企业。发挥“政府好帮手、城市净化器”作用，全力服务首都发展。北京金隅北水环保科技有限公司、北京金隅琉水环保科技有限公司共收集处置危废13.65万吨；红树林事业部开展环境应急85次；北京金隅琉水环保科技有限公司在冬奥期间为石景山区域清运涉疫垃圾293.32吨。争创绿色环保绩效升级，助力企业生产经营。唐山冀东水泥三友有限公司、邢台金隅冀东水泥有限公司、涞水金隅冀东环保科技有限公司等28家企业开展清洁生产审核；冀东水泥滦州有限责任公司、冀东水泥铜川有限公司、金隅住宅产业化（唐山）有限公司等5家企业获评国家级绿色工厂；赞皇金隅水泥有限公司P042.5水泥，左权金隅水泥有限公司水泥熟料、P042.5水泥、PS32.5水泥，临澧冀东水泥有限公司P042.5水泥，获国家级绿色设计产品；冀东水泥（烟台）有限责任公司、内蒙古亿利冀东水泥有限责任公司、北京冀东海强混凝土有限公司等20家企业获建材行业绿色制造标杆企业；广灵金隅水泥有限公司、巩义通达中原耐火技术有限公司、金隅天坛（唐山）木业科技有限公司等4家企业获环境绩效A级企业，北京金隅加气混凝土有限责任公司、天津金隅宝辉砂浆有限公司、唐山冀东新港混凝土有限公司等9家企业获绩效引领性企业；邯郸金隅太行水泥有限责任公司、沧州临港金隅水泥有限公司、邯郸市邯山金隅混凝土有限公司等32家企业入选环保监管正面清单。

（李瑞卿）

【金隅集团服务北京建设】年内，金隅集团服务绿色北京建设，北水10万吨/年二氧化碳捕集、封存、利用科技示范项目加快建设，金隅兴发教育科技产业园区零碳建筑落地实施。服务首都国际科技创新中心建设，兴发科技园应用数学研究院核心区和综合服务区于9月底竣工，中关村西三旗科技园二期转入装修阶段。服务北京国际交往中心建设，琉璃文化创意产业园区工程、金隅龙顺成文化创意产业园改造项目，北京金隅投资物业管理集团赵府街20号改造项目如期完成建设任务。服务北京都市工业发展，金隅数字供应链产业园项目基本完成土建工程，达到封顶围合状态。金隅建筑垃圾和砂浆资源化综合利用产业园项目开工建设。助力北京市“五子联动”，推进京津冀协同发展，曹妃甸大型金属智能制造项目基本完工，金隅大厂现代工业园区年产1万吨石膏基防火涂料生产线改造项目推进。

（薛鑫宇）

【金隅集团ESG水平保持行业领先】 年内，金隅集团编制和发布《2021年度ESG报告》，展示在可持续发展方面的成果，公司ESG（环境、社会和管治）蝉联MSCI（摩根士丹利资本国际公司）“BBB”评级，为国内建材产业集团最高评级，并获万得（万得信息技术股份有限公司）ESG“A”级评价，引领行业可持续发展。

（卢衍成）

研发与成果

【首钢高强UF钢国内首发】 1月，首钢新一代高强车身外板UF钢系列新品通过网络直播方式发布。高强车身外板UF钢为Uni−FISH超细晶高强钢（简称UF钢），是首钢在国内率先开发的新一代创新产品。UF钢摒弃传统高强钢Mn、P固溶强化方式，采用细晶强化＋析出强化为主要强化方式，通过精确的微合金元素定量配比加入并配合相应热处理，控制形成均匀细小的微观组织及特定微观析出物形态，使产品强度提升，同时具有较高成形性、更低的波纹度指标、更高的性能稳定性、更好的抗凹性等特点，满足新一代高强外板的成形、稳定性、涂漆、抗凹、免中涂要求。

（马　晓）

【首钢耐磨钢新产品首发上线】 3月，首钢京唐钢铁联合有限责任公司22SiMn2耐磨钢新产品首发上线。耐磨钢属于高碳高硅高锰类钢种，主要用于磨耗板，具有高硬度、耐磨性、拉伸性、冲击性和焊接性，适用于各种磨损条件，是用途广泛的机械用钢之一。公司22SiMn2耐磨钢与以往生产的耐磨钢种成分存在较大差异，钢种内部质量要求高，应用于制造挖掘机、推土机、装载机的铲刀刃。在工作过程中要承受压、拉、弯曲、冲击、振动、摩擦和腐蚀等作用力，通过合理设计，减少零件厚度，降低材料使用量，从而提高生产效率、降低生产成本。

（马　晓）

【燕山石化EVA产品首次实现共享托盘出厂】 6月，燕山石化公司高压装置EVA产品包装线首次采用共享托盘出厂，这是继二高压装置EVA产品实现共享托盘出厂后的又一次绿色物流实践。公司EVA产品包装出厂全部采用共享托盘代替一次性木托盘，可有效降低产品破损率和运营成本，大幅提升合成树脂产品市场竞争力。

（刘方旭）

【首钢两款电工钢产品全球首发】 8月31日，“芯动未来共启新程”首钢智新电磁新能源专线投产暨新产品全球首发仪式举行。首钢20SW1200H和ESW1230两款新能源汽车用电工钢全球首发。首发仪式采取线上、线下形式同步进行，全球中英文同步直播，上百家投资机构、合作伙伴和相关领域专家、用户60余万人次参与线上直播活动。首钢电工钢始终坚持高端高效、绿色环保产品定位，已开发出5个系列20余个新能源汽车专用电工钢产品，5款产品实现全球首发，实现全球新能源汽车销量TOP10车企中稳定供货6家，国内新能源汽车销量TOP10车企全覆盖，国内每3辆新能源汽车就有1辆采用首钢电工钢制造。该次首发的20SW1200H和ESW1230两款产品，超越常规电工钢性能，能大幅提升电机功率密度和电机效率。

（马　晓）

【燕山石化兆瓦级质子交换膜电解水制氢装置首次开车成功】 12月10日，中国石化国产化兆瓦级质子交换膜（PEM）电解水制氢装置在燕山石化开车，并于当日实现全流程贯通，产品质量检测合格。12月11日，该装置氢气产量和压力达到设计值。这是中国石化首套开车运行的兆瓦级质子交换膜电解水制氢装置，由中国石化石科院和燕山石化共同开发、建设，应用国内国产化程度最高的单槽兆瓦级PEM电解水制氢成套设备，生产全过程实现零碳、零污染物排放，打通自主技术“绿电”制“绿氢”流程，标志着中国石化PEM电解水制氢成套技术实现工业应用。

（刘方旭）

【台湾中钢钢铁煤气高效利用先导线投产】 12月，台湾中国钢铁股份有限公司（简称台湾中钢）高/转炉煤气高效利用装置投产并验收。该项目由北京北大先锋科技股份有限公司（简称北大先锋）与台湾中宇环保工程股份有限公司签约，共同为台湾中钢设计、建设一套高／转炉煤气高效利用先导装置。该项目以高炉煤气、转炉煤气分别作为原料气进行设计，处理气量 1000Nm^3/h，利用北大先锋在中国大陆已经成熟应用的钢铁煤气高效利用技术，将高炉煤气、转炉煤气中的 CO_2、CO 进行分离提纯。该先导线主要用于验证北大先锋钢铁煤气高效利用技术与台湾中钢现场实际煤气情况的匹配度。在先导线验证完成后，双方还将就钢铁煤气高效利用技术的示范线展开合作，计划从高炉煤气、转炉煤气中提纯 CO 含量在 98.5% 以上的产品气，用于合成醋酸。示范线建成后，将会为台湾中钢每年带来 24 万吨的 CO_2 减排量。

（北大先锋）

企业选介

【国网北京市电力公司】 简称国网北京电力，是国家电网有限公司（简称国家电网公司）的全资子公司。其前身是 1905 年创建的京师华商电灯股份有限公司；2003 年以前作为华北电力集团公司的直属单位，按地市公司管理；2003 年成为华北电力集团公司授权经营、独立核算的分公司，由国家电网公司按省公司直接管理；2008 年起作为独立法人企业运营；2013 年更名为国网北京市电力公司，并沿用至今。作为首都能源骨干企业和最大的公用事业单位，国网北京电力以电网规划建设、运行管理、电力销售和供电服务为主营业务，供电范围覆盖全市 16 个区、1.64 万平方千米，服务客户 900 余万户。公司本部设 22 个部门，下辖 16 家供电公司、12 家业务支撑机构、3 家合资公司、3 家其他单位，用工总量 21261 人。2021 年，国网北京电力完成售电量 1147.76 亿千瓦时，增长 8.54%。线损率 4.1%，同比下降 0.22 %。

2022 年，北京电网现有 110 千伏及以上变电站 537 座、变电容量 1.49 亿千伏安，线路长度 1.22 万千米，形成了“500 千伏扩大双环网、220 千伏分区供电、110 千伏辐射状供电”的网架结构。北京电网是典型的超大型城市电网，从供给侧看，外受电比例超过 60%，本地装机以燃气发电为主，占比约 80%；从消费侧看，电能在终端能源消费占比达到 46.62%，其中第三产业和居民用电占比近 75%；城市供电可靠率达到 99.997%，处于国内领先水平。截至年底，国网北京电力共有职工 8716 人，其中研究生及以上学历 2797 人、本科学历 4412 人、专科学历 1069 人；高级职称 2245 人、中级职称 2261 人；技师及以上职业资格 3272 人、高级工 1521 人、中级工 1082 人。中共中央、国务院授予国网北京电力“北京冬奥会、冬残奥会突出贡献集体”称号，32 个集体、229 名个人获得省部级及以上表彰。

科技创新。年内，国网北京电力构建与政府部门、科研院所、高等院校、高科技企业合作的“四大科技资源环”，与清华大学、华北电力大学等签署合作协议，成立科技咨询委员会（科技创新领导小组下设咨询委员会）；科学研究开发费投入 2.39 亿元；获批牵头高等级科技项目 13 项，牵头承担 1 项国家重点研发项目课题；落地应用大功率氢能源发电车等 12 项涉奥科研项目产出成果；获省部级及以上科技奖励 21 项，参与获北京市科学技术奖一等奖 1 项，牵头获二等奖 3 项，参与获国网公司科学技术特等奖 1 项，牵头获二等奖 3 项；获发明专利授权 191 项，首次获得海外专利授权 1 项；“大型城市电网承载力及供电可靠性提升技术实验室”获国家电网公司首批实验室命名；国际标准实现“零的突破”，获批立项 2 项 ITU 标准和 2 项 IEEE 标准。确保 2022 北京冬奥会、冬残奥会所有场馆 100% 绿电供应。

数据化建设。年内，国网北京电力建成首都碳排放监测服务平台，上线 8 大场景和 150 个数据模型，在城市副中心落地应用。建成 935 节点云平台，电网资源业务中台实现全域同源维护单轨应用，企业级实时量测中心初步建成，物联平台累计接入终端 2.4 万台，新一代应急指挥、BIM 建设管理等重要业务系统取得成效，i 国网 12 项移动应用部署上线。推进数据业务化，构建电网生产数据图谱和 3 项典型应用。海淀区“城市大脑”6 大场景在国家电网系统全面推广。新建人工智能 RPA 74 款场景，基于区块链实现能源计量、代理购电等 6 项特色应用。开展交费优惠等 235 次线上推广活动，全年线上渠道新增客户 202 万户。推动政企服务网格有机融合，推广“电力枫桥”模式，35 个乡镇用电政企共建共管。

电网建设。年内，国网北京电力落实《北京市碳达峰实施方案》决策部署，聚焦推动首都能源低碳转型、保障首都电力安全供应，从“开源、引电、

国网北京市电力公司

本部职能部门（22个）：
- 办公室（党委办公室、董事会办公室）
- 发展策划部
- 财务资产部
- 党委组织部（人事董事部）
- 人力资源部（社保中心）
- 党委党建部（思想政治工作部、本部党委、公司团委）
- 党委宣传部（对外联络部）
- 纪委办公室（巡察办）
- 安全监察部（应急管理部、保卫部）
- 设备管理部（政治供电办公室）
- 市场营销部（农电工作部、乡村振兴办公室）
- 科技创新部

本部职能部门（22个）：
- 数字化工作部
- 建设部
- 物资管理部（招投标管理中心）
- 审计监管部
- 法律合规部（体改办）
- 后勤保障部
- 离退休工作部
- 工会
- 电力调度控制中心
- 企业管理部

供电公司（16个）：
- 国网北京城区供电公司
- 国网北京通州供电公司
- 国网北京朝阳供电公司
- 国网北京海淀供电公司
- 国网北京丰台供电公司
- 国网北京石景山供电公司
- 国网北京亦庄供电公司
- 国网北京昌平供电公司
- 国网北京门头沟供电公司
- 国网北京房山供电公司
- 国网北京大兴供电公司
- 国网北京平谷供电公司
- 国网北京怀柔供电公司
- 国网北京密云供电公司
- 国网北京顺义供电公司
- 国网北京延庆供电公司

业务支撑机构（12个）：
- 国网北京经研院
- 国网北京电科院
- 北京电力工程公司
- 国网北京检修公司
- 国网北京电缆公司
- 国网北京信通公司
- 国网北京党校（首电人才服务公司）
- 国网北京物资公司
- 国网北京综合服务中心
- 国网北京客服中心
- 国网北京建设咨询公司
- 北京华商电力产业管理公司

合资公司（3个）：
- 首都电力交易中心有限公司
- 国网北京能源公司
- 国网北京新能源汽车公司

其他单位（3个）：
- 北京市供用电建设承发包有限公司
- 国网北京物业公司
- 北京市城市照明管理中心

2022年国网北京市电力公司内设机构图

强网、调荷、降碳、建制”6个方面，研究制定30项落地重点工作措施。全年累计开工40项，线路462.24千米、变电容量934万千伏安，规模为年初计划的109.2%；投产24项，线路96.4千米、变电容量456万千伏安，均按计划投产。CBD变电站开工建设，画乡变电站按期投运，京唐铁路等配套迁改工程、西马扩建等13项度夏工程按期投产，环保督查项目草六线工程完成入地改造。

经营管理。年内，国网北京电力新增接电814.6万千伏安，实现综合能源收入1.49亿元，盘活房地、杆塔、数据资源增收1.8亿元，营销稽查和反窃查违堵漏增收8966.66万元，全年处置报废物资1.06亿元。妥善处置争议纠纷137件，挽回经济损失6922.5万元。全力推进169个老旧小区供电设施改造，完成31个1.79万户改造项目，12项长期挂账工程完工。

（国网北京电力）

【首钢集团有限公司】 简称首钢，始建于1919年，总部在北京，隶属于北京市国有资产管理委员会。首钢是中国工业企业改革的一面旗帜，率先由中心城市搬迁调整向沿海发展的钢铁企业。首钢已发展成为跨行业、跨地区、跨所有制、跨国经营的综合性企业集团，全资、控股、参股企业600余家，总资产5000余亿元。首钢自2011年以来11次跻身美国《财富》杂志公布的世界500强企业。

2022年，首钢紧扣打好高质量发展基础工作主线，在艰巨繁重的生产经营建设中，闯关夺隘、爬坡过坎，实现营业收入2479亿元，利润129亿元，分别完成年预算的105%和131%，处理历史遗留问题后报表利润62亿元。实行用工人数和劳动效率指标双控，首钢年末在册职工人数降到9万人以下；钢铁业实物劳产率1026吨/人·年，同比提高2.1%。制造能力不断提升，铁钢材产量分别完成3184万吨、3382万吨和3306万吨，铁精矿粉2173万吨，高端领先、战略产品和EVI供货量分别完成1170万吨、571万吨和346万吨。举全首钢之力，完成北京冬奥会、冬残奥会首钢园赛场赛事保障和外围保障任务，中共中央、国务院授予首钢北京冬奥会冬残奥会突出贡献集体称号。首钢北京园区形成集产业、餐饮、酒店、零售、展览、体验等多元场景于一体的特色消费生态，登榜“2022中国新时代100大建筑”，完成中国国际服务贸易交易会首钢园分会场的服务和保障工作。首钢集团党委、董事会与经理层权责界限进一步厘清，行权方式规范，权力清单升级至4.0版本，实现“多单一表”。持续加大企业退出推进力度，全年退出企业59家。全面完成北京市国资委疏解退出、“两非”“两资”企业处置任务，连续7年被评为专项工作优秀企业和工作成绩突出单位。助力乡村振兴，持续发挥驻村书记作用，采购帮扶产品620万元。首钢外埠企业实施精准扶贫，助力当地开展乡村旅游、农业种植等帮扶项目取得成效。

钢铁制造。年内，首钢京唐钢铁联合有限责任公司3座高炉焦炭负荷均突破6.0、年均利用系数达2.42，铁水产量提前5天完成全年目标。统筹推进项目建设。北京首钢股份有限公司新能源电工钢连退7号线提前61天、8号线提前45天投产，成为进度控制、投资控制、达产达效、资产合规“四个示范”投资项目。产品结构持续优化。高端领先、战略产品和EVI供货量分别完成1170万吨、571万吨和

346万吨。汽车板市场占有率保持国内前三名，日系汽车主机厂供货量实现翻番，超高强、GA、铝硅和免中涂产品供货量同比分别增长80%、86%、54%和41%。电工钢取向超薄规格产品增长29%，市场占有率连续5年保持第一名；新能源汽车无取向高牌号增长144%。镀锡镀铬板盈利水平大幅提高，成功轧制极薄规格“蝉翼钢”。液化天然气储罐用9Ni钢实现批量供货，新型管线钢首批供应国内第一条长距离掺氢管线。

科技创新。年内，首钢完善“一院多中心”研发体系，全年研发投入占比3.1%。持续推进原始创新，锌铁合金镀层高扩孔超高强钢等7项新产品首发；全球首创电工钢六机架轧机在北京首钢股份有限公司投产，实现无取向高牌号系列全覆盖；首创工艺“宽幅超薄低碳钢带高效制备”技术在首钢京唐钢铁联合有限责任公司应用。强化重大工艺攻关，北京首钢股份有限公司月度铁水温降破百，首钢京唐钢铁联合有限责任公司连铸板坯热装比由41%提高至53%。主动融入国家创新体系，与北京科技大学、北汽集团、力拓集团等科研院所、上下游企业共建合作平台。制修订国家、行业、团体标准76项；获专利授权1120件，其中发明专利380件。获省部级以上科学技术奖16项，其中一等奖5项。北京北冶功能材料有限公司、北京首钢吉泰安新材料有限公司和北京首钢朗泽新能源科技有限公司获国家专精特新“小巨人”企业称号，截2022年年底，首钢专精特新企业达到10家。

产融结合。年内，首钢对接多层次资本市场，首钢权益性融资86亿元、资本证券化率81.6%。北京首钢股份有限公司完成首钢京唐钢铁联合有限责任公司、北京首钢钢贸投资管理有限公司100%股权和球烧项目资产注入，上市公司资产规模和质量进一步提升。首钢集团财务公司取得国家本外币一体化资金池业务试点资格，全口径资金归集率75.3%。实现全天候结算服务，结算总额2.1万亿元。北京首钢基金有限公司坚持助力集团产业发展，为智新电磁引战、首钢园区东南区股权运作等集团资本运作项目提供支持。深度布局REITs赛道，首钢绿能项目取得良好成绩。聚焦智能制造、医疗健康、城市更新等领域，新设北京城市副中心产业引导基金、科幻产业投资基金、绿色基础设施发展基金3支产业基金，引入政府资金及社会资金近24亿元。

城市服务新产业。年内，首钢环境产业有限公司鲁家山项目处置生活垃圾116万吨、发电量4.4亿千瓦时，完成涉疫生活垃圾接收处置，山西长治项目连续2年盈利。北京首钢朗泽新能源科技有限公司工业尾气制燃料乙醇、饲料蛋白技术纳入铁合金行业节能降碳改造升级实施指南。北京首钢股权投资管理有限公司发挥平台作用，推动所管辖各单位聚焦发展，整体外部市场签约比例55%。北京首钢国际工程有限公司承揽马鞍山钢铁集团公司环保创A工程等总承包项目。北京首钢城运控股有限公司签约北京市、西安市多地立体车库项目。北京北冶功能材料有限公司研制出“卡脖子”材料变形高温合金，带箔材应用于国产大飞机项目。北京首钢吉泰安新材料有限公司研发的“蚕丝钢”实现产业化生产，打破国外垄断。

（马　晓）

【北京化学工业集团有限责任公司】 简称化工集团，前身为1955年成立的北京市第二地方工业局，1996年6月25日改组为北京化学工业集团有限责任公司。化工集团是国有独资大型企业，对所属全资、控股、参股企业的国有资产行使出资者权利，依法进行经营、管理和监督，承担国有资产保值增值责任。“十三五”以来，化工集团充分发挥科技创新在集团发展中的支撑引领作用，强化创新驱动，聚焦培才引智，加强成果转化，为集团高质量发展提供了有力支撑。加大科技投入，2019年至2022年累计投入达3.7亿元；设立千万科研基金，支持重大项目；建成1家国家级创新中心；高新技术企业达12家；7家企业获得省市级专精特新称号；国家高端人才1人、享受国务院津贴专家3人。截至2021年年底，化工集团拥有资产总额64亿元，管理二级企事业单位30家、三级企业27家、四级企业1家，主要经营领域包括精细化工产品、基本化工原料、石油化工原料及产品、工程塑料与塑料、橡胶工业品、新材料、循环经济产业等为主的制造业和房地产开发及置业领域。2021年，化工集团营业收入市国资委口径完成23.84亿元，全年利润总额完成1.19亿元。

2022年，化工集团按市国资委考核口径实现营业收入完成22.4亿元，利润总额完成1.3亿元，完成市国资委考核值的111%，完成国有资本收益收缴指标，上缴国有资本收益2054.34万元，连续14年按归属于母公司净利润20%的比例足额上缴国有资本收益，达到出资人要求。完成市国资委“三降一减一提升”控制目标，资产负债率完成值39.29%。职工年均收入较上年增长6.28%。全年获得专利授权22件，累计有效授权发明专利71件，实用新型专利

113件，完成“BCIGC”商标注册申请。北京华腾新材料股份有限公司“功能性单材化可高质循环利用的塑料软包装关键材料创制与应用”项目获中国轻工业联合会授予的科学技术进步奖一等奖。启动科方孵化器转型升级项目，发挥其区位和创新资源丰富优势，更好服务北京科创中心建设。化工集团投资京国创优势产业基金3亿元项目，已完成一期出资额1.5亿元缴纳。北京化学试剂研究所有限责任公司被市国资委批准纳入项目收益分红政策范围；北京华腾橡塑乳胶制品有限公司实施首次项目收益分红。

年内，化工集团推进落实“3+1”业务，聚焦专用化学品制造及服务主业，做强保障首都城市安全运行和服务北京重点产业发展战略首务，做优以先进精细化工和先进化工新材料为特点的四大产业链，以深化供给侧结构性改革为主线，优化要素配置，搭建产融结合平台，构建产业新体系，拓展发展新空间，创造新的增长点，实现京内服务保障、京外布局发展。截至2022年年底，公司拥有资产总额66亿元，管理二级企事业单位30户、三级企业27户。主要经营领域包括精细化工产品、基本化工原料、石油化工原料及产品、工程塑料与塑料、橡胶工业品、新材料、循环经济产业等为主的制造业和科技服务、文化创意、房地产开发及物业置业领域。

年内，化工集团推进市重点督办的北普公司包装气入化工基地项目及配套厂房改造项目，取得建设施工许可证。全力服务市应急局救灾抢险应急物资储备，储备面积达6000平方米。与长鑫集电（北京）存储技术有限公司、北京燕东微电子科技有限公司、中芯北方集成电路制造（北京）有限公司等芯片企业签署合作协议，启动危化品储存、配送业务，为上述芯片企业处置危废7000余吨。与中化环境控股有限公司合作建设危废综合处置项目。完成“易制爆”库房改造。完成北京化学工业集团有限责任公司北戴河京华休养院资产无偿划转北京健康养老集团有限公司。北京北措化工设备有限责任公司平台整合建设卓有成效，吸收合并北京染料厂有限责任公司、北京华新发展有限责任公司为其子公司，实现9家企业管理整合，人员集中办公，承接化工集团非经营性资产管理等职能。

（化工集团）

【燕山石化】中国石油化工股份公司北京燕山分公司（简称燕山分公司）、中国石化集团北京燕山石油化工有限公司（简称燕化石化公司）统称中国石化燕山石化公司，位于北京市房山区，是中国石化集团公司旗下特大型石油化工联合企业，前身为1970年成立的北京石油化工总厂，曾更名为北京燕山石油化学总公司、中国石油化工总公司北京燕山石油化工公司、北京燕山石油化工集团有限公司。北京东方石油化工有限公司（简称东方石化公司）为燕化有限公司全资子公司，中石化保定石油化工有限公司（简称保定石化公司）由中国石化集团公司划归燕化有限公司进行管理。

燕山石化拥有生产装置62套、辅助装置68套，可生产116个品种765个牌号的石油化工产品，是中国石化炼化一体化核心骨干企业，也是我国重要的合成橡胶、合成树脂和高品质成品油生产基地。公司原油加工能力1000万吨/年，成品油生产能力超过650万吨/年，其中汽油生产能力300万吨/年；乙烯生产能力80万吨/年，聚乙烯生产能力60万吨/年，聚丙烯生产能力50万吨/年，合成橡胶生产能力42万吨/年，有机产品生产能力52万吨/年，电池级氢气生产能力1460吨/年，纳滤/反渗透膜生产能力200万平方米/年。燕山石化主要生产清洁汽柴油、航空煤油、高等级沥青、高端润滑油等石油产品，高压电缆料、EVA、锂电池隔膜料等合成树脂产品，溶聚丁苯、稀土顺丁等橡胶产品，以及纳滤超滤反渗透膜、高纯氢气等116个品种765个牌号的石油化工产品。

2022年，燕山石化克服高油价、低原油加工量和低乙烯负荷等不利形势，坚持稳中求进工作总基调，全力防风险守底线、稳运行拓市场、谋创新促发展、抓改革强管理，坚决扛起北京冬奥会、冬残奥会氢能保供光荣使命，完成党的二十大服务保障重大任务。全年累计加工原油774万吨，生产乙烯71.1万吨，实现营业收入605.1亿元，缴纳税费102.8亿元。燕山石化公司全年研发支出总额达到1.34亿元，专利申请数量实现连续4年增长，完成44件，较2020年实现申请量翻番，专利质量得到明显提升。VAE乳液新产品BJ-806H申报绿色产品，获得石化联合会颁发的绿色产品证书。

（刘方旭）

【北京科技大学设计研究院有限公司】简称设计院公司，1987年成立，是北京科技大学全资子公司，拥有冶金行业（金属材料工程）专业甲级设计资质，是国家高新技术企业、首批国家技术转移示范机构、北京市技术转移机构，是西门子公司白金级系统集成商、冶金行业合作伙伴及全球解决方案合作伙伴、中德钢铁行业智能制造联盟实施单位，也是中国智能制造系统解决方案供应商联盟、矿业科学协同创新联盟及京津冀技术转移协同联盟理事单位、北京市交通与能源用特殊钢工程技术研究中心依托单位。公司已通过ISO/IEC的质量、环境、职业健康、信息技术服务、信息安全等多项管理体系认证，在冶金行业具有较高知名度和影响力，关键技术集成创新和核心技术工程化、产业化推广方面处于国内领先水平。公司经营范围有：炼钢、轧钢工程设计以及相应配套设施的设计开发；采矿、冶炼、轧钢电气传动及自动化、计算机及网络系统、监控系统、数据采集及分析评价系统、变频电控系统、无人行车系统、物联网系统、机器视觉及表面检测分析系统、智能装备、环保技术的开发、推广、转让、咨询和服务。

2022年，设计院公司营业总收入较上年增长20.6%，净利润较上年增长208.91%。公司总资产比上年增加7.76%，归属于学校权益资产比上年增加126.11%，入选北京市专精特新中小企业。

（郭　强）

【北京北化大投资有限公司】 简称北化大投资公司，于1988年5月18日成立，是经教育部批准、北京化工大学出资组建的法人独资有限责任公司，其职责是代表学校统一持有、管理、监督、经营学校对外投资的资产和股权。经营范围为投资及投资管理、技术推广服务，物业管理（含房屋出租），销售计算机、机械设备、化工产品（不含危险化学品）、仪器仪表。所属企业15家，其中全资企业5家、控股企业1家，参股企业9家，主要从事科技成果转化、技术推广、化工产品的研发与销售、教育培训。截至2022年年底，校办产业总资产1.7亿元，销售收入0.51亿元，上缴税金269万元，上缴学校年度利润及资源使用费、国有资本收益共计2700万元。

2022年，北京北化大投资有限公司稳步推进科技成果作价入股工作，完成产业化项目1项，转化北京化工大学知识产权4项，知识产权评估价值900.58万元，带动社会投资1100.71万元。学校以“一种耦合式非均相催化臭氧高效深度处理污水方法及装置”等4项专利技术作价出资设立国拓化能环境科技（北京）有限公司，该公司的UASBplus、臭氧催化、UHDB，以及HCO等技术主要用于各类生活、工业的污水、废水处理，可以有效解决企业污水排放问题、促进企业水资源化，对于国家污水治理具有重要的现实意义。

（杨双嘉）

【北京金隅集团股份有限公司】 简称金隅集团，前身为北京建筑材料集团总公司，1996年改制为北京建筑材料集团有限责任公司，2000年12月26日更名为北京金隅集团有限责任公司，2005年12月25日，金隅集团作为发起人，联合中国材料科工集团、香港合生集团、北方开发集团、天津建材集团4家战略投资者，共同设立北京金隅集团股份有限公司。该公司是以新型绿色环保建材制造、贸易及服务，房地产业为主业，并实现A+H整体上市的市属国有控股产业集团。2021年11月15日，由北京金隅集团股份有限公司100%持股的北京金隅融资租赁有限公司获得北京市地方金融监督管理局批复成立，实缴注册资本8亿元。2021年，金隅集团资产总额2863.57亿元；实现营业收入1236.34亿元，完成利润总额78.81亿元。

2022年，金隅集团在遭遇国际环境复杂多变、国内疫情多发散发、经济下行等前所未有考验的冲击下，各产业板块坚持稳中求进，稳住经营基本盘，取得经营业绩和改革发展成果，实现营业收入1384亿元，为年计划的91.7%；实现利润总额35亿元，为年计划的43.8%。截至年底，金隅集团资产总额2842亿元，位居中国企业500强第169位和北京企业100强第11位。其中，金隅冀东水泥（唐山）有限责任公司对内强化产销融合、区域联动，对外发挥头部企业引领作用，构建良好行业生态。北京金隅新型建材产业化集团有限公司抓重点企业效益提升和系统性成本控降，主要经济指标实现同比增长。北京金隅地产开发集团有限公司坚持“保交用、抓销售、去库存”不动摇，新项目实现6个月开盘，上海杨浦项目、杭州彭埠项目等开盘即售罄。北京金隅投资物业管理集团有限公司克服疫情影响，写字楼控价保量，主要项目整体出租率保持90%以上；商业、酒店度假业态品牌影响力持续提升，经营质量稳中提质。冀东发展集团有限责任公司强化全链条质量和成本管控，内强服务，外拓市场，进一步提高产品市场竞争力。天津市建筑材料集团（控股）有限公司加快历史遗留问题解决，丰富展贸业态，培育智慧物流等新产业。年内，金隅集团践行国企责任，聚焦新时代首都发展，服务保障能力持续提升。科学精准落实各项防控措施，通过干部下沉支援、志愿服务、捐赠抗疫物资等多种形式助力属地打赢疫情防控阻击战，为服务业小微企业及个体工商户减免租金，完成各地方舱医院、隔离点建设产品保供，以及医疗垃圾清运和处置应急保障任务。在疫情防控措施优化调整中全力推进复工复产，“一企一策”督导各重点企业打好主动仗，通过增资减负、控降“两金”等一系列措施助力企业抗击疫情、降本增效。发挥集团全产业链优势，为2022年北京冬奥会和冬残奥会提供保障服务，服务京津冀协同发展，为北京城市副中心、雄安新区等重点工程提供建材产品，推进自有用地盘活，完成年度疏解整治和11个老旧小区改造任务。立足动能转换，科技创新进一步提速。研发投入超建材工业优秀值，成功揭榜4项第二批全国建材行业重大科技攻关“揭榜挂帅”项目，所属企业获省部级科技奖23项；获专利授权739项，其中发明专利113项；获软件著作权22项；主编并发布标准11项。聚焦主业绿色低碳转型，在节能降耗减碳上持续发力，冀东水泥所有生产线熟料能耗均优于新标准的基准值，地产集团兴发科技园零碳建筑、上海杨浦项目超低能耗建筑落地实施，投资物业集团所属高新产业园成为市属企业首个取得碳中和证书的产业园区，新材产业化集团专用修补砂浆、生态绿化棉、无醛胶、适老家具等新产品实现新突破。“十四五”期间，集团全面实施“4+1”总体战略，“4”指“四个发展”，即“整合发展、契合发展、创新发展、高质量发展”；“1”指“一个目标”，即“进入世界500强，努力打造以绿色建材和现代都市服务业为核心的国际一流产业集团”。

推进产业链延伸。年内，唐山冀东水泥股份有限公司持续强化矿产资源增储，内蒙古自治区巨金山矿新增水泥用石灰岩储量2.49亿吨；加快推进冀东水泥铜川有限公司杨泉山500万吨/年弃石废渣综合利用项目、冀东水泥磐石有限责任公司年产300万吨砂石骨料生产线项目、焦作金隅冀东新材料有限公司年产500万吨骨料项目建设，投产后新增骨料产能1300万吨。吉林金隅冀东环保科技有限公司、唐山冀东启新水泥有限责任公司、阳泉冀东水泥有限责任公司、赞皇金隅水泥有限公司等7家企业取得9项新能源项目备案。唐山冀东水泥股份有限公司新增危（固）废处置能力63万吨。唐山冀东水泥股份有限公司“公转铁”绿链建设一体化推进，为做强建材绿色物流夯实基础。天津智运网络货运业务实现稳健发展。北京金海诚科创投资合伙企业（有限合伙）基金围绕重点产业，累计完成智能制造、大信息等领域6个项目投资，实现融合创新发展新突破。

安全治理体系建设。年内，金隅集团建立集团领导带队督导检查、二级集团监督检查、企业自查相结合的分级联动检查机制，以北京为重点开展多轮次现场督导和“四不两直”安全大检查。修订《安全生产管理办法》，完成75家企业“平安金隅”安全审计，推动各级党组织领导责任、二级集团主管责任、企业主体责任、第一责任人责任和专业部门监管责任“五方”安全责任落实。鼓励并支持各单位加大安全生产领域科技创新项目研究和应用，多家企业完成机械化减人、自动化换人、智能化无人等本质化安全提升项目落地。完成安全管理信息平台二期功能开发，搭建远程视频监控系统，实现危险作业远程实时安全监管。鼓励并指导所属企业开展安全文化建设示范企业创建，1家单位获全国安全文化建设示范企业，14家企业获省、直辖市级安全文化建设示范企业。制订安全教育培训方案，强化安全专业技术能力提升，结合“安全生产月”、安全宣传“五进”等契机组织开展形式多样的安全文化宣贯活动，通过树典型、立标杆、强文化，营造良好安全生产氛围，护航高质量发展。集团获2022年度北京市“应急先锋·北京榜样”先进典型推选宣传活动优秀组织奖和2022年北京市安全宣传“五进”工作最佳实践活动奖。

科技创新。年内，金隅集团科技创新进一步提速，全年研发投入26.13亿元，投入强度达到2.51%；新产品新技术营业收入266亿元，高精尖产业收入30.3亿元；获专利授权726项，其中发明专利113项；获软著28项；主编完成并发布标准11项；获省部级科技奖22项，其中《滨海重大基础设施混凝土长寿命保障关键技术及工程应用》项目获天津市人民政府科技进步奖一等奖；新增23家企业获30项省级及以上专精特新企业认定，其中3家为国家级专精特新“小巨人”企业；唐山冀东水泥股份有限公司获全国建材行业年度“十大科技突破领军企业”。进一步完善科技创新体系，发布实施《科技创新管理制度》《“1+N+X”科技创新综合体建设方案》《关于进一步加强科技创新生态圈建设的指导意见》《科技项目“揭榜挂帅”管理规定（试行）》《科技创新委员会管理办法》等5项制度科技创新制度；建设首批“1+7N+32X”科技创新综合体；“政产学研用金服”科技创新生态圈新增37项战略合作，扩增73位外部合作专家，组织企业征集并发布需求27项，签订技术合作合同26份。揭榜4项第二批全国建材行业重大科技攻关“揭榜挂帅”项目；参与承担“固废资源化技术多维绩效测评研究与集成应用”“科技成果价值评估方法研究与应用示范”“低热值燃料灰渣制备轻质墙材关键技术与示范”“京津冀水源涵养功能区典型固废协同利用集成示范”4项国家级创新课题；实施首批集团5项“揭榜挂帅”重点科技项目，自主立项并实施16项集团重点科研项目；取得以“钒钛矿渣建材化利用关键技术研究与应用”“常压制备SiO_2气凝胶材料工艺及设备研究”“总线型智能柜在水泥智能工厂中的研究与应用”“民用零碳建筑围护结构体系研究及部品开发与示范”等为代表的一批高端化、智能化、绿色化科技创新成果，并推动科技成果落地转化。

推动绿色发展体系建设。年内，金隅集团深入践行“生态和谐、绿色发展”环保核心价值观，持续推动全员责任制落实，深入开展污染防治攻坚，有力提升企业环保治理能力和管控水平。强化内部管理标准提升，集团系统内制修订《环境保护管理办法》《企业环保督察迎检机制指导意见》《环境管理工作指导手册》等环保相关制度文件，强化刚性制度约束。完善治理监管体系，完成59家水泥企业在线监测数据与总部环保管理平台对接，实现污染物排放远程监控、预警，有效提升集团环境风险防控水平；强化环保平台建设应用，开发企业环保画像、问题台账等功能模块，实现重大环境风险“快速问诊把脉，精准滴灌治疗”；通过互联网分表记电系统、微信视频、视频监控、区域互查等手段监督企业筑牢环保底线红线的“防火墙”。引领行业发展，实施重点污染物协同控制，实现深度治理，参与生态环境部超低排放实施方案拟订，参加中国水泥协会《水泥工业大气污染物超低排放标准》、中国建材机械工业协会《固体危险废物焚烧用回转窑》等团体标准编制。

加速数智化转型。年内，金隅集团制定集团数智化转型“十四五”规划及实施细则，启动“数字化”主题年示范项目。招采平台、财务共享服务中心等集团统建数字化平台建设取得重大进展，冀东水泥仓储管理信息系统等数智化创新示范项目落地。冀东水泥铜川有限公司、承德金隅水泥有限责任公司入选工信部“智能制造示范工厂”。唐山冀东水泥股份有限公司围绕“产链融合网络化、生产制造智能化、运营管控一体化、决策支持数字化”的目标，推进智能制造、经营管理、IT基础等200余个项目建设，获8项国家级、11项省级荣誉，承德金隅水泥有限责任公司获评国家智能制造示范工厂。唐山冀东水泥股份有限公司推动全矿无人运输、自动包装工业机器人、智能实验室等近30个智能工厂应用场景创新，与中国建筑材料联合会签订全国建材行业第二批重大科技攻关“揭榜挂帅”项目任务书，承担“建材智能化成套技术开发与‘零员工’工厂应用示范”重大科技攻关项目。推进工业控制与信息系统集成互通，实现工业数据实时直采和再利用，数据资产积累达125.2TB，成为首家获得数据管理能力成熟度评估模型（DCMM）数据管理能力成熟度三级认证的水泥企业。

打造特色智能制造体系。年内，金隅集团加速推动企业数字化转型与智能化创新（简称数智化），编制下发《金隅集团数智化转型“十四五”规划》，明确打造1个大建材领域工业互联网平台、孵化2家数字高科技企业、落地30个以上高价值场景的“1230”规划目标，构建“智慧金隅”，激发金隅数字经济新动能。金隅集团围绕集团业务和发展急需、带动和示范性强的领域，通过协同引智一流专业机构，打造金隅特色数字经济支持体系。首批加入并成为中关村数字经济产业联盟理事和长安链生态联盟单位，与工业和信息化部网络安全产业发展中心、中国工业互联网研究院、华为技术有限公司、北京京东世纪贸易有限公司、阿里巴巴网络技术有限公司、德勤、北京和利时集团、昆仑数智科技有限责任公司以及中关村机器人产业创新中心等单位开展有效协同合作，拟订工业互联网建设规划与实施路线图，重点建设以水泥、混凝土为代表的智能厂站；打造家具制造数智化车间以及智慧园区、智慧矿山等示范场景；聚焦以智能机器人为目标的智能装备开发，先后研发并投入使用挂轨智能巡检机器人、板材质检机器人、水泥工厂取样机器人等智能装备。依托以上工作成果，获工信部2022年度工业互联网平台创新领航案例、智能制造示范工厂等多项国家级荣誉。

环保产业升级。年内，金隅集团旗下北京金隅新型建材产业化集团有限公司贯彻落实新发展理念及碳达峰碳中和重大战略部署，服务首都四个中心建设，聚焦“四绿一新”领域和现代物流产业，以京平公转铁综合物流枢纽产业园发展规划为契机，投资建设金隅建筑垃圾处置及资源综合利用项目、数字供应链项目。金隅建筑垃圾处置及资源综合利用项目占地约8.33万平方米，建设30万吨/年建筑渣土处置及资源利用线、年产35万吨干混砂浆生产线、年产70万平方米生态透水砖生产线和金隅砂浆科创中心项目。聚焦固废资源化利用与绿色砂浆产业深度融合，每年可资源化综合利用建筑渣土、尾矿、石粉末、粉煤灰和工业副产石膏等一般固体废弃物50万吨，实现建筑渣土减量化、资源化、无害化目标，助力北京节能减排和绿色发展。金隅数字供应链产业园总占地约4.86万平方米，总建筑面积5.50万平方米，项目结合最新数字仓储需求，引入专项建筑设计技术，满足多样化、灵活化、高效化仓储需求，将绿色化、数字化发展理念融入工程建设和后期运营全要素、全过程，利用绿色低碳建筑、“黑灯仓库”、无人生产线等低碳环保技术，助力北京商贸流通业提档升级。

绿色低碳转型发展。年内，金隅集团强化节能技改，支撑产业绿色转型，集团所有生产线熟料能耗均优于新标准的基准值。推进科技成果转化，固体废弃物替代燃料技术、生料磨及预热器烧成系统节能降耗技术、窑尾烟气SCR超低排放成套技术等科技成果在部分水泥企业推广应用。金隅兴发教育科技产业园区零碳建筑、上海市杨浦区江浦社区R–09地块项目超低能耗建筑落地实施。加快新能源规模化应用，全年使用绿电1.19亿千瓦时，吉林金隅冀东环保科技有限公司、唐山冀东启新水泥有限责任公司、阳泉冀东水泥有限责任公司、赞皇金隅水泥有限公司等7家企业取得9项新能源项目备案。开展绿色工厂创建和绿色产品认证，冀东水泥滦州有限责任公司等5家公司入选国家级绿色工厂，所属金隅高新产业园成为市属企业首个取得碳中和证书的产业园区；赞皇金隅水泥有限公司等4家单位硅酸盐水泥入选绿色设计产品名单。发展环保业务，新增危（固）废处置能力63万吨，唐山冀东水泥股份有限公司建成集团首个水泥窑垃圾发电项目。实施运输结构优化调整，唐山冀东水泥股份有限公司“公转铁”绿链建设一体化推进，为做强建材绿色物流夯实基础。

（金隅集团）

【北京达博有色金属焊料有限责任公司】简称达博公司，1999年12月16日成立，是由北京市有色金属工业总公司、北京有色金属与稀土应用研究所、北京冶炼厂三家出资组建，注册资本为1000万元。截至2022年12月，达博公司历经4次增资、7次转股，注册资本金为5800万元，股东由2家法人股东及28位自然人股东构成，其中北京一轻研究院有限公司出资3072.11万元，股比52.97%；南通华达微电子集团有限公司出资1819.34万元，股比31.37%；自然人股东（董事及经营团队）出资908.55万元，股比15.66%。2021年，达博公司实现营业收入11.26亿元，利润总额为0.15亿元。

2022年，达博公司实现营业收入8.32亿元、利润总额0.14亿元。主要产品为键合金丝产品、银基键合丝产品及铜基键合丝产品，主要应用于集成电路（IC）、半导体照明（LED）、摄像头模组（CCM）和半导体分立器件（TR）封装领域。6月，达博公司获第27届广州国际照明展览会颁发的“阿拉丁神灯奖－优秀技术奖”。年内，达博公司的金钯铜丝产品获得“北京市新技术新产品（服务）”的认证，并入选第17批北京市新技术新产品（服务）公示名单；达博公司牵头修订的国家标准《半导体封装用金基键合丝、带》获全国有色金属标准化技术委员会颁发的“技术标准优秀奖”二等奖。截至年底，达博公司累计获得证书专利49件，其中发明专利7件、实用新型专利42件。

（达博公司）

【有研亿金新材料有限公司】简称有研亿金，前身是北京有色金属研究总院稀有及贵金属研究所，2000年整体转制成立高科技公司，2014年成为上市公司有研新材料股份有限公司全资子公司。有研亿金为国家技术创新示范企业、国家火炬计划重点高新技术企业、北京市高纯金属溅射靶材工程技术研究中心、北京市企业技术中心、中关村国家自主创新示范区企业、上海黄金交易所综合类会员。主要研发、生产、销售微电子光电子用薄膜新材料、贵金属材料及制品，并开展稀有及贵金属材料信息咨询、技术服务和套期保值等业务。有研亿金是国内规模宏大、门类齐全、技术能力一流的高纯金属溅射靶材制造企业，也是国内屈指可数具备从超高纯原材料到溅射靶材、蒸发膜材垂直一体化研发和生产的产业化平台。产品涵盖电子信息行业用的全系列高纯金属材料、溅射靶材和蒸发膜材。产品广泛应用于电子、信息、化工等领域。公司有职工280余人，会聚了稀有和贵金属领域内众多一流的科研生产精英，专业技术人才超过员工总数50%，高学历、高职称人才比例高达40%，同时拥有一支技术过硬经验丰富的技术工人队伍。有研亿金历年承担国家级、省部级科技开发项目近百项，获部级奖56项、国家专利81项、国家科技进步奖3项、国家发明奖9项、全国科学大会奖2项，国家科技进步奖特等奖子项奖1项。“十一五”“十二五”期间，公司承担了国家02专项、国家国际重点合作项目、国家高技术产业化项目以及国家科技支撑项目，863项目等36项国家重点项目。

2022 年 1 月，《新一代信息技术用大尺寸高纯稀土金属靶材》通过验收。开发出系列合金成分铝钪合金靶材，成功应用于 5G 射频滤波器、智能传感等领域，打破国外技术垄断，为新一代通信技术提供支撑。

（张　玥）

【赛能杰高新技术股份有限公司】 简称赛能杰，2002 年成立，是由北京科技大学发起组建成立的股份制高新技术企业。公司致力于为钢铁行业炼铁生产、轧钢生产提供节能、环保、优质、高产的工业炉及设备设计、制作、施工、调试、工程总承包服务，为冶金行业提供节能环保技术、能源系统技术及解决方案。公司以北京科技大学为平台，全面注入了北京科技大学国家级重点学科冶金专业的先进技术，拥有国内的知名教授、专家和具有丰富实践经验的工程技术人员，具有国内一流的科技开发、工程设计、施工调试及组织管理能力，并将低碳节能环保技术全面运用于产品与服务中，已完成的总承包项目平均节能 15% 以上，二氧化碳等有害气体排放减少 15% 以上，为国家节约大量能源和减少有害气体排放，创造了巨大的经济效益和社会效益。公司拥有由教授、专家和具有丰富实践经验的工程技术人员组成的一流工程团队，先后承建了百余座大型工业炉的设计、工程总承包项目。在工业炉、热风炉关键技术领域，获得多项专利技术及多项软件著作权。拥有冶金行业（金属材料工程）专业乙级工程设计资质证书。公司从冶金炉窑逐步拓展至难处理复合矿及其尾矿综合利用、城市矿山资源化利用、钢铁尘泥资源化利用等领域，凭借拥有的节能环保绿色冶炼全产业链先进技术及智能化装备，汇智全球行业顶尖企业，引领行业发展，打造绿色新工业。公司本着“与节能环保技术赛跑，成为最杰出企业”的宗旨，坚持“客户至上、技术第一、服务一流”的经营理念，以精心设计、精细管理、精良服务为保障，竭诚为客户企业提供优质工程和服务。

2022 年，公司重点推进高炉煤气双蓄热 + 智能脉冲燃烧技术装备，继续发挥在加热炉多年的经验以及在加热炉降低能耗、减小氧化烧损、降低 CO 排放的技术特点和装备优势。工业炉方面，主要施工完成《萍乡萍钢安源钢铁有限公司安源轧钢厂高棒加热炉大修工程》，并通过考核验收；签订《建龙西林钢铁有限公司轧钢厂三棒作业区加热炉中修工程》《福建三钢闽光股份有限公司中板厂 2 号 3 号加热炉燃烧系统改造 EPC》等大型项目，正在设计及订货阶段；与金鼎重工轧钢事业部签订《中板 2# 加热炉反吹系统》并投产，降低 CO 排放等指标效果非常显著。在钢铁尘泥及有色冶炼含铁固废方面，获得 2 项发明专利授权，完成迁安平刚物流有限公司钢铁粉尘处置项目技术装备供货及技术服务合同，并将该企业打造成赛能杰在煤基氢冶金的中试基地；完成四川省科技厅钒钛磁铁矿多联炉短流程研发项目。

（谢　萍）

【金诚信矿业管理股份有限公司】 简称金诚信，于 2008 年成立，注册地北京市密云区，是一家专注于矿山开发服务的民营企业，2015 年 6 月在上海主板挂牌上市。金诚信拥有矿山工程施工总承包一级资质，在境内外设有 30 余家子公司、2 家分公司、3 个事业部及 1 家省级研发中心。有中外籍员工 5000 余人。公司在境内外承担 30 余项大型矿山工程建设和采矿运营管理项目，其中竖井最深达 1526 米、斜坡道最长达 8008 米，均处于国内前列。2021 年，公司实现营业收入 40 多亿元，产值规模超过 3 亿元的海外项目达到 4 个，亚洲市场新承接哈萨克斯坦沙尔基亚项目、塞尔维亚佩吉项目和老挝开元项目。2021 年获省（部）级科学技术奖 3 项、创新成果奖 2 项、国家实用新型专利 24 项、国家外观设计专利 3 项、国家规范 1 项，省（部）级咨询奖 3 项、著作权 1 项、国家鲁班奖 1 项、省（部）级优质工程奖 2 项、部级工法 7 项，QC 小组活动成果奖国家级 2 项、部级 5 项。

2022 年，公司全年实现营业收入 53.5 亿元，同比增长 18.90%；实现归属于上市公司股东的净利润 6.1 亿元，同比增长 29.47%，经营业绩再创新高。海外市场全年实现主营业务收入 32.3 亿元，占公司主营业务收入比例达 61.75%。

（刘珊珊）

【爱德曼（北京）氢能科技有限公司】 简称北京爱德曼，是爱德曼氢能源装备有限公司 2021 年 6 月在北京市大兴区投资建设的全资子公司，是大兴区生产氢燃料电池系统的重点企业。爱德曼氢能源装备有限公司是国内规模最大的集研发和生产金属电极板、膜电极、质子膜燃料电池电堆，并以氢燃料电池系统为核心产品的氢燃料动力系统解决方案提供商，也是国内唯一一家同时具备氢燃料电池系统和整体装备生产线制造能力的国家级“专精特新”“小巨人”企业。作为氢燃料动力系统解决方案提供商和大兴区生产氢燃料电池系统的重点企业，北京爱德曼拥有自主研发和生产金属双极板、膜电极、质子膜燃料电池及燃料电池系统核心部件的能力。公司采用冲压、激光焊接、真空涂层、CCM 等核心工艺，拥有年产2000套金属燃料电池及系统制造生产线，已成功研制出系统额定功率为30、35、45、60、80、100、128、150和223千瓦的九款氢燃料电池系统，均已通过国家机动车检测中心的强制性检测，并配套应用于氢燃料电池物流车和公交车上，实现氢燃料电池在交通领域的产业化，取得良好的产业化示范效益，具备进一步研发质子交换膜燃料电池分布式供能关键技术的基础。2022年，公司销售额超4000万元。

（刘　莉）

【北京北科高冶科技有限公司】 简称北科高冶，2022年3月31日成立，注册资金1000万元，是一家致力于冶金行业领域的技术开发及产学研究的高科技公司。公司为北京科技大学持股公司，以北京科技大学冶金与生态学院“炼铁新技术科研梯队”为依托，将科技成果转移转化，落地形成高新技术产品。公司研究方向覆盖钢铁冶金工序铁前领域全过程，包括低碳炼铁与氢冶金；炼铁过程优化控制、反应机理和新技术；炼铁资源高效利用及质量评价；冶金过程专家系统及安全等多个方面。公司独特技术包括高炉低碳喷吹技术、低碳高效烧结技术、零碳生物质喷吹技术、球团矿优化技术及高比例球团冶炼技术、炼铁烟气CO_2高效分离与利用技术、高炉安全长寿技术、富氢喷吹技术、可再生能源炼铁技术、冶金性能检测技术等。

2022年，公司从无到有，建立健全了公司各项规章制度；完善了公司组织架构，建立并逐步完善从研发到销售到服务的公司团队，磨合良好各项信息沟通、反馈渠道；对外开发并维护良好的客户群体，以满足公司运转基本业务需求。在疫情等不利的大环境之下，通过公司全体努力，基本完成了公司成立之时设定的阶段性发展目标。

（刘彦丹）

【北京中科宏钛新材料科技有限公司】 简称中科宏钛，2022年6月9日成立，是依托北京科技大学所孵化的产学研用国家高新技术企业。公司研发团队由国家重大人才工程及国家优青路新教授领衔，包括教授2名、副教授2名、讲师2名，研发人员全部具有博士学位。公司围绕航空航天与国防军工对复杂结构轻质高强材料的重大需求，依托北京大学材料学科优势，主攻粉末冶金钛成果转化项目，公司通过创新研发低成本近球形粉末制备技术，绕过国外雾化球形粉末制备技术壁垒，重点实现高品质钛粉生产国产化，并以此为基础开发出多种新型应用于生物医用、航空航天、兵器及民用等领域的复杂形状钛合金制件。该技术所制备的近球形粉末粒度可控，杂质含量和粉末流动性达到市售球形钛粉的水平。

2022年，公司在北京市昌平区形成年产30吨的中试产线，依托高校的科研资源完成中试生产中各类技术问题，达到规模化稳定生产，批量销售的目标。相关产品实现批量化稳定生产，服务于10余家航天、军工及民用领域下游客户。

（刘博文）

产品选介

【键合金丝产品】 由北京达博有色金属焊料有限责任公司生产，于1999年上市。该产品是半导体封装产业首选材料，因其独特的金属化学稳定性和极具作业效率的工艺应用优势，在高端封装领域的焊线中一直占据主导，如存储器、高端射频、LED大功率照明产品、光通信模块、摄像头模组封装、军工领域等。该产品适用于市场上常见的所有的半自动键合设备，拥有良好的机械性能、良好的弧形、良好的热稳定性。2022年，键合金丝销售数量达1990579.80万米，销售收入728527470.94万元。

（达博公司）

【硅片承载器及配套产品】 由北京市塑料研究所有限公司生产，于2003年上市。硅片承载器及配套产品主要用于半导体、LED领域晶圆的制备、承载、运输等制程工序。该产品具有高纯度、耐腐蚀、耐高温、机械性能稳定、不污染硅片等特点，可满足硅片生产工艺及自动化设备使用。产品规格覆盖 2 ～ 8 英寸硅片产线。2022 年，公司整体研发投入 547 万元，硅片承载器及其配套产品销售收入约 2000 万元。

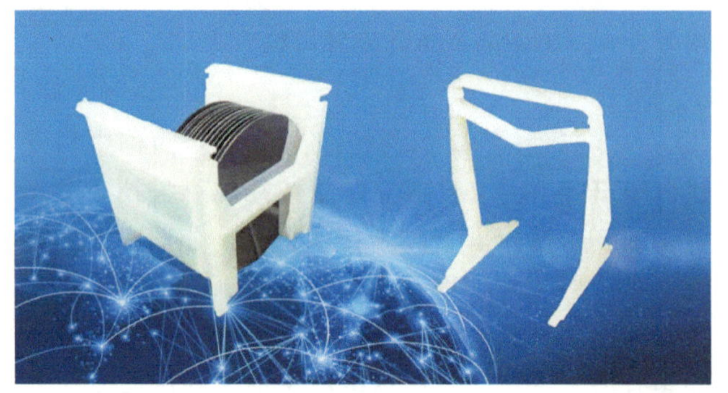

（科技集团）

【铜基键合丝系列产品】 由北京达博有色金属焊料有限责任公司生产，于 2009 年上市。主要包括 HC（纯铜丝）、HCP（钯铜丝）、HCPG（金钯铜丝），具有价格低廉、电、热性能优良、适合细小引线键合，键合后金属化合物生长速度慢、可靠性高等诸多特点。作为内引线，可用于半导体分立器件、集成电路、发光二极管等多种产品的封装。2022 年 6 月，金钯铜丝产品申报“北京市新技术新产品（服务）”，并于 2022 年 11 月入选第十七批北京市新技术新产品（服务）公示名单。2022 年，键合铜丝系列产品销售数量达 103177.19 万米，销售收入 2352238.81 万元。

（达博公司）

【特种光纤及器件】 由北京首量科技股份有限公司于 2012 年研发，同年上市。特种光纤作为光纤激光器中的关键原材料，是激光传输最便捷的传输介质，可应用于光纤通信器件如光放大器、波长变换、医疗光纤内窥镜、传感光纤器件、光纤陀螺、水听器等。该产品特点具有可定制不同芯径、包层直径、数值孔径和涂层材料；光谱分析及激光传输性能优异，安全便捷。2022 年，公司整体研发投入 443 万元。特种光纤及器件形成销售收入 2904 万元。

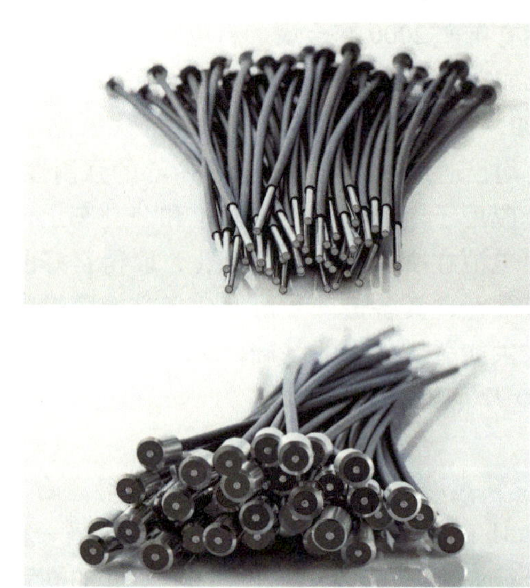

（首量科技）

【银基键合丝系列产品】 由北京达博有色金属焊料有限责任公司生产，于 2012 年上市。该系列产品包括 HS（纯银丝）、HSG（金银丝）和 AS（合金丝）3 个类型，具有价格便宜、导电性好、散热性好及可焊性好等诸多优点，适用于半导体发光二极管（LED）、分立器件（TR）等产品的封装。2022 年 10 月，达博公司主修订国家标准《半导体封装用金基键合丝、带》获得全国有色金属标准化技术委员会颁发的“技术标准优秀奖”二等奖。2022 年，银基键合丝系列产品销售数量 1829247.35 万米，销售收入 23117173.60 万元。

（达博公司）

【新型电真空钎焊系列材料】 由北京有色金属与稀土应用研究所有限公司生产，于 2015 年上市。电真空器件的工作效率高、使用寿命长、安全系数高，广泛应用于电力、航天、航空等重要领域。有色所成功开发 Au 基、Ag 基系列电真空梯度钎焊材料，熔化温度在 450 ～ 1150℃，制备工艺技术及产品质量达到国际水平，年产 30 ～ 40 吨，满足电真空领域用系列钎料的极大需求。产品应用于航空、航天、电子等行业，实现替代进口。该系列产品获北京市信息技术新产品（服务）认证证书。2022 年，公司整体研发投入 3189.6 万元，新型电真空钎焊系列材料形成销售收入 1600 万元。

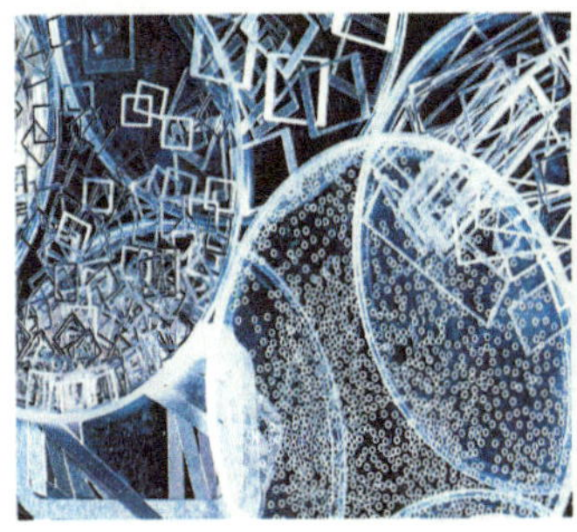

（科技集团）

【华盾 HDPE 土工膜】 由华盾雪花塑料（固安）有限责任公司生产，于 2016 年上市。华盾 HDPE 土工膜采用意大利全自动土工生产设备、均匀塑化加工制造，广泛应用于矿山、生活垃圾填埋场、污水处理池、市政路基、鱼塘、畜牧养殖场等加固、防渗工程。该产品具有可抗热氧和紫外线老化，具有极好的力学强度、良好的化学稳定性和耐酸、碱、盐、油及焦油等多种化学溶液腐蚀性能，抗植物根系、适应环境温度范围大，防渗效果佳。2022 年，公司整体研发投入 552 万元，华盾 HDPE 土工膜产品销售收入 4546 万元。

（科技集团）

【PBT301–G30F（HT）NYNC 改性工程塑料】 由北京化学工业集团有限责任公司所属化研院宁波华腾首研新材料有限公司生产。产品具有高流动性（熔体流动速率达到 20 克 /10 分钟）、高灼热丝（GWFI ≥ 850℃）、高 CTI（≥ 250 伏）、耐冷热冲击试验的特性，–20℃到 120℃冷热交替循环 200 圈实验材料无开裂，产品性能全面达到国际知名企业日本宝理同类产品 PBT 551HS 性能水平，获得 UL 绝缘系统 155℃认证，成功替代国外同规格材料，打破国外垄断。产品可正常量产，被客户批量采购，用于其出口美洲的洗衣机产品中变频电机定子线圈骨架。该产品于 2021 年研发成功定型生产，同年上市销售。2022 年该产品销售 705 吨，实现销售收入 1700 万元。

（化工集团）

【高品质低成本钛粉】 由北京中科宏钛新材料科技有限公司研发，于 2022 年上市销售。针对钛合金粉末传统制备工艺复杂、价格昂贵、细粉收得率低的技术瓶颈，首创微细钛粉制备新工艺，自主完成粉体生产级装备的设计开发，实现粒度可控新型高品质钛粉的批量化制备。粉末细粉收得率由传统 30% 提升至 80%，成本降低 40% 以上，可适用于粉末注射成形、增材制造、粉末热等静压、热喷涂等领域。主要产品包含氢化钛基合金粉末、氢化脱氢钛基合金粉末、高品质近球形钛合金粉末、以钛合金为代表的定制化金属基复合材料粉末，基于粉末产品可满足小微型复杂构件钛合金制件批量化生产；实现高强韧钛合金定制化增材制造；满足大尺寸钛合金粉末坯热变形制件以及耐海洋环境腐蚀冷喷涂涂层制备等需求。粉末产品广泛应用于航空航天、军工院所、高校科研以及民用智能可穿戴设备等多个领域。2022 年年底已供应 30 余家科研单位、国有 / 民用企业，并全面通过验证。

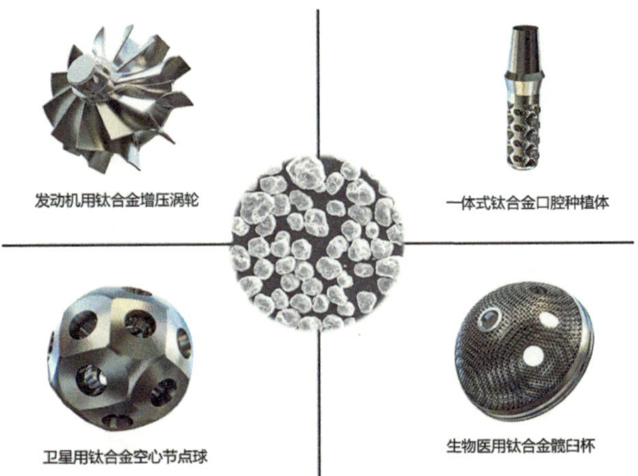

高品质低成本钛粉及相关产品

（刘博文）

国防科技工业

本类目采用条目体，刊载2022年北京国防科技工业概述、政策与措施、产业动态、研发与成果、企业选介5项内容。其中，政策与措施分目包括出台的政策文件及实施情况，机构、园区、基地设立调整变化等内容；产业动态分目包括经营业绩、项目启动、签约、论坛、获奖等内容；研发与成果分目包括新产品发布、技术测试、解决方案等内容；企业选介分目对重点企业的主营业务情况进行简述。

概　述

2022年，北京国防科技工业系统贯彻习近平新时代中国特色社会主义思想和党的二十大精神，执行国家国防科工局和北京市委、市政府工作部署，落实市经济和信息化局党组各项工作要求，以保军强军为目标，规范项目管理、优化审批服务、加强日常监管、健全应急体系，有效保障军工科研生产和各项重要任务的开展。年内，市国防科工办组织专家编制完成《北京市核应急预案（2022年修订版）》，配合国防科工局继续做好军品市场准入与市场监管，加强军工投资项目管理。

（市国防科工办）

政策与措施

【航天新长征医疗器械有限公司成立】1月20日，体外膜肺氧合（ECMO）项目组召开年终总结会暨航天新长征医疗器械有限公司成立大会。航天新长征医疗器械有限公司是落实北京市“推动航天央企在京成果转化”指示的标志性成果之一，也是国内ECMO设备研制领域率先进行商业化的公司。工信部、航天科技集团、市经济和信息化局、丰台区政府、清华大学、协和医院、解放军总医院、中日友好医院、安贞医院等领导、专家参加会议。会议审议了ECMO项目各攻关小组2021年项目研制总结和2022年工作计划。2021年，ECMO项目完成核心部件小批量试制和肺膜产品基本定型，开展两轮次动物试验，产品技术指标达到国际先进水平；2022年加紧进一步论证产品安全性和有效性论证，加快推动新长征公司进入临床试验，开启产业化运营。

（市经济和信息化局）

【理工导航在科创板上市】3月18日，北京理工导航控制科技股份有限公司（简称理工导航）在科创板上市，股票代码688282。理工导航成立于2012年2月，注册资本6600万元，是国家级高新技术企业，军工资质齐全，作为北京理工大学科技成果转化公司，研发适应复杂战场环境的高精度惯性导航及精确制导控制技术，从事惯性器件、惯性导航系统、卫星导航系统、组合导航系统的设计、开发、生产和服务。产品主要用于远程制导弹药等武器装备。

（魏清华）

产业动态

【北汽福田轻客在京护送航天员回家】4月16日，“神舟十三号”载人飞船返回地球。北汽福田图雅诺轻客在北京护送航天员回家，这是中国自主品牌轻客首次承担并完成转运航天员任务。福田图雅诺在打造航天员转运车过程中，融入多项航天科技和尖端设计理念：无菌环境医学隔离舱，底盘、车身、座椅三级减震系统，与航天座椅一体性匹配设计；加密北斗车辆定位模块，应用5G通信指挥系统；底盘、智能控制技术优化等。

（北汽集团）

【北京商业航天产业基地项目建设】5月，北京商业航天产业基地起步区一期综合实施方案通过市规划自然资源委规划实施和土地供应协调会。规划用地面积约20.67万平方米，建筑规模约20.62万平方米。大兴区将重点围绕商业火箭研发、关键零部件制造、系统集成、卫星运营及应用服务等领域，引进一批航天领域高科技、高附加值、高效益的头部企业、独角兽及研发中心，到“十四五”末，成为百亿级航天产业园区。

（市经济和信息化局）

【延庆区无人机装备产业基地项目建设】 6月8日，延庆区政府与航天时代飞鸿技术有限公司签订土地出让合同，标志着“航天时代飞鸿技术有限公司延庆无人机装备产业基地项目”进入建设前筹备阶段。该项目建设总投资超12亿元，在协作引领、产品辐射、知识输出等方面将发挥龙头企业带动作用，促进延庆区无人机产业聚集发展。

（市经济和信息化局）

【军品市场准入与市场监管】 年内，市国防科工办配合国防科工局许可办赴有关在京企业开展武器装备科研生产许可现场审查。根据国防科工局委托，组织专家对有关企业开展武器装备科研生产许可现场核查。严格武器装备科研生产备案管理，做好备案申请受理、材料审核、专家会审、凭证发放。配合市国家保密局做好军工保密资质认定工作。加强军品市场日常监管，督促企业落实主体责任，保障军品科研生产任务进行。组织对北京地区许可及备案持证单位开展年度监督检查，会同国防科工局许可办对在京商业航天企业开展“双随机”现场监督抽查，组织专家对备案单位开展现场监督抽查，对武器装备科研生产许可持证单位开展安全保密监督抽查，对委托中介机构提供咨询服务的涉军单位开展安全保密监督检查。加强国防保密物品道路运输管理，对国防保密物品道路运输任务按规定办理专用介绍信及专用标识，开展人员培训，保障国家秘密安全。按照国防科工局统一部署，组织重点单位开展网络安全应急响应工作，做好党的二十大服务保障。

（市国防科工办）

【军工投资项目管理】 年内，市国防科工办对军工集团所属单位和北京地区民口配套单位承担的军工投资项目开展初步设计、调整和验收评审，下达初步设计、调整及验收批复。支持服务北京地区民口配套单位申报军工投资项目，提升配套保障能力。

（市国防科工办）

【军工科研项目管理】 年内，市国防科工办按照国防科工局下达的军工科研项目验收计划，组织专家对军工集团所属单位和北京地区民口配套单位承担的军工科研项目进行验收。支持服务北京地区民口配套单位申报军工科研项目，提升企业研发创新能力，组织相关单位申报车用动力专项项目、军转民奖励性项目、配套科研项目、基础科研项目、高分专项民用示范项目，组织相关企业申报军工工业软件产品目录。加强项目过程管理，通过实地调研、中期检查、方案审核、现场督查，督促相关民口配套单位落实项目主体责任，保障项目实现预定目标。

（市国防科工办）

【核应急管理】 年内，市国防科工办完善核应急预案体系和制度。组织专家编制完成《北京市核应急预案（2022年修订版）》，在征求市核应急委各成员单位意见基础上完成预案送审稿，并通过国家核应急办、市应急办审核。结合新版《北京市核应急预案》的修订，组织修订《北京市核应急执行程序》《北京市核应急指挥工作手册》，开展核设施重要时期核应急准备督导检查；3月10日组织相关人员查看原子能院核设施实物保护、安保措施落实以及应急准备工作；9月28日、30日对原子能院和清华大学核研院核应急预案制定应急演练、应急队伍及装备保障以及值班值守工作等进行督导检查；组织相关成员单位及辖区内核设施营运单位推荐核安全、核工程与核技术、辐射防护、环境保护、反恐、公安、消防、放射医学、气象学、地震学、公共宣传、应急管理等方面的专家，组建新一届北京市核应急专家顾问组；12月8日组织开展核应急去污洗消专项演练，演练以市核应急专业应急救援二队为主体，采用实兵演练和解说相结合的形式，主要演练辐射侦查、开设洗消站、人员去污洗消、车辆去污洗消等科目。

（市国防科工办）

【核进口政府承诺事项及核材料管制】 年内，市国防科工办依据国防科工局相关文件规定，细化核进口政府承诺事项审核程序和要求，初审上报1家公司核进口政府承诺申请。按照国防科工局统一部署组织开展重大活动期间地方核材料企业核安保管理专项检查；组织专家对2家地方核材料企业开展核材料许可能力年度监督检查；对1家地方核材料企业的许可证换证及增项申请材料进行初审。

（市国防科工办）

【军工统计】 年内，市国防科工办部署北京地区民口军品配套及军工电子单位年度军工统计工作；编制军工统计培训教材，组织部分重点民口配套企业开展线上军工统计培训；组织开展民口军品配套、军工电子单位2021年度及2022年月度统计数据收集、审核、上报；完成相关军工统计分析材料，为军工行业管理提供服务支撑。

（市国防科工办）

【放射性药品生产经营许可审批】 年内，市国防科工办配合市药监局制定《北京市放射性药品经营企业GSP现场检查相关条款适用性说明》，组织专家对2

家公司开展放射性药品生产经营许可换证现场审查。

（市国防科工办）

【国防计量】年内，市国防科工办加强北京地区国防计量技术机构监督管理，规范计量器具标准考核复查流程，保障军品量值传递准确可靠，组织国防计量考核专家，考核复查军工单位计量器具标准，并发放标准证书；对军工单位新建国防计量标准开展审核；对军工单位计量检定人员和校准人员进行线上考试并发放检定人员证书。

（市国防科工办）

【北京商业航天产业基地建设】年内，大兴区建立由区长任组长的领导小组，统筹开展园区建设工作。出台“航天十条”专项政策，引聚优质企业项目落地发展。拟定试行商业航天产业项目引荐原则与分类评价标准，为项目招引落地提供依据。强化招商引资工作，储备项目超百家，落地企业20家。大兴区政府与北京航空航天大学签署战略合作框架协议，与航天科技集团一院、南京理工大学、中国科学院等建立密切联系。大兴区组织召开大兴区商业航天产业发展研讨会、举办政策发布会暨项目签约仪式，提高基地影响力。

（刘　莉）

【军工单位安全生产指导和监督】年内，市经济和信息化局按照《国务院安委会关于开展全国安全生产大检查工作的通知》及国防科工局要求，向9大军工集团在京直属单位印发《2022年北京地区军工系统安全生产专项督查工作方案通知》，联合安全专家对9家军工单位开展安全专项检查，督促军工单位全力消除事故隐患。根据《国务院安委会办公室　应急管理部关于开展2022年全国“安全生产月”活动的通知》及国防科工局有关通知要求，市经济和信息化局组织开展军工系统2022年度安全生产月系列宣传活动；根据军工集团申请，市经济和信息化局参与了军工安全生产标准化评审现场监督工作，促进军工单位完善安全管理体系。

（市经济和信息化局）

【军地无线电管理】年内，市经济和信息化局建立健全军地无线电管理工作协调机制，构建军地快速响应、高效保障模式。在北京冬奥会无线电安全保障中，加强军地协作，强化军地电磁频谱联合管控，根据部队需要，向部队开放台站数据库。多次与联参信通局、中部战区频管部门、预备役电磁频谱管理中心等部门进行工作沟通对接，及时协调和解决工作中存在的问题。配合做好预备役电磁频谱管理部队建设。

（市经济和信息化局）

研发与成果

【国内首次成批量研制低轨宽带通信卫星】1月21日，银河航天（北京）科技有限公司自主研发的6颗低轨宽带通信卫星成功下线，完成出厂评审，运抵发射场。3月5日，在西昌卫星发射中心由“长征二号”丙运载火箭6颗卫星送入既定轨道。这是国内首次成批量研制低轨宽带通信卫星，该批卫星的出厂，验证了银河航天卫星产线的小规模批产能力以及低成本研制模式。

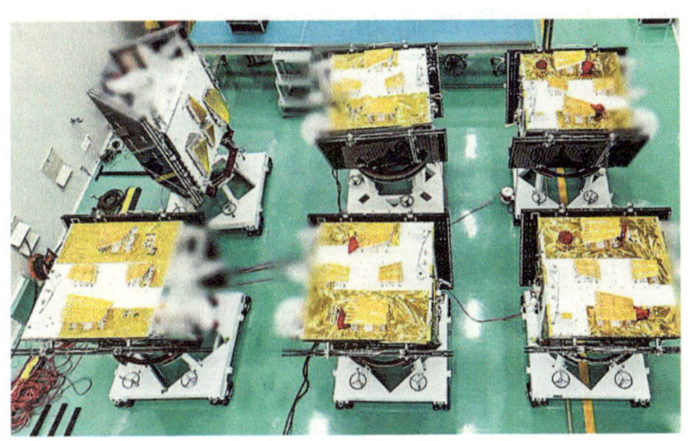

（郑　雪）

【遨天科技产品助推航天工程】2月27日，“长征八号”遥二运载火箭点火起飞，发射22颗卫星，刷新了中国“一箭多星”发射纪录。发射的卫星中有8颗采用了遨天科技（北京）有限公司（简称遨天科技）研制的中国首个民营商用真空弧电推进以及商用小功率霍尔（Hall）电推进产品和服务。3月22日，遨天科技霍尔电推进在轨点火，并继续工作。遨天科技的产品累计在轨应用近20台/套，这种电推进产品使卫星在轨具备发射误差补偿、轨道维持、空间碎片规避以及离轨等能力。

（摘自“国资京京”微信公众号）

【蓝箭航天80吨改进型发动机完成二次起动试车】8月25日，蓝箭航天空间科技股份有限公司80吨改进型发动机（代号TQ-12A）通过二次起动试车考核。TQ-12A二次起动试车成功标志着蓝箭航天“天鹊”系列液氧甲烷发动机已经完全具备可重复使用能力，有效增强“朱雀”系列运载火箭各类任务轨道卫星的发射能力，并为子级回收需求及可重复使用提供基础技术保障。

（郑胤豪）

【中国首颗综合性 ASO–S 卫星成功发射】 10月9日7时43分，中国首颗综合性的先进天基太阳天文台（简称 ASO–S）卫星——“夸父一号”卫星于酒泉卫星发射中心成功发射，并进入预定轨道。一轻控股所属北京玻璃研究院（简称玻璃院）有限公司为该卫星提供210件溴化镧晶体，是卫星的核心探测材料之一。

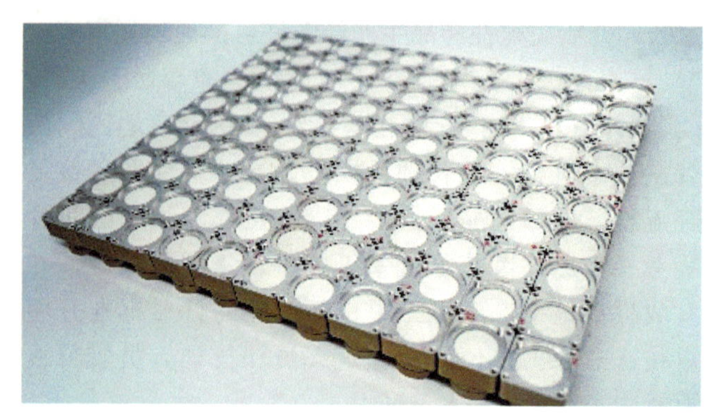

（一轻研究院）

企业选介

【北京航天常兴科技发展股份有限公司】 简称航天常兴，2001年11月29日成立，为国家高新技术企业、中关村高新技术企业、中国消防协会会员、美国消防协会会员、拥有 ISO9001 国际质量体系认证、消防产品 CCC 强制认证、美国 UL 认证，并获得全国企业质量信用等级 AAA 企业。公司位于大兴区金星路30号院，注册资本3350万元，是一家专注电气火灾监控系统研发的国家高新技术企业。公司专注于智慧消防云平台、电气火灾监控系统、智能消防应急照明和疏散指示系统、防火门监控系统、消防电源监测系统等智慧消防产品的研发、生产、销售，并拥有专业自主研发团队和60余项产品专利。公司2022年度工业产值5336万元，净增量835万元，同比增幅18.6%。

（刘　莉）

【蓝箭航天空间科技股份有限公司】 简称蓝箭航天，2015年成立，是国内领先的航天运输系统创建及运营企业，致力于构建以中大型液氧甲烷运载火箭为中心的“研发、制造、试验、发射”全产业链条，打造航天领域的科技综合体，为全球市场提供高性价比、高可靠性的航天运输服务。蓝箭航天有员工900余人，硕士及以上人员394人。具有中级工程师职称人员173人，高级工程师职称人员85人，研究员职称人员15人，全面覆盖火箭研制超20个专业子系统，核心研发骨干曾参与国家“长征”系列运载火箭、大推力液体发动机、载人登月重型运载火箭发动机等重大型号研制工作。生产、试验人员超300人，满足火箭及发动机的试验、总装总测需求。2022年2月，蓝箭航天“朱雀二号”遥一火箭由总装交付测试，10月“天鹊”真空型发动机 TQ–15A 完成首次全系统试车，11月“朱雀二号”遥二火箭开始总装，“云鹊”发动机首台全系统试车成功。

（郑胤豪）

【清航空天（北京）科技有限公司】 简称清航空天，2019年4月成立，是清华大学航天航空学院成果转化的高科技公司，专注于推进装置的研发与生产，无人飞行系统的亚/超音速动力装置的研发与生产，是国内唯一一个进行自增压推进技术商业化运作的技术团队，拥有多项代表国际最先进水平的自增压燃烧专利技术。清航空天落地鸿坤智谷19号楼，总面积约4800平方米。公司依托清华大学航天航空学院的世界级科研成果，组建包含20人科研、30人工程的技术研发团队，团队成员毕业于清华大学、波兰华沙理工大学、乌克兰哈尔科夫航空航天学院等国内外知名高等学府，在航空发动机领域具有杰出的技术研发能力和成熟的工程实践能力。清航空天发动机产品整体性能指标达世界领先水平，在传统微型涡喷发动机产品方面完成40公斤、60公斤、100公斤推力级发动机设计定型和批量生产。主要产品为面向下一代飞行平台的连续旋转爆震发动机，以及传统的微小型涡喷/涡轴发动机。其中连续旋转爆震发动机为公司主打核心技术，对于发动机的结构及循环方式产生了颠覆性的变革。

（刘　莉）

中小企业与校办产业

本类目采用条目体，刊载2022年北京市中小企业、校办产业基本情况及年度重点事项。

中小企业

【概况】 2022 年，全市累计新设企业 24.68 万家，同比增长 3.72%。截至年底，在营企业 186.5 万家，共有中小微企业 185.18 万家，比 2021 年同期多 19 万家。2022 年，全市规模以上中小微企业实现营业收入 75025.5 亿元，同比下降 3.3%。累计培育市级专精特新中小企业 5360 家，市级专精特新“小巨人”企业 1141 家，国家级专精特新“小巨人”企业 588 家，“隐形冠军”企业 32 家，中小企业渐进培育、梯次发展的格局逐渐形成。

（市经济和信息化局）

【北京市“一起益企”中小企业服务行动启动】 4 月 15 日，北京市中小企业服务中心、北京市中小企业公共服务平台联合市级中小企业公共服务示范平台、小型微型企业创业创新示范基地及合作服务机构共同举办北京市“一起益企”中小企业服务行动启动仪式。活动现场，市经济和信息化局副局长王磊、京东集团副总裁孙志祥先后致辞；市经济和信息化局中小企业处有关负责人对《北京市“一起益企”中小企业服务行动方案》进行具体介绍，对《关于应对疫情防控常态化促进中小企业健康发展若干措施》《关于促进“专精特新”中小企高质量发展的若干措施》进行政策解读。龙头企业、服务机构、示范平台、示范基地代表分别介绍各自具体的“一起益企”服务措施。启动仪式进行网络直播，收看观众达 55.3 万人。

（市经济和信息化局）

【《北京市中小微企业首次贷款贴息及担保费用补助实施细则》印发】 5 月 5 日，为发挥财政资金帮扶作用，降低在北京中小微企业融资成本，市经济和信息化局、市政务服务局、市金融监管局、北京银保监局、市财政局 5 部门制定并印发《北京市中小微企业首次贷款贴息及担保费用补助实施细则》（京经信发〔2022〕34 号）。该实施细则包括总则、适用范围、贴息要求、担保费用补助要求、职责分工、监督检查和附则，共 7 章 21 条内容。对符合条件的、在贷款服务中心现场登记的中小微企业“首次贷款”（“首次贷款”认定标准参见《实施细则》有关规定），进行贴息或担保费用补助支持。其中，对经行业主管部门认定的餐饮、零售、旅游、民航、公路铁路运输等行业中小微企业，按照京政办发〔2022〕14 号要求，2022 年 1 月 1 日至 2022 年 12 月 31 日期间在贷款服务中心现场登记、签订合同并放款的“首次贷款”业务，贴息比例为 40%。4 月 22 日，市政府出台《关于继续加大中小微企业帮扶力度加快困难企业恢复发展的若干措施》（即“加大中小微企业帮扶 18 条”）。

（市经济和信息化局）

【中小企业发展基金获中国最活跃有限合伙人】 5 月 12 日，融资中国 2021 年度有限合伙人榜单出炉，北京市中小企业发展基金获融资中国 2021 年度中国最活跃有限合伙人。该基金的母基金管理人盛世投资获 2021 年度中国最佳市场化母基金 TOP10、2021 年度中国最活跃有限合伙人、2021 年度中国最佳市场化母基金直投。融资中国 2021 年度有限合伙人榜单从综合实力、投资能力、管理规模、投资回报等多角度进行评选。北京市中小企业发展基金于 2013 年 12 月经市政府批准，由市经济和信息化局联合市财政局设立。截至 2022 年 5 月参股设立合作子基金 77 家，管理规模超过 260 亿元。

（市经济和信息化局）

【762 家企业入选第三批北京市“专精特新”中小企业名单】 5 月，市经济和信息化局公布 2022 年度第三批北京市“专精特新”中小企业名单，共有 762 家企业入选。其中，未来科学城有 15 家企业入列“专精特新”名单。从行业分布来看，入选企业主要聚焦先进能源、先进制造、医药健康、新一代信息技术等中高端产业领域，体现科技含量高、设备工艺先进、管理体系完善、市场竞争力强等特点，在同

行业中具备先进性和示范性。“专精特新”指专业化、精细化、特色化、新颖化。近年来，北京市不断加快培育一批北京市“专精特新”中小企业，并建立企业培育库，加快形成滚动发展、梯队培养格局，不断提高全市“专精特新”中小企业的数量和比重。

未来科学城全景（2022 年摄）

（市经济和信息化局）

【服务小微企业和个体工商户】 5月，京城机电立足首都功能定位，主动作为，积极行动、靠前服务，按照《北京市人民政府国有资产监督管理委员会等7部门关于减免服务业小微企业和个体工商户房屋租金有关事项的通知》等文件要求，聚焦承租相关产业园区、写字楼、酒店的服务业小微企业群体和个体工商户，组织所属企业制订减免方案，扎实开展减免服务业小微商户房租工作，履行首都国企的责任与担当，全年为325家租户减免租金近1.8亿元。

（京城机电）

【“创客北京2022”创新创业大赛举办】 7月6日，第七届“创客中国”北京市中小企业创新创业大赛暨“创客北京2022”创新创业大赛新闻发布会（简称“创客北京”大赛）在丰台区召开。该届大赛立足首都科技创新中心功能定位，聚焦抗疫情、稳经济、保就业、促发展，为中小企业和创客群体打造一个交流展示、产融对接、项目孵化的平台，同时着力构建大企业与中小企业协同创新、资源共享、融合发展的产业生态。市经济和信息化局党组成员、副局长王磊，丰台区委常委、副区长崔旭龙，赛道承办方代表出席新闻发布会。“创客北京2022”由工业和信息化部、财政部指导，北京市经济和信息化局、北京市财政局、丰台区人民政府主办，北京市中小企业服务中心、北京市中小企业公共服务平台、丰台区科学技术和信息化局、中关村科技园区丰台园管委会、北京创业投资创新服务联盟承办。这届大赛由区域赛和龙头企业专项赛构成，区域赛设初赛、复赛、决赛3个环节，共设立200个初赛点、17个分赛区，面向高精尖产业、文化创意产业、新型便民服务业广泛征集和遴选优秀项目。

（市经济和信息化局）

【《北京市优质中小企业梯度培育管理实施细则》印发】 7月29日，根据工信部《优质中小企业梯度培育管理暂行办法》和《北京市“十四五”时期高精尖产业发展规划》《关于推进北京市中小企业专精特新发展的指导意见》等有关文件规定，为引导北京市中小企业向专业化、精细化、特色化、新颖化方向发展，提升中小企业创新能力和专业化水平，助力实现产业基础高级化和产业链现代化，市经济和信息化局印发《北京市优质中小企业梯度培育管理实施细则》。该实施细则包括总则、评价和认定、动态管理、培育扶持和附则。其中，2022年8月1日前已被市经济和信息化局认定的北京市专精特新中小企业、北京市专精特新“小巨人”企业和已被工业和信息化部认定的专精特新“小巨人”企业，继续有效。原有效期（最长不超过3年）到期后自动失效，复核时按本细则所对应的认定标准执行。

（市经济和信息化局）

【开展“专精特新保”担保产品发布暨“专精特新”企业与银行、担保机构对接专场活动】 8月19日，北京市经济和信息化局联合北京融资担保基金投资集团在经济技术开发区国家信创园举办北京市“专精特新保”担保产品发布暨“专精特新”企业与银行、担保机构对接专场活动，进一步加大对“专精特新”中小企业融资支持力度。活动采取线上、线下相结合的方式，分为上、下午两场举办，6家银行、7家政府性融资担保机构和近百家“专精特新”中小企业线下参加活动，1000余家“专精特新”中小企业在线参会。

（市经济和信息化局）

【第七届“创客中国”生物医药中小企业创新创业大赛闭幕】 8月25日，第七届“创客中国”生物医药中小企业创新创业大赛企业组决赛暨颁奖典礼在北京举行。17个入围企业组决赛优质项目，最终，北京纳米维景科技有限公司获得企业组特等奖。视界眼科创新眼药的研究团队在8月23日举行的线上创客组决赛中获得创客组特等奖。大赛由工信部网络安全产业发展中心（工业和信息化部信息中心）、北京市经济和信息化局、海淀区人民政府举办，中关村科技租赁股份有限公司承办。大赛自5月26日启动，全国各地的477个生物医药产业项目报名参赛，其中创客组项目125个、企业组项目352个。工信部网络安全产业发展中心（工信部信息中心）副主任董晓鲁，北京市经济和信息化局副局长王立勋，北京市海淀区委常委、副区长林剑华，中关村发展集团股份有限公司副总经理曾林峰，江苏省太仓市招商局副局长张程，北京中关村科技服务有限公司总经理赵宏锦，中关村科技租赁股份有限公司总经理何融峰等嘉宾出席决赛暨颁奖典礼并致辞。来自幂方健康基金、龙磐投资、上海系统科学研究院生命健康研究中心、首都医科大学附属北京安贞医院、元生创投、山蓝资本、中关村科学城、德鼎创新基金、启航创投、万物资本、本草资本、中关村科技租赁的业内本届专家和投资人组成大赛评审团。

8月25日，北京纳米维景科技有限公司获企业组特等奖

8月25日，视界眼科创新眼药的研究团队获创客组特等奖

2022年第七届"创客中国"生物医药中小企业创新创业大赛获奖名单

表4

奖项	团队名称	项目名称
企业组决赛结果		
特等奖	北京纳米维景科技有限公司	多元静态CT
一等奖	嘉华药锐生物科技（昆山）有限公司	基于功能蛋白质组学的伴随诊断和新药发现平台的研发和产业化
二等奖	甫康（上海）健康科技有限责任公司	首仿药赫赛佳
	北京青元开物技术有限公司	生命科学实验室自动化智能化检测平台
三等奖	北京康乐卫士生物技术股份有限公司	重组蛋白疫苗项目
	苏州茵络医疗器械有限公司	抗疲劳镍钛丝编织Inno-Xmart髂静脉支架系统
	厚凯（北京）医疗科技有限公司	超声止血刀微创外科能量平台整体解决方案
	深圳晶生物医药科技有限公司	以膜蛋白为靶点的创新药研发
创客组决赛结果		
特等奖	视界眼科创新眼药的研究团队	眼部给药技术平台在创新眼药的研究
一等奖	神经系统肿瘤靶向药物与细胞治疗北京市工程研究中心	脑胶质瘤CAR-T细胞疗法临床转化治疗体系
二等奖	福鹤医药（ADC新药研发）	福鹤医药ADC药物研发
	海奥健康	脑云筛－急性脑卒中院前早筛早诊解决方案
	广谱抗病毒海洋蛋白药物创客团队	光谱抗病毒抗蛋白药物的研发
三等奖	上海见杉医学	肿瘤新生抗原检测基因芯片及其在免疫细胞治疗中的应用
	云长数字	多模态心理健康数字疗法筛查系统
	蚁伞科技	丝创骨骼——全球蛋丝蛋白骨与关节修复医疗器械开创者

（市经济和信息化局）

【北京市中小企业年度服务券发放】8月31日，2022年度北京市中小企业服务券（简称服务券）在北京通企服版App发放。北京市中小微企业申领上限为2万元、北京市"专精特新"中小企业为10万元、北京市的国家"小巨人"企业为20万元。服务券单笔订单优惠力度高达30%。服务券由北京市财政局和北京市经济和信息化局联合推出，旨在降低中小企业生产经营成本，采用线上电子券形式向符合条件的北京市中小微等企业免费发放，用于对企业购买约定的社会化服务产品给予补助。服务券采用"先到先得、领完为止、限期使用"的方式，可补贴在2022年12月31日前下单，服务周期不超过1年的产品。

（市经济和信息化局）

【“创客北京 2022”创新创业大赛百度飞桨 · 人工智能产业创新应用产业链专项赛决赛闭幕】 8 月，“创客北京 2022”创新创业大赛百度飞桨 · 人工智能产业创新应用产业链专项赛决赛闭幕。决赛邀请百度、蓝驰创投、奇绩创坛等单位的 5 名评审专家参加会议，对参赛项目进行评审。专项赛决赛由工信部、财政部指导，北京市经济和信息化局、北京市财政局、北京市丰台区人民政府主办，北京百度网讯科技有限公司、北京市中小企业服务中心、北京市中小企业公共服务平台、丰台区科学技术和信息化局、中关村科技园区丰台园管委会、北京创业投资创新服务联盟承办。该届百度飞桨聚焦人工智能促进实体经济创新发展过程中的热点需求设置了赛题，面向中小企业和创新团队征集人工智能产业创新应用参赛项目，寻找“飞桨技术伙伴”，有针对性地为获奖企业提供 AI 技术、GPU 算力、伙伴认证、品牌扶持等方面多方位赋能支持。经过角逐 20 个项目进入决赛，参加线下路演。路演现场采用参赛选手对项目的陈述和专家提问交流的方式，综合考量项目的市场前景、核心竞争力、创新能力、团队能力等，经由专家逐项评审打分最终评选出大赛特等奖 1 名、优胜奖 10 名。

（市经济和信息化局）

【京仪集团新增 10 家专精特新企业】 9 月 30 日，京仪集团新增 10 家企业入选专精特新企业，其中新增北京北分瑞利分析仪器（集团）有限责任公司、北京京仪北方仪器仪表有限公司 2 家国家级专精特新“小巨人”企业，截至年底，京仪集团的专精特新企业总数增至 12 家。

（京仪集团科技创新部）

【北京市 26 个优秀项目入围第七届“创客中国”创新创业大赛 500 强】 10 月，第七届创客中国大赛组委会根据《第七届“创客中国”中小企业创新创业大赛 500 强产生办法（试行）》，在全国累计报名 3.7 万余个项目的基础上，经专家评审和现场公证评选出第七届“创客中国”中小企业创新创业大赛 500 强项目，26 个北京市参赛项目跻身全国 500 强，其中 11 个项目由第七届“创客中国”北京市创新创业大赛暨“创客北京 2022”创新创业大赛推荐。

2022 年第七届“创客中国”中小企业创新创业大赛 500 强北京市入围项目名单

表 5

序号	推荐来源	项目名称	组别
1	北京区域赛	工业机器人关节用高精密 CRV 减速机	企业组
2		超精密光学磨床 VG700	企业组
3		基于 AI 芯片与 AI 诱捕技术的勒索病毒安全防御系统	企业组
4		夏禾科技 OLED 核心发光材料研发项目	企业组
5		多维高端装备超早期故障诊断与智能运维	企业组
6		增强现实（AR）衍射光波导及光学显示模组产业化	企业组
7		量子精密磁场传感及医疗应用	企业组
8		3D 超声波生物芯片	创客组
9		水下可见光通信芯片的研发及产业化	创客组
10		驱动药物递送开发	创客组
11		基于智能成像的（单细胞）空间多组学设备	创客组
12	物联网专题赛	基于智能控制和智能感知的设施农业信息化、数字化、智能化的建设	企业组
13	区块链专题赛	基于区块链的供应链平台金融实践	企业组
14	生物医药专题赛	多源静态 CT	企业组
15		生命科学实验室自动化智能化检测平台	企业组
16		超声止血刀微创外科能量平台整体解决方案	企业组
17		重组蛋白疫苗项目	企业组
18		脑胶质瘤 CAR——T 细胞疗法临床转化治疗体系	创客组
19	智能装备专题赛	智能振动技术与装备	创客组
20	人工智能创新应用产业链赛道赛	AI for Science 新范式：融合 AI+MD 驱动的药物设计	企业组
21		aiXcoder 智能编程系统	企业组

（续表）

序号	推荐来源	项目名称	组别
22	卫星产业链赛道赛	天启低轨卫星物联网	企业组
23		基于通导遥一体化卫星融合应用的应急救援数字化战场体系	创客组
24		静止轨道卫星物联网畜牧业应用	创客组
25		小卫星微推力器及推力测量	创客组
26	AI+ 工业产业链赛道赛	AI+ 工业语音应用：智能无人仓整体解决方案	企业组

（市经济和信息化局）

【北京市“专精特新融通发展”平台首次线下对接活动举办】 11 月 2 日，市经济和信息化局举办“专精特新融通发展”平台首次线下对接活动。市经济和信息化局、北京市中小企业服务中心组织邀请北京市 5 家“专精特新”企业参加。8 月底，市经济和信息化局搭建的北京市“专精特新融通发展”平台上线运营，是专门为“专精特新”企业打造的业务拓展平台，旨在促进大中小企业融通发展及产业链上中下游协同合作。截至 10 月，平台注册企业达 400 余家，包括 300 余家北京市“专精特新”中小企业和 100 余家央企、市属国企及龙头上市公司等大型企业。市经济和信息化局线上线下同步开展融通对接活动，参加首次线下活动的有主板上市的龙头企业北京元六鸿远电子科技股份有限公司和北京华科仪科技股份有限公司、北京国电高科科技有限公司、北京软体机器人科技股份有限公司、北京睿智航显示科技有限公司 4 家“专精特新”“小巨人”企业。市经济和信息化局重点就企业融资、上市、融通发展等方面介绍北京市支持“专精特新”企业发展的相关政策，鼓励“专精特新”企业充分利用政策红利，不断加强产业链协同创新，实现“专精特新”成长为“小巨人”、单项冠军、隐形冠军。与会企业实地参观生产线、开展座谈交流，各自介绍公司主业经营情况、主要产品技术优势，就可能与其他企业开展合作的领域进行探讨。

（市经济和信息化局）

【北京市“专精特新”中小企业培育战略合作框架协议签署】 11 月 10 日，北京市经济和信息化局与通州区人民政府、国家中小企业发展基金有限公司签署北京市“专精特新”中小企业培育战略合作框架协议。国家中小企业发展基金首次与地方政府合作签约，将为助力北京市中小企业做大做强，培育新增量、新动能发挥积极作用。北京市经济和信息化局党组书记、局长张劲松，通州区委副书记、区长孟景伟，国家中小企业发展基金有限公司董事长马向晖共同参加签约仪式。北京市经济和信息化局党组成员、副局长王磊，通州区委常委、副区长苏国斌，国家中小企业发展基金有限公司总经理曲大伟上台签约。国家中小企业发展基金有限公司监事会主席文秋良、通州区副区长乔林智出席。

（市经济和信息化局）

【“创客北京 2022”八大产业十强项目名单公布】 11 月，第七届“创客中国”北京市中小企业创新创业大赛暨“创客北京 2022”创新创业大赛北京区域赛在决赛阶段按照高端制造，科技服务，能源、材料与环保，人工智能，软件与信息技术，文创与便民服务，新一代信息技术，医药健康 8 个产业对参赛项目进行评选，产生各产业的十强项目。

（北京中小企业服务平台）

【减轻企业负担政策线上宣贯会召开】 12 月 7 日，2022 年北京市减轻企业负担政策宣贯会以线上形式召开。工信部运行监测协调局副局长何海林、北京市经济和信息化局副局长王磊出席会议。何海林在会上指出，截至 11 月，全国累计新增减税降费及退税缓税缓费已经超过 3.7 万亿元，力度空前，超过往年规模。王磊介绍，2022 年以来，面对持续加大的下行压力，北京市紧扣“六稳”“六保”任务要求，在落实减税降费、加强政策帮扶、清偿拖欠账款、强化金融支持等方面持续加大工作力度，多措并举抓好政策落地，多管齐下降成本、稳预期，有效助力了北京市经济总体平稳运行。

（市经济和信息化局）

【北京市 14 家服务载体获国家级示范平台、基地称号】 12 月 12 日，工信部公布 2022 年度国家中小企业公共服务示范平台、小型微型企业创业创新示范基地名单，市经济和信息化局推荐的 8 家平台和 6 家基地榜上有名。至此，市经济和信息化局已培育国家级示范平台 32 家，国家级示范基地 20 家。各示范平台、基地不断完善创业创新基础设施环境，提升专业化服务能力，有效发挥在信息咨询、创业辅导、技术支持、研发检测、人员培训、融资担保、管理咨询等方面的服务功能和示范带动作用，为北京市中小企业提供全要素、全品类的全生命周期服务。初步形成产业聚集、布局合理、功能完善、运营规范、特色鲜明的中小企业公共服务平台网络，助力企业复工复产、纾困解难，促进了企业健康发展。

2019年度至2022年度北京市经济和信息化局推荐的国家中小企业公共服务示范平台名单

表6

序号	单位名称	平台类别	认定批次
1	北京中关村软件园发展有限责任公司	信息服务、技术服务、创业服务	2019年度
2	北京博大万泰国际投资咨询有限公司	信息服务、技术服务、创业服务	2019年度
3	北京华财会计股份有限公司	信息服务、创业服务	2019年度
4	北京中关村硬创空间科技有限公司	技术服务	2019年度
5	黑钻石（北京）文化传媒股份有限公司	信息服务、技术服务、创业服务	2019年度
6	中孵高科产业孵化（北京）有限公司	技术服务	2019年度
7	中关村芯园（北京）有限公司	技术服务	2019年度
8	畅捷通信息技术股份有限公司	信息服务	2020年度
9	北京路浩知识产权代理有限公司	技术服务	2020年度
10	北京洪泰盛世科技有限公司	信息服务、创业服务	2020年度
11	北京盛世大唐科技发展中心	信息服务	2020年度
12	北京数码大方科技股份有限公司	信息服务、技术服务	2020年度
13	北京软件和信息服务业协会	信息服务、技术服务	2020年度
14	创业黑马科技集团股份有限公司	信息服务、创业服务	2020年度
15	中机生产力促进中心有限公司	技术服务	2020年度
16	北京知呱呱科技服务有限公司	信息服务、技术服务	2021年度
17	北京国融工发投资管理有限公司	信息服务、创业服务	2021年度
18	中关村科技租赁股份有限公司	创业服务、融资服务	2021年度
19	北京市计算中心有限公司	技术服务	2021年度
20	北京燕鸿融资担保有限责任公司	融资服务	2021年度
21	北京东方嘉诚文化产业发展有限公司	信息服务、创业服务	2021年度
22	北京车库咖啡孵化器运营管理有限公司	信息服务、创业服务	2021年度
23	北京易二零环境股份有限公司	信息服务	2021年度
24	北京泰瑞特检测技术服务有限责任公司	技术服务	2021年度
25	北京八月瓜科技有限公司	技术服务	2022年度
26	北京京东世纪贸易有限公司	信息服务	2022年度
27	百望股份有限公司	技术服务	2022年度
28	北京致远互联软件股份有限公司	技术服务	2022年度
29	北京尊冠科技有限公司	技术服务	2022年度
30	北京知识产权运营管理有限公司	信息服务	2022年度
31	一铭寰宇科技（北京）有限公司	信息服务	2022年度
32	中轻检验认证有限公司	技术服务	2022年度

2019年度至2022年度北京市经济和信息化局推荐的国家小型微型企业创业创新示范基地名单

表7

序号	单位名称	基地名称	认定批次
1	北京厚德昌科技投资管理有限公司	腾讯众创智能硬件创业创新基地	2019年度
2	北京奥宇科技企业孵化器有限责任公司	京南奥宇创新创业孵化基地	2019年度
3	北京国投尚科信息技术有限公司	尚科小微企业创业创新基地	2019年度
4	北京普天德胜科技孵化器有限公司	普天德胜小型微型企业创业创新示范基地	2019年度
5	北京赛欧科园科技孵化中心有限公司	赛欧小微企业基地	2020年度
6	北京北控宏创科技有限公司	北控宏创科技园	2020年度
7	锋创科技发展（北京）有限公司	锋创科技园	2020年度
8	中关村意谷（北京）科技服务有限公司	中关村e谷	2020年度
9	汇龙森国际企业孵化（北京）有限公司	汇龙森小型微型企业创业创新基地	2021年度
10	北京金丰和科技企业孵化器有限责任公司	金丰和双创基地	2021年度
11	北大医疗产业园科技有限公司	北大医疗产业园	2021年度
12	北京云基地云计算科技发展有限公司	中关村云基地	2021年度
13	北京东联同创科技孵化器有限公司	东联同创智能装备产业基地	2021年度
14	北京京仪科技孵化器有限公司	京仪孵化器产业孵化培育基地	2021年度

（续表）

序号	单位名称	基地名称	认定批次
15	北京北航天汇科技孵化器有限公司	北航天汇创新成果转化基地	2022 年度
16	北京九州众创科技孵化器有限公司	九州数字医疗健康产业基地	2022 年度
17	北京普天电子城科技孵化器有限公司	506 孵化器小型微型企业创业创新基地	2022 年度
18	北京科创空间投资发展有限公司	创 E+ 小型微型企业创业创新基地	2022 年度
19	北京华电天德科技园有限公司	华北电力大学国家大学科技园	2022 年度
20	北京中关村软件园孵化服务有限公司	中关村软件园孵化器基地	2022 年度

（市经济和信息化局）

【中小企业融资环境改善】 年内，北京地区普惠小微贷款余额 7782.5 亿元，同比增长 22%，高于各项贷款增速 11.1 个百分点，有贷户数同比增长 50.5%。从利率看，12 月企业贷款加权平均利率创有统计以来新低，普惠小微贷款利率 4.22%，同比、环比分别下降 59 个、21 个基点。

（市经济和信息化局）

【惠企政策落地】 年内，北京市接续出台《北京市统筹疫情防控和稳定经济增长的实施方案》《关于继续加大中小微企业帮扶力度加快困难企业恢复发展的若干措施》《北京市助企纾困优化营商环境若干措施》《北京市积极应对疫情影响助企纾困的若干措施》等一系列助企纾困政策，形成支持中小企业高质量发展政策合力。2022 年，全年新增免减退缓税费超 2000 亿元，其中缓缴社保费和制造业中小企业税费 200 亿元以上。全市房屋减租金额 119.3 亿元，惠及约 7 万家企业，各区及北京经济技术开发区均出台非国有房屋减租支持政策，减租金额超 5 亿元。

（市经济和信息化局）

【推进政策高效申办兑现】 年内，市经济和信息化局聚焦惠企政策“难找、难查、难报”等问题，优化北京通企服版 App 功能，上线“2022 北京市中小微企业帮扶政策一站直达”专区、开通“局处长讲政策”专栏，推动纾困帮扶政策统一汇聚、申报链接集中展示、政策全面解读。开展多维度、多渠道、广覆盖政策宣传触达，推送量累计超百万家次。上线“一体化”集成申报系统，实现“高精尖”资金申报、社保缓缴申请等 10 余项政策“一体化”集成服务，实现企业办事一站直达和快捷办理。

（市经济和信息化局）

【营商环境建设】 年内，北京市建成覆盖市、区、街道（乡镇）、社区（村）四级的网上政务服务体系，除涉密等特殊情况外，市、区两级政务服务事项实现 100% 网上办理，98% 以上事项实现“全程网办”。抓紧抓好物流保通保畅，启用全国统一式样的《北京市重点物资运输车辆通行证》，为近 5000 家企业提供审核服务 10.3 万次。建立市区两级重点企业“白名单”，保持 2000 余家重要首都功能性企业、防疫物资生产企业、城市运行保障企业等生产经营稳定性和连续性。保障中小企业款项支付，开展北京市防范和化解拖欠中小企业账款专项行动，组织进行三轮系统拉网式全覆盖排查，建立“四位一体”投诉咨询受理渠道，密集调度相关部门合力推动拖欠问题集中化解，形成的“12345”工作机制在全国范围得到推广，全年为 1300 多家中小企业化解欠款 9.33 亿元，排名全国前列。开展涉企违规收费专项整治，对涉企违法违规收费行为及惠企政策落实情况开展抽查检查，推动向企业主动退款让利 7400 多万元，为企业减负总金额超 1.3 亿元，惠及中小微企业及个体工商户近 1.1 万户。

（市经济和信息化局）

【完善金融服务体系】 年内，北京市整合升级北京市贷款服务中心，进一步完善首次贷款贴息及担保费用补助政策，线上线下相结合提高政策覆盖面和便利度，给予贷款贴息或担保费用补助。加大贷款服务中心确权融资服务力度，优化工作流程，在 5 个工作日内做出“予以确权”或“不予确权”的决定。截至 12 月底，贷款服务中心登记业务申请共 68163 笔，涉及金额约 2841.2 亿元。审批通过 57668 笔，涉及金额约 2399.4 亿元。加强中小基金引领带动，全年累计投资 81 只子基金和 6 个直投项目，累计出资 28.57 亿元，撬动社会资本 235.1 亿元，放大倍数 9.2 倍，累计投资 1330 家中小企业，其中 2022 年新增投资 109 家企业。

（市经济和信息化局）

【促进金融资源高效对接】 年内，北京市建立“融资纾困直通车”工作机制，促进银企精准对接，组织主要金融机构已对 862 家企业发放融资 74.3 亿元。开展北京畅融工程，为企业提供量身定制、精准高效的金融服务，举办融资对接活动，服务金融机构

400余家次，对接企业3400余家次，参加人数超过1.6万人次。

（市经济和信息化局）

【发挥中央降费奖补资金引导作用】年内，北京市推动融资担保业务“降费率、调结构”，完成2022年1—6月融资担保降费奖补项目征集和资金拨付，惠及小微企业3840家次，2022年1—6月纳入政策范围小微企业担保业务平均担保费率1.06%（不包含再担保），平均综合担保费率1.29%（不包含再担保），为近五年最低水平。

（市经济和信息化局）

【搭建创新创业平台】年内，北京市高质量举办HICOOL、“创客北京”等系列双创品牌赛事，26个项目入围第七届“创客中国”500强名单，入围数量全国领先。联合金融机构为参赛企业量身定制20多款成本低、额度高、放款快的专属金融产品，年参赛企业团队近5000家。

（市经济和信息化局）

【降低创新创业成本】年内，北京市严选软件、云服务等数字化服务产品，通过集采降价和服务券补贴惠及2000余家企业，节省成本近5000万元。将科技型中小企业加计扣除比例提高到100%，激励中小企业加大研发费用投入。实施创新券政策，支持高校院所实验室与小微企业和创业团队开展第一批46个创新券合作项目，印发实施中关村“1+5”资金管理办法，加快实施一系列支持科技型中小微企业创新发展资金项目。

（市经济和信息化局）

【加强专精特新企业培育】年内，北京市经济和信息化局出台《北京市优质中小企业梯度培育管理实施细则》专属政策，推动中小企业走专精特新发展之路。本市获得中央财政资金重点支持的“小巨人”企业138家，国家级“小巨人”数量和重点支持“小巨人”企业数量均位列全国各城市之首。实施专精特新梯队企业人才专项工作，通过人才引进、留学生落户、工作居住证三个渠道，首批支持594名企业高管和技术骨干。建立专精特新上市企业服务库，征集入库专精特新企业481家。组织多批次“走进北交所—专精特新工作坊”活动，持续开展企业上市、创新层晋层、新三板挂牌和拟上市储备“四大工程”，为全市贡献上市企业近6成，成为上市主力军。

（市经济和信息化局）

【健全中小企业公共服务体系】年内，北京市经济和信息化局累计认定市级中小企业公共服务示范平台、小型微型企业创业创新示范基地246家，集聚500余家专业服务商。精心组织“一起益企”“中小企业服务月”等服务活动，在创业辅导、投融资、人员培训、管理咨询等方面开展线上线下服务活动4000场，累计服务企业200万家次。

（市经济和信息化局）

【通州区中小微企业智慧服务平台建设完成】年内，通州区中小微企业智慧服务平台建设完成。截至年底，平台已入驻44家企业综合服务机构及10家银行机构；有380家区内中小微企业完成注册，平台累计促成310笔企业综合服务订单，31笔数字化服务订单；组织各类培训10次，参训企业125家次，举办“创客北京2022”通州赛区复赛；累计发布各类政策信息9482条次，触达通州区中小微企业3568家次；累计协助29家次中小微企业获得银行贷款授信1.64亿元。

（刘建波）

校办产业

【概况】北京市教育资产与财务管理事务中心，于2021年9月1日成立，是北京市教育委员会会计核算中心（北京市学生资助事务管理中心）、北京市校办产业管理中心整合组建，为正处级公益一类事业单位。北京市教育资产与财务管理事务中心编制35人，在编22人，下设党政办公室、资产管理科、企业管理科、资助一科、资助二科、财务督导科、财务统计和信息化科等7个科室。承担本市教育领域资产与财务管理等事务性工作，包括：承担市教委系统事业单位国有资产管理工作，协助做好资产出租出借的审核审批、指导单位日常管理；承担市教育系统各级各类学校和单位财务领域相关督导工作；承担全市教育系统经费统计、市本级预算单位决算、政府财务报告、内部控制报告和政府采购、收费审核分析及各种日常报表等工作；承担校办企业相关管理、经济行为审核、产权登记、资产评估备案、产业统计、干部培训，促进市属高校科技成果产业化等工作；承担学生资助管理、本市国家和北京市各项学生资助政策落实指导等工作；承担政策、数据、课题等方面的调查研究工作；承办财务信息化工作；承办市教委系统财务相关业务培训。2022 年，北京市 23 所市属高校所属企业 515 户，完成体制改革工作 506 户，完成率 98.25%。拟定《高等学校所属企业国有资产管理暂行办法》，进一步规范校办企业管理。经营性国有资产集中统一监管取得实质性进展，105 户企业纳入委托监管范围。

（宋慧宇）

【完成普通高校校办产业统计】 5 月，按照教育部工作部署，北京市校办产业管理中心开展 2021 年全国普通高校校办企业统计，北京地区有 54 所高校参加普通高校校办产业统计。统计显示，截至 2021 年年底，54 所高校投资企业共 862 家，其中一级企业 83 家、二级企业 202 家、三级及以下企业 213 家，共 498 家；参股企业 364 家。年末资产总计 600.03 亿元，减少 15.31%（2020 年 708.50 亿元），负债总计 391.09 亿元，减少 26.14%（2020 年 439.01 亿元）；所有者权益总计 210.58 亿元，减少 21.95%（2020 年 269.79 亿元），其中归属于学校方股东的所有者权益 207.09 亿元，减少 22.10%（2020 年 265.85 亿元）。营业收入 270.33 亿元，增加 17.45%（2020 年 230.18 亿元），利润总额 −58.01 亿元，减少 521.03%（2020 年 13.78 亿元），净利润 −60.30 亿元（2020 年 12.37 亿元）。主要亏损单位为改革中的北京大学，2021 年净利润为 −73.07 亿元，（2020 年 18.46 亿元）。企业实际缴纳税金总额 9.05 亿元，增加 8.56%（2020 年 8.34 亿元）。获授权专利 175 项，增加 41.13%（2020 年 124 项）；登记的计算机软件及集成电路版权 688 项，增加 25.32%（2020 年 549 项）；获国家和省市部委奖项 474 项，增加 48.13%（2020 年 320 项）；研发费用支出 6.75 亿元，增加 23.85%（2020 年 5.45 亿元）。接纳学生实习 8280 人次，增加 4.94%（2020 年 7890 人次）；学生累计实习 65.78 亿小时，减少 15.85%（2020 年 78.17 亿小时）；全年累计在培硕士研究生 881 人，增加 39.18%(2020 年 633 人)；全年累计在培博士研究生 191 人，增加 7.3%（2020 年 178 人）。年末职工总人数 21710 人，减少 6.13%（2020 年 23128 人）。其中研究开发人员 3156 人，增长 2.80%（2020 年 3070 人）；专职管理人员 1877 人，减少 5.77%（2020 年 1992 人）；具有学校事业编制的员工人数 882 人，减少 8.88%（2020 年 968 人）。

2021 年，北京大学校办企业共计 161 户，其中一二三级全资和控股 157 户，参股 4 户。年末资产总计 291.72 亿元，减少 28.69%；所有者权益总计 16.05 亿元，减少 82.16%；归属于学校股东的所有者权益 11.29 亿元，减少 86.68%；营业收入 128.59 亿元，减少 1.94%；利润总额 −72.81 亿元，减少 3567.06%；净利润 −73.07 亿元，减少 4057.21%。其中，清华大学校办企业共计 358 家，一二三级全资和控股 67 家、参股 291 家；北京大学和清华大学两所大学共办有 519 家企业。北京市教委所属 21 所高校共办有 99 家企业。资产总额共计 26.20 亿元，减少 2.36%；所有者权益 15.75 亿元，增加 1.4%；归属于学校方股东的所有者权益 15.49 亿元，增加 1.38%。营业收入 16.66 亿元，增加 17.49%；营业成本 13.05 亿元，增加 19.71%；净利润 0.78 亿元，增加 28.49%。

（宋慧宇）

【《儒藏》“精华编”（中国部分）出版】 5 月，历经近 20 年的《儒藏》“精华编”（中国部分）完成全部编辑出版工作。《儒藏》“精华编”（中国部分），共 282 册（收录 512 种文献，实际装订成 325 册），总字数约 2 亿字，由北京大学出版社出版，是迄今为止国内已经完成的规模最大的古籍整理项目。《儒藏》“精华编”是《儒藏》工程的一部分，收录传世文献、出土文献及海外文献，并进行全面整理。传世文献收录先秦至清末有代表性的、重要的儒家经典和反映儒家思想、体现儒家经世做人原则的典籍。出土文献主要收录近代以来出土的儒学典籍。海外文献主要收录日本、韩国、越南三国所藏汉文儒家典籍。

（北大出版社）

【先锋·加速器启动二期招募】 6 月 9 日，北大科技园先锋·加速器启动二期招募，聚焦“人工智能”和“医疗健康”领域，与国内知名投资机构——达晨财智，共同打造投资赋能型加速平台，围绕“资本、技术、市场”三要素，为企业量身定制专业化、系统化的加速服务。先锋·加速器二期面向全国广泛招募高科技企业，最终从 192 家企业中甄选出爱化身科技（北京）有限公司、南京芯驰半导体科技有限公司、北兴光子（北京）科技有限责任公司、西安深信科创信息技术有限公司、微能生命科技集团有限公司、亚科因（武汉）生物技术有限公司、北京索菲斯光功能化照射仪、三和生物（香港）、北京真机智能有限公司、上海石指健康科技有限公司 10 家优质企业。入选企业包括专精特新、国家高新技术企业以及独角兽等高质地企业。

（北大科技园）

【北大法宝参与国家重点研发计划】6月29日，“十四五”国家重点研发计划“立法公众意见综合分析与法律条文智能审查技术研究”项目启动，实施方案论证会以线上、线下相结合方式举办。项目由东南大学牵头，联合北京大学、浙江大学、复旦大学、北京航空航天大学、北京计算机技术及应用研究所、北大法宝等单位开展协同攻关。北大法宝参与该项重点研发计划的3个子课题研究任务，分别为“基于语义意图理解的法律法规条文辅助生成技术”“大规模立法知识库构建技术及合宪合法智能审查技术”“面向立法的高质量智能辅助体系构建”。北大法宝联合北京大学法学院、北京大学王选计算机研究所、北航备案审查制度研究中心、北京计算机技术及应用研究所共同开展3个子课题的攻关研究，利用北大法学院在法学研究方面的学科优势、王选计算机研究所在语义理解和生成方面的业界领先研究能力、北航备案审查制度研究中心在合宪合法审查研究方面的成果、北京计算机技术及应用研究所在信创融合自主可控方面的技术资源，对条文辅助生成、合宪合法智能辅助审查两大立法智能化难题开展攻关研究。

（北大英华）

【北大法宝与百度知识业务部战略合作】6月，北大法宝与百度知识业务部开展合作，携手推出智能型法律信息一站式检索平台，在PC端、移动端共建法律频道和法规页面。双方在百度知识业务部旗下产品“问一问”实现法律法规页面共建，通过权威内容满足用户高频的法律检索需要。同时推出司法案例检索服务，以结构化的相似案例推荐，满足用户的法律实务需求。

（北大英华）

【高校所属企业体制改革基本完成】年内，北京市23所市属高校所属515家企业，完成体制改革工作的企业506家，完成率98.25%。该项工作由教育部督导实施，市教委、市财政局为全市改革工作的牵头部门。

（宋慧宇）

【“僵尸企业”处置工作基本完成】年内，市发展改革委牵头全市“僵尸企业”处置工作，工作范围涉及直属单位和市属高校所办各级各类企业中的“僵尸企业”。市属高校和市教委直属单位共有17家单位报送208家“僵尸企业”，占全市“僵尸企业”总数的38%。截至年底，共完成处置企业207家，剩余1家正在法院立案中，“僵尸企业”处置工作基本完成。

（宋慧宇）

【《甲骨文摹本大系》出版】年内，《甲骨文摹本大系》（简称《大系》）由北京大学出版社出版。《大系》收录已见著录的甲骨共计7万余片，全书共43册，由图版（28册）、释文（10册）、索引（5册）三部分组成，是国内第一部以摹本的形式按照新的理论和方法综合整理研究甲骨文资料的集大成之作。《大系》有以下特点：采用“两系”新说代替“五期”旧说；精心为每版甲骨制作摹本；给每一版有字甲骨标注字体类别；增补缀合新材料；撰写释文，编制索引，读者若需看其拓本，通过索引即可检得，十分便捷。

（北大出版社）

私营个体经济与民政工业

本类目采用条目体，刊载2022年北京市私营个体经济、民政工业基本情况及年度重点事项。

私营个体经济

【概况】北京市工商业联合会（简称市工商联）成立于 1951 年 6 月，是中国共产党领导的以非公有制企业和非公有制经济人士为主体的人民团体和商会组织，是党和政府联系非公有制经济人士的桥梁纽带，是政府管理和服务非公有制经济的助手，在促进非公有制经济健康发展、引导非公有制经济人士健康成长中具有不可替代的作用。市工商联具有统战性、经济性、民间性有机统一的基本特征，其服务对象主要包括私营企业、非公有制经济成分控股的有限责任公司和股份有限公司、港澳投资企业等。其主要职能作用是发挥在非公有制经济人士思想政治工作中的引导作用；在非公有制经济人士参与国家政治生活和社会事务中的重要作用；在政府管理和服务非公有制经济中的助手作用；在行业协会商会改革发展中的促进作用；在构建和谐劳动关系、加强和创新社会管理中的协同作用。

2022 年 8 月 28 日，市工商联第十五次代表大会开幕，会议审议通过第十四届执行委员会所作的《心怀“国之大者”主动担当作为　推动习近平新时代中国特色社会主义思想在首都民营经济领域落地见效》工作报告，审议通过《北京市工商业联合会第十五次代表大会决议》，选举产生市工商联第十五届领导机构、领导班子和市商会领导班子。

（商　鉴）

【推进涉案企业合规改革】3 月 25 日，北京市涉案企业合规第三方机制管委会举行第三方监管人座谈会暨培训会。部分市人大代表、政协委员，市委政法委有关负责人，市级第三方机制管委会成员单位有关负责人，市律师协会、注册会计师协会、注册税务师协会有关负责人，首批第三方机制专业人员，检察机关各分院、基层院涉案企业合规工作负责人，区工商联相关负责人参加会议。市工商副主席林为民主持座谈会并介绍北京市涉案企业合规第三方机制建设情况。开展涉案企业合规改革是落实平等保护各类市场主体政策、服务保障“六稳”“六保”的一项重要改革举措，是着眼在法治轨道上推进国家治理体系和治理能力现代化，强化检察司法与监督政策措施供给、探索涉企犯罪末端治理与诉源治理相结合的一项法治实践。推进涉案企业合规改革有利于依法保护各类市场主体产权和合法权益，是维护企业和社会稳定的重要举措。组建第三方机制专业人员库是北京市涉案企业合规工作的关键一步，标志着企业合规第三方机制运行并发挥作用。

（商　鉴）

【首都民营企业家建言高质量发展座谈会召开】3 月 30 日，市委统战部、市工商联召开一季度首都民营企业家建言高质量发展座谈会。会上，市经济和信息化局通报专精特新企业培育情况，北京安博通科技股份有限公司、推想医疗科技股份有限公司、数坤（北京）网络科技股份有限公司、北京星河动力航天科技股份有限公司、北京中煤时代科技发展有限公司、北京品驰医疗设备有限公司、北京亿华通科技股份有限公司 7 家企业，围绕“发挥专精特新排头兵作用，促进中小企业高质量发展”主题提出意见建议，市发展改革委，市科委、中关村管委会，市经济和信息化局，市卫生健康委，市医疗保障局，市金融监管局 6 部门相关负责人现场进行了回应。

（商　鉴）

【调研北京福建企业总商会】4 月 14 日，市工商联主席燕瑛带队走访调研北京福建企业总商会并召开企业家座谈会。调研组一行实地参观了商会文化展览室、北京京华公益事业基金会办公场所，听取了商会发展历程、组织建设及履行社会责任等情况介绍，重点围绕民营企业参与“一带一路”建设、推动京津冀协同发展、优化营商环境、后奥运时代冰雪产业等方面进行座谈交流，了解企业诉求，听取意见建议。

（商　鉴）

【海淀统一战线企业家会客厅揭牌】4 月 15 日，海淀统一战线企业家会客厅揭牌仪式在“赛先生的咖啡馆”举行，海淀区工商联（商会）企业家会客厅（会员之家）成立。为加强新时代民营经济统战工作和工商联工作，在海淀区委统战部和区工商联指导下，24 家区工商联会员企业按照企业家协同、市场化运营、共同建设企业家服务平台的思路，发起成立“赛先生的咖啡馆”，作为区工商联（商会）企业家会客厅（会员之家），是服务促进“两个健康”的创新举措。

（商　鉴）

【助企纾困政企座谈会召开】 5月31日，市工商联为贯彻落实北京市“六稳六保”工作要求，加大纾困政策宣传力度，应对疫情给民营企业带来的影响，通过线上线下相结合方式，召开助企纾困政企座谈会生产性服务业专场会议。会上，7位商会和企业家代表围绕企业生产经营受疫情影响情况进行发言，并就促进生产性服务业持续健康发展提出意见建议。市发展改革委，市科委、中关村管委会，市经济和信息化局，市人力资源社会保障局，市税务局5家单位对商会和企业的诉求进行回应和解答，并详细介绍相关纾困政策。

（商　鉴）

【“春雨润苗”专项行动启动会召开】 6月1日，市工商联通过线上线下相结合的方式，召开助企纾困小微企业和个体工商户专场政企座谈会暨2022年“春雨润苗”专项行动启动会。会上，市工商联联合市税务局共同启动《2022年助力小微市场主体发展“春雨润苗”专项行动实施方案》，并介绍各项惠企服务举措。8位来自住宿、餐饮、零售、文旅等行业的商会、园区和小微企业、个体工商户代表，围绕行业、企业受疫情影响情况进行发言并提出意见建议。市发展改革委、市住房城乡建设委、市文化和旅游局、市文资中心等单位介绍相关纾困政策和措施，并回应和解答商会及企业诉求。

（商　鉴）

【助力北京国际科技创新中心建设】 6月15日，市工商联、市科协共同签署战略合作协议，助力优化民营科技企业创新发展环境。市工商联和市科协连续10年联合主办高校师生科技创新成果展示推介会，组织开展中国创新方法大赛北京赛区、“科创中国”中小企业自主创新系列论坛等多项大型活动，得到相关民营企业家的热情参与和积极评价，为培养科技人才、推动科技成果转化、活跃创新创业氛围搭建平台。

（商　鉴）

【优化营商环境工作室成立】 7月7日，市工商联、北京金融法院优化营商环境工作室成立。优化营商环境工作室遵循依法、公正、自愿、高效、便民原则，秉持公益性质，经案件双方当事人同意，参与诉前、立案、审判、执行等各阶段促和解纷工作。优化营商环境工作室将协同市地方金融局、市银保监局等机构，配合协调解决中小企业面临的抽贷、断贷、续贷、贷款难、贷款贵等问题，协调金融债权人与企业主体的关系。对于因疫情影响导致复工复产企业金融借款迟延履行的，促成当事人以展期、续贷或分期付款等和解方式履行还款义务，提升对中小微企业的扶持精度和帮扶力度。优化营商环境工作室通过商会组织及营商环境专家等，引入金融机构等第三方资源，深入开展面向中小企业的纾困解难工作，对具有挽救价值的中小微企业，尤其是专精特新企业，致力通过推动企业重组、债务重整、投资资源引入、资产优化处置等，帮助企业渡过难关，使企业获得再生，促进债权实现和企业重生的双赢。

（商　鉴）

【深化“护航行动”专题座谈会召开】 8月30日，市工商联与中国信保第三营业部就进一步深化“护航民营企业‘走出去’专项行动”进行座谈交流。近一年来，双方联合开展护航民营企业“走出去”专项行动，通过举办信企对接会、专场培训辅导，开展“送政策进企业”系列活动以及联合调研助企纾困等形式，引导民营企业用好出口信用保险政策，有效应对各类风险挑战，助力民营企业开拓国际市场。

（商　鉴）

【推进调查研究与参政议政工作】 9月9日，市工商联召开调查研究与参政议政工作会议。会上介绍了市工商联调查研究与参政议政工作相关情况，通报了参政议政优秀调研成果和调研工作优秀组织单位名单、反映社情民意信息工作先进单位和先进个人名单。

（商　鉴）

【助力乡村振兴工作专委会成立】 9月20日，市工商联助力乡村振兴工作专委会成立大会在北京工商联大厦召开。助力乡村振兴工作专委会作为全市工商联系统履行社会责任、推动共同富裕的重要平台和有效载体，承担了示范带动首都民营经济领域投身乡村振兴的职责使命。助力乡村振兴工作专委会以参与乡村振兴工作的优秀企业家代表、商会负责人、专家学者为主体组成，委员会以助力北京市农村集体经济薄弱村发展、落实支援合作任务为重点，按照产业兴旺、生态宜居、乡风文明、治理有效、生活富裕的总要求，组织专委会委员参与“万企兴万村”行动，以产业振兴为重要基础，全面推进北京市农村集体经济薄弱村及对口支援合作地区的乡村产业、人才、文化、生态、组织振兴，促进农业高质高效、乡村宜居宜业、农民富裕富足。工作职责是思想政治引领，开展政策宣讲，深入调查研究，推动发展协同，建立沟通机制。

（商　鉴）

【2022 北京民营企业百强榜单发布】9月26日，北京市工商联、中国工商银行北京市分行联合召开2022北京民营企业百强发布会，发布北京民营企业“1+4”百强榜单，即北京民营企业百强+北京民营企业科技创新百强、北京民营企业文化产业百强、北京民营企业中小百强和北京民营企业社会责任百强。年内，北京民营企业百强入围指数为40.15亿元，同比增长9.37%，达到历史最高值。5年间百强入围指数共计提升18.99亿元，提升比例达89.74%。整体营收规模持续增长。民营企业百强整体营收规模达4.37万亿元，同比增长15.30%，五年间整体营收规模增长约2倍。其中，前十强企业持续发挥“领头雁”作用，实现营收总额3.11万亿元，在百强中占比高达71.16%，与2021年相比增长20.08%，有力带动全市民营经济创新力和竞争力整体提升。发布会上，市工商联、中国工商银行北京市分行共同启动北京市工商联金融“助力科技·助力小微”行动计划。

（商　鉴）

【助力京津冀协同发展工作委员会成立】11月16日，市工商联召开助力京津冀协同发展工作委员会成立大会暨第一次全体会议。会上宣读了《关于成立北京市工商联助力京津冀协同发展工作委员会的决定》，3名委员代表作了交流发言，市京津冀协同办有关处室负责人就京津冀协同发展相关政策作了解读。京津冀协同发展工作委员会成员主要由参与京津冀协同发展的民营企业、商协会主要负责人，以及有关研究机构负责人组成。委员会的工作职责和任务主要是：加强思想政治引领，开展调查研究，助力产业协作，推动政企协商。根据工作需要和委员行业类别，共设置了三个功能组，分别是综合保障组、产业协同组和专业服务组。综合保障组主要负责为委员会日常工作运行提供综合保障服务，主要包括调查研究、建言献策、教育培训、会务组织等。产业协同组主要负责同产业链上的企业对接交流、投资洽谈、产业协作等。专业服务组主要负责为企业提供专业互助帮扶。

（商　鉴）

【第六届京津冀民营经济产业对接交流会举办】12月20日，北京市工商联与天津市工商联、河北省工商联联合举办“第六届京津冀民营经济产业对接交流会”。会上，北京市通州区、天津市武清区、河北省唐山市作了招商政策推介，3名京津冀企业代表作了交流发言，三地商协会代表签署了友好合作协议。会议以视频形式召开，三地工商联机关分别设主会场。三地工商联及招商部门有关领导和相关处室负责人，部分民营企业代表在主会场参加会议。各区工商联和经开区工委组织人事部相关负责人、在京异地商会及会员企业代表、北京市工商联助力京津冀协同发展工作委员会全体委员等200余人线上参会。

（商　鉴）

民政工业

【概况】北京市民政工业总公司（简称总公司），1978年成立，是市直属福利企业的管理部门。按照北京市政企分开的要求，2002年以来市民政局所办经济实体与市局实现脱钩，所属福利企业全部由总公司管理，总公司代行国有资产出资人的各项权利和职能，承担福利企业管理、国有资产保值增值、集中安置残疾人就业和保障残疾人生活的社会责任。2006年12月，北京市社会福利事务管理中心成立后，总公司及所属企事业单位由市民政局划归中心直接管理。2019年6月，市委社会工委、市民政局将原民政建设中心管理的10家企事业单位划转总公司管理或代管。2019年11月，市委社会工委、市民政局将北京社会福利促进会所属10家企业划转总公司管理。截至2021年年底，总公司系统经营状况平稳，全年完成营业收入6.83亿元。

2022年，总公司坚持稳中求进工作总基调，立足新发展阶段，贯彻新发展理念，以深化改革为主线，统筹疫情防控与企业改革发展，投入防疫资金约750万元，推动福利企业实现高质量发展。各项重点工作完成，实现营业收入6.05亿元。

（赵爽辰）

【指尖舞者助残扶残】年内，指尖舞者工作室通过拍摄短视频，传播福利企业的社会责任，展现了残疾职工的风采，同时引领职工技能兴企、创新创效，被市总工会授予“市级职工创新工作室”荣誉称号。“指尖舞者”团队前身是2016年的“翱翔天使客服”

团队，成形于2020年。被北京市残疾人社会保障和就业服务中心授予“指尖舞者”助残就业增收示范基地，推广助残增收技能培训成果，企业坚持“助残扶残不掉底色，创新发展不失活力”，彰显首都国有企业的责任担当。

（迷奇生物）

【完成市政应急保障】 年内，北京福源殡葬用品有限责任公司为确保市政应急保障项目工作进度，落实上级相关应急项目指示批示精神，成立项目评比专项小组，严把评选、采购等事项工作流程，指定专人负责项目运营、管理、人员岗前培训及全员安全保密协议签订等工作事项，组织企业各科主要负责人就八宝山、东郊殡仪馆产品专供事宜集思广益、拓展采购渠道；多措并举、确保生产不断，供应稳定。

（卢　艺）

社会信用体系建设

本类目采用条目体，刊载2022年北京市社会信用体系建设的概述、政策与措施、服务与保障3个分目。其中，政策与措施分目包括出台的政策文件及实施情况，机构设立调整变化等内容；服务与保障分目包括信用体系、项目建设、会议等内容。

概 述

2022 年，北京社会信用体系建设步伐日益加快，“信用 +”应用深入推进，京津冀（晋）信用合作共建取得丰硕成果。年内，《关于落实〈中共中央办公厅、国务院办公厅关于推进社会信用体系建设高质量发展促进形成新发展格局的意见〉的任务责任分工方案》出台，发布《北京市失信惩戒措施补充清单》。社会信用立法工作有序推进，北京市发布地方标准《公共信用信息目录》。政务诚信建设取得显著突破，搭建全市统一信用评估中心，构建“1+m+n”信用评价体系。开展“信用数据专区”试点建设，形成公共数据和社会数据安全共享应用机制。信用信息基础设施和共享机制日臻完善，推进“6+4”重点领域信用监管。北京率先实现破产重整企业信用修复协同机制，开展企业行政处罚信用豁免工作。造信用管理服务创新先导园区，发挥信用园区建设示范标杆作用。推进社会化创新应用，实现信用惠民便企。“京津冀征信链”首款产品上链发布，携手推进区域信用标准、数据协同，建设京津冀晋信用科技实验室。2022 年北京市企业创新信用领跑行动，培育近 400 家守信践诺市场主体。召开第八届信用中关村高峰论坛暨京津冀（晋）信用协同交流会，打造首都信用体系建设“名片”。

（市经济和信息化局）

政策与措施

【朴道征信研究院在北京成立】2 月 25 日，朴道征信研究院成立仪式暨征信行业发展研讨会在北京举办。来自学界和行业的专家围绕“征信市场发展与个人信息保护”的主题开展讨论。从行业发展、业务实践、创新前沿及环境保障等视角，在个人信用应用范围，数字经济时代征信市场机遇与产品需求，高质量征信服务的核心内涵，征信领域法律法规完善，新监管框架下个人信息保护和信息安全落实，如何理解并保障算法的公平性，Mydata（本人数据管理）模式在韩国的发展实践，以及如何深化征信领域研究，进一步打破创新发展的行政壁垒等方面阐述了各自观点。

（市经济和信息化局）

【“京津冀征信链”首款产品上链发布】4 月 1 日，“京津冀征信链”首款产品在链上发布，中信百信银行通过朴道征信节点实现数据实时调用，标志着“京津冀征信链”启动商业化应用探索。2021 年 7 月 8 日，在中国人民银行征信管理局的部署和指导下，中国人民银行营业管理部、北京市地方金融监督管理局、北京市经济和信息化局联合天津市、河北省两地相关部门共同启动“京津冀征信链”建设，汇聚工商、司法、行政、电力、知识产权、电信运营商等多个领域的 41 个大类 276 个小类数据，模型评分、征信报告等多类上链产品应用。截至 2022 年 12 月，金融机构累计调用 395 万次，授信覆盖人群 373 万户，形成授信金额 173 亿元，单户最高 20 万元，信用贷款率 100%。

（市经济和信息化局）

【《北京市加强信用信息共享应用促进中小微企业融资工作实施方案》出台】6 月 2 日，北京市社会信用体系建设联席会议办公室出台《北京市加强信用信息共享应用促进中小微企业融资工作实施方案》，对接国家信用数据，为金融数据专区、金融专网、小微金服等平台提供信用数据支撑。目前，“信易贷”平台北京站累计注册企业 119 万家，合作机构 626 家，发布创业贷、银税贷、专精特新贷等各类金融产品 1068 个；企业发布债权融资需求 2790.24 亿元、金融机构审批授信 1816.73 亿元、放款 1664.9 亿元。

（市经济和信息化局）

【企业行政处罚信用豁免工作通知印发】6 月 13 日，北京市社会信用体系建设联席会议办公室印发《关于开展企业行政处罚信用豁免工作的通知》，明确由于新冠肺炎疫情原因受到一般行政处罚且已执行完行政处罚决定、相关信息被公示的企业，可以在“信用中国（北京）”网站上《众志成城抗击疫情北京抗疫专栏》在线申请“信用豁免”服务。截至 2022 年 12 月，已从信用中国（北京）网站撤下 28

家企业的33条失信信息。

（市经济和信息化局）

【京津冀晋联合发布统一的跨地区企业公共信用标准】7月，为促进形成京津冀晋一体化信用监管机制，实现企业公共信用评价结果在京津冀晋区域共享互认，北京市社会信用体系建设联席会议办公室、天津市诚信建设领导小组办公室、河北省社会信用体系建设领导小组办公室、山西省社会信用体系建设联席会议办公室共同制定印发全国首部跨地区的企业公共信用评价标准，即《京津冀晋企业公共信用综合评价等级标准》。该标准规定了企业公共信用综合评价的评价原则、评价主体、评价对象、评价内容、等级标准和评价结果共享。其中，评价结果等级分为A（优）、B（良）、C（中）、D（差）4等，各地可结合实际需要，通过“+”“–”进行微调，设定A、A–、B+、B、B–、C+、C、C–、D共9级。在该标准印发前，京津冀晋4地出台的企业公共信用评价或行业信用评价，均仅适用于本地区。截至7月，北京市已有169万家企业的公共信用综合评价结果（按照四等九级）推送至各行业主管部门，支撑各部门以此为基础开展行业信用评价。北京市公共信用服务平台已归集18个部门46类主体的行业信用评价结果，涉及法人和其他组织31万个、职业人群17万个。

（市经济和信息化局）

【打造基于信用的“有呼必应，无事不扰”的工作新模式】8月17日，北京市人民政府新闻办公室举办北京市助企纾困优化营商环境若干措施新闻发布会。会上，市经济和信息化局党组成员、副局长潘锋从4个方面介绍完善信用监管制度有关情况。近年来，北京市围绕优化营商环境，推进社会信用体系建设，强化信用体系与各行业领域融合应用，从信用监管、“信用+”生态、信用豁免、信用修复4方面制定了一系列措施，打造基于信用的“有呼必应，无事不扰”的助企纾困工作新模式，即强化信用监管，“不打扰”守信企业；打造“信用+”生态，“快速响应”融资需求；实施信用豁免，“最小化”新冠肺炎疫情影响；完善信用修复，支持有志企业“破而后立”。

（市经济和信息化局）

【《北京市失信惩戒措施补充清单》发布】8月30日，北京市社会信用体系建设联席会议办公室印发《北京市失信惩戒措施补充清单》。该清单是《全国失信惩戒措施清单（2021年版）》的有益补充，围绕依法依规实施市场或行业禁入、实施职业禁入或从业限制、限制任职、限制申请财政性资金项目、限制享受优惠政策和便利措施、限制参加评先评优、纳入严重失信主体名单、共享公示失信信息等维度，制定8类36条失信惩戒措施，惩戒内容均明确惩戒对象、法规政策依据和实施主体。

（市经济和信息化局）

【《关于落实〈关于推进社会信用体系建设高质量发展促进形成新发展格局的意见〉的任务责任分工方案》印发】8月30日，为贯彻《中共中央办公厅、国务院办公厅关于推进社会信用体系建设高质量发展促进形成新发展格局的意见》，推进北京市社会信用体系建设高质量发展，进一步优化营商环境，市社会信用体系建设联席会议办公室研究制定印发《关于落实〈关于推进社会信用体系建设高质量发展促进形成新发展格局的意见〉的任务责任分工方案》。该方案包括以健全的信用机制畅通国内大循环、以良好的信用环境支撑国内国际双循环相互促进、以坚实的信用基础促进金融服务实体经济3方面内容。

（市经济和信息化局）

【《北京市民信用状况调查报告》发布】9月19日，中关村企业信用促进会发布2022年度《北京市民信用状况调查报告》。该报告围绕信用承诺、守信激励、失信惩戒、信用宣传等社会信用体系建设相关内容，汇总了16区和北京经济技术开发区的近万名市民的意见建议，反映了民众对北京市社会信用体系建设的“所知、所感、所盼”，推动“共建共享共同感受‘信用北京’”发挥实效。

（市经济和信息化局）

【《公共信用信息目录》地方标准发布】9月29日，由市经济和信息化局组织修订的地方标准《公共信用信息目录第1部分：自然人》《公共信用信息目录第2部分：法人和其他组织》，经市市场监督管理局批准发布。该标准明确公共信用信息范围，有效避免公共信用信息记录的泛化，有助于公共信用信息归集、共享、应用的规范性，提高政府部门工作效率，有助于提高公共信用信息共享交换的数字化水平，提升信用信息数据处理效能，助力信用服务市场转型升级，加强信用主体自身信用信息保护，提高公共信用信息的管理水平。

（市经济和信息化局）

【京津冀晋信用科技实验室揭牌】 12 月 16 日，京津冀晋信用科技实验室举行揭牌仪式，并发布国内首款数据保险产品——数据服务类商业合同履约保证保险，凸显跨地区政务数据和社会数据“一站式”融合共享应用。2019 年，京津冀信用科技实验室启动；2020 年，山西省融入京津冀信用合作共建，四地按照统一的数据标准、技术规范和运营机制运行，在国内属于首创。截至 2022 年底，四地实验室均已完成与本地公共信用数据和社会数据资源的对接工作，实现各地实验室之间的数据对接，并结合当地实际，在信用理论研究、信用科技研发、信用场景创新、信息融合共享应用、信用产业带动等方面形成各自特色。

（市经济和信息化局）

【全国首个公共信用区域标准发布】 年内，北京市、天津市、河北省、山西省等地信用主管部门联合发布《京津冀晋企业公共信用综合评价等级标准》。该标准是全国首个公共信用领域的区域标准，将 4 地对企业的综合评价结果由原来各自不同的等级标准统一调整为 4 等（9 级），在国内率先实现区域信用监管协同和结果互认。四地联合发布《京津冀晋公共信用信息标准体系框架》和《京津冀晋公共信用信息共享目录（2022 年版）》等文件，统一四地信用信息标准体系，启动首批 7 类公共信用信息共享应用。

（市经济和信息化局）

【北京市率先实现破产重整企业信用修复协同机制】 年内，北京市在全国率先实现破产重整企业信用修复协同机制，依托“信用中国（北京）”网站，开设“破产重整企业公示与失信信息信用修复”专栏，实现行政处罚、异常名录、严重失信、税务失信、金融修复“一口入”，为有需要的企业提供“一站式”查询信用状态、申请信用修复的便捷服务。

（市经济和信息化局）

【密云区完善信用协调机制与监管制度】 年内，密云区经济和信息化局进一步完善密云区社会信用体系建设联席会议机制，结合密云区机构设置、人员变动情况和工作需要，调整成员单位 1 家，成员调整为 41 个区职能部门和 20 个镇街。制定发布《北京市密云区 2022 年社会信用体系建设重点工作任务》，明确五大方面 14 项工作任务，将具体任务分解至成员单位，并召开年度社会信用体系建设工作会议，对年度重点工作任务进行再部署。年内，密云区经济和信息化局向各职能部门制发“信用承诺信息归集模板”和“履约践诺及整改情况信息归集模板”，每月汇总收集各类信用承诺信息，收集并向市级平台成功报送 3200 余条承诺数据和 3200 余条履约践诺信息。做好企业自愿注册引导工作，部署各镇街、中关村密云园，引导企业在“信用中国（北京）”网北京市市场主体信用信息自愿注册栏目进行注册。完成 478 家市场主体自愿注册信用信息。

（齐　城）

【密云区“信用 + 医疗”创新试点应用试运行】 年内，密云区经济和信息化局联合区卫生健康委，申请财政资金 40 万元，在区鼓楼社区卫生服务中心开展“信用 + 医疗”创新试点应用。通过金融大数据分析筛查，将个人守信基本状况和就医过程中的守信行为良好的常住人口，列为信用就医服务对象，为守信市民提供“先看病后付费”的信用医疗服务，免除门（急）诊过程中检查、检验和取药等环节多次排队缴费问题，实现“一次就诊、一次缴费”，普惠辖区 100% 守信居民，平均可节省患者 60% 就诊时间，覆盖全区 20 万常住人口。累计服务群众 600 余人次。

（陈　阳）

服务与保障

【社会信用体系建设联席会召开】 3 月 29 日，北京市召开 2022 年社会信用体系建设联席会。会议强调，把信用建设作为加强和创新社会治理、优化营商环境的重要抓手，建立“6+4”监管模式，推进风险监管、信用监管等 6 项基本制度，推行“一业一评”等 4 项场景化措施；加强政务失信治理、加快重点职业人群诚信档案共享、建立行政事项中使用第三方信用报告的工作机制、建立行业领域信用评价和评价结果共享机制、推进“风险＋信用”综合评价机制建设、推进信用信息在中小微企业融资领域的应用、加快争创国家信用建设示范城区、推进京津冀（晋）信用合作共建等8个方面工作；进一步完善政务诚信监测、评价、投诉、治理、失信补偿5个工作机制，持续推进重点职业人群、政府采购、招标投标、政府和社会资本合作、招商引资5个重点领域的政务诚信建设，加大政务失信专项整治力度，被列入失信被执行人名单的政府机构要尽快退出；全面深入推进信用监管机制建设，继续推进社会信用立法，加强各类信息的归集共享和应用，强化信用评价和分级分类监管；推动信用社会化创新应用，做实“信易贷”“信用＋医疗”“信用＋地铁智慧安检”等示范工程；加大督促检查力度，建立工作台账，按月进行督办，对工作进展情况落后的部门进行约谈。

（市经济和信息化局）

【食品诚信管理体系国家标准宣贯暨推进食品产业高质量发展工作会召开】8月25日，市经济和信息化局、市市场监督管理局在北京会议中心共同举办食品工业企业诚信管理体系国家标准宣贯培训暨推进食品产业高质量发展工作会。市经济和信息化局二级巡视员张晶出席会议并做动员讲话，各区经济和信息化主管部门、各区市场监管部门有关负责人，北京市食品相关行业协会及全市50余家规模以上食品工业企业负责人等近100人参会。培训会上，市市场监督管理局宣贯食品生产领域信用监管、产业高质量发展、常态化疫情防控、冷链食品疫情防控等工作要求；市经济和信息化局对北京市高精尖产业相关政策进行宣贯；北京红星股份有限公司、北京圃美多绿色食品有限公司、北京金米兰咖啡有限公司3家重点企业就智能制造促进企业高质量发展做典型发言。国家市场监督管理总局认证认可技术研究中心食品诚信体系评价师于建海对《食品工业企业诚信管理体系》进行解读，介绍了食品诚信管理体系的背景及现状，对《食品工业企业诚信管理体系》国家标准条款、食品诚信管理体系的评价、诚信管理体系的建立与实施等进行详细讲解。这次培训是自2017年7月1日《食品工业企业诚信管理体系》国家标准实施以来，北京市连续第6年组织举办的宣贯培训会，有力地推进首都食品工业企业诚信体系建设，促进了首都食品工业高质量发展。

（市经济和信息化局）

【北京市企业创新信用领跑行动启动】9月8日，由北京市经济和信息化局，北京市科学技术委员会、中关村科技园区管理委员会，中国人民银行营业管理部，北京市市场监督管理局共同指导，中关村发展集团、中关村企业信用促进会、北京市中小企业公共服务平台联合主办的2022年北京市企业信用领跑行动启动。信用领跑行动以“信用赋能市场主体创新与高质量发展”为主题，联合各区信用主管部门建立了覆盖4000余家企业的信用重点培育企业库，遴选了2022年度信用领跑企业347家、信用领跑园区6家、信用领跑楼宇5家；推动社会化信用应用落地，联合北京中关村科技创业金融服务集团有限公司、中关村科技融资担保有限公司及金融机构，筛选出1078家信贷重点支持白名单企业；推出首批信用赋能产品服务包，涵盖主动授信计划及企业数字生态激励服务方案。

（市经济和信息化局）

【“诚信兴商”北京主题日活动举办】11月22日，由商务部市场体系建设司、北京市商务局共同主办的2022年“诚信兴商”北京主题日活动举办。市委宣传部、市发展改革委、市市场监管局等委办局领导出席。活动以“共筑诚信、共促发展”为主题，弘扬诚信兴商文化，推动各行业诚信经营，发挥诚信榜样示范引领作用，提高全社会的诚信经营水平。活动中，公布诚信兴商倡议企业281家、“诚信兴商”典型案例32个，开展诚信自律公约签署仪式。2022

年度全国“诚信兴商典型案例”有20个，其中北京市入选3个，分别为北京小熊美家科技有限公司、北京燕京啤酒股份有限公司和北京吴裕泰茶业股份有限公司。

（市经济和信息化局）

【信用重点工作培训视频会召开】 12月1日，市经济和信息化局通过腾讯会议，组织16区及北京经济技术开发区社会信用体系建设牵头部门召开信用重点工作培训会。会上，部署年底前各区需加快完成的重点工作任务，对“信易贷”平台企业融资信用信息查询授权、信用修复审核、“双公示”数据质量提升、市场主体在“信用中国（北京）”网站自愿注册等相关工作要求进行详细解读。通过培训，各区进一步明确“信易贷”平台企业信息查询授权的工作重点、信用修复审核工作的具体标准、提升“双公示”数据质量的有效途径、“信用中国（北京）”信用信息自愿注册，有利于北京市城市信用状况监测、社会信用体系建设示范区的创建。

（市经济和信息化局）

【信用北京（第八届）信用中关村高峰论坛举办】 12月16日，由北京市经济和信息化局，中国人民银行营业管理部，北京市科学技术委员会、中关村科技园区管理委员会，天津市发展和改革委员会，河北省政务服务管理办公室，山西省发展和改革委员会指导，中关村发展集团、中关村企业信用促进会、北京市中小企业公共服务平台联合主办的2022信用北京（第八届）信用中关村高峰论坛暨京津冀（晋）信用协同交流会召开。论坛以“推进信用体系建设高质量发展，健全共建共治共享的社会治理制度”为主题，以“两区建设”和“京津冀（晋）协同发展”为抓手，探索“信用+”应用创新，通过大数据、区块链技术，不断完善社会信用体系建设，提升全民信用意识，改善北京营商环境，深入推进京津冀（晋）信用合作共建。论坛上，京津冀晋四地信用主管部门领导分别发布《京津冀晋企业公共信用综合评价等级标准》《京津冀（晋）公共信用信息标准体系框架》《京津冀（晋）公共信用信息共享目录（2022年版）》、京津冀晋信用科技实验室、信用医疗等京津冀晋联合激励重点场景等建设成果。

（市经济和信息化局）

【政务诚信建设】 年内，北京市社会信用体系建设联席会议办公室出台《关于强化政务诚信建设建立企业合法权益补偿救济的通知》《北京市政务诚信诉讼执行协调机制改革方案》等文件，构建政务诚信评价、监测、失信投诉举报、重点领域失信补偿救济、失信治理的全链条政务诚信工作机制。市经济和信息化局对录用、调任公务员持续开展信用核查；对全市行政奖励人选、重点领域专家聘任资格开展信用核查近万次，发现1起严重失信事件。继续开展政务失信专项治理，2家事业单位、4家基层自治组织退出失信被执行人名单。

（市经济和信息化局）

【信用数据体系建设】 年内，北京市向“信用中国”网站全量报送“双公示”信息1119万条，数据合规率提高到99%，迟报率降低到2.5%。发布北京市公共信用信息目录地方标准，将信用数据归集情况纳入市领导的月报季评制度。继续开展“信用承诺”和“正向信用信息”（政府、事业单位、国企授予的奖励表彰信息）的归集工作。归集告知承诺等各类信用承诺信息216万条。

（市经济和信息化局）

【“6+4”综合监管】 年内，北京市以“风险+信用”为核心，出台全市统一的4等9级行业信用评价标准；推进“6+4”综合监管，建立风险监管、信用监管、分级分类监管、协同监管、科技监管、共治监管等6项基本制度和一业一册、一业一单、一业一查、一业一评的多部门协同监管机制。全市37个部门出台64个信用分级分类监管文件，覆盖89类监管对象。建立重点关注名单制度，将321家近1年内受到4个以上政府部门处罚或15次处罚的企业纳入名单，定期推送至各区各部门。2022年1月至12月，北京法院累计发布失信被执行人28365人次，累计采取限制消费措施169917人次，限制购买飞机票816550人次，限制购买火车票80566人次。实施信用豁免，在“信用中国（北京）”网站撤下25家企业的29条失信信息，对6975家企业的10717条行政处罚失信信息进行了信用修复。

（市经济和信息化局）

【16区政务服务大厅开设信用服务窗口】 年内，北京市在16个区级政务服务大厅设立信用服务窗口，实现信用服务“进大厅”。办理行政审批、优惠政策申请、公共资源交易等事项的企业，可在窗口查询和打印信用报告；享受信用修复受理、咨询和指导等服务。

（市经济和信息化局）

【信用平台二期建设】 年内，北京市进一步完善市公共信用服务平台二期建设方案，按照“4322”总体架构，即四类业务板块、三大服务门户、两个数据库集群和双链驱动，推动平台建设进入创新发展新阶段。依托市大数据平台“目录区块链”共享机制，建立信用数据内部月度统计机制，归集企业信用信息10亿条、自然人信用信息3.2亿条，建立教师、律师等14类重点职业人群诚信档案；实现科研、不动产、纳税等信用信息归集，归集企业水电气缴费信息680万条。平台为141个市级部门和631个区级部门开通账户，各区各部门访问市公共信用平台4563万次，查询黑红名单1913万次。64万家企业在信用中国（北京）网站下载自身信用报告。

（市经济和信息化局）

【全市统一信用评估中心建设】年内，市经济和信息化局与市市场监督管理局配合，搭建全市统一的信用评价中心，汇总形成国家、各市级部门、社会第三方机构对市场主体的信用评价结果集合，形成“1+m+n”市场主体信用评价体系，汇集全市169万家企业公共信用综合评价结果、19个部门行业信用评价结果（37.8万家企业和48.9万自然人），3家社会机构对3万家企业社会评价结果，为全市综合监管机制建设提供有力支撑。

（市经济和信息化局）

【“信用数据专区”试点建设】年内，北京市支持社会机构开展“信用数据专区”试点建设，构建“原始数据不出域、可用不可见、不可改”数据共享模式，围绕应用场景的数据需求，设计开发信用核查验证、信用风险评估、联合建模和模型训练、统计分析与预警4大类服务产品，探索支持医疗、文旅等10余个场景化应用，吸引数据企业20家、场景应用企业12家，培育信用大数据应用生态。

（市经济和信息化局）

【“信用＋地铁智慧安检”】年内，北京市在天通苑站、天通苑北站、天通苑南站、回龙观东大街站、霍营站等5座车站开展“信用＋地铁智慧安检”试点工作。利用移动互联网、大数据、人脸识别、AI和区块链技术，建立基于乘客信用体系的安检新模式，为信用良好的实名常乘客提供“快速进站”服务，实现刷脸进站、小包免安检。截至2022年12月，已注册用户达7.7万人，使用人数占高峰时段进站量87%，进站时间缩短60%。

（市经济和信息化局）

【信用管理服务创新先导园区建设】年内，北京市在朝阳区、大兴区、房山区组织开展“北京信用管理服务创新先导园区”试点工作。朝阳区CBD完成CBD全域18万家全量企业数据标准化入库，形成70余个维度的数据资产分类；构建8大类约40小类维度的丰富企业画像；挖掘3000余家异地经营、异地纳税企业名单，对约3000家重点税源企业开展动态监测；为建国门外街道、呼家楼街道、朝阳门外街道和劲松街道等17个街乡的企业服务和营商环境工作提供数据支撑。大兴机场临空区推动“区域评估＋标准地＋告知承诺＋综合服务”改革，对15个事项实施告知承诺制，形成北京首例告知承诺立项核准和规划许可案例，多个项目实现“拿地即开工”“一天拿三证”，各类政务服务事项办理时限相比法定时限提速50%以上，审批服务满意率达100%。房山区建设“信用园区”集成风险管理平台，实现对申请入园企业进行企业入园“冒烟指数”筛查，全面评估企业信用情况和经营情况，并为企业入驻决策提供依据；对企业信用风险情况进行常态化、动态化、实时化监测，对企业风险隐患及时预警；并基于企业的信用状况，为企业寻找合适的融资产品、金融解决方案、风险防控方案、业务场景方案等，促进企业业务落地。

（市经济和信息化局）

【“信用＋”应用建设实现惠民便企】年内，北京市继续探索“信用＋”应用试点，让信用良好的主体在多领域获得便利和优惠，激励社会公众主动守信，自觉融入“信用北京”建设。朝阳区“预付管家”平台接入监管商户1430家，监管资金余额50亿元，涵盖教育培训、美容美发等10余个领域。丰台区、西城区推进“信用＋物业”，西城区对15个街道665个物业项目进行信用评价，丰台区对1130个住宅小区建立物业信用档案。

（市经济和信息化局）

【京津冀晋信用协同共建】年内，北京市组织多场京津冀（晋）信用合作共建工作讨论会。北京市社会信用体系建设联席会议办公室发布《2022年京津冀（晋）信用合作共建工作方案》。市经济和信息化局牵头组建区域信用专家智库，制作信用政策培训视频，组织开展技术人员培训。在国家发展改革委、国家公共信用信息中心的支持下，市经济和信息化局、天津市发改委、河北省政务办、山西省发改委共同指导、建设京津冀晋信用科技实验室。四地信用主管部门围绕医疗、交通、信贷、旅游、行政审批、家政等6个场景，制订守信联合激励方案。京津冀交通部门联合印发实施《环京通勤定制快巴综合监管手册》，对环京通勤定制快巴运营进行了全链条规范，施行三地信用评价结果互认。通州区与河北省廊坊市联合出台了守信联合激励实施方案，打造“通州北三县信用联合体”品牌。

（市经济和信息化局）

【“信用 + 医疗”解决就诊难题】年内，石景山区、东城区、丰台区、密云区等 9 个区陆续开通信用医疗服务。“信用 + 医疗”通过优化就医流程，免除挂号、检查、检验、取药等多环节的排队缴费，实现“一次就诊一次缴费”，有效解决传统就医模式下患者排队缴费时间长、医疗费用压力大等痛点，改善就医体验。依托北京市金融公共数据专区，守信市民可享受“门诊先看病免排队”“住院免押金可分期”“急诊先救治后结算”便民医疗服务，彰显守信激励作用。截至 2022 年 12 月，“信用 + 医疗”已覆盖 22 家区级医院、2 家市级医院，累积注册用户 23.09 万，服务患者 34.29 万人次，二次以上重复使用患者占比 81.3%。

（市经济和信息化局）

【东城区社会信用体系建设】年内，东城区科技和信息化局编制完成《东城区 2022 年社会信用体系建设重点工作任务》；开展信用修复工作，在“信用中国”网站对企业信用修复申请进行初审，线下组织开展信用修复专题培训；加强公共信用信息归集共享，实现区级部门信用信息即时共享；在政务大厅开通法人和其他社会组织公共信用信息查询业务；开展面向进校园、进街道、进社区、进企业、进园区、进大厅“六进”信用宣传活动。

（区科技和信息化局）

【推进东城区社会信用示范区创建】年内，东城区科技和信息化局编制《东城区创建第四批全国社会信用体系建设示范城区工作方案》和《任务分工手册》，对标《示范区评审指标》，全力推动“信用贷款支持实体经济”“信用监管”等指标完成。推进“信用 +”惠民创新应用，推动“信用 + 医疗”上线应用，全年信用就医服务 3714 人次，信用结算金额 119.94 万元。持续完善信用监管制度，城市信用监测位列 16 区第一。提升区域信用状况，全区共归集“双公示”信息 8713 条、信用承诺信息 11.5 万条，完成信用修复初审 414 条，组织开展“诚信建设万里行”系列主题宣传活动 467 余场。

（区科技和信息化局）

【通州区社会信用体系建设】年内，通州区社会信用体系建设联席会议办公室（简称区信用办）依据《2022 年北京市社会信用体系建设重点工作任务》，结合通州区实际，制定发布《2022 年北京市通州区社会信用体系建设重点工作任务》，下发全区 66 个成员单位，运用绩效考评督促工作落实；通州区联合河北省廊坊市共同制订《通州区与北三县守信联合激励建设行动方案（2022—2024 年）》，打造“信息互通、标准互认、措施趋同、激励联动”的通州区与北三县信用联合体；通州区经济和信息化局和区市场监管局共同牵头制订《2022 年通州区市场环境建设工作方案》，开展创建全国文明城区市场环境建设工作。区信用办加强事前事中事后信用监管，共建信用通州。事前监管做到“有的放矢”，规范信用承诺工作机制，明确违诺失信行为认定标准、认定流程和履诺信息归集机制，将诚信教育纳入政务服务流程；事中监管“精准发力”，推进“双随机、一公开”监管与信用风险分类管理相结合，建立“风险 + 信用”的分级分类监管制度，建立科学合理的分类分级指标体系，对全区企业按照信用等级由高到低划分为 A、B、C、D4 个等级；事后监管“赏罚分明”，按照国家发布的《全国失信惩戒措施基础清单（2021 年版）》，依法依规开展失信行为的认定、记录、归集、共享、公开、惩戒和信用修复、异议处理等工作，对守信企业行政审批时实施“容缺受理”，开辟“绿色通道”等联合激励措施，对失信企业依法依规开展联合惩戒。依据《北京市通州区加强政务诚信建设实施方案（试行）》，建立政务诚信监测制度，利用市级政务诚信监测平台，将监测范围拓展至街道（乡镇），提升信用环境状况监测水平。区信用办依法依规将 175 家诚信经营企业列入“红名单”，将 160 家失信被执行人、税收违法案件当事人和严重失信企业纳入“黑名单”，联合激励案例 541 个，联合惩戒案例 692 个，将企业信用与市场准入、政策优惠等因素挂钩，开展信用联合奖惩；区信用办开展“屡禁不止、屡罚不改”严重违法失信行为和信用服务机构失信问题专项治理，解决一批严重失信问题；区信用办完善企业行政处罚信用豁免工作机制，助企纾困，优化营商环境。区信用办归集整理发布双公示信用信息 22209 条，其中行政许可 10590 条，行政处罚 11619 条；区信用办开展信用修复 1010 次，处理 4 个异议申诉事项；发挥“信用中国（北京通州）”网站效能，区信用办发布信用动态信息 3210 余条，发布 4 个季度诚信“红黑名单”，归集发布 5 类数据信息，推进企业信用信息应用。

（魏永刚）

【平谷区推进公共信用信息归集共享】年内，平谷区打破信息孤岛，推进公共信用信息归集共享，搭建“信用平谷”平台，实现区级信用信息归集、共享，以及与市级平台的互联互通；建立落实“双公示”信息共享季度通报机制，利用“信用平谷”，及时、准确、完整归集信息，确保数据合格率100%。开展信用修复工作，组织开展“公益性”信用修复培训3场，印发《信用修复操作流程》，服务企业100余家次；制定发放《市民诚信手册》2000册、《信用修复操作指南》折纸2000份、诚信海报500余张。各部门开展相关宣传教育活动共计40余场；制定《平谷区关于在行政管理事项中使用信用记录和信用报告的实施意见》，推广应用信用信息和信用报告，在文旅、教育、交通领域探索开展行业信用分类监管。

（区科技和信息化局）

【密云区完善维护“信用密云”专栏】年内，密云区经济和信息化局对信用政策制度、行政许可和行政处罚信息、守信激励、失信惩戒、信用承诺、信用修复、信用事件、风险提示等栏目，按照网站要求及时更新完善，并按照市级要求及时增加专题栏目。全年通过“信用密云”累计公示黑红名单、动态信息、风险提示等各类信用信息5100余条，累计4.4万余条。

（齐　城）

区域工业

本类目采用条目体，刊载2022年东城区、西城区、朝阳区、海淀区、丰台区、石景山区、门头沟区、房山区、通州区、顺义区、大兴区、昌平区、平谷区、怀柔区、密云区、延庆区16个区，以及中关村国家自主创新示范区和北京经济技术开发区年度发展情况。

东城区

【概况】 2022年，东城区规模以上工业企业19家，完成总产值31.6亿元，同比下降20.8%；完成工业销售产值31.1亿元，同比下降21.8%。

年内，东城区软件和信息服务业规模以上企业169家，累计实现营业收入938.9亿元，同比增长12.3%，高于全行业平均增速5个百分点。全年累计完成固定资产投资186.04亿元，同比增长154.34%，占全行业比重35.3%。数字经济核心产业快速增长，累计实现收入3219.4亿元，同比增长9.2%。

（区科技和信息化局）

【中小企业创新创业大赛举办】 年内，区科技和信息化局联合区财政局、区委组织部举办东城区“创客北京2022”中小企业创新创业大赛初赛和复赛，征集74个项目参加初赛，推荐6个创业团队项目、14个企业项目参加市级决赛，5个项目获“创客北京2022”中小企业创新创业大赛奖励，11个项目入围北京市150强。

（区科技和信息化局）

【工业经济发展调控】 年内，区科技和信息化局协助指导企业开展空气治理工作，陪同市经济和信息化局检查中国铁路北京机务段，落实污染天气应急响应措施。完成复工复产267个安全邮件发送，挽留外迁企业2家，组织企业12家线上参展服贸会、2家参与进博会、联系30家企业参与满意度调查工作。

（区科技和信息化局）

【落实营商环境年度任务】 年内，区科技和信息化局制订2022年营商环境改革创新工作方案。牵头组织落实“信易贷平台”“区域信用环境状况监测”两个指标，并在年度工作任务中细化分工和重点保障，持续推进营商环境优化，改革措施落地见效。

（区科技和信息化局）

【促进中小企业发展】 年内，区科技和信息化局根据《东城区提升民营经济活力　促进中小企业发展的若干措施》文件，为民营中小企业健康发展提供政策支持和资金保障。上半年度，持续开展政策意见征集工作，全面推进支持企业名单公示与资金兑现工作。支持企业64家，涉及金额共计991.7万元。

（区科技和信息化局）

西城区

【概况】 2022年，西城区规模以上工业企业33家，产、销均保持增长，累计完成工业总产值623.5亿元，与2021年同期相比增长4.4%，占北京市的比重为2.7%；累计完成工业销售产值631.9亿元，与2021年同期相比增长5.9%；产销率为101.3%。能源供应业是西城区工业经济支撑行业，区域内北京市燃气集团有限责任公司等7家能源供应业企业累计完成产值521.2亿元，与2021年同期相比增长4.4%，占西城区规模以上工业企业的83.6%，占比与2021年同期相比持平。

年内，西城区信息传输、软件和信息技术服务业重点企业实现营业收入超970亿元，位列全市第三，同比增速4.6%。发布了《北京市西城区建设全球数字经济标杆城市示范区实施方案》《西城区“十四五”时期智慧城市建设规划》《北京市西城区信息化项目管理办法》。西城家园平台社区实名认证用户从30.7万增长至39.7万，访问量超1400万人次；“信用西城”专栏（网站）参评国家级信用平台网站工作，获全国2022年度“标准化平台网站”称号。

（区科信局）

【统筹工业企业高质量发展】 年内，区发展改革委全力保障产业链物资畅通稳定，协助区域企业办理市级工业企业应急物资调拨证明，通过北京市智慧货运综合服务平台为10家企业共计办理175批次申请；推荐国家电网有限公司申报2022年度国家级绿色供应链管理企业；推荐北京邮票厂申报北京市高精尖产业发展资金奖励，获市级奖励50万元；推荐北京印刷集团有限责任公司“出版物印制智能化项目”申报“新智造100”项目奖励；开展工业重点企业统计月报试点工作，做好重点工业企业跟踪服务。

（胡　陈）

【强化企业安全生产管理】 年内，区发展改革委从行业规划、产业政策、法规标准、行政许可等方面加强安全生产工作，做好安全生产政策、法律法规宣传。在区政府网站、委公众号等平台，通过政策解读、安全提醒等形式，指导督促有实际生产的工业企业加强安全管理，提示企业严格落实安全生产主体责任，提升企业安全意识和防护能力。

（胡　陈）

【工业大气污染防治】 年内，区发展改革委组织全区有实际生产的 10 家印刷企业开展 2022 年空气重污染应急减排清单修订，指导企业制定更新“一厂一策”报告。制订《西城区涉气工业企业重大活动期间空气质量保障实施方案》，突出分时段精准管控，明确工作目标、管控措施及实施路径。对区域内印刷企业进行全覆盖巡查督导，协商减排。加强会商研判和协同联动，鼓励企业合理安排生产。开展产品有害物质限量标准宣传。

（胡　陈）

朝阳区

【概况】 2022 年，朝阳区 184 家规模以上工业企业完成工业总产值 746.4 亿元，同比下降 1%。产值总量排名前 5 位的支柱行业累计实现产值 589.9 亿元，同比增长 4.5%，占全区总量的 79%。其中，电力、热力生产和供应业完成产值 231.3 亿元，同比增长 0.5%，占全区工业总产值比重 31%；开采专业及辅助性活动完成产值 134.5 亿元，同比增长 11.8%，占全区工业总产值 18.0%；电气机械和器材制造业完成产值 100.1 亿元，同比增长 1.8%，占全区工业总产值 13.4%；计算机、通信和其他电子设备制造业完成产值 69.0 亿元，同比增长 26.3%，占全区工业总产值 9.2%；非金属矿物制品业完成产值 54.9 亿元，同比下降 10%，占全区工业总产值 7.4%。

年内，朝阳区拥有规模以上信息传输、软件和信息技术服务业企业 1066 家，完成信息传输、软件和信息技术服务业总收入 2938.1 亿元，同比下降 4.2%。

（赵浚　付然）

【城四区首个制造业调试组装项目落地】 1 月 14 日，城四区首个制造业调试组装项目（精进电动新能源汽车用先进驱动电机控制器产业化项目）落地朝阳区十八里店乡金辉时八区，实现了“研发—设计—测试—制造”一体化，缩短了从设计方案到新产品上市周期，提高了成果转化效率。精进电动科技股份有限公司作为全球新能源汽车电驱动领域的领先企业，于 2021 年 10 月 27 日登陆科创板上市，企业自主研发的碳化硅电机控制器中标工信部《2021 年产业基础再造和制造业高质量发展专项》，已成为国内在该领域的龙头企业。

（赵　浚）

【开展第一批绿色诊断工作】 年内，朝阳区推进绿色制造体系建设，按照市经济和信息化局印发的《北京市制造业绿色诊断工作规则（试行）》要求，组织开展第一批绿色诊断工作。区内华润紫竹药业有限公司、北京嘉林药业股份有限公司、华润双鹤药业股份有限公司、北京恒生药业有限公司、中国石化催化剂有限公司北京奥达分公司、北京盛合诚信混凝土有限公司 6 家企业进入第一批申报名单。

（赵　浚）

海淀区

【概况】 2022 年，海淀区规模以上工业企业累计完成总产值 2749.1 亿元，同比下降 15.3%，其中电子信息产业完成工业总产值 1857.1 亿元，同比下降 21.1%；工业总产值中高技术制造业产值占比达 76.1%。全年实现工业重点领域固定资产投资 5.1 亿元。海淀区规模以上软件信息服务业累计完成总产值 15874.4 亿元，同比上升 8.6%。

（郑　雪）

【助力医企合作共赢】 6 月，海淀区加大对医药健康领域的基金投资力度，通过中关村科学城科创基金中的 2 只医药健康产业子基金，对 28 个项目进行投资；与北京首都科技发展集团投资管理有限公司共建的天玑生物医药基金，所投项目涉及冠心病精准诊疗、干细胞扩增工艺、量子脑磁图、智能康复及生物材料生产等领域，均为原始创新硬科技项目；搭建应用场景和合作平台，基于海淀医院、羊坊店医院等医疗机构，组织包括推想医疗科技股份有限公司、北京鹰瞳科技发展股份有限公司等区内 20 余家企业的人工智能产品、辅助诊断产品等开展临床应用推广对接；以政府出资方式支持北京天智航医疗科技股份有限公司的“天玑”机器人在海淀医院试用。

（郑 雪）

【推动先进制造业发展】 年内，区科技和信息化局持续打造工业互联网示范基地，促进北京适创科技有限公司、北京云道智造科技有限公司、北京数码大方科技股份有限公司等领军企业围绕工业软件“卡脖子”问题持续突破，支持国家数字化设计与制造创新中心北京中心围绕航空航天装备、船舶海工装备、紧固件装备等领域开发仿真App，已超2300个；推动用友工业互联网平台领航发展，已连续4年（2019—2022）入选“工信部跨行业跨领域工业互联网平台清单”，首批获授国家“工业互联网标识注册服务许可证”。聚焦医药健康、机器人、工业软件、空天、能源环保、新材料等产业集群，加快医药健康源头创新，助力腾盛华创医药技术（北京）有限公司、推想医疗科技股份有限公司、北京柏惠维康科技股份有限公司等10余家企业创新药物及医疗器械产品获批上市；支持小米集团成立全国首家3C智能制造创新联合体；支持中关村机器人产业创新中心联合高校领军企业梳理机器人领域核心技术、开展成果转化融合发展模式探索；鼓励银河航天（北京）网络技术有限公司、北京微纳星空科技有限公司等企业开展卫星星座组网建设，支持北京航天驭星科技有限公司、北京天链测控技术有限公司等企业在全球范围布局卫星测控站；制定海淀区促进氢燃料电池汽车推广应用实施方案，推进160辆氢燃料电池汽车示范应用。

（郑 雪）

【科技成果转化试点工作再获新进展】 年内，海淀区科技成果转化先行先试试点工作再获新进展，2家高校院所近400件专利开放许可项目公开发布。国家纳米科学中心、北京信息科技大学专利开放许可项目通过中技所“专利开放许可信息发布和交易服务平台”公开发布。其中，国家纳米科学中心开放许可项目包括7件发明专利和1件实用新型专利，涉及医疗健康、新材料、新一代信息技术、新能源和节能环保、科学教育等领域；北京信息科技大学公开发布的381件专利包括324件发明和57件实用新型，涉及新一代信息技术、高端装备制造、新材料、医疗健康、新能源和节能环保、人工智能等多个领域，均采用先使用后付费方式许可，其中3项专利成果已与海淀区中小微企业签订许可协议，按照协议约定，3家企业将在协议生效1年后根据转化实施效果向北京信息科技大学支付专利许可使用费。截至年底，海淀区已公开发布500项专利开放许可项目，其中417项专利可先使用后付费许可给中小微企业。

（郑 雪）

【保障有序经营和安全生产】 年内，区科技和信息化局对重点工业企业进行一对一服务，跟进企业供应链和生产情况，动态完善“白名单”，已有120家企业纳入国家、市、区“白名单”，其中7家企业纳入国家级；为安泰科技股份有限公司、北京西门子西伯乐斯电子有限公司等46家企业协调物资进京，开具通行证2199张。疫情期间，配合市经济和信息化局等市级相关部门为小米集团、兆易创新科技集团股份有限公司等多家重点工业企业加紧协调京外供应商、生产基地、仓库的复工复产及物资运输。持续加强安全生产和生态环境保护责任指导工作，开展火灾防控、危险化学品、工厂宿舍等安全生产宣传指导，现场指导企业480余家次，建立400家规上工业企业台账和涉危使用14家工业企业的基础台账，并实现全覆盖走访指导。

（郑 雪）

丰台区

【概况】 2022年，丰台区129家规上工业企业完成总产值305亿元，GDP总量120.5亿元，占全区GDP比重5.8%。产值排名前十位的重点行业累计实现工业产值266.2亿元，占全区规模以上工业总产值的87.3%。前十大行业中计算机、通信和其他电子设备制造业，通用设备制造业，印刷和记录媒介复制业分别同比增长10%、4.1%和1.2%；部分企业受原材料价格上涨、疫情期间物流不畅、运输成本增加等因素影响，铁路、船舶、航空航天和其他运输设备制造业、医药制造业、农副食品加工业、专用设备制造业、非金属矿物制品业产值分别同比下降26.7%、21.4%、20.3%、11.9%、3.6%。

年内，丰台区软件信息服务业规模持续扩大。全区 176 家规模以上软件信息服务业企业实现收入 612.5 亿元，GDP 总量 113.6 亿元，占全区 GDP 比重 5.5%，同比下降 2.7%。其中，电信、广播电视和卫星传输服务领域规模以上企业 14 家，实现收入 26.3 亿元，同比增长 13.6%；互联网和相关服务领域规模以上企业 27 家，实现收入 67.2 亿元；软件和信息技术服务业领域规模以上企业 134 家，实现收入 519 亿元，同比下降 4%。

（王　蕾）

【推动重点项目落地】年内，航天新长征医疗器械（北京）有限公司自主研发的辉昇 -I 型体外膜肺氧合机（ECMO）在北京协和医院成功完成临床应用。该项目计划在“十四五”时期内完成至少 20 例临床应用，实现产品性能最终确认和应用推广。

（王　蕾）

【促进高精尖产业发展】年内，丰台区高精尖产业规模以上法人单位 693 家，较上年新增 101 家，同比增长 17.1%，实现收入 1933.3 亿元，其中新能源智能汽车产业同比增长 8%，新材料产业同比增长 1.2%。区科技和信息化局组织符合条件的企业申报市级高精尖产业发展资金，25 家企业获得资金支持共计 2725.6 万元。

（王　蕾）

【助力产业链补链强链】年内，区科学技术和信息化局组织召开丰台区高精尖产业强链补链政策宣贯会，共 18 家企业参会。开展产业链龙头企业自荐工作，推荐北京星航机电装备有限公司、北京榆构有限公司 2 家企业纳入市级产业链龙头企业名录。推动 3 家重点工业企业纳入国家级重点保供“白名单”、3 家纳入市级“白名单”、27 家纳入区级“白名单”，组织“白名单”工业企业进行线上产融对接，通过国家产融合作平台为产业链供应链重点企业提供专项优惠金融支持。

（王　蕾）

【落实产业限制政策】年内，丰台区落实北京市及区内有关新增产业的禁止和限制目录相关规定，严守非首都功能增量，推动产业高质量发展，完成北京中研环科科技有限公司、北斗航天卫星应用科技集团有限公司、北京四环科宝制药有限公司、北京星航机电装备有限公司、航天新长征医疗器械（北京）有限公司等企业项目备案，总投资达 4.2 亿元。

（王　蕾）

石景山区

【概况】2022 年，石景山区规模以上工业总产值完成 243.5 亿元，同比下降 20.5%。实现工业增加值 41.4 亿元，同比下降 10.6%；全区信息传输、软件和信息技术服务业实现收入 964.7 亿元，同比增长 10.4%，实现增加值 303.3 亿元，同比增长 4.7%。

年内，石景山区经济和信息化局印发《石景山区政府投资信息化项目管理办法》。加强数据统筹，将数据管理贯穿项目需求管理、评审管理、建设管理和绩效管理全程。加强规划统筹，由区经济和信息化局提出年度信息化建设方向、重点领域、重点单位信息化工作任务，各部门依据指引制订年度建设计划。加强技术统筹，依托区政务云、区大数据平台等开展集约化建设，对数据的采集（采购）、使用，商用密码管理、移动应用程序等提出进一步规范要求。

（金明东）

【重点项目建设】年内，区经济和信息化局利用首钢微电子原厂房建设光功能材料与芯片项目，建设北重厂科技文化产业园，推进巴威公司关停退出。该项目主要建设目标是实现自主高端光芯片产业化，并同步启动该领域国家级创新中心建设。项目实施主体华夏芯智慧光子科技（北京）有限公司（简称华夏芯智慧）分两期建设，一期规划投入约 6 亿元，利用石景山区首钢微电子部分现有厂房进行建设改造，总计约 1.5 万平方米。二期规划再融资再投入 20 亿元，通过股东出资、社会化引资、北京市产业基金政策支持、企业经营收入等方式解决快速发展资金需求。打通从外延生长、芯片制程、封装测试、搭建完整产业链，力争 2 至 3 年建立解决光芯片“卡脖子”的产业链供应保障体系；力争 4 至 5 年成为国际前三位的百亿级光芯片龙头公司，实现从“跟跑”到“并跑”再到局部“领跑”的跨越。在 5G 通信和数据中心领域，项目计划可快速实现 25G-VCSEL、10G-DFB 和 50G PAM4 VCSEL 和 25G DFB 等中高端高速通信光芯片的技术研发和产业化，解脱对国外供应商的依赖，满足快速成长的国内市场需求，逐步实现国产替代，逐步满足国内高端光芯片与器件技术服务和供应保障。

（代　蓉）

【新一代信息技术】年内，石景山区规模以上新一代信息技术企业累计实现收入786.3亿元，同比增长21.5%；利润总额70.2亿元，同比下降20.5%。落实与航天科工集团签署的战略协议，引进航天科工集团智能科技研究院有限公司，形成航天科工智能科技园基本布局；完成2020年度新基建政策兑现，支持资金共计186万元。工业互联网产业加速发力。与国家工业信息安全发展研究中心、中关村发展集团、北方工业大学共同举办第四届中国工业互联网大赛北京赛站；工业互联网企业发展迅速，国内首家时间敏感网络关键设备实验室落户东土科技，航天云网INDICS平台第四次入选工信部跨行业跨领域工业互联网平台，工信安全中心获得工信部首张“互联网域名根服务器及其运行机构”许可证；工业互联网重点项目稳步推进，完成中关村工业互联网产业园一期主体建设，605地块筹备土地上市。先导区入驻率70%，累计落地中航信、中船海神等行业企业33家，工业互联网实训基地基本建成，同步开展网上培训。推动老旧厂房更新，承接落地高精尖产业项目。光芯片产业基地改造项目竣工落成，推进北重厂科技文化产业园建设，引入建设智能算力中心项目，推进北京巴布科克·威尔科克斯有限公司关停退出，规划建设航天科工智能产业园。

（王　闪）

【实施产业转型和城市更新发展战略】年内，区经济和信息化局推动老旧厂房承接高精尖项目，完成冬奥会首钢园5G+8K室外大屏和10个社区高清电视安装收视工作；实施冬奥期间智能网联汽车示范项目；完成服贸会213处道路点位电子地图更新；组织10家企业线上线下参展。服贸会现场签约航天科工集团智能科技研究院30亿元项目；举办航天复杂系统与人工智能高质量发展论坛；举办第四届中国工业互联网大赛·北京赛站。引进高精尖企业33家。

（代　蓉）

【安全生产管理】年内，区经济和信息化局结合有关安全生产的规章细则，严格落实全区工业行业安全生产“党政同责、一岗双责”工作制度。局主要领导坚持在重大节日或敏感时期及安全生产重点专项整治活动中带队检查安全生产工作，全年到企业实地指导安全生产和消防工作192家次。将安全生产工作与新冠肺炎疫情防控、普法宣传、扫黑除恶、扫黄打非、防范非法集资、创文明城区、垃圾分类、禁烟等工作相结合，通过微信工作群下发通知和安全提示。

（代　蓉）

门头沟区

【概况】2022年，门头沟区拥有规模以上工业企业28家，累计完成工业总产值54亿元，同比下降4.3%。拥有规模以上信息传输、软件和信息技术服务业企业10家，累计实现营业收入8.9亿元，同比下降43.3%。

（王　亮）

【“创客北京”创新创业大赛举办】年内，区科技和信息化局组织开展“创客北京2022”创新创业大赛，其间共征集涉及人工智能、智能制造、科技服务、文化创意、便民服务、文化创意等领域80个优秀创业项目。大赛启动以来，共20个项目入围市级决赛，3个项目进入北京市150强。北京夏禾科技有限公司（夏禾科技OLED核心发光材料研发项目）获企业组一等奖及龙头企业专项赛特等奖、北京至格科技有限公司（增强现实（AR）衍射光波导及光学显示模组产业化项目）获企业组二等奖、联合瑞升（北京）科技有限公司（基于增汽机的热电厂汽轮机乏汽余热回收梯级利用系统项目）获企业组三等奖、米塔科技团队（元宇宙智能美术馆项目）获创客赛三等奖。该次大赛门头沟区获奖企业共获奖励资金22万元，北京夏禾科技有限公司和北京至格科技有限公司获第七届创客中国创业大赛全国500强（北京市共11个项目）。

（贾岩琦）

【固定资产投资】年内，门头沟区累计办理北京市非政府投资工业和信息化固定资产投资项目备案21件，涉及投资共330912.79万元。

（刘　力）

【专精特新企业新增47家】年内，门头沟区专精特新中小企业70家，比2021年增长47家，提前超额完成“十四五”时期发展目标。其中，北京市专精特新“小巨人”企业22家、国家级专精特新“小巨人”企业4家，长安街西延长线专精特新产业集群初具规模。区科技和信息化局开展对首次获得专精特新称号奖励兑现征集工作，涉及奖励金额2060万元。

（李　瑀）

【强化资金支持力度】 年内，区科技和信息化局加大对区内工业和软件信息服务业企业的引导和支持力度，累计争取各类政策资金2124万元，其中为北京芯盾时代科技有限公司、遨博（北京）智能科技有限公司2家企业争取国家专精特新“小巨人”企业高质量发展专项资金310万元；为北京精雕科技集团争取高精尖产业发展资金（融资租赁专项、融资贴息）1244万元；为北京泽声科技有限公司争取高精尖产业发展资金（集成电路产品首轮流片专项）102万元；为北京夏禾科技有限公司争取高精尖产业发展资金（新材料首批次应用专项）228万元；为北京星网船电科技有限公司、北京鑫华源机械制造有限责任公司等4家企业争取高精尖产业发展资金（做优做强高精尖企业专项）240万元。通过政策支持，为企业纾困解难、平稳发展提供助力。

（李　昂）

【保障重点企业供应链畅通】 年内，区科技和信息化局为保障民生物资和重要生产物资运输畅通，最大限度缓解区中小微企业受疫情影响的运输压力，协调为有货车进出京需求的企业办理车辆转运证明，稳定企业生产及供应链，全年为区工业及配套企业办理转运证明107件次，有效保障企业供应链受最小影响。

（朱桂枚）

【一般制造业疏解退出与转型提质】 年内，按照全市“疏解整治促提升”行动总体部署，结合市级一般制造业退出任务目标和腾退再利用项目任务目标，涉及门头沟区任务共计2项：北京中门清泉矿泉水厂退出项目（一般制造业退出任务）和中关村精雕智造创新中心项目（腾退再利用任务）。截至年底，两个项目均已完成区级验收和市级系统销账工作。

（李　瑀）

房山区

【概况】 2022年，房山区规模以上工业企业完成产值960亿元，对接“三城一区”优质资源，承接北京理工大学、北京中医药大学等驻区高校科技成果转化项目，区级以上高精尖产业项目达到190个。推动众创空间专业化特色化发展，全年新增众创空间3家，新增双创企业3800家，累计入驻双创企业达到14800家。推动数字经济标杆城市建设，出台《房山区数字经济标杆城市建设行动方案》，明确六大领域20项重点工作任务。

年内，房山区经济和信息化局推动大数据基础设施建设，完成政务外网升级和政务云、大数据平台建设。启动“京办”平台在区内应用，启动智慧城市数字底座与大数据应用场景建设，推进区数字档案馆政务云扩容。梳理新增年度开放数据82项。加强政府投资信息化项目管理，起草《房山区政府投资信息化项目管理办法》，房山区政府信息化项目管理平台上线运行，全年共审核信息化项目84个。

（杨超　李静怡）

【服贸会活动】 9月2日，区经济和信息化局在首钢园区举办两区建设成果发布暨重大项目签约仪式，线上、线下共签约76个项目，年内执行合同金额1.6亿美元，比2021年翻一番；全年新增入库374个项目，完成全年新增任务的275%。持续开展宣传推介，与区融媒体中心合作，制作挂牌节目《“两区”建设房山在行动》，启动“两区政策进园区”系列宣讲活动，打造“两区”建设标识系统，“两区”显示度不断提升。9月1日至5日，在首钢园区2号馆、9号馆、11号馆进行文旅服务专题展、金融服务专题展、中关村房山园专题展，共洽谈企业50家，主动到各展厅拜会参展企业110家，为企业解答招商引资政策咨询100余人次，发放宣传资料300余份。参加服贸会“北京日”暨“两区”建设2周年主题活动，现场签订3个重大项目，房山区分别与新源智储能源发展（北京）有限公司签订新源智储储能系统研发及产业化项目、与京东集团签订京东房山“亚洲一号”绿色智能电商运营中心项目、与中葡汇（北京）国际红酒小镇建设有限公司签订国际葡萄酒小镇项目。

（邢毅明）

【重点项目建设】 年内，房山区新能源产业发展迅速，北京卫蓝新能源科技有限公司固态锂电池总部及研发中心项目竣工，北京海博思创科技股份有限公司产能稳步提升，新源智储能源发展（北京）有限公司储能系统产业化项目实现投产，对接中国电力、京能集团、清华大学、北京理工大学、中国科学院等头部企业和高校院所，区域新型储能产业链条初步形成；编制氢能产业发展规划，北京环宇京辉京城气体科技有限公司二期完成二次结构验收，中关村氢能硬科技孵化平台入驻孵化企业40家，加快打造氢能产业发展新高地。智能制造产业加速聚集，深耕“前店后厂”模式，智能应急装备产业园已聚集企业20余家，中车北京地铁12号线车组完成交付，北京航景创新科技有限公司无人机森林灭火示范项目试点应用，北京史河科技有限公司等企业实现投产。新材料产业加快发展，石墨烯种子园入驻项目12个，北京创新爱尚家科技股份有限公司服务冬奥成果显著，喆烯新材投入运营。医药健康产业稳步发展，中粮健康科技园实体注册企业106家。

（任会敏）

【高精尖产业发展】年内，区经济和信息化局对接“三城一区”优质资源，承接北京理工大学、北京中医药大学等驻区高校科技成果转化项目。区级以上高精尖产业项目达到190个。落实重大项目带动战略，实施重点产业项目调度，中车北京轨道交通装备产业园12号线车组成功投产、无人机项目启动生产线设备试生产，卫蓝固态电池产业化、研究院三期、八亿时空、集联光电等重点项目进展顺利。

（任会敏）

【“两区”建设】年内，区经济和信息化局按照《促进“两区”重点园区（组团）发展提升专项行动方案》要求，围绕功能定位、主导产业、体制机制、招商体系、园区服务、宣传推介等方面，统筹全区各有关部门编制《北京高端制造基地高质量发展三年行动方案（2022—2024）》，已通过区政府专题会审议；整合中关村社区·科技服务驿站和人才微中心等公共服务资源，打造综合性的服务平台；梳理出园区科技创新支持、高层次人才引进及培养、众创空间发展等政策清单7项，智能制造、新能源、新材料等主导产业目标企业清单13家，研发办公、生产厂房等存量空间资源清单2处，5G自动驾驶测试认证、产业生态资源对接平台方面的企业诉求清单2项；落实标识系统打造工程，选取北京高端制造业基地主要道路建设标志性设施，并在园区内挂牌国家服务业扩大开放综合示范区重点园区，增强“两区”显示度。

（邢毅明）

【众创空间建设】年内，房山区共认定区级众创空间26家，包括5家国家级众创空间：创新谷、新金融创业港、移动互联孵化基地、青创动力、北创营房山基地；11家北京市众创空间：三维六度、创新谷、新金融创业港、移动互联孵化基地、青创动力、北创营房山基地、奥祥智造创新产业孵化平台、光合优创、燕星宇众创空间、智慧长阳文化产业基地、长阳共享际；5家中关村创新型孵化器：北创营房山基地、青年创业园房山园、良乡大学城科技创业园、创新谷、首诚生物健康产业园；1家中关村海创园：新金融创业港；2家中关村国家自主创新示范区硬科技孵化平台：奥祥智造创新产业孵化平台和氢能科技产业园；1家北京市小微企业创新创业基地：新金融创业港；1家北京市中小企业公共服务示范平台：北创营房山基地。

（张　萌）

【中小企业服务】年内，区经济和信息化局组织召开2022年房山区促进中小企业发展工作领导小组年度工作会议，明确工作领导小组成员名单，制定议事规则。抓好中小企业梯队培育，新增专精特新企业69家，截至年底达到116家；新增国家级“小巨人”企业7家，截至年底达到44家。开展拖欠中小企业账款第二轮排查，9项欠款已全部清偿完毕。开展绿色诊断工作，实施“新智造100”工程，完成市、区两级改造提升任务8家。举办“创客北京2022”创新创业大赛房山赛区活动,25个项目代表房山晋级市赛。

（路苹　尹秉全）

通州区

【概况】2022年，通州区经信系统立足新发展阶段，贯彻新发展理念，着力推进高质量发展，在全力抓好疫情防控的同时，扎实开展经济和信息化领域各项工作。全区规模以上工业企业333家，完成工业总产值595.3亿元，同比下降8%，实现营业收入827.3亿元，同比下降6.7%。全区规模以上信息传输、软件和信息技术服务业企业33家，实现营业收入46.2亿元，同比下降4.7%。年内，通州区完成工业固定资产投资9亿元（不含台湖、马驹桥地区）；完成软件和信息服务业企业固定资产投资11.9亿元。完成固定资产投资项目备案50个，总投资64.2亿元。其中，新建项目42个、技改项目7个、改扩建项目 1 个。

（金绍光　屠洪月）

【高精尖产业发展】 年内，区经济和信息化局召开多场重点企业政策解读会，宣贯《2022 年北京市高精尖产业发展资金实施指南》，推荐 16 个项目申报市级高精尖政策，其中申报新制造 100 项目 5 家、医药创新品种项目 2 家、集成电路首流片项目 1 家、低碳发展 4 家、重点新材料项目 3 家、贷款贴息奖励 1 家；协助 48 家企业获得市级首升规、首破亿奖励合计 2130 万元。进行区级高精尖资金支持有关工作，开展《通州区高精尖产业发展资金管理办法（试行）实施细则（2022 版）》的制定、项目征集、项目评审、支持资金核算、资金拨付等工作。按照市级智能制造诊断相关要求，梳理通州区重点企业 20 余家，一对一进行政策辅导，推荐智能制造诊断服务商对接。专精特新队伍扩充，截至年底共培育专精特新中小企业 256 家，同比增速达 164%；培育专精特新“小巨人”企业 26 家，同比增速达 160%。

（刘书标）

【减轻企业负担】 年内，通州区减轻企业负担联席会议办公室（简称“区减负办”）制订下发《通州区防范和化解拖欠中小企业账款专项行动方案》和《通州区 2022 年减轻企业负担工作实施方案》，明确各相关单位职责，加强对拖欠中小企业账款、减负工作的指导。区减负办开展区级党政机关、事业单位、大型企业逾期未支付中小企业款项信息公示及排查、清偿工作。进行减负问卷调查，按照国家和北京市的工作部署，区减负办组织 4 个乡镇共 20 家企业在线填报企业负担问卷调查。

（刘建波）

【安全生产管理】 年内，区经济和信息化局制订并组织实施《通州区经济和信息化局 2022 年安全生产工作重点及责任分工方案》《通州区经济和信息化局关于进一步强化安全生产和消防安全责任落实防范遏制重特大事故若干措施的落实方案》《区经信局安全生产大检查工作方案》。开展安全生产宣传指导，全年出动 463 人次，走访企业 606 家次，发放《安全生产指导工作记录表》1093 份，促进企业落实安全生产主体责任。

（张桂明）

【疏解整治促提升】 年内，区经济和信息化局完成疏解企业 5 家、提质企业 6 家，全市排名第五位，并开展回头看检查 417 家次。在产业质量提升方面，支持 4 个升级方向共计 13 个项目，对 11 家企业进行绿色节能诊断。

（刘书标）

【工业领域空气重污染应急响应】 年内，区经济和信息化局建立条块结合、响应迅速、精准防治的空气质量保障体系，共走访企业 1500 余家次，指导督促企业落实空气重污染防治措施。根据《环境空气质量指数（AQI）技术规定（试行）》（HJ633—2012）分级方法，按照市生态环境局关于统一调整重点区域预警启动标准有关规定，依据空气质量预测结果，综合考虑空气污染程度和持续时间，将空气重污染预警分为 3 个级别，由轻到重依次为黄色预警、橙色预警和红色预警。黄色预警：预测全市空气质量指数日均值 >200 或日均值 >150 持续 48 小时及以上，且未达到高级别预警条件时。橙色预警：预测全市空气质量指数日均值 >200 持续 48 小时或日均值 >150 持续 72 小时及以上，且未达到高级别预警条件时。红色预警：预测全市空气质量指数日均值 >200 持续 72 小时且日均值 >300 持续 24 小时及以上时。如接到污染过程预警通知，按照《通州区空气重污染应急预案（2018 年修订）》要求，严格落实各项重污染应急举措。对纳入空气重污染预警期间应急减排清单的企业，按照重污染天气重点行业绩效分级，实施差异化减排措施。

（刘书标）

【信息化建设】 年内，通州区经济和信息化局贯彻落实《“十四五”数字经济发展规划》《北京市数字经济促进条例》及《北京市“十四五”时期智慧城市发展行动纲要》文件要求，围绕城市发展目标，坚持需求驱动、场景驱动和模式驱动，着力强化数字基础设施能力，提升惠民服务体系，提高社会智能化治理水平，通过新一代信息技术与城市副中心社会经济发展的全面融合，探索场景开放与产业创新协同发展的路径，加快推进副中心智慧城市建设。

（卢　迪）

【城市副中心“十四五”时期智慧城市规划印发】 年内，区经济和信息化局编制完成《北京城市副中心“十四五”时期智慧城市规划》（简称《规划》），并由北京城市副中心管委会、通州区人民政府联合印发。《规划》由数字底座和“数字 + 生活”“数字 + 治理”“数字 + 融合”“数字 + 双碳”“数字 + 产业”“数字 + 安全”等六大领域组成，把建设宜居之城、智能之城、创新之城和韧性之城作为发展蓝图，打造以“全网感知、全城通办、全域协同、全景开放、全时响应”为主要特征的新型智慧城市体系。

（卢　迪）

【智慧城市建设】 年内，通州区统筹市区两级资源，组建副中心智慧城市工作专班，形成“一办六组”工作组织架构，先后召开15次工作调度会，其中包括2次市区两级共同调度，明确各组工作思路和工作重点。《北京城市副中心“十四五”时期智慧城市规划》中28项标杆示范工程已全面启动，其中，经济大脑、智慧应急、智慧医疗、“一网通办”等21个标杆项目已实施建设。

（卢　迪）

【城市副中心智慧城市产业联盟成立】 年内，城市副中心智慧城市产业联盟成立，成员单位包含北京市建筑设计研究院、北京良安科技股份有限公司、特斯联科技集团有限公司、北京市商汤科技开发有限公司等多家单位，涵盖城市治理、民生服务、安全应急、智慧政务、智慧文旅、生态环保及其他智慧应用产业等诸多领域。城市副中心智慧城市产业联盟已吸纳50余家优质企业成为首批会员，通过对接国内优秀产业联盟，有针对性地接洽优质企业到城市副中心聚集和发展，吸引北京有生深境技术有限公司、北京数通科创技术有限公司、北京慧普时代数字科技有限公司、企服码（北京）科技有限公司等10家优质企业完成工商注册，落户北京城市副中心。

（卢　迪）

【政务外网运行】 年内，通州区新增政务外网接入节点60个、政务外网迁移节点6个、金财网新增接入节点1个，累计在线网络接入节点700余个，医保网接入节点27个，金财网接入节点200余个，VPN接入账号250余个；区经济和信息化局全年共解决接入单位网络故障及问题咨询1900余次；完成政务外网传输备用链路建设、通州区政务数据中心机房搬迁。

（王　超）

【网络信息安全】 年内，区经济和信息化局联合区委网信办、区公安分局开展全区电子政务网络安全检查，对区人力社保局、区财政局、区交通局等30余家单位70余个政务信息系统安全管理及技术保障情况进行全面检查，进一步掌握区政务网络安全现状，并对发现的问题督促相关单位及时整改。完成区政务外网、政务办公系统、区政府网站3个系统商用密码测评及等保测评工作。

（王　超）

【政府网站运行】 年内，区政府网站整体运行平稳，共发布文章2万余条，网站浏览量800余万次。完成网站首页、无障碍适老化页面改版，完成政府信息公开手机适配、智能搜索、信息订阅、信息资源库、智能问答和问答知识库等功能开发上线。制作上线数据开放、2022年民生实事、通州区社区（村）政务服务站办事指南、通州区助企纾困政策集成等17个专题专栏，全市区政府网站考核前3季度均排名前列。

（王　超）

【区级办公系统运行】 年内，区政务办公系统累计单位数200余家、个人账号4700余个、移动端办公账号1400余个。单位间公文收发140余万份，区领导签批文件37000余次；解决各单位办公系统问题2000余次；完成政府办会议科、机要保密科等10余个模块优化及功能开发。

（王　超）

【软件正版化】 年内，区经济和信息化局编制印发《2022年通州区软件正版化工作推进方案》，组织召开区软件正版化工作培训会，开展区内软件正版化实地指导检查，指导区卫健委、区国资委及区教委推进行业软件正版化工作。全年区政府机关操作系统、办公软件、杀毒软件正版化率均为100%，纳入检查的国有企业及教育直属事业单位正版化率均为100%。

（王　超）

顺义区

【概况】 2022年，顺义区规模以上工业企业349家，实现工业总产值1481亿元，同比下降2.08%，总量排名全市第3位，完成市区两级任务指标。全年完成固定资产投资97.07亿元，其中建安投资完成38.26亿元，超额完成全年任务，固定资产投资任务完成率达111.8%。六大产业三升三降，生物医药、电子信息以及汽车交通产业呈现增长。汽车与交通设备企业48家，累计完成工业总产值560亿元，增量2.7亿元，占比37.8%，同比增长0.5%，拉动工业增长0.2个百分点。装备企业118家，累计完成工业总产值286亿元，减量28.5亿元，同比下降9.1%，拉低工业增长1.9个百分点；基础材料企业50家，累计完成工业总产值 247.1 亿元，减量 18.6 亿元，同比下降 7%，拉低工业增长 1.2 个百分点；都市企业 92 家，累计完成工业总产值 226.9 亿元，减量 4 亿元，同比下降 1.7%，拉低工业增长 0.3 个百分点；生物医药企业 20 家，累计完成工业总产值 95.5 亿元，增量 10.1 亿元，同比增长 11.8%，拉动工业增长 0.8 个百分点；电子信息企业 21 家，累计完成工业总产值 65.5 亿元，增量 6.9 亿元，同比增长 11.8%，拉动工业增长 0.5 个百分点。

年内，顺义区 5G 基础设施建设加快推进，年度新增开通 5G 基站 328 个，全区累计交付 5G 基站 2546 个，自贸区、中德产业园等重点区域 5G 网络实现全覆盖。“智慧顺义”无线网络全覆盖项目建设 8326 个 AP 点位，覆盖 8 大场景，累计注册人数 33 万，提供服务 1.1 亿人次。建设应用“智慧顺义”基础地理信息平台，更新建设 31 个委办局，共 155 个专题图层，为区城管委、区综治办、石园街道、空港街道等多家单位提供地理信息服务达 1.6 亿次。“雪亮工程”二期项目有序推进，各分包建设全面实施，项目整体完成 80%。“顺义区公共信用信息平台”建设完成，累计归集信用数据 279 万条；助力企业健康发展，引导企业自主信用修复 2034 条。

（区经济和信息化局）

【中德产业园建设】年内，以“中德产业合作双中心”为合作渠道，在国内设立产业园管委会，聘用国际化运营管理团队，搭建产业承载体系；在德国与 TQ 科创中心共建实体孵化转化空间，协同法兰克福、科隆、慕尼黑、柏林 4 个海外办事处，对接德国创新资源；扩容中德智能制造产业协会，释放人才、资本、商务合作动能。在南区，中德大厦全面投用，累计入驻大众物流器具、博世工业 4.0 创新中心等 29 个重点项目，国际化商业配套运营；筹划 26 万平方米中德大厦二期建设，承接优质德企项目总部；在北区，设立导视标识，梳理 20 万平方米低效厂房用于更新利用，北京奔驰汽车有限公司顺义分公司 EQE 全球首发并投产，威乐（中国）水泵系统有限公司全球第二总部加快建设。组织招商小分队首访德国，与 20 余家德国企业、10 余家商协会组织建立联系，建立涵盖 50 家德国隐形冠军的定向合作清单。全年走访 61 家入区德企，拓展区域存量资源企业投资扩产；跟进服务大众 CARIAD、Triton 基金等标志性项目。吸引浩瀚海慈循环科技（北京）有限公司、埃帕德咨询（北京）有限公司等 15 家隐形冠军和创新创业项目落地，储备项目 67 个；集聚德企 90 家，其中包括 27 家德国隐形冠军企业，德籍高管和工程师团队达 120 余人，总投资 45 亿欧元，全年产值规模 300 亿元，形成德企集聚发展良好态势。

（区经济和信息化局）

【工业互联网标识解析国家顶级节点建成】年内，顺义区高标准建设国家级工业互联网数字化转型促进中心（北京），聚力培育工业互联网产业生态，高质量打造工业互联网总部基地。已接入二级节点 87 个，累计标识注册量为 514.5 亿，累计标识解析量 546.3 亿，接入企业 49031 家。

（区经济和信息化局）

【重点项目建设】年内，顺义区加快新能源智能汽车全产业链布局。理想汽车北京绿色智能工厂完成厂房土建、厂房主体结构建设、正式电报装等改扩建工程，设备安装基本完成。理想汽车产业园二期正式开工。奔驰顺义工厂量产国内首款高端纯电动车型 EQE 并开始交付。北京现代将重庆工厂的菲斯塔车型转移到北京工厂生产。北汽越野车量产并上市改款车型 BJ60。理工华创项目正式开工，海斯坦普实现量产并向北京奔驰供货。组建顺义区第三代半导体产业专班，编制《关于加快发展北京第三代半导体产业的报告》。三代半实体企业达到 22 家，累计总投资额 43.57 亿元，涵盖微波射频、电力电子等领域。泰科天润半导体科技（北京）有限公司、北京晟合微电子有限公司项目均已取得土地证，项目方案取得多规合一批复意见。瑞能微恩半导体科技（北京）有限公司项目开工，厂房装修工程完成 50%。航空航天产业进一步做大。依托中航工业北京航空产业园空间承载功能，推动航空发动机制造，推动涡轮叶片、复合材料、航电系统等产业化。中航发叶片示范线建设项目启动二次结构施工，北京轩宇空间科技有限公司与北京轩宇信息技术有限公司项目正在进行产线设备启动安装调试，姿轨控系统核心产品制造基地项目启动二次结构和机电安装施工。

（区经济和信息化局）

【智能制造转型升级】年内，顺义区智能制造三年行动计划稳步实施，区数字化车间、智能工厂数量均居全市第二，北京天玛智控科技股份有限公司等 6 家企业获北京市智能工厂认定、北京万集智能网联技术有限公司等 9 家企业获北京市数字化车间认定。区经济和信息化局开展“一对一”上门把脉问诊，累计完成区内 60 家重点制造业企业智能制造咨询诊断工作，为企业实施智能化转型升级提出科学适用的发展建议；组织指导企业申报工信部2022年度智能制造试点示范工厂揭榜单位和优秀场景，安泰科技股份有限公司揭榜稀土永磁制品智能制造示范工厂，SMC（北京）制造有限公司等5家企业6个场景获工信部优秀场景认定，占北京市入选数量的一半以上。

（区经济和信息化局）

【创新产业集群示范区建设】年内，北京创新产业集群示范区建设稳步推进，全面落实《北京创新产业集群示范区（顺义）发展规划（2017—2035）》与《北京创新产业集群示范区（顺义）发展规划实施方案》，落实“一办九组”工作机制，挂图推进“重点任务、重点产业项目、重要配套设施”三大清单台账，55项重点任务、55项重点产业项目、55项重要配套设施全部完成全年目标任务。

（区经济和信息化局）

【产业结构优化调整】年内，顺义区完成一般制造业疏解提质项目18个，完成年度任务的164%。其中，完成北京燕达皇冠盖有限公司、北京红蓝服装集团等一般制造业疏解退出项目8个；完成北京汽车集团越野车有限公司、北京康仁堂药业有限公司、SMC（北京）制造有限公司等企业的智能化绿色化改造项目9个；利用腾退空间引进北京众驰伟业科技发展有限公司高精尖项目1个。

（区经济和信息化局）

【助力中小企业发展】年内，顺义区印发《顺义区创业摇篮计划支持政策实施办法》及配套《细则》，认定203家顺义区创新创业型企业，其中创新创业型种子企业45家、创新创业型苗圃企业106家；申请创新创业型“小巨人”企业52家。截至年底，区内有311家企业获北京市专精特新中小企业称号、64家企业获北京市专精特新“小巨人”企业称号、26家企业获国家级“小巨人”企业称号。

（区经济和信息化局）

大兴区

【概况】2022年，大兴区规模以上工业企业300家，实现总产值1017.7亿元，同比下降55%，扣除新冠疫苗完成的885.5亿元同比下降3.7%。完成工业固定资产投资71.8亿元，完成建安投资44.1亿元。重点产业情况：生物工程与医药产业规模以上企业46家，实现产值417.8亿元，同比下降73.9%，占规模以上工业总产值的41%；汽车及交通设备产业规模以上企业31家，实现产值232.7亿元，同比下降5.5%，占规模以上工业总产值的22.9%；装备制造产业规模以上工业企业93家，实现产值127.2亿元，同比下降1.3%，占规模以上工业总产值的12.5%；电子信息产业规模以上企业5家，实现产值17.7亿元，同比下降20%，占规模以上工业总产值的1.7%。全区“四个一批”项目43个。其中，实现国电投北京氢能中试与生产基地建设项目等3个项目摘地；安盾兰达智能机器人安全防御系统研产基地项目等9个项目开工；广安顺元大兴制药基地工程项目等22个项目竣（完）工；天科合达第三代半导体碳化硅衬底产业化基地建设一期项目等9个项目投产。年内，大兴区规模以上软件和信息服务业28家，完成营业收入20.5亿元，同比下降26.5%。

（刘　莉）

【区域氢能示范效应持续扩大】年内，大兴国际氢能示范区北区活力升级，园区厂房、测试中心、酒店公寓等正式开放；南区一期建成。国家电投集团氢能科技发展有限公司、山西美锦能源股份有限公司等152家氢能重点企业落地大兴区，引入国家燃料电池汽车质量检验检测中心，产业集聚效应凸显。京津冀燃料电池汽车示范城市群第一示范年度任务完成，累计推广燃料电池汽车565辆。光储氢一体化多能耦合综合能源站项目、分布式冷热电氢源网荷储多能互补项目、“双碳”目标下绿色智慧氢燃料电池叉车一体化示范项目入选市首批氢能技术应用试点示范项目；建成大兴国际氢能示范区海珀尔加氢站、中石化青云店油氢合建站、中石油时顺苑油氢合建站3座加氢站，已全部投运。制定发布大兴区氢能产业发展行动计划（2022—2025年）。国际绿氢大会、第二届氢生态年会等国际性专题活动举办。

（刘　莉）

【产业数字化转型加速】年内，大兴区产业发展服务平台上线，实现区内工业重点数据资源共享、协同互联，汇聚5000余家企业数据、200余个产业空间、800余项在谈项目、60余个“四个一批”项目。线上线下同步梳理产业空间，实现空间资源数字化管理，形成全区工业用地及产业空间图册。统筹推进落实全球数字经济标杆城市实施方案。承办全市数字经济体验周活动。完成离岸贸易背景核验信息服务平台项目评审和入云服务，支持临空区推进贸易数字化示范区建设、探索开展跨境数据流动试点。举办2022世界元宇宙大会。数字赋能产业发展，富思特新材料科技发展股份有限公司等10家企业完成智能化改造。

（刘　莉）

【区域经济高质量发展】 年内，经工信部评审，大兴区成为北京市唯一被评为工业稳增长和转型升级成效明显市（州）的区，在传统产业改造提升、智能制造试点示范等工作中得到工信部优先支持。参加工信部组织的先进制造业集群竞赛，申报的京津冀生命健康集群在决赛中获优胜。组织开展工信部政策、市经济和信息化局高精尖政策、中关村“1+5”政策申报工作，确保企业对各项政策应享尽享，全年区内企业共获得市级以上资金支持1.59亿元。建立专精特新企业培育库，开展系列培训，全年新增国家级专精特新“小巨人”企业11家、专精特新企业139家、村高新企业67家。落实助企纾困措施，开展防范和化解拖欠中小企业账款工作。协助402家企业完成530条信用修复。

（刘　莉）

昌平区

【概况】 2022年，昌平区规模以上工业企业295家，实现工业总产值1319.7亿元，同比增长2.4%。总量、增速均排名全市第四。全区完成工业固定资产投资56.9亿元、同比增长206.5%，全市总量排名第四，增速第二。全区重点产业情况：装备产业完成产值502.8亿元，同比增长5.6%；基础与新材料产业完成产值272.8亿元，同比下降5.9%；汽车与交通设备产业完成产值218亿元，同比下降8.9%；生物与医药产业完成产值208亿元，同比增长0.03%；电子信息产业完成产值61.6亿元，同比增长1.9%；都市产业完成产值55.5亿元，同比增长6.1%。年内，昌平区规模以上软信企业完成营收361.5亿元，同比增长1.1%。

（于凌燕　赵星）

【重点企业运行】 年内，三一公司（三一重工股份有限公司、三一重能股份有限公司、三一石油智能装备有限公司、北京三一智造科技有限公司、三一机器人科技有限公司、三一筑工科技股份有限公司、北京三一智能电机有限公司）完成产值286.6亿元，同比增长6.1%，拉动全区规模工业增长1.2个百分点。福田公司（北京福田康明斯发动机有限公司、北京福田欧辉新能源汽车有限公司、北汽福田汽车股份有限公司、北京福田康明斯排放处理系统有限公司）完成产值160.6亿元，同比增长9.8%，拉动全区规模工业增长1.1个百分点。北京诺华制药有限公司完成产值93亿元，同比下降5.3%，向下拉动全区规模工业增长0.4个百分点。北京翠铂林有色金属技术开发中心有限公司完成产值92.8亿元，同比下降20%，向下拉动全区规模工业增长1.8个百分点。

（于凌燕　赵星）

【重点项目建设】 年内，昌平区围绕先进能源、医药健康、智能制造等产业体系做好项目立项审批和推进，加快项目落地、开工、建设。重点推进新雷能特种电源扩产等39个重点项目建设，其中万泰鼻喷新冠疫苗产业化项目等5个项目竣工，22个项目已开工建设，12个项目正在办理开工前各项手续。做好项目备案工作，全年共办理企业投资备案（工业和信息化投资项目）项目112个，总投资142.2亿元，其中固定资产投资119.5亿元。

（于凌燕　赵星）

【新兴产业发展】 年内，昌平区规模以上美丽健康企业收入约86.7亿元，北京茉颜定制生物科技有限公司等24家企业注册落地昌平区。“网际星辰”美妆直播基地产生交易金额超3000万元；引入日本化妆品检定协会驻中国首家办事处及运营公司；北京茉颜定制生物科技有限公司持续推进“北京市茉颜个性化妆品科创平台1.0版”建设工作，强化AI大数据与美丽健康有机结合，小汤山美丽智造园一期部分地块已上市供应。促进昌平区氢能产业高质量发展，落实燃料电池汽车示范城市群车辆推广任务；推进加氢站基础设施建设，与中石化北京公司签订合作协议，启动油氢合建站改建工作；引入氢能领域头部企业，三一氢能科技有限公司、北京卡文新能源汽车有限公司等10家氢能相关企业在昌平区注册。专班推进北京市数字化装备与机器人产业园建设工作，北京麻瓜家电有限公司已在昌平区注册。

（于凌燕　赵星）

【促提升工作成果显著】年内，昌平区推动存量企业转型升级。列入绿色智能化技术改造8个项目均已完成，完成固定资产投资18796.57万元。动态疏解一般制造业企业2家，100%完成年度工作任务。开展绿色制造智能制造示范单位培育和绿色诊断工作，指导6家企业完成绿色诊断、6家企业完成绿色智造申报。指导8家企业开展智能诊断评估工作，完成3家智能诊断工作。加强对工业企业安全宣传指导，共计指导企业620家。

（于凌燕　赵星）

【服务企业工作】年内，区经济和信息化局落实服务管家职责，跟进服务包企业130家180个服务事项，办结180项，年度满意率100%。推荐乐普（北京）医疗器械股份有限公司、北京万泰生物药业股份有限公司等近50家企业申报2022年度北京市高精尖产业发展资金，共获市级奖励资金1.3亿元。加强专精特新企业培育工作，新培育北京市专精特新中小企业202家、国家级“专精特新”“小巨人”企业24家。推进信用平台建设，通过公共信用信息服务平台和信用昌平网站，归集公示46个区属行政部门行政许可、行政处罚信息4万余条，在全市数据报送中，昌平区双公示数据上报率100%，合规率100%。

（于凌燕　赵星）

【中关村科技园区昌平园建设】年内，2484家纳统企业总收入5257.7亿元，在16园排第五位，同比下降2.3%；工业产值1218.1亿元，在16园排名第四，同比增长11.7%，增速在16园排名第二；实缴税费230.2亿元，在16园排名第四，同比增长13.2%；人均收入313.3万元，在16园排名第六；人均税费13.7万元，在16园排名第四。年内，中关村昌平园电子信息领域总收入规模位列示范区五甲。1210家电子信息领域企业总收入2138.5亿元，在16园排名第五（海淀园排名第一，30532.7亿元；大兴—亦庄园排名第二，4089.3亿元；朝阳园排名第三，2823亿元；石景山园排名第四，2281.3亿元），同比增长5.6%，增速在16园排名第十一，略低于示范区整体增速（同比增长7.6%）。

年内，中关村昌平园先进制造领域总收入位列示范区第六。310家先进制造领域企业总收入556亿元，占示范区比重5.8%，在16园排名第六（大兴—亦庄园排名第一，3033.6亿元；朝阳园排名第二，2213.7亿元；海淀园排名第三，1073.3亿元；丰台园排名第四，713.4亿元；顺义园排名第五，569.7亿元），同比下降12.3%。中关村昌平园生物医药领域总收入稳居示范区第二位。360家生物医药领域企业总收入533.5亿元，占示范区比重17%，在16园排名第二（大兴—亦庄园排名第一，1042.9亿元），同比增长7.3%，增速在示范区排名第四，高于示范区整体增速（同比下降36.5%）。中关村昌平园新材料领域总收入位居示范区前三位。138家新材料领域企业总收入304.8亿元，占示范区比重5.8%，在16园排名第三（丰台园排名第一，2164.6亿元；海淀园排名第二，1235.9亿元），同比增长47.6%。中关村昌平园环保领域总收入位列示范区四甲。161家环境保护领域企业总收入150.8亿元，占示范区比重9.2%，在16园排名第四（海淀园排名第一，447.7亿元；丰台园排名第二，208.6亿元；大兴—亦庄园排名第三，176.6亿元），同比下降25.2%。

（张　玥）

平谷区

【概况】2022年，平谷区规模以上工业企业114家，实现工业总产值177.7亿元，同比增长9.4%；实现主营业务收入211.2亿元，同比增长2.2%；实现利润总额8.7亿元，同比增长3.1%；全年共组织实施工业固定资产投资项目40个，共完成投资11亿元，完成建安投资6.1亿元，同比分别增长37.4%和36.1%；软件信息服务业总营业收入576.1亿元，同比增长51.6%。

年内，平谷区政务系统上云部署在联通政务云、电信政务云及自建的信创云，3个云上共部署28套业务系统，其中3级系统4个。联通政务云、电信政务云的运维管理为联通公司和电信公司，信创云的运维管理为华迪计算机有限公司。严格按照《平谷区政务云管理暂行办法》的相关规定，对新建和已建的业务系统，要求上云和逐步迁入，24个业务系统完成上云工作。

（区科技和信息化局）

【产业发展】年内，平谷区工业主要由装备产业、汽车及交通运输设备制造业、生物和医药产业、基础和新材料产业、都市产业、电子信息产业6个产业构成。装备产业有规模以上工业企业 30 家，实现工业产值 48.8 亿元，同比增长 67.1%，占规模以上工业企业的比重为 27.5%，比 2021 年提高 9.2 个百分点；汽车与交通设备产业有规模以上工业企业 20 家，实现工业产值 22.7 亿元，同比下降 20.8%，占规模以上工业企业的比重为 12.8%，比 2021 年降低 5.1 个百分点；生物医药产业有规模以上工业企业 9 家，实现工业产值 12.5 亿元，同比增长 18%，占规模以上工业企业的比重为 7%，比 2021 年提高 0.7 个百分点；基础与新材料产业有规模以上工业企业 20 家，实现工业产值 26.1 亿元，同比下降 1.3%，占规模以上工业企业的比重为 14.7%，比 2021 年降低 0.5 个百分点；都市产业有规模以上工业企业 31 家，实现工业产值 48.6 亿元，同比下降 7.1%，占规模以上工业企业的比重为 27.4%，比 2021 年降低 5.3 个百分点。其中，食品饮料业实现工业产值 36.6 亿元，同比下降 9.2%，占规模以上工业企业的比重为 20.6%，比 2021 年下降 4.6 个百分点；服装纺织业实现工业产值 2.6 亿元，同比下降4.8%，占规模以上工业企业的比重为 1.5%，比 2021 年降低 0.2 个百分点；电子信息产业有规模以上工业企业 4 家，实现工业产值 19 亿元，同比增长 24%，占规模以上工业企业的比重为 10.7%，比 2021 年提高 1.1 个百分点。

（区科技和信息化局）

【规上工业企业区域分布】年内，平谷区 114 家规模以上工业企业主要分布在中关村平谷园、滨河街道和 12 个乡镇。其中，中关村平谷园企业总数占规上企业总量的 67.5%，共 76 家。全年完成工业总产值 142 亿元，同比增长 13.8%，高于全区平均增速 4.5 个百分点，占规模工业企业的比重为 79.9%，比 2021 年提高 1.5 个百分点，对全区工业增长的贡献率达 114%。

（区科技和信息化局）

【产业转型升级】年内，平谷区完成北京华夏毛织厂、北京盛一昌科技有限公司、北京中水华峰生物技术有限公司 3 家一般制造业企业调整退出，利用腾退空间发展高精尖产业任务 2 家和制造业智能化、绿色化、数字化技术改造项目 7 个。

（区科技和信息化局）

【科研成果转化】年内，平谷区加速科研成果转化，完成北京七星华创微电子有限责任公司“宽压、大电流、高功率负载点电源主控芯片与模块技术及应用”和区医院“平谷代谢性疾病研究队列”2 项科研成果 2021 年北京市科学技术奖提名；赵春江院士团队科研成果“智能语音问答机器人”在区中关村平谷园、京瓦中心、马坊物流基地等 10 个应用场景配置并使用。

（区科技和信息化局）

【特色产业园区建设】年内，北方华创新一代信息技术特色产业园新落地北京七星华创微电子有限责任公司、北京晨晶精仪电子有限公司 2 家企业，形成北京七一八友晟电子有限公司、北京七一八友益电子有限责任公司、北京北方华创半导体装备有限公司、北京七星华创微电子有限责任公司、北京晨晶精仪电子有限公司 5 家集群企业，对全区工业增长拉动作用明显，其电阻、半导体技术水平世界领先，成为平谷区高精尖的代名词。

（区科技和信息化局）

【现代食品营养谷建设】年内，平谷区编制《平谷区预制菜产业发展实施方案》，制订《平谷区预制菜产业三年行动计划》，细化年度任务目标，链接一、二、三产融合发展，公共研发、检验检测、展示体验、食材交易、冷链物流综合服务 6 大公共开放共享平台加速构建，集聚各类食品企业 34 家，其中预制菜企业 11 家，各落地项目进展顺利，二十二城、建研院检测中心等项目已开工建设，紫兴园等项目已投产。

（区科技和信息化局）

【营商环境改善】年内，平谷区依托“服务管家＋服务包”机制，发挥行业管家统筹作用，为 118 家服务包企业提供服务支持，全年走访企业 256 家次，征集诉求 122 项全部办结，满意率达 100%。用好用足市、区两级政策，精准把握政策支持方向，指导企业做好项目申报，全年组织申报市、区资金奖励企业 239 家，其中 201 家企业获资金支持共 9906.43 万元。工业和信息化固定资产投资项目实现全程网上办理，全年备案智能装备、新一代信息技术等项目 11 个，18 个项目通过入区会商。全年办理 12345 接诉即办工单 92 件，解决率 95.7%，满意率 97.8%。

（区科技和信息化局）

【科研企业发展】年内，区科技和信息化局完善高新技术企业入库培育机制，加快企业创新主体培育，组织 147 家企业开展 2022 年高新技术企业认定申报，138 家企业获证书；组织 179 家企业参与科技型中小企业评价，其中取得入库编码企业数 175 家，可享受研发投入加计扣除 100% 的税收优惠政策；全年全区技术合同成交总额 2.8 亿元，同比增长 7.8%；推荐区 40 家高新技术企业入选市级“小升规”企业清单，8家企业通过审批并获市级政策资金支持160万元；新增专精特新企业38家、市级专精特新“小巨人”5家、国家级专精特新“小巨人”3家；认定钨丝邦创业产业园为区级创新型孵化器，已累计入孵企业45家。

（区科技和信息化局）

【高技术制造业企业增长】年内，平谷区高技术制造业企业实现产值67.5亿元，同比增长70.3%，增速高于全区规上平均水平61个百分点，拉动全区规上企业产值增长17.1个百分点，占全区规上工业总产值的比重为38%。

（区科技和信息化局）

【战略性新兴企业增长】年内，平谷区战略性新兴企业实现产值74.5亿元，同比增长56.6%，增速高于全区规上平均水平47.3个百分点，拉动全区规上企业产值增长16.6个百分点，占全区规上工业总产值的比重为42%。

（区科技和信息化局）

【工业企业监管】年内，区科技和信息化局在重大节日、重要活动、专项活动等特殊时期，累计前往企业开展安全生产、消防隐患等日常指导256家次，发现124处隐患，已督促企业完成整改，并制定《2022年隐患台账》；开展电气火灾防范、有限空间安全作业、防范机械伤害、消防安全等各类安全知识宣传400余家次；严格落实制造业领域空气重污染应急应对方案，制定“冬奥会、冬残奥会期间53家保障企业白名单”“61家差异化减排企业名单”“28家微涉气企业名单”“空气重污染期间重点行业25家企业减排清单”，分级分类组织开展制造业差异化减排工作；加强日常监测，完成北京金海新压力容器制造有限公司、北京英利达标牌制作有限公司、北京东方盛荣包装制品有限公司3家企业的空气重污染绩效评级工作，治理设施和监测设备改造升级，评级等级由D提升至C。

（区科技和信息化局）

怀柔区

【概况】2022年，怀柔区规模以上工业企业158家，实现总产值444.8亿元，同比下降27.6%；实现销售收入552.5亿元，同比下降22.1%；实现利润14.0亿元，同比下降51.9%；上缴税金17.9亿元，同比下降11.8%。产值总量在全市16个区中均位列第9，在生态涵养区中产值总量居第1位。规模以上工业企业安置就业3.1万人，工业增加值占GDP比重24.3%。年内，怀柔区规上信息传输、软件和信息技术服务业企业24家，累计实现营业收入131亿元，同比增长13%。

（区经济和信息化局）

【黑马科技加速实验室3期企业选拔在线举行】5月21日，怀柔黑马科技加速实验室3期选拔大会在线举行，54家优质企业通过初审及选拔面试从80家报名企业中脱颖而出。入围选拔大会的企业主要集中在仪器仪表传感器、商业航天、人工智能与芯片半导体等行业，均为怀柔区重点关注产业方向。企业平均规模3000万左右，40%的企业融资轮次达到A、B轮。其中，高新技术企业36家、专精特新企业26家（含4家“小巨人”企业）。实验室3期持续聚焦高端仪器仪表、传感器产业链等怀柔区主导产业，与众多一线投资机构、科学家、产业投资人、产业创新先锋、产业专家一道，围绕打造“科创板预备班”，通过产业创新与重新理解创业、规范治理与风险防范、技术创新与规模化发展、组织激励与战略落地、资本规划与融资策略等加速主题，加大对怀柔科技产业培育、科技成果转化力度，推动硬科技企业发展。

（区经济和信息化局）

【“创客北京2022”创新创业大赛怀柔赛区举办】8月11日，由北京市经济和信息化局、北京市财政局指导，怀柔区人民政府主办的第七届“创客中国”北京市中小企业创新创业大赛暨“创客北京2022”创新创业大赛怀柔赛区复赛完成。进入“创客北京2022”怀柔区创新创业大赛区级复赛的项目共26个，主要集中在智能制造、大健康、新材料、新能源等多个行业领域，其中包括北京卓立汉光分析仪器有限公司、北京中科内镜科技有限公司、北京十坤传感科技有限公司、北京拓宝增材科技有限公司等怀柔区重点培育的科学仪器和传感器企业。北京中科纳通电子技术有限公司项目——“第三代半导体纳米烧结银胶”获企业组1等奖，北京特博超越科技有限公司项目——“基于新型磁控智能材料的4D打印与软体机器人项目”获创客组1

等奖。

（区经济和信息化局）

【怀柔区韧性城市示范区启动建设】 8月20日，北京（怀柔）韧性城市示范区暨应用场景技术迭代平台发布会举办，发布怀柔区韧性城市示范项目一期建设内容，即燃气安全、消防安全、综合运行监测中心和技术迭代平台，燃气安全、流域防汛2个应用场景入选北京市第4批应用场景示范项目，燃气安全项目成为全市11个揭榜挂帅技术需求征集项目之一。发布会上，北京（怀柔）韧性城市应用场景示范基地揭牌。北京（怀柔）韧性城市依托清华大学公共安全研究院和韧性城市安全领域企业北京辰安科技股份有限公司，选取需求最迫切、技术迭代成效显著的燃气安全运行监测专项、消防安全专项和韧性城市综合运行监测中心、技术迭代平台作为1期建设内容。辰安科技公司与怀柔区属企业北京怀柔仪器和传感器有限公司、北京市长城伟业投资开发有限公司成立北京辰安城市智能科技有限公司。会上，北京埃德尔博珂工程技术有限公司等7家企业集中签约落户怀柔区。

（区经济和信息化局）

【区域产业发展】 年内，怀柔区汽车产业规模以上企业28家，实现总产值194.5亿元，同比下降44.7%，八成以上企业产值同比下降，其中北京福田戴姆勒汽车有限公司、北京华特汽车配件有限公司、北京金鑫龙汽车配件制造有限公司、北京燕南富润汽车零部件有限公司、北京北方凌云悬置系统科技有限公司5家企业降幅超50%。剔除福田戴姆勒及其供应商后，规模以上汽车企业实现工业产值34.7亿元，同比增长31.2%；实现利润0.8亿元，同比下降17.9%。重卡行业受市场需求放缓、物流不畅等因素影响，全国重卡累计销售67.2万辆，同比下降51.8%。在重卡行业持续低迷的形势下，区汽车产业主要经济指标均同比大幅下跌。

年内，怀柔区食品饮料产业规模以上企业45家，实现工业总产值124.9亿元，同比下降6.0%；占全区规模以上工业比重28%，较2021年同期扩大6.1个百分点。产值亿元以上企业25家，其中北京二商穆香源清真肉类食品有限公司、奥瑞金科技股份有限公司、玛氏食品（中国）有限公司、北京红星股份有限公司等企业产值超10亿元。七成以上企业产值同比下降，其中7家企业降幅超30%。全区规模以上食品企业实现营业收入208.3亿元，同比下降10.0%，超七成的企业营收同比下降。

年内，怀柔区生物医药产业规模以上企业20家，主要经济指标同比均实现两位数增长，其中工业总产值40.6亿元，同比增长25.6%；营业收入41.2亿元，同比增长21.1%；实现利润8.2亿元，同比增长32.8%。细分领域中，生化试剂制造、生化药品制造、医疗器械制造、辅料包装制造产值均实现同比增长，其中生化药品制造行业增幅最大。重点企业中，北京祥瑞生物制品股份有限公司等11家企业工业总产值超亿元，较2021年增加2家，龙头企业带动作用明显。六成以上企业产值同比增长，20家企业全部实现盈利，占全区规模以上工业利润的58.7%，拉动全区规模以上工业利润增长6.9个百分点。

年内，怀柔区新材料产业规模以上企业13家，实现工业总产值23.8亿元，同比增长4.4%，占全区规模以上工业企业比重5.3%，比2021年同期高1.6个百分点。产值亿元以上企业8家，数量较2021年持平。新材料产业实现利润总额2.8亿元，同比增长29.6%，13家企业全部实现盈利，一半企业利润同比增长。

年内，怀柔区其他产业规模以上企业49家，实现工业产值62.1亿元，同比下降9.4%，占全区规模以上工业比重13.9%，较2021年扩大2.7个百分点。产值亿元以上企业19家，三成以上企业产值同比增长。其他产业盈利2.2亿元，同比下降16.3%。仪器传感器产业稳步发展，8家仪器仪表企业共实现工业总产值13.9亿元，同比增长7.8%，重点企业展现出良好的发展势头。仪器传感器产业规模以上企业9家，实现利润1.2亿元，同比增长18.5%，盈利面为100%，较2021年同期有所扩大。

（区经济和信息化局）

【传统产业赋能升级】 年内，中国科学院半导体研究所、北京海创微芯科技有限公司、国科科仪控股有限公司等签约入驻科学城产业转化示范区，北京海纳川延锋汽车部件有限公司于2月14日投产汽车仪表模块。北京福田戴姆勒汽车有限公司高端重卡项目10月投产，北京春风药业有限公司项目实现开工，红星酒厂项目投入使用。北京东方红航天生物技术股份有限公司、北京东明兴业科技股份有限公司等8家企业获“新智造100”项目奖励，奥瑞金等2家企业获老旧厂房更新利用奖励，雷诺丽特恒迅包装科技（北京）有限公司等4家企业取得市级智能化技改项目奖励。区经济和信息化局稳步做好一般制造业疏解提质工作，完成一般制造业退出3家、市级疏解提质任务3个。

（区经济和信息化局）

【硬科技产业布局优化】年内，中关村怀柔园管理机制、空间范围调整方案初步完成制订，规划范围拟由7.11平方千米调整至19平方千米，“一核三区”空间格局初步明确。《怀柔区产业发展空间布局研究》初步方案已形成，实现产业空间的精准包装和准确申报。《怀柔区产业发展中长期规划（2021—2035年）》已形成“1+5”产业发展规划阶段性成果，老城区、庙城、北房产业规划已完成深化。《产业项目全要素综合评价办法》出台，实现产业项目的全生命周期管理。

（区经济和信息化局）

【“1+1+N”空间布局成效显著】年内，怀柔科学城产业转化示范区起步区30万平方米全面开工。1平方千米绿色生产制造基地累计完成36家企业79.47万平方米土地收购，规划建筑面积120万平方米。多个特色产业园区使用空间不断优化，可为产业提供近50万平方米发展空间，其中长城海纳加速器一期于3月投用，首批13家企业集中入驻；怀柔科学城创新小镇创新中心、创业园、有色金属新材料科创园1—3期楼宇等产业园区利用率不断提升。

（区经济和信息化局）

【高端仪器装备和传感器产业集聚区建设】年内，《北京市关于支持发展高端仪器装备和传感器产业的若干政策措施实施细则》在怀柔区发布，是全市29个高精尖产业中第一个由市级部门和区政府协同定制的产业政策。开展“百日攻坚”专项行动和促进产业发展工程，各招商主体单位对接硬科技重点目标企业561项，引入硬科技企业168家，累计在怀柔区落地高端仪器装备和传感器企业271家。

（区经济和信息化局）

【落实企业发展政策】年内，区经济和信息化局组织各类培训交流活动127次，政策宣讲会2场。组织区内企业申报市级高精尖技改奖励项目产业发展资金，4家工业企业累计支持3730万元。落实怀柔区促进区域经济转型发展专项资金支持过渡政策，制定出台《怀柔区支持中小企业发展专项支持资金实施细则》《怀柔区支持企业自主创新能力建设专项支持资金实施细则》《怀柔区关于鼓励企业做大做强专项资金实施细则》等惠企政策，鼓励引导怀柔区50个符合条件的优质企业进行相关政策申报，共兑现奖励资金合计2540万元。

（区经济和信息化局）

【中小企业服务】年内，区经济和信息化局搭建银企对接平台，畅通企业融资渠道，帮助80余家企业融资约4亿元，开展政银企对接会25次。扎实推进防范和化解拖欠中小企业账款工作，5项拖欠账款涉及金额50.26万元，均已清偿。为85家中小企业完成中关村高新技术企业认定，中关村怀柔园高新技术企业保有量达263家；北京市创新型中小企业认定35家；专精特新企业新增62家，增速达144%，保有量达105家，其中北京市“小巨人”企业19家，国家级“小巨人”企业8家。举办“创客北京2022”创新创业大赛怀柔赛区赛事，北京卓立汉光分析仪器有限公司、北京十坤传感科技有限公司等26家企业和创客组织参与，最终推荐12个项目进入市级赛，北京中科纳通项目入选北京区域赛TOP150名单。

（区经济和信息化局）

密云区

【概况】2022年，密云区136家规模以上工业企业实现产值224亿元，同比下降4.7%。工业制造业投资项目14个，累计完成固定资产投资4亿元，完成市局全年任务的133.9%。六大产业三升三降，其中都市产业有规模以上工业企业32家，实现产值56.4亿元，同比增长2.5%；生物工程和医药产业有规模以上工业企业10家，实现产值37.43亿元，同比增长4.7%；电子信息产业有规模以上工业企业2家，实现产值0.57亿元，同比增长6.8%；汽车及交通设备产业有规模以上工业企业17家，实现产值52.8亿元，同比下降8.2%；装备制造业有规模以上工业企业45家，实现产值55.29亿元，同比下降13.4%；基础与新材料产业有规模以上工业企业30家，实现产值22.52亿元，同比下降4%。从横向看，规模以上工业产值在全市17个区（含北京经济技术开发区）增速居第9位；5个生态涵养区中，总量居第2位，增速居第4位。

年内，密云区信息传输、软件和信息服务业规模以上企业15家，实现营业收入48.9亿元，同比增长68.2%。完成固定资产投资3.7亿元，同比增长4.3

倍，其中建安投资 2.2 亿元，同比增长 2.3 倍。

（张秀珍）

【4 家企业项目获“创客北京 2022”密云赛区奖项】 年内，密云区 9 个企业项目参赛，最终 4 家企业项目获北京市区域赛 TOP150 奖项。其中，北京博恩特药业有限公司凭借注射用醋酸亮丙瑞林缓释微球（博恩诺康）项目获企业组三等奖，北京腾达泰源科技有限公司凭借云原生 π Cloud 工业互联网平台项目获中国通号 · 轨道交通通信信号行业优胜奖。

（郭森怡）

【固定资产投资项目备案】 年内，区经济和信息化局进一步优化非政府投资工业和信息化固定资产投资项目备案审批流程，推行“全程网办”“特事特办”，压缩办理时限，提升审批效能，优化营商环境。执行《北京市新增产业的禁止和限制目录（2022 年版）》等政策，全年完成备案项目 27 个（新建项目 14 个，技改升级项目 13 个），备案总投资额 9.1 亿元。

（王靖峰）

【重点企业运行】 年内，密云区产值实现亿元以上企业 35 家，较 2021 年度减少 4 家。35 家亿元以上企业全年累计实现产值 182 亿元，同比增长 0.8%，占比 81.3%。5 亿元以上企业 8 家，实现产值 112.1 亿元，同比增长 3.5%，占规模以上工业总产值的 50%。其中，万都（北京）汽车底盘系统有限公司、今麦郎饮品股份有限公司、北京博恩特药业有限公司和北京科勒有限公司 4 家为年产值超 10 亿元的企业。

（印明星）

【高精尖产业发展】 年内，密云区对区内高精尖重大建设项目和在途项目，按照“五个一批”推进机制，加强项目谋划储备、固定资产投资统计、项目库调整优化和持续跟踪服务，协调解决项目落地建设过程中遇到的政策、土地、资金、人才等问题，着力推进项目早建设、早竣工、早投产、早达产。聚焦发展方向和功能定位，从固定资产投资、智能化绿色化数字化转型升级、平台基地培育、壮大规模、创新融资等方面，落实 2021 年度密云区支持企业发展政策，涉及 49 家企业，兑现资金 4742.5 万元。加强惠企政策宣贯和培训指导，鼓励和支持企业扩大投资、技改升级和发展壮大规模，为符合条件的企业争取北京市高精尖产业发展支持资金，申报技改固投项目 12 项、升规破亿项目 22 项，全年 33 家工业企业共获得市级资金支持 4573 万元。其中，今麦郎饮品股份有限公司获专项支持资金 2243 万元；23 家企业“升规破亿”，获市级奖励资金 890 万元；北京再益生物科技有限公司、康为同创集团有限公司获贷款贴息支持资金 161 万元。

（田兆龙）

【推进数字化绿色化转型】 年内，密云区智能化数字化转型升级加快推进，北京第七九七音响股份有限公司、搏世因（北京）高压电气有限公司等 4 家企业申报“单项冠军示范企业”和“制造业单项冠军产品”；20 家行业重点企业开展免费智能制造诊断评估服务，北京再益生物科技有限公司、北京北陆药业股份有限公司等 13 家企业完成智能化诊断评估。加快推进绿色体系建设，6 家企业完成绿色化诊断评估，北京合纵科技股份有限公司、今麦郎饮品股份有限公司不断加大绿色改造投入，申报绿色工厂和绿色供应链管理示范企业。北京青岛啤酒三环有限公司对热能回收系统进行改造，改造完成后，年节约蒸汽约 680 吨。

（田兆龙　王祎）

【生产物资物流运输保障】 年内，区经济和信息化局加强生产物资物流运输保障，安排专人负责政策解答和问题处置，办理生产物资转运证明 4226 车次，有效缓解工业企业生产物资物流运输困难问题。

（宋　哲）

【深化企业“服务包”工作】 年内，区经济和信息化局通过上门走访等方式，了解企业诉求，协调督促有关部门解决企业困难。发挥“行业管家”机制作用，办结 25 家企业的 46 项服务需求，企业满意率 100%。

（刘建龙）

【中小企业发展促进服务】 年内，区促进中小企业发展工作领导小组办公室调度区级成员单位 6 次，征集、梳理区级优惠政策清单，落实“双 16 条”等重点政策。组织开展上市专题培训和惠企助企政策宣传，惠及区内企业 200 余家。搭建政银企对接平台，开展“一对一”服务，为 51 家企业直接融资 3.88 亿元，其中为 24 家专精特新企业融资 2.52 亿元。

（郭森怡）

【专精特新中小企业培育】 年内，密云区经济和信息化局组织开展专精特新中小企业梯度培育认定，获创新型中小企业公告资格企业 63 家，新增认定北京市专精特新中小企业 66 家，专精特新企业数量达到 106 家（其中国家级专精特新“小巨人”企业 5 家），居生态涵养区首位。

（郭森怡）

【行业能耗达标测算】年内，密云区经济和信息化局组织重点行业企业对照国家和地方能耗限额和用水定额标准，自查企业单位产品能源消费和水耗达标情况，督促未达到能耗限额标准限定值的企业规范用能管理。密云区共有白酒和啤酒、整车制造、中成药行业生产企业7家，经核查，达到先进值要求企业3家，分别为北京鑫帝酒业开发有限公司、北京名都酒业有限公司和北京青岛啤酒三环有限公司；达到通用值要求企业3家，分别为北京格力森酒业有限公司、北京汉典制药有限公司和北京建生药业有限公司；整车制造企业停产1家，为北京宝沃汽车有限公司。

（王　祎）

【城乡环境整治】年内，密云区经济和信息化局协调基础电信运营企业完成城乡环境整治台账任务92项，参加城乡环境月检查和门前责任区月检查10次，配合区城市管理委完成背街小巷空中缆线治理工作任务。

（郭　洁）

【工业领域空气重污染应急措施】年内，密云区经济和信息化局组织工业重点行业空气重污染应急D级企业召开绩效评级部署会，讲解《重污染天气重点行业企业绩效评级及减排措施制定技术指南》和相关文件内容，督促D级企业对标C级及以上标准进行改造提升，联合区生态环境局对18家重点行业企业绩效分级情况进行材料和现场审核，其中1家家具企业按照B级执行、1家企业符合D升C的标准。明确工业涉气企业清单措施，全年督察检查工业企业194家次，措施全部落实到位。

（王祎　王爱民）

【一般制造业疏解退出】年内，密云区经济和信息化局通过建立台账、实地走访、持续跟踪服务等举措，全年完成一般制造业企业疏解退出3家，绿色化、智能化、数字化技改升级9家，利用腾退空间引入高精尖产业项目1个（卡迪诺厂房建筑竣工验收并投入使用），完成市级下达任务100%。完成计划外31家企业整改提升并通过市区两级验收，一般制造业疏解提质任务完成总量居16区首位。

（田兆龙）

延庆区

【概况】2022年，延庆区规模以上工业企业43家，实现工业总产值133.8亿元，同比下降0.2%。新能源和环保产业完成产值83.4亿元，同比下降6.3%；食品饮料产业完成产值2.9亿元，同比下降20.3%；纺织服装产业完成产值3.6亿元，同比下降16.7%；基础和新材料产业完成产值27亿元，同比增长28.3%；机械制造产业完成产值2.5亿元，同比下降2.6%；医药制造产业完成产值6.7亿元，同比增长22%。全年实现工业重点产业固定资产投资1.5亿元。

年内，延庆区规模以上软件和信息服务业企业共6家，全年实现营业收入6.8亿元，同比下降7.5%。延庆区完成全区3624台AK替代任务。完成政务云（含备份云）及39个云上系统部署。完成全区150个行政事业单位、18个乡镇街道、376个行政村、30个社区的政务外网运维工作，完成91家单位“京办”系统激活工作，注册人数11868人、激活率100%。全年累计完成运维工作事件5113起，共检测到政府网站的网络攻击7.6万余次，均已拦截并进行应急处理，封锁恶意IP371个。

（单荣华）

【“创客北京2022”创新创业大赛延庆区选拔赛收官】7月27日，第七届“创客北京2022”创业创新大赛延庆区选拔赛收官。大赛由区经济和信息化局主办、八达岭工发科技孵化器公司承办，大赛报名50余个项目，28个项目晋级决赛。“北京中关村智连安全”和“交互式PET成像技术”分别获得企业组和创客组冠军。

（单荣华）

【高精尖产业项目】年内，延庆区入选市级高精尖项目库项目11个，即智慧医疗协同创新园项目、纳通医疗智慧园区项目、延庆无人机装备产业基地一期建设项目、无人机研发中试厂房项目、中国电力氢能产业园（二期）先进制氢项目、北京美正食品安全与环境保护检测产品生产项目、MEMS传感器垂直产业智能制造项目、压力温度检测仪表智能制造项目、智能校准产品研发中心项目、民机高性能复合材料地板开发项目和药品生产质量体系自动化、智能化、节能环保提升改造项目。谋划项目2个，分别为北京紫光嘉纳智能输电设备研发制造厂房建设项目、智慧医疗协同创新园项目。

（单荣华）

【产业优化调整】年内，延庆区疏解一般制造业退出企业 4 家，完成全年任务的 133%，占地面积共 6287 平方米，涉及人员 37 人，涉及印刷制品、水泥制品、服装及机加工制造等行业。

（单荣华）

【帮扶中小微企业纾困解难】 年内，区经济和信息化局指导企业申报市级政策资金项目 20 个，获支持资金 3880.3 万元，获区级规模以上企业产值规模、产值增速奖励企业 7 家，共获资金支持 130 万元；协调解决企业在疫情防控期间遇到的困难和问题，为 22 家重点企业申请物资运输证；针对专精特新中小企业发展制定鼓励措施，并将该措施纳入《关于加快延庆区高新技术企业创新发展支持办法》中，12 月征集首次获得专精特新中小企业称号，兑现资金支持 380 万元，激发中小企业创新创造活力。

（单荣华）

中关村国家自主创新示范区

【概况】 2022 年，中关村国家自主创新示范区深入贯彻习近平总书记关于中关村要打造世界领先科技园区和创新高地的重要指示精神，着力支持关键核心技术攻关，积极构建共性技术平台，促进科技成果转化和产业化，谋划推进中关村新一轮空间与布局调整，打造标杆性特色产业园区，稳步推进分园管理体制机制改革，支撑北京国际科技创新中心建设和中国世界科技强国建设。

推动中关村先行先试改革，营造一流创新创业生态。落实中关村高水平科技自立自强先行先试改革 24 条重大举措，推动国家和市级部门出台配套政策 40 余项，推出基础研究税收试点、科技成果“先使用后付费”等一批突破性政策措施。制订《中关村世界领先科技园区建设方案》，出台中关村“1+5”系列政策，创新机制以“免申即享”“达标即享”等方式落实助企资金。

推动高质量园区建设，做强高精尖产业集群。部市区联动搭建一批概念验证平台、共性技术平台，重点布局 23 家标杆型孵化器和 10 个高品质科技园区，2 家国家大学科技园入选科技部、教育部首批未来产业科技园建设试点。2022 年中关村示范区企业总收入 8.7 万亿元，占全国国家级高新区的 1/6。布局互联网 3.0 等新领域新赛道，大力培育未来产业。

（市科委、中关村管委会）

【中关村科技园被纳入国家专项行动首批实施单位】 1 月 30 日，科技部火炬中心、中国工商银行印发《关于同意在中关村科技园等 58 家国家高新区首批实施科技金融创新服务“十百千万”专项行动的通知》（简称《通知》）。《通知》指出，同意中关村科技园等 58 家国家高新区作为“十百千万”专项行动首批实施单位。其中，支持中关村科技园区与中国工商银行北京分行共建首批科技金融创新服务中心。《通知》要求，中关村科技园等 58 家国家高新区按照专项行动实施方案，与中国工商银行相关分支机构进一步深化金融合作，共同推动各项工作任务扎实落地，重点做好科技金融数据共享、产品创新、政策集成、战略研究、成果转化、人才培养、赛事活动等，建立高成长科技企业培育库，推广实施“企业创新积分贷”等专项金融产品，促进国家高新区科技金融服务水平显著提升。

（市科委、中关村管委会）

【中关村新一轮先行先试改革动员部署会召开】 3 月 18 日，中关村新一轮先行先试改革动员部署会召开。会议强调，开展中关村新一轮先行先试改革，是党中央赋予北京的光荣任务和历史责任，有利于释放科教资源创新潜力、激发创新创业主体活力、优化创新创业生态，有利于加快国际科技创新中心建设，有利于发挥中关村示范引领作用，引领中国未来科技创新方向，赢得国际科技竞争主动权。要聚焦重点任务，扎实推动改革举措落地见效。

（市科委、中关村管委会）

【第九届中关村金融科技论坛年会举行】 3 月 23 日至 24 日，中关村金融科技产业发展联盟、中关村互联网金融研究院和中国互联网金融三十人论坛联合主办的 2022 中关村论坛系列活动——第九届中关村金融科技论坛年会在线上举行。年会以“顺应数字经济，助力高质量发展”为主题，围绕“数字经济时代下的金融科技”“金融科技助力高质量发展”等议题，邀请近 50 位国内外金融机构、金融科技领域专家针对数字经济、政策研判、金融信创、数据治理、信息安全、元宇宙、绿色金融、ESG 等热点问题发表主题演讲。年会还发布了《中国金融科技与数字普惠金融发展报告（2022）》。该报告阐述了金融科技六大核心技术的最新发展和应用情况，系统论述了金融科技在银行业、保险业的创新与发展，以及智能投顾、供应链金融、消费金融、第三方支付和监管科技的最新发展情况；对国内数字普惠金融的发展概况以及在实践过程中产生的新模式、新经验进行了系统阐述，并对中国金融科技和数字普惠金融的发展提出了十大发展趋势。

（市科委、中关村管委会）

【2022 中关村论坛系列技术交易首场活动举行】3 月 25 日，由北京市科委、中关村管委会，天津市科技局，河北省科技厅共同主办的 2022 中关村论坛系列技术交易首场活动——新技术新产品首发与供需对接（新一代信息技术和医药健康领域）专场活动在京举行。17 家企业、创业团队现场发布了新技术新产品，包括来自京津冀的 9 个项目，来自美国、德国和新西兰等国家的 5 个项目以及来自国家科研院所的 3 个项目。活动中，北京市通州区投资促进服务中心重点推介了北京城市副中心产业空间、产业政策、应用场景、企业服务“四大清单”。天津经济技术开发区介绍了天津滨海—中关村科技园企业落地服务政策，包括发挥产业基金引导作用、完善科技企业服务体系、促进科技创新成果加速转化、打造高品质园区综合配套资源等具体举措。河北石家庄高新区介绍了石家庄高新区在生物医药健康、新一代信息技术产业领域的发展情况和企业落地服务政策，包括研发支持、人才引进、营商环境优化等方面的具体举措。

（市科委、中关村管委会）

【支持中关村东城园产业升级和创新发展的若干措施印发】4 月 13 日，东城区政府印发《北京市东城区支持中关村科技园区东城园产业升级和创新发展的若干措施（试行）》。该措施包括总则、支持企业创新发展、支持产业升级、支持高品质发展空间和孵化器建设、支持科技类社会组织和中介机构发挥作用、附则等 6 部分，共 17 条；明确鼓励企业申报国家高新技术企业；支持中关村高新技术企业创新发展；支持小微企业加大研发投入；强化信贷支持，对已获得中关村科技信贷和融资租赁支持的科技企业给予限额补助；奖励入驻企业创新能力；支持引进培育上市公司；对主导产业、特色产业和新兴领域重点企业，以及新入驻园区重点企业给予奖励；支持专精特新企业发展；培育新型高成长企业；支持创新孵化集聚区、特色（产业）园区、特色楼宇运营机构；支持建设国家级、市级孵化平台；支持高新技术企业协会和科技产业联盟发挥作用。《措施》自印发之日起 30 日后施行，执行期 5 年。

（市科委、中关村管委会）

【中关村示范区海淀园股权激励分期纳税政策印发】5 月 6 日，财政部、税务总局印发《关于在中关村国家自主创新示范区核心区（海淀园）股权激励分期纳税政策的通知》。《通知》明确，自 2022 年 1 月 1 日起，对在中关村国家自主创新示范区核心区（海淀园）注册的上市高新技术企业授予个人的股票期权、限制性股票、股权奖励等股权激励，可自股票期权行权、限制性股票解禁或取得股权奖励之日起，3 年内分期缴纳个人所得税。6 月 15 日，市财政局，国家税务总局北京市税务局，市科委、中关村管委会发布《转发财政部　税务总局关于中关村国家自主创新示范区核心区（海淀园）股权激励分期纳税政策的通知》。

（市科委、中关村管委会）

【中关村示范区海淀园开展基础研究税收政策试点印发】5 月 10 日，财政部、税务总局、科技部印发《关于在中关村国家自主创新示范区核心区（海淀园）开展基础研究税收政策试点的通知》。《通知》明确，对在中关村国家自主创新示范区核心区（海淀园）注册的居民企业，出资与国家或北京自然科学基金联合设立开展基础研究、关键核心技术攻关的公益性基金的支出，允许享受研发费用加计扣除政策。研发费用加计扣除比例按企业适用的现行研发费用加计扣除政策规定执行。

（市科委、中关村管委会）

【中关村东城园实施紫金计划】6 月 13 日，中关村东城园管委会印发《中关村东城园创新型高成长企业培育计划》（紫金计划）。《计划》明确，中关村东城园管委会建立创新型高成长企业的审核入库机制，探索高效的培育扶持服务模式。对企业进行重点培育，激发企业创新活力和自主创新能力，推进企业转型升级和持续健康成长。2022 年至 2024 年 3 年内，培育出 10 至 20 家上市企业、行业领军骨干企业和国内知名企业。形成园区科技创新企业梯次发展的格局。重点培育内容包括支持企业跨越式成长。配齐配好服务管家，针对创新型高成长企业开展一对一的专业化、精细化、定制化服务。提升企业技术创新能力。持续推动创新能力建设，提升创新服务水平，打造良好创新生态体系。加大企业融资支持力度。加大统筹，引导资源、信息、技术、市场等多要素融合。推动企业集中集聚发展。积极推进创新孵化集聚区建设，从成长性好的中小微企业抓起，推动形成更多点状创新空间。鼓励企业对接应用场景。加大政府应用场景开放力度，加快推进一批具有引领性、示范性的高精尖应用场景落地。支持企业引进留住人才。支持高成长企业引进优秀应届毕业生、高级管理技术人员等多层次人才资源。助力企业对接产业空间。精准对接区内产业空间资源，梳理东城园内商务楼宇、待上市土储用地等类型的产业空间，为高成长企业提供满足多种需求的空间资源，精准匹配与其发展相适应的产业空间。

（市科委、中关村管委会）

【中关村示范区“1+5”系列资金支持政策发布】6月16日，市科委、中关村管委会发布中关村示范区“1+5”系列资金支持政策。中关村“1+5”系列资金支持政策的“1”是指《关于推动中关村加快建设世界领先科技园区的若干政策措施》，为5个资金办法的综合引导性文件，与正在研究制订的世界领先科技园区建设方案衔接。“5”是指推动“1”落地的5个配套资金政策文件，共14个支持方向、59项支持内容，具体为：《提升企业创新能力支持资金管理办法（试行）》，主要包括支持科技型中小微企业关键技术创新、支持培育前沿技术企业、支持高新技术企业“小升规”、支持企业开展颠覆性技术创新、支持领军企业实施“强链工程”等9项支持内容；《促进科技金融深度融合发展支持资金管理办法（试行）》，主要包括支持长期资本参与科技创新投资、引导投资机构开展早期硬科技投资、支持信用融资试点、支持知识产权质押融资、支持获得科技保险服务、支持在新三板北京四板挂牌、支持企业开展并购重组等10项支持内容；《促进园区高质量发展支持资金管理办法（试行）》，主要包括支持高品质科技园区建设、支持建设标杆型孵化器、支持建设一流大学科技园、支持专业化园区运营服务机构发展、支持企业在园区落地发展等7项支持内容；《优化创新创业生态环境支持资金管理办法（试行）》，主要包括支持科技成果概念验证平台建设、支持技术转移机构建设、支持共性技术平台建设、支持重点领域专利池建设、支持科技服务品牌机构发展等22项支持政策；《提升国际化发展水平支持资金管理办法（试行）》，主要包括支持在海外设立科技园区、实施外资研发中心激励计划、吸引国际机构在京落地、支持科研开放共享、支持国际人才交流合作等11项支持内容。

（市科委、中关村管委会）

【中关村科学城重点项目集中签约】6月21日，海淀区举办中关村科学城重点项目签约发布活动，24个企业的高精尖、“两区”建设、产业投资平台和专业化孵化平台项目集中签约。活动中，发布了关键核心技术“揭榜挂帅”、科技应用场景、科技成果先使用后付费等3项支持措施。首批聚焦人工智能、集成电路设计、新一代信息技术、智能网联汽车以及智能制造、材料等5大领域发布具体攻关方向。对入选的科技应用场景项目，海淀区将结合投资额或合同额给予一定资金支持。同时，设立规模1000万元的知识产权运营担保基金，鼓励担保机构为先使用后付费的中小微企业提供履约担保服务，并为承接高校院所成果转化落地的中小微企业提供融资担保服务。签约现场，“中关村科学城—北京大学第三医院临床医学概念验证中心”揭牌，是海淀区聚焦打通医药健康领域科技成果转化最初1千米，整合区内优势医药企业和创新机构资源，与北京大学第三医院共建的全国第一个临床医学领域的概念验证中心。

（市科委、中关村管委会）

【创业中华·中关村侨海创新发展高峰论坛举行】6月29日，2022中关村论坛系列活动——“创业中华·中关村侨海创新发展高峰论坛”在北京开幕。论坛由北京市归国华侨联合会和北京市海淀区人民政府联合主办。论坛以“‘侨海’联世界、一起向未来”为主题，旨在充分发挥侨联组织融通中外、联系广泛的独特优势，有效融合海内外侨海资源，进一步促进国际交流与合作，激发侨海人才创新发展动力，服务北京国际科技创新中心建设。论坛聚焦能源安全和绿色发展，邀请全球科技前沿科学家、学者展开分享与探讨。论坛发表3个主旨演讲、举办2场圆桌论坛、集中发布100个侨海创新项目，其中10个项目进行路演并对接。

（市科委、中关村管委会）

【北京瞪羚科创基金设立】6月，中关村设立北京瞪羚科创基金，规模15亿元。基金以专精特新科创企业为主要服务对象，重点投向成长前景良好、具有一定创新性并符合国家政策支持的行业，包括但不限于新一代信息技术、集成电路、医药健康、智能装备、节能环保、新材料等领域。基金将通过“股权+债权”综合融资服务机制，实现“投担联动”，拓展科创企业融资渠道，提升解决双创主体融资“难慢贵”问题的能力，助推企业资本市场上市。所谓“投担联动”，指的是基金将围绕企业不同成长阶段的差异化融资需求，发挥期限错配、资金互补优势，形成股权投资和融资担保贷款的联动模式。北京瞪羚科创基金由北京中关村科技创业金融服务集团有限公司、北京中关村科技融资担保有限公司、北京中关村瞪羚投资基金管理有限公司联合北京博恩特药业有限公司、北京安东软件技术有限公司、北京基联启迪投资管理有限公司共同合作设立。

（市科委、中关村管委会）

【中关村科幻产业创新中心首钢园揭牌】 8月21日，由石景山区科委主办的2022年（第28届）石景山区科技活动周举行，中关村科幻产业创新中心同时揭牌。该创新中心位于首钢园科幻产业聚集区内的金安桥二号楼，面积约2.1万平方米，超过40家高精尖科技文化类企业入驻，涵盖分布式人工智能、渲染引擎、3D全景声、无人机等领域，以及智能座舱实验室、Metaverse场景实验室、3D空间音频实验室等特色实验平台。该创新中心以科幻产业为主导，发挥技术与市场对接，学术界与产业界对接，科幻产业关键技术、原创人才、场景建设三大关键要素对接的桥梁作用，全面提升科幻领域的自主创新能力，促进石景山区科幻产业技术开发、成果转化及人才培养，支撑首钢园科幻产业集群式发展。

（市科委、中关村管委会）

【中关村科创金融服务中心成立】 10月28日，由北京银保监局、海淀区政府共同设立的中关村科创金融服务中心在海淀区中关村创业大街6号挂牌成立。科创金融服务中心将集成北京市企业续贷受理中心、北京市股权交易中心等功能，创新监管机制，打造金融支持科创企业的“创新中心”和“服务中心”。该服务中心提供包括信贷支持、保险服务、投融资对接、区域性股权交易等在内的一揽子金融服务；集成打造科创金融综合服务体，引导辖区内金融机构加大科创金融服务技术创新、机制创新、产品创新。试点开展特色信贷产品，首批将针对3个市场需求迫切的领域开展创新探索，精准有效填补科创企业融资需求空白。该服务中心推出的3个产品中，中关村版并购贷款将在风险可控的前提下，探索通过提高并购贷款承贷比例、降低企业自有并购资金比例等方式，助力提升技术水平、扩大协同效应的并购交易；中关村版科技人才贷将支持科研人员、科技企业家、“双创”重点群体的股权回购、税费缴纳等市场反应迫切的金融需求；中关村版认股权贷款将支持试点银行开展认股权贷款，利用未来行权潜在收益作为信贷风险的有效抵补手段。

（市科委、中关村管委会）

【高品质科技园区建设启动】 12月21日，市科委、中关村管委会启动高品质科技园区建设，公布首批支持中关村生命科学园等科技园区的10个项目，涉及集成电路、医药健康等7个产业领域。首批支持高品质科技园区建设资金10948.72万元。在产业服务设施建设方面，支持园区围绕特色产业配置专业化仪器设备、硬件设施等，搭建开放式的专业服务平台，为园区企业提供低成本的研发、测试、中试、验证、算力、算法等技术服务。首批支持项目中，共计支持园区围绕特色产业发展的共性需求，建设共享实验室、测试服务平台、检验检测平台、中试生产线等各类产业服务设施12处。具体包括与高校院所、行业领军企业和第三方检测机构联合建立共性技术服务中心，针对集成电路器件类以及系统级芯片企业，提供芯片设计研发环节的实验设备、仪器共享服务，整体解决方案以及表征测试、失效分析、数模、射频等测试服务；支持园区建设具有世界先进水平的氢燃料电池及系统测试平台，降低企业研发成本，大幅缩短企业研发周期，吸引氢能产业聚集发展等。在智能化升级改造方面，支持园区采用中关村企业的新技术、新产品，引入元宇宙等技术手段，搭建线上交流、社群服务、能源数字化、园区运营管理等智慧园区平台，更好地服务企业、产业和园区人群。具体包括支持中关村壹号采用中关村企业的新技术、新产品，推进智慧园区建设，升级数字化运营能力，建设线上社群等，实现对园区员工的精准服务；支持中关村集成电路设计园针对集成电路企业用电负荷高、用电稳定需求高等特点，采用中关村企业的新技术、新产品，建设园区智慧能源数字化管理系统，开展冷热源群控系统节能优化改造、用电安全及能效管理系统改造，提高能效水平、降低用能成本。在公共服务设施建设方面，支持园区建设“一站式”服务大厅、共享会议室、配套餐饮设施、公共交流空间，以及孵化器、加速器等中小企业创业空间，补足园区公共服务设施不足的短板，打造基础设施完善、生态环境优美的园区。共计支持园区改造、升级公共空间约18万平方米。

（市科委、中关村管委会）

【职务科技成果转化管理改革试点方案印发】 12月30日，市科委、中关村管委会联合市教委、市经济和信息化局、市财政局及市卫生健康委印发《关于开展中关村国家自主创新示范区核心区高等院校、科研机构和医疗卫生机构职务科技成果转化管理改革试点实施方案》的通知。《试点方案》包括总体要求、试点范围、试点主要内容、保障措施等4个部分。主要内容包括建立职务科技成果资产的单列管理制度、建立职务科技成果资产贯通管理体系、完善职务科技成果作价投资形成的国有股权管理制度、完善勤勉尽责等监管机制、加大科技成果转化成效在相关考核评价体系中的权重、建立职务科技成果资产单列管理的监管机制6个方面。

（市科委、中关村管委会）

北京经济技术开发区

【概况】2022年，北京经济技术开发区（简称经开区）坚持以集成电路双“1+1”工程为引领，加快做大产业规模，强化卡脖子技术攻坚，不断完善全产业链，推进以晶圆制造为核心的全产业链协同发展，加快构建完整产业生态。形成以中芯国际集成电路制造有限公司、长鑫集电（北京）存储技术有限公司、北京北方华创微电子装备有限公司为龙头，包括设计、制造、封装测试、装备、零部件及材料完备的集成电路产业链，共有集成电路重点企业200余家，产业规模超过700亿元、占全市的1/2。

年内，经开区大力推动高端汽车和新能源智能汽车产业加速布局，坚持以龙头企业为牵引，已形成以北京奔驰为龙头的高端汽车产业体系，正在加速构建以集度科技有限公司等为代表的新能源智能汽车产业体系；引入华丰燃料电池有限公司、北京英创汇智科技有限公司、清陶（北京）能源科技有限公司、清研智行（北京）科技有限公司等新能源智能网联汽车零部件企业。

年内，经开区以智能场景应用为牵引，推进机器人和智能制造产业特色化发展，加快打造国内领先的机器人和先进智能装备产业集群高地。机器人和智能制造产业工业产值增速居经开区四大主导产业之首，涵盖能源、机械、化工、材料、电子等众多领域，形成了以施耐德（北京）低压电器有限公司、北京ABB低压电器有限公司为主的智能装备产业，以SMC投资管理有限公司、和利时集团为主的自动化生产线企业，以北京智同精密传动科技有限责任公司、北京软体机器人科技股份有限公司为主的机器人产业，以蓝箭航天空间科技股份有限公司、北京中科宇航技术有限公司为主的商业航天产业。在中国已发布的285项智能制造国家标准中，经开区的企业贡献超过1/3。智能制造标杆企业数量占全市38%，居全市第一位。

年内，经开区生物技术和大健康产业平稳增长，全年实现产值836.2亿元，全市占比47.9%，初步形成了规模集聚、体系健全的产业发展生态，覆盖医药、器械、保健、服务等全产业链。坚持大平台、大品种、大生态发展，完善全生命周期服务体系，推动国家药品审评中心等国家药监局六大中心落地，支持康龙化成（北京）新药技术有限公司（简称康龙化成）制剂CDMO平台、北京昭衍生物技术有限公司（简称昭衍生物）10万升生物药研发生产基地建设。推进赛诺菲新型胰岛素项目扩产、铂生生物等细胞基因治疗企业落地。加速自主创新研发，经开区27个一类创新药获批进入临床，6个创新医疗器械获批注册证，重组新冠病毒2价（Alpha/Beta变异株）S三聚体蛋白疫苗、北京和华瑞博科技有限公司HURWA关节手术机器人等一批创新产品加速涌现。

（营商合作局）

【航宇测通导航研发生产基地项目签约入区】1月，经开区管委会与北京航宇测通电子科技有限公司（简称航宇测通）签署入区协议。航宇测通投资2.26亿元，建设导航研发生产基地，包括总部、研发中心、检测实验室及生产车间等，主要从事卫星导航、惯性导航、组合导航产品的研发、生产及销售。

（郑胤豪）

【航天和兴总部研发中心建设项目签约入区】6月，经开区管委会与北京航天和兴科技股份有限公司（简称航天和兴）签署入区协议。航天和兴将投资6亿元，用于航天和兴总部研发中心、导弹武器系统相关产品及军事训练装备生产线建设项目。航天和兴于2003年在大兴区瀛海镇成立，主要从事以航天领域为主的军工产品设计制造、电子装调、总装总测、特种车辆设计改造等业务，是国内唯一的导弹及地面特种装备设计、生产及总装总测系统配套的民营企业，总装生产北京星际荣耀空间科技股份有限公司及蓝箭航天空间科技股份有限公司的火箭，拥有全套军工资质及48件专利、16项软件著作权，承接3项国家科研课题。

（郑胤豪）

【星网宇达扩产项目签约入区】6月，经开区管委会与北京星网宇达科技股份有限公司（简称星网宇达）

签署入区协议，实施扩展计划。项目总投资2.34亿元，选址大兴区采发路8号院，租赁1.74万平方米厂房并进行改造，主要研发生产及销售惯性导航部件及系统产品、移动卫星通信设备、光电探测、雷达探测、电子对抗设备等，在此基础上完成智能无人系统产业化布局，探索包括无人机、无人船等产品应用。星网宇达为深交所上市企业，是民参军头部企业，无人机全谱系产品业界领先、电子对抗产品填补国内空白，专注于军用无人系统及核心部件的研发、生产及服务。公司深耕试训板块，自主研发的无人机产品，广泛应用于海军、陆军、空军的实战化训练，在国内军用训练靶机市场占有率达32%，已交付无人靶机产品1000余架，创造经济效益累计6亿元；自主研发的柔性电子对抗设备是国内唯一经过海军、火箭军、空军等军兵种陆、海、湖全体系实测和实际应用并能批量化生产的产品，填补了国内电子对抗领域的空白，市场占有率95%。

（杨亚男）

【2022开放原子全球开源峰会在经开区开幕】 7月27日至29日，2022开放原子全球开源峰会在经开区举办，峰会由工业和信息化部、北京市人民政府、国家发展和改革委员会、商务部主办，以“软件定义世界，开源共筑未来”为主题，采用“线上+线下”方式，设置了1场主论坛、14场专题论坛。开幕式上，北京经开区管委会与开放原子开源基金会签署开放原子开源基金会入区框架协议，开放原子开源基金会将与经开区携手加快建设国际开源社区，推动数字底层技术攻关，加快开源技术应用，在开源软件和技术创新方面实现更大突破。

（王汝鹏）

【国家药监局六大中心落地经开区】 年内，经开区吸引国家药监局六大中心（药品审评中心、医疗器械技术审评中心、食品药品审核查验中心、药品评价中心、行政事项受理服务和投诉举报中心、信息中心）落地，探索高质量监管促进高质量创新的生物医药产业发展路径，围绕国家药监局六大中心新址，规划旧宫地区近20平方千米的生物医药服务拓展区，进一步扩大生物医药产业规模与范围。

（屈航宇）

【重点项目建设】 年内，营商合作局通过“七促”工作机制促进中兴金融数据库、京东合作伙伴大厦、世维通北方总部、施耐德三期等33个项目签约落地，项目总投资187亿元；康龙化成（北京）新药技术有限公司、华丰燃料电池有限公司等7个项目已摘牌，项目总投资88亿元；GE航卫分子、唯源立康等7个项目已开工，项目总投资607亿元；中电科等4个项目已竣工，项目总投资28亿元；悦康数字和神州细胞2个项目已投产，项目总投资达9亿元；华卓精科、悦康数字、细胞治疗研发中试3个项目已达产，项目总投资12亿元。

（营商合作局）

行业协会

本类目采用条目体，按照成立时间顺序，刊载2022年北京金属学会、北京纺织工程学会、北京日化协会、北京质量协会、北京玩具协会等27个行业学会、协会、商会年度发展情况。

概　述

2022 年，北京工业经济联合会（简称北京工经联）所属行业协会、学会与商会贯彻北京“十四五”时期高精尖产业发展规划，落实市委、市政府的经济社会发展部署和工作要求，将“把方向、谋大事、办实事”放在首要位置发挥社会组织作用，提高服务政府、服务行业、服务企业、服务社会能力。行业协会与商会做好新冠肺炎疫情防控工作，相继召开秘书长会议、学术交流活动、数字化深度转型研讨会等，深入企业开展调研，举办第 53 届世界标准日活动，打造数字化平台等事项，有序推进北京工业和信息化领域的数字化、智能化、网络化的开展。全年创建发布团体标准 6 项，推广应用团体标准 5 项；自主开展课题研究 15 项；北京新能源汽车股份有限公司等 4 家企业获 2022 年制造业可靠性提升优秀案例称号。

（吴　跃）

北京金属学会

【概况】 简称金属学会，1957 年成立，是北京地区冶金专业领域的学术团体，是经北京市社团登记管理机关核准登记的非营利性、学术性民间科技社团组织，北京市民政局 5A 社团组织，市科协科技评价试点单位。2018 年北京市民政局社团办评估获得 5A 级社团称号、2019 年获得全国钢铁工业先进集体、2020 年入选市科协科技评价工作试点机构、2021 年被评为市科协“优秀科技评价项目”、2022 年被北京市科协列入科技评价改革试点单位，并列入首批特色一流学会创建名单。连续多年获市科协“北京青年学术演讲比赛”和“北京青年优秀科技论文”优秀组织奖。十一届理事会期间（2020—2022 年），学会梳理各项管理制度，形成 25 项比较健全的管理制度，使学会的制度建设不断完善。

2022 年，北京金属学会第十一届第三次会员代表大会召开，审议通过新的《北京金属学会章程》，选举通过理事会调整人选，发展会员单位 1 个。学会第十一届理事会有理事 52 人，常务理事 9 人，下设组织工作委员会、学术工作委员会、科普与青年工作委员会、咨询工作委员会、科技评价委员会 5 个专业委员会。下设采选分会、焦化分会、耐火材料分会、炼铁分会、炼钢分会、无损检测分会、压力加工分会、金属材料分会、有色冶炼分会、有色压加分会、有色金属材料分会、物理冶金分会、理化检测分会、能源分会、环保分会、冶金设备分会、自动化与计算机分会、技术经济分会、安全与健康分会 19 个专业分会。常设办事机构为秘书处办公室。截至 2022 年年底，金属学会秘书年内设学会、综合、财务 3 个部门，有专职 4 人、兼职 5 人。团体会员 35 个，会员单位涵盖高校、科研院所，在黑色和有色金属研究领域拥有雄厚的技术资源，拥有高精尖实验室和仪器设备以及拥有一支近 500 人（包括 20 余名两院院士）组成的专家团队。学会主要职责包括组织冶金科学技术领域的国际、国内学术会议，广泛开展学术交流与合作，促进冶金科学前沿的研究及学科间的交叉发展，努力推动新技术、新工艺、新材料的实际应用，发现和举荐人才，组织出版学术刊物，开展冶金、金属材料科技咨询和科学普及等。

年内，参加 5 年一次的市民政局社团等级评估。金属学会结合冶金技术发展方向、京津冀协同发展和首都城市发展的需要，与中国金属学会、地方金属学会、下游行业学会合作，开展形式多样、内容丰富的学术交流活动，共组织学术会议 7 次，主要包括 2022 年（第二十三届）全国炼钢学术会议、2022 年钢铁企业超低排放与环境安全应急管控关键技术交流会、2022 年高效低成本铁前新技术研讨会、第三届新能源汽车青年论坛、2022（第十一届）中国钢铁技术经济高端论坛、2022（第一届）高端磁性新材料发展论坛。为首钢矿业公司和首钢迁安钢铁公司、北京北冶材料功能有限公司等会员单位进行“企业科技创新成果的形成与奖励申报”培训；开展科技评价 4 项，承接市经济和信息化局委托《用水定额 第 23 部分：冷轧钢带》的标准编制工作。组织申报市科协 2023—2025 年度青年人才托举工程项目，共 9 个会员单位的 11 名选手获得人才托举项目。截至年底，学会共有 29 名青年列入市科协及 1 名青年列入中国科协的青年托举人才工程。开展了“冶金青年大讲堂”周末公益活动，全年 41 期，评选出最受欢迎十大讲师，并进行经验交流。组织开展学会第十一届冶金年会论文征集、评审、出版工作，共 13 家会员单位 151 篇论文参评，102 篇论文获奖并出版优秀论文集；举办“弘扬科学家精神，促进科技成果转化”为主题的第十届“北冶杯”青年学术演讲比赛，6 家会员单位的 19 位选手参加比赛，8 名选手获奖，举荐 4 名选手参加北京市科协第二十三届青年演讲比赛。

（谭子筠）

【2022 年冶金青年大讲堂开播】 2 月 12 日，金属学会联合“新钢网”共同打造在线教育平台——“2022 年冶金青年大讲堂”开播，每周一期，全年 41 期。围绕铁前工艺、炼钢工艺、热冷轧工艺、特殊钢品种开发、节能环保、智能制造技术等进行线上技术成果分享，来自钢铁企业、高等院校、科研院所的专家学者、科技人员累计上万人次在线观看并互动交流，年底根据线上授课观看次数、观看时长、观看人数，评选出 2022 年度十佳讲师。

2022 年第四季冶金青年大讲堂开播

（谭子筠）

【第十一届三次会员代表大会召开】 8 月 5 日，金属学会在中国联合重型燃气轮机技术有限公司 8 层报告厅召开北京金属学会第十一届第三次会员代表大会。学会秘书长朱国森主持会议，会员代表 63 人出席大会。会员代表对学会新章程、半年工作报告、财务报告、增加 1 个理事单位、理事会监事会人员变更调整 10 人进行无记名投票，并一致通过上述议题。变更后第十一届理事会 52 人、监事会 3 人，会员单位 35 家。

（谭子筠）

【冶金青年学术演讲比赛举办】 8 月 30 日，金属学会在首钢技术研究院举办以“弘扬科学家精神，促进科技成果转化”为主题的第十届“北冶杯”冶金青年学术演讲比赛，6 家会员单位的 19 位选手参赛。首钢集团技术研究院周洁以“冰火交融　铸梦未来”的演讲获一等奖；北京北冶功能材料有限公司李重阳、有研国标检验认证有限公司金雨佳获二等奖；5 名选手获三等奖，3 名选手获单项奖。周洁、李重阳、金雨佳、刘娜参加北京市科协第二十三届青年演讲比赛。

（谭子筠）

【参加市民政局社团等级评估】 9 月 29 日，由北京市民政局社团中心委派的独立第三方评估机构——北京明慈社会组织能力建设促进中心评估专家一行 6 人莅临学会，对学会申报的社会组织等级评估进行现场考评。专家组听取常务副秘书长邱冬英的汇报后，围绕依法登记和接受监督、内部治理、党的建设、业务活动、财务管理、信息公开 5 方面 13 小项 47 细项进行现场核查、逐项提问和集中讨论、逐项打分。通过全面审核，评估专家对学会工作给予充分的肯定，针对不足之处，提出改善建议。学会副理事长曾红、学会秘书长朱国森等参加评估接待。经评估考核年底公示，北京金属学会被评为4A社团组织。

（谭子筠）

【中国钢铁技术经济高端论坛举办】12月10日，由中国金属学会、中国产业基础能力发展战略研究院、冶金工业规划研究院联合主办，中国金属学会冶金技术经济分会、北京金属学会联合承办的“2022（第十一届）中国钢铁技术经济高端论坛”在线上召开。论坛以“科技赋能　卓越运营　钢铁新征程”为主题，特邀中国金属学会名誉理事长、中国工程院原副院长、中国工程院院士干勇等10名专家学者做专题报告。论坛紧贴中国钢铁行业面临的新形势和新挑战，聚焦一系列行业和企业高质量发展的热点议题，通过形势剖析、政策解读、经验分享、策略建议等形式，累计吸引1.2万余人次进入直播间观看参会、参与讨论和留言互动。

（谭子筠）

【第三届新能源汽车青年论坛举办】12月29日，金属学会与北京市机械工程学会、北京市汽车工程学会联合主办“第三届新能源汽车青年论坛”视频会议。线下线上结合，参会1300余人，参会企业涵盖汽车产业链设计、研究和制造单位。会议邀请了汽车行业、钢铁行业、有色金属行业的11名青年才俊作学术报告，由首钢汽车板首席专家主持会议，首钢技术研究院党委书记、第一副院长朱国森致辞。

（谭子筠）

【科技评价项目成果】年内，北京首钢吉泰安新材料有限公司完成的“电热合金清洁化生产工艺技术与应用研究”、北京首钢股份有限公司等单位共同完成的“首钢股份360平方米烧结机高效低耗关键技术集成与应用”和“轧钢加热节能减排与质量提升耦合技术开发与应用”、北京北冶功能材料有限公司完成的“金属密封用镍基高温合金冷轧薄带关键技术及产业化研究”参加科技成果评价会，其中2项评价成果获首钢科学技术一等奖、2项获二等奖。为首钢矿业公司和首钢迁安钢铁公司、北京北冶材料功能有限公司等会员单位进行“企业科技创新成果的形成与奖励申报”培训。8月23日，市科协召开中关村新一轮先行先试改革推进会，金属学会汇报作为市科协科技成果评价改革试点单位先行先试的工作进展，新修订了《北京金属学会科技评价管理办法》、对科技评价标准体系的建立进行分享和交流。

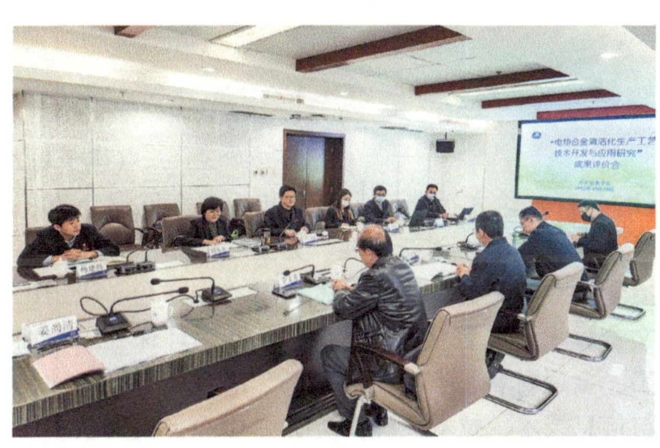

10月28日，“电热合金清洁化生产工艺技术与应用研究”评价会召开

（谭子筠）

【承接政府委托制定北京市地方标准】年内，受市经济和信息化局、市水务局委托，金属学会牵头承担《用水定额　第23部分：冷轧钢带》的标准编制工作。联合有关会员单位组成编制小组，通过企业调研、行业走访、数据分析、国际国内标准分析、专家论证，完成标准编制，年底该标准已获市市场监督局公告执行。冷轧钢带产业是北京市“十四五”规划战略性新兴产业的产业链供应链重要保障。《用水定额　第23部分：冷轧钢带》涉及冷轧宽钢带单位产品新水用量的通用值和先进值，低于国家规定的标准定额，其水平与国内16家地方标准相比，处于领先地位；窄带钢用水定额的制定，填补了国内

标准的空白，具有引领示范作用。

（谭子筠）

【举荐青年托举人才】年内，金属学会获批市科协人才托举工程项目的托举名额，申报市科协 2023—2025 年度青年人才托举工程项目，共 9 个会员单位的 11 名选手获人才托举项目。截至年底，学会共有 29 名青年列入市科协及 1 名青年列入中国科协的青年托举人才工程。北京北冶功能材料有限公司高级工程师文新理及导师章清泉被评为 2022 年度优秀被托举人及导师，并在“2023 科学跨年——首都学术专场活动”中作报告。

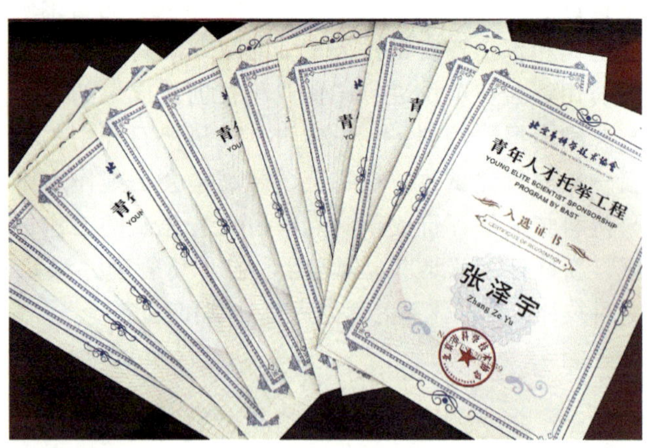

（谭子筠）

【冶金青年论文征集与评审】年内，金属学会组织以“绿色智能、创新发展”为主题的第十二届北京冶金年会论文征集活动，共 13 家会员单位 151 篇论文参评，论文包含采选、炼铁、能源环保、压力加工、金属材料、有色金属材料、冶金设备、自动化与信息技术、技术经济、其他共 10 个方向的技术内容。获奖论文 102 篇，占比 67.5%。其中，一等奖 9 篇，占比 5.9%；二等奖 21 篇，占比 13.9%；三等奖 32 篇，占比 21.2%；优秀奖 40 篇，占比 26.5%。全文刊登在北京金属学会《第十二届冶金年会优秀论文集》上。学会获市科协“第十六届北京青年优秀科技论文评选优秀组织单位”称号。

（谭子筠）

【开展分支机构专项整顿】年内，按照市科协、市民政局分支机构专项整治行动工作安排，指定专人负责组织，制订工作方案，参加有关培训，对照社会团体分支（代表）机构设立不规范问题的 24 项情形，结合自身实际逐条逐项进行自查自纠，完成自查报告。在此基础上，对学会分支机构管理办法进行了研讨修改。对“重大事项报告制度”“科技评价管理办法”“财务管理办法”进行修订完善；新起草了《北京金属学会诚信自律制度》《北京金属学会会员代表大会代表产生办法》两项制度。学会现行制度 25 项。

（谭子筠）

【加强能力建设】年内，金属学会参加市科协组织的学会秘书处能力提升培训。接受民政局年检、抽查审计，以及市科协项目审计，做到账目清晰列支明确，得到检查单位的好评。依托学会网站、微信公众号、企业微信和《学会简讯》，开展政策宣传、发布学会动态、反映技术进展、交流会员信息、科普讲座等活动。

（谭子筠）

【获得认可及荣誉】年内，金属学会入选市科协首批特色一流学会（共 20 家），被市科协列入科技成果评价改革试点单位，获市科协“第十六届北京青年优秀科技论文评选优秀组织单位”“第二十三届北京青年学术演讲比赛优秀组织单位”称号。常务副秘书长邱冬英获市科协系统优秀个人。金属学会收到北京首钢股份有限公司感谢信。

北京市科学技术协会

关于公布首批北京特色一流学会创建名单的通知

（谭子筠）

北京纺织工程学会

【概况】简称纺织协会，1959年6月19日由北京市纺织工业局发起成立，由纺织科技人员暨纺织企事业单位自愿组成、经市社会团体行政主管机关核准注册登记的独立法人社会团体。截至2022年年底，历经13届理事会。1979年，学会创办《北京纺织》杂志，其间《北京纺织》曾更名为《北京服装纺织》，2008年6月更名为《时尚北京》。2022年，学会下设学术、科普、组织、青年科技4个工作委员会和棉纺织、毛纺、毛针织、针织、染整、家用及产业用纺织品、服装、教育、品牌时尚、环保节能、信息化、检测与标准、技术与安全13个专业委员会，会员中聚集理论知识渊博、实践经验丰富的高级工程师、教授级高级工程师和有高深造诣的全国知名专家学者。学会有团体会员48家，个人会员762人。

（时尚控股）

【打造学术交流品牌】年内，纺织学会以发扬传统、探索学术交流服务首都科技创新为重点，与北京服装学院合作举办先进纺织服装高层论坛，与北京纺织行业知识产权联盟联合举办知识产权保护系列讲座。参加并配合市科协开展学术月、科技周、北京青年学术演讲比赛、北京青年优秀科技论文、金桥工程等活动，建立学科联盟与产业联盟的常态交流机制，促进学科最新科技成果与产业创新需求对接，推动产学研结合和科技成果转化。以“城市学会工作研讨会”的形式，定期组织交流活动。城市学会工作研讨会连续召开36届。

（时尚控股）

【行业青年人才推优举优】年内，学会开展行业青年人才推优举优工作，综合学历、学术贡献、工作成就等多方面因素，定期推荐表现突出科技人才纳入市科协青年人才库。全年共举荐5名优秀青年人才入选市科协青年人才托举工程，对被托举人进行3年期持续性培养。

（时尚控股）

【知识产权咨询服务】年内，学会发挥资源优势，聚焦企业需求，联合北京纺织行业知识产权联盟、朝阳知识产权纠纷人民调解委员会在王府井工美大厦“2022时尚北京”活动周展上设置知识产权咨询服务台，同期举办“时尚北京”知识产权沙龙活动。为众多参展商和参观者以及行业广大科技工作者现场科普并解答知识产权相关知识，推动行业知识产权保护工作。

（时尚控股）

北京日化协会

【概况】简称日化协会，1980年经市民政局批准成立，是具有法人资格的5A级行业协会。协会由化妆品和洗涤用品生产、原料、设备、包装、营销等企业以及相关科研、设计、教育等事业单位组成，有会员单位近百家。日化协会最高权力机构是会员大会，会员大会闭幕期间由理事会行使所规定的职责。协会秘书处设有综合办公室、信息调研部、政策法规部、教育培训部4个职能部门；另设中医体质与皮肤养生专业技术委员会、化妆品功效评价专业技术委员会2个专业委员会以及外企工作者分会、洗涤分会、日化原料分会3个分会。协会宗旨是当好政府的参谋助手，切实反映企业的愿望和要求，在政府和企业之间发挥桥梁和纽带作用。为会员服务、为行业服务、为政府服务、为社会大众服务。立足北京，面向全国，走向世界，有效促进国内外科技交流和行业发展。协会主要职能包括：根据行业发展情况起草行业发展规划；对行业发展中的问题进行调查研究，向政府部门提出有关行业法规和政策建议；参与政府部门有关本行业法规、政策、标准等的制定、修订工作并组织宣讲培训和贯彻实施；制订并组织实施行业自律性管理制度和行业道德准则，规范会员行为，推动行业诚信建设，维护公平竞争的市场环境；开展行业统计工作，搞好信息的收集、分析、管理和发布，为政府部门制定产业政策提供依据，为行业提供信息指导与服务，编辑出版协会刊物；配合监管部门进行针对行业产品质量的监督工作，发布行业产品质量信息，组织开展行业新技术、新工艺、新原料、新产品等推广应用和交流；受政府部门委托，参与承担本行业科研课题研究、科技成果鉴定的有关工作；受政府委托承办或根据市场和行业发展需要组织行业的国内外展览会、订货会，参与培育国内的专业市场；组织开展行业职业技能及其他技术性培训活动；代表行业参加相关国际行业组织和国际行业会议，在不同地区，组织国际的交流与合作；参与协调对外贸易争议，帮助会员做好反倾销、反补贴和保障权益的应诉、申诉等工作，维护正常的进出口经营秩序和国内产品的利益。

2022 年，日化协会举办 7 期线上小课堂，促进会员间信息交流和资源共享，举办第一期化妆品学系统课培训班，举办“新条例下化妆品功效宣称评价培训班”，联合天津市日用化学品协会、河北省日化行业协会举办第一期“三级化妆品配方师职业技能培训班”，承担市药监局委托的《北京市化妆品生产企业、经营企业调研》以及中国药品监督管理研究会委托的《社会组织在化妆品安全治理中的作用研究》课题。开展 3 次科普进社区公益活动，主题“科学护肤、美丽一生”，覆盖 3 个社区 120 人次，发放科普图书和消毒凝胶各 120 份。

（日化协会）

【搭建政府与企业交流平台】年内，日化协会聚焦化妆品标签、化妆品不良反应、生产质量管理体系、化妆品个性化服务等内容举办 5 次会员沙龙，邀请市药监局、北京工商大学化妆品监管科学研究院领导及会员代表交流。收集和整理会员单位对于新法规的意见和建议，并将反馈意见上报政府主管部门。为会员提供免费政策法规咨询服务，与监管部门沟通并解决问题。

（日化协会）

【推进团体标准制定】年内，日化协会发布团体标准 1 项：《中国特色植物资源化妆品功效评价指南》；新立项制定团体标准 5 项：《化妆品用植物原料质量规格制定通用技术要求》《化妆品用原料灵芝提取物——灵芝孢子油》《化妆品舒缓功效测试——人体乳酸刺痛试验测试方法》《特色植物资源儿童化妆品开发设计指南》《化妆品用油性原料使用效果评价指南》；修订团体标准 4 项：《国产非特殊用途化妆品备案资料编制指南》《国产非特殊用途化妆品备案检验指南》《国产非特殊用途化妆品风险评估指南》《国产非特殊用途化妆品包装标签设计指南》；延续进行的团体标准 1 项：《化妆品个性化需求方案设计和研发操作指南》。

（日化协会）

北京质量协会

【概况】简称质量协会，1981 年 9 月成立，是经市民政局核准注册的社会组织。质量协会内设会员与用户工作部、小组与现场工作部、培训部、办公室等部门。共有 6 名工作人员。会员单位 175 家。2022 年，质量协会组织开展质量标准宣贯培训，共有 500 多名质量专业人士参加。组织全市优秀企业参加工信部制造业企业可靠性提升优秀案例征集和全国质量标杆遴选活动。推进质量诚信体系建设，开展市场质量信用等级评价、用户满意等级评价活动。举办质量管理小组成果、质量信得过班组建设典型成果交流培训活动和“质量月”宣传活动。

（质量协会）

【参加可靠性提升优秀案例征集】年内，质量协会组织企业参加工信部可靠性提升优秀案例征集活动。最终北京新能源汽车股份有限公司、联想（北京）有限公司、北京蓝威技术有限公司、利亚德光电股份有限公司 4 家企业获 2022 年制造业可靠性提升优秀案例称号。组织企业参加工信部全国质量标杆企业遴选，累计推荐 17 家企业获全国质量标杆荣誉称号。

（质量协会）

【推进质量诚信体系建设】年内，质量协会开展市场质量信用、用户满意等级评价活动，引导企业履行社会责任，营造诚实、自律、守信、互信的社会信用环境。会员单位中国石油化工股份有限公司北京燕山分公司、中国新兴建筑工程有限责任公司被评为全国市场质量信用等级 2A 级企业。北京中湾智地物业管理有限公司的物业服务参加全国用户满意星级等级评价活动，获用户满意 4 星级服务。

（质量协会）

【质量管理小组成果交流活动举办】年内，质量协会举办质量管理小组成果交流活动，汽车、电子、医药、食品、日化、建材等行业企业的质量管理小组代表参加活动，共有 480 个成果符合质量管理小组活动准则标准，在此基础上培育推荐了 8 个全国优秀质量管理小组。

（质量协会）

【质量信得过班组成果交流活动举办】年内，质量协会举办第八届质量信得过班组建设典型成果交流培训活动。全市航天、通信、交通等多个行业企业代表90余人参加活动。共有56个班组符合质量信得过班组建设准则标准，在此基础上，培育和推荐15个班组获全国质量信得过班组。

（质量协会）

北京玩具协会

【概况】简称玩具协会，1982年2月6日成立，是由北京地区从事玩具生产、科研、销售、教育的企业、事业单位自愿组成的社会经济团体，为政府和企业提供双向服务，推动北京地区玩具事业的发展。玩具协会内设秘书室、办公室（财务室），有专职工作人员4人，下设传统玩具委员会、益智玩具委员会、空竹玩具委员会、商务委员会、原创设计委员会和传统手工技艺推广培训委员会共6个专业委员会。截至2022年年底，玩具协会会员单位90家。2022年，玩具协会完成第十三届法人变更登记工作。全年共召开会长办公会6次、理事会2次，发展新会员22家，建立会员档案90份。5月，评选空竹技艺大师26人、空竹技艺师15人。

（赵亚曼）

【完成非遗传承系列课程拍摄】2月24日和3月2日，玩具协会组织召开民间艺术家工作座谈会2次，完成环球网校大中小学劳动教育·非遗传承系列课程绒花、脸谱、风筝、剪纸、灯笼5个门类的推广视频拍摄。

（赵亚曼）

【组织参加非遗集市】10月1日至2日，玩具协会组织面塑、毛猴、风车技艺、鬃人、葫芦工艺、益智玩具等优秀非遗项目，参加石景山区非遗保护中心主办的“‘乐玩、乐享、乐购’咱老北京的非遗市集”活动。

（赵亚曼）

【组织参加科普嘉年华】8月13日和9月19日，玩具协会参加在中国妇女儿童博物馆举办的公益活动——2022年“少年儿童心向党，用情用心伴成长”中国益智玩具挑战赛和“喜迎二十大，科普向未来”豆各庄地区（乡）2022年科普嘉年华活动。

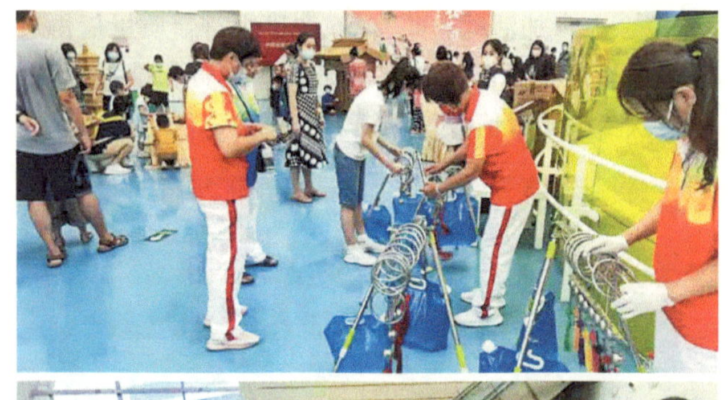

（赵亚曼）

【组织民间艺术家喜迎冬（残）奥会】 在2022年北京冬奥会即将来临之际，玩具协会组织民间艺术家王锋、郎志丽、杨淑林、张玉琴、赵伟、张俊显、赵梓立、杨晓康、刘文填、荣慧生、杨守光等，以漫像、面塑、烙画、剪纸、布贴画、蛋雕、风车等创作艺术形式喜迎冬奥会。

（赵亚曼）

北京模具行业协会

【概况】 简称北京模协，1982年10月成立，是经市民政局核准登记注册，由模具企业及其装备制造行业相关产业链企业、科研单位、大专院校和社会团体按照自愿原则组成，有48家会员企业。北京模协作为政府与企业之间、企业与企业之间、企业与科研院校之间的桥梁，以“努力开拓、积极进取、多办实事、注重效果”为指导方针，努力为政府服务、为行业服务、为企业服务。近年来，北京模协围绕北京市“四个中心”城市战略定位，推进绿色发展、创新发展、协同发展，大力推动京津冀协同发展，并通过新定位、新担当、新格局，鼓励实体模具、数字模具及其装备制造领域优质项目、高新技术、高端人才走出去，形成以北京为高新技术核心圈的多维度、多圈层产业协作局面，不断推动会员企业转型升级。2022年，协会获“优秀组织单位”荣誉，获得AAAA级社会组织称号，获防疫抗疫新闻联播活动积极参与单位称号。协会负责人获“优秀工作人员”荣誉。

（北京模协）

【第十届车轮设计大赛启动】 3月12日，由北京模协协办的2022“色耐特杯”第十届车轮设计大赛启动。大赛主题为“碳”索未来，已举办9届，为汽车产业相关企业、科研机构、院校供职的设计人员、工程师、教师和学生以及行业爱好者提供展示创意的行业平台。大赛重在考察设计者的综合能力。车轮作为汽车唯一需要外观设计的底盘运动零部件，如何做到车轮设计为主体，与未来新能源汽车设计发展趋势相结合，勾绘出2030年城市交通低碳出行方式，是设计师需要思考的关键问题。大赛评审比重分配为车轮系统设计的评价占比70%，车身匹配设计的评价占比30%。作品兼顾主题表达、创意概念、设计质量、发展潜力等方面。

（北京模协）

【第八届理事会第七次会议举办】 8月12日，北京模协第八届理事会第七次会议在昌平区南口镇东大街4号以线上线下形式召开。协会理事长陶华强，副理事长陈晓春、李成坤、吴行飞，监事长曹志国，秘书长张国锋，服务中心主任蒋学文等出席会议，理事单位代表、监事会成员及秘书处成员等共计23人参加会议。会议就法定代表人变更事宜，以举手表决方式审议通过冉绍平的离任审计报告。会议还听取了《社会组织评估自评报告》综述内容及开展企业需求、宣传统计工作和开展四十周年系列活动工作的动员，讨论了协会加大改革创新力度举措。

（北京模协）

北京包装技术协会

【概况】 简称包装协会，1982年成立，隶属市经济和信息化局，是市民政局批准登记的社会团体法人，被市民政局授予“中国社会组织等级评估5A级协会”。协会是北京地区包装企事业单位、科研院所、大专院校的行业组织。主要任务是：协助政府有关部门做好包装技术企业的疏解、调整、转型、升级工作；推动京津冀包装产业协同发展；承接政府委托项目及课题研究；组织编制北京包装技术行业发展规划；开展包装技术交流、展览；组织技术创新、成果转化；提供技术咨询服务；培养包装各类人才；促进企业和部门之间的横向联合；在企业和政府间起桥梁和纽带作用，推动全市包装工业发展。协会按专业分为包装设计、纸制品包装、包装机械、金属容器包装、包装印刷、塑料包装、快递/外卖包装、绿色包装循环经济、智能物流运输包装、航天特种包装等。

2022年，协会搭建平台助力北京金融安全产业园、北京纳百川包装制品有限公司与北京北箱信发包装有限公司强强联合。组织会员企业参加北京市外贸进出口线上展洽会（南美专场），并在南美国家社交媒体和专业网站对本次活动进行宣传推广；展会期间举办“北京市优质企业专场推介会”“北京市企业与南美企业专场对接会”等活动。参加市发展改革委组织的2022年全国节能宣传周“防治塑料污染　共建美好家园”宣传活动，加强塑料污染治理宣传。经中国优质农产品开发服务协会批准，由北京包装技术协会牵头成立中优农协包装分会。吸纳全国优秀包装企业成为优农协会员，提升优质农产品包装质量及产品附加值，从包装、品牌角度助力乡村振兴。与中优农香料产业分会、优质茶叶分会、标准认证专业委员会进行对接交流；与京津冀包装技术协会、上海长三角地区包装技术协会、黑龙江省包装联合会进行合作交流，优势互补、协同共进；与陕西省包装技术协会、甘肃省包装技术协会、新疆维吾尔自治区包装技术协会在西北地区优质农副产品领域合作探讨，利用优农协平台带动西北五省共同发展。

（包装协会）

【完成市级标准制定】 年内，包装协会牵头完成北京市地方标准《餐饮外卖、商超领域限塑评价指南》，通过市市场监管局终期评审。参与市水务局和市经济和信息化局关于北京市地方标准《用水定额　第24部分：印刷品》纸质包装印刷部分的信息采集及标准编制工作。

（包装协会）

【帮助企业业务对接】 年内，包装协会开展定期走访，赴各类包装技术企业调研，涵盖绿色智能包装印刷装备、VOC环保回收处理设备、航天军工特种包装、彩盒纸箱、智能机械、数字印刷、防伪瓶盖、奶盒包装等企业，旨在全面了解企业发展、生产经营、上下游产业链等方面最新情况，并提供相关服务、探讨业务模式等。

（包装协会）

【助力企业低碳发展】 年内，包装协会邀请生态环境部环境发展中心、《塑料包装》杂志社有限公司领导、专家到会员企业奥瑞金科技股份有限公司和雷诺丽特恒迅包装科技（北京）有限公司，详细解读绿色循环经济、“双碳”领域前沿政策，介绍“十四五”时期“无废城市”“无废企业集团”建设工作，助力企业减排降碳协同增效、绿色低碳循环发展。

（包装协会）

【倡导全社会减塑】 年内，包装协会与北京市餐饮行业协会、北京咖啡行业协会共同发布行业减塑“自带杯倡议”，减少使用一次性塑料杯，带动全社会形成“减塑”的良好生活习惯。

（包装协会）

【组织开展塑料污染治理领跑者评价】 年内，包装协会受市发展改革委委托，联合北京市餐饮行业协会、北京超市供应企业协会、北京市连锁经营协会组织开展2022年塑料污染治理领跑者评价工作。北京市餐饮行业协会收到80余家企业申报，商超行业协会收到20余家企业申报。经过筛选初评，最终北京市同和居饭店有限责任公司等15家企业入选2022年塑料污染治理餐饮外卖行业领跑者试点；物美科技集团有限公司等7家企业入选2022年塑料污染治理商超行业领跑者试点；中国邮政集团有限公司北京市分公司等2家企业入选2022年塑料污染治理快递行业领跑者试点。

（包装协会）

北京表面工程协会

【概况】 简称京表协，前身是1984年7月成立的北京电镀协会，是2001年北京市经济委员会授予行业管理职能首批协会之一，2012年更名为北京表面工程协会。协会主要职能是贯彻落实表面工程行业相关法规和政策，推动行业结构调整和布局优化，促进行业清洁生产，提升行业整体水平。向政府部门反映行业、会员诉求，提出行业发展和相关立法等方面的意见和建议。京表协开展行业调研，参与相关产业政策、行业标准、行业规划、行业规范条件的研究制定。推动诚信体系建设，健全行业自律性管理约束机制。开展政策、法规和技术咨询服务，组织技术培训、技术推广和信息交流。开展国内外经济技术交流，指导和规范会员企业的对外交往活动。接受政府相关部门委托，协助开展行业管理工作等。截至2022年年底，协会秘书处下设会员部、财务部等部门，有职工8人，会员单位80余家。

2022年，北京表面工程协会加强政策解读和培训服务工作，参与镍雾项目，提高电镀工作者健康安全。组织会员企业参加中国表面工程协会科技奖评奖申报工作，发现、挖掘出一批优秀成果和项目；参加中国专利奖、中国机械工业科学技术奖等奖项的初评推荐工作。应天津市蓟州区政府邀请，针对蓟州区工业园二期项目开展行业服务，为园区规划、建设提供指导意见。组织企业以能源资源全面节约、集约、循环利用为重点，推动制造业绿色低碳发展。利用数字技术对能源物料、污染排放、废物处理与资源化利用等全过程的智慧管控。

（京表协）

【推动表面工程行业绿色可持续性发展】 年内，京表协通过线上腾讯会议组织参与表面工程行业绿色发展与清洁生产高峰论坛，共同探讨新形势下绿色发展与清洁生产的新要求、新挑战、新机遇，推动表面工程行业绿色可持续性发展。

（京表协）

【带动全行业提升绿色化水平】 年内，京表协先行先试绿色低碳技术应用，打造绿色、低碳标杆示范企业，带动全行业、全产业链绿色化水平提升。

（京表协）

北京软件和信息服务业协会

【概况】 简称北京软协，1986年10月21日成立，是国内最早成立的软件行业协会之一，是经北京市民政局批准注册的软件产业社团组织。协会秉承“提供价值服务　促进产业发展”的宗旨，践行“服务企业 沟通政府 回馈社会”的职能，通过数字化平台建设，利用数据优势，聚焦会员需求，提供特色鲜明、形式多样、受众广泛的十大服务体系，其中包括行业自律、品牌提升、沟通政府、咨询服务、行业研究、知识产权、国内外交流、上市培育、宣传服务和软协大讲堂。协会设会长1名、秘书长1名、副秘书长2名，下设会员服务部、研究发展部、培训合作部、市场部和办公室，有分支机构12家。

2022年，北京软协有会员单位3200余家，全年新吸纳会员企业673家，近3年收入均超1000万元。打造五位一体的数字平台，包括企业创新服务平台、官方网站、软件无限平台、品牌营销服务平台、软件产业政策大数据平台。组织企业参与中关村论坛，共征集及推荐9家会员企业的近10项重大科技成果参加“2022中关村论坛——成果发布板块”，助力企业重大科技成果推广及转化运用；推荐10家企业20个项目参与中关村新兴领域专题赛，其中6家企业8个项目获奖。获批“北京市专业技术人员继续教育基地”，并在国际交流、品牌活动、标准创制、行业研究、园区提升、京津冀协同发展成效显著。

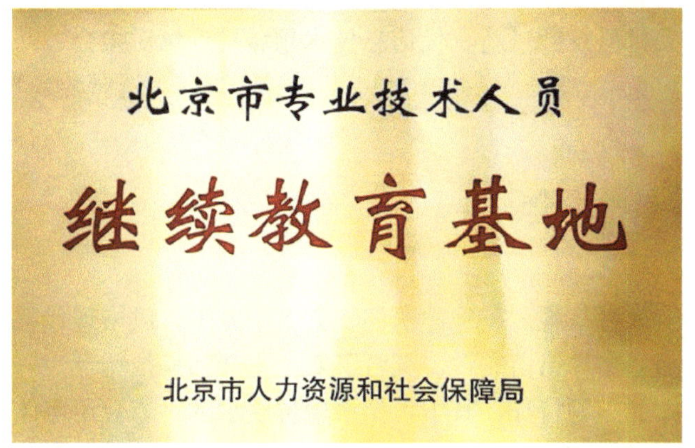

（叶玲莉）

【国际交流活动】年内，北京软协组织开展国际交流合作会议3场，包括北京新一代信息技术国际项目合作对接会、北京数字经济国际合作对接活动、2022服贸会“资本赋能——北京集成电路产业集群创新发展论坛”。

北京新一代信息技术国际项目合作对接会现场（2022年摄）

（叶玲莉）

【品牌交流活动】年内，北京软协连续开展2年及以上有影响力的品牌活动13项，承办国家部委主办活动2项，北京市级、区级部门主办或者指导的活动13场。其中，承办的国家部委主办的活动包括首钢园2022年服贸会、产业互联网创新发展论坛；承办的京港、京台活动，包括第25届京港洽谈会、第25届京台科技论坛——京台绿色智造产业发展论坛、第25届京台科技论坛——京台绿色智造产业线上路演交流活动；举办数字经济生态共建交流会10场，聚焦Web3.0、工业互联网+双碳、云原生、AI数字人等前沿热点话题，参与交流企业2000余家次；举办“创新案例　北京实践”系列分享21次。举办政策服务大讲堂、软件高质量发展系列、行业自律系列、财税小课堂、人力法务讲座、项目管理大讲堂系列、知识产权赋能讲座、软件企业B2B营销大讲堂等活动。

2022年产业互联网创新发展论坛现场

2022年服贸会首钢园现场

2022年第25届京台绿色智造产业发展论坛现场

（叶玲莉）

【团体标准创建】年内，北京软协创建发布团体标准6项，推广应用团体标准5项。其中发布的团体标准分别为《T/BSIA 001—2022软件技能人才评价规范》《T/BSIA 002—2022软件和信息服务业诚信企业评估规范》《T/BSIA 003—2022软件和信息服务业社会责任治理评价指标体系》《T/BSIA 004—2022信息技

术 数据流程服务技术规范 第 1 部分 通用技术》《T/BSIA 005—2022 信息技术 数据流程服务技术规范 第 2 部分 技术评价》《T/BSIA 006—2022 知识图谱时空特性构建技术规范》。

（叶玲莉）

【京津冀协同发展】年内，北京软协举办中关村科技创新资源对接系列活动 2 场，包括宝坻京津中关村科技城（电子信息领域）专场对接会和天津滨海—中关村科技园（新一代信息技术领域）专场对接会。

（叶玲莉）

北京水泥行业协会

【概况】简称水泥行业协会，1986 年 11 月 16 日成立，2005 年 4 月 7 日召开六届三次会员大会，4 月 22 日经市民政局批准将北京水泥工业协会更名为北京水泥行业协会。业务主管单位是市经济和信息化局，挂靠北京金隅集团。内部设置秘书处、会员部、宣传部，秘书处共有工作人员 5 人，会员单位 45 家。2022 年，北京水泥环保企业 2 家，水泥熟料产量 178.02 万吨，同比下降 9.91%；水泥产量 203.44 万吨，同比下降 21.17%；废弃物消纳（含飞灰）35.58 万吨。北京商品砼企业数量 95 家、产能 8017 万立方米以上，产量 4188 万立方米，比 2021 年同期下降 13%，其中金隅冀东（唐山）混凝土环保科技集团有限公司产量 1181 万立方米，北京金隅混凝土产量 365 万立方米。

（王小民）

【市公共安全教育基地分类分级评估结果公布】11 月，第十六届北京公共安全文化论坛举行，2022 年度北京市公共安全教育基地分类分级评估结果出炉，金隅琉水安全教育培训基地被评为北京市专项类公共安全教育基地。基地建筑面积 375 平方米，风格现代亮丽，布局错落有致，契合了安全生产和科技特色为一体的主题特征，其中包括滑轨屏展示区、综合用电体验区、VR 虚拟焊机体验区、职业健康和应急急救体验区、有限空间体验区、隐患排查体验区、综合知识考核区以及多媒体安全培训室等。VR 场景依据厂区、厂房实际情况设计，可以通过 VR 眼镜，直观体验典型安全事故，通过虚拟现实环境，"亲历"安全事件，让场馆的教育和学习作用更加生动形象。

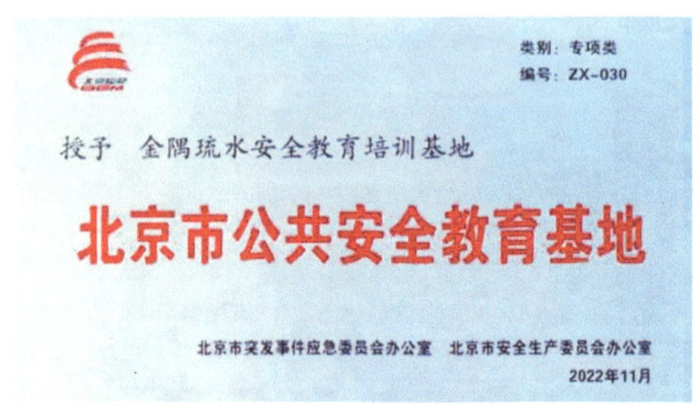

（王新然）

北京市饲料工业协会

【概况】简称饲料工业协会，1986 年成立，是具有社团法人资格的非营利性服务型社团组织。饲料工业协会以打造品牌协会、打造适应新常态的服务体系、打造企业的核心竞争力为目标，营造互联互通的平台、用心服务的平台、饲料企业之家、企业家之家。2022 年，饲料工业协会内设 5 个部门，有 6 名专职人员，共有天然植物专业分会、生物饲料专业分会、互联网与大数据专业分会、国际合作专业分会、饲料科技创新企业联合体专业分会、党建与企业文化专业分会、宠物食品与健康专业分会、慈善公益分会 8 个，会员单位 181 家。年内，饲料工业协会迎难而上、逆势拼搏，围绕"十四五"乡村振兴战略，服务行业、服务企业；稳中当头、稳中求进；务实创新、力促发展。从七大方面 20 件大事开展了卓有成效的工作。

（韦兴茹）

【慈善公益分会成立】2 月 14 日，饲料工业协会召开会员大会，成立北京市饲料工业协会慈善公益分会，并继续资助"北京太阳花班"。5 月 20 日开启"灿烂人生奖学金计划"公益项目，集聚社会力量，229 份捐款累计 3.15 万元；帮助困难儿童，成功资助 14 个家庭继续求学之路。

（韦兴茹）

【助力宠物食品国际化】5 月 12 日，饲料工业协会作为主要参与方主持召开“中国饲料工业协会宠物饲料（食品）分会成立大会”，北京市饲料工业协会宠物食品与健康专业分会成为该分会执行会长单位，6月加入全球宠物食品协会联盟（GAPFA）。

（韦兴茹）

【助力企业开展交流互动】11月15日至18日，饲料工业协会协助北京大北农科技集团股份有限公司、北京挑战牧业科技股份有限公司、北京菲迪饲料科技有限责任公司、赢创（中国）投资有限公司等企业亮相世界顶级畜牧盛会——EuroTier汉诺威国际畜牧展。与天津市、河北省、河南省、湖南省、内蒙古自治区等几十家协会开展座谈会、交流会。与美国大豆出口协会、德国农业协会、荷兰农业协会等国际协会开展交流合作。

（韦兴茹）

【联合主办行业公益论坛】11月30日，饲料工业协会与赛尔传媒联合主办“第六届母猪营养与健康大会”，论坛以“聚焦母猪繁殖性能，解析关键营养技术”为主题，近20名行业专家相聚云端，共同探讨母猪饲喂与生产相关内容，分别从母猪几个营养阶段的饲喂目标，解决母猪繁殖性能和精准化营养的技术难题。12月3日至4日，与南京农业大学联合主办“天然植物饲料与动物健康养殖高峰论坛”。

（韦兴茹）

【助力企业健康发展】年内，饲料工业协会协助北京科为博生物科技有限公司、北京小龙潜行科技有限公司、北京东方天合生物技术有限责任公司、北京盛拓达生物科技有限公司等企业取得专精特新中小企业荣誉。利用协会公众号共发布143篇信息、企业宣传53篇，采访9家企业并剪辑发布视频号。根据《关于开展2022中国饲料工业协会先进集体和先进工作者评选工作的通知》，共推荐符合条件的29个先进集体和23名先进工作者申报。

（韦兴茹）

【协助缓解企业资金困扰】年内，饲料工业协会组织多次银企对接活动，通过北京农商银行为企业贷款2078万元。为解决北京市中小饲料企业融资难、融资贵的问题，协会不断为会员企业搭建便捷的企业贷款服务通道，寻求惠农益农特色的银行金融产品。北京农商银行开展“支农惠农小微企业特惠贷服务专项活动”，为会员企业提供“一揽子”专享服务方案，解决了企业资金困扰。

（韦兴茹）

北京建材行业联合会

【概况】简称建材联合会，1987年12月成立，名称为北京建材工业协会，2000年9月18日变更为北京建材行业协会，2009年6月14日变更为北京建材行业联合会，是由北京地区北京水泥行业协会等建材专业协会、北京金隅集团等大型建材生产经营企业、建筑施工企业、房地产开发业和科研、设计、信息等相关单位自愿联合发起成立，是经北京市社会团体登记管理机关核准登记的非营利性社会团体，是北京地区建材行业的联合组织，会员分布和活动地域为北京市。截至2022年年底，北京建材行业联合会内设8个部门，有18人，有会员单位191家，其中大型企业24家、中型企业37家、小型企业130家。建材联合会的宗旨是：遵守宪法、法律、法规和国家政策，践行社会主义核心价值观，遵守社会道德风尚，恪守公益宗旨，积极履行社会责任，自觉加强诚信自律建设，诚实守信，规范发展，提高社会公信力。按照“为政府、为行业、为企业、为会员”服务的原则，发挥桥梁纽带作用，促进建材行业高质量发展。建材联合会围绕业务范围开展建材行业领域内的协调、信息交流、咨询服务、专业培训、新技术推广等工作，其中在市人力资源社会保障局授权下开展的北京市工程系列（建材）高中初级职称评审工作、在市科委社会奖励办备案免费开展的北京建材行业科学技术奖评审活动、环渤海地区建材行业“诚信企业”“知名品牌”“最具影响力企业”“技术创新型企业”创建服务活动等已成为建材联合会的品牌工作。

2022年，疫情防控和外部不确定性原因对行业经济平稳运行影响明显，北京建材行业经营压力增大，需求收缩，成本高企，供需双双下滑，大部分建材产品产量持续下降。但平板玻璃、水泥排水管产品产量不降反升，成为亮点。全市地方规模以上在京企业累计生产量：平板玻璃42万重量箱，同比增长6%；水泥排水管187千米，同比增长21%；硅酸盐水泥熟料178万吨，同比下降4.6%；水泥203万吨，同比下降21%；商品混凝土4137万立方米，同比下降 13%；石膏板 5722 万平方米，同比下降 23%；卫生陶瓷 53 万件，同比下降 65%；水泥压力管 83 千米，同比下降 48%；沥青和改性沥青防水卷材 3.3 万平方米，同比下降 46% 。

（建材联合会）

【发挥国建联信认证中心建材工作站作用】年内，建材联合会完成在会员企业中开展的“质量、环境、安全、职业健康”体系认证复审工作。针对新冠肺炎疫情对培训工作的不利影响，与北京国建联信认证中心合作，将内审员培训由线下变为线上，首次举办管理体系内审员线上培训班，共有 41 个单位 260 名学员参加，经考核对学员颁发管理体系标准内审员培训证书。

（建材联合会）

【开展工程系列（建筑材料）职称评审】年内，按照市人力资源社会保障局授权和职称评审工作总体部署，建材联合会完成了北京市工程系列（建筑材料）高、中、初级职称评审的申报、审核、答辩及验收工作。全年有 942 人申报高、中、初级职称，经审核，有 613 人参加答辩、评审，其中高级职称有 87 人参加答辩，51 人通过；中级职称有 169 人参加答辩，88 人通过；初级职称有 357 人参加评审，330 人通过。

（建材联合会）

【组织参加全国建材行业质量管理活动】年内，按照中国建筑材料联合会《关于开展 2022 年建材行业质量管理活动的通知》精神，建材联合会组织会员单位申报质量管理小组和信得过班组集体 2 个奖项，并依据文件要求进行审核，指导企业和个人完善申报材料。经审核，向中国建筑材料联合会推荐北京金隅天坛家具股份有限公司的产品包装改进小组参评质量管理小组；北京金隅天坛家具股份有限公司的民用安装组参评质量信得过班组。所推荐的 2 个班组均获相应组别的二等奖，受到中国建筑材料联合会的表彰。

（建材联合会）

【开展 2022 年度建材行业环渤海 4 项评价活动】年内，在京、津、冀、鲁、辽、晋、蒙环渤海 7 省市自治区建材行业协会的团结协作下，2022 年度环渤海地区“诚信企业”“知名品牌”“最具影响力企业”“技术创新型企业”四项评价活动未因疫情原因停摆。通过企业自愿申报，建材联合会 4 项评价活动工作领导小组初审、北京地区 4 项评价活动专家组复审，北京地区评出诚信企业 25 家、知名品牌 13 家企业 16 个品牌、最具影响力企业 3 家、技术创新型企业 3 家。

（建材联合会）

【北京建材行业科学技术奖评选活动举办】年内，建材联合会继续与北京硅酸盐学会联合在北京市建材行业免费开展北京建材行业科学技术奖评审活动，活动已坚持 17 年。全年近 30 家企业自愿参加申报，申报项目共计 43 项。经初评、专家评审、科委会通过，在北京建材行业联合会网站公示，2022 年度“北京建材行业科学技术奖”获奖项目共计 37 项。其中，科研成果一等奖 1 项、二等奖 2 项、三等奖 7 项；技术革新一等奖 2 项、二等奖 4 项、三等奖 17 项；技艺工法奖 4 项。

（建材联合会）

【开展科技成果鉴定】年内，建材联合会受中国矿业大学（北京）委托，组织专家对由中国矿业大学（北京）、北京建筑材料科学研究总院有限公司、上海百奥恒新材料有限公司等 5 家单位共同完成的《低活性硅铝酸盐固废制备轻质高强保温材料关键技术》科研成果进行了鉴定。

（建材联合会）

【筹建成立水泥分会】年内，建材联合会筹建成立联合会水泥分会，新发展会员 30 多家，水泥分会会员达 45 家。

（建材联合会）

【发挥专业优势做好服务】年内，建材联合会下属防火涂料分会指导会员企业按照新标准要求对产品进行第三方检测，协助 53 家企业通过检测并获得认证证书。利用分会的专业优势，协助会员企业接受认证机构、公安消防、质量监督等部门对防火涂料产品的抽查和检验，产品抽查合格率达到 100%。组织专家配合应急管理部消防产品合格评定中心、北京市消防救援总队等单位完成 2 起关于防火涂料工程质量问题和防火涂料造假问题投诉案件处理工作。

（建材联合会）

北京酿酒协会

【概况】简称酿酒协会，是为适应原北京酿酒总厂自身改制和推动北京酿酒行业健康发展，经市经委、市一轻总公司、市食品办、市食协批准，于 1987 年 4 月 24 日成立。1987 年 10 月，北京酿酒总厂改制，取消二级公司职能，酿酒协会承接了行业管理、行业协调的职能。第一届理事会有 32 个会员单位，全部为理事单位。协会的业务范围包括：负责行业统计、专题研究、行业规划、行业协调、技术合作、信息交流、咨询服务、产品评鉴、组织培训、制定行规行约、行业质量安全监督、承办政府或其他组织委托的行业管理事项。截至 2022 年年底，酿酒协会已历经 7 届理事会，会员单位增至 93 个，大部分为酿酒制造业企业，理事单位 30 个。协会设有独立的党支部，有党员 4 人，在中共北京市生产制造业行业协会第一联合委员会领导下开展党建工作；设有由聘任的老专家和在职专家组成的专家顾问委员会，专家顾问委员会根据行业和会员单位需求组织活动；设有办公室、会员部、培训部、宣传部，专职人员 6 名，其中硕士学历 2 名、大专以上学历 3 名，具有高级职称 1 人、中级职称 4 人，5 人具有企业主要管理岗位工作经历。协会第一届理事会由北京酿酒总厂厂长高景炎任理事长，党委书记张菊明、市糖烟酒公司副经理袁东任副理事长，原北京夜光杯葡萄酒厂厂长于长水任专职秘书长兼办公室主任。同时聘请著名酿酒专家王秋芳、市糖烟酒公司总经理王书田为名誉理事长。酿酒总厂总工任可达先任常务理事，后接任副理事长。高景炎、任可达在一至四届理事会任领导职务，于长水在一至五届理事会担任领导职务。第五届、第六届理事长由北京一轻控股有限责任公司总会计师林楠担任，第七届现任理事长由北京一轻控股有限责任公司副总经理常明担任，第六届和第七届现任秘书长由原红星酿酒集团公司总经理傅长龙担任。2022 年，北京啤酒总体经济效益增长明显，主要得益于产品结构调整，燕京 U8 等产品产销量大增，中高档产品已占全部产品的 60% 以上。北京白酒、葡萄酒、药酒、黄酒等酒业总体保持平稳运行。7 月 8 日，酿酒协会在北京牛栏山酒厂召开第七届第一次会员大会，选举产生新一届理事会、监事会。年内，协会发展中诚信发投资基金管理（北京）集团有限公司、北京市食品及酿酒产品质量监督检验一站等 29 个单位为新会员。

（酿酒协会）

【酿酒协会专家顾问委员会成立】8 月 26 日，酿酒协会在北京二锅头酒业股份有限公司召开北京酿酒协会专家顾问委员会成立大会。委员会由主任 1 人，执行副主任 1 人，副主任 2 人及委员 14 人组成，成员全部为企业总工、高级工程师和行业专家，主任由全国著名酒业专家、教授级高工、北京二锅头酒国家级传承人高景炎担任。专家委员会主要任务包括：研究提出促进北京市酒类行业健康发展规划和实施方案；研究解决有关酒类标准、生产技术规范、产品检测方法等相关问题，为市场监管部门及企事业单位提供技术支持和技术咨询服务等；开展促进酒类行业发展的相关课题的公关、推动酒类行业工艺技术和管理水平的提高；组织并实施产品质量评价、团体标准审评、市场调研评估、科技成果鉴定等；提出并承担培训教材制定，酒类行业科技人才培养和科研团队建设的培训考核等；在协会领导下，积极开展与有关部门、企事业单位在酒类行业技术和文化推广方面的交流与合作。

（酿酒协会）

【组织会员单位参加活动】年内，酿酒协会组织会员单位参加 2022 中国国际啤酒挑战赛，燕京啤酒获 11 项大奖；参加第 23 届比利时布鲁塞尔国际烈性酒大奖赛，红星二锅头（钰玺煌钰）获大金奖、北京永宁八达岭酒业（集团）股份有限公司获 4 枚金牌。组织会员单位参加《中国酒业》杂志“2022 年中国酒业百强”评选，北京燕京啤酒股份有限公司、北京顺鑫农业股份有限公司牛栏山酒厂、北京红星股份有限公司、北京二锅头酒业股份有限公司、北京华都酿酒食品有限责任公司、北京皇家京都酒业有限公司、北京龙徽酿酒有限公司 7 家酒企进入百强名单。推荐企业参加中国食品协会白酒专业委员会开展的新食品创优活动。组织会员单位参加中国轻工业信息中心举办的“白酒行业系列标准宣贯与质量安全科学监管研讨会”。

（酿酒协会）

北京标准化协会

【概况】 简称标准化协会，1987 年成立，由北京地区推进标准化领域相关工作的各级机构、科研院校、企事业单位和热心标准化事业的个人自愿联合发起成立，经北京市社会团体登记管理机关核准登记的非营利性社会团体。2022 年，协会有专职人员 3 人，协会机构设置项目部（承担学术研究、项目管理、教育培训职能）、会员部（承担会员发展、会员服务及管理等职能）、综合部（承担宣传推广、行政管理职能，承担日常财务核算、合理调配资金职能）。协会团体会员 96 家、个人会员 12 名。标准化协会作为一家专业化、学术性社团组织，在首都标准化工作中一直发挥重要作用，已经发展成为一个从事标准化专业研究、学术交流、科普宣传、专业培训、咨询服务、编辑专业刊物、国际国内交流与合作等业务的综合性社会团体。

（耿　玥）

【政策解读会召开】 3 月 1 日，标准化协会召开全体会员大会暨北京市标准化工作相关政策解读会，协会会员 90 余人线上参加会议。协会秘书长罗桂平介绍了协会 2021 年工作开展情况、财务收支情况、会费收缴使用情况以及 2022 年协会主要工作思路和 15 项具体工作安排。监事会代表常华向协会会员做了监事会报告。协会团体会员——北京汽车集团有限公司代表高级专业师张丽丽从企业标准化体系构建、标准化管理制度、标准化业务和标准化业务推进保障等方面就北汽标准化管理模式做了交流与分享。协会团体会员——正河山标准化咨询事务所创始人郑巧英，就团体标准在国内发展情况、作用及实施等方面做了简要介绍。

（耿　玥）

【2 项团体标准发布】 年内，由标准化协会组织立项、编制、评审的 T/BAS 001—2020《标准化服务机构服务规范》和 T/BAS 002—2020《团体标准综合评价规范》2 项团体标准发布，是 2021 年年初由北京正河山标准化咨询事务所牵头起草，获市政府相关部门资金补助。

（耿　玥）

【持续开展标准化咨询服务】 年内，标准化协会组织各领域专家队伍，为北京市第二儿童福利院及北京市海淀区和熹会老年公寓 2 家标准化试点单位提供为期 2 年的标准化咨询服务工作；为持续推进社会福利、殡葬、养老机构的服务标准体系建设和服务质量提升工作，组织专家集中走访市级民政机构，了解机构的基本情况，介绍协会组织开展标准体系建设和体系确认（体系复审）相关要求，最终确定与北京市第二社会福利院、北京市牛街敬老院、北京老年福敬老院等多家机构签订了标准化合作协议，在协会专家指导下，多家机构分别启动和完成了服务标准体系建设和实施工作。

（耿　玥）

北京电器电材行业协会

【概况】 简称电器电材协会，1988 年 2 月 12 日成立，是北京地区高、低压电器元件及成套装置、电线电缆、绝缘材料及电工器材等企业和有关科研院所、大专院校自愿组成的行业组织。截至 2022 年年底，协会内设秘书处、财务部、专业委员会、实体机构，共 4 个部门，工作人员 10 人，常驻办公人员 5 人，包括秘书长、副秘书长、会计和出纳等工作人员，会员单位 58 家。协会会员单位可提供的产品有十几大类、近百小类、一千余个品种规格的系列产品，其中包括高低压电气成套开关设备、继电保护及自动控制装置；变压器、互感器、电力电容器；高压断路器、隔离开关、接触器、启动器、空气断路器、继电器、刀开关、熔断器、主令电器、漏电开关、防爆电器及电器附件；机床配套用断路器、行程开关、微动开关等各种机床电器元件、控制柜及自耦减压起动器。还可提供各种电线电缆、铜铝母线及电缆附件；电机、电器、电子配套用各类绝缘材料。2022 年，电器电材协会开办“电协兴电器电材经营部”，为会员单位配套提供优质电器电材产品。申领使用北京市财政电子票据为会员开具会费电子票据。

（唐军平）

【电老虎北京办事处成立】 7 月 11 日，电器电材协会与电老虎网再度联手成立电老虎北京办事处，为北京地区电器电材行业发展提供线上线下信息和资源共享服务，发挥行业协会的纽带作用。

（唐军平）

【提供多途径多媒体信息服务】 年内，电器电材协会发挥协会官网、微信公众号、《北京电器电材之窗》内刊作用，为会员提供多途径多媒体信息服务，内容涵盖产业政策、行业动态、新产品新技术等信息。

（唐军平）

北京家具行业协会

【概况】 简称家具行业协会，1988 年成立，是由北京市家具行业及相关的生产、经营、科研、教学等企业单位组成的家具专业性组织机构。家具行业协会主要围绕健全规范市场、加强区域交流、推动品质消费、承接政府项目、完善企业服务等方面开展工作。协会下设会员部、展览部、信息部等部门，秘书处工作人员 10 人。

2022 年，北京家具行业发展减缓，企业数量 294 个，同比下降 1.67%；工业总产值 238 亿元，同比下降 19.32%；规模以上企业数量 33 个，同比下降 5.71%；规模以上企业工业总产值 136 亿元，同比下降 19.04%；出口值 15767.7 万美元，同比下降 0.02%；内销额 2280000 万元，同比下降 17.39%；家具产量 1970.6 万件，同比下降 0.91%。年内，北京家具行业增速放缓转型提速，内部提质外部整合，科技驱动创新发展，设计引领绿色先行，全面布局数字化转型，绿色低碳科技智造的体系正在形成。协会在市民政局、市经济和信息化局以及上级党委等相关部门的领导下，推进复产复工，第一时间走进企业进行调研，反映企业诉求，以服务政府和企业为宗旨，开展工作并取得成绩。

（程　瑜）

【调研理清行业发展】 年内，家具行业协会持续跟进北京家具产业发展现状，全面深入了解企业的生存现状、发展规划、品牌建设、产品布局、生产工艺、数字化进程和工艺设计创新等细节，汇总行业基础运行数据及区域合作开展情况，完成市经济和信息化局政府购买服务项目《推进北京家具行业京津冀协同发展支撑服务》报告，参与环保部《重污染天气重点行业绩效分级及减排措施技术指南　家具、人造板、制鞋工业》调研项目，助力家具制造业生产减排标准规范化。

（程　瑜）

【标准引领提升技能】 年内，家具行业协会牵头主持国家标准《实验室家具通用技术条件》修订工作、团体标准《适老家具通用技术要求》制定工作，参与地方标准《清洁生产评价指标体系　家具制造业》修订工作，为生产企业提供更为科学的技术规范，为产品质量的监督检验工作提供技术依据。为搭建手工木工企业相互交流学习平台，打造高技能和工匠人才发展通道，联合金隅天坛家具举办 2022 年北京市职工职业技能大赛手工木工技能竞赛，激励产业工人技能成才、技能兴企。

（程　瑜）

【会员企业发展成绩显著】 年内，家具行业协会会员企业在科技创新及数字化转型方面取得突破。北京居然之家投资控股集团有限公司、曲美家居集团股份有限公司（简称曲美家居）入选“2022 北京民营企业百强榜单”；强力家具集团有限公司、北京华谛盟家具有限公司进入北京市 2022 年度第一批专精特新中小企业名单，嘉利信得家具有限公司、北京时代文仪家具（深州）有限公司进入河北省 2022 年第一批省级专精特新中小企业公示名单，企业技术能力、创新投入、新品研发等方面的竞争实力获得政府认可；北京金隅天坛家具股份有限公司入选工信部《第四批工业产品绿色设计示范企业名单》、曲美家居“用户直连智造定制化服务项目”入选工信部《2022 新型信息消费示范项目》，成为其在大数据应用、智能化升级的阶段性成果之一。曲美家居“家具产品个性定制化智能工厂”入选市经济和信息化局《2022 年度北京市智能工厂名单》、北京黎明文仪家具有限公司“家具定制生产数字化车间”入选市经济和信息化局《2022 年度北京市数字化车间名单》，分别在智能制造和数字化应用方面成为标杆。北京金隅天坛家具股份有限公司、北京黎明文仪家具有限公司、北京世纪百强家具有限责任公司入选《2021 年度中国轻工业表彰榜单》，在科技创新、数字化转型、产业融合、高质量发展等方面树立行业榜样。

黎明智能制造的曲美苗秀系列家居产品展示（2022 年摄）

（程　瑜）

北京无线电协会

【概况】简称无线电协会，1989 年 10 月成立。2004 年 3 月，协会业务主管单位由市科委变更为北京市无线电管理局。协会会员单位主要是各省市区及地级市无线电管理机构，及京内外数十个从事无线电科研、生产、销售的院校和企事业单位。2012 年年底，根据市经济和信息化委和市民政局社团办指示精神，遵照协会业务主管单位市无线电管理局的指导意见，协会完成组织机构调整，将工作重心转移到北京地区，停止为京外会员服务和组织活动。协会主要业务包括宣传和贯彻政府有关无线电事业的法规和政策，推动无线电事业健康、有序发展；学习推广国内外无线电先进管理经验和技术；承接政府部门委托的业余无线电管理部分业务，开展业余无线电活动，促进其健康发展；组织无线电技术和工作经验的交流；无线电科研成果鉴定、评估，培训、讲座及各种技术服务和咨询活动。协会组织机构有办公室（综合部）、会员部、外联部、财务室、业余无线电服务中心、专家组。协会被市民政局社会组织管理中心评为 3A 级社会组织。截至 2022 年年底，协会共有单位会员 55 个，个人会员（含业余无线电爱好者会员）约 3000 人。

2022 年，北京无线电协会已连续 9 年承接并完成“业余电台设台申报工作服务”和“无线电管理与应急通信演练”两项政府购买服务项目，获得项目委托方市经济和信息化局的肯定。

（吴秋生）

【业余无线电通联】年内，无线电协会在组织“中国 HAM‘5.5’节北京业余无线电交流汇”时，根据北京市疫情防控机构要求，取消人员密集的集会活动方式，改为以协会电台呼号设置中心台和各业余无线电团体及爱好者个人自行组织的业余无线电通联活动方式进行。昌平业余集体台、桥西无线俱乐部、中国传媒大学附小集体台、西城人防展览路应急通信队等 10 余个团队和众多爱好者共完成与国内外

300余家业余电台的通联。

北京无线电协会中心台在通联中（2022年摄）

（吴秋生）

【证件发放】年内，无线电协会共发放“中国无线电协会业余无线电操作证书”A类操作证1227个、B类操作证455个，换发补发A类操作证138个、B类操作证14个；发放“中华人民共和国无线电台执照”1053个、换发补发执照1620个。

（吴秋生）

【开展“进校园”活动】年内，无线电协会先后组织3场“进校园”活动，在北京市传媒大学附小和万泉小学组织开展业余无线电基础知识培训，317名小学生参加A类操作技术能力验证，63名小学生参加B类操作技术能力验证活动。

北京无线电协会组织校园操作技能验证现场（2022年摄）

（吴秋生）

北京市开发区协会

【概况】简称开发区协会，是20世纪80年代由北京市范围内经国家和北京市政府认定的开发区与产业基地，从事开发区建设和服务的企事业单位、个人，以及关心和有志于推动北京市开发区发展的社会各界人士组成的非营利性社会团体，是经市经济和信息化局（原北京市工业促进局）批准，经市民政局核准于2007年登记注册。2022年，协会拥有会员单位30家，包括开发区及为开发区和入区企业提供咨询服务的机构。

2022年，开发区协会共组织、参加党建活动15余次：完成2021年度流动党支部组织生活会和民主评议党员活动、参加2022年全国两会及二十大精神解读会等；协助市经济和信息化局开展相关工作：协助梳理北京市开发区发展情况、做好国家新型工业化产业示范基地评价工作等；接受市民政局监督指导：参加市级社会团体分支（机构）专项整治行动会议；利用协会资源，服务开发区及区内企业，共组织活动10余次：组织开发区参加“绿色低碳，园区先行”系列云课堂公益活动、2022年经贸形势报告会，召开线上TRIZ理论创新方法宣贯会、“北京青年科技人才支持政策和企业知识产权战略”宣贯会、产业政策与项目策划和标准制定政策宣贯会等；促进京津冀三地产业发展，推进区域合作。

（开发区协会）

【“北京青年科技人才支持政策和企业知识产权战略宣贯会”举办】10月27日，开发区协会继两次研发理论体系培训后，再次与市经济和信息化局产业发展促进中心、市科协创新服务中心、北京半导体行业协会、宝葫禄科技服务公司共同举办“北京青年科技人才支持政策和企业知识产权战略”线上宣贯会。会员单位北京经济技术开发区、中关村平谷园、雁栖经济开发区、大兴生物医药基地、北京金融安全产业园等单位组织区内近60家企业共80人参加会议。会上，清华大学能源与动力工程系热能工程研究所研究员黄中分享了“青年科技人才支持政策”，介绍了青年、科技工作者及青年科技工作者的定义、使命和责任，详细介绍了北京市的典型项目和申报渠道，最后分享了申报项目的个人心得。北京安博达知识产权代理有限公司徐震从什么是知识产权、知识产权战略包括哪些、知识产权战略的操作误区等方面分享了“企业知识产权战略”课题，并用实际案例分析了什么是高价值专利。

（开发区协会）

【产业政策与项目策划和标准制定宣贯会举办】 11月3日，开发区协会与市经济和信息化局产业发展促进中心、市科协创新服务中心、北京半导体行业协会、宝葫禄科技服务公司共同举办“产业政策与项目策划、标准制定相关政策”线上宣贯会。会员单位中关村平谷园、雁栖经济开发区、大兴生物医药基地、密云经济开发区等单位组织区内30余家企业共40人参加会议。会上，中国国际工程咨询有限公司于明分享了“产业政策与企业重点项目策划”课题，详细介绍了什么是中央预算内投资、适用范围、资金分配原则，罗列了从2015年到2020年国家项目政策变迁及项目支持的重点方向，介绍了国家发展改革委、工信部等部委单位发布的项目名称、内容及具体要求等方面信息及重点项目策划的基本思路、方法及程序。北京软件和信息服务交易所有限公司于铁强做了“标准化工作介绍（标准与知识产权）”课题分享，介绍了标准的定义、层次类别、功能类型，对国际、国家、行业、团体标准、北京市地方标准的制定流程进行了分析，介绍了自主研制标准化文件及以ISO和IEC标准化文件为基础起草标准化文件的流程。

（开发区协会）

北京工业经济联合会

【概况】 简称北京工经联，前身为1991年4月23日成立的北京工业经济协会，2000年10月12日更名为北京工业经济联合会，是北京工业和信息化领域中的行业协会、国有企业、民营企业、工业开发区、工业经济研究团体、科研单位、企业及与工业经济有关的单位组成的联合组织。2010年12月30日，北京市社会建设工作领导小组下发京社领发〔2010〕1号文件，认定北京工经联为市级“枢纽型”社会组织，明确主要负责工业经济领域相关社会组织的联系、服务和管理，要求发挥“政治上的引领作用、业务上的龙头作用、层级上的管理作用”。北京工经联的宗旨和任务是以习近平新时代中国特色社会主义思想为指导，以服务政府、服务行业、服务会员、服务社会为指针，团结广大会员通过调查研究和组织相关活动，反映诉求；提供咨询、信息和智力支撑；在规范市场主体行为，引导企业健康有序发展方面发挥好桥梁纽带作用，促进北京工业经济提质增效升级。2022年成立培训工作委员会，旨在打造成为品牌型的平台。截至2022年年底，北京工经联内设办公室、研究室、会员部、信息咨询部等部门，共6人，会员单位135家。

（蔡景仁）

【召开七届三次理事会】 7月26日，北京工业经济联合会在大红门国际会议中心召开七届三次理事会。时任会长崔建新做《北京工经联七届三次理事会工作报告》，副会长蔡景仁宣读了《关于吸收2022年上半年入会会员单位的议案》《关于成立专家工作委员会议案》《关于成立培训工作委员会的议案》，副秘书长吴跃宣读《北京工经联七届三次理事会决议》。大会为新入会的副会长单位、理事单位、会员单位授牌和颁发证书。市经济和信息化局经济运行处副处长（主持工作）王媛、俞鹰、刘雪晗，市人力社保局职业能力建设处副处长王飞出席会议并做报告。北京市软件和信息服务业协会秘书长龙飞做主题为《发挥社会组织职能作用　促软件产业高质量发展》的经验介绍、北京易智时代数字科技有限公司常务副总经理王红梅做《数字经济推动传统企业转型》主题演讲。

（蔡景仁）

【专家委年会暨数字化转型研讨会召开】 9月16日，北京工经联组织召开2022年专家工作委员会年会暨数字化深度转型研讨会，旨在推进数字经济和实体经济的深度融合，使得数字产业化和产业数字化“双轮驱动”，成为中国经济高质量发展的新动能和新引擎。市经济和信息化局俞鹰、北京工经联会长崔建新、专家委主任闫冠和、市国资委原监事会主席于建明以及专家委的成员共计40余人参加会议。会议总结和布置工作的同时，还进行了数字化深度转型研讨。北京工经联专家委副主任杨青峰博士主持了会议。北京工经联会长崔建新首先致辞，北京工经联专家委副主任纪立顺在年会上做工作报告。火山引擎政企数字化转型技术总监杨晋华做了“数据智能促进产业数字化转型”的主题发言，云智慧售前总监刘明建做了“聚数智 启新章——智能运维赋能数字化转型”的演讲，中国建筑集团有限公司信息化管理部副总经理杨富春做“建筑元宇宙——建筑业的未来图景”的报告。与会专家围绕数字化转型面临的主要挑战、如何定义数字化深度转型、数字化深度转型的关键任务3个议题进行研讨。

（蔡景仁）

【参与中国工业大奖制造业单项冠军项目】 年内，为推进北京工业智造业发展，北京工经联围绕中央倡导的数字经济、智能化发展，参与中国工业大奖、制造业单项冠军项目的发动、调研、评审、选送工作。北京上报中国工业大奖项目13项，制造业单项冠军项目98项，超出以往六届上报数量的总和。

（蔡景仁）

【培训工作委员会成立】 年内，为落实《国家“十四五”职业技能培训规划》和市人力资源社会保障局职业技能三年行动计划，建设北京工业信息化领域知识型、应用型、创新型职业技能人才队伍，北京工经联成立培训工作委员会，旨在打造成为品牌型平台。

（蔡景仁）

【政治与业务融合开展】 年内，北京工经联坚持以党建引领，将“把方向、谋大事”放在重要位置上。以实际行动迎接中共二十大胜利召开，根据不同时期的重点工作做出活动安排。先后组织学习习近平总书记在政治局第34次集体学习会上的讲话、《政府工作报告》，收看市民政局有关工作会议的视频。购买二十大学习辅导材料，分专题连续六次组织学习讨论；举办学习贯彻二十大精神线上辅导报告会，由党建委主任崔建新做专题辅导；开展“学习贯彻二十大精神应知应会百题问答题”活动，党建委成员和会员单位30余人参与问答题活动，对活动优胜人员给予表彰。

12月28日，北京工经联党建委在线上、线下举办学习贯彻二十大精神宣讲报告会。

（蔡景仁）

【开展调研与交流】 年内，北京工经联会长分别与北京机电行业协会、北京水泥协会、北京软件和信息服务业协会、北京电源行业协会、北京包装技术协会、北京印刷行业协会进行工作交流；到北京汽车集团有限公司、京东方科技集团股份有限公司、北京金同泰科技有限公司、北京金隅北水环保科技有限公司等单位进行工作调研，向企业介绍中国工业大奖、制造业单项冠军申报、评审事宜，积极倡导企业迈向高科技，展示发展实力。

（蔡景仁）

【服务企业共渡难关】年内，为了解新冠肺炎疫情中的制造业企业现状和遇到的具体问题，北京工经联会长崔建新、秘书长孙阳赴北京柏瑞安科技有限责任公司（简称博瑞安）进行调研。崔建新一行会同柏瑞安副总经理刘媛到会员单位北京中联润泽电力科技有限公司横向搭桥，开拓双方业务渠道。12 月新冠肺炎疫情突发期间，联系开发区管委会和卫生防疫部门，为会员单位新冠病毒感染的职工寻求隔离场所。向会员单位所在房产部门呼吁，为其缓交或减免房租，帮助扶持企业渡过难关。将豆制品协会“关于解决豆制品行业存在的突出问题”反映给市政协，请化工专家解决琉水公司飞灰管道装置除垢问题。

（蔡景仁）

北京电子电器协会

【概况】简称北电协，1992 年 8 月成立，名为北京现代家用电器协会，2003 年更名为北京电子电器协会。截至 2022 年年底，协会内设会员服务部、外联信息部和项目管理部等部门，设有人工智能与物联网分会、电磁兼容分会、民用机器人专委会和消费电子服务专委会，专兼职 9 人，会员单位 124 家，成员主要为北京地区从事电子电器产品制造、销售、服务及技术研发、检测认证、教育培训等相关的企事业单位。主要成员包括京东方科技集团股份有限公司、小米通讯技术有限公司、北京京东世纪贸易有限公司、国美电器北京分公司、中国家用电器研究院、北京邮电大学、北京科技大学计算机与通讯工程学院、科大讯飞股份有限公司等单位。协会秉承“服务行业、服务会员、服务社会、服务政府”的宗旨，开展行业调研、数据统计，制定行业标准规范；为会员单位提供政策法规咨询服务、维护会员和消费者权益，反映企业诉求、发挥政府和企业间桥梁作用；开展信息交流，推动区域、跨界合作；组织考察、招商选资活动。协会围绕政府主管部门重点工作和行业发展需要，组织会员企业持续开展创新创业、科技成果转化、京津冀协同发展和区域合作以及以“一带一路”为主要内容的国际化发展系列活动。在相关专业和细分行业组织科研、创新、培训等。协会通过持续开展的北京市服务技能大赛、行业标准规范制定宣贯、行业培训和诚信企业创建等工作，促进行业规范发展。

2022 年，北电协联合举办以政府扶持政策宣讲、为企业纾困为主题的“互助汇”线上系列公益活动”；承办 2022 京粤工业互联网与智能制造高端论坛，承办北京市第十二届服务技能大赛项目竞赛；持续组织会员企业参加第七届中国创新挑战赛暨中关村新兴领域专题赛；联合发起成立“元宇宙与数字经济创新联合体”。

（北电协秘书处）

【2022 京粤工业互联网与智能制造高端论坛举办】4 月 8 日，北电协承办“2022 京粤工业互联网与智能制造高端论坛”，该论坛旨在促进两地智能制造产业的升级，推进京粤两地工业互联网创新资源要素的交流与流动。来自赛迪研究院电子信息研究所、航天科技集团、京东方科技集团股份有限公司、北京伟联科技有限公司、北京瑞友科技有限公司、北京创源微致软件公司等单位的代表分别就数智赋能制造业提档升级、物联网平台赋能智能化能源管理、工业互联网平台及解决方案和新一代数字化车间等话题进行了分享。深圳敢为软件有限公司、广东弘讯智能科技有限公司、深圳赛瀚德技术有限公司结合企业案例分别推介了敢为云物联网平台、塑机工业 4.0 解决方案、赛瀚德制造业数字化转型解决方案，展示了企业在智能制造领域的核心竞争力。会上，主办方中关村社会组织联合会发布了《北京科技服务资源图谱》，该图谱涵盖北京地区人才、技术和资本等 450 条资源信息，展示了创业孵化、研发设计、检验检测、工程技术等多层面科技服务资源，可为京内外有需求的企业提供“一对一”精准匹配的科技服务查询路径，助力科技企业发展。

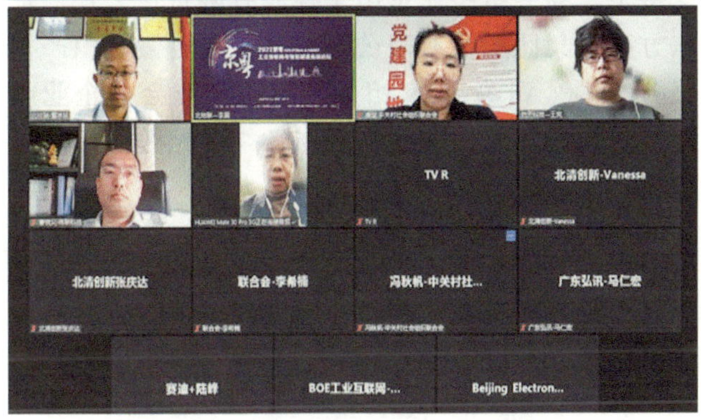

（北电协秘书处）

【市第十二届服务技能大赛项目竞赛举办】4 月至 12 月，北电协承办由市商务局、市人力资源社会保障局、市总工会和市妇联主办办的北京市第十二届服务技能大赛制冷空调系统安装维修工项目竞赛，百余家企业、门店累计 7000 余人次参与岗位练兵和培训活动，共组织各种线上线下培训 9 场，组织竞赛 5 场，参加复赛决赛人员 130 余人，共 30 人获市级和行业表彰，竞赛提高了行业服务技能水平，为行业员工搭建切磋技艺、展示技能的平台。

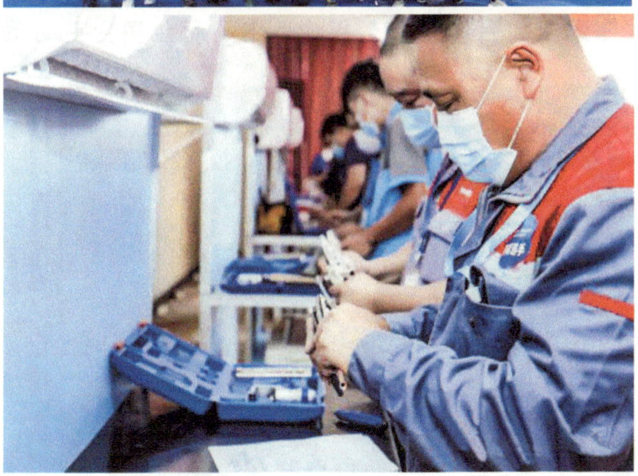

（北电协秘书处）

【“互助汇”线上系列公益活动举办】6 月至 7 月，北电协与多家协会联合举办以政府支持政策宣讲、为企业纾困为主题的“互助汇”线上系列公益活动，围绕国家发展改革委《关于促进服务业领域困难行业恢复发展的若干政策》和北京市相关政府部门出台的《关于继续加大中小微企业帮扶力度加快困难企业恢复发展的若干措施》等扶持政策的落实，帮助中小微企业渡过难关、恢复发展。在组织的 9 场线上活动中，累计 8000 人次参与。

（北电协秘书处）

【行业团体标准发表】12 月，由中国建筑材料流通协会发起，北电协作为主要起草单位编制的《中央空调清洗消毒及运维服务规范》（T/CBMCA 038—2022）团体标准发布并实施。

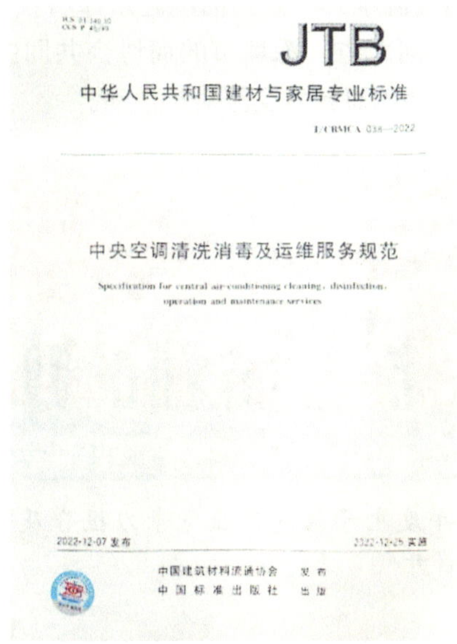
JTB

中华人民共和国建材与家居专业标准

T/CBMCA 038—2022

中央空调清洗消毒及运维服务规范

Specification for central air-conditioning cleaning, disinfection, operation and maintenance services

2022-12-07 发布　　2022-12-25 实施

中国建筑材料流通协会　发布
中国标准出版社　出版

（北电协秘书处）

北京电子商会

【概况】 简称电子商会，1993 年 1 月由市政府电子工业办公室发起成立，由北京地区电子信息行业企业自愿组成的跨地区、跨部门，不以营利为目的的社团组织。商会自成立以来，发挥企业和政府、企业与企业、国内与国外之间的桥梁和纽带作用，在深入行业研究、维护行业利益、搭建交流平台、促进技术创新及树立诚信自律等方面，为社会、会员企业提供全方位服务。商会是具有 30 年历史的 5A 级社团组织，常设办事机构为秘书处。秘书处下设 4 个部门，分别是综合事务部、会员管理部、行业发展部、商务交流部。商会创办有内部会刊《信息科技与文化》、公众微信号“北京电子商会”、网站 www.becc.org.cn 3 个媒介。截至 2022 年年底，会员单位 198 家，业务涉及液晶显示面板、集成电路及装备、系统集成等电子信息制造业关键领域。

2022 年，电子商会在生产制造业行协会业第一联合党委和市经济和信息化局、市民政局的领导下，完成全市电子信息制造业规模以上企业经济运行数据月度统计并撰写经济月报，编写年度经济运行分析报告；完成工信部 2021 年经济运行数据年报汇审。组织企业开展《2022 年度电子信息企业竞争力指数报告》“2022 年北京市共铸诚信企业”“2023 年北京市共铸诚信企业培育名单”、海淀区和西城区 2 个区 2022 年诚信典型选树活动及北京百强等各项申报推荐工作。参与协办 2022 年中关村社会组织联合会“北京科创资源推介”系列活动之京津科技创新资源对接会，与河北省、深圳市的商协会共同主办 2022 京冀深新一代信息技术交流对接活动。

2022 年度电子信息产业竞争力报告及前百家企业发布会召开

（电子商会）

【助力北京市传感器产业发展】 年内，电子商会为进一步助力北京市传感器产业生态建设，促进传感器产业创新资源要素对接、合作、整合，以多种方式发起建设传感器产业协同创新平台，推动传感器产业健康、有序、可持续发展。在市经济和信息化局支持下，商会组织北京电子控股有限责任公司、京东方科技集团股份有限公司、北京中科微知识产权服务有限公司等 16 家相关传感器产业会员企业赴怀柔区传感器基地调研，并与怀柔区相关部门对接交流。

年内，北京电子商会组织北京电控、京东方、中科微、中发电子、九纯健、大华、康斯特、兆维等 16 家相关传感器产业的会员企业赴怀柔传感器基地对接交流

（电子商会）

【智慧园区团体标准制定工作启动】 年内，电子商会根据北京市打造智慧城市功能定位及产业园区发展状况，启动制定符合行业健康规范发展、有序促进企业及产业成长的《智慧园区建设技术规范》团体标准工作，并已完成初稿，进入审评阶段。

（电子商会）

【搭建交流合作平台】 年内，电子商会联合宇动源

（北京）信息技术有限公司共同举办“协作创新 开放共享 助力提升”企业数字化建设主题沙龙，主办“智慧社区生态建设研讨会”，参与协办2022年中关村社会组织联合会“北京科创资源推介”系列活动之京津科技创新资源对接会、2022中关村论坛“科技服务创新发展专场会”、深圳“第十届中国电子信息博览会”，协助市科委、中关村管委会启动企业“助航计划”，为企业搭建“牵手”对接平台。

（电子商会）

北京汽车行业协会

【概况】 1996年7月26日成立，是经北京市政府批准，由北京市社团管理中心核准登记注册的汽车行业社团组织，由北京地区汽车行业的整车企业、改装车企业、发动机和零部件企业以及科研院所、流通领域企业等单位联合发起成立。有会员单位150家，其中包括：整车制造企业；专用车（改装车）企业；零部件生产企业；科研院所、大专院校及服务贸易企业。协会最高权力机构是会员代表大会，协会设理事会、监事会。协会的常设机构是秘书处，秘书处下设办公室、行业发展部、行业信息部、科技部和对外联络部。

2022年，协会积极落实联系政府、服务企业、促进行业发展的宗旨，通过积极参与政府购买服务，承接北京市相关委办局委托的各项工作等方式，为政府建言献策；针对会员企业的需求积极开展工作，支持企业发展；加强汽车行业调查研究，为行业发展献计献策。年内，北京汽车行业企业客服芯片供应紧张、物流受限等影响，为稳定北京经济做出贡献。北京汽车产销分别为151.79万辆和152.29万辆，其中：乘用车产销108.82万辆，商用车产销42.97万辆。据北京汽车行业协会统计，北京汽车行业完成工业总产值3777.4亿元。北京地区整车企业运行情况：北汽集团以营业收入4817.3亿元，连续10年上榜世界500强；北京奔驰汽车有限公司销售59.17万辆，同比增长5.47%；北汽福田汽车股份有限公司销售46.01万辆，出口汽车8.77万辆，同比增长56.4%。

（北京汽车行业协会）

【发布《建筑垃圾运输车辆安全管理技术要求》团体标准】 9月27日，北京汽车行业协会《建筑垃圾运输车辆安全管理技术要求》（T/BJQC 202201—2022）团体标准发布仪式在北京超级卡车体验中心举行。该标准制定是为了落实2022年6月，市城市管理委、市公安局、市交通委等10部门联合发布的《北京市建筑垃圾专项治理三年（2022年—2024年）行动计划》，解决北京市建筑垃圾运输车辆更新迭代，推动车辆动力新能源化，完善驾驶员行为监测、转弯补盲、称重监测等车载监控功能，严防道路遗撒、乱倒乱卸，压减道路运输交通事故数量等问题。标准于10月1日起实施。

（北京汽车行业协会）

【举办北京市汽车科技创新知识服务月】 10月15日至11月30日，北京汽车行业协会联合中国知网共同开展“科技创新 知识赋能”北京市汽车科技创新知识服务月活动，为行业相关单位提供丰富、优质的知识资源和知识服务。

（北京汽车行业协会）

【2022年北京汽车行业统计年会召开】 12月22日，北京汽车行业2022年统计年会以线上形式召开。中国汽车工业协会、北京市统计局工业处及北京汽车

行业协会领导，各会员单位统计相关人员 40 余人参加会议。会议全面总结了 2022 年北京汽车行业统计工作完成情况。北汽集团贾甜、北京和田汽车改装有限公司康永鑫、北京北内发动机零部件有限公司赵艳雨等 20 人被评为北京汽车行业统计工作先进工作者。北京汽车行业协会获 2022 年度全国汽车工业统计工作先进集体称号。

（北京汽车行业协会）

北京医药行业协会

【概况】 简称医药协会，2000 年 8 月经市民政局批准，2001 年 4 月 25 日正式挂牌成立，是依照国家有关法律法规自愿组成的自律性、非营利性的社会团体。2010 年 3 月，经市人力资源和社会保障局批准，注册成立北京市第二十六（医药）职业技能鉴定所，2013 年鉴定所被市民政局评定为“5A”级社会组织。2010 年 7 月，成立华北、东北、海南 9 省市医药行业协会联盟，秘书处设在北京医药行业协会。协会主要开展医药行业信息服务、技术咨询、技术服务、专业培训、展览展示、国内外交流合作、编辑刊物、接受政府委托等业务，引领和促进北京医药产业健康高质量发展。协会下设中药、化学制药、生物制药、医疗器械、医药商业、原料药 6 个分会，以及中药饮片、义齿、制药工程技术和连锁药店 4 个专业委员会。协会以“团结、创新、引领、服务”为方针，坚持服务宗旨，勤奋履职，获得各界好评。协会日常办事机构为秘书处，内设办公室、会员部、技术服务部、信息部、对外服务部、经济运行部、培训部、财务部等部门，有专职工作人员 13 人。截至 2022 年年底共有会员单位 402 家，主要为北京地区医药、医疗器械、工商企业、相关科研、大专院校单位。

2022 年，医药协会完成第六届理事会换届、工信部京津冀生命健康集群竞赛、成立连锁药店专业委员会、组团参加服务贸易展会、线上举办第七届国际医药健康展览会、中药企业用水标准制定、医疗器械报审专题培训等一批重点任务，并持续开展专业岗位培训、医药广告审核、专项技术支持、服务平台建设、商业服务大赛、中药代煎统计、志愿服务等既定目标任务。

（孙晓京）

【“用北京药放心”品牌宣传活动开展】 年初，医药协会与北京电视台财经频道合作，进行《创新北京科技赋能》专题节目录制，并相继在腾讯、优酷、搜狐号、爱奇艺等网络媒体进行视频或文字转载，用多种形式开展“用北京药放心”品牌宣传，收到较好宣传效果。

（孙晓京）

【换届大会召开】 7 月 22 日，医药协会召开第六届会员代表大会暨换届大会、第六届理事会监事会第一次会议，通过选举产生第六届理事会、监事会组织机构成员，同时选举产生会长、常务副会长、副会长、秘书长、监事长、副监事长。

（孙晓京）

【第七届国际医药健康创新展览会举办】 12 月 9 日，医药协会举办的第七届北京国际医药健康创新展览会于线上召开。展会全面贯彻党的二十大会议精神，以“传承、创新、开拓，实现医药行业高质量发展”为主题，组织各专业领域学术会议与论坛，促进政、医、研、产、学的交流融合与发展。

（孙晓京）

【生命健康产业集群工作组组建】 年内，工信部公布 45 个国家先进制造业集群名单，《京津冀生命健康集群》项目入选。项目经市经济和信息化局推荐，大兴区政府为组织单位，医药协会为促进机构进行申报。项目实施范围覆盖京、津、冀三地的生命健康产业，得到天津市工业和信息化局、河北省工业和信息化厅的全力支持。医药协会牵头组建集群促进工作小组，会同天津国际生物医药联合研究院、河北省医药行业协会共同开展三地生命健康产业集群建设工作。

（孙晓京）

【连锁药店专业委员会成立】 年内，医药协会成立连锁药店专业委员会。在防疫工作中，委员会协调药品零售企业在疫情期间为消费者服务，保障民生工作；协助政府在改善营商环境新政出台前，对企业的需求困难开展信息调研、大数据分析、企业座谈会等；组织供应链上、下游企业进行研讨，以品种为纽带，以业务为基础，以规模效益为目的，整合北京地区资源，同全国医药行业展开联系与合作。

（孙晓京）

【组织开展职业技能培训】年内，医药协会共开办各类专业培训班20班次，培训各类专业人员3500余人。其中，在线举办“以实际行动迎接中共二十大胜利召开，践行健康中国，履行主体责任，实施规范管理，医疗器械与药品有关法规解读”公益培训、医疗器械审评服务政策变化专题公开课等，线上直播观看6000余人次。承担市商务局第十二届商业服务业技能大赛、市经济和信息化局第十九届北京市工业和信息化职业技能竞赛总结表彰大会、中国医药教育协会全国行业职业技能竞赛等。通过课程培训、理论考核、实际操作，完成共300余人的专业培训和竞赛工作。

（孙晓京）

【组织开展社区服务】年内，医药协会药学服务志愿团，秉承“让人人享有药学服务”的理念，将服务社区居民和市民健康安全放在工作首位。开发健康服务专题73个，通过线上、线下结合等方式，开展各类药学服务和健康促进服务活动335次，为社区居民提供可统计药学服务咨询、健康促进指导和健康检测服务4400余人次。

（孙晓京）

【完成用水定额北京地方标准编制】年内，医药协会受市经济和信息化局委托，开展《用水定额化学药制剂和生物制品》北京地方标准的编制工作。通过对企业深入调研、数据收集、归纳分类、对标分析、企业测试等工作，完成《用水定额第9部分：化学药制剂和生物制品》（DB11/T1764.9—2022）北京市地方标准起草编制，于12月27日被市市场监督管理局批准、2023年4月1日实施。

（孙晓京）

北京工艺美术行业协会

【概况】简称工美协会，2000年9月成立，是经市民政局批准成立的一级法人、5A级社团组织，也是北京工业经济行业“二级枢纽型”协会组织。截至2022年年底，工美协会内设综合办公室、会员管理部、合作发展部3个部门，有11人，协会下设10个专业委员会，有会员单位392家，市级以上工艺美术大师387名。工美协会自成立以来，发挥政府和企业之间的桥梁纽带作用，以服务政府和企业为宗旨，以做好传统工艺美术的保护和发展工作为目标，推动行业健康发展，实现北京工艺美术事业和产业的共同繁荣。主要工作职责包括组织管理、政策引导、宣传推广、人才培养、展赛交流、社会服务等。

2022年，北京工艺美术行业全年产值21.2亿元，同比下降28.4%。工美协会通过社团组织等级复评，保持5A级社会组织称号。承接市文化和旅游局“北京非遗宣传展示系列活动”项目，牵头完成第八届中国工艺美术大师评选推荐工作，组织会员单位参加2022年“工美杯”北京传统工艺美术大赛和第十一次北京传统工艺美术珍品评选活动，组织完成《2022年度北京工艺美术资料汇编》编印工作。协同新华社策划全球连线“Z世代”专题视频活动，宣传北京工美“95后”一线技艺人员和青年传承人。

（工美协会）

【完成各项重大服务保障任务】年内，工美协会承接北京市文旅局“北京非遗宣传展示系列活动”项目，遴选了以“燕京八绝”技艺为代表的300余件套作品，在冬奥会、冬残奥会主媒体新闻中心、北京村、延庆村、人民大会堂等地进行集中展演，展示了中华优秀传统文化风采和北京双奥之城的文化自信。为党的二十大做好服务保障，完成党的二十大新闻中心非遗精品展览展示活动，展现浓郁的北京传统工艺特色和当代工艺水平。

（工美协会）

【9名大师获中国工艺美术大师称号】年内，工美协会牵头完成第八届中国工艺美术大师评选推荐工作，在12名推荐人中有9名大师获评新一届中国工艺美术大师，获评率达到75%，创出了近四届北京市参评的最好成绩。持续开展行业培训，全年参训千余人次。

2022“工美杯”北京传统工艺美术大赛评审现场

（工美协会）

【持续打造展赛交流平台】年内，工美协会组织会员参加 2022 年“工美杯”北京传统工艺美术大赛，大赛以“凝聚匠心、创意工美”为主题，获奖作品 352 件套，其中 4 件作品获评第十一次北京传统工艺美术珍品称号，全市累计评选的传统工艺美术珍品总数达到 36 件。承办第三届北京工艺美术行业（景泰蓝制作工）职业技能大赛，7 名成绩优异者获评北京市工业和信息化高级技术能手称号。先后组团参加由中国轻工业联合会、中国工艺美术学会、中国工艺美术协会主办的第二届中国工艺美术博览会、中国工艺美术产业发展大会等多项全国重点展赛活动。截至年底，北京展团累计获得全国性大奖 67 项，大赛成绩全国领先。

北京冬奥村非遗展示区（2022 年摄）

第十六届北京工艺美术展现场

（工美协会）

【完成北京工艺美术资料汇编】年内，工美协会组织会员单位完成《2022 年度北京工艺美术资料汇编》编印工作，收录当年优秀论文 56 篇，优秀作品 240 余件，行业重要信息 70 余篇，编纂成论文篇、作品篇和信息篇，成为行业发展的重要史料。

（工美协会）

北京电源行业协会

【概况】简称电源协会，2001 年 9 月成立，AAAA 级协会，是新能源、太阳能光伏、储能电源、工业电源系统、电动汽车动力总成及电池、电控、电机集成的电源行业社团组织。电源协会 2015 年成立的行业知识产权纠纷调解委员会和知识产权公共服务工作站，始终坚持为行业和会员排忧解难，调解纠纷，避免合作之间的矛盾扩大化。2022 年，电源协会内设 3 个部门，拥有专职人员 5 人，会员单位 153 家。

（张凤婷）

【行业标准及团体标准发布】年内，电源协会完成发布 4 项团体标准：T/TBPS—0004—2022- 电源工业互联网标识管理规范、T/TBPS 4009—2022- 智能免维护超级电容直流电源产品规范与测试方法、T/TBPS—9008—2022- 精密合金采样电阻功率测试方法、行业标准：超级电容直流电源产品规范与测试方法（答辩期完成）。

电源行业《智能免维护超级电容直流电源产品规范与测试方法》（T/TBPS4009-2022)团体标准正式发布

2022-09-06

电源行业《智能免维护超级电容直流电源产品规范与测试方法》团体标准征求意见稿发布

（张凤婷）

【创新设计大赛举办】年内，电源协会联合“电源产业网”、《电源工业》、电源知产网、中电源技术服务（北京）中心开展第七届“2022‘电源工业杯’中国电源产品创新设计大赛”线上活动。

（张凤婷）

【开展“电力调峰辅助服务”项目推介】年内，电源协会联合中电源技术服务（北京）中心开展“电力调峰辅助服务”项目推介工作，并建立“电力调峰辅助服务”专题网站，开通简单快捷的申报平台，为企业复工复产、赋能纾困做实事，近30家企业申报项目补助。

（张凤婷）

【开展电源云学苑高精尖线上培训】年内，电源协会联合电源云学苑高精尖产业技能培训平台，与工业和信息化部考试中心合作，打造点播式教学，开展电源云学苑高精尖线上培训，学员自选时间学习，一学双证。

（张凤婷）

北京市豆制品协会

【概况】简称北京豆协，2006年8月成立，是经市民政局批准的市级行业社团组织，是由豆制品生产、经营、原辅料、包装供应商及专业机械制造、科研院所等相关单位组成的全市性跨部门、跨所有制的非营利社会团体法人单位，是北京市唯一代表豆制品领域的行业协会。协会成立多年来坚持以“搭建政企沟通平台，引导行业规范发展，倡导豆类营养美食，守护百姓餐桌安全”为己任。截至2022年年底，协会秘书处有专职人员4人，会员单位73家，其中副会长单位4家、理事单位8家、会员单位59家。会员单位较2021年新增13家。

2022年，北京市场的豆制产品以南豆腐、北豆腐、内酯豆腐、豆皮、豆腐丝、熏（白）干、油泡等生鲜产品为主。全市各类豆制品日均供应总量1200余吨。全市生鲜豆制品供应企业42家，其中26家为协会会员单位。这26家会员单位的日投豆总量约330吨，其中日投豆量在20吨以上的企业近1/3，其余企业的日均投豆量基本都在5～10吨。据协会不完全统计：19家企业的总投豆量107124吨，向北京市场供应豆腐类产品132156吨、豆皮类产品54963吨、豆浆类产品23340吨、豆干类产品25830吨；其他产品5970吨。截至年底，北京辖区内生鲜豆制品开工生产企业6家，分别是北京二商希杰食品有限公司（白玉）、北京香香唯一食品有限公司（香香）、北京圃美多绿色食品有限公司（圃美多）、北京金阳光豆制品有限公司（汇中达）、北京香豆豆食品有限公司（香豆豆）、北京谷临门食品有限公司（门城豆豆香）。占北京豆制品市场供应量15%左右。

（北京豆协）

【助力企业复工复产】4月至5月，北京局部地区疫情严重，房山区北京香香唯一食品有限公司、北京香豆豆食品有限公司、北京金阳光豆制品有限公司3家企业被波及，先后停工、停产，产品滞留。协会先后联系市、区及窦店镇、阎村镇等相关部门沟通企业复工复产问题。在严格落实市区防疫政策的情况下帮助企业对接外埠OEM代工企业保障所属品牌渠道供应，最大限度地减少了企业损失。

（北京豆协）

【规范豆制品市场生产秩序】年内，北京豆协向市市场监督管理局致函，呼吁加大对各类市场相关豆制品抽检处罚力度，规范豆制品生产及流通秩序，打击非法使用原料、辅料、添加剂等违法行为，倡导京津冀豆制品生产企业加强自律，营造一个健康、公平的营商环境，确保首都百姓餐桌安全。北京市市场监督管理局了解情况后反应迅速，多次来电沟通，并定期开展专项检查，严把豆制品生产、流通等安全环节。

（北京豆协）

【协助企业疏解转移】年内，北京豆协带领会员单位先后调研考察了河北省沧州市青县高端食品产业园、定兴县金台经济开发区、河北新发地食品产业园、廊坊市文安小务农场等周边食品产业园区，其中北京汇瑞才生物科技有限公司、河北福豆食品有限公司2家企业与定兴县金台经济开发区已签署投资协议。

（北京豆协）

北京企业评价协会

【概况】简称北京企评协，2008年11月8日成立，是经北京市社会团体行政主管机关核准注册登记的非营利性社会团体法人。协会主要围绕企业党建、工会工作培育，诚信建设，科技创新，品牌建设，评价自律与社会责任5个方面开展业务工作。协会2次被评为5A级社会组织，并先后获得5个好党支部、非公党建优秀组织、二级枢纽型社会组织、二级党建工作委员会、诚信建设优秀单位、党建工作先进集体、2020年海淀区终身学习品牌、党建示范单位、首都文明单位等称号，被财政和税务部门认定为免税资格，并取得国家统计局颁发的“涉外调查许可证”资质等。协会下设会员部、科技质量部、信用评价部、信息咨询部、财务部、办公室等办事机构。截至2022年年底，协会有会员单位329家。2022年，协会在市民政局、首都文明办、市经济和信息化局、市商务局等部门的指导下，立足于为政府部门、会员单位服务，发挥桥梁纽带作用。受市总工会委托，在新就业群体领域组织开展14场次“职业安全健康与劳动保护培训”活动，覆盖海淀区、丰台区、通州区、顺义区和昌平区5个区。协助首都文明办等部门、各区文明办开展诚信文明建设工作。承担市商务局诚信兴商主题活动组织实施工作。承担朝阳区儿童福利院第三方监督评估工作。承担市民政局和朝阳区民政局评估工作，同时新增加西城区民政局社会组织评估工作，主要内容是针对参评社会组织进行动员、培训、辅导，现场评估等。累计对116家社会组织进行评估。

北京企评协获评全国“四好”商会

（魏　娜）

【参与诚信兴商主题活动】6月15日，由市商务局发起，北京企协评负责组织实施“诚信兴商”倡议企业典型和信用应用场景案例征集活动启动。该活动共征集“诚信兴商”倡议企业603家，“诚信兴商”典型案例与应用场景219个，涉及餐饮、商超、食品加工、家政、医药健康、电子商务、服装服饰等10多个行业领域。北京企协评组织专家对倡议企业开展了信用审查、综合审议，共选出诚信兴商倡议企业281家，诚信兴商典型案例32个。向商务部推荐典型案例北京燕京啤酒股份有限公司、北京菜市口百货股份有限公司、北京吴裕泰茶业股份有限公司等8家单位，其中北京燕京啤酒股份有限公司、北京小熊美家科技有限公司、北京吴裕泰茶业股份有限公司入选全国诚信兴商典型案例。

2022年诚信兴商北京主题日活动现场

（魏　娜）

【承担朝阳区房管局信用评价工作】年内，朝阳区房管局按照北京市政府关于开展信用评价及分级分类监管的工作要求，结合物业服务企业的行业特点和监管方式，发布《北京市朝阳区物业服务企业信用评价管理办法》《北京市朝阳区物业服务企业信用评价指标体系》，并组织在朝阳区进行试点评价，北京企协评负责本次评价工作的组织实施，协助房管局对下属 70 家企业 205 个项目进行信用评价工作，评价结果已在朝阳区政府网站发布。

（魏　娜）

【承担朝阳区儿童福利院第三方监督评估工作】 年内，北京企协评受朝阳区儿童福利院委托，承担福利院第三方监督评估工作。按照儿童福利院的运行监督评估标准，监督检查其运行维护管理、安全保障、增值服务和在院儿童的养、治、教、康、置等服务情况。

（魏　娜）

【科技创新奖评选开展】 年内，北京企协评按照市科委关于社会力量设立科学技术奖的要求，继续组织开展第十四届“北京企业评价协会科技创新奖”评选工作。经企业申报、综合审定、社会公示等程序，确定中电投工程研究检测评定中心有限公司、北京优炫软件股份有限公司的“优炫操作系统安全增强系统”等 34 个项目为“2022 年北京企业评价协会科技创新奖”。同时，还帮助获奖企业了解有关科技创新政策，普及科技创新知识，为企业申请国家政策扶持资金项目提供支持。

科技创新奖颁奖仪式（2022 年摄）

（魏　娜）

【推进行业企业信用评价】 年内，北京企协评继续联合北京软件和信息服务业协会、北京中关村高新技术企业协会、北京信息化协会、北京市电力行业协会、北京清洁行业协会等 10 余家行业协会共同推进行业企业信用评价工作。累计向社会公示 46 批共 640 家信用 A 级企业，并将评价结果纳入北京市诚信自律公共服务平台。

（魏　娜）

【开展“诚信长城杯企业”认定】 年内，北京企协评按照《诚信长城杯企业认定规范》团体标准开展认定工作，经企业自愿申报、信用信息采集、第三方征信、认定办公室初审、专家评审、社会公示等工作程序，共有 158 家企业被认定为 2022 年“诚信长城杯企业”。

（魏　娜）

产业联盟与研究机构

本类目采用条目体，按照成立时间顺序，刊载2022年闪联产业联盟、北京长风信息技术产业联盟、中关村数学电视产业联盟、中央村物联网产业联盟等9个产业联盟，首钢技术研究院、北京国际工程咨询有限公司、北京市长城企业战略研究所等6个研究机构的年度发展情况。

产业联盟

【闪联产业联盟】 简称闪联（IGRS），2003年7月，闪联标准工作组在信息产业部支持下，由联想、TCL、康佳、海信、创维、长虹、长城、中和威8家企业联合发起成立。2005年5月，在中关村管委会支持下，闪联信息产业协会成立，成为闪联产业联盟的法人实体。闪联产业联盟（闪联标准工作组/闪联信息产业协会）是孵化和立足于中关村，辐射全国乃至全球的标准组织和产业联盟，致力于IGRS标准的制定、推广和产业化。闪联坚持公平、开放和兼容的合作模式，与国内外重要标准组织建立了紧密的联系和合作，推动IGRS标准的国际化。闪联以产业化为驱动，以市场化为导向，是国内标准建设中产业化步伐进展最快、取得成果最多的标准组织。闪联拥有国内外发明专利和软件著作权数百项，会员单位涵盖3C产业链上下游的重要企业，形成了产学研一体化的产业集群，会员厂商的产品覆盖国内电视机、白色家电、计算机、手机和智能设备市场，有数十种基于闪联标准的产品上市销售，各类闪联产品销量超过2000万台，创造经济效益数百亿元。闪联信息产业协会是国际标准化组织（ISO）和国际电工委员会（IEC）第一联合技术委员会（JTC1）第二十五分技术委员会（SC25）WG1（信息技术设备互联工作组）的成员单位，是中国代表团之一，负责人为该工作组联络人；在国际交流与协作方面，与ISO、IEC、IEEE等国际组织紧密合作，共同开展标准的制定和推广工作。

2022年4月15日，产业技术创新战略联盟协同发展网暨中关村国联产业协同创新发展促进中心第二届第一次理事会在北京召开。基于闪联在2018—2021年连续3个评价期保持高活跃度，在组织机构建设与运行、产学研深度融合协同创新、引领或支撑产业创新发展等方面取得突出成效，对全国产业技术创新战略联盟的构建与发展起到示范带动作用，被评为A级活跃度产业技术创新战略联盟。4月21日，北京市标准化研究院（中关村基地）联合北京市及中关村10余家社会团体共同编制的北京市地方标准《高质量团体标准评价指标体系》预审会在北京举行，闪联信息产业协会作为主要编制单位参会。5月，闪联标准化总监丁路宁参加国际标准推进汇报会，通报两项国际标准的执行情况，其中ISO/IEC 14543−5−103已进入CDV阶段；ISO/IEC 14543−5−104即将进入CDV阶段。该标准是来自中国的第15项闪联国际标准，在标准内容方面有新的突破，在落地的应用场景上有更具规模的扩充。截至2022年年底，闪联代表中国制定并由国际标准组织ISO中央秘书处发布的国际标准14项，制定国家标准29项、国家行业标准7项、企业标准2项、团体标准23项、中关村标准6项。闪联标准在推动北京市实施创新驱动发展战略，加快建设全国科技创新中心，构建“高精尖”经济结构，构建绿色发展新格局等方面发挥着重要作用。闪联在学习国际国内先进的团体标准运营方式和组织机制基础上，总结出适合闪联和设备互联产业的团体标准运营模式，提出对团体标准的服务和引导、规范和监督的建议。通过标准化与金融领域、标准化与创新创业的融合，闪联建立了新的标准化服务模式。面向中小微企业，闪联提供标准化信息咨询、实验验证、数据挖掘、知识培训等服务，为科技成果转移转化，助推大众创业、万众创新提供支持。

（市经济和信息化局）

【北京长风信息技术产业联盟】 简称长风联盟，2005年由多家致力于自主知识产权的软件与信息服务企业、科研院所及第三方机构联合发起成立，位于海淀区上地五街7号昊海大厦402室。2011年11月于市民政局取得社团法人资格，是首批注册法人实体的产业联盟。长风联盟是科技部首批产业技术创新联盟试点，被科技部等六部委联合认定为首批A级产业技术创新联盟，被工信部认定为国家中小企业公共服务示范平台，被市民政局评为北京市AAAAA级社会组织，被市经济和信息化委评为北京市中小企业公共服务平台，被中关村管委会评为中关村A级产业技术联盟、首批示范型社会组织、中关村示范区标准试点单位。长风联盟作为国家标准化管理委员会首批团体标准试点单位之一，连续多年入选市科委支持联盟名单。长风联盟会员300余家，会员企业涵盖核心基础软硬件、应用软件、系统集成商及互联网、创新创业机构等，吸纳了京东、东华软件、软通动力、用友、博彦科技、华宇软件等国内2/3的基础软件和应用软件产品龙头企业，覆盖软件与信息服务产业链的各个环节。长风联盟致力探究产业前沿技术，市场需求对接、产业链资源聚集，搭建 IT 全产业链创新服务平台。长风联盟汇集全国的产业资源，发挥产学研用的创新服务链机制，围绕标准研制与推广、科技政策咨询、国际资源合作、ICT 产业链对接、京津冀合作、新技术新产品推广等多方面开展服务，助力企业完成补贴类、资质类、人才类等项目申报、资质认定，提供科技项目过程管理及验收等相关咨询服务。长风联盟致力推动以自主创新的基础软硬件为核心的产业生态建设，集聚专委会成员 100 余位、1000 余家合作伙伴，联动科研院所、企业、高校等优质资源，定期梳理行业发展趋势、开展决策咨询。产业研究涵盖软件和信息技术服务、人工智能、下一代通信和网络、集成电路、工业互联网和物联网、网络信息安全、大数据、区块链、现代服务业等多个领域，通过发布行业研究报告、提交产业发展建议和舆情监测数据，为政府制定政策、企业配置资源提供参考依据。

2022 年 1 月 27 日，长风联盟通过线上交流的方式，举办主题为“新时代海外院士专家交流合作探讨”的国际化引才引智工作能力提升培训活动。各学会、社团及高校代表共 110 人参加培训，共同参与案例讨论。4 月 20 日，北京长风信息技术产业联盟、北京合睿科技有限公司联合主办第二届“长风杯”创新创业大赛，历时 6 个月，重点围绕开源软件、人工智能 / 大数据、物联网、虚拟现实技术、智能制造、航空航天等方向，面向科技创新和“专精特新”中小企业，累计招募 471 个创业项目报名参赛。6 月 30 日，由国家发展改革委国际合作中心与韩国大韩贸易投资振兴公社（kotra）共同主办的 2022 中韩经贸合作大会暨中韩经贸合作论坛在北京举办，并通过线上方式向全球直播。有关部门领导、中韩机构及企业代表约 200 人参加大会。长风联盟已连续 3 年协办支持大会，侧重供需洽谈和项目对接，推荐 70 余家中方新能源汽车、ICT 产业领域优质企业参与其中。7 月 8 日，长风联盟联合产业园区金隅智造工场，组织召开“聚焦专精特新 服务中小企业‘专精特新’政策专场解读会”。会议围绕“专精特新”政策出台背景、创新型中小企业评价标准、专精特新中小企业认定标准、专精特新“小巨人”企业认定标准等关键点切入，解读政策利好，帮助企业规划申报路径。7 月 12 日，中国科协党校“领航计划”青年科技领军人才国情研修活动（北京班）开班。近 40 名中国科协青年人才托举工程入选者，高校科协、全国学会以及北京市科协评选的茅以升青年奖获得者，推选的优秀青年科技人才代表等首都青年科技领军人才以学员身份参加培训。研修活动由中国科协党校主办，北京市科技教育中心（北京市科学技术协会党校）、北京长风信息技术产业联盟承办。7 月 29 日，《2022 中国开源发展蓝皮书》在 2022 年数字化基层治理论坛现场发布。《蓝皮书》由中国开源软件推进联盟（COPU）牵头，联合中国开发者网络（CSDN）、北京开源创新委员会、开放原子开源基金会、中国电子信息产业发展研究院、中科院软件研究所、北京长风信息技术产业联盟等 85 家企业及行业机构、120 余位开源专家和志愿者共同协作编撰完成。10 月 20 日，由北京长风信息技术产业联盟联合意大利专业科技法律服务机构 CGA、北京中关村留学人员创业园协会、北京中关村国际孵化器有限公司、北京合睿科技有限公司等行业机构共同组织的 2022“链接全球　协同创新”海外技术项目路演对接系列活动——意大利前沿技术项目专场在北京举办。7 家意大利具有代表性科技企业的创新技术项目参与交流，北京地区科技企业、研究机构、投融资机构以及科创服务机构代表近 30 人到会，通过项目介绍和问答交流，进一步增强中意间创新技术要素协同合作的可能性。10 月，长风联盟携手合作伙伴脉脉，推出脉脉企业号免费领取福利活动。脉脉企业号作为实名社交招聘平台官方门户，可以实现主页官方账号认证、企业视频图片展示、企业员工动态点评及招聘信息等功能。11 月 4 日，北京长风信息技术产业联盟、北京合睿科技有限公司、北京市中小企业公共服务平台联合承办的“科创中国”创新创业投资大会北京分会场评审总结会闭幕。大会以“智创中国　点亮梦想”为主题，“以会引才、以会强服、以会兴业”为目标，累计征集 300 余个优质项目参与评选，投融资机构、创服机构等产学研金代表 50 余人出席活动，线上吸引 4000 多位科技工作者分享北京分会场 20 个优秀项目呈现出的先进技术。11 月 9 日，由北京国际科技合作中心（北京港澳台科技合作中心）、北京长风信息技术产业联盟联合主办，由斯洛文尼亚 BLUE SOLUTIONS d.o.o.、北京合睿科技有限公司共同协办的“链接全球　协同创新”海外技术项目路演对接系列活动——斯洛文尼亚项目专场通过线上形式举办。来自斯洛文尼亚的 6 个国际项目展示了科技创新发展方面的优质成果，并与中方投资机构深入沟通交流，进一步增强中斯间创新技术要素协同合作。高校院所、科研机构、科技园区、科创服务机构、投融资机构以及科技企业等60余位代表参与活动。11月16日，按照《中关村标准认定规范》的相关要求，中关村标准化协会对长风联盟组织编制的团体标准《智慧园区总体框架和建设管理规范》等6项标准进行审查，最终该标准通过中关村标准认定，标准号T/ZSA 126—2022。12月8日，北京长风信息技术产业联盟、北京开源创新委员会主办的2022中国开源开发者（北京）峰会通过线上直播形式举办。峰会以“开源时代 无界创新”为主题，邀请微软、百度、腾讯、华为、第四范式、SegmentFault思否、CSDN、中科创达等8家开源生态企业发表主题演讲，分享国内开源发展趋势，探讨技术成果和应用实践，为近3000位开发者带来一场技术盛宴。12月13日，北京长风信息技术产业联盟与以色列佩雷斯和平创新中心联合主办，北京合睿科技有限公司协办的“链接全球 协同创新”海外技术项目路演对接系列活动——以色列项目专场线上路演对接活动通过线上形式举办。活动邀请7家以色列前沿技术项目参加，对其产品服务的优势和亮点进行展示介绍，同时与中方参会的科技企业、高校院所、研究机构、投资机构等共同沟通交流。12月28日，市科协对2017—2021年度科协系统优秀决策咨询成果评选出优秀决策咨询成果（咨询报告类）70名、（政策建议类）27名。长风联盟提交的《关于北京发展区块链技术的现状、问题与对策》获评2017—2021年度市科协优秀决策咨询成果（政策建议类）优秀奖。截至2022年年底，长风联盟智库基地已发布产业研究报告和相关建议50余篇，多项智库成果被政府有关部门采纳或转化为市政协提案。长风联盟坚持以标准为纽带，以应用促研发，通过牵头组织科研院所、会员企业开展标准制定和推广工作，累计参与标准创制数十项。

（市经济和信息化局）

【中关村数字电视产业联盟】 2006年12月18日，国内首个为数字电视产业集聚而打造的专业园区“中关村数字电视产业园”挂牌成立。为提升国内企业自主创新能力，增强数字电视产业的整体竞争优势，2007年6月8日，汇聚数字电视产业链上141家企业成立了中关村数字电视产业联盟（简称联盟），位于海淀区花园路2号实验楼101室。在联盟基础上申请组建的数字电视国家工程实验室（北京）于2009年底由国家发展改革委批复成立，并于2010年7月开始运营。联盟由地面数字电视工作组、移动多媒体广播工作组、网络多媒体电视工作组、有线电视工作组、数字电视移动存储工作组、AVS工作组、闪联信息产业协会工作组共8个工作组组成。联盟成员企业在数字电视领域的科技研发、标准制定、芯片研制、关键设备制造、终端产品生产、节目制作、发射与接收、测试与显示服务等环节均拥有人才、技术、产业化基础方面的实力和凝聚力，具有辐射全国的影响力。联盟对数字电视产业资源和社会资源进行整合与协调，提升联盟成员在数字电视领域所处环节的竞争力，推动数字电视产业链相关产品在国内外市场的应用，致力于中国数字电视产业的发展壮大。

2022年3月3日，联盟在安徽巢湖举办“发展智慧广电助力乡村振兴”研讨会，从业务拓展、技术方案及运营模式等方面探讨智慧广电建设服务“三农”的可行性，重点讨论广电如何利用资源搭建农、牧业物联网，实现农业生产的智慧化及科技化。7月14日，联盟在河北省廊坊市文安县融媒体中心召开以“智慧广电建设助力乡村振兴”为主题的技术研讨会，企业介绍了数智农业的总体框架、农业物联网的技术方案及运营模式等，与会人员分享了智慧广电助力乡村振兴的成功经验，并进行了沟通交流。文安县融媒体中心、农业农村局领导及专家，湖南卫视、安徽合肥电视台、六安电视台等媒体代表，多家农业物联网专业企业及文安县种植、养殖户代表等参加研讨会。

（市经济和信息化局）

【中关村物联网产业联盟】 简称中关村物联网联盟，2009年11月1日成立，位于西城区新风街2号天成科技大厦B座8003室。为中关村物联网产业链40余家机构共同发起组建的中国第一家物联网产业联盟，是国际上第一家物联网的非政府组织。宗旨是以创新为动力，以技术为核心，以应用为导向，以产业为主线，打造中国物联网产业中心，形成政、产、学、研、用开放式的合作机制。先后成立16个专业委员会，其中特种设备专委会、大健康专委会等形成了独具特色的专业平台，引领行业的深入发展。着力打造“全球物联网大会及GIC艾欧特大奖”的国际化品牌，先后与20余个国家建立科技创新合作关系，并先后创建中芬、中日等物联网创新中心，引导国内外企业进行深度合作。中关村物联网联盟积累多年的物联网产业经验，建设中关村物联网公共服务平台，作为科技部的专项，该平台在重庆南岸区和河北省唐山市、广东省珠海市等城市先后落地，推动当地物联网产业发展。2010年7月10日创建国内首家物联网关键应用技术工程研究中心，全面推动物联网产业发展，并在多个物联网产业细分领域取得重要成果。2011 年 2 月 9 日，在中关村物联网联盟的配合下，代表政府进行股权投资的中关村发展集团，对覆盖物联网产业链上下游的东方正通等 10 家中小企业给予投资支持，总投资额超过 1 亿元，在国内首创“产业集群投资”的方式，实现国有资本投资从“点对点”（单一企业、单一项目）向“点对链”（产业集群、产业链）的延伸。

2022 年 1 月，中关村物联网数字孪生技术学院推出国内首个数字孪生技术领域的职业能力培训岗位——物联网数字孪生技术开发师。该项目由中关村物联网联盟联合数字孪生技术厂商北京优锘科技共同打造完成。3 月 24 日至 25 日，第五届全球物联网大会暨全球物联网黑科技大赛总决赛利用线上云平台举办。大会以“寻找突围者，迎接数智化时代”为主题，聚焦全球物联网技术前沿进展。主峰会跟踪当前热点，分为全球元宇宙大会启动发布、党建 + 数字乡村振兴大会、智慧健康与医疗产业、数字技术与数字经济、物联网国际标准 5 个主题。4 月 9 日至 5 月 25 日，中关村物联网联盟举办全国青年在行动——数字孪生与元宇宙知识普及活动，号召青年大学生学习元宇宙与数字孪生知识。6 月 22 日，由中关村物联网联盟和中关村产业技术联盟联合会共同组织举办企业财税实务系列培训的第二讲，16 家企业的负责人和财务主管参加培训。6 月 29 日，由中关村物联网联盟发起、全国社区元宇宙工作委员会主办、滴度科技承办的首届中国社区元宇宙大会召开。会上举行“全国百城千区社区元宇宙模范试点社区计划”启动仪式；发布《中国社区元宇宙产业发展报告》，提出社区元宇宙带来莫比乌斯经济爆发，助力社区消费新经济模型。9 月 7 日，由中关村物联网产业联盟社区元宇宙工作委员会、滴度神州科技有限公司、北京正德双创网络科技有限公司共同主办的全国社区元宇宙“回天”示范基地签约及启动仪式在北京举行，全国首个社区元宇宙产业服务基地落户昌平区“回天”地区。社区元宇宙“回天”基地以正德大厦为依托，建设元宇宙应用创新中心，成为面向社区元宇宙的专业孵化器、产业加速器，并设立社区元宇宙的科技展示和体验基地等，为“回天”地区的居民提供丰富的社区文化、生活、教育、健康、养老、消费等服务。落地的“滴度社区元宇宙数字化平台”将围绕“元宇宙 + 服务”产业，打造各类应用场景，促进数字技术与社区实体经济深度融合。10 月 18 日，中关村物联网联盟发布元宇宙行业的首个职业团体标准《社区元宇宙运营师职业标准》。11 月 10 日，在全球物联网大会组委会的指导下，由中关村物联网联盟主办、全国社区元宇宙工作委员会承办的首届中国数字社区创新发展大会启动仪式在昌平区回天地区举行。多年来，为政府、企业、行业发展提供物联网及相关领域的可行性研究报告、项目建议书、节能评估报告、商业计划书、黑科技大赛、团体标准、世界物联网博览会、人才培训、国内外交流等服务。

（市经济和信息化局）

【中关村云计算产业联盟】 简称云联盟，2010 年成立，位于海淀区北四环西路56号辉煌时代大厦11层。云联盟肩负着助力落实打造北京成为全球云计算产业基地、世界级云城的任务，在充分发挥云计算产业聚集效能与集群优势的同时，不断引领高精尖技术创新与重点企业培育。借助云联盟支撑北京市云计算产业顶层规划的编制与云产业技术图谱的建设，云联盟凝聚一批云计算产业龙头企业，充分发挥云计算生态聚集效能与集群优势，链接城市发展及企业、市场的实际需求，促进成员单位技术、产品、解决方案能力融合，形成生态合力，助力市场机遇突破。云联盟以产业合作“超链接”、行业升级“超融合”为驱动，打造以云计算、AI、量子计算等科技产业为核心的顶级生态，构建具备国际竞争力，服务云联盟企业能力提升、前沿技术攻关及市场变量挖掘的产业融合平台，借势云计算产业发展黄金期，开启社会组织企业服务模式与技术创新引领融合生态的“3.0 时代”。云联盟发挥产业生态平台与促发行业转型优势，结合传统行业数字转型落地契机，以及云联盟在医疗智能化、应急管理现代化、产业教育融合发展等领域的成果，牵头打造一批信息化与行业融合发展专委会平台，包括智慧医疗专委会、产教融合专委会、建材智能制造专委会、工业数字化专委会、混合云专委会、云安全专委会、应急安全产业与数字经济专委会、投资专委会等 8 个专委会。

2022 年 1 月 7 日，由科技部指导，科技部火炬中心、北京市科委、中关村管委会共同承办的“第六届中国创新挑战赛（北京）现场赛暨颁奖典礼”在京举行，云联盟凭借服务企业在技术、市场等需求的高质量对接，获得“优秀组织单位奖”。3 月 31 日，云联盟主办的快速提升企业创新资质“硬实力”主题沙龙在线上和线下同步举办，主讲人全方位讲解技术创新体系架构，剖析科创板对科创属性提出的新要求，以及如何布局及搭建科技创新体系。吸引云联盟成员企业参与。4月26日，云联盟产教融合专委会和多位专委会成员、产业专家等就职业技术教育召开主题为“打造产教融合共同体，画好校企合作同心圆”的交流会。7月28日，中关村云计算产业联盟暨中国云产业联盟承办的“2022全球数字经济大会·云融技术创新引领论坛”在北京国家会议中心举行。在论坛上，云联盟联合精灵数据发布了“2022年中国云生态百强企业榜”及“2022中国云生态企业创新榜”，同时发布由云联盟和汉能投资集团共同编著的《2022年中国云计算生态蓝皮书》。年内，云联盟编制并发布《2022年中国云生态蓝皮书》；推出“两大最具影响力和最具创新的中国云生态榜单”；主办“一场中国云生态盛会”；完成包括工信部网络安全中心（工信部信息中心）重点实验室专项工作组、重点应用案例征集等多项重点任务；推选云联盟成员企业参与“全球赛事合作入围决赛”并胜出；定期召开月度沙龙、专家讲座及重点政策培训；助力成员企业申报北京市2022年度第二批拟认定“专精特新”企业、“北京市隐形冠军企业”；推荐有能力企业参与云计算、人工智能算力、数据安全培训，“高质量高新技术企业的培育与发展专家讲座”；启动“工信部中小企业经营管理领军人才”选拔征集、北大人民医院征集智能设备课题联合申报及产品临床适用征集；启动“HICOOL全球创业者峰会暨创业大赛”“2022·科创中国·科技创新创业大赛”征集等；承接政府项目“AI算力”“应用引擎”等重点专项；完成120多次的理事会企业、会员企业走访、交流，90多次蓝皮书企业访谈，30多次国家科研机构、投资机构拜访、座谈等工作；为初创期、成长期和成熟期的企业提供量身定制的课题申报、补贴荣誉申请、知识产权体系策划、资质体系构建、企业信用评级等近200项科技创新专业服务，累计帮助成员企业获得政府资金支持金额超1.79亿元，形成超过200个专业科技服务项目库。

（市经济和信息化局）

【中关村大数据产业联盟】 简称大数据联盟，2012年12月开始筹备成立，2016年1月注册成为国内首家大数据行业社会组织，位于海淀区信息路甲28号D座05A–5119。大数据联盟是在中关村管委会的指导支持下，由大数据相关企事业单位和社会团体等组成的国际性、非营利的行业组织。大数据联盟作为国家发展改革委“数字化转型伙伴行动倡议”首批合作机构，打造数字生态运营服务体系，开展多项技术创新、理论创新、产融发展、资本服务、成果转化、人才培养、知识产权保护等方面的促进和传播服务工作，打造数字生态运营服务体系，全力促进大数据产业生态的建设与数字经济可持续创新发展。大数据联盟由行业组织平台链接政、产、学、研、用、金各界资源，通过智库、传播、资本三位一体的特色模式服务广大会员——智库承担图书撰写出版和课题研究、传播和负责开展线上线下系列活动、资本服务包含投融资路演和财务顾问服务，以推动建立融合共生的数字产业生态为愿景。

2022年1月19日，北京城市副中心产业高质量发展推进大会在北京国际财富中心召开，会上大数据联盟与北京通州发展集团有限公司签署元宇宙创新中心合作协议，坐落在张家湾设计小镇创新中心，是国内配套产业政策的“元宇宙”产业集聚区，为众多元宇宙企业搭建合作运营交流平台，打造元宇宙产业集群协同发展。4月12日，南中轴国际文化科技园轻重资产合作运营签约仪式在中关村发展集团举行。中国服务贸易协会、大数据联盟、中关村集成电路设计园公司、中关村海外科技园公司四家运营机构与园区签署合作协议，计划在产业招商、产业组织、创新生态营造等方面优势互补、共同发力，推动园区建设成为国际一流的“科技＋文化”新地标和数字经济新高地。5月7日，中关村大数据产业联盟元宇宙智库委员会成立，为元宇宙产业健康与可持续发展提供创新思想的发祥地，探索未来，共筑“元宇宙共识圈”，同时大数据联盟元宇宙智库委员会网站正式启用。5月27日，探索与实验——元宇宙共识大会在央链直播全网召开。大会由嘉宾演讲、微综艺《一起元宇宙》发布、元年大事件发布及数权藏品揭晓、“元宇宙发展与治理”课题推进介绍、WME世界元宇宙博览会推广等环节构成。7月6日，2022数博会首期“数博思享会”活动在丰台区南中轴国际文化科技园举办，以“元宇宙与数字经济”为主题，聚焦元宇宙发展前沿，围绕元宇宙的概念和具体内容、元宇宙的价值、元宇宙的经济模式和经济形态、中小企业如何入局元宇宙、元宇宙与艺术的碰撞等相关话题进行交流和分享。7月28日，以“虚实相生，未来已来”为主题的2022全球数字经济大会互联网3.0峰会在京举办，首次采用动作捕捉技术，开展数字人圆桌论坛，企业代表围绕元宇宙时代交互方式的改变和体验升级、政务元宇宙的构建、专业化虚拟直播大众化、人工智能数字人创作、元宇宙版的“人货场”等相关话题展开讨论，探讨元宇宙前沿科技发展趋势，描绘未来互联网发展的路线图。

（市经济和信息化局）

【中关村新兴科技服务业产业联盟】 简称科技服务业联盟，2016年1月14日，由从事科技创新的研究机构、科技企业、科技金融等专业机构联合发起成立，位于海淀区海淀北二街8号中关村SOHO-505室。科技服务业联盟是经北京市社会团体登记管理机关核准登记的非营利性社会团体，是以新一代信息技术为引领、专注新兴科技服务业创新发展的全国性科技社团，先后获得中关村协同创新平台创新驿站、科技社团创新簇工作站、首批高精尖产业技能提升培训机构、青年人才托举工程依托单位等资质。科技服务业联盟在科技咨询、科技生态优化、科技要素培育等方面发挥平台与组织优势，服务科学中心建设、凝聚创新型人才、打造创新生态，深度参与中关村新一轮先行先试改革试点和政策创制工作，加快战略新兴产业科技服务平台建设进程，将新政策、新机制纳入科技服务支撑体系，聚焦“卡脖子”技术攻关和国家战略科技力量，培育由头部企业牵引的产业创新联合体，有效促进创新链、产业链、供应链“三链”融合。科技服务业联盟通过科技服务体制与功能研究、信息平台与专业数据库建设、复合型人才培养、科技服务基地建设、专业咨询培训与会展、承接政府委托、国际交流与合作开展工作，在参与中关村国家自主创新示范区建设与提升自主创新能力的工作中，累计服务6000余家（次）高新技术企业，精准服务2000余家企业，一对一专项调研500余家企业。从2021年3月起，科技服务业联盟承担北京新联会创新创业专委会联络服务工作，重点对北京上市企业、隐形冠军企业、独角兽企业、民营百强企业的新阶层优秀科技代表开展创新创业系列服务，推动科技成果转化、科技人才凝聚和科技资源汇集，助力北京高新技术成果商品化、产业化、国际化，促进创新链、产业链和服务链的融合，为科技服务业联盟参与国际科技创新中心建设奠定了基础。

2022年1月18日，为加强对科技服务业联盟团体标准发布、出版活动的管理，保护标准发布、出版单位及个人的合法权益，保护知识产权，科技服务业联盟发布《中关村新兴科技服务业产业联盟团体标准版权管理办法（试行）》。2月25日，科技服务业联盟《科技资源共享　科技资源信息集成规范》团体标准发布，标准编号为T-STST 30—2022，规范了科技资源信息集成的要求、信息集成参考模型、功能模块要求和工作流程，适用于科技资源共享和服务活动中的信息集成。3月17日，科技服务业联盟通过线上方式举办第516期科技咨询标准化试点沙龙，沙龙的主题是“新兴领域项目分析会”，重点内容是对关键技术快速转化应用、服务支撑平台及预研、研制类项目展开讨论、分析与可组织项目选型建议。3月22日，科技服务业联盟“卫星数字孪生团体标准研制”研讨会召开，会议基于模型的卫星数字孪生设计跟传统数学仿真的技术优势分析及应用前景预测、卫星数字孪生领域团体标准研制规划布局、卫星数字孪生分技术委员会筹备工作组拟开展的主要工作等内容展开研讨。3月30日，全国卫生健康技术推广传承应用项目示范基地合作研讨会举办，会议围绕基于古代经典名方、名老中医经验方、有效成分或组分等中药新药研发分析，道地中药材价值的深度挖掘与产业化合作模式探讨，面向名老中医学术经验传承的关键技术和应用平台的搭建与推广，中医药领域创新产品团体标准的研制规划等内容开展研讨。5月10日，科技服务业联盟批准发布《预泄压蝶阀技术规范》团体标准，标准编号为T/STSI31—2022，标准的实施日期为5月15日。5月17日，在中关村新兴科技服务业产业联盟青年托举人才项目工作组和青年人才专家库的共同组织下，“科技创新战略与科技政策分析”交流活动通过线上方式举办。活动是科技服务业联盟“2022—2024年青年人才托举工程”项目的首场交流活动，活动重点是围绕新发展阶段和外部环境变化中如何突破“卡脖子”技术、怎样在国家科技战略力量的保障下做好创新链与产业链的高质量衔接展开讨论，并就自身在科研中遇到的问题开展交流。5月17日至6月2日，北京国际科技创新中心建设专题研修班以线上方式组织3场平行活动，主题是“2022形势与政策”，包括科技创新战略与科技政策分析、2022年产业发展机遇、中美关系与国际政治经济格局变化三部分内容。10月28日，北京市首批先行先试的区域联合体——北京市经济技术开发区科技服务创新联合体启动会在亦庄召开，该经开区联合体由科技服务业联盟牵头，以科创局为工作平台开展建设工作。11月30日，由科技服务业联盟自主研制，中国科学院科技战略咨询研究院、中国标准化研究院高新技术所、深部煤矿采动响应与灾害防控国家重点实验室、中国科学技术大学工程科学学院、北京市计量检测科学研究院共同指导的国内首部《科技服务业标准体系》（1.0 版本）发布会在云端召开。

（市经济和信息化局）

【北京工业互联网技术创新与产业发展联盟】 简称北京工业互联网联盟 /BAII，2019 年 3 月 17 日由高校、工业、信息通信业、互联网等领域单位发起成立，位于海淀区成府路 45 号中关村智造大街 A 座 4 层 405，为非盈利性社会组织。

2022 年 5 月 27 日，由国家工业信息安全发展研究中心主办，工业信息安全产业发展联盟、北京工业互联网联盟联合承办的“工业领域数据安全培训交流会”在线上召开。会议结合全国工业领域数据安全管理试点推进工作需求，指导工业企业等数据处理者准确落实《数据安全法》《工业和信息化领域数据安全管理办法（试行）》相关要求，进一步掌握工业领域数据安全工作实操技能。5 月 27 日，由中国计算机学会计算机安全专委会、工业信息安全产业发展联盟、中关村网络安全与信息化产业联盟、北京工业互联网联盟联合主办，北京安华金和科技有限公司承办的第五届中国数据安全治理高峰论坛云上论坛——数据安全治理关键技术论坛落幕。在论坛上发布《数据安全治理白皮书 4.0》。年内，国家工业信息安全发展研究中心联合工业信息安全产业发展联盟、北京工业互联网联盟举办“工业互联网安全讲坛”品牌活动 6 期（第四期至第九期）。讲坛面向新一代信息通信技术与工业经济深度融合产生的安全问题，聚焦工业互联网、（工业）物联网、“5G+ 工业互联网”等安全需求，分享战略标准、前沿技术、关键设备、创新应用等系列核心成果，打造产学研用一体化深度融合的权威性、引领性交流学习平台。讲坛围绕产业链亟须突破的流量、漏洞、内生安全、标识解析安全、可信与隐私计算、威胁情报、网络空间测绘等领域关键技术，举办技术专题活动，探索前沿技术应用及协同创新攻关路径。面向数字化转型效果显著、受网络安全威胁较大的钢铁、船舶等行业，举办垂直行业工业互联网安全专题活动，介绍最新政策与标准规范要求，分享前瞻性关键技术发展趋势，分析行业新兴网络安全事件及最新产品装备，行业龙头企业分享典型工业流程、网络安全建设思考及相关实践，共同探讨深化行业安全防护的方向与方法。讲坛累计分享时间超 2000 分钟。截至 2022 年年底，有会员单位 189 家。北京工业互联网联盟围绕工业互联网产业链，以生产制造、信息技术企业为主体，聚集工业界和学术界中坚力量，搭建京津冀工业互联网生态圈。通过加强会员交流与合作，整合产业资源，促进政、产、学、研、用结合和成果共享，形成相互支撑、协调并进、有效联合的产业发展环境。北京工业互联网联盟服务企业，支撑政府决策，成为技术研究、产业推广及交流合作的重要平台，推进京津冀工业互联网产业发展和制造业转型升级。

（市经济和信息化局）

【中关村亦创智能制造产业互联网技术创新联盟】 简称联盟，2017 年 6 月 15 日成立，位于北京经济技术开发区荣华南路 2 号大族广场 T2 楼 7 层。联盟是在北京经济技术开发区管理委员会和政府管理部门的支持下，由中金数据系统有限公司、国际产业互联网研究院、电子科技大学等单位联合发起成立，经北京市社会团体登记管理机关核准登记的非营利性社会团体。联盟的主要任务是响应国家政策，在智能制造、产业互联网领域搭建一个国际合作交流平台，以市场为导向，促进智能制造、产业互联网领域的学术研究、交流合作，并逐步开展产业规划、基金管理、咨询培训、会议会展、项目申报、产业基地建设、国家级课题研究等工作。联盟与中金数据系统有限公司、北京亦庄国际产业互联网研究院股份公司共同组织发起创立的协同制造工业互联网创新中心，融合现代信息技术与操作技术，以及创新管理思想，致力于企业智慧运营、数字化工厂和工业互联网平台解决方案，通过提供咨询、培训、软件研发和定制服务为客户创造价值。

2022 年 2 月 25 日，由中关村亦创智能制造产业互联网技术创新联盟主办的制造业数字化转型实践经验交流会在亦庄举行，旨在为企业总结提炼制造业数字化转型典型场景，展现数字工厂的实施过程和建设成效，加强制造业企业间数字化转型实践经验。工信部电子工业标准化研究院、美的集团、金风科技、富通东方、京东科技等单位代表及 20 余位企业数字化专家、制造业企业家与会交流经验，聚焦制造业数字化转型升级中亟需解决的难点、痛点和创新问题，分享制造业企业数字化转型升级中优秀的数字化产品、服务、解决方案及经验，促进新模式、新业态加快发展。4 月，由“科创中国”北京经开区试点园区分站、中关村亦创智能制造产业互联网技术创新联盟主办，“科创中国”北京经开区专业服务团承办，组织来自中国社科院工业经济研究所、北京计算机学会等高校院所和行业协会的 10 余位专家，深入北京经开区企业了解发展情况和需求。

自入选“科创中国”试点园区以来，北京经开区借助中国科协的组织和资源优势，从资金、政策、机构等方面不断推进试点工作，合作拓展专家和平台资源，为区内企业协调对接技术、服务、人才等需求，牵线促进高校院所的成果转化。

（市经济和信息化局）

研究机构

【首钢技术研究院】简称技术研究院，隶属于首钢集团有限公司，1960 年建立，前身是首钢钢铁研究所，1995 年经国家经贸委、税务总局、海关总署确认为国家级企业技术中心。技术研究院位于石景山区古城北路甲 3 号。技术研究院主要承担首钢新产品、新技术、新工艺、新材料的开发与应用技术研究工作，研究领域涵盖钢铁冶金、薄板、宽厚板、特殊钢、过程控制、用户技术、科技信息、科研检化验及中间试验等，具备从铁前原燃料优化配比到冶炼、热轧、冷轧、退火、镀锌以及用户技术开发等钢铁生产全流程的仿真模拟、工艺优化等能力，拥有支撑多地产品开发和工艺研究的国际一流水平的冶金材料检验、试验中心，包括实验室 115 个、试验设备 625 台 / 套。分析检测能力由结果检测拓展到过程检测，钢铁化学成分微量分析能力达到 ppb 级，微观分析尺度达 0.23 纳米，通过中国合格评定国家认可委员会（CNAS）实验室认可。技术研究院致力于创新体系的探索与实践，着力打造“一院多中心”创新研发体系和“产销研一体化”高效协同模式。聚焦国内外优秀科技资源，开放合作，与国内外 70 多所高校、科研院所、用户等建立了不同类型的合作平台，提升了科技创新能力。技术研究院秉承“尊重劳动、尊重知识、尊重人才、尊重创造”的发展理念，作为首钢集团科技人才高地，聚集了一批高学历高素质的创新人才。技术研究院在岗职工 500 余人，其中博士 110 余人、硕士 240 余人，其中有海外院士、国内外知名教授、享受国务院特殊津贴专家、北京市科技新星、全国技术能手等一批高素质的一流人才。技术研究院已成为首钢科技创新的组织管理中心、研发推广中心和高素质人才培养输送基地，为首钢的转型发展和创新进步提供重要的科技支撑。

2022 年年初，首钢极低温容器用 9Ni 钢实现批量供货，在进军中厚板高端产品市场的进程上迈出了关键一步。截至年底，累计订货已超过 7000 吨，完成供货 2000 余吨，钢板综合性能和使用性能良好，得到用户的充分肯定。9Ni 钢开发之初，技术研究院宽厚板所集中优势力量，第一时间奔赴生产现场，在先期技术储备的基础上，结合京唐二期中厚板产线工装条件变化，针对生产重点、难点制订出涵盖炼钢、轧钢、热处理等工序在内的全流程技术方案。对钢水成分精准控制、钢坯内外部质量控制、钢板综合性能控制、表面质量控制、存储与运输、防磁化以及质检等关键控制点形成明确的指导，为 9Ni 钢工业试制提供了有力的技术支撑。1 月 26 日，技术研究院张大伟以“一种 690MPa 级热轧厚规格低屈强比汽车轮辐用钢及其制备方法”发明专利获职工创新发明专利助推。5 月 21 日，技术研究院开发了热轧质量数据分析系统，梳理现场各项业务需求，完成业务框架搭建。该系统可实现在线监控、预警、评级、诊断与优化的质量闭环管控。通过搭建涵盖过程质量控制、设备运行状态和生产制造状态等基础数据的边缘侧数据平台，以板形、温度、宽度等为窗口，打通了面向生产稳定性、质量一致性和综合协调优化的多目标智能决策和协同控制壁垒，为提升整体制造效率和质量效益提供了技术支撑；并基于边缘侧数据，开发了不同业务需求的功能模块，内容涉及工艺功能管理、生产综合报表、轧制过程监控、质量溯源分析、过程质量诊断等相关业务。5 月 23 日，由首钢技术研究院、首钢京唐公司、首钢工程公司联合完成的“连铸板坯热装预处理工艺设备开发与应用”项目获得 2021 年度首钢科学技术一等奖。该项目开发的整套技术具备自主知识产权，其成功应用对连铸板坯热装热送比例及温度的提高起到关键技术支撑作用，为首钢炼钢领域节能减排、实现低碳绿色发展提供了创新路径。该项目申请国内发明专利 4 项、受理国际发明专利 1 项，申请标准 1 项。项目相继开发了 10 余项关键工艺，成果经中国钢协鉴定为国际领先水平、全球首创工艺。5 月 26 日，由首钢集团负责牵头的“多目标优化的清洁低碳综合炼铁技术”课题通过科技部高技术中心项目绩效评价验收。该项目在首钢京唐 5500 立方米高炉高比例球团应用示范工程中实现入炉球团矿比例提高至 50% 以上、吨铁能耗降低 5kgce 以上、吨钢气体污染物排放较 2015 年降低 20% 以上的目标。5 月

27 日，在首钢科技与管理创新大会宣布“转炉智能出钢技术研究及应用”项目获首钢科学技术一等奖。该成果的成功取得和实施应用，标志着首钢自主掌握了大吨位转炉自动出钢技术，为实现转炉炼钢全过程智能化打下了基础。11 月 1 日，首钢开发的“高铝钢板坯高效连铸技术”获得冶金科学技术一等奖，该技术显著改善铸坯质量，大幅提升生产效率，实现了高铝钢的工业化连续生产。利用该技术生产的系列高铝冷轧高强钢批量应用于高端合资和国产领先品牌车企，为汽车行业轻量化发展提供了有力支撑。首钢组建涵盖技术研究院、京唐公司、股份公司、北京科技大学等多家单位及部门、多专业的联合团队，针对高铝钢板坯连铸中保护渣理化性能变化、浸入式水口堵塞、结晶器黏结报警和板坯裂纹等问题开展系统攻关。该项目获发明专利授权 10 项，相继开发关键工艺 7 项，首次实现高铝钢板坯连浇 5 炉、1500 吨，拉速从 0.8 米 / 分钟提高至 1.2 米 / 分钟，有效解决了高铝钢板坯连铸可浇性差、表面裂纹多等技术难题。其相关技术还成功应用于微合金钢板坯连铸，实现了板坯热装预处理装备及工艺技术的自主集成。

（市经济和信息化局）

【北京国际工程咨询有限公司】简称北国咨，1985 年 1 月成立，为国内第一批成立的工程咨询单位之一，位于西城区广安门外大街甲 275 号。北国咨为北京市属全资国有企业，上级单位是北京市工业设计研究院有限公司，隶属于中关村发展集团。北国咨为国家高新技术企业，有员工近 200 人，其中硕士及以上学历占 80% 以上，理工、科学技术类专业背景人员占比近 70%。拥有工程技术、经济、财会、管理等方面的专业技术人员，聚集了不同层面的专家资源，实现了不同专业领域知识共享和在业务上的相互支撑。北国咨的业务类型涵盖规划咨询、项目咨询、评估咨询、产业活动组织、招标代理、造价咨询、全过程咨询七大板块，专业领域涵盖电子、信息工程、电力、石化、化工、医药、机械，轻工、纺织、建筑、市政公用工程、生态建设和环境工程、水利水电、农业、林业、公路、铁路、城市轨道交通等。在规划咨询领域，北国咨长期服务首都经济发展，持续开展北京产业结构调整以及高精尖产业发展研究，在集成电路、数字经济、生物经济、新能源汽车、综合经济、营商环境等领域形成业务能力。同时，针对区域经济、园区发展、产业地产等咨询业务的需求，开发形成宏观、中观、微观等不同类型的规划咨询产品及服务，每年完成各类报告上千项。在评估咨询与项目领域，围绕国家投资体制与项目管理机制，提供工程项目在投资准备阶段、实施阶段以及后评价阶段的全过程项目咨询服务，提供融合产业、战略规划、政策、投资、链接服务在内全面的咨询服务，为客户提供综合解决方案。北国咨为国家发展改革委、工信部、商务部、中央网信办、财政部评审中心、市发展改革委、市经济和信息化局、市财政局、市科委、市商务局、北京市 16 区及北京经济技术开发区等单位的工程咨询服务顾问，并为众多大型国有企业及高新技术企业提供专业咨询服务。同时，公司面向全国，服务京外众多客户。

2022 年 4 月，北国咨与中央军委装备发展部装备项目管理中心签订《中国第二代卫星导航系统重大专项——北京市北斗融合创新应用示范项目合同》，负责项目总体管理工作。该项目的实施将进一步巩固北国咨对于国家重大专项开展咨询的优势，也为拓展北斗领域业务提供了机遇。8 月 16 日，河南省发展改革委发布公告显示，北国咨成功中标该项目中的科学研究领域方向（中标金额 557 万元），该项目的中标创下北国咨规划咨询类单项合同额新高，不仅标志着公司拓展河南省业务迈出关键一步，也为北国咨未来承接与重大科技基础设施相关的国家实验室咨询业务打下基础。11 月 24 日，全市区级营商环境评价工作由市发展改革委负责组织实施，并委托北国咨作为评价工作的牵头承担单位具体开展实施。北国咨结合北京实际情况，围绕企业全生命周期，设置市场准入、办理建筑许可、登记财产、市政公用基础设施报装、外商投资、获取金融服务、纳税等 14 个方面，编制了体系化、规范化的营商环境评价指标。工作第一阶段选取石景山区、房山区和北京经济技术开发区进行试评价；第二阶段根据试评价情况进一步优化完善评价体系、方式方法等内容后，启动全面试评价工作，对 16 区和北京经济技术开发区开展评价，形成本市区级营商环境试评价结果。

（市经济和信息化局）

【北京市长城企业战略研究所】简称长城战略咨询，1993 年 8 月成立，总部位于朝阳区北辰东路 8 号北京国际会议中心东配楼二层，在宁波市、武汉市、广州市、天津市、成都市、济南市、沈阳市、西安市、合肥市、杭州市、郑州市、南京市、青岛市、淄博市、福州市、重庆市、苏州市、无锡市、福州市、厦门市、大连市、昆明市、长春市设有业务中心。长城战略咨询拥有由500余位项目经理、咨询师组成的专业团队以及3000余位外部专家组成的专家网络，面向企业提供以战略和商业模式为核心，组织运营和人力资源为两翼的企业咨询服务；以产业成长、产业价值、产业组织和产业原创四大研究为基础，为企业和政府的决策提供产业咨询服务；基于区域长板，协助高新区（开发区）做出个性（特色）定位，提供特色产业集群咨询与研究的区域咨询服务。长城战略咨询深耕创新体系、创业孵化、科技服务以及创新政策等研究领域，参与地方科技创新相关规划的编制工作，是参与国家中长期科技发展规划研究的民间智库。

2022年1月20日，由长三角产业和信息化发展研究联盟组织的2021第二届长三角智慧城市建设评选结果揭晓，马鞍山市科技局和北京市长城企业战略研究所报送的“马鞍山市科技创新生态可视化系统”项目获长三角智慧城市建设“典型案例奖”。5月24日，中国企业联合会、中国企业家协会联合公布2022年第一批信用企业名单，长城战略咨询被评为AAA级信用企业，成为2022年第一批117家AAA级信用企业之一。6月13日，由北京市长城企业战略研究所与宁波财经学院联合共建的商业模式实验室被科技部评为国家级众创空间，是国内高校首个围绕“商业模式”提供一站式服务的创新创业教育与服务平台。6月，中国工程科技知识中心、浙江大学信息资源分析与应用研究中心发布《全球智库影响力评价报告2021》，是该项目组第五次发布智库排行榜单。该报告对全球主要智库进行综合性评估，并推出3个综合榜单和8个分领域榜单。长城战略咨询首次进入中国智库榜单TOP100，位列第70名。8月31日，长城战略咨询发布《2022中国AI芯片及应用新赛道研究报告》，从认知图景、裂变纷呈、资本角逐、城市先机洞察等方面进行赛道分析，阐释AI芯片及应用赛道的新现象，并追踪展示了部分引领新赛道发展的企业案例。9月21日，在2022世界制造大会软件专场上，长城战略咨询发布《2022中国信息科技独角兽及新物种企业榜单》。9月22日，在2022世界制造业大会平行分论坛之一的百家独角兽进安徽高峰论坛上，长城战略咨询发布《中国信息技术应用创新独角兽及新物种企业研究报告2022》和“中国信息技术应用创新独角兽及新物种企业榜单”。

（市经济和信息化局）

【北京市科学技术研究院】 简称市科研院，1984年成立，开办资金5000万元，出资人为市政府，登记机关为市事业单位登记管理局。市科研院是市政府直属的综合性科研事业单位，位于海淀区西三环北路27号北科大厦，全院有12个职能处室、13个科研机构、6个科研事业单位和科普场馆、11个直属企业。在职人员总数2300人，其中硕士以上学历人员占比55.5%，高级专业技术职称人员占比27.6%。市科研院聚焦国际科技创新中心建设、国家服务业扩大开放综合示范区和中国（北京）自由贸易试验区建设、全球数字经济标杆城市建设、以供给侧结构性改革引领和创造新需求、推动京津冀协同发展的联动，成为城市治理体系和治理能力现代化的重要科技力量，高精尖产业技术研发和成果转化的重要支撑力量，国际和区域科技协同创新的重要推动力量，落实科技体制改革和先行先试政策的重要实施力量。市科研院巩固提升智慧城市、生命健康、生态环境、分析测试4个优势领域，持续强化科技智库、科学普及两个特色领域，前瞻布局新材料、生物技术、信息技术与智能制造、新能源和低碳技术四个研发方向。市科研院拥有国家部委创新平台3个，北京市重点实验室/工程技术研究中心19个，全国科普教育基地3个，北京市科普基地6个，北京国际科技合作基地4个。既有北京天文馆、北京自然博物馆、北京麋鹿生态实验中心等科普场馆，也有北京市计算中心、新技术应用研究所、数字经济创新研究所、信息与人工智能技术研究所等新一代信息技术领域的专业机构，北科院在博物馆新业态、新应用以及数字博物馆等新技术研发方面进行了大量工作，积累了一批技术成果和应用案例。2017年以来，市科研院获得竞争性科研项目881项，科研经费近5亿元，其中省部级以上项目或课题426项。获得授权专利376件，其中发明专利173件。主持或参与制定国家标准92部、行业标准79部。发表学术论文2994篇，其中SCI/EI/SSCI/IPCI收录899篇，在国际顶级学术期刊《自然》上联合发表论文2篇。出版科技专著257部，获得软件著作权308件。获得省部级以上各类奖励81项。市科研院落实国家和北京市的人才计划和人才工程，建有博士后科研工作站，实施北科萌芽、北科青年学者、北科学者、高水平创新团队等人才计划，引进、培育、使用、评价、激励“五位一体”，人才队伍结构不断优化。市科研院建有京津研究院、京河研究院、北科院邯郸分院、京津冀科研院所联盟、京津冀科研院所知识产权运用联盟等京津冀协同创新平台。同57个国家和地区的329

个机构建立科技合作关系，积极融入全球创新网络。

2022年1月19日，市科研院所属北京北科控股有限公司与保定市政府召开视频会议，专题讨论SiC半导体功率器件项目的应用推广和项目落地。该项目是由京河院（市科研院与秦皇岛开发区共建的科研机构）联合西安电子科技大学微电子学院共同开展的第三代半导体项目，已提交专利申请14项，取得专利授权2项，2款产品已定型并通过小量试用，具备产业化的条件。2月28日，由市科研院、经济科学出版社主办的《高精尖产业发展研究》新书发布会暨研讨会举行。《高精尖产业发展研究》和《高精尖产业发展趋势报告（2022）》以北京高精尖产业发展为例，反映发展成效，分析存在的问题，提出发展高精尖产业需要把握“五大宏观力量”“五大中观力量”和“五大微观力量”，具有全方位、多层次、多维度的特色。5月20日，市科研院分析测试研究所依托财政资金自立科研课题，改进并发展了应用管式轴向被动式采样器采样－热脱附/气相色谱－质谱分析的VOCs测定方法。该方法获得2021年中国造船工程学会科学技术进步奖二等奖，已登记软件著作权1项、实用新型专利1项，正在申请发明专利1项、实用新型1项。5月27日，市科研院资源环境研究所以高盐、高有机物含量及高毒性的石化反渗透浓水为研究对象，对比分析电絮凝和类芬顿对浓水中毒性有机物的去除效果，揭示了毒性有机物在反应过程中的降解及转化机制。研究结果表明，类芬顿比电絮凝具有更高的有机物毒性降低能力，浓水的毒性经30分钟处理后最终降低64%。该方法为石化废水行业在水资源高效利用及污染物控制方面提供了有价值的理论及工程指导。6月2日，市科研院分析测试研究所自主研发便携式液体阴极辉光放电测铊仪，适用于不同浓度水平的工业废水中铊元素的测定，且快速高效，从富集、上样到获取数据仅需5分钟。该成果已获得实用新型专利3项。6月10日，市科研院辐射技术研究所依托财政资金改革与发展专项课题，自主研发制备一种具有抗辐照、耐高温蒸汽氧化性能的核燃料包壳涂层材料。所制备的非晶/纳米晶Cr−TiCrSiC−TiCrSiCN涂层具有较强的抗辐照能力，并具有优异的抗摩擦磨损及防腐蚀性能，以及良好的耐高温蒸汽氧化性。该成果获得发明专利1项；获得中国博士后基金资助1项。6月17日，市科研院分析测试研究所依托财政资金改革与发展专项课题，自主研发一套老化试验粉体制备装置及老化试验箱，可实现塑料、橡胶等高分子材料在机械磨损、光照、湿热等作用下崩解形成微塑料直至完全降解的老化过程的动态研究。该成果获得实用新型专利2项。6月23日，市科研院资源环境研究所基于对城市污水再生工艺全流程各工段以及收纳水体中药物和个人护理用品（PPCPs）赋存情况和浓度水平进行深度调研的基础上，开发以电催化氧化、单原子基类芬顿氧化、催化臭氧氧化为代表的PPCPs高效去除技术。同时，研究团队提出“催化臭氧氧化+NF膜”工艺，在实现再生水品质提升的同时，有效缓解膜污染，延长膜的使用寿命，降低运行维护成本。市科研院分析测试研究所依托市级财政项目，针对再生水回用中可能存在的新型污染物，建立适用于污水和再生水中70余种PPCPs高通量非靶向筛查以及高灵敏度分析方法，可为再生水回用的水质安全和再生水的深度开发提供数据支撑。该项技术已应用于高碑店污水厂和稻香湖再生水厂PPCPs检测。该成果发表学术论文1篇，形成实验室操作规程2套。7月1日，市科研院城市系统工程研究所通过地理建模与仿真方法，提出基于矩阵计算的方法来理解城市拥堵的时空演化模式，对城市拥堵区域从发生到消失进行识别与监控，掌握城市拥堵的全周期过程，为城市交通管理、市政管理以及城市规划等相关部门提供决策依据，在城市智慧运行与安全管理中具有重要意义。该研究成果为冬奥会城市运行交通保障决策提供了支撑服务。7月8日，由北京市科学技术研究院、社会科学文献出版社主办的第三届首都高质量发展研讨会暨2022北京高质量发展蓝皮书发布会举行，会上发布《2022北京高质量发展蓝皮书》和《2022北京产业高质量报告》。同日，市科研院创新发展战略研究所在北京市医药健康产业规划基础上，重点分析基因编辑领域技术发展现状，绘制出未来10年适于北京市基因编辑领域发展的技术路线图，分析在不同时间节点上政策举措、市场、相关产品、关键技术等要素实现情况，提出具有针对性的对策建议。该成果撰写简报2篇，形成《北京市医药健康产业技术路线图》专著1部。7月15日，市科研院城市系统工程研究所面向城市森林火灾扑救需求，针对城市与森林交界区域火灾现场信息协同感知和情报分析瓶颈，提出火灾现场处置领域知识图谱构建与决策应用服务技术，为城市与森林交界区域火灾现场信息集成融合与应对决策提供支持。研究成果通过第三方专业检测机构的测试和评估，在北京市森林火灾防治中得到示范应用，为周边森林火灾动态评估和应急预案编制提供了分析依据。该成果获得软件著作权 1 项，发表学术论文 2 篇，取得应用证明 2 项，申报发明专利 1 项；获批国家自然科学基金面上项目 1 项。7 月 22 日，市科研院资源环境研究所针对现有便携式生物质炭化机耗能高、效率低、生物炭品质差的不足，对热解工艺参数和设备进行优化，研制一套双胆循环余热再利用快速冷却炭化炉，效率提高 3 倍以上，节能大于 20%。该成果获得 2 项实用新型专利，其中“一种可拆合自然散热结构的外加热立式电热炉”获第 16 届北京发明创新大赛铜奖。8 月 5 日，为了挖掘药用百合中的关键物质，市科研院辐射技术研究所收集不同原产地的药用百合、食用百合和野生百合，基于超高效液相色谱－电喷雾串联质谱法分析不同百合中的次生代谢物，创新性结合药用百合本草考证和多种分析方法进行代谢物筛选，发现药用百合中的关键成分为一种甾体皂苷。该研究明确了药用百合中的关键物质，研究成果发表在《Molecules》期刊（SCI 二区）；同时，研究人员对百合鳞茎中的营养物质和百合花朵中的色素成分开展了持续研究，研究成果分别发表在国内核心期刊上。8 月 18 日，由北京市科学技术委员会、中关村科技园区管理委员会、北京市总工会作为支持单位，北京市科学技术研究院、中国发明协会作为指导单位，北京发明协会和北京市职工技术协会共同主办的科创北京，联动中国——北科控股杯暨第 17 届北京发明创新大赛开幕。大赛首次汇聚来自京津冀、长三角、粤港澳大湾区、成渝地区、西北地区的大赛协作单位、专项奖设奖单位、项目组织推荐单位 75 家，尝试将大赛打造成为汇聚全国创新资源、参与北京国际科技创新中心建设的平台。大赛首次采取云启动仪式，运用虚拟主会场、多城云联动的方式，设计发明微探班、云端启动台等环节，融合新颖创意，突破地域限制。8 月 26 日至 28 日，由市科研院、市科协主办，北京电子学会、清华大学集成电路学院等单位承办的 2022 国际自主智能机器人大赛在北京科学中心举办。在保留传统实体赛和虚拟赛的基础上，大赛以企业需求为导向，首次设立“企业命题赛”。参赛选手围绕“看谁能驯化出更聪明的机器人”展开比赛。8 月 31 日至 9 月 5 日，市科研院统筹全院资源，参与 2022 年中国国际服务贸易交易会电信、计算机和信息服务专题展和综合展年度主题展。展区以多媒体、人工智能等形式进行现场和线上展示，展现城市治理、生态环保、绿色节能、场景应用、环境服务、新技术等领域的实践，展示在数字化、网络化、智能化发展趋势下的新技术、新模式和新成果。9 月 5 日，由市科研院主办，市科研院资源环境研究所、市科研院国际与区域合作中心承办的 2022 年中国国际服务贸易交易会“绿色低碳城市国际科技创新论坛暨北京国际前沿科学对话会”在国家会议中心举办。9 月 16 日，市科研院城市安全与环境科学研究所提出可实时评估人耳噪声暴露以及作业人员噪声暴露溯源分析的技术方法，为作业场所人员噪声暴露准确测定、噪声源追溯以及噪声防治目标识别等提供技术支撑。开发的职业性噪声暴露检测装置和应用系统不仅可作为检测服务机构进行职业性噪声检测的新型工具，还可用于企业自主开展的职业性噪声检测，对提升企业职业性噪声防治水平有重要意义。该成果已申报 2 项发明专利，5 项实用新型专利获授权，开发的设备样机在有关技术服务中得到初步应用。9 月 21 日，北京市地下管线协会成立大会暨第一次会员大会在市科研院举行，市科研院当选为北京市地下管线协会理事长单位。9 月 24 日，由市科研院主办，市科研院国际与区域合作中心、市科研院“一带一路”国际科技合作培训中心承办的中关村全球高端智库联盟理事大会暨第一届理事长会议第三次工作会议举行。10 月 20 日，由市科研院、市科协联合主办，市科研院智慧养老研究所、市科研院国际与区域合作中心、北京科技国际交流中心、中关村全球高端智库联盟承办，北京劳动保障职业学院、北京怡养科技有限公司、北京乐活堂养老服务促进中心协办的第七届老年服务科学与创新国际论坛暨北京国际前沿科学对话会召开。论坛的主题是“老龄社会治理背景下的智慧养老创新”，交流老龄社会治理背景下世界各国智慧健康养老的最新进展，涉及积极老龄化与健康老龄化、老年安全、康养人才产教研等内容。10 月 21 日，市科研院创新发展战略研究所对人工智能领域产业发展状况、技术研发实力与发展态势进行分析，找出北京与国外在技术热点、产业布局等方面的差异，并提出进一步促进人工智能领域发展的对策建议。该成果在 2021 数字化管理与公共服务国际学术会议（DMPS2021）上发表论文 1 篇，在《全国双创动态研究》发表调研报告 2 篇，为政府与科研机构进行人工智能领域技术布局与研发提供资料借鉴和决策参考。11 月 4 日，由北京市科学技术研究院主办、中国城市发展研究会城市研究所等机构承办的中国式现代化：城市群高质量发展论坛在北科大厦举行。市科研院发布《中国三大城市群高质量发展及其影响力报告》，建构城市群高质量发展评价体系，对国内城市群高质量发展状况进行评价及比较研究。11月，市科研院编纂的首都高端智库研究报告集《科技创新治理体系与高质量发展（2021）》由新华出版社出版发行，主要收录北科院专家及外聘专家2021年在“三报一刊”发表的理论文章，着眼于理论与实践创新，从“思想引领”“高质量发展”“科技创新治理体系”“数字经济”“实践探索”5个维度，钩沉科技创新治理体系与高质量发展规律。12月2日，2021年度全国“生产力促进奖”评选结果揭晓，市科研院所属北京北科控股有限公司凭借京津冀协同创新和成果转化业绩，被授予全国“生产力促进（服务贡献）奖”。获得该奖项的单位共46家，北科控股排名第21位。生产力促进奖是2003年经科技部和国家科学技术奖励办公室批准设立的，是中国生产力促进、科技服务领域的全国性奖项，主要表彰在服务中小微企业技术创新、推动区域经济高质量发展中做出突出贡献的集体和个人，已形成广泛影响力。12月30日，市科研院科技情报研究所编撰的首都高端智库研究报告“创意城市蓝皮书”之《中国创意产业发展报告（2022）》与《北京文化创意产业发展报告（2022）》相继出版。年内，市科研院分析测试研究所通过研究食品包装和生产工艺中涉及的各类化学品，解析其化学组成与矿物油谱图特征，帮助国内多家食品相关企业找到其产品的污染来源，为企业产品质量的提升提供了检测支持。同时还将食品、包装材料及其化学品的矿物油分析经验拓展至其他领域，包括石油化工、药品、日用化学品和环境领域的矿物油及其类似物分析，根据不同样品的化学组成与基质干扰情况，优化和整合多种样品前处理技术，先后研发出煤液化油、涡轮机油、原料药、口唇护理与化妆品、土壤中芳烃矿物油的高灵敏检测方法，使矿物油分析检测项目成为分析测试研究所的特色检测项目。分析测试研究所自创的“食品和食品接触材料中矿物油含量检测方法”获得CNAS资质认可。

（市经济和信息化局）

【北京汽车研究总院有限公司】 简称北汽研究总院，是北京汽车集团有限公司（简称北汽集团）旗下的核心研发机构，2007年6月8日挂牌成立。位于顺义区北京汽车产业研发基地。于2009年10月筹建新能源工程院；2013年拆分为股份研究院和越野车研究院；2018年1月29日重新授牌并实体化运营，主要开展商品企划、造型设计、试验验证、智能网联技术和轻量化技术等研发业务。2021年5月，北汽研究总院、股份研究院、新能源工程院、越野车研究院等完成整合，实现焕新运营。北汽研究总院包括9个中心、49个部门，有近4000名员工，具备产品工程中心、产品研究中心、新能源汽车研发中心、试制中心、试验中心、造型设计中心、综合配套等试制试验和研发功能。研发业务涵盖整车全过程，建立了完整的整车系统开发流程，拥有整车核心零部件的开发、关键子系统技术集成和整车系统集成开发能力，在智能网联、轻量化和新能源等汽车新技术领域有诸多建树，成为北京汽车自主品牌乘用车的研发基地。北汽研究总院在深化融合、聚焦重点产品和核心技术开发、夯实研发能力的基础上，围绕“平台化、家族化、智能化、电动化”深入推进转型，实现高质量发展。北汽研究总院先后获得众多国家级、省市级奖项，包括国家级企业技术中心、国家高新技术企业、国家级工业设计中心、中国汽车工业科学技术进步一等奖等，连续4年获“中国专利优秀奖”。

2022年3月26日，在北京举办的“中国心”2022年度动力日上，北京汽车魔核动力1.5T发动机获评“中国心”2021年度十佳发动机。6月8日，经北京市高级别自动驾驶示范区唯一运营方——北京车网科技发展有限公司认证，北汽研究总院车路协同团队实现示范区内三个“第一”，即第一家实现V2X协议栈互通、第一家实现示范区多个路口V2X场景触发、第一家实现V2X信息安全通信。6月25日至26日，2022世界智能驾驶挑战赛（WIDC）在天津举行。北汽研究总院智能驾驶团队携极狐阿尔法S全新HI版在双智融合挑战赛中表现突出，获得赛事紧急避险、智能泊车两项金奖。6月30日，北汽研究总院智能网联中心软件开发团队智能车辆运动控制系统（IVMCS）获得ASPICE CL2证书，标志着北汽智能网联软件开发体系和车辆运动控制系统研发能力达到国际先进水平。7月9日至10日，第二届中国（沈阳）智能网联汽车国际大会（CIVC大会）举办，北汽研究总院智能驾驶团队携极狐阿尔法S全新HI版力克群雄，获得量产应用挑战赛总冠军。8月1日，北汽研究总院动力中心混动团队“驱动系统及软件开发”能力，通过ASPICE CL2评估，获得两项认证证书。北汽集团首个驱动系统能力达CL2项目，流程体系符合CL3，标志着北汽研究总院混动开发过程管控能力已达国际先进水平。8月18

日，北汽研究总院试制基地（西集）投产暨重点车型项目试制启动仪式举行，标志着北汽研究总院试制资源整合取得阶段性成果。10 月，北汽研究总院获得国家知识产权局授权的《电动汽车的剩余续航里程估计方法、系统及电动汽车》发明专利通过欧洲实质性审查，并获得欧洲专利局授权，成为北汽研究总院电动汽车控制领域首个出海专利。11 月 26 日，2022 世界物联网博览会无锡峰会开幕，依托“面向冬奥的高效、智能车联网技术研究及示范”课题技术成果，北汽研究总院“C−V2X 的智能网联汽车实车测试验证平台建设项目”获 2022 年世界物联网博览会——物联网与数字经济融合发展项目新技术、新产品、新应用金奖，展现了北汽研究总院在智能网联汽车领域的科技实力。

（市经济和信息化局）

【北京一轻研究院有限公司】 简称一轻院，2009 年 9 月建立，位于通州区中关村科技园通州园光机电一体化产业基地兴光四街 5 号。一轻院是隶属于北京一轻控股有限责任公司的国有独资科研机构，由北京玻璃研究院、北京一轻研究所、北京电光源研究所、北京市食品工业研究所、北京乐器研究所、北京日用化学研究所和北京市发酵工业研究所 7 家科研院所整合组成，拥有直属企事业及社会团体单位 19 家，其中全资或控股企业 2 家。一轻院拥有丰富的科技资源，有国家电光源质量监督检验中心（北京）、国家轻工业乐器质量监督检测中心、国家轻工业化妆品洗涤用品质量监督检测北京站 3 个国家级检验机构，北京市食品及酿酒产品质量监督检验一站、北京市日用化学产品质量监督检验站、北京市钟表质量监督检验站 3 个北京市检验机构，全国电光源标准化中心、全国乐器标准化中心 2 个国家标准中心，国家轻工业照明电器信息中心、国家轻工业乐器信息中心 2 个国家信息中心，并以此为基础广泛开展产学研合作，密切跟踪国际前沿技术，开展中长期应用研发。一轻院围绕“科研开发、技术服务、行业研究”三大主业，聚焦光电功能材料及器件、高效照明技术与服务、食品科学与食品安全、数码乐音技术与器乐文化、日用化学与个人护理和信息管理与数据共享等六大专业领域，打造资源整合、业务发展、资本收益三类平台，推动新产品、新技术、新项目的科研开发工作，研发的氟化钙晶体、细径保偏光纤等产品实现了国产化替代，耐高压玻璃密封插座长期应用于国家航天工程中，溴化镧等新型闪烁晶体材料在航天、军工、辐射探测等领域获得规模应用，140 多项科研成果获得国家级、部市级奖励。

2022 年 7 月 24 日，搭载着能量粒子探测器的中国空间站“问天”实验舱发射升空。一轻院北京玻璃研究院（简称玻璃院）研制的 CLYC 晶体应用于能量粒子探测器中，作为中子探头的核心探测材料用于空间站轨道中子通量及能谱测量，是国内首次实现 CLYC 晶体在深空探测领域的应用。7 月 27 日，“创新 X”系列首发星——空间新技术试验卫星 SY−01 发射入轨，其中搭载的高能爆发探索者载荷（HEBS）装备了玻璃院制备的大尺寸溴化镧晶体和碘化钠晶体封装件。9 月 6 日，一轻院“双合盛精酿啤酒产品研制及中试生产工艺开发”项目通过北京一轻控股有限责任公司信息科技部组织的中期检查，项目按照要求生产 4 款中试产品，并储备 11 种产品配方。10 月 9 日，中国首颗综合性“先进天基太阳天文台”（ASO−S）卫星“夸父一号”发射入轨，玻璃院为卫星的硬 X 射线成像仪（HXI）提供 210 件溴化镧晶体，是在空间探测领域的最大批量应用。10 月，凭借溴化镧探测器，空间新技术试验卫星 SY−01 和引力波暴高能电磁对应体全天监测器卫星“怀柔一号”，先后探测到具有重要天文物理学意义的高能天体爆发现象——人类观测史上“最亮”的伽马射线暴和磁星爆发产生的 X 射线暴，为开展天文前沿研究课题提供了宝贵数据。该高性能溴化镧探测器采用的是玻璃院研制的溴化镧晶体。

（市经济和信息化局）

综合管理

本类目采用条目体，刊载2022年北京工业和信息化系统政策与措施、国企改革三年行动、机构与职能、北京工业系统主要领导干部、创新体系建设、智慧城市建设、政务信息与服务、政务信息化建设、无线电监管、安全生产、机关党建、人事人才以及合作与交流等内容。

政策与措施

【密云区通信建设管理办公室揭牌】 1月6日，密云区通信建设管理办公室举行揭牌仪式。其主要职能是负责联系区规划和建设等行政主管部门，履行通信行业管理部门部分职责，推动通信业政策落地、行业属地化管理，支撑区委、区政府做好关于通信规划、建设相关政策实施。负责在房屋建筑和市政基础设施的建设单位与通信企业之间，建立可信的沟通机制。配合通信管理局开展各行政区房屋建筑和市政基础设施工程的通信工程验收备案及竣工联合验收工作。协助通信管理局通信工程质量监督机构交办的各区通信工程质量监督工作。对重点工程项目、重大活动区域等进行现场抽检。汛期对本区通信工程有限空间作业进行不定期夜巡。协助各区政府及相关委办局处理属地内12345通信行业相关投诉。

（王效辉）

【2022年度高精尖资金实施指南发布】 1月30日，市经济和信息化局发布2022年度高精尖资金实施指南。2022年度高精尖资金重点支持方向包括支持高精尖产业高端智能绿色发展。大力促进高精尖产业能级跃升，坚持分类分层精准支持企业创新发展，鼓励支撑构建具有首都特色、高端创新引领的现代产业体系的高精尖项目落地投资，开展智能化绿色化技改升级，提高产业基础水平和产业要素更新利用，持续增强产业高质量发展的动能和后劲。重点支持提高产业创新能力、推动高精尖项目投资落地和提升产业智能绿色发展水平3个方面。着力保持高精尖产业平稳发展。坚持稳中求进工作总基调，围绕做好“六稳”“六保”工作，政策发力适当靠前，保持经济运行在合理区间。重点支持做优做强高精尖企业、工业和软件信息服务业重点企业稳运行稳就业、保障产业链供应链总体稳定等3个方面。

（市经济和信息化局）

【《“十四五”时期开发性金融支持北京市高精尖产业发展合作备忘录》签署】 3月17日，市经济和信息化局与国家开发银行北京市分行举行座谈，并签署《“十四五”时期开发性金融支持北京市高精尖产业发展合作备忘录》。市经济和信息化局党组书记、局长杨秀玲，党组成员、副局长姜广智；国家开发银行党委委员、副行长兼北京分行党委书记、行长刘进，普惠金融部总经理吴元作，行业二部副总经理杨培兴，国开金融党委委员、副总裁左坤，国开证券党委委员、副总裁梁锋，国家开发银行北京市分行党委委员、副行长苏斌，以及市经济和信息化局、国家开发银行北京市分行相关处室等共计20余人参会。主要内容是在“十四五”期间，双方在高端制造业、数字经济、专精特新、京津冀协同、新型基础设施建设等领域进一步深化合作。国家开发银行将充分发挥政策性银行作用，始终坚持服务国家战略，积极创新融资模式，全力支持首都国际科技创新中心建设和高精尖产业发展。双方以签约为契机，进一步强化项目谋划、机制创新、信息共享，通过组专班、建台账、督任务等形式，积极探索服务企业融资新模式，全力支持首都经济高质量发展。

（市经济和信息化局）

【推动新版《禁限目录》落实】 3月，《北京市新增产业的禁止和限制目录（2022年版）》发布以来，市经济和信息化局围绕主管的禁限条目，先后组织开展5场专题培训，推动各区深入理解、正确处理禁限与发展的关系。强化市区联动，会同市发展改革委、延庆区等部门，实地调研北京松兰中药饮片跨区迁建项目，指导延庆区科学推进项目建设。及时跟进做好日常指导和答疑解惑，按月梳理北京市经信领域备案项目，统筹做好跟踪，确保备案内容符合产业政策要求。

（市经济和信息化局）

【北京市重点安全与应急企业及产品目录（2021年版）发布】 3月，为贯彻落实习近平总书记关于应急管理、安全生产、防灾减灾的重要论述精神，促进应急管理体系和能力现代化建设，结合国家及北京市关于推进安全与应急产业发展的工作要求，市经济和信息化局、市应急局联合应急救援装备产业技术创新战略联盟、新兴际华科技发展有限公司编制完成并发布《北京市重点安全与应急企业及产品目录（2021年版）》。《目录》共收录北京地区综合型和安全防护、监测预警、应急救援处置、安全应急服务等专业型安全应急企业156家，涉及435种产品和服务。

（市经济和信息化局）

【无线电管理办法修订立项】 4月，北京市无线电管理办法（修订）作为适时提出项目列入《市政府2022年立法工作计划》。6月至9月，根据市司法局《关于修订〈北京市无线电管理办法〉立项前期工作的意见》，市经济和信息化局向北京市相关委办局和各区经信部门征求意见并针对市司法局提出的法律问题，组织法律领域和专业领域专家研讨会。10月至12月开展《北京市无线电管理办法》规章后评估工作，研究起草《北京市无线电管理办法》后评估报告。

（市经济和信息化局）

【无线电发射设备型号核准改革及监督检查】6月，根据工信部《关于优化调整无线电发射设备型号核准工作的通知》，为发挥就近服务企业的优势，市经济和信息化局承担北京区域（含北京市、天津市、河北省、山西省、内蒙古自治区、辽宁省、吉林省、黑龙江省等华北、东北区域共8个省市自治区）和港澳台地区以及境外企业的无线电发射设备型号核准检测政府购买服务、测试任务分配、测试结果初审以及区域性监督检查工作，承接工信部转移支付专项资金7067万元。10月初完成2022年度北京区域无线电发射设备型号核准测试项目采购招标，12月开展型号核准检测工作，服务北京区域无线电设备重要生产企业，深化无线电发射设备型号核准改革任务。年内，市经济和信息化局对24家企业生产的36种无线电设备进行型号核准取证后双随机抽查。抽查的设备包含公众移动通信基站、无线局域网设备、对讲机、蓝牙设备、集群终端及基站设备、通用微功率（短距离）无线电发射设备六类。加强无线电发射设备管理、建立完善日常监督检查制度，完成749家经营主体共64009款无线电发射设备的销售备案工作。

（市经济和信息化局）

【“十四五”高精尖规划任务分工方案印发及实施】年内，市经济和信息化局印发《“十四五”高精尖规划主要目标任务分工方案》和各区集群培育指导方向，采取分区评估+部门任务跟踪的模式，每半年开展一次分区评估，近8成的目标任务超时间进度推进。

（市经济和信息化局）

【研究制定促进产业发展系列政策文件】年内，市经济和信息化局配合市发展改革委编制发布《北京市统筹疫情防控和稳定经济增长的实施方案》和《新增产业的禁止和限制目录》；配合市科委研究中关村建设世界领先科技园区行动计划；配合市规自委编制《北京市建设用地功能混合使用管理办法》、各项街区控规等；配合交通委编制发布轨道交通3年行动计划。

（市经济和信息化局）

【营商环境改革】年内，市经济和信息化局落实北京市营商环境5.0版改革任务，牵头的24项任务均完成。创新试点任务中，在信用监管、数字经济等领域提炼形成深入推进“信用+”惠民便企创新应用、推动公共数据有序开放、政策先行推动智能网联汽车包容审慎监管等9个可复制、可推广的典型案例，相关改革经验领跑全国。通过推动数字经济立法，率先加快数字经济制度创新，构建多层级的数据开放体系，探索“可用不可见”新型交易范式，推动北京国际大数据交易所稳健运营。

（市经济和信息化局）

【“放管服”改革】年内，市经济和信息局规范政府权力运行，完善各类清单管理，梳理形成市经济和信息化局行政许可事项清单，开展“三单合一”梳理工作，确保行政检查事项逐一对应。持续推进政务服务事项标准化，细化完善审核要点、办理流程及申请材料等要素，提升办事指南使用效率。推进政务服务事项进驻一体化政务服务平台，北京市中小企业公共服务示范平台评价、北京市小型微型企业创业创新示范基地评价、北京市企业技术中心建设评价等15个事项上线运行。编制第二批政务服务事项数据资源目录，为政务服务数据共享提供支撑。采取远程支撑+最小单元到岗等多种方式，确保疫情期间窗口服务不断档、水平不降低。全年累计接待企业、个人咨询2879人次，提供延时服务625小时，受理5483项，办结5476项。

（市经济和信息化局）

国企改革三年行动

【概况】2022年是国企改革三年行动收官之年。3年来，北京市贯彻落实党中央，国务院及市委、市政府决策部署，全面发力、多点突破、纵深推进，完成各项重点改革任务，推动重点领域和关键环节发生实质性突破，取得历史性成就。截至2021年年底，市管企业资产总额达到6.5万亿元，所有者权益超2.2万亿元，分别比2019年增长14.6%、18.7%；营业收入首次超2万亿元，利润总额1328.4亿元，分别比2019年增长21.6%、27.7%，创历史最好水平；上缴税费达1355.4亿元，相当于全市税收收入10%，为全市经济平稳发展做出贡献。

公司治理不断健全完善。2020年至2022年，市管企业坚持“两个一以贯之”，着力建设和完善中国特色现代企业制度。发挥党委“把方向、管大局、促落实”领导作用，推动实现“三个全部”：市管企业全部制定党委前置研究清单，具备条件的国有独资、全资和绝对控股企业全部完成“党建入章”，全部实现“双向进入、交叉任职”。发挥董事会“定战略、做决策、防风险”作用，实现董事会应建尽建、配齐建强，各级企业全面建立规范董事会、实现外部董事占多数，重要子企业全部依法落实董事会职权，有效提升董事会运行质量。首钢集团所属首钢基金全面落实董事会对经理层选聘、薪酬管理等各项权利，公司收入、利润均同比增长20%。金隅集团推动公司体制机制改革和产业链协同管理创新，探索出独具特色的科学管理体系，企业经济总量、行业地位得到快速提升，位居全国建材行业前三甲。北京率先在全国研究制定董事会授权管理指引，同步健全完善总经理对董事会负责、向董事会报告的工作机制，有效提升了经营效率。

国有资本布局持续优化。围绕首都“四个中心”城市战略定位，北京国有资本布局持续优化，全力提升国企服务首都发展的能级能量。国有资本加快向重要行业和关键领域集中，3年来，市管企业117项主业缩减至59项，8家一级企业实现战略性重组，重组力度空前，打造出一批行业龙头企业。全面助力推动首都减量发展，疏解退出劣势和不符合首都功能定位企业697户，京能集团全面关停京西煤矿，化解煤炭产能600万吨，结束了北京千年采煤史。金隅集团将“工业大院”转身为“智造工场”“科学城”“非物质文化创意产业园”，实现腾笼换鸟、转型升级。全力加快企业“瘦身健体”，企业管理层级基本控制在4级以内，非经营性资产及在京央企“三供一业”分离移交、退休人员社会化管理、厂办大集体改革等工作基本收官。首钢集团主动退出战略契合度不高、商业模式不清晰的企业，经营性亏损企业全部纳入关闭计划，全面完成“僵尸企业”处置，营业收入同比增长38%，利润总额同比增长300%。

公司制改革基本完成。2020年至2022年，全市国有企业改革数量位居全国第三，取得历史性突破，企业独立市场主体地位从根本上得到确立。混合所有制改革稳妥推进，实施286项混改，引入京东、宁德时代等非公资本超过900亿元，市属混合所有制企业比例近73%。首钢绿能等基础设施公募REITs成功发行，占到全国总数的20%。借力资本市场，通过IPO、重组、收购等新增9家上市公司，上市公司增至71家，市值超1.5万亿元。

三项制度改革破冰破局。2020年至2022年，1.5万名经理层成员全部实现任期制和契约化管理，新进员工全部实现公开招聘，管理人员竞争上岗、末等调整和不胜任退出全面推行，全员绩效考核全面实施。首钢集团、北汽集团等在集团层面探索选聘职业经理人；金隅集团建立按业绩贡献进行绩效考核的薪酬分配机制，二级企业班子收入相差7倍。中长期激励力度不断加大，累计推动32家企业开展股权和分红激励、13家企业实行员工持股，7家进入行权期的企业净利润平均增幅达38.9%。通过实施中长期激励，北方华创离职率由15%下降至2.7%，华腾橡塑净利润增长258%。

国资监管体制更趋完善。2020年至2022年，授权与监管相结合、放活与管好相统一，市国资委探索完善监管体制机制，不断提升国资监管专业化、体系化、法治化水平。加大授权放权力度，修订出资人权责清单，清单以外事项由企业依法自主决策，制定市国资委授权放权清单，分类给予市管企业、综合改革试点和国有资本投资运营公司不同范围、不同程度授权放权。同时放管结合，根据企业管理工作质量，动态调整授权范围。优化出资人监管手段，以管资本为主强化国资监督有形抓手，加快构建科学规范的决策体系、严格监管的财务体系、确保合规运营的法律体系。在全国率先构建“六位一体”监督协同机制，成立由市纪委市监委、市委组织部、市国资委、市审计局共同组成的推进小组，有效提升监督合力。构建“直接监管+委托监管”的市级经营性国有资产监管模式，将涉及40余个委办局的所办企业纳入集中统一监管范围，实现一套制度管企业、一根尺子量成效、一张清单明家底的国有资产管理机制。重点领域风险防范有力有效，开展“三降一减一提升”专项行动，市管企业整体资产负债率为64.8%，降至近10年最好水平。聚焦风险易发多发领域和监管薄弱环节，加强制度规范、健全内控体系、强化闭环管理，截至2022年12月未发生一起重大债券违约事件，牢牢守住不发生系统性风险底线。

创新驱动加快转型升级。2020年至2022年，市国资委不断完善创新政策体系，出台“五加、一减、一保障”创新支持政策，不断加大对企业创新的支持引导。截至2021年年底，市管企业拥有高新技术企业

565家，入选国家级专精特新“小巨人”企业16家。企业创新意识逐步增强、创新投入逐年加大，2021年达到524.4亿元，同比增长29.3%，创历史新高，工业企业研发投入强度达到3.7%（央企工业企业研发投入强度为2.9%），每万人拥有发明专利437件，是全市平均水平的2.36倍。北京电控2021年创新研发投入强度超7%，新增专利申请10183件，新产品贡献率超57%。京城机电等6家企业获国家科技进步奖。

加快构建融通创新生态。2020年至2022年，市国资委通过“协同创新＋空间载体＋场景应用＋人才保障＋产业投资”在全市营造一流的创新生态。坚持“产学研用”一体化，累计打造近500个创新平台、78家创新孵化载体，成立新能源汽车等国家技术创新中心和工程实验室，与国务院国资委联合举办应用场景发布会，促进科技成果转化应用。市管企业搭建双创载体62家，其中国家级双创载体19家，入驻企业超2万家。中关村发展集团在北京建设运营特色园区16个，2021年为创新创业主体提供投融资超6000亿元，落地北京高精尖产业和创新孵化项目近4800个，形成一批独角兽、隐形冠军、瞪羚和“专精特新”企业。

高精尖产业成果初步显现。2020年至2022年，搭建北京创新产业投资平台，发起设立总规模100亿元的高精尖产业发展基金，分层分类推进高精尖产业发展。北创投、亦庄国投等国资产业基金群，全力培育壮大新一代信息技术、机器人、智能制造等战略新兴产业。2021年，市管企业高精尖产业营业收入占比超30%，新一代信息技术、智能网联汽车两个领域营业收入首次突破两千亿元。京东方半导体显示产业产能规模和市场占有率位居全球第一，北方华创集成电路装备产业实现国内规模最大，大豪科技刺绣机电控产品及其配套驱动器的市场占有率位居世界前列，京城机电攻克一批装备制造业“卡脖子”关键核心技术，机器人产业初具雏形，首钢朗泽在国际上首次将工业尾气一氧化碳生物合成为蛋白质，形成万吨级产能，北汽福田内销和出口双双位列国内第一，成为国内首个累计销量突破千万辆的商用车企业。

市管企业疫情中勇挑重担。2020年至2022年，面对新冠肺炎疫情，市管企业不计代价转产扩产口罩、负压救护车等防疫物资，主动服务全市防疫大局。首钢基金、京煤集团与中国生物以最快速度成立合资核酸检测公司，助力北京建设15分钟核酸采样圈。市管企业克服自身困难和压力，为服务业小微企业和个体工商户减免房租超83亿元，3200余名干部下沉社区，帮助困难领域、困难地区恢复发展、渡过难关。

重大活动做好服务保障。2020年至2022年，市管企业完成服贸会、庆祝建党100周年等一系列重大活动服务保障。9家企业受到中央表彰，13家企业及运营团队获得北京2022年冬奥会冬残奥会北京市先进集体称号。市管企业主动融入京津冀协同发展战略，在产业、交通、生态三个重点领域率先取得突破。首钢集团等企业加快曹妃甸协同发展示范区、京津合作示范区等产业转移承接平台建设，横跨5省区的永定河自1996年以来首次实现全线通水。金隅集团通过战略重组冀东发展集团、控股天津建材集团，率先在建材行业实现三地协同发展。巴威公司位于曹妃甸的高端装备制造新基地竣工验收，填补河北高端锅炉装备制造行业空白。

（“国资京京”微信公众号）

【北京市国企改革三年行动高质量收官工作推进会召开】8月22日，北京市全面深化市属国资国企改革工作推进小组办公室以视频会议形式召开全市国企改革三年行动高质量收官工作推进会。市国资委主任、市全面深化市属国资国企改革工作推进小组办公室主任张贵林出席会议并讲话。市国资委党委书记曾劲主持会议并作工作部署。会上，市国资委对市管企业2021年度国企改革三年行动评估考核结果进行通报。评估企业中，27家企业评估结果为优秀，14家企业评估结果为良好。京能集团、首钢集团围绕落实国企改革三年行动作交流发言。张贵林充分肯定全市国企改革三年行动取得的成效，并对高质量完成三年行动目标任务和下一步经济运行工作作出重要部署。围绕高质量打赢三年行动收官战，张贵林强调，要聚焦“五大更加”目标，对照“制度健全、动作到位、成效显著”的要求，全面盘点、对标补差。要确保形成更加成熟定型的中国特色现代企业制度，深度推进党的领导与完善公司治理相统一，完成国有企业董事会配齐建强收尾，推动经理层权、责、利对等；要确保形成更加健全完善的市场化经营机制，进一步发挥经理层成员任期制和契约化管理“牛鼻子”作用，建立三项制度改革长效机制，打好中长期激励“组合拳”；要确保形成更加符合首都城市战略定位的布局结构，深化战略性重组和专业化整合，强化高精尖产业布局，提升国有经济对公共服务体系的支持保障能力；要确保形成更加开放协同的企业创新体系，不断提升技术创新能力，加强协同创新，营造良好的创新氛围；要确保形成更加科学有效的国资监管体制，持续深入推进国资监管机构职能转变，优化出资人监管方式，加强重点领域监督。曾劲提出，要补齐短板弱项，强化全面收官。按照党的二十大之前基本完成各项任务、年底前实现全面高质量收官的目标要求，进一步细化工作安排，逐项盘账对表，扎扎实实收好官。要狠抓改革实效，确保形神俱备。坚持进度服从质量，对已完成的改革任务，要更加强调追求改革实效，确保国企改革三年行动经得起历史和实践检验。要突出典型引路，打造北京样板。坚持“既做又说”，进一步深入总结、挖掘在推进落实三年行动过程中形成的经验做法、特色举措、典型案例，形成一系列“干得好、立得住、叫得响”的标志性成果。积极宣传推广改革典型，讲好国企改革故事。要注重系统观念，抓好改革发展。深入学习贯彻习近平经济思想，把行动统一到党中央对经济形势的分析判断和对经济工作的决策部署上来，巩固经济回升向好趋势，保持经济运行在合理区间，力争实现最好结果。高效统筹新冠肺炎疫情防控和经济社会发展工作，坚持“五子”联动融入新发展格局，抓好带动性强的重点项目，带头稳生产保供应，带头抓好高校毕业生等重点群体就业，带头做好中小微企业纾困解难，推动全市经济社会平稳发展。

（“国资京京”微信公众号）

【北京电控国企改革三年行动】2020 年以来，北京电控实施“国企改革三年行动”，加快推进产业平台搭建、完善现代企业制度、创新市场化选人用人和激励约束机制等重点任务。在科技创新方面取得一批具有国际先进水平、填补国内空白的创新成果，半导体显示、半导体装备、集成电路制造等产业竞争实力不断增强，以“芯屏”为核心的产业生态正加快形成。2021 年北京电控整体营业收入达 2410 亿元，利润总额达 371 亿元，位列“2021 中国制造业企业 500 强”第 63，“2021 中国战略性新兴产业领军企业 100 强”第 10。

（“国资京京”微信公众号）

【北汽集团国企改革三年行动】2020 年以来，北汽集团落实国企改革三年行动，制定印发北汽集团综合改革三年行动实施方案，构建起未来改革的“总纲领”。北汽集团以深化市场导向的机制体制改革，不断破解阻碍高质量发展的瓶颈难题；聚焦整车、零部件、服务三大主业，打造“1+5+N”企业管控体系；加大干部人才管理创新力度，推行中层领导干部能上能下和职业经理人选聘；加速产业结构调整，推进供给侧结构性改革；坚持科技创新自立自强，持续夯实关键技术领域的核心竞争力。2022 年，北汽集团实现连续 10 年上榜《财富》世界 500 强，年排名 162 位。

（“国资京京”微信公众号）

【京城机电国企改革三年行动】2020 年以来，京城机电按照《北京市国企改革三年行动方案》要求，完善中国特色现代企业制度、推进国有经济布局优化和结构调整、健全完善市场化经营机制、形成以管资本为主的国有资产监管体制、全面加强党的建设等改革任务上取得明显成效。截至 2022 年 9 月改革主体任务已基本完成，市国资委 2021 年度国企改革三年行动评估考核结果为优秀。

（“国资京京”微信公众号）

【同仁堂集团国企改革三年行动】2020 年以来，同仁堂集团制定《中国北京同仁堂（集团）有限责任公司国企改革三年行动实施方案》并推动落实，把党的领导融入公司治理，实现制度化、规范化、程序化。制定《关于实行党建经营双考核的实施意见》，考核结果与薪酬挂钩。加快数字化、智能化改造提升，组建北京同仁堂供应链管理有限责任公司，同步开展集中采购数字化管理平台建设，确保实现质量可靠、运行规范。加强国企品牌管理和保护，推动老字号守正创新。截至 2022 年 9 月基本完成三年行动主体任务。同仁堂蝉联“2021 胡润中国最具历史文化底蕴品牌榜”榜首，同仁堂品牌影响力进一步提升。

（“国资京京”微信公众号）

【一轻控股国企改革三年行动】2022 年以来，一轻控股围绕“三个明显成效”目标，以激发活力、优化配置为核心，聚焦重点，主动作为，全面发力，多点突破，完成国企改革三年行动方案主体任务。在市管企业 2021 年度国企改革三年行动评估考核中被评为“优秀”。在完善中国特色现代企业制度、健全市场化经营机制、推进国有经济布局优化和结构调整以及全面加强党的建设等改革重点工作中取得成效。

（“国资京京”微信公众号）

【时尚控股国企改革三年行动】2020 年以来，时尚控股依靠深化国企改革三年行动任务，融入首都新发展格局，推动时尚产业高质量发展。公司完善国企品牌建设，推动老字号守正创新，构建时尚品牌矩阵，新品牌引领潮流，不断满足首都百姓对时尚美好生活新需求。公司服务保障首都发展作用进一步显现，通过培育打造以北京时装周、文化创意产业园区等文化新业态，文创产业集群的新模式，释放国有企业高质量发展活力。混合所有制改革有力促进了经营机制转换，铜牛信息成为创业板实施注册制改革以来北京首家成功上市的国有控股企业。公司推动党的建设与国企改革发展同频共振，在脱贫攻坚、新冠肺炎疫情防控、2022北京冬（残）奥会、满足百姓“七有”“五性”需求等方面，坚持首善标准，履行首都国有企业应尽之责。

（“国资京京”微信公众号）

【首钢集团国企改革三年行动】2020年以来，首钢集团坚持以“两个一以贯之”为根本遵循，以助力企业高质量发展为目标，加强改革顶层设计，形成改革三年行动的路线图、时间表。建立多措并举工作机制，狠抓改革方案落地实施。推动集团中国特色现代企业制度更加完善、市场化经营机制更加健全、产业布局不断优化、科技创新能力稳步提升。集团管理水平持续提高，经营活力明显增强，资产质量持续改善。2021年，经营结果创首钢百年历史最好水平。

（“国资京京”微信公众号）

【化工集团国企改革三年行动】2020年以来，化工集团通过完善公司治理机制和制度建设、健全完善市场化经营机制，坚持上市战略方向取得的阶段性成果，所属华腾新材在全国股转系统挂牌并进入创新层；通过围绕“四个中心”“四个服务”、全市“五子”联动新发展格局，不断推进以聚焦保障首都城市安全运行和服务北京重点产业发展为战略首务的“3+1”业务，全力服务保障首都发展；通过落实创新链、产业链攻坚任务，不断做强做大先进精细化工和先进化工新材料；通过关注北京城市总体规划，参与北京城市更新行动，推进布局优化和结构调整，构建布局合理，京内京外互为支撑的产业结构。截至2022年9月，化工集团基本完成改革三年行动实施方案主体任务。

（“国资京京”微信公众号）

【金隅集团国企改革三年行动】2020年以来，金隅集团印发实施《金隅集团国企改革三年行动实施方案（2020—2022年）》。推动实施公司治理体系变革，健全完善现代企业制度，集团公司治理水平显著提升，入选国务院国资委《国有企业公司治理示范企业名单》；推动实施公司功能体系变革，推动布局优化和结构调整，以更大作为融入和服务首都发展；推动实施公司动能体系变革，激发创新动力和创造活力，提高运营效率和绩效水平。截至2022年9月基本完成8个方面88项改革任务。

（“国资京京”微信公众号）

机构与职能

【直属事业单位挂牌】1月10日，市经济和信息化局凯富大厦办公区4层至6层直属事业单位经整合后办公区域集体挂牌。

1月10日，市经济和信息化局凯富办公区4层事业单位挂牌

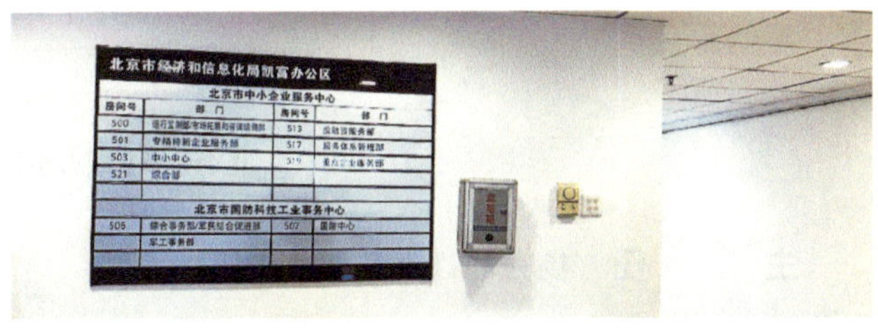

1月10日，市经济和信息化局凯富办公区5层事业单位挂牌

1月10日，市经济和信息化局凯富办公区6层事业单位挂牌

（市经济和信息化局）

【直属事业单位改革】 年内，市经济和信息化局持续做好改革后各事业单位定岗定编、岗位设置、人员转隶、职责调整以及人员安置方案，协调市人力社保局，争取政策支持，参照科研类事业单位岗位比例完成大数据中心岗位设置。开展撤销未注销事业单位遗留问题解决，协调市委编办，推动 2 家已撤销未注销的“僵尸”事业单位注销工作。

（市经济和信息化局）

【直属事业单位机构设置】 截至 2022 年年底，市经济和信息化局直属事业单位共有 10 家，包括北京市大数据中心、北京市经济和信息化局产业发展促进中心、北京市政务信息安全保障中心（北京信息安全测评中心）、北京市经济和信息化局综合事务中心、北京市数字经济促进中心、首都之窗运行管理中心、北京市无线电监测站、北京市国防科技工业事务中心、北京市中小企业服务中心和北京市产业经济研究中心。

（市经济和信息化局）

2022 年北京工业系统主要领导干部任职情况

下列名单中，各区和相关部门只列主管工业的领导，市属控股（集团）公司（包括部分中央在京工业企业）列至党、政副职领导。按照《北京市公务员职务与职级并行制度实施方案》，自 2021 年起，市政府主管部门公务员与职级并行刊载。

北京市经济和信息化局（北京市大数据管理局、北京市国防科学技术工业办公室）

党组书记、局长 杨秀玲（女，3 月离任）
张劲松（3 月任职）

副 局 长 毛东军（8 月任职）
潘 锋
刘京辉（女，一级巡视员）
姜广智（二级巡视员，8 月离任）
顾瑾栩
王 磊
彭雪海
贾 力（7 月任职，12 月离任）
王立勋（9 月离任）
朱西安（9 月任职）

纪检组组长 夏日红（12 月任职）

巡 视 员 王 伟（一级巡视员）
任世强（二级巡视员）
邹 彤（女，二级巡视员）

北京市国防科学技术工业办公室

主 任 杨秀玲（女，3 月离任）
张劲松（3 月任职）

北京市科学技术委员会、中关村科技园区管理委员会

主 任 许 强

副 主 任 朱建红
刘 晖
许心超
张宇蕾
曹 巍
苏 森（挂职）

16 区及其他单位领导

东城区

副 区 长 赵海东

区科技与信息化局局长 魏 搏

西城区

常务副区长 朱国栋

副 区 长 桑硼飞

区发展改革委主任 邴　浩

区科技和信息化局局长 杨　秋

朝阳区

副　区　长 崔小浩

区发展改革委主任 魏思源

海淀区

副　区　长 林剑华

区科技和经济信息化局局长 何建吾

丰台区

副　区　长 崔旭龙

区科学技术和信息化局局长 刘博涵

石景山区

副　区　长 王智勇

区经济和信息化局局长 张晓磊

门头沟区

副　区　长 陆晓光（2020 年 11 月离任）

颉换成（2021 年 9 月任职）

区科技和信息化局局长 李世春（2 月离任）

阎丽春（2 月任职）

房山区

副　区　长 高武军

区经济和信息化局局长 蔡禄鹏

通州区

副　区　长 苏国斌

区经济和信息化局局长 耿　磊

顺义区

副　区　长 徐晓俊

区经济和信息化局局长 兰雄景

大兴区

副　区　长 蔡小军

区经济和信息化局局长 高振华（1 月离任）

高炳仰（1 月任职）

昌平区

副　区　长 杨仁全

区经济和信息化局局长 张劲柏

平谷区

副　区　长 刘　堃（2021 年 12 月任职）

区科技和信息化局局长 史立成

怀柔区

副　区　长 季学伟

区经济和信息化局局长 杨惠芬

密云区

副　区　长 陈伟航

区经济和信息化局局长 祝　刚

延庆区

副　区　长 苏礼华

区经济和信息化局局长 黄金龙

北京经济技术开发区

主　　任 梁　胜

杨秀玲（女，3 月任职，8 月离任）

孔　磊（8 月任职）

副　主　任 孔　磊（8 月离任）　沈永刚

石　威（7 月任职）

陈小男　袁立洪

北京电子控股有限责任公司

董　事　长 王　岩

总　经　理 潘金峰

副总经理 宋士军　杜罗坤

陈勇利　李　前（3 月任职）

党委书记 王　岩

党委副书记 潘金峰　张岳明（2 月离任）

郝　妮（女，4 月任职）

北京汽车集团有限公司

董　事　长 姜德义

总　经　理 张夕勇

副总经理 廖振波（4 月离任）

蔡速平（8 月离任）

蒋自力　叶正茂（8 月离任）

陈　江　张建勇（9 月离任）
刘　宇（2021 年 12 月任职）
巩月琼（2021 年 12 月任职）
党委书记 姜德义
党委副书记 张夕勇　韩永贵

中车北京二七机车有限公司

执行董事 孙　斌
董事长 史硕致（2021 年 12 月离任）
总经理 曹　岩
副总经理 王玉民（7 月离任）
胡国良（7 月任职）
范永辉（7 月任职）
陈立辉（7 月任职）
党委书记 孙　斌
党委副书记 曹　岩　陈　江

中车北京南口机械有限公司

董事长 陶　逯
总经理 穆乃利（2 月任职）
副总经理 穆乃利（2 月离任）
樊学军（6 月离任）
安帮贤（6 月任职）
王　鑫（3 月任职）
党委书记 陶　逯
党委副书记 宋焕其

北京京城机电控股有限责任公司

董事长 阮忠奎
总经理 王　军
副总经理 齐剑波　姜　建（8 月离任）
李建华　李忠波（3 月任职）
党委书记 阮忠奎
党委副书记 王　军

北京京仪集团有限责任公司

董事长 秦海波
总经理 李英龙
副总经理 杨睦民　马　亮
党委书记 秦海波
党委副书记 李英龙　漆　玮

中国北京同仁堂（集团）有限责任公司

董事长 王贵平
总经理 （空缺）
副总经理 丁永玲（女）　马保健（女）
顾海鸥　文　勤　饶祖海
张荣寰　李　缤
党委书记 王贵平
党委副书记 肖辉利

北京一轻控股有限责任公司

董事长 郭明星
总经理 葛云程
副总经理 张德华　王劲雨　戚志胜
韩　松（8 月任职）
党委书记 郭明星
党委副书记 葛云程　张德华
洪艳华（1 月离任）

北京时尚控股有限责任公司

董事长 吴　立（3 月离任）
顾伟达（3 月任职）
总经理 顾伟达（3 月离任）
朴学东（7 月任职）
副总经理 胡亚辉　刘常峰　赵宏晔
吴鹤立　贠天祥
段体玉（3 月任职）　刘明杰
党委书记 吴　立（3 月离任）
顾伟达（3 月任职）
党委副书记 顾伟达（3 月离任）
朴学东（7 月任职）
尹晓燕

中国石化集团北京燕山石油化工有限公司

董 事 长 李 刚
总 经 理 王 哲（9月离任）
曲宏亮（9月任职）
党委书记 李 刚
党委副书记 王 哲（9月离任）
曲宏亮（9月任职）
李栋华

中国石油化工股份有限公司北京燕山分公司

董 事 长 李 刚
总 经 理 王 哲（9月离任）
曲宏亮（9月任职）
副总经理 孔 健 程嘉猷
曲宏亮（9月离任） 赵保成
黄文斌 赵唤群（9月任职）

北京化学工业集团有限责任公司

董 事 长 王国华
总 经 理 陈 宇
副总经理 孙绍刚 吕德明（2月离任）
韩宝海 李效军
党委书记 王国华
党委副书记 陈 宇 吴瑞峰

首钢集团有限公司

董 事 长 张功焰
总 经 理 赵民革
副总经理 王世忠 胡雄光 韩 庆
梁 捷 赵天旸
党委书记 张功焰
党委副书记 赵民革 何 巍（6月离任）
邱银富（6月任职）

北京金隅集团股份有限公司

董 事 长 曾 劲（3月离任）
总 经 理 姜英武
副总经理 李 莉 王肇嘉 刘文彦
姜长禄 安志强 郑宝金
党委书记 曾 劲（3月离任）
党委副书记 吴 东 姜英武

国网北京市电力公司

董 事 长 王昕伟
总 经 理 张铁恒（6月任职）
万志军（6月离任）
副总经理 李百顺 周建方 刘明志
闫承山 王 鹏
陈守军（3月离任）
党委书记 王昕伟
党委副书记 张铁恒（6月任职） 李百顺
万志军（6月离任）
二级顾问 万志军（6月任职）

北京市工商业联合会

主 席 燕 瑛（女）
常务副主席 赵玉金
驻会副主席 佘运高（8月离任）
王 禹（8月任职）
宋永健（8月离任） 林为民
赵秀德（8月离任）
江 岚（女，8月任职）
李振坤（8月任职）
秘 书 长 李振坤（8月离任）
安有文（女，8月任职）

北京市民政工业总公司

总 经 理 姜 武
副总经理 王 瑾 周吉平
徐 宇（10月任职）
黑昱晨 郭进生
党委书记 沈永刚
党委副书记 王 瑾

创新体系建设

【2022 年度第一批新创建的北京市市级企业技术中心名单发布】 10 月 18 日，市经济和信息化局依据《北京市企业技术中心建设管理办法（2021 版）》（京经信发〔2021〕72 号）和《北京市企业技术中心建设管理实施细则》（2021 版）的有关规定，组织了 2022 年度第一批北京市企业技术中心新创建工作，96 家企业入选 2022 年度第一批新创建的北京市市级企业技术中心名单。

2022 年度第一批北京市市级企业技术中心新创建名单

表 8

序号	企业名称
1	煤炭科学技术研究院有限公司
2	中国制浆造纸研究院有限公司
3	中材地质工程勘查研究院有限公司
4	国合通用测试评价认证股份公司
5	中车建设工程有限公司
6	北京市市政四建设工程有限责任公司
7	中铁电气化局集团第一工程有限公司
8	北京博汇特环保科技股份有限公司
9	中钞特种防伪科技有限公司
10	中科三清科技有限公司
11	北京卓诚惠生生物科技股份有限公司
12	北京九州一轨环境科技股份有限公司
13	首钢环境产业有限公司
14	北京永信至诚科技股份有限公司
15	北京八亿时空液晶科技股份有限公司
16	北京华泰诺安探测技术有限公司
17	北京国科环宇科技股份有限公司
18	北京华清瑞达科技有限公司
19	北京城建七建设工程有限公司
20	北京航天和兴科技股份有限公司
21	北京诺诚健华医药科技有限公司
22	北京德利得物流有限公司
23	中铁十六局集团路桥工程有限公司
24	北京电信易通信息技术股份有限公司
25	北京北特圣迪科技发展有限公司
26	华商国际工程有限公司
27	北京莱伯泰科仪器股份有限公司
28	中电系统建设工程有限公司
29	北京惠朗时代科技有限公司
30	华测检测认证集团北京有限公司
31	北京北大软件工程股份有限公司
32	北京中科汇联科技股份有限公司
33	天云融创数据科技（北京）有限公司
34	北京威努特技术有限公司
35	北京七星飞行电子有限公司
36	北京市燕通建筑构件有限公司
37	北京首创环境科技有限公司
38	北京航天万源科技有限公司
39	北京亿赛通科技发展有限责任公司
40	北京英惠尔生物技术有限公司
41	中兴智慧（北京）技术有限公司
42	多立恒（北京）能源技术股份公司
43	北京科泰兴达高新技术有限公司
44	北京中拓新源科技有限公司
45	信维创科通信技术（北京）有限公司
46	天翼云科技有限公司
47	长扬科技（北京）股份有限公司
48	布瑞琳科技（北京）有限公司
49	北京优锘科技有限公司
50	北京城建一建设发展有限公司
51	北京值得买科技股份有限公司
52	北京北方华创真空技术有限公司
53	北京亚控科技发展有限公司
54	北京新领先医药科技发展有限公司
55	北京天地和兴科技有限公司
56	北京合众伟奇科技股份有限公司（由北京合众伟奇科技有限公司更名）
57	北京博恩特药业有限公司
58	北京科英精益技术股份公司
59	星辰天合（北京）数据科技有限公司
60	北京金康普食品科技有限公司
61	北京韬盛科技发展有限公司
62	天普新能源科技有限公司
63	北京云迹科技股份有限公司
64	北京凯视达科技股份有限公司（由北京凯视达科技有限公司更名）

（续表）

序号	企业名称
65	北京加科思新药研发有限公司
66	北京先瑞达医疗科技有限公司
67	北京万维盈创科技发展有限公司
68	中国建筑技术集团有限公司
69	北京星和众工设备技术股份有限公司
70	北京京东方传感技术有限公司
71	中安网脉（北京）技术股份有限公司
72	北京市京科伦冷冻设备有限公司
73	北京迈基诺基因科技股份有限公司
74	新华网股份有限公司
75	北京芯愿景软件技术股份有限公司（由北京芯愿景软件技术有限公司更名）
76	北京贝尔生物工程股份有限公司
77	知学云（北京）科技股份有限公司
78	北京姿美堂生物技术有限公司
79	北京维通利电气有限公司
80	北京富吉瑞光电科技股份有限公司
81	三六零数字安全科技集团有限公司
82	北京金轮坤天特种机械有限公司
83	搏世因（北京）高压电气有限公司
84	北京元点未来科技有限公司
85	北京广厦环能科技股份有限公司
86	盛威时代科技集团有限公司
87	北京明易达科技股份有限公司
88	中勍科技股份有限公司
89	北京云狐时代科技有限公司
90	北京烁科精微电子装备有限公司
91	国科天成科技股份有限公司
92	北京晶品特装科技股份有限公司

（续表）

序号	企业名称
93	北京诺康达医药科技股份有限公司
94	北京安必奇生物科技有限公司
95	北京金豪制药股份有限公司
96	北京三元基因药业股份有限公司

（市经济和信息化局）

【2022年中国汽车芯片创新大赛启动】10月30日，由北京市经济和信息化局指导，北京经开区管委会主办，中国汽车芯片产业创新战略联盟、国家新能源汽车技术创新中心联合承办的2022年中国汽车芯片创新大赛在北京经开区启动。这次大赛旨在进一步树立中国汽车芯片产业品牌影响力，加快国产化汽车芯片成熟产品的应用与推广，促进汽车和芯片产业跨界融合，推动产业链上下游协同发展。中国汽车芯片创新大赛加速孵化营、《汽车芯片选用指南》（2022版）同步发布。中国汽车芯片创新大赛是国内首个聚焦国产汽车芯片产品和汽车芯片企业，邀请整车企业及零部件供应商对汽车芯片企业及其产品进行评优评奖的活动。大赛以“汽车芯·芯标杆·芯生态”为主题，邀请以整车企业及零部件供应商为主的专家团队，对国产汽车芯片企业及产品进行评优评奖，力求助力汽车芯片“卡脖子”短板技术攻关和国产化空白产品研发，实现高水平科技自立自强，保障汽车产业链安全稳定和增强国产芯片产业核心竞争力，加快建立汽车芯片国内大循环格局。大赛评选涵盖芯片产品、创投孵化、产业合作、生态协同等多个层面，同时将对汽车芯片产业链“卡脖子”等问题进行闭门研讨，共促产业培育与产业生态构建。

（市经济和信息化局）

智慧城市建设

【城市码服务平台1.0上线运行】5月，北京市经济和信息化局建成上线城市码服务平台1.0系统，城市码服务平台1.0包含“统一标识库”和“城市二维码管理系统”，统一标识库基于区块链搭建，汇聚全市各类实体标识信息，为全市提供统一标识服务。“城市二维码管理系统”支撑通过注册授权方式管理全市二维码，并建设集约化组件为全市提供二维码编发码服务。2022年平台有力支撑北京市完成了首批工地、收费站、道路车辆等18类实体身份标识认定工作以及药店购药登记码、医院流调码、隔离点码、楼宇码等发码应用。

（市经济和信息化局）

【北京智慧城市建设重点工作专项绩效考评培训会召开】9月2日，市经济和信息化局组织召开2022年度北京市智慧城市建设重点工作专项绩效考评工作线上培训会。市政府办公厅绩效办、市大数据中心及参与考评的37个委办局和16个区政府的相关同志共计90余人参加培训。会上重点解读专项绩效考评评分标准并介绍了专项考评任务、后续工作安排等内容。通过专项绩效考评，督促各相关单位全面落实智慧城市建设四级规划管控要求，全力打造“三京”“七通一平”基础底座，扩大“一网通办”“一网统管”“一网慧治”覆盖面，推动全域智慧应用场景开放，持续提升北京市智慧城市建设水平。

（市经济和信息化局）

【智慧城市标准化体系建设】 年内，市经济和信息化局印发《2023年北京市智慧城市建设项目指引》《北京市智慧城市规划和顶层设计评审实施细则》；编制形成《北京市智慧城市标准体系建设指南》，有序推动智慧城市标准体系框架落地；发布《城市码编码与应用规范》相关2项地方标准；立项启动《智慧城市实体时空标识编码规范》；完善内部评审管理规定、形成评审打分规则，全面建立规划和顶层设计评审机制。面向全市100余家单位和16+1区开展宣贯轮训，推动全市各单位开展行业规划和顶层设计编制工作。指导27家重点领域部门开展专项规划编制；推进16+1区开展区域规划编制，17区均完成区域规划备案。稳步推进部门“顶层设计（含项目清单）”统筹管理，评审完成46个部门项目清单、189个项目、24亿元投资额，核减（或）整合项目35%、核减投资额25%。

（市经济和信息化局）

【城市码布局加快】 年内，市经济和信息化局有序推进统一标识工作，组织完成首批工地、收费站、道路车辆等18类实体身份标识认定工作；推进城市码平台建设，城市码服务平台1.0上线运行，面向全市提供标识认定服务和二维码共性服务；推进基于区块链先进算力实验平台的“码链一体”2.0建设；推进时空标识体系建设，与市规划自然资源委共同立项启动《智慧城市实体时空标识编码规范》地方标准制定工作。

（市经济和信息化局）

【大兴区智慧城市建设】 年内，大兴区出台《大兴区新型智慧城市建设行动计划（2022—2025年）》，完善智慧城市建设制度，规范项目管理。大兴区开展项目规范化建设，13个建设项目与市级控规进行全面对标，实现市区衔接。500万元以上信息化建设项目均由大兴区智慧城市领导小组审定后实施。全区配合国家审计署完成45家单位网络安全和信息化专审。全面梳理全区126个硬件及101套软件系统建设、运行和管理情况。大兴区推进视频治理，优化平台架构和视频质量，视频可用率提升28%，平均在线率提升6%。新增北京野生动物园、西红门荟聚等重点区域视频。构建核酸检测、高考考点、夏季防汛等7个视频场景，支撑区领导调度指挥，辅助决策。大兴区推广使用“京办”，在全市率先实现全区115家单位“京办”应用全覆盖，注册3.8万人。升级提速OA办公系统，助力全区无纸化办公。大兴区开展共性平台运营，物联网、时空云等平台为27家单位智慧城市建设提供服务支撑。政务外网和物联专网平稳运行率达99.5%。

（刘　莉）

【智慧昌平建设】 年内，按照全球数字城市标杆建设总要求，印发实施《昌平区实施数字经济创新发展三年行动计划》，成功举办首届昌平区数字经济论坛。以龙头项目为牵引，牵头探索金融招商模式，利用并购重组推动紫光数字经济科技园和新华三项目落地建设，在昌平区注册成立北京紫光数字科技有限公司；华为生态数字经济产业园首批落户企业有序推进中。深化元宇宙虚拟人探索，推出昌小平数字虚拟人1.0。制定发布《昌平区“十四五时期”智慧城市规划方案》，按照“1342”推进思路梳理形成全区信息化建设“8数8智”大场景。深度推进回天地区“城市大脑”建设和应用推广，应用成效在央视新闻联播报道并获多个行业奖项。

（于凌燕　赵星）

政务信息与服务

【金融助力高精尖产业发展银政企对接会召开】 8月22日，市经济和信息化局组织召开“开发性金融助力高精尖产业高质量发展支持首都产业强链筑基”金融产品发布会暨银政企对接会，国家开发银行北京分行及首都13家科创企业代表出席。会上，市经济和信息化局、北京分行联合发布“首都产业强链筑基”专项合作金融产品，北京分行与北方华创科技集团股份有限公司、小米通讯技术有限公司等首批代表性企业进行签约。该次发布的合作金融产品，旨在进一步深入实施创新驱动发展战略，落实《北京市“十四五”时期高精尖产业发展规划》，围绕北京市产业链强链补链和筑基工程目标任务、重点领域、重点企业和重点项目，北京分行提供中长期贷款、流动资金贷款、投贷联动、开发性金融资本金工具等定制化金融产品服务支持，市经济和信息化局给予企业“免申即享”的贷款贴息支持，双方形成程序互嵌、标准互认的“低利率＋见贷即贴”服务模式。

（市经济和信息化局）

【“首都产业强链筑基”见贷即贴专项金融产品发布会召开】 9月1日，市经济和信息化局联合国家开发银行北京市分行在2022年中国国际服务贸易交易会上，举行“首都产业强链筑基”见贷即贴专项合作金融产品发布会。该次发布的专项金融产品，旨在落实《北京市“十四五”时期高精尖产业发展规划》，围绕北京市产业链强链补链和筑基工程目标任务、重点领域、重点企业和重点项目，提供中长期贷款、流动资金贷款、投贷联动、开发性金融资本金工具等定制化金融产品服务支持，结合免申即享的贷款贴息政策，形成项目共享、程序互嵌、标准互认的“低利率＋见贷即贴”服务模式，助力首都产业链强链补链和筑基工程项目建设和企业发展。国家开发银行北京市分行基于制造业专项贷款、研发贷款、资本金工具等特色产品，在“新基建”和“专精特新”等领域持续精准发力。

（市经济和信息化局）

【市经济和信息化局领导出席2022中国互联网法治大会“依法行政论坛”】 9月7日，2022中国互联网法治大会“依法行政论坛”在北京召开。论坛以“深入推进依法行政 护航行业高质量发展”为主题。

市经济和信息化局党组成员、副局长潘锋出席论坛并围绕“持续优化营商环境”作主题发言。潘锋指出，北京市经济和信息化局作为北京市工业、软件和信息服务业的主管部门，高度重视依法行政工作，始终致力于通过法治政府建设，服务好各类市场主体、助力行业高质量发展，并介绍了北京市经济和信息化局在营商环境法治化建设、高精尖产业发展制度体系、数字经济规则体系和以信用为基础的监管制度4个方面开展的一系列工作。潘锋强调，法治是最好的营商环境，北京市经过多年不懈努力，营商环境排名大幅跃升、新时期全市高精尖产业高质量发展的顶层设计基本完成、数字经济制度框架体系初步构建、社会信用体系建设逐步完善，并呼吁社会各界关注北京高精尖产业和数字经济工作、共同推进首都高质量发展。大会由中国互联网协会主办，《互联网天地》杂志社承办。“依法行政论坛”作为本届中国互联网法治大会的论坛之一，由工信部产业政策与法规司指导，中国互联网协会主办，中国信息通信研究院工业和信息化法律服务中心合办。司法部、地方通信管理局、中国互联网协会、高校、互联网企业、工业企业等单位领导出席并发言。来自法治政府建设、企业合规管理等领域的100余名嘉宾参加论坛。

（市经济和信息化局）

【“新时代工业和信息化发展”系列主题新闻发布会召开】 9月23日，工信部举行“新时代工业和信息化发展”系列主题新闻发布会第十场，主题是“主动服务和融入新发展格局 促进制造业区域协调发展”。北京市经济和信息化局党组成员、副局长彭雪海出席发布会并答记者问。在京津冀地区加快构

建先进制造业体系，推动京津冀制造业协同发展方面，北京市以疏解非首都功能为“牛鼻子”，与天津市、河北省共同谋划新思路、采取新举措、推动新发展，围绕创新链布局产业链，围绕产业链打通供应链，优存量、强增量，形成了同心同向同力发展的工作格局。以非首都功能疏解带来产业发展新

面貌。实施非首都功能产业负面清单管理，退出一般制造企业近3000家，通过有序疏解非首都功能的“减法”，换取经济结构优化的“加法”，产业发展更加高端智能绿色化，发展高精尖成为京津冀产业转型升级的主旋律。整体推进产业协同迈上新高度。建立了三地工信部门常态化的定期会商机制，将规划共编、园区共建、项目共推、基金共设、产业链共延等列入三方合作协议。依托全球数字经济大会、世界智能网联汽车大会、世界机器人大会等平台，搭建跨区域高层次产业合作平台。携手谋划构建产业新链条。协同谋划新能源及智能网联汽车、氢能和燃料电池、工业互联网等新兴产业布局，鼓励重点领域龙头企业在京津冀范围提升产业链保供能力，通过制订关键零部件供应替代计划稳链、引进上下游配套项目补链、发挥各地优势协同布局实现强链。北京市大兴区、天津市滨海新区、河北省唐山市等12个城市（区）获批成为国家首批燃料电池汽车示范城市群。京津冀工业互联网协同发展示范区获工信部批复。加速建设产业协同发展新平台。持续创新龙头企业带配套、总部研发加生产、产业园区带项目等模式，北京（曹妃甸）现代产业发展试验区、北京·沧州渤海新区生物医药园等一批共建园区焕发蓬勃发展生机。几年来，一批标志性项目开花结果，总投资74亿元的沧州现代四工厂、总投资42亿元的河北京车造车基地、总投资18亿元的新乐三元工业园等项目相继竣工投产，有效带动了当地经济社会发展。可以说，经过多年的努力，三地产业发展活力持续增强，协同创新发展成效显现，区域协作水平持续提升。在推动产业结构调整、产业转型升级方面，北京市统筹疏解非首都功能、构建高精尖经济结构、推动京津冀产业协同发展，高精尖产业进入创新发展、提质增效新阶段，为“十四五”时期构建现代产业体系奠定坚实基础。着力提升产业发展能级。坚持创新驱动发展，发布加快高精尖产业发展的系列指导意见、“十四五”时期高精尖产业发展规划，加快培育具有全球竞争力的创新型产业集群。一大批高精尖新兴产业如雨后春笋，快速成长，支撑首都经济高质量发展。培育形成新一代信息技术、科技服务业两个万亿级产业集群以及智能装备、医药健康、节能环保、人工智能、集成电路五个千亿级产业集群。着力提高产业创新能力。落实国家产业基础再造工作部署，探索“聚焦底层技术—搭建攻关平台—培育产业生态”的产业创新模式，建设超高清视频协同创新中心、国家智能网联汽车创新中心、国际氢能中心等一批新平台，涌现出柔性显示屏、新冠灭活疫苗、5G+8K超高清制作传输设备、人工智能芯片、北斗导航芯片等具有行业影响力的创新成果。率先建成网联云控高级别自动驾驶示范区，加快形成智能网联汽车产业生态。北京成为全国集成电路、人工智能、智能网联汽车等领域重要的科技创新和产业集聚区。着力促进高端智能绿色发展。保持疏解一般制造业和发展先进制造业的战略定力，严格执行新增产业的禁止和限制目录，以更高、更优标准推动一般制造业企业疏解，加快传统产业转型升级，大力发展“智能+”“绿色+”产业，提高产业质量效益。高技术制造业增加值同比增速从2015年的6.7%提升到2021年的10%，规模以上工业企业人均创收从2015年的172.7万元提升到2021年的359.1万元。着力培育深耕行业的创新主体。推动创建国家级制造业创新中心3家、国家企业技术中心97家、市级企业技术中心858家。国家级专精特新“小巨人”、制造业单项冠军、智能制造示范项目和系统解决方案供应商数量全国领先。

（市经济和信息化局）

【市经济和信息化局召开减轻企业负担政策线上宣贯会】 12月7日，市经济和信息化局举办2022年减轻企业负担政策宣贯线上会议。工信部运行监测协调局（国务院减负办）副局长何海林，北京市经济和信息化局党组成员、副局长王磊出席会议。会议由北京市经济和信息化局中小企业处处长杨靖国主持。何海林介绍了2022年国家推动减轻企业负担的政策措施、工作成效、存在问题和下一步工作措施。他强调，当前经济形势依然严峻，国家将进一步加大企业减负力度，及时回应企业关切，研究和出台更多有力度的减负政策，帮助市场主体纾困解难，助力企业渡过难关。王磊代表北京市减负办通报北京市减轻企业负担工作及防范和化解拖欠中小企业账款专项行动总体情况。王磊表示，北京市从落实减税降费、加强政策帮扶、清偿拖欠账款、强化金融支持、优化营商环境等方面持续加大工作力度，多措并举抓好政策落地，多管齐下减轻企业负担，有效助力北京市经济总体平稳运行。北京市多部门协同联动，扎实深入开展防范和化解拖欠中小企业账款专项行动，建立“1+2+3+4+5”工作模式，截至目前，已化解拖欠账款92212.5万元，化解进度90.9%。其中化解无分歧欠款67751.6万元，化解进度100%。王磊强调，企业减负工作，意义重大，任重道远。北京市出台《北京市积极应对疫情影响助企纾困的若干措施》，从“进一步降低企业经营成本”“加大金融支持力度”“稳定产业链供应链”“加力稳就业保民生”等4个方面衔接已有惠企措施，最大限度减少疫情对经济社会发展影响，后续将进一步落实好国家各项减税降费政策和系列稳经济帮扶措施，加快政策落地见效，帮助企业持续健康发展。市发展改革委、市税务局、市市场监管局分别就北京市优化营商环境、减税降费和开展涉企违规收费专项整治等工作成效进行介绍，市级小微企业双创示范基地代表介绍为入驻企业减免房租政策落实等情况。

（市经济和信息化局）

【推进高精尖参与项目】年内，市经济和信息化局加强重点产业投资跟踪调度，推动重点项目落地建设。统筹高精尖项目库，按“五个一批”机制滚动推进，实行周调度、月跟踪，实地走访调度重点区，挖掘投资增量。全年工业重点产业和软件信息服务业实现固定资产投资1275.9亿元（同期投资任务1140亿元），其中工业固定资产投资748.2亿元，同比增长17.8%，软件信息服务业固定资产投资527.7亿元，同比增长35.8%。

（市经济和信息化局）

【统筹利用产业资金（基）金】年内，市经济和信息化局深化和完善高精尖资金支持产业发展。充分引导重大项目落地，通过3.5亿元资金撬动银行贷款超300亿元，支持一批重点领域项目投产建设；持续不断激发产业创新活力，在集成电路设计、医药健康、新材料、商业航天等领域着力解决一批“卡脖子”问题；推动存量企业智能化、绿色化转型升级，不断提高产业质量效益和绿色水平；坚持示范引领强化主体培育，支持高精尖企业做优做强以及工业和软件信息服务业重点企业稳运行稳就业；支持新能源及智能网联汽车、集成电路、氢能和燃料电池、智能制造与装备、医药健康等领域企业，保障产业链供应链总体稳定。全年共支持企业860余家，拨付资金162508.85万元。市经济和信息化局丰富了产业基金投资模式。高精尖基金确认合作子基金27只，总规模248.18亿元；推动筹备高精尖实体基金设立。推动北京智造基金和中移数字新经济基金完成设立及首期缴资，已完成投资交割项目3个，投资金额超6亿元。市经济和信息化局争取了国家专项资金支持。在新基建、集成电路、产业数字化转型等领域积极争取政策性开发性金融工具、设备购置与更新改造贷款财政贴息等国家政策支持。争取国家高质量发展专项资金约17.2亿元。

（市经济和信息化局）

【高精尖产业投资大数据平台建设启动】年内，市经济和信息化局启动高精尖产业投资大数据平台建设，完成分区分行业评估、产业地图、重点产业链图谱、工业用地动态管理、领导决策支撑5个核心板块开发和数据关联，累计接入16个部门103类1.4亿条数据，基本具备上线试用条件。

（市经济和信息化局）

【两会建议提案办理】年内，市经济和信息化局收到市人大建议、市政协提案共306件（含主办87件，会办219件），截至年底已全部办结。其中，市人大建议66件、市政协提案236件；全国人大建议2件，全国政协提案2件。所承办的建议提案中，智慧城市和社会信用体系类占比35%左右；中小企业发展占比10%左右；促进制造业高质量发展类占比逐年上升，近两年主办建议提案超过20件以上；数字经济建议提案在15件以上；智能网联汽车发展类占比上升为10%。办理期间，局级领导领衔办理人大建议和政协提案17件，占主办件的20%。

（市经济和信息化局）

【依法申请公开事项】年内，市经济和信息化局共收到依法申请公开事项55项，其中互联网申请43项、邮寄申请10项、电子邮箱申请2项、2021年结转6项、全年共答复61项，全部按时限要求依法规范答复。

（市经济和信息化局）

【信息公开及新闻宣传】年内，市经济和信息化局坚持“以公开为常态，不公开为例外”原则，聚焦统筹新冠肺炎疫情防控和稳定经济增长、高精尖产业构建、全球数字经济标杆城市建设、新型智慧城市建设等重点领域，在局网站公开信息1140条，举办和参加新闻发布会19场，中央电视台、《北京日报》等主流媒体报道千余篇，在微信、微博等政务新媒体平台发布稿件1921篇。

（市经济和信息化局）

【政府信息公开平台建设】年内，市经济和信息化局围绕年度重点工作内容，在门户网站政务公开－专题专栏中开设《统筹疫情防控和稳定经济增长》《防范和化解拖欠中小企业账款服务》等专题专栏，集中展示助企纾困支持措施等信息，帮助中小企业解决账款拖欠等问题。组织开展网站平台巡检，强化局政策咨询互动功能的可用性、便捷性，确保回复及时准确。

（市经济和信息化局）

【企业投资项目立项管理】年内，北京市工业和信息领域备案项目 927 个，总投资 3054.8 亿元，同比增长 30.3%。主要集中在电子信息、软件信息服务和生物医药产业，三大产业投资 2610.8 亿元，占全市 85.5%；区域分布主要集中在经开区、顺义区和大兴区，三区投资 2225.2 亿元，占全市 72.8%。年内，市经济和信息化局加强全市工业和信息化固定资产投资项目立项管理，建立全市月度项目备案管理台账，对各区备案情况进行跟踪管理；开展涉密项目备案规范化管理，梳理规范涉密项目备案办事流程；会同市规划自然资源委等部门开发工程建设审批系统智能引导功能，提升企业办事便利度。深入 10 个区开展备案“走流程”活动，针对性制定优化提升措施，做好政策宣讲，编制备案常见问题解答，确保改革政策落实到位。

（市经济和信息化局）

【企业投资项目事中事后监管】年内，市经济和信息化局加强全市工业和信息化企业投资项目事中事后监管，制订并印发了《关于加强工业和信息化企业投资项目事中事后监管有关工作的通知》，明确监管职责、监管范围、监管程序等内容，指导各区加强监管。按照职权法定原则，对监管部门应承担的执法权进行梳理，新增“对企业投资建设的工业和信息化项目核准和备案情况进行监督检查”1 项行政检查权、“对实行核准管理的项目企业未依法办理核准手续开工建设或者未按照核准的建设地点、建设规模、建设内容等进行建设的违法行为进行处罚（工业和信息化投资项目）”“对以欺骗、贿赂等不正当手段取得项目核准文件的违法行为进行处罚（工业和信息化投资项目）”“对实行备案管理的项目企业未依法将项目信息或者已备案项目信息变更情况告知备案机关，或者向备案机关提供虚假信息的违法行为进行处罚（工业和信息化投资项目）”“对企业投资建设产业政策禁止投资建设项目的违法行为进行处罚（工业和信息化投资项目）”“对企业以拆分项目、隐瞒有关情况或者提供虚假申报材料等不正当手段申请核准备案的违法行为进行处罚（工业和信息化投资项目）”5 项行政处罚权，并纳入市经济和信息化局及各区监管部门权力清单。提高监管效能，在投资项目申报系统中增加“互联网＋监管”功能，规范监管账号申请及相关权限配置流程，确保在线监管规范运行。协助组织各区参加 2022 年市经信系统行政执法培训，解读工业和信息化领域企业投资项目备案与事中事后监管工作要求。

（市经济和信息化局）

【市经济和信息化局助力企业高质量发展】年内，市经济和信息化局走访、回访企业 1046 次，涵盖软件和信息服务、集成电路、新一代信息技术、商业航天、汽车制造、医药健康、食品等诸多领域。召开规划解读会、政策培训会 81 次，有效解决企业“找不着、看不懂、用不上”难题，提高政策触达率，推动惠企政策落地落实。召开重大事项协调调度会 417 次，围绕企业产业布局、稳产保供等“急难愁盼”，解读政策、回应关切，协调解决发展难题，坚定企业在京发展信心，助力企业更好发展。

（市经济和信息化局）

政务信息化建设

【科大讯飞向冬奥组委机场运行团队捐赠翻译机】1 月 6 日，经市经济和信息化局协调，科大讯飞股份有限公司向北京冬奥组委机场运行团队捐赠智能翻译机 20 台，以满足冬奥组委机场运行团队工作人员多样化的语言服务需求。

（市经济和信息化局）

【中央领导视察 1.4G 宽带数字集群专网保障】1 月 27 日，中共中央政治局常委、国务院副总理韩正赴北京冬奥组委总部主运行中心对冬奥会筹备工作进行视察。韩正通过 1.4G 宽带数字集群专网回传视频图像检查首都国际机场国际航班抵离情况，使用 1.4G 专网音视频连线延庆场馆负责人，听取延庆赛区筹备情况。整个过程中 1.4G 专网运行稳定，首都信息发展股份有限公司作为专网运营单位现场保障有力，完成通信调度指挥任务。

（市经济和信息化局）

【政务专网通信保障党的二十大和二十届一中全会】10 月 16 日至 23 日，中国共产党第二十次全国代表大会和二十届一中全会在北京召开。大会期间，市经济和信息化局、市政务信息安全保障中心、首都之窗运行管理中心等单位构建政务网络安全保障工作机制，采用“1+5”值守模式，建立以数字北京大厦政安中心为主节点，大数据中心数北值守点、大数据中心六里桥值守点、大数据中心亦庄科创街值守点、市政务信息安全保障中心灾备值守点、首都之窗万开大厦值守点等5地为分节点的现场值守架构，实行全天候通信备勤制度，累计投入保障力量1028人日、常备7辆应急通信车、18辆抢修维护车。会议期间，808大楼政务外网峰值流量为875.07兆比特每秒，吞吐量为418.53万亿字节，六里桥政务云机房政务外网峰值流量为2.48千兆比特/秒，吞吐量为457.48万亿字节；800兆专网呼叫时长411.11万分钟，全网呼叫次数1827.50万次，重点区域基站无排队；1.4G专网全网总流量4924.03千兆字节，全网呼叫时长11570分钟，全网呼叫次数45076次，重点区域基站无拥塞。

（市经济和信息化局）

【北京冬奥会政务专网通信保障任务完成】年内，市经济和信息化局成立保障专班，设立北京冬奥会指挥中心和数字北京大厦前线指挥部，实行平常周调度、奥运会期间日调度机制，并按照“一馆一策”原则制定北京冬奥会保障工作方案和应急预案。全局出动468人、30辆应急车参与政务专网通信保障工作。800兆专网和1.4G专网累计向北京冬奥组委、火炬接力、开闭幕式、市运行保障指挥部等重点单位提供6068部耐低温集群终端，网络呼叫次数累计约5236万次，呼叫时长累计约1073万分钟，均创近年来重大活动保障新高；1.4G专网与800兆专网互联互通，共同为北京赛区和延庆赛区提供集群通信保障，呼叫次数累计约8.4万次，呼叫时长累计约9639分钟；1.4G专网与河北350兆专网首次实现跨地域联网指挥，呼叫次数累计约6.3万次，呼叫时长约1.5万分钟；各指挥机构通过政务内网召开加密视频会议总计495场，会议时长约1015小时，平均每日约18场会议，有效减少奔波、降低接触、提高效率；政务专网保障团队出动保障人员468人，保障车辆52辆（其中，应急通信车9辆，维护抢修车21辆，其他保障性车辆22辆），确保北京冬奥会期间系统无故障、通信无延迟、网络无拥塞，完成北京冬奥会赛事活动和城市运行政务专网指挥通信系统保障任务。

（市经济和信息化局）

【政务外网安全稳定运行】年内，市级政务外网接入单位达6489家，并与46个国家部委及16家区级网络平台进行对接，承载社保、金财、医保、政务云平台、视频会议等300余个重要业务系统；政务外网安全接入平台用户达1.6万户，为公务人员移动办公和移动执法提供便利。政务内网传输网接入单位达390家。

（市经济和信息化局）

【800兆无线政务网安全稳定运行】年内，北京市800兆专网在网用户115811户，包括政务用户110502户（其中公安用户68222户，其他用户5309户）。无线政务网在网使用10套核心交换机、529套地面基站、175套地铁内基站、14套移动基站、338套室内分布系统。使用频点160对，具体为806～821MHz/851～866MHz频段（频点间隔为25KHz），800兆频点利用率100%。

（市经济和信息化局）

【1.4G宽带数字集群专网安全稳定运行】年内，北京市1.4G宽带数字集群专网基站数达477个，五环内室外覆盖率达90%以上，用户1.9万户，承载市应急局、市经济和信息化局、市公安局、市交通委、市城市管理委、武警总队、市市场监管局等30余个政府部门超过60余项业务系统，是国内承载业务系统和用户数最多的宽带数字集群专网。在2022年北京冬奥会和冬残奥会中，1.4G宽带数字集群专网首次在国际重大活动中独立承担一级指挥网任务，主要用于主运行中心与北京赛区和延庆赛区各场馆之间的统一指挥调度，实现跨地域异网指挥调度无障碍。

（市经济和信息化局）

【5G移动网和千兆固网建设】年内，北京市新增5G基站2.4万个，提前超额完成新增5G基站6000个的年度任务，累计达7.6万个，实现五环内室外连续覆盖，五环外重点区域精准覆盖，5G终端用户新增384.8万户，达1399.1万户，约占移动电话用户的35.63%；千兆固网接入能力稳步提升，新增千兆用户71万户，提前超额完成新增10万户的年度任务，累计达134.4万户，约占比达15.32%。

（市经济和信息化局）

【政务专网规划建设】年内，市经济和信息化局全面盘查政务网络资源和自有资产情况，探索云网融合、绿色安全、智能敏捷的政务专网建设思路，推进各项工作落地实施。有序推进电子政务网络BOT协议到期处置工作，确定BOT协议到期处置工作方案，并经市政府审定，为长达21年的电子政务网络运营模式转变奠定坚实基础。开展无线专网规划建设研究，加入国家协调机制，成立市级工作专班，与工信部、中国移动、中国广电等相关单位开展多轮对接，谋划北京市无线专网技术升级，实现统筹优化发展。提升政务专网安全保障能力，发布《北京市电子政务外网统一实名接入管理办法（试行）》，初步建立实名接入管理的体制机制。在北京冬奥会、二十大保障期间强化应急保障能力，严格落实封网措施。

（市经济和信息化局）

【新基建工作持续推进】 年内，市经济和信息化局编制发布新基建年度任务要点，统筹推进新基建3年行动方案各项任务实施，组织开展项目征集，发布新基建新技术新产品（含数字经济标杆技术）清单（第一批），包含车联网、氢能设施、新型算力设施、元宇宙等4个领域13个具体技术产品。

（市经济和信息化局）

【密云区5G基站建设】 年内，密云区经济和信息化局定期召开联席会议和基础电信运营商5G建设工作会，协调解决实际问题。全年计划建设改造5G基站160个，建设完成171个，完成年度任务110%。累计建设5G基站1150个，数量居5个生态涵养区前列。

（王效辉）

【密云区通信网络和有线电视“飞线”专项治理】 年内，密云区经济和信息化局成立工作专班，统筹协调推进“飞线”整治工作；制订《密云区城区通信和有线电视网络“飞线”整治专项工作方案》，明确整治范围、整治标准，确定专人负责；采用公开招标方式确定项目实施单位。利用40天时间完成密云区城区88个小区的通信和有线电视网络“飞线”整治工作任务。

（张　鹏）

【密云区推广使用“京办”】 年内，密云区信息中心为全区110家委办局、镇街共120余名管理员组建“京办”二级管理员工作组，开展线上业务培训，做到应装尽装，应用尽用，率先服务疫情防控一线部门。全区范围内平台激活人数达13000余人。

（孙　攀）

【密云区完成业务系统入云调试部署】 年内，密云区信息中心完成9个系统和3家单位的共享交换节点的入云部署调试工作，包括：机关事务管理服务中心的公车管理系统在政务云里的部署工作、区委视频会议备用保障系统的入云上线调试和纪委区监委官方网站入云重新部署、人大微信小程序、发改委的投资项目决策管理平台、城指中心的三方巡查应用、数智密云的前期部署、政务服务局的叫号系统和镇村审批系统、政法委的铁路护路联防防控平台系统的移动巡更巡检系统和密云区卫生健康委员会、密云区生态环境局、密云区城市管理指挥中心（均为密云区区属单位）3家共享交换节点的部署。

（杨荣森）

【密云区政务云运维】 年内，密云区信息中心为政务云内服务器统一安装云防护软件，定期清除隔离病毒的文件夹，实施实时监控。共19家单位的145台虚拟机在云运行，其中数据中心云97台、互联网业务云48台。

（杨荣森）

【密云区政务外网运维管理】 年内，密云区信息中心对全区110余个委办局、20个镇街边界交换机及约2万台计算机进行日常监管和维护。对全区要求入网的计算机使用者的IP地址和物理MAC地址通过上网行为管理设备进行登记并实时监控。全年新增医保结算单位77家接入政务外网、国资委下属企业新增4家接入政务外网。

（尹宗鹏）

【密云区信息化项目技术评审】 年内，密云区经济和信息化局组织相关领域专家，对鼓楼社区服务中心的信用+医疗、密云绿水青山一张蓝图平台、“数智密云”城市大脑工程项目、冯家峪生态环境智能保护平台、密云区数字档案馆、政法委铁路护路智慧综合防控项目、密云区政务服务移动端整合升级改造项目、移动端整合及线上预约取号系统等8个信息化项目进行技术评审，根据评审意见对调整优化后的项目可行性研究报告进行论证，并出具建设意见函。

（郭　洁）

无线电监管

【冬奥无线电管理协调小组检查无线电安全保障】 1月7日，冬奥会无线电管理协调小组办公室赴国家体育场、国家速滑馆、冬奥会无线电指挥中心，实地检查赛事重要场馆及指挥中心无线电安全保障工作。检查组先后查看了赛事场馆周边和内部无线电台站、电磁辐射源、无线电监测设施、监测点位及人员部署情况，看望慰问一线保障人员，了解场馆无线电频率使用情况，检查可能存在的风险点和安全隐患，并在冬奥会无线电指挥中心召开调度会听取各工作团队汇报。会议强调，各冬奥会无线电保障团队要做好重要频率保护性监测、入场无线电设备检测与安检、电磁环境清理整治，以及保障人员安全和疫情防控等工作。

（市经济和信息化局）

【冬奥空地联动无线电监测专项行动】 1月，市无线电监测站［技术运行中心（TOC）流动团队］开展“决胜冬奥空地联动无线电监测专项行动”。该次专项行动是通过空中直升机监测平台、地面移动监测站、奥运场馆内小型无线电监测站同时开展电磁环境测试及信号采集工作，通过全方位、多手段、全覆盖的立体式无线电监测手段，采集信号数据，排查无线电干扰隐患。专项行动分两个阶段进行，1月20日起为第一阶段飞行，对延庆区奥运场馆群及场馆周边5千米范围内的区域电磁环境进行测量，盘旋测量时长2小时。1月26日起为第二阶段飞行，对延庆区奥运场馆群、鸟巢中心区场馆群、五棵松场馆群及周边电磁环境进行采集测量及分析，累计飞行时长5小时。该次空地联合监测开创国内首个无线电管理部门利用直升机搭载监测设备，开展重大活动无线电安全保障工作的先例。

1月下旬，北京市经济和信息化局开展“决胜冬奥空地联动无线电监测专项行动”

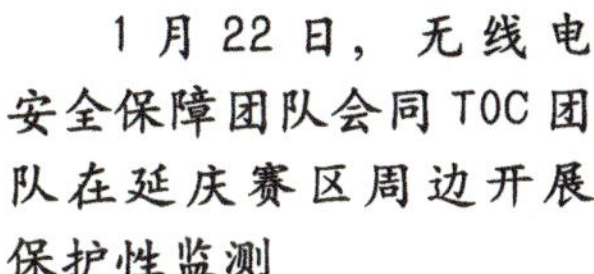

1月22日，无线电安全保障团队会同TOC团队在延庆赛区周边开展保护性监测

1月20日，二级巡视员李涛（左二）前往延庆赛区慰问无线电安全保障团队

（市经济和信息化局）

【完成北京冬（残）奥会无线电安全保障任务】 3月13日，北京冬（残）奥会闭幕式在国家体育场“鸟巢”举行。至此，2022年北京冬（残）奥会落下帷幕。自开展冬奥会保障以来，市经济和信息化局出动无线电保障人员60余名，使用无线电监测设备60余台（套），累计监测活动使用频率近3万小时，共核查台站13000余台，开展干扰协调10余次，完成国家体育场、首都体育馆、国家高山滑雪中心、国家雪车雪橇中心等场馆的重要活动及赛事的无线电安全保障工作，电磁环境整体良好可控。

3月13日，无线电安全保障团队在国家体育场周边开展保护性监测

（市经济和信息化局）

【冬奥会无线电管理协调小组获突出贡献奖】 4月8日，北京冬（残）会总结表彰大会在人民大会堂举行。会上，党中央、国务院对在北京冬奥会、冬残奥会筹办和竞赛中做出突出贡献的集体和个人进行表彰。北京冬奥会无线电管理协调小组办公室获北京冬奥会、冬残奥会突出贡献集体称号。北京冬奥会无线电管理协调小组办公室自2020年1月成立以来，在北京冬奥会无线电管理协调小组的统筹指挥下，协调保障指挥调度、电视转播、文艺演出、计时记分、科技冬奥等冬奥会所有频率需求，组织400余名无线电安全保障人员在开闭幕式核心区、各场馆、首都机场等区域对重要频率进行保护性监测，实现北京冬（残）奥会期间核心区、各场馆电磁环境良好可控，2万余条频率分配“零差错”，开、闭幕式及赛事运行的38万台（次）无线电设备“零干扰”，为办成一届“简约、安全、精彩”的奥运盛会提供坚强保障。

（市经济和信息化局）

【世界机器人大会无线电安全保障】8月18日至21日，2022世界机器人大会在北京亦创国际会展中心举办。为确保大会期间电磁环境安全，市经济和信息化局无线电安全保障团队与用频单位主动对接，掌握用户频率需求和用途，建立联系人制度，提前开启亦创国际会展中心周边的4座固定监测站，进行电磁环境测试。8月17日，大会布展完成后，派出保障人员、监测车辆，携带便携监测设备，对开幕式会场的无线麦克、内通系统，及展馆内的机器人进行电磁测试，对2.4GHz、5.8GHz使用情况进行监测，协助参展企业开展干扰协调，保证重点设备重点业务正常运转。大会期间，保障团队全面落实7×24小时无线电监测值守制度，先后派出无线电保障工作人员30余名，累计派出监测车辆10余台次，动用无线电监测设备10余台（套），监测重要用户使用频率累计100余小时，严密组织会场周边电磁环境监控，及时排查各类可疑信号，保证各项无线电业务的正常运行。

8月17日，无线电安全保障团队对展馆内的机器人进行电磁测试

8月18日，无线电安全保障团队在会展中心开展重点频段保护性监测

（市经济和信息化局）

【服贸会无线电安全保障】8月31日至9月5日，2022年中国国际服务贸易交易会（简称服贸会）在北京国家会议中心和首钢园区举办。服贸会筹备及保障工作期间，市经济和信息化局先后出动保障人员40名，开启11个固定监测站，派出监测车4辆，完成北京地区12家单位78个频点的频率审批，涉及无线电设备共计4567台，监测重要用户使用频率累计300余小时，开展全市民航、铁路、运营商干扰排查和干扰协调30余次，有效避免和消除各类无线电干扰隐患，确保安保警卫、指挥调度、新闻转播、机场航路、应急通信等工作中无线电设备的正常运行，实现服贸会期间“两区三线一周边”电磁环境总体可控、电波秩序良好的无线电管控目标。

8月26日，无线电安全保障团队在服贸会会展中心周边开展电磁环境测试

（市经济和信息化局）

【京智网公司获车联网5.9GHz频段无线电频率使用许可证】9月14日，市经济和信息化局赴北京智慧城市网络有限公司（简称京智网公司）围绕车联网建设情况开展调研座谈，并为其颁发5905～5925兆赫兹频段车联网试验频率使用许可。

（市经济和信息化局）

【密云区无线电管理宣传和执法】9月23日，密云区经济和信息化局组织开展“珍惜无线电频谱资源，维护空中电波秩序”无线电宣传活动。活动中向社区居民宣传无线电知识和无线电管理法律法规，共发放宣传册200余份。会同基础电信运营商在密云镇、溪翁庄镇等重点区域开展专项整治工作，对区域内信号放大器进行排查、调整。联合不老屯、溪翁庄、穆家峪等属地政府开展天文台、通用机场等无线电重点保障场所周边电磁环境检查及无线电管理宣传，保障3个重点场所正常运行。参加北京市无线电管理工作线上培训，分别就无线电技术及管理和北京无线电管理工作任务等方面进行学习，提高无线电管理工作人员能力。

（郭　洁）

【党的二十大和二十届一中全会无线电安全保障】10月16日至23日，中国共产党第二十次全国代表大会和二十届一中全会在北京召开。市经济和信息化局无线电安全保障团队根据保障重点确定保障重点区域“五区三线一重心”（五区：会场、代表驻地、新闻中心、机场、火车站；三线：航线、铁路沿线、代表驻地至会场沿线；一重心：天安门广场及周边区域），重点应用“五方面”（安全保卫、指挥调度、电视转播、新闻宣传、会议服务）。筹备及保障期间共出动保障人员55名、监测车4辆和监测设备60余台（套），多站累计监测活动使用频率近6000小时，集中监测排查疑似“黑广播”信号24个（均不在北京），开展民航、铁路、运营商干扰排查和干扰协调40余次，开展干扰查处15次，有效避免和消除各类无线电干扰隐患，保障大会各环节无线电设备的正常运行，确保大会期间首都地区电波秩序良好、电磁空间绝对安全。

10月16日，无线电安全保障团队在人民大会堂周边开展电磁环境监测

（市经济和信息化局）

【2022贝壳北京马拉松比赛无线电安全保障】11月6日，2022贝壳北京马拉松比赛在北京举行。活动期间，市经济和信息化局共派出无线电安全保障人员40余名，保障车辆6辆，保障设备20余台（套），搭建“固移结合、查测一体”的无线电监测网络，加强重点区域无线电监测和干扰隐患处置，对电视转播、指挥调度等重要频率开展保护性监测，确保实现“全覆盖、零干扰”。

（市经济和信息化局）

【政务服务】年内，市经济和信息化局落实放管服要求，做好工作，开展一网通办和基站交互系统建设，实现行政许可的一网通办和无线电证照的电子化，公众运营商基站申报效率、便利性和准确性得到大幅提升，减轻用户单位负担。按照市政务服务局的统一安排，完成京津两市“无线电设备进关核准”许可事项的“同事同标”工作，实现两市“无线电设备进关核准”在事项名称、审批时限、条件要求、申请材料等方面全面统一。新冠肺炎疫情期间，为方便群众办事，始终坚持在政务大厅值守，办理相关业务，解答群众咨询，引导群众网上办理事项，同时针对防疫要求制订相关应急方案，为相关证照到期单位明确解决方案，服从服务防疫大局，保证无线电政务服务事项办理的平稳有序。落实无线电行政许可、无线电频率占用费征收和在用无线电台（站）监督检查等各项工作，无线电行政许可均严格落实分级审批并由处务会研究决定；修订《无线电频率占用费收缴规范》；全年共办理行政许可事项250件、征收无线电频率占用费889.23万元，行政许可和行政征收均已完成年度任务。组织行政检查227件，及时纠正存在的问题，并与重点设台单位建立联系人制度和快速反应机制，为重大活动和重要会议无线电安全保障创造条件。

（市经济和信息化局）

【重大活动无线电频率台站保障】年内，市经济和信息化局组织开展北京冬奥会重点区域电磁环境测试和频谱评估，编制《北京市可用无线电频率资源报告》《北京冬奥会和冬残奥会可用频率资源》等指导性文件，批复涉及北京地区的频率申请共计15905份，做到批复频率零干扰、零投诉、零瑕疵。对接北京冬奥会开、闭幕式导演团队，中央电视台，奥林匹克广播服务公司（OBS）等重要用户。密切跟踪“科技冬奥”项目中无线电设备应用情况和工信部无线电管理局相关最新政策，实现冬奥场馆内人员定位和体温测量，助力开展冬奥会疫情防控工作。落实无线电管控要求，加强重点地区重点台（站）监管，开展冬奥场馆及重点区域周边电磁环境清理整顿。梳理党的二十大会场重点区域可用频率资源，为党的二十大会议保障提供备用频率959对（个）。

（市经济和信息化局）

【3家电信运营商获微波频段无线电频率使用许可证】年内，市经济和信息化局为从根本上解决北京地区电信运营商合法使用微波频率，克服不具备光纤通信条件的基站联通问题，同北京地区3家电信运营商联系，汇总各家运营商微波频率使用需求，并结合各家运营商微波台站设置情况，多次征求工信部和军队有关单位意见，协调频率资源，完成共计1597条微波链路频率许可以及台站设置工作，全面解决北京地区运营商合法有序使用微波的问题，并为3家电信运营商颁发无线电频率使用许可证。

11月3日，市经济和信息化局党组成员、副局长顾瑾栩为北京移动公司颁发无线电频率使用许可证

（市经济和信息化局）

【电磁环境清理专项工作】 年内，市经济和信息化局向各区经信部门下发《关于加强无线电非法干扰筛查工作的通知》。组织召开2022年北京市无线电管理工作线上培训会。联系走访16个行政区经信部门推动无线电设台筛查工作。与中国民用航空华北地区空中交通管理局建立无线电干扰排查机制，联合大兴区经济和信息化局在大兴国际机场周边区域开展无线电法规宣传和台站筛查工作。联合延庆区经济和信息化局在进京检查站开展业余无线电设备专项执法检查工作。联合昌平区经济和信息化局实地调查“黑直放”问题，督促运营商加强公众移动通信信号覆盖。

（市经济和信息化局）

【无线电行政执法及专项检查】 年内，北京市无线电行政执法案件共计8件（含行政处罚1件、行政强制1件、撤销立案3件、其他执法工作3件），无线电管理行政检查共471次。

（市经济和信息化局）

【打击非法入境及销售无线电发射设备专项行动】 年内，市经济和信息化局按照工信部要求，与海关、市场监管等部门建立联络机制、加强工作配合，组织无线电设备管理法律法规和卫星互联网设备识别的线上培训。多次约谈网络销售平台，要求其对平台上9400余商家117万件在售无线电设备是否取得型号核准证进行自查，并将其中184个商家销售的443款非法无线电设备下架。根据境内企业人员涉嫌购买境外非法卫星终端线索，约谈涉及企业了解情况。对存在网上违规购买星链设备行为的当事人进行严肃批评教育，并督促其在境外网络平台退订非法卫星设备，及时阻止非法卫星设备入境。

（市经济和信息化局）

安全生产

【概况】 2022年，市经济和信息化局按照安全生产“党政同责、一岗双责、齐抓共管”的工作要求，认真履行各项职责，有序推进各项年度考核任务。先后制订《2022年度民爆行业安全生产执法计划》《全市经信系统危险化学品安全风险集中治理实施方案》《北京市经信系统关于推进韧性城市建设的实施方案》《2022年度全市经信系统安全工作要点》《2022年度安全宣传“五进”工作方案》《北京地区民爆行业安全生产大检查工作方案》《全市经信系统关于党的二十大期间安全保障工作的方案》《关于印发2022年度安全生产、火灾防控考核和应急值守工作综合评价任务分工的通知》《2022年北京地区军工系统安全生产专项督查工作方案通知》，明确全市经信系统2022年度考核任务目标，促进全市经信系统步调一致、依法依规落实安全工作责任。

（市经济和信息化局）

【民爆行业重大活动安全检查】 3月8日，市经济和信息化局赴房山区开展民爆行业重大活动期间安全生产专项检查，对北京鑫运昌民爆器材公司“岁末年初”阶段重点任务落实情况进行了督导，调取了企业安全管理机构及人员资料、安全生产资金投入资料，现场查看了企业隐患治理情况公示情况，并督促企业持续做好重大活动期间安全、应急管理工作。

（市经济和信息化局）

【市经济和信息化局赴中德产业园开展安全生产指导工作】 3月17日，市经济和信息化局赴中德产业园进行安全生产走访指导工作。其间，中德产业园管理单位启迪公司介绍了园区、入驻企业基本情况和园区安全管理团队情况；市经济和信息化局对《北京市工业园区等功能区安全生产管理办法》《北京市生产经营单位安全生产主体责任规定》进行了解读，并建议园区在项目引进及企业入驻阶段统筹考虑安全生产因素，指导企业依法依规落实主体责任、源头管控安全风险。

（市经济和信息化局）

【AISC首届人工智能安全大赛闭幕】9月16日，由北京市科学技术委员会、中关村科技园区管理委员会，北京市经济和信息化局等单位指导，中关村国家实验室和北京瑞莱智慧科技有限公司等单位承办的AISC首届人工智能安全大赛闭幕，大赛颁奖典礼暨主题技术论坛在中关村国家自主创新示范区会议中心举办。北京市经济和信息化局党组成员、副局长潘锋出席仪式并致辞。他指出，现阶段人工智能发展，有3个关键环节，即源于文化、基于数据、成于能力建设，北京正在全力建设国家人工智能创新应用先导区，在先导区建设的牵引下，北京文化优势、信息技术产业聚集优势、数据开放和场景开放优势进一步凸显，为首届人工智能安全大赛在北京举办提供沃土，人工智能的安全和发展相伴相生，要加速人工智能落地，就要做好发展与安全的双轨迭代，未来北京市计划结合国家人工智能创新应用先导区建设等工作，在政策突破、创新监管等方面持续发力、做好保障。这次赛事以“共筑AI安全　安享智能未来”为主题，系首个全国性人工智能安全赛事，也是中关村论坛国际前沿科技创新大赛专题赛之一，大赛旨在推动人工智能安全技术创新、实战演练、场景挖掘和人才培养。来自全国范围内70余所高等高校、科研院所、企业机构的超过400支团队，共计600余名选手的参与大赛。最终，上海交通大学战队、北京交通大学战队分别摘得深度伪造安全与自动驾驶安全赛道桂冠，北京理工大学战队、建信金科战队共同位列人脸识别赛道第一名。

（市经济和信息化局）

【民爆物品监督管理】年内，市经济和信息化局制订发布《北京市民用爆炸物品销售行业生产安全事故隐患目录（2022年版）》，从基础条件、日常管理和应急与事故管理3方面细化明确9项隐患类型，梳理完善30条隐患内容；开展在京民用爆炸物品销售企业换证、年检工作，累计办理年检12家，累计办理换证4家，并对民爆物品销售情况进行备案，依法依规履行民爆行业监管职责。市经济和信息化局先后赴中油测井技术服务有限责任公司、保利民爆科技集团股份有限公司、中船重工物资贸易集团有限公司等总部型民爆销售企业开展安全检查，督促企业落实隐患治理清单、自建房排查等安全主体责任。3月8日，市经济和信息化局赴房山区开展民爆行业重大活动期间安全生产专项检查，对北京鑫运昌民爆器材公司“岁末年初”阶段重点任务落实情况进行了督导，调取了企业安全管理机构及人员资料、安全生产资金投入资料，现场查看了企业隐患治理情况公示情况，并督促企业持续做好重大活动期间安全、应急管理工作。根据北京京煤化工公司关于对民爆物品库房销爆处理的立项申请，市经济和信息化局组织专家于9月16日对《大南峪库区库房销爆项目技术与施工组织设计方案》进行评审，同意京煤化工公司库房销爆处理申请；10月14日完成京煤化工公司库房销爆验收工作，协助京煤化工公司完成转型重组、退出北京民爆行业。结合疫情防控进度和各企业实际，市经济和信息化局有序组织北京市民爆销售企业2022年度主要负责人和安全生产管理人员安全生产培训考核工作，采取线下考试和线上视频监考相结合的方式，统一组织考核监督工作。全市12家民爆销售企业共计114人完成考核取证。

（市经济和信息化局）

【安全生产指导】年内，市经济和信息化局结合重大活动期间走访服务、疫情防控督导和市属集团安全生产考核工作，开展安全生产宣讲、指导工作累计覆盖企业1000余家。其中，赴北京燕化石油化工有限公司、京辉氢能集团有限公司、北京汽车新能源汽车有限公司、软通动力信息技术（集团）有限公司等企业开展走访服务工作，进一步强化氢能、电动车、软件等重点领域安全生产业务指导；联合市应急管理局先后赴北京昊华能源股份有限公司、首钢集团、北京京城机电控股有限责任公司、北京一轻控股有限责任公司、北汽集团及其下属企业开展安全生产考核工作，联合指导企业制度体系建设、现场管理、风险隐患双控等工作；3月17日，市经济和信息化局赴中德产业园进行安全生产走访指导工作。期间，中德产业园管理单位启迪公司介绍了园区、入驻企业基本情况和园区安全管理团队情况；市经济和信息化局对《北京市工业园区等功能区安全生产管理办法》《北京市生产经营单位安全生产主体责任规定》进行了解读，并建议园区在项目引进及企业入驻阶段统筹考虑安全生产因素，指导企业依法依规落实主体责任、源头管控安全风险。

（市经济和信息化局）

【监控化学品管理】 年内，市经济和信息化局落实国家禁化武办的各项指示，围绕履约和监控化学品管理开展工作。有序推进禁化武履约协调工作，共完成1家监控化学品生产企业、5个厂区达到宣布阈值的数据宣布工作；完成多批次监控化学品的初审工作。根据国家禁化武办《关于做好2022年禁化武履约宣传作品征集活动组织工作的通知》要求，组织在京监控化学品企业参与征集活动。

（市经济和信息化局）

【安全与应急产业推进】 年内，市经济和信息化局会同市应急局编制和发布《北京市安全与应急产业白皮书》，并结合国家及北京市关于推进安全与应急产业发展工作要求，联合应急救援装备产业技术创新战略联盟、新兴际华科技发展有限公司编制完成《北京市重点安全与应急企业及产品目录（2021年版）》，共收录北京地区综合型和安全防护、监测预警、应急救援处置、安全应急服务等专业型安全应急企业156家，涉及435种产品和服务。编制《北京市安全与应急产业发展报告》（2021年版），与《北京市重点安全与应急企业及产品目录（2021年版）》共同组成《北京市安全与应急产业白皮书》，进一步摸清北京市安全与应急产业发展特色、重点领域、聚集分布的现状，为促进产业发展提供参考，为政府决策提供依据。根据《工业和信息化部关于组织国家安全应急产业示范基地开展年度总结及评估工作的通知》要求，组织中关村科技园区丰台园上报国家安全应急产业示范基地2021年度工作总结和2022年工作计划。联合市发展改革委、市科委、市应急管理局聚焦安全应急装备智能化、轻量化集成应用，组织开展安全应急装备应用试点示范工程北京地区申报工作，共计向工信部推荐43个项目，其中8个项目入围，位居全国首位。3月18日，北京应急技术创新联盟在丰台区玉泉营红博馆打造的一站式应用示范基地揭牌。应用示范基地具备应急物资储备、应急产品展销、应急培训演练等功能，为应急产业资源打造了展示窗口，为政府和社会各界提供了一站式服务对接平台。

（市经济和信息化局）

机关党建

【概况】 2022年，市经济和信息化局坚持以习近平新时代中国特色社会主义思想为指导，围绕新时代党的建设总要求，全面推进局机关党建和业务深度融合的新载体、新途径。完成党的二十大、北京市第十三次党代会、北京市直属机关党代会代表推荐提名和选举工作。全年11次印发通知，督导落实常态化新冠肺炎疫情防控、疫苗接种、居家办公等政策规定；分3批安排50名党员干部下沉社区，助力一线疫情防控。2个精神文明建设品牌创建任务列入首都文明委成员单位年度重点工作项目。指导35个党支部完成换届选举，4次组织参加“党支部云课堂”学习培训。审批11名预备党员按期转正。

（市经济和信息化局）

【2022年度全面从严治党工作会召开】 3月17日，北京市经济和信息化局以视频会议形式召开2022年度全面从严治党工作会议，学习贯彻习近平新时代中国特色社会主义思想，全面贯彻落实党的十九大和十九届历次全会精神、十九届中央纪委六次全会和北京市纪委十二届七次全会精神，总结2021年全面从严治党工作，部署2022年全面从严治党重点任务，动员全局各级党组织和广大党员干部，坚定不移抓好全面从严治党工作，为落实“十四五”规划提供坚强保障。局党组书记、局长杨秀玲出席会议并讲话，局机关党委书记、一级巡视员刘京辉主持会议，市纪委第二监督检查室许鸿飞列席会议。局领导班子成员及其他局级干部、总工程师、机关正副处长、直属单位主要负责人，党支部（总支）书记、纪检委员，机关党委、机关纪委、驻局纪检监察组全体干部分别在主会场、视频分会场参加会议。

（市经济和信息化局）

【2022年度“五四”青年座谈会召开】 5月10日，在共青团成立100周年庆祝大会召开之际，市经济和信息化局组织召开2022年度五四青年座谈会，局党组书记、局长张劲松出席会议并作重要讲话。局机关党委书记、一级巡视员刘京辉主持会议，办公室、机关党委、人事教育处负责人，团委2021年度“两优一先”获得者，局机关团委委员，局机关和事

业单位35岁以下青年干部代表，共计40余人参加会议。会议首先集体观看“经信青年风采展示宣传片”，视频回顾了经信青年在各项重点工作、各次任务保障中展现的蓬勃朝气、青春活力和责任担当。会议学习了《习近平在庆祝中国共青团成立100周年大会上的重要讲话》《习近平总书记在2022年中青年干部培训班开班式上的重要讲话精神》和《习近平总书记考察中国人民大学的重要讲话精神》。青年干部们纷纷表示，要牢记习近平总书记的谆谆教诲，将不负韶华、不负时代赋予的光荣与责任，以新时代青年的责任感、创造力为首都经济和信息化事业发展奉献青春力量。会议宣读了《关于表扬2021年度“优秀共青团员”“优秀团干部”和“先进团支部”的通报》，为获表扬同志颁发荣誉证书。七位青年代表结合传承“五四”精神、贡献青年力量分享了工作感受和心得体会。

（市经济和信息化局）

【2022年处级干部（党支部书记）学习贯彻党的十九届六中全会精神培训班召开】 6月13日至17日，市经济和信息化局举办2022年处级干部（党支部书记）学习贯彻党的十九届六中全会精神培训班，围绕学习贯彻党的十九届六中全会精神，依托市干部教育网，组织线上专题学习、线下集体学习和研讨交流。这次培训是落实中共中央组织部《关于深入开展党的十九届六中全会精神教育培训的通知》和市委组织部部署要求的具体举措，局党组高度重视，作为政治任务，纳入各级党组织党建工作责任制，列入年度党建工作要点和党组理论学习中心组专题学习计划。局党组书记、局长张劲松同志亲自审定培训方案，提出明确要求。机关党委认真筹划组织，结合疫情防控要求，及时修订培训方案，提前购发《如何学习贯彻“两个确立”》辅导教材，并在培训期间进行抽查督导。局机关各处室和直属单位统筹推进新冠肺炎疫情防控和复工复产任务，克服工学矛盾，严格落实培训要求。参训学员共207人，认真完成4门在线学习课程，机关各处室和直属单位负责人严密组织本部门、本单位线下集体学习和研讨交流。通过培训，进一步强化处级干部（党支部书记）带头坚持和捍卫“两个确立”、增强“四个意识”、坚定“四个自信”、做到“两个维护”的思想自觉、政治自觉和行动自觉。

（市经济和信息化局）

【2022年度“光荣在党50年”纪念章颁发仪式举办】 在建党101周年之际，市经济和信息化局于7月4日举行2022年度“光荣在党50年”纪念章颁发仪式。受局党组书记、局长张劲松委托，局机关党委书记刘京辉出席，为5名老党员颁发并佩戴纪念章，局机关党委、离退休干部处及综合事务中心有关负责人参加。5位老党员讲述了自己的入党故事和成长经历，畅谈获得“光荣在党50年”纪念章的感言。

（市经济和信息化局）

【市经济和信息化局党组召开扩大会议传达学习贯彻党的二十大精神】 10月26日，市经济和信息化局党组召开扩大会议，专题传达学习贯彻党的二十大、二十届一中全会精神和习近平总书记在中央政治局第一次集体学习时的讲话精神，以及全市领导干部大会精神。对学习宣传贯彻党的二十大精神作出安排部署。党组书记、局长张劲松主持会议。局领导班子成员，二级巡视员，总工程师，机关各处室、各直属单位党政一把手参加会议。会议指出，党的二十大召开以来，全局各级党组织坚持以高度的政治自觉，边关注会议进程、边学习领会精神、边谋划贯彻落实，总体呈现引向深入的良好态势，逐步形成学习贯彻的热潮。会议强调，要反复领会，学深悟透党的二十大精神实质和内涵要义；要全面对标，自觉找准新时代新征程首都经济和信息化高质量发展的方位定位；要自我革命，坚定不移推进全面从严治党向纵深发展。会议要求，学习贯彻党的二十大精神，局党组带头强化主体责任，加强组织领导；局领导班子成员既要带头学习，又要抓好分管处室和直属单位的学习贯彻，确保层层传达、人人行动；全局处以上领导干部要更加系统、全面、深入地进行再学习再领会，力争每学一遍就有新的认识、新的收获、新的感悟，为广大党员干部当好示范。机关党委要根据党中央和市委部署，抓好学习贯彻的具体组织；各党支部（总支）要结合不同情况，按照局党组统一部署，抓好具体落实。

（市经济和信息化局）

人事人才

【第十九届北京市工业和信息化职业技能竞赛总结会召开】 9 月 15 日，第十九届北京市工业和信息化职业技能竞赛总结会在北京会议中心举行。会议由北京市经济和信息化局一级巡视员刘京辉主持，北京市人力资源和社会保障局党组成员、副局长吴晓军宣读给予获奖选手和优秀组织单位表扬的通报，北京市政府副秘书长姜广智出席会议并致辞，北京市经济和信息化局党组书记、局长张劲松出席会议并讲话。姜广智在致辞中对本届技能竞赛的获奖选手、裁判员和工作人员表示祝贺和感谢，对进一步加强北京市技能人才队伍建设提出明确要求，强调政府要加强政策引导、企业要发挥主体作用、职业院校要发挥人才培养主渠道作用、广大职工要争做知识型创新型人才，要凝聚合力，把技能人才培养工作作为一项战略任务抓好抓实。张劲松在讲话中指出，技能人才是现代制造业的基础，是支撑中国制造、中国创造的重要力量，要切实增强做好技能人才工作的责任感和使命感，充分发挥职业技能竞赛在培养选拔技能人才中的“快车道”作用，努力打造一支数量充足、水平突出的高素质技能人才队伍，为首都高精尖产业发展做出新的贡献。北京市国资委二级巡视员吴军，北京市人才局副局长贺泳江，北京团市委企业工作部部长、二级巡视员郑雄，北京市教委职业教育与成人教育处副处长高飞等竞赛主办单位领导出席会议。2021 年 6 月至 2022 年 8 月，北京市经济和信息化局会同北京市人才工作局、北京市人力资源和社会保障局、北京市人民政府国有资产监督管理委员会、北京市教育委员会、北京市总工会、共青团北京市委员会等部门，以“展新时代工匠风采，育高精尖技能英才”为主题，举办第十九届北京市工业和信息化职业技能竞赛，1.5 万名选手参加 42 个项目竞赛，竞赛共选拔出 257 名“北京市工业和信息化高级技术能手”、20 名“北京市工业和信息化行业技术能手”、29 名“北京市工业和信息化最佳操作能手”。赛后，市经济和信息化局组建北京代表队参加全国工业和信息化技术技能大赛，在工业机器人技术应用赛项中分获职工组、教师组、学生组三等奖，市经济和信息化局获优秀组织单位称号。

（市经济和信息化局）

【人才引进】 年内，市经济和信息化局引进海外高层次人才，组织申报推荐工信部“启明计划”，开展政策宣讲和重点企业调研，突出“高精尖缺”，瞄准产业急需高层次人才组织申报，推荐集成电路、生命科学、人工智能等领域人才 17 名，吸引海外优秀创新创业人才和青年人才回国（来华）工作。聚焦促进新业态新模式培育壮大，启动 2022 年创新型企业人才引进工作，梳理高精尖产业领域创新型企业人才引进需求，对重点企业中具备丰富工作经验和优秀业绩的高层管理人才和核心技术人才进行推荐，共推荐人才 144 名。

（市经济和信息化局）

【人才培养与资助】 年内，市经济和信息化局按照全市统一部署，负责开展高端装备、新一代信息技术和工业设计三个重点领域专业技术人员能力提升项目。完成高端装备领域培养培训 15706 人，新一代信息技术领域 14691 人，工业设计领域 1290 人。组织 2022 年度北京市高层次留学人才回国资助申报工作，推荐 2 名人才，1 人入选获得市级和国家级双项资助。根据市人才工作局安排，开展 2018 年度北京市优秀人才培养资助项目结题工作，市经济和信息化局作为归口推荐单位，指导 2 个青年骨干项目结题，“自航式水下训练靶标研制”等 2 个项目均结题，资助经费全部开支。

（市经济和信息化局）

【领导干部选拔】 年内，市经济和信息化局坚持好干部标准，牢固树立正确选人用人导向，为老实做人、踏实干事的干部搭建干事创业的平台，让有为者有位，营造风清气正的选人用人环境。2022年选拔局直属事业单位领导正职5名、副职9名，直属企业领导正职1名，充分调动干部队伍干事创业的积极性。

（市经济和信息化局）

【干部挂职交流】年内，市经济和信息化局持续开展干部交流轮岗和挂职锻炼，全年轮岗交流干部4人，接收中央在京单位选派挂职干部6人、区县互派挂职干部4人，选派2名干部参加挂职锻炼，1名处级干部赴西藏开展挂职援派工作，2名干部作为“人才京郊行”成员赴昌平、通州等区挂职，选派4批次共60名干部下沉社区参加新冠肺炎疫情防控工作，投身防控一线。

（市经济和信息化局）

【干部招录招聘】年内，市经济和信息化局结合岗位空缺和工作实际需要，不断拓宽干部选任渠道、优化干部队伍结构，全年招录公务员14人，其中考试录用公务员7人、定向选调生5人、接收安置军转干部2人。从市政府办公厅、市财政局、市审计局等委办局转任优秀干部3人，从企事业单位调任干部1人。

（市经济和信息化局）

【上级单位调训培训】年内，市经济和信息化局以局处级干部为重点，做好各类培训组织协调参训工作，协调保障局级干部参加“推动首都城市高质量发展，提升领导干部规划建设能力”等专题培训10人次，选派处级干部参加“集成电路产业高层次人才创新发展高级研修班”等业务培训13人次。协调1名局级领导参加局级领导干部研修班，1名处级干部参加中央党校中青年干部培训班，2名干部参加北京市中青年干部培训班。组织7名处职领导干部参加任职培训，7名新入职公务员参加国家和北京市公务员初任培训，4人参加选调生初任培训。加强机关干部和直属单位领导干部在线学习管理，每季度开展跟进督学，在线学习考核通过率100%。

（市经济和信息化局）

【科级干部培训】年内，市经济和信息化局结合首都新冠肺炎疫情防控形势，依托北京市干部教育网在线学习平台，首次举办科级干部能力提升线上培训班。借助互联网平台，实现选课、报名、组织、授课、考核均在线上完成。56人参学干部通过参加线上视频学习和线下集体学习、分组研讨，深入学习党的十九届六中全会精神、碳达峰碳中和、数字经济标杆城市建设、办事规则与技巧、调研方法等内容，补短板、强弱项，不断提高综合素质和能力。

（市经济和信息化局）

【事业单位培训】年内，市经济和信息化局严格落实《事业单位工作人员培训规定》《北京市专业技术人员继续教育规定》的有关要求，组织直属单位全体人员开展2022年全市专业技术人员和事业单位工作人员公共知识培训，以线上培训的方式，学习党的十九届六中全会精神、北京“两区”建设、中央人才工作会议精神等内容。培训从4月持续到12月，11家直属单位共计402人参加培训。

（市经济和信息化局）

【加强干部考核】年内，市经济和信息化局坚持把平时考核作为加强公务员日常管理的重要抓手，聚焦中心工作和重点任务，统筹安排“好”等次名额分配，着重向参与2022年北京冬（残）奥会保障、城市副中心建设、高精尖产业发展、数字经济发展等全市重点任务中表现突出的干部和承担任务较重的处室倾斜，防止简单平均化，突出考核“指挥棒”作用，促进重点工作落实。扎实开展年度考核工作，2022年度局机关给予三等功奖励9人、优秀公务员30人、嘉奖19人、优秀工勤人员1人，局属事业单位给予记功3人、考核优秀83人、嘉奖15人，并按照市委组织部要求统一制作发放新版奖励证书和奖章，强化激励效果。注重考核结果运用，对平时考核一贯表现优秀和年度考核优秀的干部，坚持在选拔任用、职务职级晋升、评优评先等方面优先考虑，树立干事创业、敢于担当的鲜明导向。

（市经济和信息化局）

【公务员职级晋升】年内，按照公务员法及职级晋升相关规定，结合市经济和信息化局干部队伍实际情况，稳步扎实推进公务员职级晋升工作。严格按照动议、推荐、考察、讨论决定、公示、任职的程序开展，制订工作方案，明确工作流程，并征求纪检监察部门意见。2022年共有40名公务员晋升职级，其中二级巡视员4人，一至四级调研员32人，一至三级主任科员4人。

（市经济和信息化局）

【人事档案管理】年内，市经济和信息化局有序推进档案常态化专项审核工作，对新招录公务员、新接收军转干部、转任干部共35人的档案进行专项审核，确保干部人事档案材料真实准确、全面规范。规范档案日常管理，严格落实档案接收、转递、查阅及档案材料收集、整理、归档等工作规范，全年累计为干部提供档案查阅服务300余次，出具查档证明20余份。加强档案内容建设，收集整理、审核鉴别归档材料1000余份，真实全面记录反映干部工作成效、成长历程，更好发挥档案服务支撑作用。

（市经济和信息化局）

【人事基础管理】年内，市经济和信息化局按照市委组织部统一部署，推动干部公务员一体化平台应用，依托平台开展公务员录用过程管理等有关业务、维护干部公务员信息基础数据。2022年完成局机关人员录用、调任、转任、试用期满转正核职等37人次手续办理工作，完成人员调出、退休等14人次手续办理工作。持续做好局机关在职人员和离退休人员、原纳入规范管理事业单位在职人员，以及机关调入调出、职务职级变动人员的工资管理工作。核算在职人员工资2878人次、退休人员单位支付部分退休费2160人次、离休人员离休费105人次。完成在职和退休人员养老保险信息变更、人员增减、养老金支付、清算、退费补缴等工作91人次，退役军人养老保险资金和职业年金收缴及转续3人。落实市委、市政府关心关爱干部职工要求，为机关2名困难职工发放补助1万元。做好城市副中心行政办公区集体户口管理工作，办理户口迁入、迁出、借阅户口卡手续30余人次。

（市经济和信息化局）

【干部监督管理】年内，市经济和信息化局组织全局160名处级及以上领导干部报告个人有关事项，并对全体填报对象进行全覆盖培训，全年查核验证1人、随机抽查17人、重点抽查10人。贯彻落实《领导干部个人有关事项报告查核结果处理办法实施细则（试行）》，对1名填报不实的领导干部给予批评教育处理并在全局范围内予以通报。坚持证件从严管理，对因私出入境有效证件按照干部级别、证件类型分类管理，申请领用证件做到“一出一批，一审一领”，保证管理全覆盖、全过程、零死角，全年备案报送新增6人次、撤销8人次、变更4人次。开展处级以上领导干部在高校、科研院所兼职清理规范及回头看工作，审批1名事业单位正职担任评审专家、1名退休处级干部在社团兼职，协助市委组织部审批1名市管干部在高校兼职。规范公务员辞去公职从业行为，梳理公务员辞去公职后从业行为限制清单，提升全局公务员监督管理规范化水平。

（市经济和信息化局）

【直属单位管理】年内，市经济和信息化局开展直属单位领导班子和队伍分析研判，选优配强直属单位领导班子，优化班子结构、增强整体功能，提拔处级正职6名、处级副职9名。持续抓好事业单位招聘，提升应届毕业生招聘力度，通过事业单位工作人员公开招聘和“优培计划”为事业单位不断注入源头活水，优化干部队伍年龄结构，始终保持事业单位昂扬向上的工作活力。结合编制空缺情况，招聘事业单位人员15人，“优培计划”应届毕业生20人。完成事业单位津贴补贴专项清理整治，从源头规范事业单位收入分配制度。开展事业单位编外人员清理工作，对9名直接与事业单位签署劳动合同的编外人员予以清退安置。不断加大事业单位工资发放规范力度，严格执行绩效工资总额。出台《直属单位重大事项请示报告制度》，建立完善直属单位请示报告制度。不断优化事业单位机构职能，突出主责主业，促进整体服务保障能力持续提升。

（市经济和信息化局）

合作与交流

【京台产业合作座谈会召开】1月10日，市经济和信息化局组织市台办、市台协、市绿色产业发展促进会、台达集团和纬创集团等相关单位，围绕“服务在京台企、推动项目落地”主题开展座谈交流。经研究梳理，近年台湾在北京注册的台资企业共3000余家，现存1000余家，在北京的重点台资企业30余家，正在运作的重点项目有15个。市经济和信息化局希望与各单位共同携手，围绕以上重点企业和项目开展广泛合作，推动更多京台合作项目落地。同时，对《北京市“十四五”时期高精尖产业发展规划》《北京市关于加快建设全球数字经济标杆城市的实施方案》《北京市关于促进“专精特新”中小企业高质量发展的若干措施》等重点产业规划和政策进行宣介。

（市经济和信息化局）

【京津冀产业协同发展座谈会召开】1月14日，市经济和信息化局与河北省工信厅、通州区政府、北三县政府召开京津冀产业协同发展座谈会。在“推进北京城市副中心与北三县产业一体化发展”座谈环节，三河市、大厂县、香河县领导分别介绍了当地社会经济发展、产业基础和发展方向、空间资源等情况。通州区经济和信息化局介绍了通州区产业发展情况及下一步与北三县一体化发展工作设想。市经济和信息化局表示，要着力建设通州区与北三县一体化高质量发展示范区，通过政府引导、市场运作以及合作共建等方式，推动北京部分产业和功能向北三县等周边地区延伸布局。从保障首都运行和打造北京国际消费中心城市的战略高度出发，发挥北京品牌优势，聚焦“三品”（增品种、提品质、创品牌）战略，联合北三县共同开展规划牵引、组团招商、园区共建和科技赋能，打造现代都市产业体系。同时，支持北三县汽车零部件企业进入小米集团、理想汽车等龙头汽车产业链供应链体系，鼓励产业园区与北三县重点产业园区对接，优化区域产业链布局。在“京冀经信部门产业协同发展对接”座谈环节，市经济和信息化局表示，京津冀协同发展是一项系统性工程，推动产业协同是优化区域经济结构和空间结构的重要内容，推动京津冀优势互补、错位发展，围绕创新链布局产业链，围绕产业链打通供应链，优化存量、做强增量，实现产业集群化发展，是实现三地产业协同、增强发展纵深的客观要求。要持续创新龙头企业带配套、总部研发加生产、产业园区带项目等模式，引导北京企业在津冀布局一批带动力强的项目，共同完善企业供应链和产业生态圈。充分利用北京智造转型升级基金返投机制，辐射京津冀地区，沿产业链上下游系统布局直接投资项目。加快推进京津冀联网协同智造，支持北京工业互联网和智能制造头部企业对接津冀生产制造资源，加速赋能津冀传统产业。

（市经济和信息化局）

【京港产业合作座谈会召开】 1月21日，市经济和信息化局组织与香港贸发局北京办事处、市电子商会、市软件信息服务业协会和市绿色产业发展促进会等相关单位召开2022年京港产业合作座谈会。香港贸发局于1966年成立，是香港政府授权负责促进、协助和发展香港贸易的法定机构，在世界各地设有50个办事处，其中13个设在中国内地，通过举办国际展览、会议及商贸考察团，为企业尤其是中小企业提供开拓内地和环球市场的机遇。香港贸发局表示，与市经济和信息化局在数字经济、智能制造、智慧城市、节能环保、医药健康、中小企业等重点领域有着广泛的合作空间，希望2022年市经济和信息化局组织企业通过线上形式参加4月在香港举办的“香港国际资讯科技博览会”展览展示；通过参加两地组织的展会活动开展京港两地企业的对接，形成对接成果，在2022年京港洽谈会上发布，并与市经济和信息化局在2022京港洽谈会上签署长期合作协议或备忘录。市经济和信息化局表示，愿意与香港贸发局共同推进京港产业交流合作，希望香港贸发局利用香港的国际窗口和专业服务优势推动北京市企业“走出去”；利用京港两地重点展会论坛平台，推动两地企业在智慧城市、智能制造、绿色能源等重点领域技术和应用场景方面的交流合作；交流学习借鉴香港在临空经济方面的经验做法。

（市经济和信息化局）

【市经济和信息化局与美国信息产业机构及会员企业座谈会召开】 1月27日，市经济和信息化局组织与美国信息产业机构召开座谈会。美国信息产业机构北京代表处、高通公司、IBM（国际商业机器公司）、ZOOM、惠普公司、戴尔股份有限公司、通用汽车等在京重点外资企业代表参加座谈。会上，市经济和信息化局介绍了北京市高精尖产业发展规划，北京市数字经济实施方案的具体内容和进展情况以及当前北京市场准入、财税金融、土地、人才等外资企业关心关注的政策措施。与会企业分别介绍了在京运营情况、近期重点项目、企业当前在京发展面临问题以及对北京市的相关诉求。美国信息产业机构是一家在美国登记成立的会员制非营利行业协会，会员包括约50家在ICT领域居领先地位的美国企业。市经济和信息化局是美国信息产业机构北京代表处业务主管单位，对机构及会员在华工作开展年度审核管理，并充分利用代表处桥梁作用，扩大与会员企业交流合作，促进经信领域招商引资工作。

（市经济和信息化局）

【京津冀协同发展新闻发布会召开】 2月23日，北京市组织召开北京市推进京津冀协同发展8周年进展成效新闻发布会。京津冀协同办、市经济和信息化局、市交通委等部门介绍各自领域相关推进情况。市经济和信息化局以疏解非首都功能为“牛鼻子”，与津冀经信主管部门共同谋划新思路、提出新举措、探索新模式，搭建精准对接交流平台，围绕创新链布局产业链，围绕产业链打通供应链，优化存量、做强增量，形成了同心同向同力发展的工作格局，产业发展活力持续增强，协同创新发展成效显现，区域协作水平持续提升。推进非首都功能疏解，加快产业结构调整。实施负面清单管理，退出一般制造和污染企业2924家，为优化提升首都功能、发展高精尖产业腾出更多宝贵空间。统筹协调，强化产业协同整体推进。建立三地常态化的定期会商机制，三地经信部门签署《进一步加强产业协同发展备忘录》。依托中国国际服务贸易交易会等年度大会，以及 5G、智能网联汽车、机器人等专题展会，搭建产业交流的项目合作平台。深化合作，协同构建产业发展链条。围绕新能源及智能网联汽车、氢能和燃料电池、工业互联网等领域开展深入研究梳理，鼓励产业链龙头企业在京津冀范围内提高配套率。获批成为国家首批燃料电池汽车示范城市群和京津冀工业互联网协同发展示范区。共建园区，加速建设产业协同发展平台载体。持续创新龙头企业带配套、总部研发加生产、产业园区带项目等模式，夯实共建园区建设，围绕“2+4+N”产业合作格局集中发力，持续推动北京（曹妃甸）现代产业发展试验区、北京·沧州渤海新区生物医药园等一批园区建设，为“十四五”时期京津冀深入推进产业协同发展打下了坚实基础。协同联动，推动北京城市副中心与北三县一体发展。组建副中心产业提升项目专班，编制完成《北京城市副中心“十四五”智慧城市规划》。印发《引导我市产业加强与北三县协同发展工作方案》，举办北京与廊坊北三县项目推介洽谈会，累计签约项目 120 余个，产业集聚发展态势初显。

（市经济和信息化局）

【市经济和信息化局与韩国企业家协会座谈交流】 3 月 11 日，市经济和信息化局与韩国企业家协会共同走访韩国现代集团，就现代重工业公司、现代海上公司相关业务布局开展座谈。市经济和信息化局向韩国企业家协会及现代集团宣贯北京市高精尖产业规划和发展情况，并推介北京市在市场准入、财税、金融、科技等领域适用于外资企业的重点政策，同时介绍了数字经济标杆城市建设方案。双方就信息化新兴基础设施建设、数字化创新、智能网联汽车、合资公司上市筹备等相关领域进行交流。韩国现代集团系列公司中现代汽车公司主要布局北京市，现代重工业公司主要在上海市、山东省及江苏省开展产业合作，现代海上公司在北京市设有合资企业现代财险公司。

（市经济和信息化局）

【市经济和信息化局与韩国浦项集团座谈交流】 3 月 25 日，市经济和信息化局与韩国浦项集团开展座谈交流。双方就京津冀地区产业链协同、工业互联网、智能制造、新材料研发等相关领域展开探索。市经济和信息化局介绍了北京高精尖产业发展规划、京津冀协同发展规划和数字经济标杆城市建设方案。韩国浦项集团已在中国多地开展产业合作，在北京市设有中国业务总部，业务主要涉及钢铁、汽车以及新能源材料等领域，其中位于河北唐山乐亭的 90 万吨镀锌工厂正在建设中。

（市经济和信息化局）

【市经济和信息化局与巴西航空工业公司座谈交流】 3 月 28 日，市经济和信息化局与巴西航空工业公司开展座谈。双方就充分利用北京市两个临空经济区资源及北京在航空航天领域研发设计基础开展交流，就巴西航空工业公司的客改货、产业链创新合作，以及在新能源产品设计、氢能存储利用等相关领域展开探索。市经济和信息化局邀请巴西航空工业公司前往大兴临空经济区和中国商飞北研院等调研考察，推进公司在京业务布局，带动北京市相关产业链企业协同发展。巴西航空工业公司成立于 1969 年，是世界第三大航空工业公司，为全球最大的 120 座级以下商用喷气飞机制造商。业务范围主要包括商用飞机、公务飞机和军用飞机的设计制造和航空服务。公司在北京市设有大中华区总部，业务主要涉及商用、民用飞机的研发、设计、制造、销售及服务，主要服务于中国南方航空公司、中国东方航空公司、四川航空公司、天津航空公司、河南航空公司及众多公务机客户，占中国 120 座级以下商用喷气飞机市场超过 60% 的市场份额。

（市经济和信息化局）

【北京智能制造国际项目合作对接会召开】 6 月 29 日，北京智能制造国际项目合作对接会以线上线下模式举办。这次会议由北京市经济和信息化局主办，丰台区科学技术和信息化局、中关村科技园丰台园管委会支持。北京市经济和信息化局二级巡视员王佐，丰台区科学技术和信息化局党组书记、局长刘博涵，加拿大 Mech Solution 公司，英国蓝光科技公司，以色列 Stratasys 公司，美国 ZSFaB 公司，美国 ATCS 公司，北京汇力智能科技有限公司，北京金航智造科技有限公司，南方德茂（北京）资本管理有限公司，中核集团同方股份有限公司和深圳市京信国投基金管理有限责任公司作为嘉宾参加对接会，线上参会企业人员超过 200 人。会上，市经济和信息化局相关负责人介绍了 2021 年高精尖产业发展及开放情况，针对参会的智能制造国际企业宣贯《北京市“十四五”时期高精尖产业发展规划》和《北京市“新智造 100”工程实施方案》，并表示北京市将加快建立面向未来的高精尖产业新体系，着力打造智慧工厂，智慧车间，推动企业转型升级，充分利用“两区”政策，支持跨国企业、国际组织在京设立分支机构，实施智能制造项目。丰台区科信局介绍了丰台区产业发展情况和投资便利政策。线上线下企业嘉宾分别就特种机器人、智能分拣机器人、AI 工业机器人、无人机、智能传感器、智能仓储物流装备、绿色智能、3D 打印增材制造、AI 智能打印管理平台等智能制造领域的投资愿景和投资需求进行了推介和对接，其中，加拿大 Mech Solution 公司的 AI 智能 3D 打印管理平台项目、英国蓝光科技的智能传感器产业化项目、美国 ZSFaB 公司的 3D 打印定制产业项目均与北京市相关园区达成初步合作意向，将持续推进落地。这次会议旨在推动国际智能制造领域洽商合作，加强国际智能制造项目交流对接。

（市经济和信息化局）

【京津冀经信部门签署合作协议】 7 月 19 日，京津冀三地经（工）信部门在河北省雄安新区举办对接交流活动，就进一步深化京津冀三地产业协同发展和服务雄安新区进行交流。会上，三地经信部门签署《共建先进制造业集群　共推产业协同发展战略合作协议》，在巩固完善协同推进机制、建立重点产业协作机制、开展汽车产业深度合作、深化生物医药协同合作、推进工业互联网联动协同、搭建产业合作交流平台等方面加大合作力度，进一步深化产业协同发展。

（市经济和信息化局）

【京津冀工业互联网协同发展论坛举办】 7 月 28 日，2022 年全球数字经济大会“京津冀工业互联网协同发展论坛”在北京举办。论坛以“数字赋智，协同创新”为主题，由北京市经济和信息化局、天津市工业和信息化局、河北省工业和信息化厅、中国工业互联网研究院、北京市朝阳区人民政府联合承办。工信部信息技术发展司二级巡视员王少朋在致辞中强调，工业互联网具有跨地域、跨行业属性，京津冀工业互联网协同发展是对习近平总书记关于京津冀协同发展的重要落实，是加快区域数字化转型，优化区域产业布局，推动经济发展实现质量变革、效率变革、动力变革的重要支撑。在各方共同努力下，三地在政府工作、产业发展、生态建设方面取得显著成效。北京市经济和信息化局副局长王立勋在致辞中指出，推动京津冀协同发展，是以习近平同志为核心的党中央作出的重大决策部署，也是北京市推动“五子”联动的重要一子。京津冀协同发展战略实施以来，三地经信部门密切合作，签署了《打造京津冀工业互联网协同发展示范区框架合作协议》，在京津冀工业互联网协同发展工作组秘书处的大力支持下，建立京津冀产业协同发展工作机制和“2+4+N”的合作格局，并取得一系列的成果。论坛上，全国人大常委会委员、全国人大社会建设委员会副主任委员、中国行政管理学会会长江小涓发表《数字服务全链嵌入与产业互联网竞争力》主题演讲。中国工程院院士邬贺铨发表《工业互联网——融合创新引擎　协同发展平台》主题报告。会议发布 2022 年京津冀地区优秀工业软件案例，并上线工业互联网数据要素登记（确权）平台，向平台第一批参与单位颁发首批数据要素登记证书。

（市经济和信息化局）

【新一代信息技术国际项目合作对接会举办】 10 月 28 日，由市经济和信息化局主办的北京新一代信息技术国际项目合作对接会以线上和线下模式举办。韩国驻华使馆，匈牙利驻华使馆，北京市中小企业服务中心、七六一工场（北京）科技发展有限公司、北京软件和信息服务业协会、北京韩国创业园和北京市中小企业服务联盟等机构共同支持举办。会议通过线上和线下的方式对来自美国、韩国、英国、法国、以色列、日本等国家的 11 个新一代信息技术企业和项目进行推介，涉及领域包括云服务、数字孪生、高速数据库、人工智能、智慧医疗、元宇宙引擎、高清编解码、网络智能与安全方案、DevOps 工具、智慧城市等。活动期间，法国 Akila 公司基于数字孪生的超智能建筑应用项目、中国台湾远见育成公司用于医疗康复的元宇宙引擎开发平台项目等有意愿与北京市推进合作。

（市经济和信息化局）

【中德、中日产业园规划建设】 年内，市经济和信息化局继续推进中日、中德园规划建设，已形成稳定的园区和产业规划，完成顶层设计。举办两届北京中德产业合作发展论坛、首届“中国—日本粒子治疗技术创新与合作论坛”等国内对接活动以及国外参展活动。中德示范区依托核心项目承载地中德大厦一二期、中德国际会议会展中心以及国际会客厅等载体，吸引奔驰、宝马、Ameco、博世、恩格拜、莱茵科斯特等一批优质项目，集聚德籍高管及工程师 120 余人。中日创新示范区聚焦在 1 平方千米起步区加快建设国际创新服务中心，企业综合配套服务中心全功能开放。加快政策创新，落地北京首个知识产权保险示范园区与巡回审判法庭。两个示范区新增落地项目 43 个，累计落地 122 个。

（市经济和信息化局）

【市经济和信息化局赴主管境外非政府组织代表处开展工作巡查】年内，市经济和信息化局为加强主管的境外非政府组织北京代表处工作管理、拓展重点产业国际交流合作，先后赴德国机械设备制造业联合会北京代表处、中国光电线缆商会（香港）北京代表处开展巡查调研。市经济和信息化局共担任美国信息产业机构、德国机械设备制造业联合会、欧洲汽车工业协会（比利时）、世界水泥协会（英国）、中国光电线缆商会（香港）等 5 家境外非政府组织北京代表处业务主管单位。按照工作要求，主管单位每年需对境外非政府组织代表处办公情况进行巡查，对其开展活动和人员变更进行审核，强化对主管境外非政府组织代表机构工作管理和意识形态管理。德国机械设备制造业联合会（VDMA）成立于 1892 年，是一家欧洲的工业协会联合会，在全世界有 3200 余家会员企业，总部位于德国法兰克福，在中国北京市、上海市设有代表处。北京代表处在京会员企业近 200 家，包括博世力士乐股份有限公司、道依茨公司、费斯托（中国）有限公司等知名企业总部、研发中心及制造工厂。中国光电线缆商会（香港）为 2015 年在香港成立的境外非政府组织，利用香港联系境内外产业的桥梁作用，致力推动国内国际信息通信企业开展信息技术交流、国际合作等，现有会员近 2000 家，在国内北京市、天津市设有代表处。

（市经济和信息化局）

人　物

本类目采用条目体，刊载2022年北京工业领域获得北京市级、国家级劳动模范以及工业领域先进人物的典型事迹。

【王阳——13 年坚守炼油生产一线】 王阳，1987 年 5 月出生，中共党员，大学本科学历，高级工程师，现为中国石油化工股份有限公司北京燕山分公司炼油厂第五作业区区域主管。

王阳于 2009 年 8 月参加工作，一直从事炼油系统临氢装置工艺技术管理和生产运行管理工作，始终扎根燕山石化公司炼油系统生产一线，从装置技术员到生产科副科长再到区域主管，在保障安全环保，持续优化运行，努力提升指标，坚持技术创新，深度挖潜增效等方面积极探索、锐意进取，为公司做精做强炼油，持续保供首都清洁油品做出突出贡献。王阳 2013 年参与筹备 260 万吨 / 年柴油加氢 RTS 装置并实现一次投产成功，首次实现该技术在中石化系统工业应用；2016 年主导完成高压加氢增产航煤更换催化剂改造任务，实现装置航煤产率增加至 40% 以上；2020 年实现二制氢装置用饱和气甲烷氢与液化气替代天然气原料，从而实现配套锅炉燃气改造任务；2021 年组织完成作业区 8 套生产装置大检修改造任务，消除装置运行问题并实现装置一次开车成功，为京标Ⅵ B 汽油升级和氢能源质量保供做出贡献。2022 年北京冬奥会及冬残奥会期间，提供的氢能源装置原料稳定达标，兑现北京市绿色办奥运的庄严承诺。工作期间申请实用新型专利 2 项、公开发表期刊文章 1 篇、中国石化加氢年会论文 2 篇，撰写科技论文共计 5 篇，获燕山石化科技进步二等奖 1 项。

王阳于 2017 年获燕山石化公司优秀青年工程师、燕山石化公司优秀共产党员，2018 年获燕山石化公司优秀共产党员、获评燕山石化科研成果二等奖，2019 年获燕山石化公司青年岗位能手，2020 年获燕山石化公司劳动模范，2021 年获中石化集团公司青年岗位能手、燕山石化公司十大青年标兵、燕山石化公司科技进步奖二等奖，2022 年获首都劳动奖章。

（刘方旭）

【孙同兵——高分子材料研发领军人】 孙同兵，1987 年 12 月出生，博士研究生学历，高级工程师，现为北京华腾新材料股份有限公司研发总监。

孙同兵执着于“华夏腾飞，材料先行”，深耕功能性精细化学品合成与应用技术开发 10 余年，敏锐捕捉产业迭代发展过程中的新需求，快速将市场需求识别为相关技术需求，依据基础技术规律开发共性关键技术，再以此为平台开发满足不同场景应用的高端聚氨酯及环氧树脂粘接材料。他成功开发出多款胶粘剂产品，实现行业多个“第一”，突破产业技术瓶颈，以自主研发打破国外技术垄断，为实现中华民族伟大复兴的中国梦贡献出了“材料人”的一份力量。液化天然气 LNG、氢气是国际公认的清洁能源，储运技术存在诸多技术壁垒和“卡点”，特别是专用材料的国产化。孙同兵带领团队深入调研，身先士卒，最终突破国际领先的 17 万吨 LNG 运输船和 22 万立方米储罐的液货围护系统专用粘接材料替代技术，取得国际认证授权，并且做到全面国产自主可控；遵循结构设计、性能评价、制备工艺、应用验证全链条创新，研制出车载储氢瓶专用的复合材料树脂；聚氨酯、环氧树脂等多系列技术创新解决清洁能源在“低温液体 + 高压气体”储运技术难题，实现从设计、设备、材料、工艺等各个环节的技术突破，获授权专利 6 件。智能显示类电子产品已经成为人们生活的“刚需”，其封装用胶粘剂的高端定制化及上下游产品链薄弱。孙同兵从 PUR 结构 – 效能关系研究入手，系统性开发出氟化液 –PUR 胶 – 清洗剂产品线，破解这一技术难题。同时，在科研成果转化过程中，他引进 IATF–16949 管理体系，优化和完善生产工艺流程，为产品质量保驾护航，建成生产线，满足市场需求。孙同兵基于 PUR 共性技术，研发光湿双固化 UV–PUR 胶黏剂，将产品的应用领域拓展到汽车轻量组装，实现胶粘剂产品的跨领域应用。孙同兵积极从专业知识、专项技能、文化素养和价值观等几个维度来筛选优秀的研发人才；完善研发人员绩效评价考核机制和双通道职业发展路径；开展“线上 + 线下”多点多频次培训模式，提升专业技能；参与完善“揭榜挂帅”制度等多种科技创新机制，丰富科研奖励激励方式，鼓足员工干劲、提高全员效率。在他的引领下，科研团队多名成员先后获得北京化工集团科技新星、十佳工作者等称号。

2022 年，孙同兵获北京化工集团科技学术带头人称号。

（化工集团）

【刘更生——大国工匠年度人物】 刘更生，1964 年 10 月出生，中共党员，高中学历，手工木工（高级），现为北京市龙顺成中式家具有限公司工艺总监、副经理。

刘更生从小在原崇文区的木匠圈里“泡”大，18 岁接了木匠父亲的班，进了“龙顺成”，他从一名学徒工做起，凭借日益精湛的工艺技术和扎实肯干的奉献精神逐渐成长为龙顺成第五代传承人。

刘更生从业 39 年来，始终秉持工匠精神，在传承中创新，在创新中传承。发挥典型示范作用，大力弘扬传递京作文化，组织开展非遗进校园、非遗进社区、非遗基地文化游等活动，年均组织活动 30 余场，参观人数达千余人次。承担故宫文物修复、APEC 会议座椅设计、天安门城楼内部修缮、保供冬奥等国家重点工程所用家具的制作任务。

刘更生于 2018 年获首届北京大工匠称号，2019 年获全国五一劳动奖章、北京市有突出贡献高技能人才称号，2020 年获北京市老字号工匠称号，2022 年作为全国建材行业和北京市属国有企业唯一受表彰人员，获大国工匠年度人物称号。

（武　杰）

【刘劲松——第十六届“中华技能大奖”获得者】 刘劲松，1976 年 1 月出生，中共党员，大学专科学历，特级技师，现为集团公司加氢裂化装置操作工技能大师。

刘劲松 1996 年 8 月参加工作，是从基层一线技能操作岗位上成长起来的技能大师。多年来，他及时发现并妥善处理高分液位计砂眼、串压等重大安全隐患，硫化氢介质泄漏及停电、

停进料、循环机停运等生产波动，为保证人身安全和保护国家财产做出重要贡献。作为加氢专家，先后指导完成蜡油加氢、润滑油加氢、中国石化十条龙之一的 RLG 装置等燕山石化和中国石化系统内多套加氢装置的开工投产，多次编制停开工方案、技术规程、岗位操作法和事故处理预案。他提出的优化循环氢脱硫系统、停用脱丁烷塔汽提蒸汽、延缓切削分馏塔底油泵叶轮等建议，解决了生产难题，稳定了产品质量，为企业创造经济效益 1800 余万元。他负责的新工艺——直馏柴油裂化生产航煤项目的改造和投产，为降低炼油企业柴汽比，调整产品结构做出贡献，获得中国石化科学技术进步奖一等奖。自 2017 年 5 月成立刘劲松创新工作室以来，他带领工作室成员紧紧围绕公司发展战略，组织开展技术攻关、管理创新、课题研究等活动，推广普及先进的创新理念、技术和方法，累积为企业创造经济效益 3200 余万元。其中，采取原料直供、确保节能设备长周期运行、合理控制氢油比、能耗日跟踪等措施，4 套加氢装置整体能耗降低 2.47 千克标油 / 吨，节省成本 2740 万元；解决了 3 套加氢装置航煤产品银片腐蚀波动的难题，合格率达到 100%，为高质量完成西郊机场和国庆 70 周年阅兵军用油保供任务打下坚实的基础；指导 6 套加氢装置完成 15 次停、开工，解决了塔底泵抽空、反应器法兰泄漏等突发故障，消除气密流程不完整存在的重大安全隐患；在航煤加氢装置开工过程中，提出产品置换、优化汽提塔运行等措施，实现当日投产当日航煤产品合格的突破。他培养了一大批加氢领域的技术、技能人才，其中 2 人获得全国加氢裂化技能竞赛金牌、2 人获得“公司十大杰出青年”称号、9 人取得工程师资格、10 人取得技师、高级技师资格。2021 年，刘劲松参与京 6B 油品质量升级工作，对照质量新标准和内控质量指标，多次进行技术研讨，参与制订完成京 6B 油品生产准备方案，保证燕山石化于 12 月 1 日起向北京市场供应京 6B 汽油。指导氢气新能源装置一次开车成功，为保障北京冬奥会绿色能源供应作出突出贡献。他致力于生产技术攻关，带领工作室解决精制柴油硫含量高等 31 项生产难题，提出优化措施 13 项，为企业创造效益 4000 余万元。

刘劲松投身石化事业，一步步成长为集团公司优秀共产党员、北京市劳动模范、全国技术能手、“大国工匠”，享受北京市政府技师特殊津贴和国务院政府特殊津贴的行业专家，并作为北京冬奥会火炬手，代表中国石化、燕山石化完成第 86 棒接力任

务。2022年，刘劲松获十六届中华技能大奖。

（刘方旭）

【杜建强——中国能源化学地质工会第八季“大国工匠”】杜建强，1970年8月出生，中共党员，大学本科学历，正高级工程师，现为北京燕山石化高科技术有限责任公司研究中心科技研发专家。

1995年8月，杜建强怀着对科研工作的热爱与梦想来到燕山石化，逐渐成长为一名科技研发专家。

在抗击新冠疫情期间，中国石化受党中央、国务院委托，承担研发生产熔喷布和熔喷料重任。杜建强本着一名科研人员的责任与担当，迅速投入到氢调法聚丙烯熔喷料的开发中。2020年2月初，进行数十次小聚合评价；装置试产期间，经常从早上7点工作到凌晨2点，通过对产品生产过程的评价、测试与总结，提出调整方向与建议。在熔喷布开车准备中，确定熔喷布分析方法、标准与配方，开展熔喷布加工工艺研究，有力支援了国家的疫情防控和复工复产。作为课题组长，进行PPR管材料开发，一年有近一半时间在进行市场推广和技术服务。他带领课题组相继开发了系列聚丙烯管材料、板材专用料、汽车领域专用料、医疗健康专用料，正在打造系列化产品、高熔体强度聚丙烯、努力实现茂金属聚丙烯的开发和应用，力争以高附加值产品转型升级、打造标杆。在创新实践中多项课题获得总部、燕山石化公司一、二、三等奖，授权发明专利20余项。20多年的科研工作，杜建强始终勇于创新、坚持与坚守。2019年，杜建强创新工作室成立，2021年获批中石化创新示范工作室、北京市创新工作室。他常把在新产品开发中的成长经验与年轻人分享，如何获得创新的灵感、如何赢得客户的认可等，经过3至5年的科研实践，年轻人都成为公司的科研骨干力量。

2016年，杜建强获燕山石化公司科技进步奖一等奖，同年获中石化集团公司优秀共产党员；2019年获燕山石化公司科技进步奖二等奖、燕山石化公司劳动模范、中石化集团公司科技进步奖三等奖、中央企业优秀共产党员；2020年获燕山石化公司科技进步特等奖，获评中石化抗击新冠肺炎疫情先进个人，获北京市劳动模范。2022中国能源化学地质工会在全国能源化学地质系统开展“大国工匠——能源化学地质篇”（第八季）学习宣传活动，燕山石化高科公司杜建强等80名获“大国工匠”称号。

（刘方旭）

【李刚——北京冬（残）奥会突出贡献个人】李刚，1966年2月出生，中共党员，大学本科学历，时任北京首钢园区综合服务有限公司冬奥物业事业部党支部书记。

2016年初，北京冬奥组委入驻首钢北京园区，随即首钢成立冬奥物业事业部，李刚作为首钢冬奥物业事业部党支部书记，带领全体职工为冬奥会开展服务保障工作长达6年。

李刚带领全体职工打造钢班子、建立铁队伍，始终把服务保障冬奥会作为最高政治任务，全体职工讲政治、有担当、能吃苦、敢战斗，以“一刻也不能停，一步也不能错，一天也误不起”的要求，高标准、高质量、高效率为冬奥组委、冬训中心、首钢大跳台等提供日常办公、会议接待、场馆训练、赛事运行、活动保障等全方位服务。将首钢精神和奥运精神结合，形成“全周期、一站式、定制化”服务体系，坚持严、精、细、实的工作标准和快速服务机制，把工作做到极致，圆满完成沸雪世界杯、北京冬奥会和冬残奥会吉祥物发布会、冬奥会等重大活动和国际会议服务300余次，出色完成近四年国家花滑、短道速滑等运动员训练服务保障任务。

在服务保障北京冬奥会期间，李刚狠抓服务标准、严把服务细节，注重服务的国际化、专业化、特色化。围绕赛事服务保障，成立先锋队、责任区、示范岗，制定服务保障方案，建立“两清单、两调度”工作机制，挂图作战，组织有序、运转高效。全体职工顶住疫情防控巨大压力，克服极端天气不利影响，不畏闭环管理艰苦环境，精益求精做好基础设施维护、能源运行、清废保洁、运输物流、铲冰扫雪、住宿餐饮等领域工作。用务实行动展现责任担当，用工匠精神诠释首钢服务，圆满完成首钢滑雪大跳台赛事保障和国家运动员冬训服务保障等任务，助力冬奥中国健儿首钢园冰雪夺冠，受到冬奥组委、冬训中心以及运动员的高度评价。

李刚带领的冬奥物业事业部是钢铁工人成功转型的一面旗帜，恪尽职守、默默奉献的200余人全部是首钢转型职工，在奋进的道路上敢于攻坚克难、勇于突破自我，通过思想转型和技能转型，抓住服务冬奥会契机，积累经验、锻炼队伍、提升能力，实现了从钢铁人到服务人的蝶变，谱写了新时代首钢工人转型、提升、跨越的华美篇章，涌现出全国创新百强班组、北京市青年文明号等先进团队，培养了从天车工到金牌讲解员的姜金玉、从炉前铁人到安保专家的李红继等一批典型人物，他们的转型服务事迹在中央电视台、《人民日报》、《北京日报》等媒体数十次宣传报道，展现了首钢工人新时代的风采。2022年4月8日，李刚被党中央、国务院授予北京冬奥会冬残奥会突出贡献个人。

（马　晓）

【李华昌——矿物冶金分析专家】李华昌，1964年12月生，中共党员，博士研究生学历，博士生导师，正高级工程师，现任矿冶集团北矿检测技术股份有限公司党总支书记、董事长、总经理，兼国家重有色金属质检中心常务副主任。

李华昌长期扎根一线，主要从事冶金材料分析、矿物分析、检测仪器研发和标准研究，是国内外知名的矿物冶金分析专家，享受国务院政府特殊津贴。他主持完成国家和省部级科研项目40余项，获各类科技奖励21项，获发明专利等10余项，参与制定国际标准、国家和行业标准40余项，出版学术著作13部，发表论文119篇。多年来他带领团队，潜心在线分析等高端仪器研发，先后成功研制了具有自主知识产权的激光诱导击穿光谱仪、高温水解仪、高纯溶剂精馏仪等分析仪器设备。作为项目牵头单位负责人和核心骨干，组织“十三五”国家重点研发计划——“工业过程在线分析仪器开发与应用”项目，研发激光诱导击穿光谱仪（LIBS）等在线检测仪器及技术，实现现场应用，检测快速准确。他还积极参与ISO/TC 183、ISO/TC 155、ISO/TC 174工作，中国牵头提出的有色金属化学分析第一个国际标准的诞生凝聚着他的汗水和心血。在他的努力下，中国争取了多项国际标准的制定权。作为全国有色金属、黄金、地矿、钢铁等标准化技术委员会委员和全国有色金属标准样品技术委员会副主任委员，他加强标准和标样的研究，不断完善国内有色金属和黄金标准体系，积极推进中国标准英文版工作。他作为项目负责人组织完成了高纯铅中痕量杂质元素、高纯锌中痕量杂质元素、高纯金、金中痕量杂质元素等多项分析方法研究，带动了有色金属及黄金冶炼技术的革新，实现了金属产品质量飞跃。在他带领下，北矿检测技术有限公司实现连续19年快速增长，复合增长率超过25%，人均产值与利润居同行领先水平。公司成为英国伦敦金属交易所（LME）指定的中国第一个采样与化验机构（LSA），在国际仲裁检验检测业务领域取得突破，国际影响力极大提升。公司获全国文明单位、全国三八红旗集体、全国巾帼文明岗、中央企业先进集体、中央企业基层示范党支部等诸多荣誉。

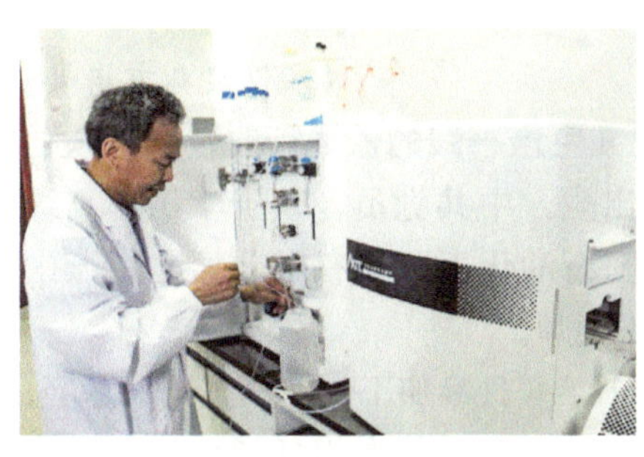

李华昌获全国优秀企业家、中央企业优秀共产党员、中央企业职工技能大赛优秀工作者、中国有色金属学会杰出工程师、中国金属学会青年先进科技工作者、中国质量检验协会先进工作者、“十二五”中国黄金行业科技先进工作者、大兴区“新国门”领军人才等称号，全国有色金属标准化终身成就奖。2022年9月入选2021—2022年度全国优秀企业家名单。

（刘　莉）

【吴昊——食品烘焙专业高级讲师】吴昊，女，1987年1月出生，硕士研究生学历，中共党员。现任北京轻工技师学院（北京乐器研究所）食品烘焙专业教研室主任、高级讲师。

吴昊师德高尚，诚实守信，工作作风优良、待人诚恳，多年来不断提高思想政治修养，更新自我，以身作则，做到为人师表，率先垂范。在教育教学上，敬业爱岗，严谨治教。自参加工作以来，主要从事巧克力、咖啡制作等食品烘焙专业一体化课程日常教学工作及教研教改工作。曾参加“国家中等职业教育改革发展示范校建设项目”“深化国家级高技能人才培训基地建设项目”“第44、45届世界技能大赛（糖艺/西点制作项目）中国集训基地建设项目”“第45届世界技能大赛（烘焙项目）中国集训基地建设项目”“北京市特色高水平骨干专业（群）建设项目”等，并参与多本一体化教材的编写工作，同时完成课程资源的开发与制作工作，发表多篇教育教学论文。多次带队教师、学生参加各类全国、市级烘焙大赛，并多次组织承办各类比赛，多次评为优秀指导教师。在完成各项工作任务的过程中，吴昊始终保持高度的职业使命感和工作责任心，潜心修炼业务能力，善于学习，勇挑重担，工作业绩突出，成果显著，逐步成长为优秀骨干教师。在带领团队过程中表现出较强的团队协作、逻辑思维和统筹规划能力，善于沟通协调，执行力强，得到了领导和同事的一致认可。

吴昊在 2017 年获评职业教育一线教学工作成绩突出教师称号，北京一轻优秀大学生奖。2018 年 9 月获评北京市 2018 年职教工作成绩突出的教师。2019 年 5 月在第九届全国职业技术院校在校生创意西点技术大赛中获优秀指导教师称号；12 月获第二届全国技工院校教师职业能力大赛北京赛区服务组第 1 名；同月，在北京一轻第六届优秀人才和创新成果评选中获优秀师徒奖。2021 年 12 月在北京市职工职业技能大赛暨第四届食品加工行业西式面点师竞赛中获第 1 名。2022 年 4 月获北京市职工技术协会授予的北京市职工高级职业技术能手称号；同月，获北京市总工会和北京市人力资源和社会保障局授予的首都劳动奖章。2022 年 9 月，吴昊参与的食品烘焙专业国家级高技能人才培训基地（平台建设）获北京市人民政府授予的北京市职业教育教学成果奖二等奖。

（轻工技师学院）

【何茂栋——半导体专用温控设备控制工程师】 何茂栋，1980 年 10 月出生，中共党员，博士研究生学历，正高级工程师，现为北京京仪自动化装备技术股份有限公司副总工程师，北京经济技术开发区产业园区服务管理智库专家，北京市科技专家库专家。

何茂栋 2002 年大学毕业以来就扎根到研发第一线，致力于半导体领域高端装备的设计开发及国产化推广应用，先后参与国家专精特新小巨人企业支持项目、国家“863”项目、国家科技重大专项等多个重点项目的研究开发。2002 年至 2013 年从事半导体晶体生长设备的设计开发：开发砷化镓、磷化铟晶体生长设备，其中砷化镓晶体生长设备项目属于国家“863”项目，磷化铟晶体生长设备属于国家科技重大专项；开发硅、锗晶体生长设备，开发出全自动单晶硅炉控制系统，实现晶体生长的一键式全自动控制，实现晶体生长设备的国产化。2014 年，他加入半导体专用温控设备项目组，带领技术团队成功开发半导体专用温控设备。所开发的温控设备，采用先进的智能控制算法对温度进行精密控制，温控精度优于国际同类产品，整体技术达到国际先进水平，解决半导体专用温控设备长期被国外垄断及“卡脖子”的问题。半导体专用温控设备完全满足国内外主流的半导体刻蚀工艺设备的要求，并销往国内主要的集成电路制产线，产品在集成电路制造领域得到批量应用，实现国外进口高端温控设备的国产化替代，促进“中国芯”的健康良性发展，为国民经济稳步向好向优提供有力的保障。

何茂栋累计发表论文 7 篇，获授权发明专利 45 项、实用新型专利 39 项，软件著作权 20 项。2022 年获北京市科学技术进步奖二等奖、机械工业科学技术进步奖三等奖，获北京榜样、中国自动化领域年度人物、全国五一劳动奖章、大国工匠年度人物提名人选等称号。

（京仪装备市场部）

【余仁杰——奋战在生产一线的乙烯行业专家】 余仁杰，1987 年 6 月出生，中共党员，硕士学历，高级工程师，现为中国石油化工股份有限公司北京燕山分公司烯烃厂总工程师。

余仁杰于 2011 年 8 月参加工作，一直扎根基层，奋战在生产一线。2022 年，他在担任烯烃厂总工程师期间，多次完成驻厂保供任务，带领团队不断进行工艺优化调整，乙烯高附能耗、损失率等技术经济指标连续 3 年刷新历史最优。他主持烯烃厂技术工作，立足岗位大胆创新，装置竞争力持续提升，烯烃厂获燕山石化科技进步奖 2 项、科研成

果奖2项，乙烯装置蝉联工信部“全国乙烯行业水效领跑者”。他组织乙烯团队不断优化工艺操作，攻克装置运行瓶颈，实施BA-113裂解炉理论配比燃烧优化技术应用，每年可节省燃料317吨，降碳951吨，NO*x*排放浓度降低19.4%，裂解炉热效率提升0.6%，实现创效金额65万元/年，节能环保效果显著。实施高烯烃含量碳四裂解工业技术在乙烯装置BA-1101裂解炉成功应用，填补了国内空白，新技术实施后，三烯回收率提高2.84%，年增利润可达336万元。组织实施完成裂解气压缩机油箱尾气治理的技术改造，实现油气分离器“一并三、一串一、三串一”的运行模式，大幅度降低裂解气损失。他持续强化装置工艺技术管理，推动建立精细化管理机制，修订工艺卡片、工艺技术规程和岗位操作法，组织编制操作任务清单，月度操作任务观察完成率100%。建立工艺专业日检查、日通报机制，推行工艺技术表单化操作，规范工作标准，优化工作流程。制订报警管理攻关优化方案，多举措降低无效报警，持续报警总数大幅下降，报警确认及时性大幅提升，报警响应百分率排名公司第一。通过攻关优化，全厂各装置平均报警率成功实现既定目标，报警管理水平持续提升。乙烯装置实现了5年的长周期运转，连续4年实现非计划停工为零。乙烯、丙烯产量不断创造历史佳绩，为公司的攻坚创效和首都的疫情防控奠定了坚实的原料基础。他在实施科技创新的同时，围绕现有工艺开展优化调整，持续不断激发装置创效潜能。2022年实施科研项目11项，技改项目12项。实施乙烯脱丙烷塔降压、碳五分离异戊二烯收率提升、碳八抽提降低苯乙烯损失、苯乙烯DA-201塔停运等项目，不断提高装置利润及竞争力。乙烯装置克服低负荷运行瓶颈，高附能耗创造历史最优；碳八装置统筹全厂碳九资源，保持较高负荷稳定运行，能耗水平持续提升；碳五分离装置不断推进技术攻关，开展“乙烯－制苯－碳五”三装置联动，通过稳定进料组成和萃取单元优化，异戊二烯回收率创造历史最优。建立降本减费目标，落实13项措施，大抓变动成本管控，推进能源介质优化，激发全员热情，征集“金点子”49条，累计上报增效金额达10784万元。全年降本减费增效工作开展稳居公司第一名。

余仁杰于2019年获中国石化管理现代化创新成果奖二等奖，2020年参加中国石化首届乙烯装置专家班并获优秀论文奖，担任全国行业职业技能竞赛裁判员，2021年获北京市国资委系统优秀共产党员、中国石化“闵恩泽青年科技人才奖”，2022年获首都劳动奖章。

（刘方旭）

【青格勒吉日格乐——钢铁玫瑰】青格勒吉日格乐，女，1979年12月出生，蒙古族，中共党员，教授级高级工程师，现任首钢集团有限公司技术研究院首席技术专家。

钢铁企业实现绿色发展，关键在高炉炼铁，核心是降低碳排放。中国高炉炼铁一直以烧结矿为主、球团矿为辅，生产1吨烧结矿产生200余千克碳排放，而生产球团矿的碳排放则仅为生产烧结矿三分之一。为了建立低碳炼铁系统，青格勒吉日格乐带领团队攻克低硅球团矿还原膨胀率难控制、球团布料偏析、高炉煤气分布不均匀等一系列科学及工程技术难题，首次开发出消石灰制备超低硅碱性球团矿技术，球团矿质量达到国际领先水平，在首钢京唐公司3座5500立方米特大型高炉上实现了55%以上球团矿冶炼，改变了我国以烧结矿为主的传统高炉炉料结构，成为全球首个特大型高炉高比例球团应用示范线，实现吨钢CO_2排放降低10%以上，颗粒物、二氧化硫等污染物排放降低50%以上，创立的钢铁材料低碳制造关键流程体系，为京津冀地区打赢蓝天保卫战提供了重要支撑，也为国内钢铁企业低碳绿色发展提供了重要依据。

铁矿资源是钢铁冶炼的基础原料，资源和市场的波动对钢铁生产影响大。为建立安全的资源链和产业链，青格勒吉日格乐带领团队开发出30余种铁矿资源应用技术，尤其攻克了褐铁矿、赤铁矿、菱铁矿等复杂物相铁矿难制备炉料和高炉冶炼的问题，大幅拓展钢铁生产可用铁矿资源，突破资源紧缺限制球团工艺发展的瓶颈问题，形成生产优质稳定炉料的资源库及生产技术体系，在严峻疫情形势及复杂外部环境下，确保企业生产链的高效稳定运行，高炉炼铁冶炼效率提高8%以上。该项技术也获得澳大利亚、日本和韩国的授权发明专利。

为推动首钢钢铁制造流程高效低耗、低成本运行，青格勒吉日格乐提出生产镁钛低硅新型球团矿的思路，通过基础理论和试验攻关研究，开发出既可以为高炉提供含铁熟料，又能提供高炉造渣所需镁和护炉所需钛，同时又可降低渣量的新型球团矿，拓展球团矿的功能，同时为高炉炼铁系统的高效长寿运行奠定了重要基础。设备的大型化和现代化是推进钢铁流程高效低耗运行的关键。为实现球团矿的高效高质量生产，青格勒吉日格乐带领团队开发出大型带式焙烧机球团生产技术，在首钢京唐公司建设了国内第一台504平方米大型带式焙烧机球团生产线并被中国钢铁协会推广。到2022年底，国内已建和在建带式焙烧机数量达到18台以上，为国内球团工艺的发展及推进钢铁企业低碳绿色制造提供了重要支撑。

低碳绿色生产已成为钢铁企业可持续高质量发展的重要方向，青格勒吉日格乐以推动钢铁节能减排技术进步为己任，带领攻关团队正全力以赴投身在高炉富氢冶炼、氢气直接还原、二氧化碳捕集及资源化利用等新技术研发工作中。

青格勒吉日格乐先后主持完成20余项科研攻关项目，多项成果达到国际先进水平，获得省部级科学技术一等奖3项，中国专利优秀奖1项，年创造经济效益5亿元以上。曾获全国三八红旗手、全国钢铁工业劳动模范、“国企楷模·北京榜样”十大人物、北京市国资委系统优秀共产党员等称号。2022年获全国五一劳动奖章。

（马　晓）

【练礼财——致力转型发展的排头兵】练礼财，1970年9月出生，中共党员，大学本科学历，现任北京金隅琉水环保科技有限公司党委书记、执行董事，北京金隅北水环保科技有限公司执行董事。

练礼财严于律己、勇于担当，主动服务工作大局，坚持“以废定产”的原则，带领团队攻坚克难，知重负重砥砺前行，确保生产经营工作顺利开展，危险固废处置能力得到有效保障，团队的集体智慧和力量得到充分发挥。他组织开展了国内首条飞灰处置工业示范线先进工艺设备集成创新研发项目，利用公司水泥窑自身优势和特点，组织制定水泥窑协同处置水洗飞灰的技术方案和路线，让飞灰处置与水泥生产有机结合，实现飞灰的“无害化、减量化、资源化”处置，符合国家危险废物无害化处置政策导向及发展循环经济的理念，技术整体达到国际领先水平，真正实现了经济效益、社会效益和环保效益的统一。该技术有效解决了困扰北京市的垃圾飞灰处置难题，保证了北京市多条生活垃圾焚烧发电厂的顺利运行，累计消纳飞灰约36万吨，其中2018—2020年实现利润13450万元，琉水公司已成为北京市重要的环保基础设施之一。《琉水飞灰处置(2.0)新工艺新装备技术集成创新与应用》项目获金隅集团2020年度科技进步奖一等奖，作为参与人获北京市科学技术奖三等奖。他还组织实施《窑尾烟气碳捕捉及应用优化研究》项目，该项目集成开发了首台套水泥窑烟气碳捕集并应用于协同处置飞灰的成套技术装备，实现了水泥窑烟气CO_2工业化捕集及利用。形成了完整、成熟的CO_2变压吸附捕集利用技术，有效降低了水泥窑烟气CO_2排放强度，节省处置飞灰中化学药剂消耗量，经济、社会和环境效益显著。该项目实现减污降碳协同增效，为水泥工业碳减排提供新的技术路径，对促进中国碳减排技术进步具有重要意义。项目年捕集利用二氧化碳1500吨，年替代化学试剂约2100吨，节约成本约460万元，达到减污降碳效果，经中国建材联合会鉴定项目成果达到国内领先水平。他组织开展水泥工艺信息化节能技术集成及能源管理中心示范工程建设项目，利用可视化技术对设备能耗全过程进行可视化分析，实现对问题反追溯，挖掘节能空间、分析节能量，通过系列“运行改善”措施、“循环验证”方法，对设备控制系统以及操作行为进行规范化，制定运行管理标准值，改进设备运行和人员操作直至最佳，保证设备运行在最佳能耗状态。该项目年平均节约用电212万千瓦时，折标煤260.63吨/年，年节约资金127.2万元。2018年至2022年，练礼财组织完成创新项目20余项，创效2亿元，获授权发明专利1项、实用新型专利12项，获中国水泥协会授予的全国水泥优秀总工程师称号，发表论文3篇。《典型有色金属高效回收及污染控制技术》获2019年度中国环保产业协会环境技术进步奖一等奖，参与1项行业标准《水泥窑协同处置飞灰成套装备技术要求》(JC/T 2591—2021)编制，以及1项团体标准《水泥窑协同处置飞灰预处理产品　水洗氯化物》(T/CCAS 010—2019)编制。

练礼财2015年获全国水泥企业优秀总工程师称号，2019年获中国环境保护产业协会环境技术进步奖一等奖，2020年获全国“安康杯”先进个人，

2021 年获中国建筑材料联合会·中国硅酸盐学会建筑材料科学技术奖技术进步奖二等奖、中国建筑材料企业管理协会 2020—2021 年度全国建材企业文化建设成果一等奖、2022—2023 年度全国建材企业文化建设优秀成果典型案例。

（王慧玲）

【封宾——国产半导体显示行业突出贡献者】 封宾，1981 年 5 月出生，中共党员，博士研究生学历，高级工程师，现为北京京东方显示技术有限公司副总经理。

封宾于 2010 年参加工作，一直精研半导体显示技术，培养显示人才，专注于管理水平提升和人才队伍建设，坚定笃行地带领企业经营团队一起，为国产半导体显示行业的持续发展做出贡献，曾获北京市大工匠称号。封宾在产业开拓方面，主导完成国内首台大尺寸面板 Cell Gap 设备导入，参与上百款新产品的研发，尺寸涵盖 7 ~ 110 英寸各类产品，实现国产半导体液晶显示产品的多项技术突破。在技术成果方面，他完成百项智力成果积累及千余项疑难问题解析与改善，主导攻克多项行业内的疑难顽固性问题，并在优化工艺流程，完善设备缺陷方面精益求精，取得行业良率突破和降本增效突破等显著成绩。在人才培养方面，他做好传帮带，从 2013 年起作为科室、部门的团队负责人，培养专业研究员和工程师累计 200 余人，技术工人累计 1000 余人，均已成长为各部门和工厂的团队负责人或核心骨干。

2022 年，封宾获首都劳动奖章。

（京东方）

【茹水强——大豪公司科技创新领头人】 茹水强，1977 年 5 月出生，大学本科，现任北京大豪科技股份有限公司总经理。

大豪科技是中国电脑刺绣机行业的开创者，是一家由研究院所成功改制混合所有制上市公司，一轻控股占比 35%，主要产品是缝制针织设备自动控制系统。通过持续技术创新，带领中国的电脑刺绣机，实现了从跟随、并跑、领跑到全面超越国外品牌的历程。茹水强是继第一代创始人股东之后，公司内部遴选培养的第二代高级管理人。作为科技型企业的技术带头人，长期从事产品开发和技术管理工作，推出的多项技术和产品，中国电脑刺绣机整体效率提升 50% 以上，产品品质接近国外高端产品水平，大豪刺绣机电控市场占有率提高到 95%，多种机型成功拓展到国外品牌长期占领的欧美等市场。在他的带领下，2017 年公司获工信部颁发的制造业单项冠军示范企业，缝制设备远程运维服务获智能制造试点示范项目，2019 年公司被评为国家级企业技术中心。他主持领导多个核心产品开发，多次获得行业及省部级奖项，主导公司研发管理变革，大幅提升产品开发成功率及人均研发效率。他先后获得专利授权 44 项，其中发明 10 项，实用新型 24 项，另有 21 项发明及 1 项外观专利处于审查阶段，经济和社会效益良好，部分成果达到国际先进水平。其中，其作为唯一发明人的发明专利“伺服驱动器及刺绣系统（ZL201010527024.4）”获得 2020 年中国专利优秀奖。

在茹水强的带领下，公司实现多元化发展，积极布局新业务，做大做强企业规模，2021 年经营业绩突破创业 35 年来的最高水平，收入同比增长 80%，利润同比增长 70% 以上，业务板块从 4 个拓展到 6 个，业务规模从 10 亿元上升到 15 亿元，市值从 100 亿元提升到 200 亿元。2022 年，茹水强获首都劳动奖章。

（大豪科技）

【姜钊——服装数字化转型的先驱者】 姜钊，女，1987 年 2 月出生，中共党员，硕士研究生学历，现任北京铜牛进出口有限公司设计总监，北京市姜钊技能大师工作室、铜牛姜钊创新工作室的领办人。

姜钊自参加工作以来，一直致力于高科技功能性服装的科技研发与创新工作。主持参与多项国家级重大项目或任务，完成中华人民共和国成立 70 周年天安门群众游行方阵置装保障任务，2020 年北京市应急防疫物资技术保障任务，北京 2022 年冬（残）奥会制服、火炬手服装设计研发，北京 2022 年冬（残）奥会赛时定制口罩设计研发与生产等国家级重大项目。她响应国家“十四五”规划建议提出的加快数字化发展的新战略，首创研发 3D 数字化服装资源库。该系统在提升服装品牌研发阶段的效率和优化节约研发成本方面具创新性和革命性，激发了全行业的讨论。由此搭建的共创共享服装数字化技术服务平台，入围 2022 年北京科委“设计之都”项目评选。2021 年，姜钊被大连工业大学聘为客座讲师，成立大连工业大学—北京铜牛集团有限公司艺术设计专业学位研究生联合培养示范基地。

姜钊 2018 年被北京纺织服装协会评为百强设计师，2019 年被评为北京国庆 70 周年物资保障先进个人，2020 年获由北京 2022 年冬（残）奥会组织委员会颁发的北京 2022 年冬（残）奥会制服装备视觉外观设计金奖，2021 年被提名为 2020 年北京市优秀青年人才，2022 年获首都劳动奖章，享受北京市政府技师特殊津贴。

图左二：姜钊

（时尚控股）

【姜幸群——京东方物联网转型技术体系的设计者与构建者】 姜幸群，1977 年 7 月出生，博士研究生学历，正高级工程师，现为京东方科技集团高级副总裁、联席首席技术官、智能物联首席技术官。

姜幸群专业基础扎实、科研能力突出，作为中国物联网科技创新领域领军人才，具有清晰的技术战略思维与深厚的专业实战能力，搭建了京东方物联网转型所需的新技术体系，积累核心技术能力，培养宝贵的人才队伍，在产品与技术创新实战中屡建战功，有力推动京东方的物联网转型战略的落地和事业的成长，为抢抓国际物联网前沿技术阵地做出积极贡献。姜幸群在北京冬季冰雪赛事“雪花”（火炬）项目、国庆 70 周年庆祝活动光影屏项目中均担任京东方保障团队技术总指挥，为国之大典做出重要贡献。在智能物联产品与技术创新工作中，他作为京东方物联网转型 AIoT（人工智能与物联网）技术体系的设计者与构建者，承接公司物联网转型战略，坚持“软硬融合、智能物联”的技术路线，通过 6 年的时间，为京东方搭建“端边网云数智”的物联网六维技术体系，组建超过 1100 人的研发团队，全面赋能集团业务。在智力资本建设工作中，他带领团队累计申请专利数量超 3700 件，软件著作权 82 件，各类论文 42 篇。2022 年，姜幸群获首都劳动奖章。

（京东方）

【唐建明——肿瘤免疫创新疗法专家】 唐建明，1965 年 7 月生，美籍华人，博士研究生学历，教授，现任北京循生生物医学研究有限公司首席问题官（CSO）。

唐建明曾在昆士兰大学攻读博士、后在阿拉巴马伯明翰大学（UAB）攻读博士后学位，毕业后留任 UAB，从助理教授一直到教授，2020 年从 UAB 退休并被授予终身荣誉教授。他主持或参与过 30 余项由美国国立卫生研究院、国际艾滋病疫苗组织等机构资助的科研项目。在免疫学、分子生物学等相关领域共有原创学术论文 118 篇，其中第一作者 30 余篇、通讯作者 40 余篇。另有论文专著 8 章、专业评论与综述 11 篇。2021 年 3 月，唐建明作为联合创始人，创立了北京循生生物医学研究有限公司（简称循生医学）。循生医学是一家专注于细胞和基因治疗（CGT）的肿瘤免疫创新疗法的 First–in–class/Best–in–class 的药物研发公司。在唐建明的带领下，循生医学开展了实体瘤免疫细胞治疗 Re–TIL 和 HPV 治疗性核酸药物研发。循生 Re–TIL 一代以来自患者的肿瘤组织为原料，采用新型激活扩增方式，是国际首创的高活性 Re–TIL，突破了传统 TIL 制备方法应用异体来源的外周血单个核细胞（PBMC）带来的工艺不稳定和潜在的质量风险，产品安全性高、工艺质量稳定、扩增效率高、扩增倍数高达到万倍，IFN–γ 释放量高达 52896.31pg/ml，干性细胞含量高达 50%，远高于传统 TIL 活性。循生医学治疗 HPV 感染引起的宫颈癌和癌前病变核酸药物平台有多项国际前沿创新技术，构建中国第一个不含抗生素基因的工程菌株（符合美国 FDA 法规要求），已完成菌株

库构建并可以商业销售。完成8代HPV DNA产品线设计，开发mRNA和AAV核酸药物产品，用于治疗不同的HPV感染或者癌变患者，有望填补治疗HPV感染引起宫颈癌前病变的国际空白。循生医学于2022年获批国家高新技术企业，并获北京大兴区“新国门”领军企业、“2022中国生物医药企业最具创新力50强”。

（刘　莉）

【焦东明——匠心筑梦永不止步】焦东明，1988年1月出生，中共党员，工程硕士，高级工程师，现任北京京城机电控股有限责任公司所属北京北一机床有限责任公司技术研发中心副主任。

焦东明毕业便进入北京北一机床有限责任公司（简称北一机床），自学掌握了UG、CATIA三维编程软件及后置处理制作软件等。从最初的简单零部件数控加工到精通多种主流数控系统程序编写，再到独立操作使用、完成S件试切、实现技术创新。此前，北一机床接到用户碳纤维叶片加工任务，此种叶片是国家重点研制项目中的关键零件，材料特殊，加工技术要求极为严苛。他主动担当，及时与国外技术专家沟通，克服语言与时差困难，反复对比自己的技术解决方案与国外专家的区别，汲取优点，总结经验方法，不断完善设计水平。最终设计出一套适应变形曲面的柔性卡具，完成叶片试制任务，检测合格交付用户。他设计出的这套卡具极大提升了碳纤维叶片加工效率，加工时间由试制时的17天缩短至3.5天，并形成小批量生产。焦东明参与的国家科技重大专项“高精超大尺度重型车铣复合机床精准制造关键技术及应用”获北京市人民政府颁发的科学技术一等奖。在项目申报期间，他连续6个月奋战在用户现场，最终将机床调整到最佳状态，“标准S试件”首次在北一机床重型五轴龙门机床加工合格。作为京城机电战略产品与关键技术研发的项目负责人，焦东明牵头负责高精度龙门铣床的研发，该机床攻关高精度关键技术，主要应用于船舶、汽车领域关键零部件的高精度、高速、重载加工需求。焦东明面对订单集中、配套环境严峻等诸多棘手问题，通过对人员队伍调整优化、制造工艺流程改善改造、各项规章制度建立完善、内部管理精细化管控等方式，带领生产管理团队不断改进。其负责的产品计划实现率达到百分之百，保证了北一机床“十四五”战略规划的实施。2022年，焦东明获首都劳动奖章、“国企楷模　北京榜样”称号。

（李晓剑）

【潘晓智——北京冬奥会冬残奥会突出贡献个人】潘晓智，1987年9月出生，大学本科学历，现为北京首钢建设投资有限公司规划设计部项目经理。

2016年，潘晓智进入北京首钢建设投资有限公司，参与首钢老工业区改造建设和转型升级规划设计管理工作，创新的规划理念得到业界的认可，先后获得多个国内外奖项。他承担完成的项目分别获得英国皇家城市规划协会杰出规划奖、中国建设工程鲁班奖（国家优质工程）等奖项。探索首钢北京园区项目规划综合实施方案，突破规划刚性指标要求，化解园区工业遗存规划编制与审批脱节的矛盾，打开项目报批工作局面。

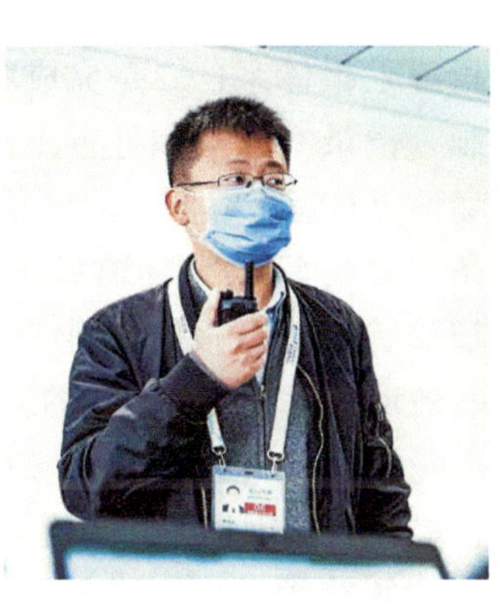

2017年，潘晓智投入北京冬奥首钢奥运场馆紧张的工程建设中，亲历了首钢奥运场馆从规划选址到完工运营的全过程。2020年，他从首钢选调至冬奥组委工作，作为最早一批加入场馆管理团队的成员，由一名场馆建设者转型为场馆运行工作管理者。他通过认真学习和刻苦钻研，高质量、高效率、高标准完成所负责的首钢滑雪大跳台从运行计划向赛时运行推进的各项管理工作。

高质量完成场馆规划建设工作。作为世界首例永久性保留的滑雪赛道，在赛道设计方面有众多空白的领域，潘晓智通过组织专家团队对赛道防风、防护、照明、造雪等方面进行技术研究，累计解决关键问题60余项，其他相关技术问题300余项，整体结构总重降低400吨。形成的赛道设计方案得到国际雪联的认证，并通过新建雪上场馆绿色三星评审。为了提高赛后利用率，他作为科技奥运课题的主要参与人，共同研发赛道可变坡面技术，使首钢滑雪大跳台赛道实现一个跳台满足两种赛事需求并在短时间内完成转换的可能。

高效率推进场馆运行计划编制与运行。在运行计划编制阶段，潘晓智逐步探索并形成一套科学有效的统筹管理机制，共完成 7 版设施手册和 3 版运行计划的编制。相关运行计划形成的汇报方案，分别在国际奥委会第 10 至第 14 次场馆审议会上，向国际奥委会及相关利益方进行了运行工作的陈述，得到了国际奥委会、国际雪联及相关利益方的肯定。编制完成的场馆疫情防控运行方案经过主责部门、防疫专家、奥组委领导三级审议后作为最终方案进行落实。联合风险管理业务领域配合场馆主任层集中组织开展桌面演练 2 次、全要素综合演练 3 次、与属地政府开展内外联动演练 3 次、配合 OBS 完成着装彩排 2 次，参与培训演练超 2000 余人次，有效检验了团队的应急能力，为进一步做好赛时运行保障积累宝贵经验。

高标准保障冬奥首钢赛事运行。在赛时阶段，潘晓智负责场馆通信中心运行，实现了两方面的工作职能：一是完成与北京冬奥组委调度中心的赛时指挥汇报体系；二是完成对运行团队赛时运行的编制、记录、上报和处置工作。赛时每日发布《赛时场馆每日运行时间表》13 份，涵盖赛时运行任务 998 条。完成 51 份《场馆每日运行报告》的编制，共计 1382 余条运行报告。制定完成运行分区 12 份，合理有效地保障场馆各时段的运行工作。

潘晓智曾被共青团北京市委员会评为北京青年榜样，获首钢集团管理创新三等奖。2022 年 4 月 8 日，潘晓智获党中央、国务院授予的北京冬奥会冬残奥会突出贡献个人。

（马　晓）

【薛志成——印刷装备研发制造技术带头人】 薛志成，1975 年 11 月出生，中共党员，硕士研究生学历，高级工程师，现任北京京城机电控股有限责任公司所属北人智能装备科技有限公司总工程师，陕西北人印刷机械有限责任公司总工程师，兼任中国印刷及设备器材工业协会印刷机械分会——印刷机械与控制专家委员会副主任委员，西安理工大学工程硕士专业学位研究生指导教师。

薛志成主要从事轻工技术与工程领域的印刷包装、精密涂布、智能制造、智能生产与智能服务工作。作为印刷装备研发制造的技术带头人，他担任公司多项重大新产品的设计和重大科研攻关项目负责人，并取得多项研究成果。先后主持了 20 余项重大新产品的开发和多项重大科研攻关项目，有 6 大系列产品通过省级科学技术成果鉴定，个人先后取得授权专利 24 项，公司先后获得授权专利 230 余项，其中 28 项发明专利。薛志成带领公司技术骨干，历时 10 余年，产学研联合攻关完成“高端包装印刷装备关键技术及系列产品开发”项目，构建了高速高精度电子轴控制理论和技术体系，提出油墨热风干燥系统设计理论与优化方法，研制两大类高端包装印刷装备及智能运维云平台，研发分布式电子轴控制系统，解决了油墨快速干燥、印品残留物去除、大型关键零部件精准制造及设备智能运维等难题。该项目实施完成，打破国内高端包装印刷装备完全依赖瑞士博斯特、意大利赛鲁迪等国际品牌的历史局面，项目研制出两大类 16 种系列高端包装印刷装备，经同行专家鉴定认为主要技术参数达到国际领先水平，项目已获授权发明专利 68 件、实用新型专利 35 件、软件著作权 32 件，发表论文 55 篇、专著 2 部，形成国家和行业标准 18 项。产品已销往国内外千余家包装印刷企业，国内市场占有率 80%。该项目获国家科学技术进步奖二等奖。2020 年和 2021 年，薛志成主持开展国家级专精特新“小巨人”高质量发展项目——技术成果产业化项目。研究 EB 印刷关键技术，主持开发零排放卫星式 EB 胶印机和高速智能商用轮转机，为环保、安全、智能化和个性化订单提供完美的解决方案，实现无废渣、零 VOCs、无废液排放的绿色化印刷，满足国内外广大客户的需求与环保法规要求，缩短与国际先进水平 10 年的差距，填补国内无覆合膜包装印刷技术的空白。技术研发完成后，得到行业内多位专家肯定，达到国际、国内领先技术水平。2022 年，薛志成获首都劳动奖章。

（北人智能）

统计数据

本类目采用表格形式，收录2022年北京市规模以上工业企业主要经济指标。

2022 年北京市规模以上

表 9

项目	企业单位个数（个）	#亏损企业	工业总产值（当年价格）	平均用工人数（人）	资产负债						
					资产总计	#流动资产合计	#存货	#产成品	#应收账款	#固定资产原价	负债合计
合计	**3141**	**789**	**238700122**	**817131**	**660524680**	**274129431**	**39051962**	**13525274**	**60275776**	**190935351**	**293278656**
按行业分											
采矿业	9	3	3172536	27881	39362423	7359883	79386	16177	1466900	9882700	25245657
制造业	2968	753	155970127	696735	318280667	209136720	38454800	13450919	48193608	65075292	161572772
电力、热力、燃气及水生产和供应业	164	33	79557459	92515	302881590	57632828	517776	58178	10615269	115977359	106460228
按轻重工业分											
轻工业	1027	297	33883505	257579	72424624	46374870	8376802	3766318	7673204	14667591	26426478
重工业	2114	492	204816618	559552	588100056	227754561	30675160	9758957	52602572	176267760	266852179
按规模分											
大型	113	20	159391261	338400	479100979	162576448	18001539	7149774	30990348	152855010	210813868
中型	412	87	37105110	213592	93898165	54243134	9244976	2199602	12785165	20523757	40363007
小型	2411	624	40229822	260877	85003870	55685816	11568815	4080757	16070396	16848009	40492788
微型	205	58	1973931	4262	2521667	1624034	236633	95142	429868	708575	1608994
按登记注册类型分											
内资企业	2494	592	156940081	571285	524403649	180946487	23782762	7010423	39425769	154866716	218640487
国有企业	15	2	2158858	8969	5718464	4598511	1324804	1384	826450	881497	4791060
集体企业	21	10	118505	2108	255169	198818	28528	11982	32825	87913	124935
股份合作企业	31	8	198867	3039	243332	209402	27275	13295	79011	53073	150316
有限责任公司	1094	288	118561446	324689	414306367	117647934	13965552	3910467	25216772	137716220	172467939
股份有限公司	190	36	20233203	100123	63282784	32551065	3851575	1375080	5772281	11017524	23800638
私营企业	1143	248	15669203	132357	40597534	25740758	4585029	1698216	7498430	5110491	17305600
港澳台商投资企业	130	35	27558677	55019	50096518	33761640	5689799	2098428	5891736	8530797	22617346
港澳台合资经营	64	17	2518745	14921	6077037	3139961	519037	258375	935529	3126524	2427870
港澳台合作经营	1		***	***	***	***	***	***	***	***	***
港澳台商独资企业	48	15	22804186	34532	37501056	26614314	4739950	1707237	3985271	4530265	17852013
港澳台商投资股份有限公司	16	3	2103781	5283	6251092	3774039	398672	102322	831168	867966	2159083
其他港澳台投资	1		***	***	***	***	***	***	***	***	***
外商投资企业	517	162	54201365	190827	86024513	59421304	9579401	4416423	14958271	27537838	52020823
#中外合资经营	195	60	34899123	86600	40019031	26413946	4861593	2252545	10592599	17228808	24198388
中外合作经营	8	2	116936	3680	235773	214159	22053	3007	53433	57771	99780
外资（独资）企业	285	95	16939081	82020	38074224	28932602	4295151	2043692	3855641	9358909	26082844
外商投资股份有限公司	28	5	2142735	18005	7523969	3706933	374044	101204	416969	873108	1615386
按控股类型分											
#国有控股	664	124	148727303	346026	461811983	142190368	17209882	5481330	32771628	156044597	196593694
集体控股	63	23	975326	11324	3104207	2124242	447413	113285	770038	511684	1558185
私人控股	1917	491	36928800	282070	96388694	60941070	9945091	3345540	15500791	13374179	42509005
港澳台控股	103	26	25543262	49270	43771968	30403254	5328572	1990854	4957345	5591685	21226956
外商控股	387	123	26433173	127332	52812009	38049453	6096667	2591189	6262719	15369313	31028559

注：应交税金合计包括应交增值税、所得税费用、税金及附加，下同。

工业企业主要经济指标

单位：万元

资产负债				损益									
#流动负债合计	#应付账款	所有者权益合计	#实收资本	营业收入	营业成本	销售费用	管理费用	研发费用	财务费用	利润总额	应交税金合计	#税金及附加	#应交增值税
219363193	**63028280**	**367233753**	**232639982**	**277135513**	**230905876**	**12734374**	**9503811**	**7171881**	**1345417**	**19987243**	**12700521**	**3486348**	**6231790**
12731435	1440306	14116766	6398349	5929273	5625991	5644	260725	85458	593834	93493	236019	41697	104456
143592761	50580884	156695624	54495211	189011312	146612804	12621590	8301346	6803933	−1085573	15100002	9596454	3058742	4240722
63038997	11007090	196421363	171746422	82194928	78667081	107140	941740	282491	1837157	4793748	2868049	385910	1886612
22582324	5898692	45976265	10328234	39794253	24398453	6616981	3013440	1920631	−350233	4081213	2783784	778321	1430785
196780869	57129588	321257488	222311748	237341261	206507423	6117393	6490371	5251251	1695651	15906030	9916738	2708027	4801005
149932745	37584342	268287111	194905355	183044529	159085820	7239633	3953121	2905454	1054452	12661131	8283195	2628623	3895507
32264010	10537716	53535157	17866202	42823440	30942948	2984124	2574652	2165332	38272	4537274	2377266	599464	1064099
36189208	14572040	44511067	19245283	49128948	38896831	2472613	2903804	2076140	220250	2779759	1988487	251849	1236210
977231	334182	900418	623142	2138596	1980277	38004	72232	24955	32444	9080	51574	6412	35974
152360642	37406771	305743421	210972140	172803185	148741695	5280900	5984773	4901124	2377164	10097612	7467740	2173575	3974373
4665366	867459	927404	142000	1681050	1545971	2666	80803	29106	−9066	35657	19895	2629	11583
80095	16741	127602	15297	138870	118740	4030	12082	1387	305	10582	8693	808	5495
110331	52403	93015	55273	214546	173563	14601	11985	7293	566	7038	7004	687	5733
112353678	26289287	241825961	195573166	128583452	115481236	2275535	3329739	2684509	2239163	7045083	4961478	1010406	2929523
19337386	4553418	39482144	9293943	24087270	18284244	1634598	1293512	1098015	75932	1663947	1794835	1074485	553849
15813786	5627464	23287294	5892461	18097996	13137941	1349470	1256651	1080813	70264	1335304	675835	84560	468191
18975058	7747209	27486848	5496997	42612903	36843995	2277948	1174812	1028739	−549929	2807617	526840	68536	259905
1717968	498550	3649167	2400717	2813961	2076919	178044	153309	107983	11461	284875	147382	21549	76360
***	***	***	***	***	***	***	***	***	***	***	***	***	***
15564605	6758822	19656720	2023569	37266752	32876771	2022494	921162	804296	−545994	2120231	287085	30402	143965
1514770	360518	4092009	1017711	2400692	1779501	75953	95626	111201	−15272	393747	86002	16140	34420
***	***	***	***	***	***	***	***	***	***	***	***	***	***
48027494	17874299	34003485	16170845	61719426	45320186	5175526	2344225	1242019	−481818	7082014	4705942	1244237	1997512
21727775	13353237	15820642	10540341	37350391	28075805	2436095	1081097	608688	−64026	4061030	3488195	1117568	1357473
97645	56198	135993	114230	321453	248090	32120	14828	2279	2282	21234	18103	1550	10865
25072955	4202238	11991177	4307868	21697231	15926240	2204113	1096761	372828	−411028	2529101	1059541	106932	538789
1104695	251696	5908582	1198407	2253120	1030416	488451	148490	251041	−7403	438249	128461	17251	83724
134525066	37473812	265235247	202442689	160372871	141463940	3036264	3982158	2356123	2174849	10284777	9123384	3057938	4204601
1123073	397860	1543390	401578	1393170	1053680	121869	111725	78248	4765	77407	41524	9058	23953
36235625	11421330	53845620	16751974	41625773	28927729	4036438	2645151	3018266	78301	3399677	1552987	219214	979761
18141207	7315472	22552689	2893325	40424279	35132526	2299157	1077773	929548	−518187	2460593	447293	45920	229743
29056376	6309113	21783246	9727083	33149890	24177709	3234081	1673117	692681	−389864	3762564	1533979	153406	793483

2022 年北京市规模以上

表 10

项目	企业单位个数(个)	#亏损企业	工业总产值(当年价格)	平均用工人数(人)	资产负债 资产总计	#流动资产合计	#存货	#产成品	#应收账款	#固定资产原价	负债合计
合计	**3141**	**789**	**238700122**	**817131**	**660524680**	**274129431**	**39051962**	**13525274**	**60275776**	**190935351**	**293278656**
采矿业	**9**	**3**	**3172536**	**27881**	**39362423**	**7359883**	**79386**	**16177**	**1466900**	**9882700**	**25245657**
石油和天然气开采业	2	2	***	***	***	***	***	***	***	***	***
黑色金属矿采选业	2		***	***	***	***	***	***	***	***	***
开采专业及辅助性活动	5	1	1762502	15178	4587812	1896100	55970	4135	616825	2938524	1939743
制造业	**2968**	**753**	**155970127**	**696735**	**318280667**	**209136720**	**38454800**	**13450919**	**48193608**	**65075292**	**161572772**
农副食品加工业	101	41	2654579	18763	5291594	2696524	795935	265690	345678	1056112	2720827
食品制造业	115	41	2898075	34312	5204201	3258713	355205	162212	726492	1599053	2687540
酒、饮料和精制茶制造业	36	11	2170281	17838	6611707	4220104	420394	156852	352979	1820198	2941117
烟草制品业	1		***	***	***	***	***	***	***	***	***
纺织业	10	2	192145	1131	278771	241271	72874	44565	52154	32170	151362
纺织服装、服饰业	70	27	757553	18984	1458775	1171894	398893	263801	187852	288357	742005
皮革、毛皮、羽毛及其制品和制鞋业	2	2	***	***	***	***	***	***	***	***	***
木材加工和木、竹、藤、棕、草制品业	5	1	48668	213	38875	34735	4223	1418	14260	4980	26664
家具制造业	32	7	574403	5521	1289312	845236	246945	198117	147365	229415	928705
造纸和纸制品业	27	2	581754	3096	480103	303990	124457	32844	108811	289426	240404
印刷和记录媒介复制业	91	27	1167523	16431	2220736	1421840	283808	87794	201778	1599286	748868
文教、工美、体育和娱乐用品制造业	21	2	254202	2494	639480	449429	281997	141280	58406	138445	498158
石油、煤炭及其他燃料加工业	14	6	7322986	9381	5958751	2538970	1470356	131624	180605	4506221	3130654
化学原料和化学制品制造业	136	31	2797323	16598	5521729	3626706	700712	349122	702639	1258656	1873939
医药制造业	263	58	17487793	93761	36183189	23050108	4086029	1949203	3922174	5736734	10216246
化学纤维制造业	1		***	***	***	***	***	***	***	***	***
橡胶和塑料制品业	50	12	423014	4951	617680	473586	110015	43816	153710	240881	271191
非金属矿物制品业	169	45	4812459	28696	11062409	7490939	697310	301789	3388108	1673354	6705842
黑色金属冶炼和压延加工业	5		1184806	1024	701698	295983	89057	31621	62140	722198	763027
有色金属冶炼和压延加工业	21	2	1748038	2812	1037083	701279	170904	67064	135502	196200	472696
金属制品业	145	36	2435433	16885	6546260	4493350	669497	154057	769548	992436	3718099
通用设备制造业	205	45	6667541	41743	12405346	9338289	2406291	874828	2192532	2087611	5546006
专用设备制造业	372	85	10104349	68624	30285737	18815098	3178843	977831	4408738	2187487	14817075
汽车制造业	192	86	33985865	68227	44884063	29254778	4244581	2345071	11934207	15019561	30012242
铁路、船舶、航空航天和其他运输设备制造业	97	21	5089708	33393	13507721	10496374	3095305	513218	2305134	2242006	7524021
电气机械和器材制造业	215	43	7955894	37038	14884940	11623932	1470652	392265	3130281	1407675	8558501
计算机、通信和其他电子设备制造业	329	84	35170374	105549	92544963	60348482	10320095	3493976	9953286	17436453	47331463
仪器仪表制造业	200	29	3231274	28013	7973216	5615707	1164300	232729	1526316	827200	3019204
其他制造业	11	2	2564336	4040	4693122	4241276	1185926	189824	867106	484700	3989547
废弃资源综合利用业	11	2	129644	970	412026	315884	13235	5075	92850	43914	166091
金属制品、机械和设备修理业	21	3	876664	14459	4881070	1234486	274059	9653	251040	629177	1590342
电力、热力、燃气及水生产和供应业	**164**	**33**	**79557459**	**92515**	**302881590**	**57632828**	**517776**	**58178**	**10615269**	**115977359**	**106460228**
电力、热力生产和供应业	109	20	73174140	67900	279239361	51690683	421077	53191	8648108	102344207	95921688
燃气生产和供应业	21	4	5051221	9982	9940204	2591231	73470	4005	243535	3707889	3701256
水的生产和供应业	34	9	1332098	14633	13702024	3350915	23229	983	1723627	9925264	6837284

工业企业主要经济指标（按行业分）

单位：万元

资产负债				损益									
#流动负债合计	#应付账款	所有者权益合计	#实收资本	营业收入	营业成本	销售费用	管理费用	研发费用	财务费用	利润总额	应交税金合计	#税金及附加	#应交增值税
219363193	**63028280**	**367233753**	**232639982**	**277135513**	**230905876**	**12734374**	**9503811**	**7171881**	**1345417**	**19987243**	**12700521**	**3486348**	**6231790**
12731435	**1440306**	**14116766**	**6398349**	**5929273**	**5625991**	**5644**	**260725**	**85458**	**593834**	**93493**	**236019**	**41697**	**104456**
***	***	***	***	***	***	***	***	***	***	***	***	***	***
***	***	***	***	***	***	***	***	***	***	***	***	***	***
1389678	762756	2648069	3072962	1797956	1668917	4681	60948	47324	−20877	50637	25560	7534	3126
143592761	**50580884**	**156695624**	**54495211**	**189011312**	**146612804**	**12621590**	**8301346**	**6803933**	**-1085573**	**15100002**	**9596454**	**3058742**	**4240722**
2159337	285082	2570747	1207183	4717839	4281326	188472	171849	39489	23769	94652	55270	8607	37386
2389246	809040	2487918	968976	5227888	3678126	1025025	286036	52381	−5935	221731	281235	29098	172201
2582783	388340	3678267	1093653	2540448	1880416	248541	183788	29754	14791	210032	309296	207784	80877
***	***	***	***	***	***	***	***	***	***	***	***	***	***
148785	48538	127409	46472	249709	195049	7670	8356	8821	−1040	36990	7224	658	2391
691750	116504	716771	257212	1023332	685346	191797	89932	24647	3864	33140	49720	6620	36412
***	***	***	***	***	***	***	***	***	***	***	***	***	***
26585	10285	12211	8400	55254	47926	3278	3202		182	534	1130	96	928
683280	115797	360607	221582	652167	528838	33118	43586	18861	16950	19413	21378	3161	15407
223399	81515	239699	99996	683780	590064	18320	49619	6796	−80	18186	11347	2154	7253
630254	234581	1471077	833872	1370153	1068058	35708	157081	37669	−402	72590	86770	12786	52813
399901	154719	141322	175375	388699	313684	38346	29047	4666	6326	1605	13194	2593	9061
2566458	580403	2828097	1249313	7552635	6476381	20972	154023	19602	23802	101984	964598	776415	135838
1757830	656460	3647788	1152275	3754685	2752109	241547	234661	111033	−1704	447396	226794	18329	125041
8637417	2459277	25966941	3669867	17112662	7941933	4171209	1423944	1338788	−389955	2624881	1214807	128512	782986
***	***	***	***	***	***	***	***	***	***	***	***	***	***
262557	126312	346489	187756	514152	421116	20020	41234	12205	571	19147	17915	2350	12217
6265844	2883253	4356565	1683111	5418507	4654603	148211	309248	179096	34795	125449	179135	23486	143534
302784	180675	−61329	275429	1274614	1219417	1629	10040	4614	7189	22985	17655	3913	13380
407747	136152	561755	113641	1926519	1797092	8189	31792	26744	3227	65869	32521	3947	19976
3351508	851450	2820921	1260187	3154664	2739813	76011	182486	87278	4059	82936	63059	12274	53354
5158826	2070660	6859338	2041078	7426509	5513208	367253	402040	315090	−3710	894149	375420	36301	187974
12397860	3538302	15468660	4093890	11299528	8202560	753658	820279	704458	40966	985646	411068	60728	222554
27085445	14949799	14876511	9515779	37979513	30451789	1662704	985798	548279	−6757	3120326	3401981	1154246	1295340
7056332	2592316	5999692	1820579	5174566	4035480	88565	341619	341210	4652	358795	211426	23048	146022
7872469	2886788	6325248	2691002	9432637	7542341	506857	427506	354560	4904	699592	343335	41321	210951
42434487	12080678	45213498	17039815	52463081	43987818	2447917	1368785	2193406	−906411	4226618	667749	124601	276703
2832395	1007797	4954011	1334916	3845631	2613765	287159	313328	268857	9553	403745	173180	23910	106749
3856579	1050541	703574	287562	1996357	1773472	3308	60669	44365	−3162	121537	38327	3167	13963
147467	50243	245935	64616	141151	105956	2073	14199	6957	731	15267	6680	753	5068
1094166	221254	3290729	983233	942182	920348	13029	120166	17107	42132	−19717	−10255	6382	13807
63038997	**11007090**	**196421363**	**171746422**	**82194928**	**78667081**	**107140**	**941740**	**282491**	**1837157**	**4793748**	**2868049**	**385910**	**1886612**
57942168	9821402	183317674	165198187	75482213	72848916	22095	684756	115808	1668761	4359069	2575306	151480	1865719
2355225	552854	6238948	1471201	5137366	4619961	16851	156604	152939	31017	397043	36834	5610	−860
2741604	632834	6864741	5077035	1575349	1198203	68195	100380	13744	137379	37636	255909	228820	21752

2022年北京市规模以上国有控股

表 11

项目	企业单位个数(个)	#亏损企业	工业总产值(当年价格)	平均用工人数(人)	资产负债						
					资产总计	#流动资产合计	#存货	#产成品	#应收账款	#固定资产原价	负债合计
合计	**664**	**124**	**148727303**	**346026**	**461811983**	**142190368**	**17209882**	**5481330**	**32771628**	**156044597**	**196593694**
采矿业	**7**	**3**	**3044583**	**27310**	**38471664**	**6988892**	**59889**	**12633**	**1163115**	**9843975**	**24720806**
石油和天然气开采业	2	2	***	***	***	***	***	***	***	***	***
黑色金属矿采选业	2		***	***	***	***	***	***	***	***	***
开采专业及辅助性活动	3	1	***	***	***	***	***	***	***	***	***
制造业	**547**	**101**	**71313407**	**239836**	**131416375**	**81064681**	**16924658**	**5433630**	**21396948**	**34283516**	**70114501**
农副食品加工业	16	7	1068651	8030	2103931	1298303	539016	181966	108014	454151	1126360
食品制造业	14	5	619524	5813	1240577	455149	75066	44064	115716	272223	425032
酒、饮料和精制茶制造业	10	3	1297613	12002	4636374	3022104	303684	111366	37560	1111212	1543755
烟草制品业	1		***	***	***	***	***	***	***	***	***
纺织业	2	1	***	***	***	***	***	***	***	***	***
纺织服装、服饰业	5	2	49663	496	50971	39844	18378	8496	11705	11733	35348
家具制造业	2	1	***	***	***	***	***	***	***	***	***
造纸和纸制品业	3		***	***	***	***	***	***	***	***	***
印刷和记录媒介复制业	29	10	673333	9317	1368693	904744	186279	62002	90752	1055466	397293
文教、工美、体育和娱乐用品制造业	4		45707	554	231850	132959	73399	49075	14684	51756	158198
石油、煤炭及其他燃料加工业	7	4	7254661	9142	5779232	2454667	1446512	118764	166015	4498113	3112020
化学原料和化学制品制造业	24	1	1276132	3653	2043005	1065143	276244	180746	279667	553704	780872
医药制造业	34	6	3627190	16316	9982291	5162828	980327	281361	864744	1824411	1904695
化学纤维制造业	1		***	***	***	***	***	***	***	***	***
橡胶和塑料制品业	6		38424	738	109638	92242	17388	11783	10560	16307	21896
非金属矿物制品业	45	6	1950022	11723	6065521	3575282	357827	194670	1174134	930286	3224724
黑色金属冶炼和压延加工业	3		***	***	***	***	***	***	***	***	***
有色金属冶炼和压延加工业	6		1462910	1362	786244	524309	119888	41951	98701	92737	322066
金属制品业	20	3	1254086	6367	2763551	2030698	356823	39418	123817	519582	1773343
通用设备制造业	38	7	1251738	9869	2842006	2035294	472746	80753	462572	500468	1796948
专用设备制造业	48	7	2340889	14083	8858968	5017640	1044544	345125	1354463	561171	4611259
汽车制造业	39	9	26852986	39719	36259205	23510270	3168428	1871227	9869211	12103040	25068166
铁路、船舶、航空航天和其他运输设备制造业	36	4	4324020	25260	10178251	7954131	2689503	384882	1588643	1866361	6344408
电气机械和器材制造业	20	6	1032828	2854	1967508	1506704	163724	50052	469159	165943	1247954
计算机、通信和其他电子设备制造业	80	13	8553024	34699	21214634	12615524	2662581	1066618	2979758	5343521	8655039
仪器仪表制造业	38	2	1143572	7353	2413186	1697828	363994	67856	446760	239822	1112313
其他制造业	5		2467699	3679	4581143	4144923	1179680	186556	850631	445584	3965584
废弃资源综合利用业	5	1	68850	443	100895	79085	2021	1083	39961	13130	80701
金属制品、机械和设备修理业	6	3	763328	13046	4436010	904412	231780	126	147860	584659	1465840
电力、热力、燃气及水生产和供应业	**110**	**20**	**74369313**	**78880**	**291923943**	**54136795**	**225335**	**35066**	**10211564**	**111917107**	**101758386**
电力、热力生产和供应业	72	12	72298827	63139	277422003	50574507	216104	33203	8495999	101586025	94747077
燃气生产和供应业	12	1	851544	1883	1347842	373872	2436	1493	35951	491674	557463
水的生产和供应业	26	7	1218942	13858	13154098	3188416	6796	371	1679615	9839408	6453846

工业企业主要经济指标（按行业分）

单位：万元

资产负债				损益									
#流动负债合计	#应付账款	所有者权益合计	#实收资本	营业收入	营业成本	销售费用	管理费用	研发费用	财务费用	利润总额	应交税金合计	#税金及附加	#应交增值税
134525066	**37473812**	**265235247**	**202442689**	**160372871**	**141463940**	**3036264**	**3982158**	**2356123**	**2174849**	**10284777**	**9123384**	**3057938**	**4204601**
12574200	**1421055**	**13750858**	**6222845**	**5771582**	**5494356**	**963**	**254090**	**82222**	**588315**	**87852**	**233590**	**41471**	**103371**
***	***	***	***	***	***	***	***	***	***	***	***	***	***
***	***	***	***	***	***	***	***	***	***	***	***	***	***
***	***	***	***	***	***	***	***	***	***	***	***	***	***
61855446	**25820776**	**61318832**	**25557997**	**77724380**	**62023423**	**2947556**	**2959409**	**2141759**	**-196435**	**5894119**	**6097709**	**2642621**	**2234367**
760094	69191	977551	439506	2778358	2585199	106042	53397	10210	13771	34965	29580	4571	18727
304827	139680	815545	271220	878699	710728	130542	35816	11481	1541	1131	26017	3797	15739
1243548	120167	3092619	540890	1336232	930662	99118	122393	20203	10915	150837	247891	196692	46955
***	***	***	***	***	***	***	***	***	***	***	***	***	***
***	***	***	***	***	***	***	***	***	***	***	***	***	***
33857	12934	15623	49615	86238	82403	1306	3712	615	669	−2790	1925	320	1600
***	***	***	***	***	***	***	***	***	***	***	***	***	***
***	***	***	***	***	***	***	***	***	***	***	***	***	***
322616	127997	971401	553100	791663	585306	12953	114315	22217	−2625	54363	63723	9923	37774
79865	49498	73651	137905	109841	87808	9434	10276	1354	1610	3956	6677	1298	4682
2547937	575424	2667213	1120281	7470275	6402357	18153	150282	17708	23850	102398	963776	776235	135214
747881	212599	1262133	489712	1547503	1197395	18574	102044	48462	625	181428	93958	7527	54610
1481804	368959	8077595	1020824	2728349	1220094	481610	230968	191111	−177444	807080	298600	34798	165042
***	***	***	***	***	***	***	***	***	***	***	***	***	***
21105	6820	87743	24556	74559	52501	2716	9873	3417	−665	7384	3794	678	2616
2875138	932990	2840797	998876	2264977	1917806	44886	158096	92687	15988	74954	75878	12131	59969
***	***	***	***	***	***	***	***	***	***	***	***	***	***
284171	107808	464178	82736	1605972	1525444	4610	16294	14848	2162	47837	23113	2833	13766
1578087	372105	991196	521170	1564789	1404463	9889	72518	49286	−5659	45802	27032	6524	19330
1699874	527020	1045058	631098	1473577	1245732	38137	105262	60633	6484	70811	69366	9993	50239
4135483	1487806	4247708	1274098	2508578	1992889	77533	166508	140239	26439	128300	70994	16506	40716
22760226	12590147	11191039	7832081	29843552	23264689	1479439	642446	367175	−38775	2964098	3155446	1127961	1141404
6001641	2202903	3849836	1327263	4331436	3542914	48021	230090	210668	−1928	299235	162908	17970	121044
1172504	518639	719554	447800	1118728	999314	32098	37323	35066	2514	41260	39833	4414	33488
7424273	3563240	12559595	5853287	9208411	7294192	248782	381455	704138	−115492	627481	247638	47522	145033
1031418	393359	1300873	366012	1240465	913681	63402	96335	73674	807	118758	53725	7445	37351
3833662	1046788	615559	267597	1896707	1748949	2198	58160	38622	−3223	55732	11059	1902	3663
65201	32044	20194	11222	69520	48098	603	7267	3494	637	6792	3531	305	2681
978826	161321	2970170	878582	793701	826794	4087	103915	11221	43117	−44866	−22179	5640	7942
60095421	**10231981**	**190165557**	**170661846**	**76876910**	**73946161**	**87745**	**768660**	**132141**	**1782969**	**4302807**	**2792085**	**373847**	**1866862**
56939601	9507426	182674926	164913195	74528183	72011444	12966	643820	109406	1658379	4269762	2515803	145768	1829418
492970	121278	790380	833606	882802	811305	8305	32239	11151	1187	1594	27122	1522	19438
2662850	603277	6700251	4915045	1465925	1123413	66475	92600	11584	123403	31451	249160	226557	18006

2022年北京市规模以上港澳台及外商

表12

项目	企业单位个数(个)	#亏损企业	工业总产值(当年价格)	平均用工人数(人)	资产负债						
					资产总计	#流动资产合计	#存货	#产成品	#应收账款	#固定资产原价	负债合计
合计	**647**	**197**	**81760041**	**245846**	**136121031**	**93182945**	**15269200**	**6514851**	**20850007**	**36068635**	**74638170**
采矿业	**1**		***	***	***	***	***	***	***	***	***
开采专业及辅助性活动	1		***	***	***	***	***	***	***	***	***
制造业	**624**	**194**	**75769212**	**234394**	**124082772**	**89837906**	**15141858**	**6483675**	**19977177**	**29961354**	**69679978**
农副食品加工业	18	8	479354	3564	487833	324673	76909	12543	88867	194876	246850
食品制造业	47	17	2115236	21616	3727416	2233808	197221	104013	559882	1171357	1868194
酒、饮料和精制茶制造业	19	6	586235	4653	906529	645095	76214	36374	229381	452161	748162
纺织业	1	1	***	***	***	***	***	***	***	***	***
纺织服装、服饰业	12	7	135809	3898	195159	163637	63651	18186	30915	41806	157645
家具制造业	6	3	208549	1202	541920	502010	180550	168753	39196	76836	606291
造纸和纸制品业	8	1	482146	1761	345914	217491	91864	16159	86516	238484	150131
印刷和记录媒介复制业	11	2	133870	2158	208678	162101	26336	8092	21374	178189	55473
文教、工美、体育和娱乐用品制造业	3		***	***	***	***	***	***	***	***	***
石油、煤炭及其他燃料加工业	1	1	***	***	***	***	***	***	***	***	***
化学原料和化学制品制造业	29	7	834048	6036	1841909	1492781	301839	114827	105406	453777	394224
医药制造业	47	11	7528678	36542	15415046	11591327	2192723	1249655	1599302	1685812	4599785
橡胶和塑料制品业	13	5	163218	1283	243769	201893	51945	15707	73603	99715	88179
非金属矿物制品业	7	2	103781	1927	146386	112763	26914	6542	34584	110282	70582
有色金属冶炼和压延加工业	2		***	***	***	***	***	***	***	***	***
金属制品业	23	8	203210	2311	603681	373485	92250	27054	123307	104659	324094
通用设备制造业	53	12	4185164	18498	5283224	4596851	1271887	509415	1061327	1187668	1892282
专用设备制造业	84	19	2589833	18097	7039245	4367577	578854	167208	838414	691704	3320217
汽车制造业	101	47	29809920	45040	30397746	20826933	3516166	2026320	9469587	12291609	21064249
铁路、船舶、航空航天和其他运输设备制造业	2	1	***	***	***	***	***	***	***	***	***
电气机械和器材制造业	33	8	2337381	8704	2821255	2241845	375735	86242	497039	385746	1532111
计算机、通信和其他电子设备制造业	62	20	22287539	39816	51441507	38057357	5543940	1877695	4630571	9942763	31216882
仪器仪表制造业	32	5	607219	4160	1223039	913710	205676	21374	278013	120026	488994
其他制造业	2	1	***	***	***	***	***	***	***	***	***
废弃资源综合利用业	2	1	***	***	***	***	***	***	***	***	***
金属制品、机械和设备修理业	6	1	739564	11715	818178	499927	228864	2622	124002	453653	631289
电力、热力、燃气及水生产和供应业	**22**	**3**	**5878882**	**11144**	**11183273**	**2998357**	**110120**	**27632**	**585694**	**6087727**	**4438928**
电力、热力生产和供应业	11		1544147	2160	2106262	700537	40248	26723	341864	2790101	979016
燃气生产和供应业	5		4178624	8031	8539333	2187034	69090	909	196923	3204679	3097996
水的生产和供应业	6	3	156111	953	537678	110787	782		46907	92947	361916

投资工业企业主要经济指标（按行业分）

单位：万元

资产负债				损益							应交税金合计		
#流动负债合计	#应付账款	所有者权益合计	#实收资本	营业收入	营业成本	销售费用	管理费用	研发费用	财务费用	利润总额	应交税金合计	#税金及附加	#应交增值税
67002552	**25621509**	**61490332**	**21667842**	**104332329**	**82164181**	**7453474**	**3519038**	**2270757**	**-1031747**	**9889631**	**5232782**	**1312773**	**2257417**
***	***	***	***	***	***	***	***	***	***	***	***	***	***
***	***	***	***	***	***	***	***	***	***	***	***	***	***
64378881	**24839823**	**54410265**	**19997398**	**98150508**	**76712314**	**7442250**	**3352259**	**2116458**	**-1092267**	**9294805**	**5081578**	**1290376**	**2193249**
185518	56020	240983	146410	629401	559207	34708	29721	1513	1534	1880	12769	1698	9067
1653778	645821	1859222	763871	4275867	2982026	904734	224337	25972	−8722	175531	232127	23288	139961
713557	175578	166044	380728	779214	562924	107296	46016	7511	390	61868	52108	9283	27805
***	***	***	***	***	***	***	***	***	***	***	***	***	***
156354	19774	37514	30079	188070	151903	20168	10430	4507	1814	−2187	2472	679	2902
457592	48635	−64371	32099	216919	168168	6847	15720	8625	10184	6387	9558	1201	6533
145688	62585	195783	72921	558619	484124	15869	38671	3840	−1525	16308	8116	1507	4747
51882	22764	153205	99832	159292	125933	5784	15393	4540	−1514	7551	9011	1100	5978
***	***	***	***	***	***	***	***	***	***	***	***	***	***
***	***	***	***	***	***	***	***	***	***	***	***	***	***
362509	160425	1447685	319901	1185363	733883	155095	67857	21199	−7839	234794	106013	6970	49002
3667314	1102602	10815261	1042583	8256860	4334462	2074139	817710	525508	−189954	613889	455984	49158	323881
86198	65151	155590	65317	189740	151533	7520	18329	2898	−1642	7091	6161	885	2915
67480	36846	75804	53343	121558	97943	4627	11003	2544	288	3865	7698	1087	5862
***	***	***	***	***	***	***	***	***	***	***	***	***	***
231759	53108	279587	165765	398814	337469	26994	24390	6787	3739	841	6856	1251	5372
1735161	1083608	3390941	787044	4522453	3249100	212753	186805	147316	−23960	729883	254399	19508	98721
2910863	662899	3719028	818284	3102130	2105005	228905	278558	182456	16820	367945	139679	16923	69245
19467815	12621956	9334485	6204428	31145654	24257473	1570628	640382	321893	−78825	3158403	3198772	1082613	1198771
***	***	***	***	***	***	***	***	***	***	***	***	***	***
1394005	561118	1287954	905624	2692292	1958622	148603	149517	68521	−1169	380635	153626	12755	69038
29856670	7071423	20224625	7609046	37875605	32945004	1848621	611259	732726	−832576	3467808	369906	50297	138307
481566	180384	734045	177079	821882	572461	59359	63152	30831	6726	107929	39075	4023	17486
***	***	***	***	***	***	***	***	***	***	***	***	***	***
***	***	***	***	***	***	***	***	***	***	***	***	***	***
546500	171730	186890	232484	765611	784445	7903	87308	9073	12735	−133704	−23099	4249	3380
2471898	**765573**	**6744345**	**1501580**	**6040135**	**5329433**	**7999**	**162084**	**152549**	**55067**	**590511**	**149287**	**22231**	**63421**
592984	328068	1127246	697668	1647334	1423527	462	23338	10108	13348	183541	129089	15808	77272
1816178	409242	5441337	633145	4232954	3782124	7537	122348	142288	29560	403000	12345	4128	−18736
62737	28262	175762	170767	159847	123782		16399	153	12158	3970	7853	2295	4886

2022年北京市规模以上大中型

表 13

项目	企业单位个数（个）	#亏损企业	工业总产值（当年价格）	平均用工人数（人）	资产负债						
					资产总计	#流动资产合计	#存货	#产成品	#应收账款	#固定资产原价	负债合计
合计	**525**	**107**	**196496370**	**551992**	**572999143**	**216819581**	**27246514**	**9349376**	**43775512**	**173378767**	**251176875**
采矿业	**6**	**2**	**2994146**	**27331**	**38140331**	**6822585**	**77112**	**16177**	**1443071**	**9857664**	**24878530**
石油和天然气开采业	1	1	***	***	***	***	***	***	***	***	***
黑色金属矿采选业	1		***	***	***	***	***	***	***	***	***
开采专业及辅助性活动	4	1	1746496	14915	4552039	1871791	53695	4135	600176	2919353	1934156
制造业	**483**	**102**	**117487004**	**444646**	**239838217**	**155290615**	**26925925**	**9330748**	**32284212**	**52088502**	**124428925**
农副食品加工业	15	6	1248302	9885	3654193	1640126	549035	163072	104720	610567	1750625
食品制造业	29	10	2066566	24820	3295733	1944602	197185	102598	540457	1113644	1796670
酒、饮料和精制茶制造业	8		1785587	15033	5595995	3502896	300752	118648	124139	1374252	2171811
烟草制品业	1		***	***	***	***	***	***	***	***	***
纺织业	1		***	***	***	***	***	***	***	***	***
纺织服装、服饰业	11	5	393848	12365	930742	763272	223789	164001	100995	145889	376626
家具制造业	5	1	293228	2565	539967	201471	27507	5936	58600	126017	255626
造纸和纸制品业	3		***	***	***	***	***	***	***	***	***
印刷和记录媒介复制业	11	4	639840	7553	1238097	765886	147923	43405	101360	923463	342691
文教、工美、体育和娱乐用品制造业	1		***	***	***	***	***	***	***	***	***
石油、煤炭及其他燃料加工业	3	2	***	***	***	***	***	***	***	***	***
化学原料和化学制品制造业	8	2	876829	6654	2440907	1514225	168868	107807	306824	325438	775712
医药制造业	68	15	14291523	70102	30950198	19647925	3351711	1599219	2999264	4381204	7808201
化学纤维制造业	1		***	***	***	***	***	***	***	***	***
橡胶和塑料制品业	1		***	***	***	***	***	***	***	***	***
非金属矿物制品业	18	3	2018328	13107	5557011	3282866	210391	87721	1130481	751690	2832444
黑色金属冶炼和压延加工业	1		***	***	***	***	***	***	***	***	***
有色金属冶炼和压延加工业	3		***	***	***	***	***	***	***	***	***
金属制品业	6		1177670	5490	3680255	2451461	300392	14939	137120	489101	2231856
通用设备制造业	29	4	4664600	25070	8192799	6038845	1573011	671286	1289867	1503221	3328985
专用设备制造业	57	7	6217957	35664	20172927	11470354	1636564	542988	2484759	1193209	9805243
汽车制造业	35	14	30400304	52463	39946788	25920889	3680615	2177526	10667427	13276355	27295438
铁路、船舶、航空航天和其他运输设备制造业	23	2	3970097	24424	9690814	7637017	2573188	333767	1480996	1785884	5906933
电气机械和器材制造业	30	6	4795338	20668	8854383	6936262	736715	175595	1536650	778762	5307157
计算机、通信和其他电子设备制造业	84	20	28408476	76352	74717755	50367005	7663251	2549868	7249875	16231868	41452363
仪器仪表制造业	23		1410802	10650	3607544	2410809	439969	87227	631320	316066	1195975
其他制造业	5		2467699	3679	4581143	4144923	1179680	186556	850631	445584	3965584
金属制品、机械和设备修理业	3	1	***	***	***	***	***	***	***	***	***
电力、热力、燃气及水生产和供应业	**36**	**3**	**76015220**	**80015**	**295020595**	**54706381**	**243478**	**2450**	**10048230**	**111432601**	**101869420**
电力、热力生产和供应业	26	2	70583802	59825	274079050	49546937	168555	1230	8208865	98687537	92652466
燃气生产和供应业	2		***	***	***	***	***	***	***	***	***
水的生产和供应业	8	1	1093876	12046	12331386	2897998	6009	369	1635976	9550273	6001996

工业企业主要经济指标（按行业分）

单位：万元

资产负债				损益							应交税金合计		
#流动负债合计	#应付账款	所有者权益合计	#实收资本	营业收入	营业成本	销售费用	管理费用	研发费用	财务费用	利润总额	应交税金合计	#税金及附加	#应交增值税
182196754	**48122058**	**321822268**	**212771558**	**225867969**	**190028767**	**10223757**	**6527774**	**5070787**	**1092723**	**17198404**	**10660461**	**3228087**	**4959605**
12447087	**1301800**	**13261801**	**6258686**	**5852655**	**5570404**	**3820**	**242833**	**78529**	**584646**	**107813**	**193091**	**37886**	**104147**
***	***	***	***	***	***	***	***	***	***	***	***	***	***
***	***	***	***	***	***	***	***	***	***	***	***	***	***
1384215	759618	2617883	3066322	1781950	1659716	3226	59008	45839	−20943	49311	25048	7474	2787
109638355	**36889811**	**115409291**	**37339854**	**141642116**	**109139424**	**10143127**	**5507298**	**4732187**	**-1247968**	**12609694**	**7865781**	**2838522**	**3128347**
1287743	94497	1903568	810181	2812959	2556188	117882	103030	22531	14443	77474	27899	5133	16611
1627498	648319	1499062	631575	4182300	2953773	850288	194929	30478	−8305	173882	221951	21634	131012
1845285	211131	3424183	609815	2024061	1512789	211736	132606	23681	14916	153331	264347	193052	63926
***	***	***	***	***	***	***	***	***	***	***	***	***	***
***	***	***	***	***	***	***	***	***	***	***	***	***	***
347017	46636	554116	75388	558983	291560	152758	52893	19899	1232	39567	36694	4347	26154
165650	59446	284340	71425	320186	249957	12335	21484	13630	5612	23883	14447	2114	10218
***	***	***	***	***	***	***	***	***	***	***	***	***	***
295657	112178	895405	451535	739964	565296	14427	80463	20405	552	56368	54815	8455	32337
***	***	***	***	***	***	***	***	***	***	***	***	***	***
***	***	***	***	***	***	***	***	***	***	***	***	***	***
704571	189598	1665194	282206	1097867	684741	123360	95503	39369	−3933	155328	82734	7747	53875
6397244	1715690	23141997	2572875	13800058	6208680	3557883	1128546	1117442	−400813	2168193	991273	106617	643660
***	***	***	***	***	***	***	***	***	***	***	***	***	***
***	***	***	***	***	***	***	***	***	***	***	***	***	***
2538319	891773	2724567	794660	2288925	1933670	36023	154804	83789	7274	105945	63144	9926	46669
***	***	***	***	***	***	***	***	***	***	***	***	***	***
***	***	***	***	***	***	***	***	***	***	***	***	***	***
2018612	359420	1448399	518190	1571077	1409362	22042	82945	39299	−4960	47749	25078	6663	17762
3168700	1345150	4863815	1191003	5082713	3722234	219589	216977	185207	−7541	779493	284715	25283	122901
7946398	2054237	10367685	2439065	6740179	4961071	445230	452067	358681	19745	684825	231236	36736	112537
24574201	13617463	12651351	8309474	33641075	26534100	1602133	785855	477344	−31531	3074508	3291863	1139023	1222268
5627638	1949513	3783881	1062870	3947451	3180815	47238	223523	233837	569	254661	140237	16533	102506
4889688	1526957	3547226	954209	5770910	4526003	348358	248426	195393	−6423	537179	220932	26428	117909
36974445	9634896	33265391	13367948	42779688	35965787	2204420	1004833	1668880	−913151	3725405	437022	90694	135877
1124546	353551	2411569	537343	1673051	1133960	124381	127479	103993	5166	256639	72439	10128	45391
3833662	1046788	615559	267597	1896707	1748949	2198	58160	38622	−3223	55732	11059	1902	3663
***	***	***	***	***	***	***	***	***	***	***	***	***	***
60111311	**9930447**	**193151176**	**169173018**	**78373198**	**75318940**	**76810**	**777643**	**260070**	**1756046**	**4480897**	**2601589**	**351680**	**1727111**
55731129	8981114	181426585	163895344	72695627	70408342	6596	576553	103959	1614577	4054283	2347784	130476	1724252
***	***	***	***	***	***	***	***	***	***	***	***	***	***
2446038	505269	6329390	4668285	1311968	997037	63468	79814	8764	111995	27186	238311	217104	17533

2022 年北京市规模以上工业

表 14

各区	企业单位数（个）		2022 年企业单位数中									资产总计（亿元）	
	2022	2021	# 大型	# 中型	# 小型	轻工业	重工业	# 国有控股	内资	港澳台商投资	外商投资	2022	2021
全市	**3141**	**3073**	**113**	**412**	**2411**	**1027**	**2114**	**664**	**2494**	**130**	**517**	**66052.5**	**61056.0**
东城区	19	21	1	3	15	10	9	10	18		1	309.1	279.1
西城区	35	35	8	6	19	11	24	24	32	1	2	28805.8	26866.8
朝阳区	196	192	5	30	140	47	149	67	157	11	28	2417.0	2266.1
丰台区	140	136	7	16	107	26	114	47	132	2	6	1240.6	1250.9
石景山区	36	32	3	6	27	5	31	10	30	2	4	3936.2	3887.2
海淀区	395	391	17	62	303	67	328	97	340	16	39	7115.5	6499.8
门头沟区	28	26	1	1	22	6	22	4	27		1	169.3	134.8
房山区	159	160	5	14	133	55	104	34	149	3	7	916.8	999.1
通州区	332	330	5	31	248	115	217	47	279	5	48	1219.3	1163.3
顺义区	336	345	12	41	263	123	213	66	226	12	98	2924.2	2764.3
昌平区	311	297	11	36	247	104	207	67	257	13	41	3172.7	2850.3
大兴区	302	302	8	34	244	145	157	60	266	7	29	2100.6	2137.8
怀柔区	161	155	3	14	133	76	85	20	111	15	35	749.0	718.4
平谷区	117	112	1	15	94	54	63	12	76	6	35	271.9	245.2
密云区	134	135	1	11	111	47	87	21	113	6	15	443.5	519.3
延庆区	45	45		5	35	10	35	12	41	2	2	253.3	199.0
北京经济技术开发区	395	359	25	87	270	126	269	66	240	29	126	10007.5	8274.6

注：应交税金合计主要包括应交增值税、应交所得税和税金及附加等。计算应交增值税时企业应交增值税为负数的按实际计算。

企业主要财务指标（按区域分）

单位：亿元

负债合计（亿元）		营业收入（亿元）		利润总额（亿元）		利税总额（亿元）		应交税金合计（亿元）		#应交增值税		平均用工人数（人）	
2022	2021	2022	2021	2022	2021	2022	2021	2022	2021	2022	2021	2022	2021
29327.9	**26371.6**	**27713.6**	**28745.1**	**1998.7**	**3684.4**	**2970.5**	**4583.8**	**1270.1**	**1486.0**	**623.2**	**560.0**	**817131**	**809749**
171.6	181.6	112.5	106.0	2.6	2.2	5.3	5.7	7.0	6.5	1.8	2.6	4782	5148
9837.8	8501.2	7638.7	6316.8	437.9	375.2	632.6	524.8	245.0	195.3	162.4	118.5	64694	65503
1020.4	1013.5	969.2	916.6	102.2	82.1	138.5	115.5	53.5	49.0	29.7	26.5	55308	56660
639.1	687.1	582.8	607.8	41.6	53.7	59.4	69.6	23.5	23.2	15.1	13.0	35907	36120
2521.8	2500.3	546.1	739.8	31.2	−55.8	51.9	−37.4	24.9	19.1	16.0	13.2	20146	20424
3389.5	3192.1	4553.4	5007.7	348.2	336.5	409.4	392.3	90.8	89.9	50.7	45.5	100651	93864
75.9	62.2	63.9	65.8	3.5	3.7	5.7	5.7	2.7	2.4	1.8	1.6	5310	5187
524.8	600.5	1049.4	949.9	10.1	17.5	116.1	127.6	112.0	114.9	24.5	27.8	35415	34826
619.2	588.1	834.4	874.0	35.2	66.3	98.0	125.3	69.8	67.7	25.4	24.5	52141	51633
1805.7	1631.5	1647.1	1770.5	15.0	36.5	100.2	110.8	93.2	85.0	47.5	34.7	92956	97698
1628.1	1578.5	1778.3	1805.5	139.5	124.1	185.2	162.4	63.4	59.0	38.1	31.0	69025	67287
684.3	720.0	1133.1	2287.7	112.8	1189.3	149.7	1245.8	46.6	236.1	30.5	48.0	55589	55853
411.3	375.6	563.7	717.1	14.2	26.9	33.1	41.9	20.4	19.6	13.8	9.5	31532	32679
156.5	133.3	214.8	205.6	7.8	8.4	13.9	15.0	7.7	8.8	5.0	5.5	19904	19651
244.2	308.1	259.5	273.0	13.1	7.8	22.3	16.6	11.3	11.5	7.2	6.7	19047	22138
124.1	123.8	148.3	147.5	6.6	8.8	11.6	11.4	5.7	3.5	4.4	2.0	6816	7127
5473.5	4174.3	5618.4	5953.8	677.5	1401.0	937.7	1650.8	392.3	494.2	149.3	149.2	147908	137951

2022 年北京市规模以上

表 15

各区	工业总产值		#国有控股		内资		港澳台商投资企业		外商投资企业	
	2022	2021	2022	2021	2022	2021	2022	2021	2022	2021
全市	**23870.0**	**24988.1**	**14872.7**	**14386.0**	**15694.0**	**15143.7**	**2755.9**	**4408.8**	**5420.1**	**5435.7**
东城区	93.6	94.0	84.9	84.0	91.0	91.1			2.6	2.9
西城区	625.4	592.5	211.2	191.5	215.9	199.7	408.5	392.6	1.0	0.3
朝阳区	796.3	770.5	473.7	454.9	506.4	500.2	113.1	135.3	176.8	135.0
丰台区	511.1	545.0	376.6	413.6	477.4	514.8	1.9	1.8	31.8	28.4
石景山区	251.8	306.5	219.4	253.4	210.6	237.6	35.8	36.6	5.4	32.3
海淀区	3057.7	3440.8	801.7	756.8	1332.3	1256.9	1543.0	2004.1	182.4	179.9
门头沟区	57.2	54.8	9.6	9.3	56.1	53.7			1.1	1.1
房山区	1017.7	894.0	827.9	706.3	982.5	868.4	21.4	11.1	13.8	14.5
通州区	610.5	634.1	162.1	165.0	448.7	472.5	9.9	13.8	151.9	147.8
顺义区	1540.7	1569.6	959.0	941.5	754.9	759.9	27.9	29.8	757.9	779.9
昌平区	1364.9	1316.0	531.1	507.0	1033.0	954.4	31.8	31.5	300.2	330.1
大兴区	1032.9	2271.6	349.6	347.4	702.3	706.7	151.3	1386.3	179.3	178.6
怀柔区	448.5	610.5	66.5	70.3	198.0	207.5	19.7	10.0	230.8	393.0
平谷区	180.9	162.8	49.6	23.7	124.2	99.9	6.6	7.0	50.1	56.0
密云区	229.0	234.5	32.8	33.5	155.7	153.4	21.4	26.5	51.9	54.6
延庆区	140.2	138.2	108.3	102.3	132.0	130.0	7.7	7.0	0.5	1.1
北京经济技术开发区	5128.7	5712.1	2825.8	3684.9	1490.1	2296.6	355.8	315.3	3282.8	3100.3

注：1. 本表统计范围为年主营业务收入 2000 万元及以上的工业法人企业，下同。

2. 国家电网公司、国网冀北电力有限公司、国网北京市电力公司的工业总产值由市统计局统一核算，故分区数据之和不等于全市。

3. 企业大中小型划分标准执行国家统计局《关于统计上大中小微型企业划分办法（2017）》（国统字〔2017〕213 号），下同。

工业总产值情况（按区域分）

单位：亿元

#大型企业		#中型企业		#小型企业		轻工业		重工业	
2022	2021	2022	2021	2022	2021	2022	2021	2022	2021
15939.1	**17160.5**	**3710.5**	**3735.9**	**4023.0**	**3877.1**	**3388.4**	**5649.6**	**20481.7**	**19338.5**
62.0	53.9	4.2	26.1	27.4	13.8	7.0	8.0	86.6	86.0
526.9	507.5	33.9	33.3	63.3	51.4	37.6	39.0	587.8	553.5
265.8	289.2	249.9	201.5	269.9	273.9	86.2	127.0	710.2	643.5
223.1	246.4	128.8	133.1	156.2	160.4	70.3	74.9	440.8	470.1
142.7	174.4	42.3	46.8	66.7	85.2	5.5	6.9	246.3	299.6
1761.7	2172.8	831.4	812.4	454.4	447.8	163.9	179.3	2893.8	3261.5
20.7	24.2	2.8		27.7	24.9	7.0	6.7	50.2	48.1
701.2	548.4	84.0	119.6	228.1	223.2	87.2	80.8	930.5	813.2
93.5	96.3	216.8	244.1	281.1	275.5	299.8	306.1	310.7	328.0
773.7	766.1	422.9	405.2	330.0	386.2	340.4	332.0	1200.3	1237.6
551.5	531.2	285.2	264.8	427.3	393.7	358.5	353.4	1006.4	962.6
324.3	1483.6	230.4	312.8	470.1	468.8	584.5	1802.9	448.4	468.6
165.6	325.6	91.9	111.2	186.9	173.0	156.9	159.8	291.5	450.7
4.2	4.9	70.3	55.8	101.9	97.7	75.6	74.0	105.3	88.8
28.2	23.4	75.1	93.9	122.3	113.4	97.0	97.7	132.0	136.8
		20.5	18.1	118.2	118.7	13.7	14.3	126.6	123.9
3510.9	4272.1	920.1	857.2	691.6	569.5	997.2	1986.7	4131.5	3725.4

2022 年北京市规模以上工业企业主要效益指标

表 16　　单位：%

项目	总资产贡献率	资产保值增值率	资产负债率	流动资产周转率（次）	收入利润率	每百元营业收入成本费用（元）	人均营业收入（元）
合计	**4.80**	**105.88**	**44.40**	**1.01**	**7.21**	**94.42**	**3391568**
按行业分							
采矿业	2.10	102.55	64.14	0.81	1.58	110.83	2126636
制造业	6.96	109.73	50.76	0.90	7.99	91.66	2712815
电力、热力、燃气及水生产和供应业	2.89	103.23	35.15	1.43	5.83	99.56	8884497
按轻重工业分							
轻工业	8.51	97.34	36.49	0.86	10.26	89.46	1544934
重工业	4.35	107.23	45.38	1.04	6.70	95.25	4241630
按规模分							
大型	4.38	103.75	44.00	1.13	6.92	95.19	5409117
中型	6.60	111.87	42.99	0.79	10.60	90.38	2004918
小型	5.23	112.98	47.64	0.88	5.66	94.79	1883223
微型	3.22	90.73	63.81	1.32	0.42	100.44	5017822
按登记注册类型分							
内资企业	3.55	104.45	41.69	0.95	5.84	96.81	3024816
国有企业	0.71	82.50	83.78	0.37	2.12	98.12	1874289
集体企业	6.54	101.18	48.96	0.70	7.62	98.33	658775
股份合作企业	5.74	106.79	61.77	1.02	3.28	96.95	705977
有限责任公司	3.19	103.23	41.63	1.09	5.48	98.00	3960204
股份有限公司	5.34	108.66	37.61	0.74	6.91	92.94	2405768
私营企业	4.82	112.16	42.63	0.70	7.38	93.35	1367362
港澳台商投资企业	**5.93**	**115.29**	**45.15**	**1.26**	**6.59**	**95.69**	**7745125**
港澳台合资经营	6.46	130.75	39.95	0.90	10.12	89.83	1885906
港澳台合作经营	***	***	***	***	***	***	***
港澳台商独资企业	5.65	169.44	47.60	1.40	5.69	96.81	10791947
港澳台商投资股份有限公司	7.15	155.99	34.54	0.64	16.40	85.27	4544183
其他港澳台投资	***	***	***	***	***	***	***
外商投资企业	**11.79**	**112.23**	**60.47**	**1.04**	**11.47**	**86.84**	**3234313**
# 中外合资经营	16.26	104.30	60.47	1.41	10.87	86.04	4312978
中外合作经营	13.80	69.71	42.32	1.50	6.61	93.20	873513
外资（独资）企业	7.95	111.59	68.51	0.75	11.66	88.44	2645359
外商投资股份有限公司	7.12	141.07	21.47	0.61	19.45	84.82	1251386
按控股类型分							
# 国有控股	4.29	101.86	42.57	1.13	6.41	95.41	4634706

2022年北京市规模以上工业企业主要工业产品生产能力

表17

主要工业产品名称		2022	2021
原油加工能力	(万吨)	1100.0	1101.0
硅酸盐水泥熟料	(万吨)	305.0	305.0
发电设备容量总计	(万千瓦)	1223.3	1225.5
#火电设备容量		1106.6	1109.8
水电设备容量		80.0	80.0
风电设备容量		0.4	0.4
卷烟	(亿支)	286.0	287.8
水泥	(万吨)	400.0	400.0
钢材	(万吨)	170.3	171.4
金属切削机床	(台)	12082	16878
汽车	(万辆)	207.2	195.0
#基本型乘用车(轿车)		190.2	181.2
移动通信手持机(手机)	(万台)	192.8	192.8
微型计算机设备	(万台)	1150.0	750.0

2022年北京市规模以上工业主要产品产量

表18

工业产品名称		2022	2021
鲜、冷藏肉	(万吨)	46.2	54.5
乳制品	(万吨)	48.9	54.2
饮料酒	(万千升)	129.1	121.9
中成药	(万吨)	4.4	3.8
家具	(万件)	333.5	402.0
沥青和改性沥青防水卷材	(万平方米)	3.3	6.1
纤维增强塑料制品	(万吨)	0.7	1.1
耐火材料制品	(万吨)	25.8	31.7
冷轧薄宽钢带	(万吨)	91.1	108.5
钢材	(万吨)	184.3	203.4
单一稀土金属	(千克)	915006	1122585
发动机	(万千瓦)	14261.5	18362.1
气动元件	(万件)	50403.4	36934.5
数控金属切削机床	(台)	5072	6184
机床数控装置	(套)	11226	13674
工业电炉	(台)	960	652
环境污染防治专用设备	(台套)	2139	3912
汽车	(万辆)	87.1	135.5
#基本型乘用车(轿车)		46.5	52.2
运动型多用途乘用车(SUV)		35.1	31.0
载货汽车		4.7	52.0
改装汽车	(万辆)	1.2	1.1
风力发电机组	(万千瓦)	643.3	441.9
锂离子电池	(万只)	1.0	0.6
移动通信手持机(手机)	(万台)	9429.5	11624.5
微型计算机设备	(万台)	858.6	647.3
服务器	(台)	27848	20136
液晶显示模组	(万套)	14680.2	12034.2
显示器	(万台)	233.6	518.2
集成电路	(亿块)	217.9	207.7
彩色电视机	(万台)	391.9	410.2
交流电动机	(万千瓦)	13.0	12.3

注：根据统计制度规定，自2022年起，汽车整车制造行业产业活动单位视同法人单位按经营地在地原则进行统计，北京在京外设立的汽车整车制造分厂按照制度规定在当地纳统。

2022 年北京市规模以上高技术制造业主要经济指标

表 19 单位：亿元

项目	工业总产值	营业收入	利润总额	应交税金
合计	**6386.7**	**8141.3**	**787.4**	**233.1**
按登记注册类型分				
内资企业	3093.2	3170.5	354.5	138.4
国有企业	78.1	79.9	2.4	1.1
集体企业	2.4	2.4	0.3	0.1
股份合作企业	2.2	2.2	0.1	0.1
有限责任公司	1865.6	1829.2	164.4	67.0
股份有限公司	581.5	625.4	112.0	41.3
私营企业	563.4	631.4	75.4	28.8
其他企业				
港澳台商投资企业	2030.2	3455.7	216.7	33.3
外商投资企业	1263.3	1515.2	216.2	61.4
按高技术领域分				
医药制造业	1748.8	1711.3	262.5	121.5
航空、航天器及设备制造业	417.6	405.9	1.8	6.4
电子及通信设备制造业	3297.4	4805.1	394.1	55.6
计算机及办公设备制造业	299.2	514.3	29.3	10.2
医疗仪器设备及仪器仪表制造业	623.6	704.6	99.8	39.4
信息化学品制造业				

2022 年北京市规模以上工业战略性新兴产业总产值

表 20 单位：亿元

项目	2022	2021
合计	**7612.7**	**9596.2**
节能环保产业	442.3	410.9
新一代信息技术产业	3020.7	3204.1
生物产业	2026.4	4189.0
高端装备制造业	1002.3	869.9
新能源产业	341.5	276.8
新材料产业	502.2	459.0
新能源汽车产业	184.4	77.9
数字创意产业	92.9	108.5

2022年北京市规模以上工业与信息传输、软件和信息技术服务业企业研究与试验发展（R&D）情况（按区域分）

表21

各区	工业企业研究与试验发展（R&D）经费（万元）		信息传输、软件和信息技术服务业研究与试验发展（R&D）经费（万元）		工业企业研究与试验发展（R&D）人员数（人）		信息传输、软件和信息技术服务业研究与试验发展（R&D）人员数（人）	
	2022	2021	2022	2021	2022	2021	2022	2021
全市	**3489972.6**	**3135143.6**	**6067298.7**	**6115927.3**	**79152**	**61490**	**78603**	**85919**
东城区	23352.7	24076.4	78867.5	95933.2	510	560	1630	1461
西城区	58408.4	41359.9	253040.4	80117.9	1332	1081	4499	2272
朝阳区	209109.4	110219.0	425836.1	583074.6	6172	2922	8189	10578
丰台区	82643.7	52302.0	97788.5	61551.6	2946	2073	1868	1005
石景山区	30563.2	29190.9	37573.2	15902.7	926	611	969	376
海淀区	932958.9	732183.0	4900934.6	5129329.3	19247	15146	55634	66541
门头沟区	21054.0	26838.6	50.6	195.8	695	959	3	4
房山区	55078.4	37204.4	1630.5		2239	1383	74	
通州区	148827.5	139785.5	2361.0	4636.3	4351	3655	204	137
顺义区	185878.2	148673.7	19387.0	10944.7	5969	4808	580	284
昌平区	330536.6	273966.2	64929.0	70741.0	9318	7110	1654	1936
大兴区	260287.1	105620.5	6642.1	6078.8	4148	3070	163	162
怀柔区	89923.9	56914.0	2595.5	2021.4	2406	1492	46	34
平谷区	36163.4	25796.9	1658.8		1542	1139	57	
密云区	27069.0	49289.0	16392.3	11596.8	1122	2007	308	117
延庆区	26899.2	23117.0			516	524		
北京经济技术开发区	971219.0	1258606.6	157611.6	43803.2	15713	12950	2725	1012

文献辑录

本类目采用文章体，收录2022年北京市人民政府、北京市经济和信息化局发布的工业和信息化领域相关文献。

北京市人民政府办公厅关于印发《北京市工业污染行业生产工艺调整退出及设备淘汰目录（2022年版）》的通知

京政办发〔2022〕3号

各区人民政府，市政府各委办局，各市属机构：

《北京市工业污染行业生产工艺调整退出及设备淘汰目录（2022年版）》已经市政府同意，现印发给你们，请认真遵照执行。《北京市工业污染行业生产工艺调整退出及设备淘汰目录（2017年版）》即日起失效。

北京市人民政府办公厅

2022年1月20日

附件：

北京市工业污染行业生产工艺调整退出及设备淘汰目录（2022年版）

说明

为落实首都城市战略定位，深入打好污染防治攻坚战，按照《北京市大气污染防治条例》相关规定，市经济和信息化局、市生态环境局对《北京市工业污染行业生产工艺调整退出及设备淘汰目录（2017年版）》（京政办发〔2017〕33号）进行了修订，形成了《北京市工业污染行业生产工艺调整退出及设备淘汰目录（2022年版）》（以下简称《目录》）。

一、《目录》所列主要是污染较大、能耗较高、工艺落后，不符合首都城市战略定位的工业行业和生产工艺，以及国家明令淘汰的落后设备。

二、《目录》中条目后面标注的年份为退出期限，如“（2022年）”是指应于2022年底前退出；未标注年份的应立即退出。

三、按照《北京市大气污染防治条例》相关规定，列入《目录》的行业、工艺和设备，相关企业应当在规定期限内调整退出或淘汰，有关部门不得批准新建、扩建相关项目。

四、有关部门要严格执行生态环境保护、节约能源、清洁生产、安全生产、产品质量、职业健康等方面的法律法规和技术标准，促进列入《目录》的行业、工艺调整退出和设备淘汰。

五、《目录》可根据相关法律法规和首都经济社会发展需要适时修订。

一、行业及生产工艺

（一）钢铁

1. 黑色金属矿采选

2. 铁合金冶炼

3. 普通钢丝、钢绞线生产

4. 彩涂板生产

5. 预应力钢材生产消除应力处理的铅淬火工艺

（二）有色金属

1. 再生铅生产

2. 再生铝生产

3. 常用有色金属冶炼

4. 贵金属冶炼

5. 铜线杆（黑杆）生产

6. 提取线路板中金、银、钯等贵重金属工艺

7. 烟气制酸干法净化和热浓酸洗涤工艺

（三）建材

1. 土砂石开采

2. 不符合环保、安全生产要求的非金属矿开采，非机械化非金属矿开采

3. 装饰石材矿山硐室爆破开采技术

4. 水泥制造（有水泥窑协同处置危险废物除外）

5. 玻纤增强水泥（GRC）制品生产

6. 石棉水泥制品制造

7.S–2型混凝土轨枕生产

8. 年产10万立方米以下的轻集料混凝土砌块生产线

9. 非蒸压养护加气混凝土生产线，手工切割加气混凝土生产线

10. 年产15万立方米以下的加气混凝土生产线

11. 湿法模塑成型的混凝土路面砖、路缘石生产

12. 石灰生产

13. 建筑用石加工（汉白玉加工、石材雕刻除外）

14. 黏土砖生产

15. 建筑渣土烧结砖生产

16. 页岩砖生产

17. 粉煤灰砖生产

18. 石膏砌块生产

19. 纸面石膏板生产

20. 手工制作墙板生产

21. 燃煤倒焰窑耐火材料及原料制品生产

22. 岩棉制品生产

23. 平板玻璃制造

24. 陶土坩埚玻璃纤维拉丝生产工艺

25. 真空加压法和气炼一步法石英玻璃生产工艺

26. 建筑陶瓷制品制造（传承国家非物质文化遗产除外）

27. 年产 50 万件以下的卫生陶瓷生产线

28. 一次冲洗最大用水量 8 升以上的坐便器生产

29. 沥青类防水材料生产

30. 聚乙烯丙纶类复合防水卷材二次加热复合成型生产工艺

（四）化工

1. 纳入《中国受控消耗臭氧层物质清单》的全氯氟烃（CFCs）、哈龙、四氯化碳（CTC）、甲基氯仿（TCA）、含氢氯氟烃（HCFCs）、含氢溴氟烃、溴氯甲烷、甲基溴生产

2. 全氟辛基磺酸及其盐类、全氟辛基磺酰氟生产

3. 氯碱生产

4. 乙炔生产

5. 钛白粉生产

6. 铬化合物生产

7. 年产 200 万吨及以下常减压生产线

8. 单位产品用汞量较 2010 年减少不足 50% 的氯乙烯单体生产工艺

9. 半水煤气氨水液相脱硫工艺

10. 一氧化碳常压变换及全中温变换（高温变换）工艺

11. 芒硝法硅酸钠（泡花碱）生产工艺

12. 用火直接加热的涂料用树脂生产工艺

13. 氯化汞催化剂生产

14. 多氯联苯（变压器油）生产

15. 煤制品制造（2025 年）

16. 农药生产（生物农药及农药研发、中试除外）

17. 有机溶剂型油墨生产

18. 未达到《油墨中可挥发性有机化合物（VOCs）含量的限值》标准的非有机溶剂型油墨生产

19. 有机溶剂型涂料生产

20. 改性淀粉涂料生产

21. 含有机锡的防污涂料生产

22. 含三丁基锡、红丹的涂料生产

23. 含滴滴涕的涂料生产

24. 含异氰脲酸三缩水甘油酯（TGIC）的粉末涂料生产

25. 未达到《玩具用涂料中有害物质限量》标准的玩具涂料生产

26. 未达到《车辆涂料中有害物质限量》标准的车辆涂料生产

27. 未达到《建筑用墙面涂料中有害物质限量》标准的墙面涂料生产

28. 未达到《室内地坪涂料中有害物质限量》标准的室内地坪涂料生产

29. 未达到《木器涂料中有害物质限量》标准的木器涂料生产

30. 未达到《工业防护涂料中有害物质限量》标准的工业防护涂料生产

31. 未达到《清洗剂挥发性有机化合物含量限值》标准的清洗剂生产

32. 有机溶剂型胶粘剂生产

33. 未达到《胶粘剂挥发性有机化合物限量》标准的非有机溶剂型胶粘剂生产

34. 有机溶剂型稀释剂生产

35. 含苯类、苯酚、苯甲醛和二（三）氯甲烷的脱漆剂生产

36. 聚氯乙烯建筑防水接缝材料（焦油型）生产

37. 年产 3 亿只以下天然胶乳安全套生产线

38. 含汞量超过百万分之一的化妆品生产（包括亮肤肥皂和乳霜，不包括以汞为防腐剂且无有效安全替代防腐剂的眼部化妆品）

39. 含塑料微珠的日化用品生产

（五）塑料制品

1. 超薄型（厚度低于 0.025 毫米）塑料袋生产

2. 厚度低于 0.01 毫米的聚乙烯农用地膜生产

3. 一次性发泡塑料餐具生产

4. 一次性塑料棉签生产

（六）纺织印染

1. 棉印染工艺

2. 麻印染工艺

3. 丝印染工艺

4. 化纤织物印染工艺

5. 毛印染工艺

（七）人造板及家具

1. 人造板制造

2. 使用有机溶剂型涂料的家具制造工艺

3. 使用有机溶剂型胶粘剂的家具制造工艺

4. 使用有机溶剂型涂料的木制品加工工艺

5. 使用有机溶剂型胶粘剂的木制品加工工艺

（八）医药

1. 化学合成原料药生产（研发和中试除外）

2. 使用发酵工艺的抗生素和维生素生产（研发和中试除外）

3. 银汞齐齿科材料生产（2022 年）

4. 含汞类体温计、血压计生产

5. 铅锡软膏管、单层聚烯烃软膏管生产（肛肠、腔道给药除外）

6. 安瓿灌装注射用无菌粉末生产

7. 药用天然胶塞生产

8. 非易折安瓿生产

9. 输液用聚氯乙烯（PVC）软袋生产（不包括腹膜透析液、冲洗液用）

（九）机械

1. 铸造生产加工

2. 锻造生产加工

3. 电镀生产加工

4. 用于普通照明用途的紧凑型荧光灯生产

5. 用于普通照明用途的直管型荧光灯生产

6. 用于普通照明用途的高压汞灯生产

7. 用于电子显示的冷阴极荧光灯和外置电极荧光灯生产：(1) 长度较短（≤ 500 毫米）且单支含汞量超过 3.5 毫克；(2) 中等长度（>500 毫米且≤ 1500 毫米）且单支含汞量超过 5 毫克；(3) 长度较长（>1500 毫米）且单支含汞量超过 13 毫克

8. 手工、开放式的注汞技术和液汞电光源生产

9. 含汞类电池生产

10. 含铅类电池生产

11. 糊式锌锰电池生产

12. 含汞浆层纸、含汞锌粉生产

13. 含汞气压计、湿度计、压力表、温度计（体温计除外）等非电子测量仪器生产（无法获得适当无汞替代品、安装在大型设备中或用于高精度测量的非电子测量设备除外）

14. 含汞开关和继电器生产

（十）印刷

1. 使用有机溶剂型油墨的塑料印刷工艺（醇类油墨除外）

2. 使用有机溶剂型油墨的丝网印刷工艺

3. 传统晒版工艺

4. 使用有机溶剂型上光油的上光工艺

5. 使用有机溶剂型胶粘剂的包装、装订工艺

6. 使用醇类添加量 >5% 润版液或未对润版液废液进行回收处理的印刷工艺

7. 使用煤油或汽油作为清洗剂的印刷工艺

8. 铅排、铅印工艺

9. 使用苯胺油墨的凹版印刷工艺

（十一）造纸

1. 文化纸生产

2. 白板纸生产

3. 化学法制浆工艺

4. 单条年产 2 万吨及以下、以废纸为原料的制浆生产线

（十二）其他

1. 猪、牛、羊、禽手工屠宰

2.PVC 衬里消防水带生产

3.ZH15 隔绝式化学氧自救器，一氧化碳过滤式自救器生产

4. 皮革鞣制加工工艺

5. 毛皮鞣制加工工艺

6. 电子行业含铅电镀工艺

7. 使用六溴环十二烷（HBCD）的生产工艺

8. 使用纳入《中国受控消耗臭氧层物质清单》的全氯氟烃（CFCs）、哈龙、四氯化碳（CTC）、甲基氯仿（TCA）、含氢溴氟烃、溴氯甲烷、甲基溴的生产工艺

9. 不符合《大气污染防治法》《水污染防治法》《固体废物污染环境防治法》《噪声污染防治法》《节约能源法》《安全生产法》《产品质量法》《土地管理法》《职业病防治法》等国家法律法规，不符合国家安全、环保、能耗、质量方面强制性标准，不符合国际环境公约等要求的工艺、技术和产品生产

10. 国家和本市明令淘汰的其他工业行业和生产工艺

二、设备

1. 倒焰窑

2. 用于熔化废钢的工频和中频感应炉

3. 有效容积 18 立方米及以下轻烧反射窑、有效容积 30 立方米及以下重烧镁砂竖窑

4. 再生有色金属生产中直接燃煤的反射炉

5. 燃煤和燃发生炉煤气的坩埚玻璃窑，直火式、无热风循环的玻璃退火炉

6. 建筑卫生陶瓷（不包括建筑琉璃制品）土窑、多孔窑、煤烧明焰隧道窑、隔焰隧道窑、匣钵装卫生陶瓷隧道窑

7. 用于制备轻烧氧化镁的土焙烧窑、土煅烧窑

8. 轮窑及立窑、无顶轮窑、马蹄窑等土窑

9. 不符合国家现行城市生活垃圾、医疗废物和工业废物焚烧相关污染控制标准、工程技术标准以及设备标准的小型焚烧炉

10. 使用汞或汞化合物的甲醇钠、甲醇钾、乙醇钠、乙醇钾、聚氨酯、乙醛、烧碱、生物杀虫剂和局部抗菌剂生产装置

11.SX 系列箱式电阻炉、RX 系列 950℃箱式电阻炉

12.SG 系列坩埚式电阻炉

13.GGW 系列中频无心感应熔炼炉

14.J0$_2$、J0$_2$、J2、BJ0、JB$_3$、JZ、JZ$_2$、JZR、JZR$_2$、JZB、JZRB 系列电动机

15. 低压三相异步电动机（2003 年前生产的 Y 系列电动机）

16. 低压低效三相异步电动机（2003 年前生产的 Y2、Y3 系列及电机生产企业自行命名的电动机）

17.JK 系列中小型三相异步电动机：JK111−2、JK112−2、JK113−2、JK122−2、JK123−2、JK124−2

18.JS 系列中小型三相异步电动机：JS114−4、JS115−4、JS115−6、JS116−4、JS116−6、JS117−4、JS117−6、JS125−6、JS126−4、JS126−6、JS127−4、JS127−6、JS128−4、JS128−6、JS136−6、JS137−6

19.JK 系列高压三相笼型异步电动机：JK133−2/6kV、JK134−2/6kV、JK500−2/6kV、JK630−2/6kV、JK800−2/6kV、JK850−2/6kV、JK900−2/6kV

20.JS 系列高压三相笼型异步电动机：JS136−4/6kV、JS137−4/6kV、JS138−4/6kV、JS147−4/6kV、JS147−8/6kV、JS148−4/6kV、JS148−6/6kV、JS148−8/6kV、JS1410−4/6kV、JS1410−6/6kV、JS1410−8/6kV、JS1410−10/6kV、JS157−4/6kV、JS157−6/6kV、JS157−8/6kV、JS157−10/6kV、JS158−4/6kV、JS158−6/6kV、JS158−8/6kV、JS158−10/6kV、JS1510−4/6kV、JS1510−6/6kV、JS1510−8/6kV、JS1510−10/6kV、JS1510−12/6kV、JS1512−4/6kV、JS1512−6/6kV、JS1512−8/6kV、JS1512−10/6kV、JS1512−12/6kV

21.SJ、SJ$_1$、SJ$_2$、SJ$_3$、SJ$_4$、SJ$_5$、SJL、SJL$_1$、S、S$_1$、SZ、SL、SLZ、SL$_1$、SLZ$_1$ 系列中小型配电变压器

22.DJMB 系列照明用干式变压器和 DBK 系列控制用干式变压器

23.SL7−30/10 ～ SL7−1600/10、S7−30/10 ～ S7−1600/10 配电变压器

24.S8 系列油浸式无励磁调压变压器：S8−30、S8−50、S8−63、S8−80、S8−100、S8−125、S8−160、S8−200、S8−250、S8−315、S8−400、S8−500、S8−630、S8−800、S8−1000、S8−1250、S8−1600

25.S9 系列油浸式无励磁调压变压器：S9−30、S9−50、S9−63、S9−80、S9−100、S9−125、S9−160、S9−200、S9−250、S9−315、S9−400、S9−500、S9−630、S9−800、S9−1000、S9−1250、S9−1600

26.SG（B）8 系列干式无励磁调压变压器：SG（B）8−30、SG（B）8−50、SG（B）8−63、SG（B）8−80、SG（B）8−100、SG（B）8−125、SG（B）8−160、SG（B）8−200、SG（B）8−315、SG（B）8−400、SG（B）8−500、SG（B）8−630、SG（B）8−800、SG（B）8−1000、SG（B）8−1250、SG（B）8−1600、SG（B）8−2000、SG（B）8−2500

27.TDGC、TSGC 系列接触调压器

28.SCB8 干式变压器 SCB8−30 ～ 2500/10

29.AX1−500 型直流弧焊电动发电机

30.Ap−1000 型直流弧焊电动发电机

31.BX1−330 型交流弧焊机

32. 交流弧焊机：BX1−135、BX2−500

33. 磁放大器式直流电弧焊机 ZXG、MZ

34.NSA 系列磁放大器式氩弧焊机：额定焊接电流 160A ～ 199A、额定焊接电流 200A ～ 249A、额定焊接电流 250A ～ 314A、额定焊接电流 315A ～ 399A、额定焊接电流 400A ～ 499A、额定焊接电流 500A ～ 650A

35.ZX5 系列晶闸管直流手工焊条弧焊机 / 晶闸管手工焊条弧焊整流器：额定焊接电流 160A ～ 249A、额定焊接电流 250A ～ 314A、额定焊接电流 315A ～ 399A

36.ZX6 系列抽头式整流弧焊机：额定焊接电流 160A ～ 249A、额定焊接电流 250A ～ 314A、额定焊接电流 315A ～ 399A、额定焊接电流 400A ～ 499A、额定焊接电流 500A ～ 599A、额定焊接电流 600A ～ 800A

37. 燃煤锅炉（热电厂应急备用除外）

38.LHS 型立式冲天管结构燃油、燃天然气锅炉

39. 立式水管燃油、气蒸汽锅炉：LHS1−0.7−Y（Q）、LHS2−1.0−Y（Q）

40.DZL2−1.0−AII.P 未改进的水火管快装锅炉

41.2t/h 手摇炉排蒸汽锅炉（DZH2−1.0−AII）

42. 立式固定炉排有机热载体锅炉：YGL−160MAII、YGL−200MAII

43. 往复炉排热水锅炉：DZW1.4−0.7/95/70−AII、DZW2.8−0.7/95/70−AII

44. 卧式内燃链条炉排锅炉：WNL1−13−A3、WNL2−13−A3、WNL4−13−A3

45. 沸腾锅炉：SHF6−SHF35

46. 以氯氟烃（CFCs）为制冷剂的制冷空调产品

47.12JD 型深水井泵

48.GC 型低压锅炉给水泵

49. 热动力式疏水阀：S15H−16、S19−16、S19−16C、S49H−16、S49−16C、S19H−40、S49H−40、S19H−64、S49H−64

50.“二人转”式有色金属轧机

51. 溶剂型即涂覆膜机、承印物无法降解和回收的各类覆膜机

52.J1101 系列全张单色胶印机（印刷速度每小时 5000 张及以下）

53.W1101 型全张自动凹版印刷机、AJ401 型卷筒纸单面四色凹版印刷机

54.DJ01 型平装胶订联动机，PRD−01、PRD−02 型平装胶订联动机，DBT−01 型平装有线订、包、烫联动机

55. 离心涂布机

56. 照像制版机

57. 吊索式大理石土拉锯、狗头锯、移动式小型圆盘锯

58. 列入工业和信息化部《高耗能落后机电设备（产品）淘汰目录》的其他设备

59. 未达到国家强制性能效标准要求的用能设备

60. 危及生产和人身安全，不具备安全生产条件的设备

61. 不符合《大气污染防治法》《水污染防治法》《固体废物污染环境防治法》《噪声污染防治法》《节约能源法》《安全生产法》《产品质量法》《土地管理法》《职业病防治法》等国家法律法规，不符合国家安全、环保、能耗、质量方面强制性标准，不符合国际环境公约等要求的设备

62. 国家和本市明令淘汰的其他设备

北京市经济和信息化局关于印发《北京市数字经济全产业链开放发展行动方案》的通知

京经信发〔2022〕41 号

各区人民政府，市有关部门：

为贯彻落实市委、市政府关于加快建设全球数字经济标杆城市和“两区”建设全产业链开放发展、全环节改革的工作部署要求，市经济和信息化局组织编制完成《北京市数字经济全产业链开放发展行动方案》（以下简称《行动方案》），经市政府批准，现将《行动方案》正式印发，请各单位抓好具体实施。

特此通知。

北京市经济和信息化局

2022 年 5 月 30 日

附件：

北京市数字经济全产业链开放发展行动方案

为深入贯彻落实习近平总书记关于支持北京开展“两区”建设的重要指示精神，着力推动北京市数字经济全产业链开放发展，充分释放数据要素价值，激发数字经济活力，构建数据驱动未来产业发展的数字经济新体系，加快建设全球数字经济标杆城市，制订本行动方案。

一、总体要求

（一）指导思想

坚持以习近平新时代中国特色社会主义思想为指导，全面贯彻党的十九大和十九届历次全会精神，完整、准确、全面贯彻新发展理念，强化“两区”建设的数字经济特征，坚持“五子”联动融入新发展格局，以激活数据要素潜能为引擎，以数据要素市场化配置改革为突破，推动数据生成—汇聚—共享—开放—交易—应用全链条开放发展，促进全方位数字化转型，协同推进技术、模式、业态和制度创新，不断做强做优做大数字经济产业，构建规范、健康、可持续的数字经济生态，打造数字经济发展的“北京标杆”。

（二）基本原则

坚持数据驱动。抓住数据这一关键要素，协同推进数字产业化和产业数字化，着力推动数据链与产业链融合发展，将北京数据资源优势转化为新的发展动能。

坚持开放创新。对标国际先进规则，聚焦重点领域和关键环节，以开放带动改革，突出制度创新和技术创新双轮驱动，鼓励先行先试，在全国率先形成引领示范。

坚持应用牵引。发挥“政府引导、市场主导”的双重作用，以首都新型智慧城市建设场景需求为总牵引，促进数字技术和实体经济深度融合。

坚持安全发展。提升数字安全产业的服务保障能力，构建保障数据安全的系统能力，落实数据全生命周期安全保护，加强新业务、新业态风险防范，牢牢守住数字经济安全底线。

（三）工作目标

利用 2 ～ 3 年时间，制定一批数据要素团体标准和地方标准，开放一批数据创新应用的特色示范场景，推动一批数字经济国家试点任务率先落地，出台一批数字经济产业政策和制度规范，加快孵化一批高成长性的数据服务企业，形成一批可复制可推广的经验做法，在全国率先建成活跃有序的数据要素市场体系，数据要素赋能经济高质量发展作用显著发挥，将北京打造成为数字经济全产业链开放发展和创新高地。

二、主要措施

（一）加速数据要素化进程

1. 推进数据采集处理标准化。组建数字经济标准委员会，加强数字经济领域技术标准创制，积极争取国家数字经济领域标准化试点建设，积极参与国际标准制定。推动自动驾驶、数字医疗、数字金融、智慧城市等领域开展数据采集标准化试点。建立数据采集主体、数据来源和采集方式合法性、正当性的管理机制，推动不同场景、不同领域数据的标准化采集和高质量兼容互通，提升大规模高质量的数据要素生产供给能力。组织推进数据清洗、去标识化和匿名化处理等环节的关键技术测试评估，形成技术合规、行业认可、操作可行的业务规程。

2. 实施数据分类分级管理。加快制定本市数据分类分级规则，明确一般数据和重要数据识别认定标准。推动北京市政务、工业、通信、交通、医疗、金融等行业领域重要数据目录的研究制定，建立并实施动态更新管理机制。指导推动相关单位完善数据管理制度，加强数据分类分级日常管理，采取必要的制度措施和技术路径进行差异化数据安全保护。探索实施集中统一认证、一次授权多次使用的便捷化数据采集使用授权措施。

3. 开展数据资产登记和评估试点。建设数据资产登记中心，基于区块链技术开展数据资产登记，支持第三方评估机构发展，依据相关标准对数据质量和价值进行评估。支持数据交易、数字资产评估、数字金融等行业的市场主体，探索建立数据资产评估模型和市场化定价机制，开展数据资产评估试点。鼓励互联网、金融、通信、能源、交通、城市运行服务等领域数据管理基础较好的企业，探索将数据资产纳入资产管理体系。

（二）推动要素市场化改革突破

4. 积极推动增值电信业务对外开放。争取国家先行先试政策支持，进一步面向外资试点开放第一类增值电信业务中的互联网数据中心业务（IDC）、内容分发网络业务（CDN）及互联网接入服务业务（ISP），以及第二类增值电信业务的在线数据处理与交易处理业务、信息服务业务（信息发布平台和递送业务）等增值电信业务。

5. 持续加大数据开放共享力度。发布本市公共数据开放年度计划，升级改造公共数据开放平台。建立完善依申请开放政务数据制度，加快推进金融、医疗、交通、位置、空间、科研等领域数据专区建设，完善授权运营服务模式。依托公共数据开放创新基地，组织公共数据创新应用大赛和数据融合应用实验攻关。积极推动供水、供电、供气、公共交通等公共服务运营单位数据开放。在自动驾驶、数字医疗、数字金融、工业等领域，支持行业组织或第三方机构，面向数字供应链管理、协同设计研发等场景，建设安全可信的数据共享空间。持续丰富并开放车路协同自动驾驶数据集，为其他领域行业数据开放共享探索经验。鼓励科研机构、国企和社会团体通过多种形式对外提供数据。探索搭建人工智能数据标注库或知识生产平台，面向社会提供数据服务。

6. 促进数据交易繁荣健康发展。支持市场主体采取直接交易、平台交易等方式依法开展数据服务和数据产品交易活动。加快建设北京国际大数据交易所，壮大北京国际数据交易联盟，鼓励在金融、医疗、交通、工业等垂直领域，推动完善“数据可用不可见、可控可计量”的交易范式。建立数据交易标准合同指引，出台数据交易负面清单和谨慎清单。逐步健全数据资产评估、登记结算、交易撮合、争议仲裁等市场运营体系，发展数据经纪、托管、评估、认证、安全、合规、仲裁等第三方服务机构。

7. 探索数据跨境流动服务。配合国家网信部门推进数据出境安全评估制度试行试用。争取国家授权北京率先开展数据出境安全评估初评工作，并积极推动“个人信息保护认证”“数据出境标准合同”等制度试点。积极发展跨境电子商务，促进电子签名、电子合同及电子发票的互信互认，探索无纸化贸易。推动数字贸易港在跨境数据流动领域的国际合作。建设数据跨境服务中心，遴选具有数据跨境需求的代表性企业开展试点，指导和服务企业开展跨境数据合规治理、安全自评估等工作，协助提高数据跨境流动监管效率。

8. 探索数据资产价值实现。探索拥有合法数据来源的市场主体以数据资产作价出资入股相关企业，对外提供担保服务或者进行股权、债权融资，支持其与信托机构、数据服务商探索开展数据信托、数据托管、数据提存服务。支持银行等金融机构在风险可控的前提下，探索开展数据资产融资、数据资产保险、数据资产证券化等金融创新服务。

（三）打造数字技术新优势

9. 提高数字技术供给能力。着眼产业链高水平发展，集聚整合各类科技资源，集中突破高端芯片、人工智能、关键软件、区块链、隐私计算、城市空间操作系统等领域关键核心技术，超前布局6G、未来网络、类脑智能、量子计算等未来科技前沿领域，力争取得一批重大原始创新和颠覆性成果。支持多元异构数据协议、高性能混布计算、分布式流批一体处理等数据技术研发，加快形成海量数据多元异构融合分析、集成管理以及云原生容器化数据服务发布能力。支持区块链先进算力平台和人工智能公共算力平台拓展应用，促进多方安全计算、联邦学习、可信计算等隐私计算技术在金融科技、数据流动、安全保护等方面拓展场景应用，形成产业布局。

10. 构建数字技术创新生态。依托开放原子开源基金会、代码托管平台在京建设国际开源社区，吸引国内外开源项目与机构在京落地。鼓励发展新型研发机构、企业创新联合体等新型创新主体，支持建设各类产学研协同创新平台，推动创新资源共建共享，打通贯穿基础研究、技术研发、中试熟化与产业化全过程的创新链，形成以公共平台、底层技术、龙头企业等为核心的多样化数字技术创新生态，带动创新型企业快速壮大。

（四）赋能重点产业创新发展

11. 加快科技研发和知识生产产业发展。鼓励研发中心、重点实验室和科研院所的科研数据共享和技术研发协作攻关，推动实施一批大数据应用科研项目。支持新型研发机构建设底层技术平台、通用算法平台、大数据平台、城市码平台、数字城市操作系统、时空地图、政务云等共性平台，建立领先的新技术能力支撑体系，推动主要利用财政资金形成的建设成果，积极向社会开放共享。引导建设基于海量数据信息的知识库、新一代智能化的知识检索和知识图谱服务平台，积极探索基于大数据和人工智能应用的跨学科知识创新和知识生产新模式，全面赋能新药开发、新材料研制、新产品设计等研发活动。

12. 加快工业互联网产业发展。开展工业互联网平台监测分析区域试点，推动平台核心指标数据的自动采集和动态汇聚。构建工业互联网标识解析体系，推动国家工业互联网大数据中心行业分中心落地布局。探索出台工业软件、基础软件首版次应用奖励措施；鼓励保险公司为首版次软件的首用提供配套保险服务，研究制定首版次软件保险费用补贴政策。支持制造业领域央企、市属国企和相关企业将信息技术部门剥离，设立独立的面向行业提供工业互联网服务的企业。支持发展一批数字化赋能优质平台，通过中小企业发展资金，支持中小企业上云上平台。建立重点联网工业企业清单和重要数据保护目录，实施工业互联网企业网络安全分类分级管理制度。

13. 加快智能网联汽车产业发展。优化完善智能网联汽车道路测试、新产品应用、事故责任及运营监管等政策管理体系。持续推进高级别自动驾驶示范区 3.0 建设，深入实践网联云控技术路线，推进车路协同，实现更大区域、更多场景联网联控，为智能网联汽车应用场景商业化落地和中间产品推广应用提供城市级工程试验平台。大力推动路侧数据与云端数据赋能车端，构建全要素多维度的数据服务体系。

14. 加快数字医疗产业发展。推进“全民健康信息平台”建设，基于个人码搭建个人健康信息档案，研究编制个人数据采集标准、机制及规则，形成基层落地方案。开展医院电子病历、电子医学影像以及公共卫生数据标准化采集，持续丰富数据类型、提高数据质量。支持医疗机构与人工智能企业、科研单位在安全合规前提下联合开展医疗数据治理和价值挖掘。支持医疗机构在诊疗、住院、巡诊、康复等场景开展数字化应用，探索将人工智能列为独立服务项目，打造数字化医疗新服务。积极探索制定数字疗法产品的临床试验设计指导原则、医疗器械注册审查指导原则。

15. 加快数字金融产业发展。深入推进金融科技与专业服务创新示范区建设，围绕支付清算、登记托管、征信评级、资产交易、数据管理等环节，支持数字金融重点机构和重大项目落地。依托金融公共数据专区支持金融机构创新产品和服务，鼓励金融机构之间通过区块链、隐私计算方式共享业务数据，提高金融风险防控能力。稳妥推进数字人民币在零售消费、生活缴费、政务服务等场景试点应用，支持金融机构、互联网平台共建零售交易、生活服务等移动支付便民场景，推动数字保险等改革试验与测试应用落地。深化征信在数字金融和经济治理中的应用。

16. 加快智慧城市产业发展。加快推动“京通、京办、京智”智慧终端建设，持续提升“七通一平”共性服务能力。以“一件事”场景建设为驱动，利用“一网通办”“一网统管”“一网慧治”，牵引跨领域、跨部门、跨层级公共服务、协同管理和流程再造。推动交通、医疗、城市管理、政务服务等全域智慧应用场景开放，启动城市副中心智慧城市标杆示范区建设，加快建设智慧生活实验室，为新技术、新产品提供首场景和测试验证。探索智慧城市建设、管理、运营的新模式，积极吸纳、引导高科技企业和专业机构等社会力量，深度参与智慧城市数字底座、民生应用场景以及领域数据专区等的建设运营。

（五）加强数字经济治理

17. 完善数字经济安全体系。健全网络安全与数据安全评估机制，提升重点行业、重点企业关键信息基础设施安全防护能力，针对数据产生、传输、存储、应用全过程，建立可信可控的网络安全体系。支持 CPU、操作系统、中间件、数据库等自主软硬件产品研发、制造及适配。基于区块链技术探索建立数据要素编码体系和数字身份信任平台。推广使用安全可靠的信息产品、服务和解决方案，引导重点行业和企事业单位提高安全服务采购比例。

18. 推动企业合规体系建设。按照国家法律法规要求，健全完善数据安全合规管理制度，研究制订涵盖数据收集、存储、加工、使用、传输、共享、开放等全流程的数据合规指引，出台大数据应用的禁止清单和谨慎清单。组织开展企业数据合规培训和专业人才培养，支持重点企业内部设立数据治理委员会，明确首席数据官或首席合规官，建立健全全流程数据内部管理制度和操作规程。在重点行业形成一批数据合规典型案例，形成示范引领效应。开展《数据管理能力成熟度评估模型》国家标准贯标试点，增强企业数据管理能力。

19. 引导平台经济健康发展。建立多层次合规制度体系，“一业一册”编制重点领域合规手册。支持平台企业加快科技转型，加速赋能传统产业改造升级。实施基于“风险 + 信用”的分级监管，建立差异化监管机制。建设平台经济数据专区，有序开放有助于企业自查合规的政务数据，推动平台经济政企数据融合、安全有效共享。支持平台企业通过完善交易规则和服务协议等方式，推动数据资源合作利用，构建开放兼容的平台生态。鼓励拥有核心技术的平台企业开放软件源代码、硬件设计和应用服务，推动制定云平台间系统迁移和互联互通标准，加快业务和数据互联互通。

20. 探索沙盒监管机制。聚焦金融科技、自动驾驶、数据交易等业务场景开展“沙盒监管”试点，明确沙盒的准入、测试、退出标准以及各方的风险防控责任和预警机制。探索建设互联网 3.0 示范区，搭建共性技术平台和产业基础设施，加大底层技术研发支持力度，推动与教育、医疗、文化、旅游等产业融合，探索包容审慎的新型监管模式。完善数据安全态势感知平台和监测系统，形成敏感数据监测发现、数据异常流动分析、数据安全事件追溯处置等能力。

（六）增强数字经济发展支撑

21. 加快新型数字基础设施建设。统筹规划本市信息网络、算力基础设施建设。鼓励符合条件的市场主体参与数字基础设施的投资、建设和运营。推进物联网、车联网、卫星互联网等新一代通信网络基础设施建设，积极申报国家新型互联网交换中心试点，全面提升北京数据交换能力。提升数据中心整体计算能级和绿色节能水平，对新建数据中心实施总量控制、梯度布局和建设指导，支持存量数据中心实施优化调整和技改升级。

22. 优化数字经济营商环境。高水平举办全球数字经济大会，打造数字经济国际化交流合作平台。设立国际数字经济治理研究院，加强数字经济领域跨境合作和交流。完善数字经济投融资服务体系建设，支持设立数字经济创投和产业发展基金，支持数字经济标杆企业上市融资。加大稀缺型、复合型数字化人才培养，鼓励各区、各部门大力引进数字经济领军人才。落实数据知识产权保护工程，积极开展数据知识产权保护和运用试点。对于在数据开放共享、数据融合应用和业务模式创新中，出现偏差失误或者未能实现预期目标，但符合国家和本市确定的改革方向和基本要求，可以根据具体情况减轻或者免于追究相关责任。

三、组织实施

（一）加强统筹协调

市经济和信息化局会同市“两区”办加强统筹，建立健全北京市全球数字经济标杆城市建设工作专班，建立任务台账，定期调度，加强各项任务的跟踪和评估，推进解决重点问题。综合利用金融、科技、人才、财税等方面资源，做好政策性保障。各区人民政府经济和信息化主管部门结合各区实际，统筹推动数字经济全产业链开放发展工作。

（二）狠抓任务落实

各相关部门要高度重视，创新工作方式方法，扎实推进本行动方案各项措施落实，定期报送推进情况、亮点及存在问题等信息，主动引导各类市场主体参与全产业链开放发展进程，支持企业设立专门的数据资产公司。相关部门积极对接国家上级主管部门，争取先行先试政策率先在北京落地实施。

（三）加强宣传引导

市经济和信息化局组织召开专题培训，做好行动方案政策解读，调动社会各界共同参与数字经济全产业链开放发展的积极性和创造性，及时总结全产业链开放发展的生动实践，形成数字经济领域全面深化改革的北京经验。

北京市经济和信息化局关于印发《北京市“十四五”时期制造业绿色低碳发展行动方案》的通知

京经信发〔2022〕42 号

各有关单位：

经市政府同意，现将《北京市“十四五”时期制造业绿色低碳发展行动方案》印发给你们，请结合实际认真贯彻执行。

特此通知。

北京市经济和信息化局

2022 年 6 月 1 日

附件：

北京市“十四五”时期制造业绿色低碳发展行动方案

“十四五”时期是立足新发展阶段，推进制造业绿色低碳转型和高质量发展的关键时期。为贯彻新发展理念，落实国家和本市关于碳达峰碳中和、污染防治和绿色制造相关工作要求，加快推动本市制造业绿色低碳发展，特制订本方案。

一、总体要求

（一）总体思路

以习近平新时代中国特色社会主义思想为指导，全面贯彻党的十九大和十九届历次全会精神，深入贯彻习近平总书记关于北京工作的重要讲话精神，完整准确全面贯彻新发展理念，落实“十四五”时期减污降碳协同增效工作要求，立足制造业发展实际，充分发挥本市科技创新优势，以制造业高质量发展为主题，以供给侧结构性改革为主线，以能源结构优化和资源能源高效利用为重点，以全产业链和产品全生命周期绿色提升为抓手，以绿色低碳管理服务长效机制为保障，逐步构建产业绿色低碳发展与绿色低碳产业发展相互促进、深度融合的现代化产业格局，形成促进制造业绿色低碳高质量发展的“北京经验”。

（二）基本原则

整体谋划，统筹推进。强化顶层设计，全面统领制造业减污降碳节能增效和先进制造业发展，以绿色低碳为导向，提高产业质量效益和核心竞争力，推动制造业高质量发展。

双碳引领，创新发展。依托国际科技创新中心功能定位，以推动制造业实现碳达峰碳中和目标为引领，大力推动绿色低碳技术的研发、示范应用和产业化，以先进技术促进制造业高效低碳协同发展，以数字化赋能制造业绿色化提升，培育绿色发展新动能。

节约优先，低碳示范。以能源资源全面节约、集约、循环利用为重点，推动制造业绿色低碳发展。先行先试绿色低碳技术应用，打造绿色、低碳标杆示范企业，带动全行业、全产业链绿色化水平提升。

政府引导，市场推动。保持疏解一般制造业和推动先进制造业绿色智能化发展的战略定力，完善政策引导机制，推动产业结构优化，促进企业节能减碳和绿色发展；发挥市场配置资源的作用，强化企业主体责任，加强企业绿色低碳发展的内生动力。

二、主要目标

到 2025 年，制造业领域高精尖产业比重进一步提升，新能源和可再生能源持续扩大推广应用，化石能源占比稳步下降，能源资源利用效率进一步提升，一批前沿低碳负碳工艺技术得到示范应用。培育一批基于技术创新的绿色增长新引擎，健全推动制造业绿色低碳发展的管理服务体系，汽车、电子、生物医药等重点行业绿色供应链管理取得显著成效，制造业绿色低碳发展水平得到整体提升。

北京市“十四五”时期制造业绿色发展主要指标和任务目标

表 22

指标	2025 年	指标性质
工业能源消费总量（万吨标准煤）	达到本市要求	约束性
万元工业增加值能耗降低率	≥ 12%	约束性
万元工业增加值碳排放降低率	20% 左右	预期性
万元工业增加值用水量降低率	≥ 10%	预期性
工业用水重复利用率	≥ 95%	预期性
累计创建国家级绿色工厂（家）	150	预期性
累计创建国家级绿色供应链管理企业（家）	30	预期性

三、主要任务

（一）产业结构优化升级行动

1. 推进一般生产制造环节疏解退出。牢牢把握非首都功能疏解“牛鼻子”，深入实施“疏解整治促提升”专项行动，发挥标准约束作用，以更高、更优标准持续推进绩效水平低的一般生产制造环节调整退出。严格落实《北京市新增产业的禁止和限制目录》，严控新建扩建“两高”项目。适时修订并严格执行《北京市工业污染行业生产工艺调整退出及设备淘汰目录》，按期淘汰退出相关污染行业和生产工艺。严控、压减在京石化生产规模和水泥产能，水泥产能压减30%以上。

2. 优化高精尖产业体系。贯彻《北京市“十四五”时期高精尖产业发展规划》，大力发展科技含量高、资源能源利用效率高、污染和碳排放强度低的高精尖产业，做大生物医药产业，做强集成电路、智能网联汽车、智能制造与装备产业，积极发展新能源、新材料、新能源汽车、节能环保等绿色产业，带动全市制造业产业结构绿色化。严格项目准入条件，汽车、电子、医药等重点行业新建项目应对标能效、水效、碳排放和清洁生产标杆水平设计建设。

（二）制造业企业节能降碳行动

3. 推进用能结构低碳化。有序推进有条件的企业使用电能替代化石燃料。加大光伏、光热、地热等可再生能源利用比例，企业新建建筑应安装太阳能系统，鼓励既有企业建筑屋顶实现光伏发电“应用尽用”。探索氢能在制造业原燃料替代、储能、货运、非道路移动机械等领域的应用。鼓励企业参与电力市场化交易和绿色电力认购，提高可再生能源电力消纳量。支持企业建设多能互补的绿色低碳智能微网，实现分布式可再生能源、余能余热利用、储能装置、能源智慧化管控等系统集成。推动水泥行业实施清洁低碳能源替代。

4. 提高能源利用效率。强化节能监察，实现重点用能行业企业节能监察全覆盖。持续开展电机能效提升和变压器能效提升行动。深化重点企业节能提效改造，聚焦能源消耗总量大、改造条件相对成熟、示范带动作用明显的重点用能企业，围绕能量系统优化、余热余压利用、公辅设施改造等重点内容，实施一批节能提效改造提升项目。推动炼油、乙烯、水泥等存量项目，对照国家节能降碳改造实施指南开展技术改造。鼓励企业加强以电为核心的能源需求侧管理，提高用能效率和需求响应能力。

5. 强化能耗和碳排放双控。合理控制制造业能源消费总量，严格控制能耗强度、二氧化碳排放总量和强度，新增可再生能源和原料用能不纳入能源消费总量控制指标。统筹产业布局、结构调整与节能审查、可再生能源消纳考核、能耗与碳排放双控政策，督促重点用能单位强化节能管理，完善节能降碳约束性指标管理。

（三）资源利用效率提升行动

6. 推动重点行业节水改造。支持重点用水企业积极实施高效冷却和洗涤、高耗水工艺替代等节水技术改造项目。推动年用水量20万立方米以上企业自愿开展管网漏损自查和升级改造，鼓励年用水量超过10万立方米的企业设立水务经理。因地制宜推行水循环梯级利用，促进企业间串联用水、分质用水、一水多用和循环利用。园区在新建项目过程中，需统筹供排水、水处理及循环利用设施建设，推动企业间的用水系统集成优化。

7. 加强非常规水利用。聚焦“三城一区”重点区域和石化化工、食品、饮料、电子、生物医药等重点用水行业企业，围绕过程循环和末端回用，稳步推进废水循环利用改造升级。支持企业建设雨水等非常规水综合利用设施，优先使用再生水，减少新水取用量。

8. 促进资源高效循环利用。鼓励企业推行易拆解、易分类、易回收的产品设计方案，加强可循环、可降解材料及产品开发应用，推广绿色包装，逐步提高产品中再生资源替代使用比例。发展高端智能装备产品再制造，鼓励突破航空发动机、医疗影像设备、服务器等领域关键部件再制造技术，提高航空航天、工程机械、工业机器人、内燃机整机及关键零部件再制造产品应用比例，推广应用无损检测、增材制造、柔性加工等再制造共性关键技术。支持企业使用再制造产品。

（四）生产过程清洁优化行动

9. 推行绿色设计。重点在生态环境影响大、产品涉及面广、产业关联度高的行业，推行工业产品绿色设计，减少产品全生命周期对资源环境的影响，带动产业链、供应链绿色协同提升。支持企业创建绿色设计示范企业，对照国家绿色设计评价标准，采取自我声明或自愿认证方式，开展绿色设计评价。

10. 推进清洁生产。督促汽车、医药、家具、印刷等行业企业按要求实施强制性清洁生产审核，鼓励企业积极参与自愿清洁生产审核。围绕挥发性有机物、氮氧化物、颗粒物、化学需氧量、氨氮等主要污染物，引导企业积极开展清洁生产工艺技术改造升级，降低污染排放强度。开展污染物源头控制与过程削减协同工艺技术的研发和示范应用，协同治理 PM2.5 和臭氧污染。探索污染治理过程实施新能源和可再生能源替代，减少能源消耗和碳排放。

11. 深化挥发性有机物治理。加强涉 VOCs 排放企业管理，支持石化、医药、汽车制造、家具制造、半导体及电子等重点行业实施低 VOCs 含量原辅材料替代、VOCs 有组织和无组织排放治理等治理措施。组织空气重污染应急重点行业企业对照环保绩效评级要求，实施大气污染防治能力提升。到 2025 年，企业在生产工艺、原辅材料使用和污染治理技术方面全面提标，逐步提升规模以上企业环保绩效 A、B 级企业占比，市级以上产业园区内规模以上企业基本实现环保绩效 D 级企业清零。

12. 加强其他污染物排放控制。支持石化、汽车、电子等重点行业企业通过原辅材料替代、工艺改进、综合利用等措施，促进危险废物减量化资源化。鼓励重点企业自建危险废物利用和处置设施。引导企业在制冷、清洗等工艺环节开展臭氧层消耗物质替代技术应用。

专栏　重点行业绿色提升工程

汽车制造行业绿色提升工程。积极开展产品绿色设计，提高产品中可再生资源使用比例，推进汽车轻量化制造。逐步提高生产过程的电气化率，加强余热余压利用，强化电机能效提升，促进工业废水资源化利用。开展低（无）VOCs 含量涂料替代，推广使用干式喷涂、粉末喷涂、紧凑型免中涂等先进生产工艺，加强电泳废气治理和无组织排放治理，推动危险废物减量化。鼓励行业龙头企业制定碳中和时间表和路线图。落实生产者责任延伸制度，推动产业链上下游合作共建回收渠道，促进构建跨区域的废旧动力电池回收利用体系，推进废旧动力电池在备电、充换电等领域安全梯次应用和商业模式创新。

电子制造行业绿色提升工程。大力提高电子产品绿色设计水平，促进产品生产更高集成度、更高性能、更低功效、更易回收再利用，优先应用可再生原材料。鼓励电子产品减量包装、去塑包装、可利用包装。加强工业节水，生产过程优先使用符合生产工艺要求的再生水。鼓励企业建立限用物质管理机制，减少有毒有害原材料使用。

医药行业绿色提升工程。加强药品研发阶段环境风险评估，开发低环境风险产品。提高生产过程的密闭化、连续化和智能化。采用先进产品回收设备和工艺，提高有机溶剂回收利用率，减少有机溶剂使用量。加强高值医用耗材回收利用管理，优先使用可再生或可降解包装物。

原材料行业绿色提升工程。制定实施石化和水泥行业低碳转型工作方案。开展水泥窑深度脱硝和氨排放协同治理；探索碳酸盐原料替代与减量化，减少生产过程碳排放。石化行业加强储罐、废水、循环水系统等 VOCs 收集与处理和火炬系统排放控制。示范应用低碳固碳技术和碳捕获利用技术，提高大宗物料绿色运输比例。

（五）生产方式数字转型行动

13. 构建绿色低碳的供应链管理体系。引导企业构建数据支撑、网络共享、智能协作的绿色供应链管理体系。加强对供应商绿色低碳发展水平的认证、审核和评估，提升供应链绿色化水平。鼓励行业龙头企业探索建设供应链碳排放数据管理平台，开展产品全生命周期碳足迹核算和供应商年度碳核查工作，推动行业整体低碳发展。

14. 数字化赋能产品全生命周期绿色低碳。加快人工智能、物联网、云计算、区块链、数字孪生等新一代信息技术在绿色制造领域的应用。推动企业安装制造过程关键工艺装备智能感知和控制系统，利用数字技术优化产线决策调度，降低工艺过程能耗与物料使用。打造面向研发设计、生产制造、仓储物流、回收利用等产品全生命周期的数字孪生系统，以数据为驱动提升行业绿色低碳技术创新、绿色制造和运维服务水平。推进绿色技术软件化封装，推动前沿绿色制造技术的创新应用。

15. 实施“工业互联网＋绿色制造”。支持企业利用工业互联网技术开展包括智慧能源管控系统、智慧用水管理系统、地下管网漏水检测系统、污染物排放智能管理系统等在内的绿色低碳综合管理系统建设，实现用能、用水、碳排放和污染排放的动态监测、精准控制和优化管理。推动主要用能设备、工序等数字化改造和上云用云。

（六）绿色产业创新发展行动

16. 激发市场主体创新活力。在绿色低碳领域支持以企业为主体建设产业创新中心、技术创新中心等创新平台。针对制造业绿色低碳发展技术创新需求，鼓励领军企业联合高校院所和各创新主体组建创新联合体、联合实验室、新型共性技术平台等，产学研合作推进重点项目协同和研发活动一体化，解决跨行业、跨领域关键共性技术难题。

17. 推动低碳关键技术突破和创新应用。鼓励企业围绕碳达峰、碳中和重大战略技术需求，加强前沿和颠覆性技术研究创新，聚焦新能源制备、替代及多元耦合技术，探索二氧化碳捕集利用、生物低碳负碳技术等，为未来碳中和技术产业化进行技术储备。推动低碳应用场景建设，支持低浓度二氧化碳捕集、二氧化碳冷热供应等绿色低碳技术示范应用。

18. 打造绿色智慧能源产业集群。鼓励低速风电、高效光电、先进储能等能源领域先进前沿技术研发和产业化落地。支持能源技术与新一代信息技术融合，在昌平能源谷、房山高端制造业基地、怀柔科学城中心区等区域，发展柔性智能输变电设备、智能化风电、光伏、储能等新能源并网关键装备。推动氢能与氢燃料电池技术产业化、规模化发展，在昌平能源谷、中关村房山园、大兴国际氢能示范区等区域，加快关键技术创新研发及系统集成，统筹推进京津冀区域氢能制、储、运、加、用全产业链布局。

19. 促进节能环保产业发展。加强节能、节水、环保、清洁生产、资源综合利用等领域共性技术研发，支持绿色低碳装备装置、仪器仪表和控制系统研发创新，打造一批节能环保领域专精特新“小巨人”企业。聚焦大气污染防控、节水和水环境综合治理、节能与环境服务业、污染场地与土壤修复、现代化能源利用等重点领域，推动京津冀区域产业互联、资源共享、场景示范，逐步完善节能环保产业创新链、产业链、供应链。面向京津冀区域加大高效节能、节水、污染防治等先进适用工艺技术装备推广应用。

（七）管理服务强化提升行动

20. 健全制造业绿色发展地方标准体系。立足产业发展现状和绿色低碳发展需求，对标国内国际先进水平，按照从高从优原则，适时制修订重点行业单位产品能耗限额、用水定额、清洁生产等制造业绿色发展相关地方标准，加快先进绿色低碳技术成果向标准转化。发挥标准引领作用，组织实施重点行业单位产品能效限额、用水定额达标测算，督促不达标企业整改，引导企业对标先进提升绿色制造水平。

21. 加强绿色制造服务供给。培育碳追踪、碳减排领域综合服务商和绿色制造系统解决方案服务商，提升行业绿色低碳发展基础能力。鼓励专业节能服务机构为制造业企业实施专项节能诊断，鼓励第三方专业企业为高耗水企业提供节水咨询、技术改造、水平衡测试和用水绩效评价、合同节水管理等节水服务。遴选优质专业服务机构，面向规模以上制造业企业提供绿色诊断评估服务，挖掘绿色发展潜力。围绕法规政策标准宣贯、先进技术装备产品推广、检验检测、核算评估、绿色金融等方面，鼓励行业机构、大型企业建设产业融通、资源共享、效益共赢的绿色制造公共服务平台。

22. 发挥标杆企业示范引领作用。推动低碳企业园区建设试点示范工程，支持规模化碳捕集利用、绿色智能微网等低碳试点示范项目建设。开展低碳“领跑者”培育，形成一批可复制、可推广的技术和经验。持续推进绿色产品、绿色工厂、绿色工业园区和绿色供应链管理企业创建，到2025年累计创建国家级绿色工厂150家，绿色供应链管理企业30家。按照国家要求对绿色制造名单实施动态化管理，强化效果评估。探索将能耗总量、可再生能源电力消纳责任权重等考核指标完成情况纳入绿色制造单位准入条件和管理要求。强化环境信息披露，引导绿色制造示范企业和低碳“领跑者”企业发布绿色低碳发展年度报告。

四、保障措施

（一）加强统筹协调

在“双碳”战略和生态文明建设整体工作机制下，加强对国家和本市关于制造业绿色低碳发展重大决策部署的贯彻落实，统筹协调推进制造业疏解提质和绿色低碳发展。加强部门联动和协调配合，充分发挥科研院所、行业协会、产业联盟等机构的桥梁纽带作用，合力推进产业绿色低碳发展。

（二）引导资源优化分配

加强制造业能源资源利用情况和污染排放、碳排放情况的监测分析，探索利用能效、水效、碳排放、清洁生产、产出效益等标准，分区域、分行业建立要素资源投入产出评价体系，推动要素资源向优质企业匹配。推动建立绿色企业和绿色项目库，引导金融机构为本市制造业绿色低碳发展提供专业化绿色金融产品和服务。鼓励符合条件的企业发行绿色债券。支持符合条件的绿色企业上市融资和再融资。

（三）强化政策支持

加强工业领域碳减排顶层设计，分步研究并落实制造业低碳转型发展实施路径。发挥高精尖资金引导作用，按照“达标即奖、公平普惠”原则，制定鼓励企业绿色低碳发展的资金支持政策。加大对绿色贷款的财政贴息力度。利用政府引导基金，围绕以“碳中和”为远景目标的产业绿色低碳发展，聚焦节能环保、新能源、新材料及智慧环境等投资领域，扶持符合首都城市战略定位的高端科研成果、前沿技术、创新生态项目落地。支持企业积极参与自愿减排交易和碳普惠机制，利用碳排放权交易机制，提升企业自主减排动力。

（四）推动交流合作

促进校企合作、产教融合，推动科研院所、高校、企业加强产学研用合作对接，培育专业技术+绿色低碳的跨领域复合型人才，推动先进适用绿色低碳技术、装备与服务推广应用。发挥“两区”政策优势，重点在绿色设计、绿色能源、零碳负碳技术等领域加强国际合作，推动国外绿色技术创新先进成果在京转化落地。鼓励本市制造业企业积极参与绿色“一带一路”建设，共建一批绿色工厂和绿色供应链。鼓励以绿色低碳技术装备为依托进行境外工程承包和劳务输出，推动本市新型绿色技术装备“走出去”和标准国际化。

（五）深化宣传引导

充分利用节能宣传周、中国水周、世界环境日等大型活动和新媒体，开展多层次、多形式的宣传教育培训，深入宣贯相关法律法规和政策标准，总结推广绿色工厂、绿色供应链、绿色园区、低碳“领跑者”等标杆企业的先进技术、管理模式和系统解决方案，推动企业不断强化绿色低碳发展意识，提高发展水平。

北京市经济和信息化局等5部门印发《关于支持发展高端仪器装备和传感器产业的若干政策措施实施细则》的通知

京经信发〔2022〕45号

各有关单位：

为推动北京市高端仪器装备和传感器产业创新发展，根据《北京市人民政府印发〈关于支持发展高端仪器装备和传感器产业的若干政策措施〉的通知》（京政发〔2021〕31号），市经济和信息化局，市发展改革委，市科委、中关村管委会，市财政局，怀柔区政府共同制定了《关于支持发展高端仪器装备和传感器产业的若干政策措施实施细则》，现予以印发，请结合实际认真贯彻落实。

特此通知。

北京市经济和信息化局
北京市发展和改革委员会
北京市科学技术委员会、中关村科技园区管理委员会
北京市财政局
北京市怀柔区人民政府
2022年3月15日

附件：

关于支持发展高端仪器装备和传感器产业的若干政策措施实施细则

第一章　总则

第一条　加快推动高端仪器装备和传感器产业发展，对于本市构建高精尖产业经济结构、加快建设国际科技创新中心和全球数字经济标杆城市具有十分重要的意义。为推动落实《北京市人民政府关于印发〈北京市“十四五”时期高精尖产业发展规划〉的通知》（京政发〔2021〕21 号）等文件精神，以北京怀柔综合性国家科学中心建设为契机，推动本市高端仪器装备和传感器产业创新发展，根据《北京市人民政府印发〈关于支持发展高端仪器装备和传感器产业的若干政策措施〉的通知》（京政发〔2021〕31 号），制定本实施细则。

第二条　本实施细则所需资金的管理和使用应遵循有关法律、法规、规章等关于财务管理要求的相关制度，遵循诚实申请、公正受理、科学管理、公开透明、专款专用、追踪问效的原则。

第三条　重点支持高端仪器装备和传感器企业、研发机构的以下方面：一是鼓励应用基础研究，支持科研机构、创新潜力较强的企业、平台型企业等进行关键共性技术研发、创新平台和国家重点实验室建设；二是加快成果转化应用，支持高端仪器装备和传感器企业、创新团队的成果转化和示范应用，鼓励建设孵化器和加速器；三是支持企业集聚发展，鼓励企业扩大规模和做优做强，降低企业经营成本；四是支持企业利用多层次资本市场做大做强，引导企业充分利用境内外证券交易平台，做强产业链、做深价值链、做好资本链，提高核心竞争力；五是吸引创新人才集聚，支持各类创新主体对紧缺型人才及高层次国际人才等人才资源的引进；六是鼓励对外合作交流，支持企业和专业服务机构开展专业服务、设立专业机构。

第二章　支持条件和标准

第四条　支持企业、科研机构和高校等联合开展面向世界科技前沿、国家重大需求、经济主战场的颠覆性技术、关键核心技术和重大共性技术的战略储备应用基础研究，并给予资金支持。（责任单位：市科委、中关村管委会）

第五条　鼓励高端仪器装备和传感器领域平台型企业开展揭榜攻关、样机研发、研究成果转化和产业化，解决企业关键核心和“卡脖子”技术难题，根据项目投入给予最高 3000 万元资金补助。（责任单位：市经济和信息化局）

第六条　支持企业积极承担国家产业基础再造专项中高端仪器装备和传感器领域的重点项目，对于获得国家支持的项目，可由市区两级给予相应的配套资金支持。（责任单位：市经济和信息化局，怀柔区政府）

第七条　支持高端仪器装备和传感器产业上下游创新型企业在中关村怀柔园集聚发展，市区联动建设中关村（怀柔）高端仪器前沿技术创新中心，打造高端仪器领域创新型企业的集聚区和加速器，推动产学研用协同创新，助力分园特色产业高质量发展。市区联合同意建设前沿技术创新中心后，按照前沿技术创新中心实际发生建设和运营总投资的一定比例，给予资金支持。（责任单位：市科委、中关村管委会，怀柔区政府）

第八条　鼓励科研机构、高校和企业的高端仪器装备和传感器领域实验室与小微企业和创业团队合作，提供检测等服务，符合条件的纳入首都科技创新券支持范围。（责任单位：市科委、中关村管委会）

第九条　支持各类机构在京建设高端仪器装备和传感器领域北京市工程研究中心，对于符合条件的创新能力建设项目按相关规定给予支持。（责任单位：市发展改革委）

第十条　鼓励高端仪器装备和传感器领域创新主体建设参与国家重点实验室重组。（责任单位：市科委、中关村管委会）

第十一条　对创新性强、有望实现关键核心技术突破的初创团队项目给予政策性股权投资，政府方持有股权不超过 10%。大力支持高端仪器装备和传感器企业上市发展，市级财政按规定给予每家上市公司总额不超过 300 万元的资金补贴；区级财政资金补贴不低于市级标准。（责任单位：怀柔区政府、市金融局、市财政局）

第十二条　支持燃气、供水、桥梁等城市生命线，地质灾害、城市内涝、森林火灾等防灾减灾，建筑火灾、道路交通、安全生产等领域承接项目设备集成、综合方案解决等建设和服务的企业在怀柔布局，推动怀柔区高端仪器装备和传感器产业技术创新、装备研制和产业发展。将高端仪器装备和传感器产业芯片和关键元器件推荐参与本市首台（套）产品评审并给予相关政策支持。（责任单位：怀柔区政府，市发展改革委，市财政局，市科委、中关村管委会，市教委）

第十三条 鼓励创业服务机构为高端仪器装备和传感器领域初创企业提供孵化服务，对符合条件的创业服务机构给予支持。（责任单位：市科委、中关村管委会）

第十四条 鼓励各类政府投资基金对高端仪器装备和传感器产业具有战略性、技术前沿性突破性的项目和企业进行股权投资，支持北京高精尖产业发展基金、北京市科技创新基金、怀柔硬科技产业基金和社会资本研究设立高端仪器装备和传感器领域投资基金。支持企业围绕供应链上下游开展股权投资，加强资源整合。（责任单位：市经济和信息化局，市科委、中关村管委会，市财政局，怀柔区政府）

第十五条 鼓励投资基金、上市公司和其他机构设立主要投向高端仪器装备和传感器产业企业的投资机构。对在支持高端仪器装备和传感器产业发展过程中，成功实现退出并支持本地企业挂牌上市，按相关规定对机构或基金管理人给予政策支持。（责任单位：怀柔区政府、市金融局）

第十六条 支持金融机构为高端仪器装备和传感器产业小微企业提供银行信贷和担保支持等金融服务，对扩大小微企业融资担保业务规模、降低小微企业融资担保费率、创新融资担保产品的本市政府性融资担保、再担保机构进行奖励。（责任单位：市经济和信息化局、市金融局、北京银保监局、市财政局）

第十七条 鼓励高端仪器装备和传感器领域企业利用贷款积极在京投资产业，给予贴息支持。对总投资 10 亿元（含）以上，或具有全局性、战略性，且获得贷款的重大建设类或并购类项目，按不超过人民银行公布的同期中长期贷款市场报价利率（LPR）给予贷款贴息，单个项目年度贴息额度不超过 3000 万元。对年度固定资产投资纳统 1000 万元（含）以上的企业，按最高不超过 2% 的利率贴息，单个企业每年贴息额最高不超过 1000 万元。（责任单位：市经济和信息化局）

第十八条 支持特色园区建设中试打样和共享制造等产业支撑平台，按实际建设投入给予最高 500 万元资金补助，并根据服务绩效给予最高 100 万元奖励。给予服务平台房租减免、运行补助等支持，对迁入本市的国家级专精特新“小巨人”企业给予一次性奖励。（责任单位：怀柔区政府、市经济和信息化局）

第十九条 支持高端仪器装备和传感器总部企业扩大规模，年度营业收入首次突破 1 亿元、5 亿元、10 亿元、20 亿元或 50 亿元的，给予相应额度的一次性资金奖励。（责任单位：怀柔区政府）

第二十条 支持为高端仪器装备和传感器产业紧缺型人才依据本市人才引进相关政策办理落户。（责任单位：市人才局）

第二十一条 在全市非北京生源应届毕业生落户指标总量范围内，对高端仪器装备和传感器产业企业加大支持力度。（责任单位：市人力资源社会保障局）

第二十二条 加大高端仪器装备和传感器产业国际高层次人才引进力度，优化国际人才引进政策，探索简化工作许可、居留许可审批流程。（责任单位：市公安局）

第二十三条 对引进的高端仪器装备和传感器人才，本人（含配偶）在怀柔无房产的，可优先配租人才公租房。符合购买共有产权房条件的，可优先保障。符合相关条件的，可优先享受怀柔人才住房补贴政策。（责任单位：怀柔区政府）

第二十四条 支持建立高端仪器装备和传感器领域的学术交流和产业交流平台，研讨全球创业投资发展态势和前沿科技创新趋势，发挥政府投资智库作用。集聚法律、财务、咨询、评估等各类专业机构，完善创投机构中介服务体系，打造具有国际化影响力的创业投资品牌。（责任单位：怀柔区政府、市经济和信息化局）

第二十五条 支持科技成果转化服务、科技经纪人培育、创新型企业经营服务、产业平台、产业协会参与招商，配备专业设备和设施（服务机构自建、购置、租赁、改造升级专业软硬件和聘用专业人员）等实际投入，经认定后给予资金支持。（责任单位：怀柔区政府）

第三章　附则

第二十六条 本措施自发布之日起实施，由市经济和信息化局，市发展改革委，市科委、中关村管委会，市财政局和怀柔区政府负责最终解释。

北京市经济和信息化局关于印发《北京市关于支持氢能产业发展的若干政策措施》的通知

京经信发〔2022〕63号

各有关单位：

为贯彻国家《氢能产业发展中长期规划（2021—2035年）》，落实《北京市氢能产业发展实施方案（2021—2025年）》工作部署，把握氢能产业发展的关键窗口期与机遇期，加快培育和发展北京市氢能产业，北京市经济和信息化局牵头制定了《北京市关于支持氢能产业发展的若干政策措施》，现予以印发，请遵照执行。

特此通知。

北京市经济和信息化局

2022年8月11日

附件：

北京市关于支持氢能产业发展的若干政策措施

为贯彻国家《氢能产业发展中长期规划（2021—2035年）》，落实《北京市"十四五"时期高精尖产业发展规划》《北京市氢能产业发展实施方案（2021—2025年）》工作部署，把握氢能产业发展的关键窗口期与机遇期，加快培育和发展北京市氢能产业，特制定以下措施。

一、支持科技研发创新

1. 支持基础共性技术研究。面向氢能技术发展与应用的重大需求，聚焦制氢、储运、加注、燃料电池等产业链核心环节，兼顾氢能关联技术，支持氢能企业及机构开展基础前瞻和关键共性技术自主研发，促进氢能领域的科学发现和技术突破，支持重大共性技术和关键核心技术的战略储备应用基础研究（市科委、中关村管委会）。

2. 支持强链工程实施。鼓励领军企业牵头，围绕氢能产业链关键环节，遴选研发合作单位和团队，组建产学研协同、上下游衔接的创新联合体，开展联合技术攻关，完善产业链供应链，符合政策要求的企业优先纳入"强链工程"支持范围，给予项目总投资一定比例的股权支持或事前补助支持（市科委、中关村管委会）。

3. 支持科技创新平台建设。鼓励氢能领域创新主体在京组建国家级、市级氢能重点实验室、产业创新中心、工程研究中心、企业技术中心等创新平台载体，强化产学研合作，按国家和北京市相关规定给予资金支持（市科委、中关村管委会、市发展改革委、市经济和信息化局）。使用创新服务平台的企业，符合条件的可纳入首都科技创新券政策支持范围（市科委、中关村管委会）。

二、支持技术装备产业化

4. 支持产业筑基工程实施。鼓励氢能领域重点企业参与"筑基工程"，聚焦产业链卡点环节，创新组织模式开展揭榜攻关、样机研发、研究成果转化和产业化，解决企业关键核心技术和"卡脖子"技术难题，分批给予攻关投资一定比例奖励（市经济和信息化局）。

5. 支持新材料首批次应用。将氢能领域新材料产品优先纳入北京市重点新材料首批次应用示范指导目录，对于指导目录中的氢能领域新产品首批次应用，按单个产品不超过500万元、单个企业不超过1000万元给予分档奖励（市经济和信息化局）。

6. 支持首创产品进入市场。支持属于氢能关键领域"补短板"，填补国内（国际）空白，技术水平国内（国际）首创的技术产品（统称为首创产品）实现首次应用。根据产品应用效果，按照首次进入市场合同金额的30%比例，择优给予研制单位国际首创产品不超过 500 万元、国内首创产品不超过 300 万元的资金支持（市科委、中关村管委会）。

7. 支持技术装备首台套应用。将氢能领域发展潜力大、技术水平领先、推广价值高的先进技术优先纳入北京市创新型绿色技术推荐目录，并优先推荐进入本市首台（套）产品目录评审程序，对于推荐目录内技术在京的前三台（套）应用项目，按照绿色技术创新体系相关政策规定给予支持（市发展改革委）。

三、支持产业创新发展

8. 支持企业孵化培育。鼓励建设和培育氢能领域专业孵化器，开展高水平的创业辅导、早期投资、资源对接等专业化服务。符合标杆型孵化器条件的，按照孵化器建设发展情况分类给予不超过 2000 万元资金支持；根据创业服务机构企业培育数量及孵化服务成效，择优给予不超过 50 万元资金支持；支持和推荐符合条件的孵化器申报市级和国家级孵化器（市科委、中关村管委会）。

9. 支持中小企业发展。加快推动氢能领域优质中小企业梯度培育，加大统筹协调与培育扶持力度，强化市区协同开展全面精准服务，对获评“专精特新”的企业给予区级分档资金奖励（市经济和信息化局、各区政府）。鼓励氢能领域研发设计、中试集成、测试验证等产业支撑平台面向中小企业提供服务，符合条件的可认定为“北京市中小企业公共服务示范平台”，给予一定建设补助或绩效奖励；使用公共服务平台的企业，符合条件的可纳入中小企业服务券政策支持范围（市经济和信息化局）。

10. 支持企业融资发展。鼓励国内外各类投资机构设立主要投向氢能产业的投资基金；支持市、区两级政府投资基金和社会资本联合设立氢能产业政府引导基金；支持创新型中小企业在北京证券交易所上市融资；支持金融机构为氢能相关企业提供创新型信贷产品、专项债券和担保支持等金融服务（市经济和信息化局、市科委、中关村管委会、市金融监管局）。

11. 支持企业扩大投资。对获得固定资产贷款的氢能领域重大新建、改造项目，给予不超过人民银行同期中长期贷款市场报价利率（LPR）、单个企业年度不超过 3000 万元的贷款贴息支持；对固定资产投资纳统有一定贡献且获得银行贷款的企业，给予固定资产贷款贴息率不超过 2%、单个企业年度不超过 1000 万元的普惠性贴息支持；支持氢能企业租赁关键设备和产线用于在京研发、建设、生产，对融资租赁合同额不低于 1000 万元的给予不超过 5% 费率、单个企业年度不超过 1000 万元的租赁费用补贴（市经济和信息化局）。

12. 支持供应链协同。鼓励产业链龙头企业在京津冀范围内寻找稳定配套商，增强产业链整体韧性。对京津冀范围内首次纳入产业链龙头企业供应链，且首次签订采购合同后实际累计履约金额达到一定额度，按实际履约金额的一定比例对产业链龙头企业给予奖励（市经济和信息化局）。

四、支持基础设施建设

13. 支持加氢站建设运营。鼓励新建和改（扩）建符合本市发展规划的加氢站，对本市行政区域范围内建成（含改扩建）的加氢站，按照压缩机 12 小时额定工作能力不少于 1000 公斤和 500 公斤两档分别给予 500 万元和 200 万元的定额建设补贴。对本市行政区域范围内提供加氢服务并承诺氢气市场销售价格不高于 30 元 / 公斤的加氢站，按照 10 元 / 公斤的标准给予氢气运营补贴（市城市管理委）。

14. 支持先进氢能设施建设。按照包容审慎原则，鼓励分布式制氢项目建设，促进氢源就近供应保障；支持开展先进制氢、储运、加氢设施试点建设，对符合新技术新产品小批量验证和规模化推广应用条件的氢能新型基础设施项目，按照项目投资额的一定比例给予资金支持（市经济和信息化局）。

五、支持示范推广应用

15. 支持车辆推广运营。以省际间专线货运、城市重型货物运输、城市物流配送、城市客运等场景为重点，积极推动京津冀燃料电池汽车示范城市群建设，开展氢燃料电池汽车示范应用。对纳入并完成北京市燃料电池汽车示范应用项目的整车制造企业、车辆运营企业以及核心零部件企业，按照一定标准分别予以奖励（市经济和信息化局）。

16. 支持多领域示范应用。推动氢能在发电、热电联供、工业车辆等领域示范，促进技术示范应用与推广模式创新。对经评审择优确定并发布的重点示范项目，按照新型基础设施建设、绿色低碳发展、技术装备应用、重点应用场景示范等相关奖励政策给予示范项目相应的资金支持（市经济和信息化局、市发展改革委、市科委、中关村管委会）。

六、支持标准体系建设

17. 支持标准制修订。支持建立符合本市氢能科技和产业发展需要的标准体系，将氢能产业领域重点标准规范纳入北京市重点发展的技术标准领域和重点标准方向。对重点国际标准、国家标准以及行业标准、地方标准、团体标准，分别按每项不高于100万元、30万元和20万元给予资金补助（市市场监管局、市经济和信息化局）。对新发布的中关村标准按每项不超过50万元给予资金支持。（市科委、中关村管委会）。

18. 支持标准化活动。支持企业及相关单位加入国际知名标准化组织，参加国际标准化活动。对企业领军人物等担任国际知名标准化组织（或技术委员会）相应职务的，分别给予企业不超过50万元、30万元、20万元资金支持；对企业在京组织、承办国际标准化活动或会议，按照实际发生费用的50%、每项不超过30万元给予资金支持（市科委、中关村管委会）。

七、支持服务体系建设

19. 支持高端人才引进。依据本市人才引进相关政策支持氢能领域高层次、紧缺型人才引进落户（市人才局）。加大氢能领域国际高层次人才引进力度，探索简化工作许可、居留许可审批流程（北京海外学人中心、市公安局）。对引进的氢能领域高端人才，按人才住房支持政策做好保障（各区政府）。在本市引进毕业生政策框架内，对氢能企业加大支持力度（市人力社保局）。

20. 支持公共服务能力建设。鼓励各类服务机构和行业组织与地方政府合作招商引资。对在引进优质项目过程中做出贡献的，经认定后给予资金奖励（各区政府）。支持各类创新主体组织重点学术会议及品牌性交流活动，开展国际交流研讨，经专家评审后，根据综合评估结果给予资金支持（市科委、中关村管委会）。

八、附则

本政策措施自发布之日起实施，有效期三年。

北京市经济和信息化局关于印发《关于促进本市老旧厂房更新利用的若干措施》的通知

京经信发〔2022〕68号

各相关单位：

为全面落实《北京市人民政府关于实施城市更新行动的指导意见》（京政发〔2021〕10号）、《中共北京市委办公厅　北京市人民政府办公厅关于印发〈北京市城市更新行动计划（2021—2025年）〉的通知》（京办发〔2021〕20号）要求，推进全市老旧厂房转型利用和提质升级，加快“以产促城，产城并进”，实现以存量空间资源支撑增量产业发展，特制定本措施，现印发给你们，请遵照执行。

特此通知。

北京市经济和信息化局

2022年8月26日

附件：

北京市经济和信息化局关于促进本市老旧厂房更新利用的若干措施

为全面落实《北京市人民政府办公厅关于实施城市更新行动的指导意见》（京政发〔2021〕10号）、《中共北京市委办公厅　北京市人民政府办公厅关于印发〈北京市城市更新行动计划（2021—2025年）〉的通知》（京办发〔2021〕20号）要求，推进全市老旧厂房转型利用和提质升级，加快“以产促城，产城并进”，实现以存量空间资源支撑增量产业发展，特制定本措施。

本措施所指老旧厂房指全市范围由于疏解腾退、产业转型、功能调整以及不符合区域产业发展定位等原因，原生产无法继续实施，且被纳入《北京市老旧厂房改造再利用台账》的老旧工业厂房、仓储用房、特色工业遗址等相关存量空间及设施。对已获得市级其他财政资金支持的项目，不再重复支持。

一、加大项目统筹谋划力度

（一）全面加强老旧厂房统筹管理。各区要参照本辖区高精尖产业入区标准，全面梳理工业腾退空间和闲置、低效老旧厂房地块和项目情况，形成底账清单并动态更新管理，按季度报送市经济和信息化局，汇总形成《北京市老旧厂房改造再利用台账》。对于实施老旧厂房更新利用且总投资达3000万元（含）以上的项目，原则上应纳入市高精尖产业项目库；享受本措施支持的项目也应纳入高精尖产业项目库。

（二）加大老旧厂房重点项目谋划。各区要结合区域土地空间规划和高精尖产业发展规划，积极挖掘老旧厂房空间资源，强化市区资源协同，吸引重大、示范性先进制造业项目落地；要按照“清单化管理、项目化推进”原则，有序推动老旧厂房改造重点项目如期完成。

二、支持老旧厂房空间升级改造

（三）推动腾退空间改造利用升级。在符合首都功能定位和规划的前提下，鼓励通过自主、联营、租赁等方式对老旧厂房等产业空间开展结构加固、绿色低碳改造、科技场景打造及内外部装修等投资改造，实现功能优化、提质增效，进一步释放高精尖产业发展空间资源，带动区域产业升级。对于建筑规模超过3000平方米，资源配置效率显著提升、产业引领性强的重点项目，按照现行政策予以支持，单个项目支持金额最高不超过5000万元。

（四）统筹区域综合性更新。鼓励结合周边资源利用老旧厂房建设定位清晰、功能突出、辐射带动强的科技园区，带动周边区域创新发展。各区在推动老旧厂房更新时，应当同步梳理周边地区功能及配套设施短板，与周边老旧楼宇与传统商圈、低效产业园区等统筹规划。为了满足安全、环保、无障碍标准等要求，增设必要的楼梯、风道、无障碍设施、电梯、外墙保温等附属设施和室外开敞性公共空间的，增加的建筑规模可不计入各区建筑管控规模，由各区单独备案统计；根据产业升级以及完善区域配套需求，可配建不超过地上总建筑规模15%的配套服务设施，在符合规范要求、保障安全的基础上，经依法批准后可合理利用厂房空间进行加层改造，设计方案需进行结构安全论证，配套服务设施按照主用途管理。对于增加的建筑规模指标，可在保持区级建筑规模总量稳定的前提下，由区政府统筹研究指标转移路径及办法。

三、引导利用老旧厂房支持高精尖产业发展

（五）积极鼓励发展先进制造业。鼓励在京企业在不改变工业用地性质的前提下利用工业腾退空间、老旧厂房开展先进制造业项目建设。对于纳入《北京市老旧厂房改造再利用台账》、建设期不超过3年、固定资产投资不低于500万元的竣工项目，将于竣工后按照总投资额的20%予以奖励，单个项目奖励最高不超过3000万元；对于采用融资租赁方式租赁研发、建设、生产环节中需要的关键设备和产线的，按照不超过5%费率分年度补贴，最高不超过3年，单个企业年度补贴金额不超过1000万元。

（六）支持新型基础设施建设。鼓励利用老旧厂房建设新型网络设施、数据智能设施、生态系统设施、智慧应用设施等新型基础设施项目，利用资金、场景等多种方式，加大项目谋划和建设力度、支持创新攻关和新主体新平台培育、加强全生命周期关键节点的差异化支持，具体按照《关于促进本市新型基础设施投资中新技术新产品推广应用的若干措施》予以实施。

（七）支持创新主体中试线项目建设。鼓励社会资本利用老旧厂房开展以一致性测试、小批量生产为目标的中试线建设，鼓励国家级和市级产业创新中心、企业技术中心，自建或联合科研院校开展以规模化生产、测试验证生产工艺成熟度和工程实现可行性为目的的中试线建设。对符合条件的项目按照不超过项目固定资产投资额的30%给予奖励，单个项目奖励金额最高不超过3000万元。

（八）支持专精特新企业集聚发展。鼓励各区围绕主导产业方向和企业发展需求，充分利用老旧厂房空间资源，打造一批“专精特新”特色园区。积极鼓励园区建设中试打样和共享制造等产业支撑平台，吸引“专精特新”企业入驻，对于入驻的“专精特新”企业使用面积占园区入驻企业总使用面积比例超20%的特色园区，对该类项目按实际建设投入给予最高500万元资金补助，并根据服务绩效给予最高100万元奖励。

四、拓展投融资渠道支持老旧厂房更新改造

（九）加大政府投资引导力度。对于纳入城市更新计划的老旧厂房更新改造项目，依法享受行政事业性收费减免，相关纳税人依法享受税收优惠政策。鼓励各区研究出台配套政策，引导社会资本对闲置、

低效老旧厂房进行更新改造；对于无法更新改造的工业腾退空间和闲置、低效老旧厂房，提倡各区通过收储回购等方式盘活利用。

（十）鼓励和引导多元资本参与。加强政府统筹和引导，注重发挥市场机制作用，探索政银企三方合作模式，积极吸引社会资本参与老旧厂房更新改造项目。鼓励社会主体通过依法发行企业债券等方式，筹集老旧厂房更新改造资金。支持政策性银行、商业银行等研发推广城市更新专项贷款，为承担城市更新投融资、建设和运营管理的实施主体提供中长期授信。鼓励金融机构依法开展多样化金融产品和服务创新，有效盘活老旧厂房更新利用项目资产，研发推出 Reits 等相关的金融产品。

本措施自发布之日起实施，在 2022—2025 年内有效。

北京市经济和信息化局　北京市市场监督管理局关于印发《北京市燃料电池汽车标准体系》的通知

京经信发〔2022〕76 号

各有关单位：

为有序推进北京市燃料电池汽车标准化工作，加强燃料电池汽车标准化顶层设计，依据《氢能产业发展中长期规划（2021—2035 年）》《北京市氢燃料电池汽车产业发展规划（2020—2025 年）》等文件，市经济和信息化局、市市场监督管理局组织制定了《北京市燃料电池汽车标准体系》（见附件），现予以印发，请各单位结合实际，认真组织开展相关工作。

特此通知。

北京市经济和信息化局

北京市市场监督管理局

2022 年 10 月 13 日

附件：

北京市燃料电池汽车标准体系

一、总体要求

（一）指导思想

全面贯彻国家关于氢能和燃料电池汽车产业发展的战略决策，认真落实本市推进氢能和燃料电池汽车产业发展的工作部署，紧抓全球燃料电池汽车产业发展重要机遇期，服务技术创新和产业发展，聚焦燃料电池汽车整车及关键零部件，构建适应技术创新和产业发展需求的标准体系，充分发挥标准体系和标准的基础性和引导性作用，为北京率先打造氢能创新链和产业链，推动燃料电池汽车产业高质量发展，支撑京津冀能源结构转型提供重要支撑。

（二）建设原则

1. 体现北京特色，做好衔接配套

标准体系立足本市燃料电池汽车产业发展基础，结合新技术创新方向、新产业融合趋势，突出北京特色，彰显前瞻性和引领性。与国家燃料电池汽车及相关行业领域标准体系加强衔接，保证地方标准与国家标准、行业标准协调一致。

2. 坚持创新驱动，关注核心技术

紧密跟踪技术发展方向，充分发挥国际科技创新中心作用，依托首都科技资源能力和雄厚产业基础，支持电堆、膜电极、双极板、质子交换膜、催化剂、碳纸、空气压缩机、氢气循环系统等氢燃料电池系统关键零部件技术研发，积极探索相关标准建设。

3. 全面构建体系，突出重点内容

深入分析燃料电池汽车产业发展面临的关键问题，明确标准化工作重点，针对重点问题在关键技术标准北京市经济和信息化局　北京市市场监督管理局关于印发《北京市燃料电池汽车标准体系》的通知上实现突破。标准体系覆盖燃料电池汽车全产业链各环节，以关键零部件和商用车为重点，并突出安全为先，建立健全安全监管制度和标准规范。

4. 坚持与时俱进，动态调整体系

密切跟进燃料电池汽车技术迭代升级动态，分析评估前沿技术的成熟度，根据产业发展实际和需求对标准体系进行动态调整，适时补充和完善，确保标准体系的先进性、适用性和实效性。

（三）建设目标

紧扣燃料电池汽车技术创新和产业发展需求，按照“创新驱动、产业发展、标准先行”的思路，聚焦前瞻、交叉、空白领域，重点围绕安全、关键零部件和商用车等方面，构建燃料电池汽车标准体系，引领氢能技术创新和燃料电池汽车产业发展。

2022 年，梳理燃料电池汽车相关行业领域现行标准，调研技术和产业发展现状、趋势和需求，构建燃料电池汽车标准体系。

2022—2024 年，依据燃料电池汽车产业发展实际和需求，制修订燃料电池汽车相关行业领域的标准，补充和完善标准体系。

到 2025 年，构建完善的兼具先进性、适用性和实效性的燃料电池汽车标准体系，有效指导本市燃料电池汽车技术创新和产业发展。

二、标准体系

（一）建设依据

1. 产业政策

依据《氢能产业发展中长期规划（2021—2035 年）》《北京市氢燃料电池汽车产业发展规划（2020—2025 年）》《关于开展燃料电池汽车示范应用的通知》《关于启动燃料电池汽车示范应用工作的通知》《推动首都高质量发展标准体系建设实施方案》等文件精神，建立健全氢能安全监管制度和标准规范，提升全过程安全管理水平，确保氢能利用安全可控，推动建立并完善燃料电池汽车相关技术指标体系和测试评价标准，制定《北京市燃料电池汽车标准体系》。

2. 现行标准

根据燃料电池汽车全产业链各环节，对现行标准进行了梳理，共计 151 项。一是与氢能产业相关的国家标准，主要是与燃料电池直接相关的 4 个标准化技术委员会（全国氢能标准化技术委员会 SAC/TC309、全国燃料电池及液流电池标准化技术委员会 SAC/TC342、全国气瓶标准化技术委员会 SAC/TC31、全国汽车标准化技术委员会电动车辆分技术委员会 SAC/TC114/SC27）归口管理的标准。二是涉及产业安全的国家标准，主要包括气瓶、气体运输管道、车辆安全规范等。三是新能源汽车相关标准，主要包括数据平台管理和车载动力电池等。四是与氢能相关的行业标准、地方标准和团体标准，主要是示范运行规范、关键零部件技术规范以及整车测试方法等。车辆通用技术标准，如车身、底盘、照明、制动、转向等不包含在内。

3. 产业发展

北京市氢能技术研究及应用在全国处于领先地位，形成了先发优势。一是具有雄厚的技术研发实力。本市拥有数量众多的世界一流高校和科研院所，在氢能和燃料电池基础研究、关键材料和工艺等方面有着深厚的技术积累和成果输出。二是具有厚实的产业发展基础。随着技术突破，本市形成了以高精尖企业为主体的完整的燃料电池汽车产业链，涵盖氢气制储运加用、燃料电池系统关键零部件、燃料电池汽车整车制造和应用场景示范等各环节，相关企业近百家。三是部分燃料电池汽车技术在国内具有领先地位。多家企业在关键零部件和整车方面取得重大突破，技术水平位居国内前列。

（二）标准体系框架和构建思路

1. 标准体系框架

北京市燃料电池汽车标准体系划分为安全与管理、氢基础、氢加注、关键零部件和整车五部分，根据各部分在内容范围、技术特性上的差异，进一步划分和扩展。标准体系框架如图所示。

2. 构建思路

（1）“安全＋管理”体现创新性

在标准体系构建中，高度重视氢能和燃料电池汽车全产业链各环节的整体安全，搭建“总安全＋分安全”的立体安全系统架构。设置安全与管理为一级目录，下分安全、基础与管理两个二级目录。其中，安全主要涵盖氢能应用中涉及安全的共性技术标准及规范类标准，其他各一级目录下再设置相对应的安全分目录，涵盖该目录下的特有安全规范标准及要求。同时，氢能应用环节的管理问题，也是标准体系构建中的重要考虑因素。

（2）以整车和零部件为核心

综合考虑燃料电池汽车示范应用要求和产业发

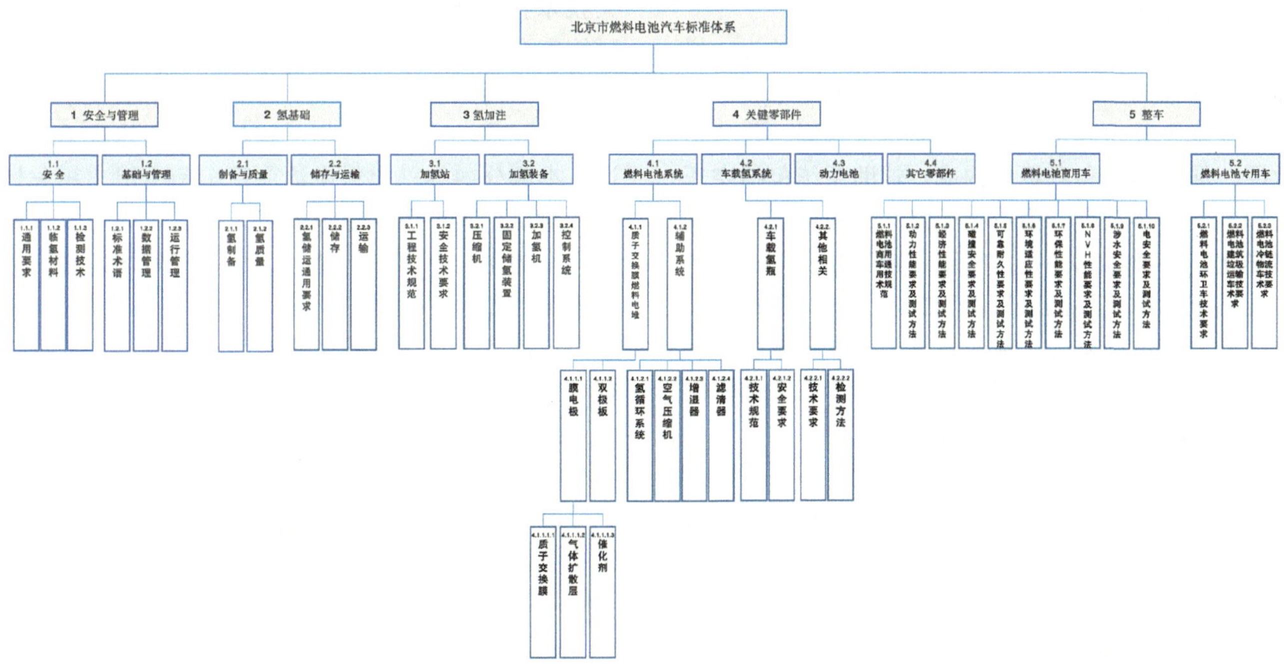

展需要，以整车和关键零部件为核心构建标准体系。整车聚焦商用车和专用车，乘用车暂不纳入。燃料电池系统和动力电池是燃料电池汽车的动力中心，车载氢系统是燃料电池汽车的能源供给中心，二者是车辆运行动力性、经济性和安全性的决定因素，故在关键零部件一级目录下，选择再进行细分，以进一步加快新技术的研究和应用。

(3）兼顾氢能产业关联技术

标准体系重点围绕整车和零部件构建，虽然氢气制备、储存、运输和加注等氢能基础环节与车辆标准体系架构差异较大，属于能源系统标准，但是考虑到通过燃料电池汽车的示范应用可以有效推动和促进氢能产业发展，同时氢能也是燃料电池汽车产业发展的基础，因此在标准体系构建中兼顾了氢能产业关联技术。

三、标准建设内容

（一）安全与管理

1. 安全

安全是氢能产业发展的内在要求，必须建立健全氢能安全监管制度和标准规范，强化对氢能制、储、运、加、用等全产业链重大安全风险的预防和管控，提升全过程安全管理水平。本部分内容主要涵盖氢能产业链共性安全标准和规范，围绕氢安全失效模式及控制，细分为通用要求、临氢材料和检测技术三部分。

2. 基础与管理

基础与管理包括标准术语、数据管理和运行管理三部分。标准术语涉及氢能体系基础标准术语的定义与解释。数据管理旨在推动氢能产业与新一代信息技术的互融互通，建立智能化运营平台，实现氢能制、储、运、加、用等全产业链的数字化协同管理，确保氢安全，主要包括数据上传标准、终端设备配置要求等。运行管理主要涉及运行规范要求、车辆运行管理、服务要求等内容。

（二）氢基础

氢基础包括氢气制备与质量、氢气储存与运输，相关标准主要涵盖氢气制备、质量与检测、储存与运输等环节的技术规范、制造装备、测评方法及安全要求等。本部分内容主要参考国家相关行业领域标准，结合地区特点和产业优势，重点补充了可再生能源制氢标准。

（三）氢加注

加氢基础设施是氢能和燃料电池汽车示范应用和产业发展的关键环节。氢加注下设加氢站和加氢装备两个二级目录。其中，加氢站涉及建设相关内容，主要是建设工程技术规范及安全技术要求；加氢装备主要涵盖加氢站关键设备和设施的技术要求及安全规范，设备和设施主要包括压缩机、固定储氢装置、加氢机及控制系统等。

（四）关键零部件

关键零部件主要包括与整车动力性能、经济性能、安全性能密切相关的重要零部件。

1. 燃料电池系统

燃料电池系统是以燃料电池堆为基本单元，增加必要的辅助系统构成的一套完整的发电系统。燃料电池堆主要由膜电极（包括质子交换膜、气体扩散层、催化剂）和双极板构成，辅助系统包括空压机和氢气循环泵等。为适应道路车辆应用场景复杂多样化，关键零部件技术需要不断创新优化。燃料电池系统标准主要涵盖性能和技术要求、测评方法及装备、安全要求等，辅助系统类标准包括氢气供应系统、空气供应系统和热管理系统等相关部件的技术规范、制造装备、测评方法等。

2. 车载氢系统

轻量化、高压力、高储氢质量比和长寿命是燃料电池汽车车载储氢气瓶的发展趋势，同时也是燃料电池汽车提高续航里程、降低运行成本的关键。燃料电池汽车车载储氢系统相关标准主要包括车用高压气态储氢、车用低温液态储氢等不同技术的技术规范、制造装备、测评方法及装备、安全要求等，此外还包括车载储氢系统相关部件的标准。

3. 动力电池

燃料电池汽车动力系统采用的是“电－电混合”技术路线，即将燃料电池和动力电池混合使用，由燃料电池提供稳定工况下的输出功率，而动力电池则提供车辆加速、减速等非稳态下所需的大功率。这种方案不仅解决了燃料电池动态响应速度慢的问题，而且可以延长燃料电池的寿命，还能提供强劲的动力。动力电池性能和安全性是标准体系重点关注的内容，目前燃料电池汽车动力电池标准主要借用新能源汽车动力电池标准。

4. 其他零部件

除燃料电池系统、车载氢系统和动力电池外的相关零部件，主要包括电动机、逆变器、辅助电源装置、控制器等，相关标准在本部分规范。

（五）整车

整车相关标准主要包括燃料电池汽车特有的相关技术指标体系和测试评价标准，包括动力性能、碰撞安全、环保性能、涉水安全等技术要求及测试规范。车辆照明、制动、转向等常规车辆技术要求和测试规范，直接执行相关国标，标准体系不再赘述。本部分内容以燃料电池商用车和专用车相关标准为重点，其中燃料电池商用车以客车和中重型载货汽车为主，专用车包括环卫、建筑垃圾运输、冷链物流和邮政等重点应用领域燃料电池专用车辆。燃料电池专用车重点规范上装专业作业部分的特殊技术要求和检测方法。

四、标准体系实施建议

（一）加强组织领导

建立燃料电池汽车标准联动工作机制，加强组织协调沟通，动态维护燃料电池汽车标准体系，统筹做好燃料电池汽车标准相关工作。

（二）带动团体标准建设

发挥团体标准机制灵活、快速响应技术创新和产业发展的特点，增加标准有效供给。鼓励企业、社会团体、科研机构等参照燃料电池汽车标准体系，开展燃料电池汽车相关团体标准建设。

（三）积极探索区域协同合作

以资源共享、优势互补、良性互动、共赢发展为原则，积极推进京津冀燃料电池汽车标准协同，积极探索区域标准协同建设，促进京津冀燃料电池汽车产业发展。

（四）广泛吸纳社会力量

广泛吸纳国内龙头企业、独角兽企业、中小企业、科研机构、高校等参与标准制定工作，充分利用智库力量，加强标准建设，提升燃料电池汽车标准工作水平。

附件（1）标准统计表（略）

（2）北京市燃料电池汽车标准体系标准明细表（略）

北京市经济和信息化局印发《关于推进北京市数据专区建设的指导意见》的通知

京经信发〔2022〕87号

各区政府、各相关单位：

为促进政企数据融合应用，充分释放数据要素价值，培育和带动数字经济产业发展，根据《“十四五”数字经济发展规划》《国务院关于加强数字政府建设的指导意见》《北京市“十四五”时期智慧城市发展行动纲要》等相关政策文件，我局制定了《关于推进北京市数据专区建设的指导意见》，现印发给你们，请结合实际认真贯彻落实。

北京市经济和信息化局

2022年11月21日

附件：

关于推进北京市数据专区建设的指导意见

为促进政企数据融合应用，充分释放数据要素价值，培育和带动数字经济产业发展，根据《“十四五”数字经济发展规划》《国务院关于加强数字政府建设的指导意见》《北京市“十四五”时期智慧城市发展行动纲要》等相关政策文件，结合本市实际情况，现就推进北京市数据专区建设提出如下意见。

一、总体要求

（一）指导思想

以习近平新时代中国特色社会主义思想为指导，全面贯彻落实党的十九大和二十大精神，深入贯彻习近平总书记对北京系列重要讲话和重要指示批示精神，坚持深化供给侧结构性改革，加快培育数据要素市场，推动数字经济创新发展，为我市加快建设全球数字经济标杆城市提供重要支撑。

（二）总体定位

数据专区作为市大数据平台的重要组成部分，是指针对重大领域、重点区域或特定场景，为推动政企数据融合和社会化开发利用而建设的各类专题数据区域的统称，一般分为领域类、区域类及综合基础类三种类型。

通过数据专区建设，旨在吸纳市场主体和数据、技术、资本等多元要素参与，以政企数据融合应用为主线，构建多层级数据要素市场，形成政务和社会数据流通融合体系，激发企业创新活力，释放数据要素价值，为加快推动首都新型智慧城市建设和打造全球数字经济标杆城市提供有力支撑。

（三）工作目标

利用2—3年时间，建立健全数据专区配套管理制度和标准规范，形成一套科学完备且操作性强的专区管理制度体系，为数据专区健康、安全、稳定、高效运营提供制度保障；鼓励和引导各类市场主体或科研机构积极参与数据专区先行先试，不断推进和深化金融、交通、位置、空间、信用等数据专区建设和应用，创新政务数据共享授权运营模式，积累一批典型的政企数据融合应用场景和可复制可推广的经验做法，构建“多元主体参与、多方合作共赢”新机制，培育数字经济产业发展新生态。

二、基本原则

（一）坚持“政府引导、市场运作”。强化政府统筹和政策供给，营造良好发展环境，充分发挥运营单位主体作用，激发数据专区建设内生动力，禁止垄断经营。

（二）坚持“授权运营、创新引领”。完善政务数据共享机制，深化政务数据授权运营模式，积极推动政企数据融合应用场景和专区运营制度创新，引领数字经济产业生态发展。

（三）坚持“依法合规、安全可控”。严格遵守国家法律法规相关要求，落实数据全生命周期安全保护，加强数据应用管控和安全管理，确保数据依法合规使用，防止数据泄露和滥用。

三、建立健全组织管理体系

（一）建立专区监督管理体系

北京市大数据工作推进小组负责数据专区建设和应用的总体指导和重大问题决策，北京市大数据工作推进小组办公室负责组织推进相关决策落实。

北京市经济和信息化局负责数据专区的统筹协调和监督指导，并依托我市信息化基础设施为各专区建设提供共性技术支持；承担综合基础类数据专区监管责任，指导综合基础类数据专区的建设和运营。

相关行业主管部门和相关区政府（以下统称专区监管部门）落实各项重大决策，分别承担领域类专区和区域类数据专区的监管责任，指导领域类和区域类数据专区的建设和运营。

对于尚无明确领域或区域归属的数据专区，先期由北京市经济和信息化局进行监管和指导，后续视实际情况交由相关部门进行监管。

（二）落实专区运营主体责任

运营单位作为专区运营主体，负责数据专区的建设运营、数据管理、运行维护及安全保障等工作，须投入必要的资金、技术和数据。同时，专区应积极吸纳多元合作方、拓展政企融合应用场景，稳步构建具有专区特色的产业生态体系。

四、完善专区数据供给机制

（一）完善政务数据共享机制

按照北京市政务数据共享机制，政务数据的申请、授权和共享实施依托市大数据平台目录区块链系统开展。数据专区所需政务数据共享行为纳入目录区块链系统进行统一管理。

北京市经济和信息化局会同专区监管部门将运营单位纳入目录区块链系统用户管理体系。运营单位结合应用场景按需提出政务数据共享申请，由专区监管部门进行评估确认，经数据提供部门审核同意后依托市大数据平台实施共享。

（二）建立数据质量反馈机制

北京市经济和信息化局会同专区监管部门、数据提供部门和运营单位建立数据质量反馈机制，以提升数据的准确性、相关性、完整性和时效性。对于错误和遗漏等数据质量问题，数据提供方在职责范围内，须及时处理并予以反馈。相关数据共享及质量反馈情况纳入北京市大数据及智慧城市工作考核。

数据提供部门及运营单位应当按照相关法律法规提供和处理数据，并履行监督管理职责和合理注意义务，尽量避免因数据质量等问题造成数据使用单位或者其他第三方的损失。

（三）推动专区数据成果反哺

鼓励运营单位将专区数据成果进行反哺，并定期反馈政务数据应用绩效。鼓励运营单位以数据互换、项目合作等方式将其自有数据提供北京市相关政务部门共享使用。

专区反哺数据经专区监管部门审核同意后汇聚至市大数据平台，纳入目录区块链系统进行统一管理。各政务部门、各区按需在目录区块链系统中提出数据共享申请，由专区监管部门会同运营单位审核同意后依托市大数据平台实施共享。

五、提升专区运营服务能力

（一）探索专区长效运营机制

数据专区采取政府授权运营模式，遴选具有技术能力和资源优势的企事业单位或科研机构开展数据专区建设和运营。运营单位应结合数据专区特色，加强资金、技术投入，探索长效运营机制，为社会治理、商业合作或科学研究等提供数据服务。

（二）深化拓展专区应用场景

基于“数据＋场景”双轮驱动，吸聚多方参与，构建数据产业发展生态，形成一批具有典型示范效应的数据专区服务应用成果。推动金融、交通等领域类数据专区进一步深化和拓展领域应用场景，推动空间、位置等综合基础类数据专区探索政企数据融合应用场景，并推广扩展到其他专区。

（三）培育专区发展生态

各数据专区应结合各自特色建立合作生态，鼓励具备数据安全保障能力、技术开发实力和稳定业务需求的各类机构及其他市场主体以数据、技术、资本等多种方式与运营单位合作开展多维度、多层次的政企数据开发利用，共同构建供需联动、多元参与、创新协同、繁荣有序的专区发展生态。

六、加强专区数据使用管控

（一）严格专区数据使用管理

专区数据使用应遵循集约利用和最小授权原则，按需申请共享数据并在授权范围内使用，不得将数据用于或变相用于其他目的，不得以营利为目的对原始数据以任何形式进行交易。运营单位应当明确数据管理策略，建立数据管理制度和操作规程，明确数据的归集、传输、存储、使用、销毁等各环节的管控要求。

（二）建立数据使用备案制度

数据专区应建立数据使用备案制度，运营单位对外提供数据服务时，应将数据应用场景、数据使用范围及方式等向专区监管部门备案，并按相关约定定期反馈数据应用情况和支撑应用场景效果。运营单位对合作方实施分级管理，按需向合作方授予数据获取、产品和场景授权、权属管控等方面的权限。

（三）加强专区管控能力建设

依托市大数据平台已有技术能力，充分利用区块链、隐私计算等技术手段，建设数据专区统一管控平台，实现基础共性数据服务能力和技术支撑能力输出，进一步加强对数据专区数据申请、确权追溯、脱敏处理、调取使用等全流程管控，在确保数据安全可控的前提下，稳步推进政企数据深度融合应用。

七、强化专区安全管理能力

（一）强化数据安全主体责任

运营单位作为数据专区的管理责任主体，承担专区数据安全主体责任。专区监管方承担专区监管责任，建立数据泄露溯源及违规使用数据责任追究机制，严格专区安全及数据使用管理。运营单位应在专区监管方的监督指导下，建立健全安全管理制度，建立职能清晰的运营团队，明确数据安全责任人，严格管理数据专区运营工作，落实数据汇聚、存储、共享、开发利用等各环节的数据安全管理责任。

（二）健全数据安全防护体系

运营单位应当按照国家网络安全等级保护要求进行等级保护定级备案，定期开展等级测评和数据安全风险评估工作。建立数据分类分级保护体系，根据数据安全级别明确管理要求和技术防护措施。建立数据安全监测和应急处置体系，强化敏感数据监测识别、数据异常流动分析、数据安全事件追溯处置等能力。

（三）加强专区安全合规监管

专区监管部门负责监督运营单位健全完善专区数据汇聚、存储、共享、开发利用等全流程技术规范和操作规程等。探索专区安全监管模式，针对行业监管、等级保护和个人信息保护等合规制度执行情况进行检视，并加强安全风险监测，及时督促整改专区数据安全相关缺陷和漏洞，防范数据安全风险。

八、保障措施

（一）加快制度规范建设

加快制定数据专区管理制度和技术规范，结合数据专区所属领域、区域的数据管理要求和专区实际运行情况，边应用、边迭代、边完善，从顶层设计、监督管理和建设运营等不同层面，面向运营方、合作方等不同角色制定相应的管理制度，为数据专区建设运营提供制度保障。

（二）组织绩效考核评估

北京市经济和信息化局统筹制定数据专区运营绩效考核评估指标体系，定期组织运营单位开展绩效考核评估。对于考核评估结果优秀的运营单位，优先试点创新举措，并在数据申请应用、产业政策引导等方面适当倾斜；对于评估结果较差的运营单位，进行通报或约谈，连续两次评估结果较差的，终止数据专区运营授权并启动退出程序。

（三）加强试点示范推广

数据专区是政务数据授权运营的试点探索，由北京市经济和信息化局会同数据专区监管部门组织做好数据专区建设应用试点示范，积累总结可复制可推广的经验做法，加大宣传引导力度，营造开放合作的良好氛围，积极调动社会各界力量参与数据专区建设运营。

北京市经济和信息化局关于印发《北京市推动软件和信息服务业高质量发展的若干政策措施》的通知

京经信发〔2022〕162 号

各相关单位：

为落实《北京市统筹疫情防控和稳定经济增长的实施方案》和《北京市“十四五”时期高精尖产业发展规划》，高效统筹疫情防控和经济社会发展，坚持创新引领、场景驱动、安全发展，推动北京市软件和信息服务业进一步做优做强、提升发展能级，加快建设全球数字经济标杆城市，市经济和信息化局研究制定了《北京市推动软件和信息服务业高质量发展的若干政策措施》，现予印发，请遵照执行。

特此通知。

北京市经济和信息化局

2022 年 7 月 26 日

附件：

北京市推动软件和信息服务业高质量发展的若干政策措施

为落实《北京市统筹疫情防控和稳定经济增长的实施方案》和《北京市“十四五”时期高精尖产业发展规划》，高效统筹疫情防控和经济社会发展，坚持创新引领、场景驱动、安全发展，推动北京市软件和信息服务业进一步做优做强、提升发展能级，加快建设全球数字经济标杆城市，特制定以下政策措施。

一、鼓励产品研发应用

1. 支持新技术新产品研发。围绕基础软件、工业软件等重点领域开展科技攻关（市科委、中关村管委会）。实施“产业筑基工程”，通过“揭榜挂帅”等方式支持一批关键软件产品研发，单个项目补助最高 3000 万元。鼓励金融机构提供固定资产贷款、研发贷等中长期贷款产品，对符合条件的给予不超过 2% 的贴息支持，每家企业年度最高 1000 万元（市经济和信息化局）。支持企业牵头申报国家项目，按照有关政策对在京企业承担的国家重大项目进行资金支持（市经济和信息化局，市科委、中关村管委会）。

2. 支持软件产品首试首用。支持属于关键领域“补短板”、填补国内（国际）空白、技术水平国内（国际）首创的软件产品实现首次应用（市科委、中关村管委会）。制定基础软件应用指导目录，鼓励保险机构开发软件应用综合保险，对目录内软件应用过程中产品质量与责任风险进行保障，对购买软件应用综合保险的保费进行补贴（市经济和信息化局，北京银保监局）。鼓励本市国有企业、事业单位在同等条件下，优先采用纳入国家和本市重点目录的软件产品，为基础软件、工业软件等领域关键核心技术提供早期应用场景和试用环境，促进关键核心技术突破、成果转化和产业化落地（市经济和信息化局，市国资委）。

3. 支持互联网 3.0 新技术体验验证。聚焦互联网 3.0 领域处于技术方案设计或商业化探索阶段的重点方向，鼓励社会资本投资搭建创新体验中心和场景实验室，开展围绕前沿新技术、新产品和解决方案的展示体验，按照不超过项目投资额的 30% 给予补贴，单个项目补贴最高 1000 万元。鼓励新基建建设单位或新技术新产品提供单位对互联网 3.0 领域新技术新产品开展小批量产品实际工况、环境、场景等测试验证，进一步提高技术产品的适配性能和产业化水平，按照不超过小批量测试投资额的 30% 给予补贴，单个项目补贴最高 1000 万元（市经济和信息化局）。

4. 支持拓展应用场景。落实《北京市数字消费能级提升工作方案》，培育在线体育、数字文旅、VR 购物等沉浸式体验数字生活消费新场景。开放工业转型场景，支持工业企业通过工业互联网进行绿色化、智能化改造，对符合条件的项目按纳入奖励范围总投资的一定比例分档奖励，每家企业年度奖励金额最高3000万元；推进“北斗+”融合应用，对符合条件的项目给予不超过2%的贷款贴息支持，每家企业年度贴息金额最高1000万元（市经济和信息化局）。

5. 支持创新企业参与智慧城市建设。发布本市公共数据开放年度计划，升级改造公共数据开放平台。采用数据专区等安全可信方式，有序开放公共数据，支持创新企业加速技术研发突破。建立智慧城市场景清单公开征集、评审入库、动态滚动、多方联动的迭代更新机制，鼓励创新企业采用“揭榜挂帅”“毛遂自荐”等方式承接场景开放试点，对成效显著的优先向全市推广（市经济和信息化局）。

二、夯实产业数字基础

6. 支持构建城市算力中心体系。鼓励公共算力基础设施建设，探索打造市级算力网络和算力监测调度平台，优化本市公共算力资源供给，加强商业化算力资源供需对接。为本市数据（算力）中心提供免费绿色节能诊断服务，支持数据中心绿色化改造，对于改造后PUE达到地方标准《数据中心能源效率限额》（DB11/T1139）规定的准入值且接入“北京市节能监测服务平台”的数据（算力）中心，按照改造项目固定资产投资的25%进行奖励；对数据中心转型为算力中心或涉及余热回收、液冷、氢能应用的，按照固定资产投资的30%进行奖励；单个项目奖励金额最高3000万元（市经济和信息化局）。

7. 支持共性技术平台建设。支持在区块链、人工智能、互联网3.0等新一代信息技术领域建设一批共性技术平台，对符合条件的给予资金补助（市科委、中关村管委会）。对面向中小企业提供服务且符合条件的共性技术平台择优给予奖励（市经济和信息化局）。对使用共性技术平台的企业，符合条件的可纳入首都科技创新券政策支持范围（市科委、中关村管委会）。

三、促进产业集聚发展

8. 支持企业做优做强。支持企业升规、稳规，对上年度首次纳入规模以上统计且营业收入突破1亿元（含），并承诺当年不低于1亿元（含）的软件和信息服务业企业（国民经济行业大类代码64、65），一次性奖励最高50万元；对通过《数据管理能力成熟度评价模型》（GB/T 36073—2018）认证的、对落实工业互联网安全分类分级防护相关规范且达到一定安全能力的、对创新能力突出的，视情况再追加奖励；每家企业奖励金额最高100万元（市经济和信息化局）。鼓励企业“规做强”，实施“专精特新”企业梯队培育登峰工程；对在京从事集成电路、人工智能等领域生产研发类规模以上企业认定时，满足相关条件的实行高新技术企业“报备即批准”，支持企业享受本市专精特新和高新技术企业相关政策措施（市经济和信息化局，市科委、中关村管委会）。

9. 支持企业投融资。发挥已设政府投资基金作用，鼓励区级引导基金参与，加大长期资本支持引导（市经济和信息化局，市科委、中关村管委会，各区政府）。支持企业知识产权质押融资（市知识产权局，市科委、中关村管委会，北京银保监局）。支持中小企业在北京证券交易所上市融资发展，提供上市协调等服务，对符合条件的挂牌、上市企业给予资金支持（市金融监管局，市经济和信息化局，市科委、中关村管委会）。鼓励金融机构为行业小微企业提供银行信贷和担保支持等金融服务，对绩效评价结果良好的政府性融资担保机构给予重点支持。对固定资产投资纳统1000万元以上且获得银行贷款的企业，给予固定资产贷款和流动资金贷款贴息，每家企业年度最高1000万元。对符合条件的兼并收购项目或建设类重大项目等，给予不超过人民银行同期中长期贷款市场报价利率（LPR）、期限不超过3年（并购为1年）、每家企业原则上年度最高3000万元的贷款贴息（市经济和信息化局）。

10. 支持企业区域集聚。鼓励各区优化产业和空间布局，在资金、投融资及并购、住房保障、人才奖励、重点活动扶持等方面出台政策，支持园区建设和运营，打造一批元宇宙、人工智能、网络安全等领域特色园区（各区政府）。支持将老旧厂房等存量产业空间改造为企业研发或生产用房，符合条件的改造项目给予最高5000万元固定资产投资补助或贴息支持（市发展改革委）。支持园区建设产业支撑平台，按实际投入给予最高500万元资金补助，并根据服务绩效给予最高100万元奖励（市经济和信息化局）。

四、优化产业发展环境

11. 支持软件人才建设。依据本市人才引进相关政策，支持软件行业引进高层次紧缺人才（市人才工作局）。加大行业高层次国际人才引进力度，优化国际人才引进政策，探索简化工作许可、居留许可审批流程（市公安局）。对引进的行业人才，按人才住房支持政策做好保障服务（各区政府）。在全市非北京生源毕业生指标总量范围内，加大对软件人才的支持力度；对国家级“小巨人”企业招聘优秀毕业生给予落户支持（市人力资源社会保障局）。鼓励北京市属高校聚焦关键软件、前沿软件领域建设专业课程体系，与企业定向培养高层次专业人才（市教委，市经济和信息化局）。

12. 支持专利标准体系建设。支持企业加强知识产权保护，将符合条件的企业纳入专利快速预审通道，实现专利申请快速审查、快速确权。对获得授权的国内软件相关发明专利以及向香港、澳门和台湾地区提交申请并获得授权的发明（标准）专利给予资助，对专精特新中小企业前十年年费按年给予资助，对获得授权的国外发明专利予以资助（市知识产权局）。鼓励在京单位创制国际国内先进标准，对符合条件的项目给予补助（市市场监管局）。

本若干政策措施所指企业为规模以上信息传输、软件和信息技术服务业（国民经济行业大类代码 63、64、65）的企业，或规模以下工商注册在信息传输、软件和信息技术服务业的企业。本若干政策措施与本市其他产业政策有交叉的，同类政策按照从优、从高、不重复的原则执行。本若干政策措施自发布之日起实施，有效期 3 年。

北京市经济和信息化局关于印发《北京市数字化车间与智能工厂认定管理办法》的通知

各区经济和信息化主管部门、北京经济技术开发区管委会营商合作局、各有关单位：

为深入贯彻落实《北京市“十四五”时期高精尖产业发展规划》《北京市“新智造 100”工程实施方案（2021—2025 年）》等文件精神，加快数字化车间、智能工厂建设，打造北京市智能制造标杆示范，引导和鼓励北京市制造业数字化、网络化、智能化转型升级，北京市经济和信息化局制定了《北京市数字化车间与智能工厂认定管理办法》，现印发给你们，请遵照执行。

特此通知。

北京市经济和信息化局

2022 年 11 月 7 日

附件：

北京市数字化车间与智能工厂认定管理办法

第一章　总则

第一条　为深入贯彻落实《北京市“十四五”时期高精尖产业发展规划》《北京市“新智造 100”工程实施方案（2021—2025 年）》等文件精神，全面推进北京市智能制造发展，加快数字化车间、智能工厂建设，打造北京市智能制造标杆示范，引导和鼓励北京市制造业数字化、网络化、智能化转型升级，实现高质量发展，特制定本办法。

第二条　本办法适用于北京市数字化车间、智能工厂的认定。

第三条　本办法所指的数字化车间是以生产对象所要求的工艺和设备为基础，以信息技术、自动化技术、测控技术等为手段，用数据连接车间不同生产单元，对生产运行过程进行规划、管理、诊断和优化。智能工厂是在数字化车间基础上，通过新一代信息技术与制造全过程、全要素深度融合，推进制造技术突破和工艺创新，推行精益管理和业务流程再造，实现数字化设计、智能化生产、网络化管理、智慧化服务，构建柔性、高效、绿色、安全的制造体系。

第四条　北京市数字化车间和智能工厂认定工作遵循企业自愿、择优确定和公开、公平、公正的原则，每年认定一次。

第五条　北京市数字化车间和智能工厂认定工

作由北京市经济和信息化局（以下简称市经济和信息化局）负责组织实施。

第二章　申请条件

第六条　申请认定北京市数字化车间和智能工厂需具备以下条件：

（一）申报主体须具有独立法人资格，财务状况良好，无严重违法失信记录，申报前一年的产值达到一亿元以上。

（二）申报车间或工厂所在地在北京，已经建成并投入正常使用。

（三）申报车间、工厂所生产的主导产品符合北京市产业政策，有技术先进性与良好市场前景，并采用行业先进工艺，不属于最新版《北京市工业污染行业生产工艺调整退出及设备淘汰目录》。

（四）申报车间应满足《北京市数字化车间建设关键要素》、工厂应满足《北京市智能工厂建设关键要素》，经济效益、生产效率、能源利用率、质量管控等各项指标均处于行业先进或领先水平。

第七条　有下列情况之一的不得申报北京市数字化车间和智能工厂：

（一）提供虚假申报信息的；

（二）申报主体近三年（不含申报年）连续亏损的（成立时间不满三年的除外）；

（三）近三年发生过重大生产安全、质量和环境污染事故或者有严重失信行为的。

第三章　认定程序

第八条　围绕制造业数字化、网络化、智能化转型升级需求，市经济和信息化局每年发布数字化车间、智能工厂组织申报通知，对当年认定工作提出具体要求。企业对照通知要求，按照自愿申报原则，向所在区经济和信息化主管部门提出认定申请。区经济和信息化主管部门进行初审并统一向市经济和信息化局推荐上报。

第九条　市经济和信息化局受理并进行形式审查后，组织专家通过现场核查、会议答辩等方式进行综合评审，形成数字化车间、智能工厂遴选审核意见。审核意见经市经济和信息化局局长办公会研究通过后向社会进行公示。公示无异议后，市经济和信息化局发文公布北京市数字化车间、智能工厂认定名单。

第四章　支持措施

第十条　市经济和信息化局通过北京市高精尖产业发展资金积极支持企业投资建设北京市数字化车间、智能工厂。鼓励各区经济和信息化主管部门制定数字化车间、智能工厂支持政策。

第十一条　市经济和信息化局在技术改造、协同创新、供需对接、人才引培、融资对接等方面对北京市数字化车间、智能工厂给予支持。上报国家智能制造试点示范项目、智能制造示范工厂和优秀场景，同等条件下，优先从本市数字化车间、智能工厂中推荐。

第五章　管理服务

第十二条　被认定为北京市数字化车间、智能工厂的企业在不影响正常生产经营的情况下，应积极配合市经济和信息化局开展相关工作，不断推广经验，扩大示范作用。

第十三条　对通过认定的数字化车间、智能工厂实行动态监测管理，市经济和信息化局委托第三方机构进行监测评估并提供指导服务。

第十四条　数字化车间、智能工厂所在企业发生更名、重组等重大调整的，应向市经济和信息化局申请更名。有下列情况之一的，撤销其称号：

（一）所在企业在申请过程中提供虚假信息、违反相关规定或其他违法行为。

（二）所在企业被依法终止或无法正常经营。

（三）发生重大环保、安全、质量事故。

（四）所认定的数字化车间、智能工厂迁出北京。

（五）有其他影响认定的违法、违规行为受到有关部门处罚不再符合认定条件的。

第六章　附则

第十五条　本办法涉及的数字化车间和智能工厂关键要素、申报材料要求等，由市经济和信息化局发布并适时调整。

第十六条　本办法自发布之日起执行，有效期至2025年12月31日。

第十七条　本办法由市经济和信息化局负责解释。

附件：1. 北京市数字化车间建设关键要素（略）
2. 北京市智能工厂建设关键要素（略）

附　录

本类目采用表格形式，刊载2022年度北京市企业技术中心新创建名单、2022年北京工业企业部分发明授权专利一览表和北京市部分工业企业名录。

2022年度北京市市级企业技术中心新创建名单

表23

序号	企业名称	序号	企业名称
第一批			
1	煤炭科学技术研究院有限公司	37	北京首创环境科技有限公司
2	中国制浆造纸研究院有限公司	38	北京航天万源科技有限公司
3	中材地质工程勘查研究院有限公司	39	北京亿赛通科技发展有限责任公司
4	国合通用测试评价认证股份公司	40	北京英惠尔生物技术有限公司
5	中车建设工程有限公司	41	中兴智慧（北京）技术有限公司
6	北京市市政四建设工程有限责任公司	42	多立恒（北京）能源技术股份公司
7	中铁电气化局集团第一工程有限公司	43	北京科泰兴达高新技术有限公司
8	北京博汇特环保科技股份有限公司	44	北京中拓新源科技有限公司
9	中钞特种防伪科技有限公司	45	信维创科通信技术（北京）有限公司
10	中科三清科技有限公司	46	天翼云科技有限公司
11	北京卓诚惠生生物科技股份有限公司	47	长扬科技（北京）股份有限公司
12	北京九州一轨环境科技股份有限公司	48	布瑞琳科技（北京）有限公司
13	首钢环境产业有限公司	49	北京优锘科技有限公司
14	北京永信至诚科技股份有限公司	50	北京城建一建设发展有限公司
15	北京八亿时空液晶科技股份有限公司	51	北京值得买科技股份有限公司
16	北京华泰诺安探测技术有限公司	52	北京北方华创真空技术有限公司
17	北京国科环宇科技股份有限公司	53	北京亚控科技发展有限公司
18	北京华清瑞达科技有限公司	54	北京新领先医药科技发展有限公司
19	北京城建七建设工程有限公司	55	北京天地和兴科技有限公司
20	北京航天和兴科技股份有限公司	56	北京合众伟奇科技股份有限公司（由北京合众伟奇科技有限公司更名）
21	北京诺诚健华医药科技有限公司	57	北京博恩特药业有限公司
22	北京德利得物流有限公司	58	北京科英精益技术股份公司
23	中铁十六局集团路桥工程有限公司	59	星辰天合（北京）数据科技有限公司
24	北京电信易通信息技术股份有限公司	60	北京金康普食品科技有限公司
25	北京北特圣迪科技发展有限公司	61	北京韬盛科技发展有限公司
26	华商国际工程有限公司	62	天普新能源科技有限公司
27	北京莱伯泰科仪器股份有限公司	63	北京云迹科技股份有限公司
28	中电系统建设工程有限公司	64	北京凯视达科技股份有限公司（由北京凯视达科技有限公司更名）
29	北京惠朗时代科技有限公司	65	北京加科思新药研发有限公司
30	华测检测认证集团北京有限公司	66	北京先瑞达医疗科技有限公司
31	北京北大软件工程股份有限公司	67	北京万维盈创科技发展有限公司
32	北京中科汇联科技股份有限公司	68	中国建筑技术集团有限公司
33	天云融创数据科技（北京）有限公司	69	北京星和众工设备技术股份有限公司
34	北京威努特技术有限公司	70	北京京东方传感技术有限公司
35	北京七星飞行电子有限公司	71	中安网脉（北京）技术股份有限公司
36	北京市燕通建筑构件有限公司	72	北京市京科伦冷冻设备有限公司

（续表）

序号	企业名称	序号	企业名称
73	北京迈基诺基因科技股份有限公司	85	北京广厦环能科技股份有限公司
74	新华网股份有限公司	86	盛威时代科技集团有限公司
75	北京芯愿景软件技术股份有限公司（由北京芯愿景软件技术有限公司更名）	87	北京明易达科技股份有限公司
76	北京贝尔生物工程股份有限公司	88	中勍科技股份有限公司
77	知学云（北京）科技股份有限公司	89	北京云狐时代科技有限公司
78	北京姿美堂生物技术有限公司	90	北京烁科精微电子装备有限公司
79	北京维通利电气有限公司	91	国科天成科技股份有限公司
80	北京富吉瑞光电科技股份有限公司	92	北京晶品特装科技股份有限公司
81	三六零数字安全科技集团有限公司	93	北京诺康达医药科技股份有限公司
82	北京金轮坤天特种机械有限公司	94	北京安必奇生物科技有限公司
83	搏世因（北京）高压电气有限公司	95	北京金豪制药股份有限公司
84	北京元点未来科技有限公司	96	北京三元基因药业股份有限公司
第二批			
1	大禹伟业（北京）国际科技有限公司	29	北京沃丰时代数据科技有限公司
2	北矿新材科技有限公司	30	中汽数据有限公司
3	北京康美特科技股份有限公司	31	东华医为科技有限公司
4	北京市高强混凝土有限责任公司	32	弘成科技发展有限公司
5	北京长润化工有限公司	33	中体彩科技发展有限公司
6	北京格林威尔科技发展有限公司	34	北京天健源达科技股份有限公司
7	北京屹唐半导体科技股份有限公司	35	艾迪普科技股份有限公司
8	北京宇翔电子有限公司	36	北京智行者科技股份有限公司
9	北京盈想东方科技股份有限公司	37	北京数科网维技术有限责任公司
10	北京映翰通网络技术股份有限公司	38	中科方德软件有限公司
11	北京前景无忧电子科技股份有限公司	39	北京东华博泰科技有限公司
12	北京易美新创科技有限公司	40	北京金橙子科技股份有限公司
13	北京邦维高科新材料科技股份有限公司	41	北京芯盾时代科技有限公司
14	中节能节能科技有限公司	42	北京盈建科软件股份有限公司
15	北京航化节能环保技术有限公司	43	北京能科瑞元数字技术有限公司
16	北京环球中科水务科技股份有限公司	44	北京军懋国兴科技股份有限公司
17	中煤（北京）环保工程有限公司	45	北京顺源开华科技有限公司
18	北斗启明（北京）节能科技服务有限公司	46	用友金融信息技术股份有限公司
19	北京世维通科技股份有限公司	47	北京盛和信科技股份有限公司
20	北京中航泰达环保科技股份有限公司	48	北京升鑫网络科技有限公司
21	北京恩菲环保股份有限公司	49	中铁建网络信息科技有限公司
22	北京洁绿环境科技股份有限公司	50	北京中祥英科技有限公司
23	北京航天广通科技有限公司	51	北京展心展力信息科技有限公司
24	北京航天三发高科技有限公司	52	云和恩墨（北京）信息技术有限公司
25	北京汽车研究总院有限公司	53	央广网文化传媒有限公司
26	北京日端电子有限公司	54	北京当当科文电子商务有限公司
27	海丰通航科技有限公司	55	北京云中融信网络科技有限公司
28	联通智网科技股份有限公司	56	融智通科技（北京）股份有限公司

（续表）

序号	企业名称	序号	企业名称
57	北京开科唯识技术股份有限公司	79	北京假日阳光环球旅行社有限公司
58	北京健康之家科技有限公司	80	北京东方通网信科技有限公司
59	北京志翔科技股份有限公司	81	力鸿检验集团有限公司
60	同方鼎欣科技股份有限公司	82	中译语通科技股份有限公司
61	北京圣博润高新技术股份有限公司	83	北京城建智控科技股份有限公司
62	北京长亭未来科技有限公司	84	北京同创信通科技有限公司
63	原子高科股份有限公司	85	中节能风力发电股份有限公司
64	北京瑞京乳胶制品有限公司	86	易宝支付有限公司
65	心诺普医疗技术（北京）有限公司	87	中铁十六局集团电气化工程有限公司
66	科美诊断技术股份有限公司	88	威乐（中国）水泵系统有限公司
67	北京贝瑞和康生物技术有限公司	89	航天数维高新技术股份有限公司
68	北京卡尤迪生物科技股份有限公司	90	北京青藤文化股份有限公司
69	北京华卓精科科技股份有限公司	91	北京忆芯科技有限公司
70	东方晶源微电子科技（北京）有限公司	92	北京中昌工程咨询有限公司
71	美芯晟科技（北京）股份有限公司	93	北京中奥通宇科技股份有限公司
72	三一机器人科技有限公司	94	北京科易动力科技有限公司
73	京源中科科技股份有限公司	95	北京东润环能科技股份有限公司
74	北京兴信易成机电工程有限公司	96	北京直客通科技有限公司
75	北京九州恒盛电力科技有限公司	97	北京家禽育种有限公司
76	北京环都拓普空调有限公司	98	北京正大蛋业有限公司
77	北京金茂人居环境科技有限公司	99	北京长征火箭装备科技有限公司
78	中国建设基础设施有限公司	100	航天科工智能机器人有限责任公司
第三批			
1	中国电力工程顾问集团华北电力设计院有限公司	21	博世力士乐（北京）液压有限公司
2	北京中源创能工程技术有限公司	22	北京首钢朗泽科技股份有限公司
3	捷通智慧科技股份有限公司	23	银河航天（北京）网络技术有限公司
4	北京公联洁达公路养护工程有限公司	24	中科柏诚科技（北京）股份有限公司
5	北京光华世通科技有限公司	25	北京蒂本斯工程技术有限公司
6	中核控制系统工程有限公司	26	北京全式金生物技术股份有限公司
7	北京倚天凌云科技股份有限公司	27	中网联合（北京）能源服务有限公司
8	北京和合医学诊断技术股份有限公司	28	金锐同创（北京）科技股份有限公司
9	北京科荣达航空科技股份有限公司	29	北京码牛科技股份有限公司
10	中普达科技股份有限公司	30	北京软通智慧科技有限公司
11	北京冠群信息技术股份有限公司	31	北京全时天地在线网络信息股份有限公司
12	北京金域医学检验实验室有限公司	32	北京恒扉嘉泰建设工程有限公司
13	北京中景橙石科技股份有限公司	33	北京柏瑞安电子技术有限公司
14	北京鼎昌复合材料有限责任公司	34	北京智米科技有限公司
15	北京康蒂尼药业股份有限公司	35	北京万维之道信息技术有限公司
16	北京住总第一开发建设有限公司	36	恒信东方文化股份有限公司
17	北京数字绿土科技股份有限公司	37	北京东华原医疗设备有限责任公司
18	北京泰迪熊移动科技有限公司	38	京东科技信息技术有限公司
19	北京德风新征程科技股份有限公司	39	中环洁集团股份有限公司
20	北京吉天仪器有限公司		

2022 年北京市工业企业部分发明授权专利一览表

表 24

申请号	分类标引	专利权人名称	专利权人地址
CN202211373460X	电气工程－计算机技术	北京赛四达科技股份有限公司	朝阳区裕民路 12 号 1 号楼 14 层 A1408 室
CN2022113650695	电气工程－计算机技术	北京麟卓信息科技有限公司	海淀区西三旗昌临 801 号 27 号 3 层 310 室、312 室
CN2022113600959	电气工程－计算机技术	北京滴普科技有限公司	海淀区学院南路 62 号院 1 号楼 10 层 1001–1002 室
CN2022113532082	电气工程－计算机技术管理方法	北京联合货币兑换股份有限公司	顺义区北京首都机场三号航站楼 A4E10 室
CN2022113529287	电气工程－计算机技术	北京领雁科技股份有限公司	海淀区大钟寺东路 9 号 1 幢 B103–29 室
CN2022113421022	仪器－控制	北京中海兴达建设有限公司	丰台区航丰路 1 号时代财富天地 A 座 709 室
CN2022113419624	电气工程－数字通信	北京金晴云华科技有限公司	海淀区北三环中路 44 号 58 号 1 层 21 号
CN2022113416679	电气工程－计算机技术管理方法	北京国电通网络技术有限公司	西城区广安门内大街 311 号祥龙商务大厦
CN2022113412112	电气工程－数字通信	北京玩播互娱科技有限公司	海淀区大钟寺 13 号院 1 号楼 9 层 9B19 室
CN202211338840X	电气工程－计算机技术	北京中科国光量子科技有限公司	北京经济技术开发区科谷一街 10 号院 11 号楼 9 层 903 室
CN2022113307050	电气工程－计算机技术管理方法	北京国电通网络技术有限公司	西城区广安门内大街 311 号祥龙商务大厦
CN2022113256010	电气工程－计算机技术	中诚华隆计算机技术有限公司	朝阳区来广营乡紫月路 18 号院 3 号楼 8 层
CN2022113221238	电气工程－计算机技术	北京安帝科技有限公司	海淀区西四环北路 158 号 1 幢 9 层 9H–5–1 室
CN2022113221098	电气工程－计算机技术	北京安帝科技有限公司	海淀区西四环北路 158 号 1 幢 9 层 9H–5–1 室
CN2022113200640	电气工程－计算机技术	小米汽车科技有限公司	北京经济技术开发区科创十街 15 号院 5 号楼 6 层 618 室
CN2022113194809	电气工程－数字通信	北京华云安信息技术有限公司	海淀区丰豪东路 9 号 2 号楼 10 层 4 单元 1001 室
CN2022113172316	电气工程－计算机技术	小米汽车科技有限公司	北京经济技术开发区科创十街 15 号院 5 号楼 6 层 618 室
CN2022113149470	电气工程－计算机技术	宇动源（北京）信息技术有限公司	海淀区黑泉路 8 号 1 幢 6 层 101–38 室
CN2022113146186	电气工程－数字通信	北京安帝科技有限公司	海淀区西四环北路 158 号 1 幢 9 层 9H–5–1 室
CN2022113145978	电气工程－计算机技术	北京创新乐知网络技术有限公司	朝阳区酒仙桥路 10 号 2 幢二层 205A 室
CN2022113144354	电气工程－数字通信	华控清交信息科技（北京）有限公司	海淀区中关村东路 1 号院 3 号楼 10 层 1009–1 室
CN2022113098426	电气工程－音像技术	中诚华隆计算机技术有限公司	朝阳区来广营乡紫月路 18 号院 3 号楼 8 层
CN2022113088640	电气工程－计算机技术	北京航天驭星科技有限公司	海淀区西北旺镇邓庄南路南侧、友谊路西侧的土井村盛景创业园 T01 地块 1 号楼 6 层 A601 室
CN2022113076906	电气工程－计算机技术	中国铁塔股份有限公司	海淀区东冉北街 9 号院北区 14 号楼 –1 至 3 层 101 室
CN2022113065329	电气工程－计算机技术	北京国电通网络技术有限公司	海淀区创业中路 32 号楼 32–3–4108–4109 室

（续表）

申请号	分类标引	专利权人名称	专利权人地址
CN2022113061811	电气工程－计算机技术	普瑞奇科技（北京）股份有限公司	北京经济技术开发区科创二街10号2号厂房
CN2022113034462	电气工程－音像技术	中诚华隆计算机技术有限公司	朝阳区来广营乡紫月路18号院3号楼8层
CN2022113034458	电气工程－计算机技术	中诚华隆计算机技术有限公司	朝阳区来广营乡紫月路18号院3号楼8层
CN2022113021903	仪器－控制	中诚华隆计算机技术有限公司	朝阳区来广营乡紫月路18号院3号楼8层
CN2022113000269	电气工程－计算机技术	北京睿企信息科技有限公司	东城区和平里北街6号6号楼一层101室
CN202211299206X	电气工程－计算机技术	北京数业专攻科技有限公司	门头沟区双峪路35号院2号19层2123室
CN2022112992017	电气工程－计算机技术	北京闪马智建科技有限公司	海淀区温泉镇创客小镇社区配套商业楼15#楼二层132室
CN2022112991635	机械工程－运输	新汽有限公司	大兴区丰远街9号院5号楼三层302室
CN2022112987220	电气工程－计算机技术	北京麟卓信息科技有限公司	海淀区西三旗昌临801号27号3层310室、312室
CN2022112987004	电气工程－计算机技术	北京麟卓信息科技有限公司	海淀区西三旗昌临801号27号3层310室、312室
CN2022112984716	电气工程－计算机技术	北京长河数智科技有限责任公司	丰台区汽车博物馆西路8号院3号楼7层705室
CN202211296540X	电气工程－计算机技术	北京紫光青藤微系统有限公司	海淀区王庄路1号清华同方科技大厦D座15层1511–05室
CN2022112946574	电气工程－数字通信	华控清交信息科技（北京）有限公司	海淀区中关村东路1号院3号楼10层1009–1室
CN2022112940703	电气工程－计算机技术	中诚华隆计算机技术有限公司	朝阳区来广营乡紫月路18号院3号楼8层
CN2022112939706	电气工程－计算机技术	中诚华隆计算机技术有限公司	朝阳区来广营乡紫月路18号院3号楼8层
CN2022112912953	机械工程－机器工具	中铁电气化局集团有限公司	丰台区丰台路口139号202室
CN2022112912949	机械工程－机器工具	中铁电气化局集团有限公司	丰台区丰台路口139号202室
CN2022112909645	电气工程－计算机技术	宇动源（北京）信息技术有限公司	海淀区黑泉路8号1幢6层101–38号（东升地区）
CN2022112906859	电气工程－数字通信	北京鼎轩科技有限责任公司	海淀区后屯路28号院1号楼三层320室
CN2022112906399	电气工程－数字通信	北京星阑科技有限公司	海淀区海淀大街38号楼4层6–01室
CN2022112905470	电气工程－数字通信	北京全路通信信号研究设计院集团有限公司	丰台区丰台科技园汽车博物馆南路1号院
CN2022112904834	电气工程－计算机技术	北京国电通网络技术有限公司	西城区广安门内大街311号祥龙商务大厦
CN2022112880026	电气工程－计算机技术	中科方德软件有限公司	海淀区知春路113号1幢8层0901室
CN202211284297X	电气工程－数字通信	北京国旺盛源智能终端科技有限公司	海淀区上地信息路1号1号楼23层2305室
CN2022112833275	仪器－测量	东方博沃（北京）科技有限公司	昌平区马池口镇马池口村（首钢冶金机械厂）11幢
CN2022112765441	电气工程－计算机技术	北京金睛云华科技有限公司	海淀区北三环中路44号58号1层21号
CN2022112764665	机械工程－运输	禾多科技（北京）有限公司	海淀区紫雀路55号院9号楼三层101–15室
CN2022112763499	电气工程－数字通信	北京宏扬迅腾科技发展有限公司	密云区靶场路
CN2022112762087	仪器－光学	北京瑞控信科技股份有限公司	海淀区安宁北路昌平路临831–内1一层1006室
CN2022112745819	电气工程－数字通信	北京融数联智科技有限公司	西城区新街口外大街28号C座2层235室
CN2022112731572	电气工程－数字通信	北京融数联智科技有限公司	西城区新街口外大街28号C座2层235室
CN2022112711278	电气工程－计算机技术	北京数慧时空信息技术有限公司	丰台区海鹰路1号院1号楼二层201室
CN2022112710345	电气工程－计算机技术	北京数慧时空信息技术有限公司	丰台区海鹰路1号院1号楼二层201室

（续表）

申请号	分类标引	专利权人名称	专利权人地址
CN2022112698254	电气工程－电机、电气装置、电能	为准（北京）电子科技有限公司	朝阳区来广营乡紫月路18号院7号楼二层207室
CN2022112698184	电气工程－数字通信	北京迪为双兴通讯技术有限公司	海淀区安宁庄东路18号18号楼2层A号
CN2022112697548	仪器－测量	智道网联科技（北京）有限公司	东城区北三环东路36号1号楼B601室
CN2022112696846	电气工程－计算机技术	北京国电通网络技术有限公司	海淀区创业中路32号楼32–3–4108–4109室
CN2022112696526	电气工程－计算机技术	北京红山微电子技术有限公司	北京经济技术开发区荣华中路22号院1号楼30层3001室
CN2022112696437	其他领域－土木工程	北京城建设计发展集团股份有限公司	西城区阜成门北大街五号
CN2022112694412	电气工程－数字通信	中科声龙科技发展（北京）有限公司	海淀区北四环西路9号16层1605室
CN2022112693477	电气工程－计算机技术	北京云枢创新软件技术有限公司	海淀区东北旺北京中关村软件园孵化器1号楼B、C座二层1221室
CN2022112693462	电气工程－计算机技术	北京高德云信科技有限公司	朝阳区阜通东大街6号院3号楼12层1511室
CN2022112693104	电气工程－音像技术	北京鹰瞳科技发展股份有限公司	海淀区北理工国防科技园2号楼4层21室
CN2022112641561	电气工程－计算机技术	中科声龙科技发展（北京）有限公司	海淀区北四环西路9号16层1605室
CN2022112606407	仪器－测量	北京航天驭星科技有限公司	海淀区西北旺镇邓庄南路南侧、友谊路西侧的土井村盛景创业园T01地块1号楼6层A601室
CN2022112597963	仪器－测量	北京江云智能科技有限公司	朝阳区将台路5号30号楼233室
CN2022112575432	电气工程－计算机技术	北京睿企信息科技有限公司	东城区和平里北街6号6号楼一层101室
CN2022112571696	仪器－测量	北京康润诚业生物科技有限公司	昌平区生命科学园生命园路8号院一区9号–1至5层101室
CN2022112566128	电气工程－计算机技术	北京云成金融信息服务有限公司	西城区复兴门南大街丙2号天银大厦C西座A层
CN2022112549546	电气工程－计算机技术	北京云枢创新软件技术有限公司	海淀区东北旺北京中关村软件园孵化器1号楼B、C座二层1221室
CN2022112504634	电气工程－计算机技术	亿海蓝（北京）数据技术股份公司	海淀区望福园东区曙光综合楼A栋603室
CN2022112504615	电气工程－计算机技术	亿海蓝（北京）数据技术股份公司	海淀区望福园东区曙光综合楼A栋603室
CN2022112503720	电气工程－计算机技术	中科方德软件有限公司	海淀区知春路113号1幢8层0901室
CN2022112425454	仪器－控制	天地科技股份有限公司	朝阳区和平街青年沟路5号
CN2022112413828	电气工程－计算机技术	启元世界（北京）信息技术服务有限公司	海淀区北清路81号院二区3号楼10层1002–1室
CN2022112407367	电气工程－计算机技术	中诚华隆计算机技术有限公司	朝阳区来广营乡紫月路18号院3号楼8层
CN2022112401178	电气工程－计算机技术	中诚华隆计算机技术有限公司	朝阳区来广营乡紫月路18号院3号楼8层
CN2022112400796	电气工程－计算机技术	中诚华隆计算机技术有限公司	朝阳区来广营乡紫月路18号院3号楼8层
CN2022112400194	电气工程－数字通信	北京华创互联科技股份有限公司	丰台区南四环西路128号院2号楼21层2507室
CN202211238902X	电气工程－计算机技术	北京云枢创新软件技术有限公司	海淀区东北旺北京中关村软件园孵化器1号楼B、C座二层1221室
CN2022112383540	电气工程－数字通信	北京紫光青藤微系统有限公司	海淀区王庄路1号清华同方科技大厦D座15层1511–05号
CN2022112383485	电气工程－计算机技术	北京麟卓信息科技有限公司	海淀区西三旗昌临801号27号3层310、312
CN2022112377569	电气工程－计算机技术	北京开运联合信息技术集团股份有限公司	通州区中关村科技园区通州园国际种业科技园区聚和七街1号–593室
CN2022112375559	电气工程－数字通信	北京华云安信息技术有限公司	海淀区丰豪东路9号2号楼10层4单元1001室

（续表）

申请号	分类标引	专利权人名称	专利权人地址
CN2022112374359	电气工程－计算机技术	北京安帝科技有限公司	海淀区西四环北路158号1幢9层9H－5－1室
CN2022112373905	仪器－控制	禾多科技（北京）有限公司	海淀区紫雀路55号院9号楼三层101－15室
CN2022112365839	电气工程－数字通信	亚信科技（中国）有限公司	海淀区西北旺东路10号院东区19号楼1层101室
CN2022112327521	电气工程－计算机技术	北京紫光芯能科技有限公司	海淀区王庄路1号院清华同方科技大厦D座15层1511－06号
CN2022112315261	电气工程－音像技术	天宜微电子（北京）有限公司	朝阳区北土城东路4号院1号楼1层2012室
CN2022112313849	电气工程－计算机技术	普瑞奇科技（北京）股份有限公司	北京经济技术开发区科创二街10号2号厂房
CN2022112313463	电气工程－数字通信	派欧尼尔环境净化工程（北京）有限公司	丰台区南四环西路128号院3号楼5层601－1室
CN2022112309824	仪器－测量	华兴智慧（北京）科技有限公司	海淀区中关村北二条7号客座公寓430室
CN2022112309082	仪器－生物材料分析	中国建筑第二工程局有限公司	丰台区汽车博物馆东路6号院E座
CN2022112308234	电气工程－计算机技术	北京安帝科技有限公司	海淀区西四环北路158号1幢9层9H－5－1
CN202211230766X	电气工程－数字通信	北京广通优云科技股份有限公司	海淀区紫竹院路69号中国兵器大厦901室
CN202211230244X	电气工程－数字通信	北京国安广传网络科技有限公司	北京经济技术开发区地盛北街1号6号楼3层303室
CN2022112301042	仪器－生物材料分析	爱迪森（北京）生物科技有限公司	大兴区中关村科技园区大兴生物医药产业基地永大路44号
CN2022112270345	仪器－测量	中润万合信息技术有限公司	石景山区实兴东街11号5层5258室
CN2022112261331	电气工程－计算机技术	北京永洪商智科技有限公司	海淀区中关村南大街5号二区683号楼1545室
CN2022112259878	电气工程－计算机技术	中教智网（北京）信息技术有限公司	海淀区北三环中路44号10号楼5层512室
CN2022112252205	电气工程－计算机技术	中诚华隆计算机技术有限公司	朝阳区来广营乡紫月路18号院3号楼8层
CN2022112250680	电气工程－计算机技术	中科声龙科技发展（北京）有限公司	海淀区北四环西路9号16层1605
CN2022112238439	机械工程－机器工具	华兴智慧（北京）科技有限公司	海淀区中关村北二条7号客座公寓430室
CN2022112238227	电气工程－计算机技术	北京升鑫网络科技有限公司	北京经济技术开发区科谷一街10号院6号楼5层505－4C室
CN2022112238049	电气工程－计算机技术	中科声龙科技发展（北京）有限公司	海淀区北四环西路9号16层1605室
CN2022112198319	电气工程－计算机技术	北京信工博特智能科技有限公司	海淀区长春桥路11号3号楼6层602－4室
CN2022112196718	电气工程－计算机技术	北京大禹智芯科技有限公司	朝阳区望京东园四区13号楼－4至33层101内11层11B660室
CN202211219639X	电气工程－计算机技术	北京国电通网络技术有限公司	昌平区嘉铭奥森产业园
CN2022112193103	电气工程－计算机技术	北京微点科学技术有限公司	朝阳区望京东园四区2号楼10层1001号K1010室
CN2022112192755	电气工程－数字通信	北京安帝科技有限公司	海淀区西四环北路158号1幢9层9H－5－1室
CN2022112192098	电气工程－半导体	北京英孚瑞半导体科技有限公司	西城区百万庄大街16号1号楼8层1814室
CN2022112132773	电气工程－数字通信	紫光恒越技术有限公司	海淀区中关村东路1号院2号楼402室
CN2022112114296	电气工程－数字通信	小米汽车科技有限公司	北京经济技术开发区科创十街15号院5号楼6层618室

（续表）

申请号	分类标引	专利权人名称	专利权人地址
CN2022112100772	电气工程－电机、电气装置、电能	北京金羽新材科技有限公司	海淀区温泉镇创客小镇社区配套商业楼 7#楼二层 203 室
CN2022112062408	电气工程－数字通信	北京金楼世纪科技有限公司	西城区新街口外大街 28 号 102 号楼 3 层 329 室
CN2022112058296	电气工程－计算机技术	北京闪马智建科技有限公司	海淀区温泉镇创客小镇社区配套商业楼 15#楼二层 132 室
CN2022112057645	电气工程－数字通信	北京道达天际科技股份有限公司	海淀区马连洼北路 8 号 C 座 7 层 703 室
CN2022112056712	电气工程－计算机技术	北京弘玑信息技术有限公司	朝阳区望京东园四区 13 号楼 -4 至 33 层 101 内 20 层 202 室
CN2022112056534	电气工程－计算机技术	北京弘玑信息技术有限公司	朝阳区望京东园四区 13 号楼 -4 至 33 层 101 内 20 层 202 室
CN2022112053466	电气工程－计算机技术	北京诺禾致源科技股份有限公司	昌平区回龙观镇生命园路 29 号创新大厦 B258 室
CN2022112052641	电气工程－计算机技术	北京国电通网络技术有限公司	丰台区航丰路 1 号时代财富天地
CN2022112051511	其他领域－其他消费品	北京中科富海低温科技有限公司	海淀区知春路甲 63 号卫星大厦 1407 室
CN2022112051047	电气工程－计算机技术	北京大禹智芯科技有限公司	朝阳区望京东园四区 13 号楼 -4 至 33 层 101 内 11 层 11B660 室
CN2022112001917	仪器－测量	北京星天科技有限公司	朝阳区创远路 36 号院 14 号楼 6 层 601 室
CN202211199963X	电气工程－计算机技术管理方法	北京易控智驾科技有限公司	海淀区中关村东路 8 号东升大厦 AB 座七层 701B 单元
CN2022111995198	电气工程－计算机技术	北京微步在线科技有限公司	海淀区苏州街 49–3 号 3 层 301 室
CN2022111985088	电气工程－计算机技术	北京尽微致广信息技术有限公司	朝阳区阜通东大街 1 号院 5 号楼 2 单元 42 层 324201 室
CN2022111970006	电气工程－计算机技术	北京鹰瞳科技发展股份有限公司	海淀区北理工国防科技园 2 号楼 4 层 21 室
CN2022111966250	电气工程－数字通信	北京国科天迅科技有限公司	大兴区北京经济技术开发区科谷一街 8 号院 6 号楼 7 层 701 室
CN2022111951630	电气工程－计算机技术	北京如炬科技有限公司	海淀区中关村大街 18 号 B 座 9 层 909 室 396 号
CN2022111951594	电气工程－数字通信	北京瀚科智翔科技发展有限公司	海淀区四季青镇巨山村 375 号四季阳光科技园 7 号楼 1 层 102 室
CN2022111951490	电气工程－电机、电气装置、电能	北京金风科创风电设备有限公司	北京经济技术开发区康定街 19 号
CN2022111950765	电气工程－数字通信	中粮信息科技有限公司	朝阳区朝阳门南大街 8 号 4 层 401 内 422 室
CN2022111950159	电气工程－计算机技术	北京如炬科技有限公司	海淀区中关村大街 18 号 B 座 9 层 909 室 396 号
CN2022111946153	电气工程－计算机技术	全景恒升（北京）科学技术有限公司	顺义区仁和镇顺西南路 8 号院 1 号楼 1 层 A 区
CN2022111944321	电气工程－计算机技术	北京长河数智科技有限责任公司	丰台区汽车博物馆西路 8 号院 3 号楼 7 层 705 室
CN2022111916745	电气工程－数字通信	北京紫光青藤微系统有限公司	海淀区王庄路 1 号清华同方科技大厦 D 座 15 层 1511–05 室
CN202211190657X	电气工程－计算机技术	北京微核芯科技有限公司	海淀区中关村东路 66 号 1 号楼 10 层 1105–2 室
CN2022111893635	机械工程－运输	北京瀚科智翔科技发展有限公司	海淀区四季青镇巨山村 375 号四季阳光科技园 7 号楼 1 层 102 室
CN2022111875355	机械工程－机器工具	北京成立科技有限公司	通州区中关村科技园区通州园金桥科技产业基地环科中路 17 号 115 号楼
CN2022111873059	仪器－测量	北醒（北京）光子科技有限公司	海淀区创业路六号自主创新大厦 3 层 3030

（续表）

申请号	分类标引	专利权人名称	专利权人地址
CN2022111869941	电气工程－电机、电气装置、电能	新研氢能源科技有限公司	北京经济技术开发区永昌中路甲6号院2号楼A座5层506室
CN2022111869903	电气工程－计算机技术	北京万龙精益科技有限公司	昌平区马池口镇白浮村7号
CN2022111866534	电气工程－计算机技术	北京鼎轩科技有限责任公司	海淀区后屯路28号院1号楼三层320室
CN2022111865620	电气工程－数字通信	飞天诚信科技股份有限公司	海淀区学清路9号汇智大厦B楼17层
CN2022111864401	仪器－医学技术	北京天健源达科技股份有限公司	丰台区星火路1号12层12DE室
CN2022111861615	电气工程－数字通信	北京安帝科技有限公司	海淀区西四环北路158号1幢9层9H－5－1室
CN202211186099X	电气工程－数字通信	北京中超伟业信息安全技术股份有限公司	昌平区科技园区超前路甲1号10号楼302室
CN2022111860010	电气工程－计算机技术管理方法	中化学起重运输有限公司	大兴区黄村镇南大庄村东14幢三层333室
CN2022111816516	电气工程－电机、电气装置、电能	北京合纵科技股份有限公司	海淀区上地三街9号（嘉华大厦）D座1211、1212室
CN2022111785382	机械工程－运输	亿咖通（北京）科技有限公司	朝阳区望京东园四区13号楼－4至33层101内6层208室
CN2022111781273	电气工程－计算机技术	北京奥星贝斯科技有限公司	朝阳区望京东园四区13号楼－4至33层101内23层201室
CN2022111780660	电气工程－计算机技术	北京宝兰德软件股份有限公司	朝阳区东三环北路19号
CN2022111780266	机械工程－运输	禾多科技（北京）有限公司	海淀区紫雀路55号院9号楼三层101－15室
CN2022111780035	电气工程－电信	北京力通通信有限公司	海淀区王庄路1号院4号楼清华同方科技大厦19层1901室
CN2022111779818	电气工程－数字通信	美冠（北京）科技有限公司	海淀区海淀大街3号楼B座10层052室
CN2022111779574	电气工程－计算机技术	小米汽车科技有限公司	北京经济技术开发区科创十街15号院5号楼6层618室
CN2022111779358	电气工程－计算机技术	炫我信息技术（北京）有限公司	石景山区实兴大街30号院3号楼2层A－0486室
CN2022111778228	电气工程－电机、电气装置、电能	北京芯美达科技有限公司	朝阳区驼房营南路2号院梵谷水郡小区1号楼407室
CN2022111777140	电气工程－计算机技术	北京弘象科技有限公司	海淀区双清路3号3376室
CN2022111775643	仪器－医学技术	真健康(北京)医疗科技有限公司	海淀区永泰庄北路1号天地邻枫2号楼3层308室
CN2022111737162	电气工程－计算机技术	北京紫光芯能科技有限公司	海淀区王庄路1号院清华同方科技大厦D座15层1511－06室
CN2022111737054	电气工程－计算机技术	北京紫光芯能科技有限公司	海淀区王庄路1号院清华同方科技大厦D座15层1511－06室
CN2022111728233	电气工程－计算机技术	北京奥星贝斯科技有限公司	朝阳区东三环中路1号1幢1单元9层901内02号单元
CN2022111722203	电气工程－数字通信	北京金泰联创科技发展有限公司	海淀区白家疃尚品园1号楼5层593室
CN2022111718867	电气工程－计算机技术	毫末智行科技有限公司	丰台区广安路9号院3号楼18层1802室
CN2022111709707	电气工程－数字通信	北京融数联智科技有限公司	西城区新街口外大街28号C座2层235室
CN2022111701264	电气工程－数字通信	智慧足迹数据科技有限公司	东城区王府井大街138号新东安办公楼2座732室
CN2022111699565	电气工程－计算机技术	太极计算机股份有限公司	海淀区北四环中路211室
CN2022111699052	仪器－医学技术	北京唯迈医疗设备有限公司	北京经济技术开发区西环南路18号B座一层101室
CN2022111697451	电气工程－计算机技术	北京云庐科技有限公司	丰台区万丰路316号万开基地A座4层A4－01单元

（续表）

申请号	分类标引	专利权人名称	专利权人地址
CN2022111696016	电气工程－计算机技术	北京奥星贝斯科技有限公司	朝阳区望京东园四区 13 号楼 -4 至 33 层 101 内 23 层 201 室
CN202211169474X	电气工程－计算机技术管理方法	北京开运联合信息技术集团股份有限公司	通州区中关村科技园区通州园国际种业科技园区聚和七街 1 号 -593 室
CN2022111693732	电气工程－数字通信	中电运行（北京）信息技术有限公司	石景山区苹果园路 2 号院 1 号楼 5 层 504-1 室
CN2022111693018	机械工程－其他特殊机械	北京中农富通园艺有限公司	通州区潞城镇贾后疃村委会西 200 米
CN2022111692994	电气工程－电机、电气装置、电能	中国电力科学研究院有限公司	海淀区清河小营东路 15 号
CN2022111692693	仪器－医学技术	北京泽桥医疗科技股份有限公司	大兴区经济技术开发区荣华南路 1 号院 2 号楼 32 层 3203
CN2022111691065	电气工程－计算机技术	中科声龙科技发展（北京）有限公司	海淀区北四环西路 9 号 16 层 1605
CN2022111690433	电气工程－计算机技术管理方法	思百达物联网科技（北京）有限公司	朝阳区西大望路甲（12 号国家广告产业园区）C 区 3 号楼 4 层
CN2022111667422	电气工程－电信	北京中科国光量子科技有限公司	北京经济技术开发区科谷一街 10 号院 11 号楼 9 层 903 室
CN2022111661642	电气工程－数字通信	太极计算机股份有限公司	海淀区北四环中路 211 号
CN2022111626121	仪器－测量	北京弘象科技有限公司	海淀区双清路 3 号 3376 室
CN2022111620430	化学－环境技术	北京涞澈科技发展有限公司	北京经济记述开发区荣华南路 2 号院 2 号楼 23 层 2301A 室
CN202211161813X	电气工程－数字通信	北京润尼尔网络科技有限公司	海淀区北三环中路 44 号院文教产业园 D 座
CN2022111617616	仪器－测量	北京小马易行科技有限公司	北京经济技术开发区经海三路 109 号院 60 号楼 1 层 102 室
CN2022111615659	电气工程－计算机技术	北京顺世思成科技有限公司	海淀区北四环西路 9 号 17 层 1708-022 室
CN2022111614406	机械工程－运输	毫末智行科技有限公司	丰台区广安路 9 号院 3 号楼 18 层 1802 室
CN2022111612716	电气工程－计算机技术	北自所（北京）科技发展股份有限公司	西城区教场口街 1 号 3 号楼
CN2022111588505	仪器－测量	毫末智行科技有限公司	丰台区广安路 9 号院 3 号楼 18 层 1802 室
CN2022111564888	电气工程－计算机技术	竹间智慧科技（北京）有限公司	海淀区中关村南大街甲 18 号院 1-4 号楼 9 层
CN2022111563777	电气工程－计算机技术	摩尔线程智能科技（北京）有限责任公司	海淀区海淀大街 31 号 2 层 209 室
CN2022111557687	仪器－测量	毫末智行科技有限公司	丰台区广安路 9 号院 3 号楼 18 层 1802 室
CN2022111549604	电气工程－计算机技术管理方法	中科三清科技有限公司	海淀区东北旺西路 8 号院 36 号楼 5 层 523 室
CN2022111549093	电气工程－数字通信	北京金楼世纪科技有限公司	西城区新街口外大街 28 号 102 号楼 3 层 329 号
CN2022111548137	电气工程－电机、设备、能源	北京英博新能源有限公司	大兴区北京经济技术开发区科创十三街 29 号院一区 2 号楼 13 层 1302-45（北京自贸试验区高端产业片区亦庄组团）
CN2022111546273	化学－药品（含中药）	北京惠之衡生物科技有限公司	朝阳区八里庄西里住邦 2000 商务中心 2 号楼 21 层
CN2022111545849	机械工程－运输	卡斯柯信号（北京）有限公司	丰台区汽车博物馆南路 1 号院中国通号 A 座东区 10 层
CN2022111545571	仪器－测量	毫末智行科技有限公司	丰台区广安路 9 号院 3 号楼 18 层 1802 室
CN202211154550X	电气工程－计算机技术	北京中科心研科技有限公司	怀柔区雁栖经济开发区雁栖大街 53 号院 13 号楼二层 208 室

（续表）

申请号	分类标引	专利权人名称	专利权人地址
CN202211154504X	电气工程－计算机技术	北京弘玑信息技术有限公司	朝阳区望京东园四区13号楼－4至33层101内20层202室
CN2022111544846	电气工程－数字通信	梯度云科技（北京）有限公司	通州区榆西一街1号院4号楼5层502室、713室
CN2022111544808	电气工程－数字通信	中科方德软件有限公司	海淀区知春路113号1幢8层0901室
CN2022111543966	电气工程－电机、电气装置、电能	北京阿特精思智能科技有限公司	海淀区中关村东路1号院8号楼CG05－198室
CN2022111543773	电气工程－电机、设备、能源	东方博沃（北京）科技有限公司	昌平区马池口镇马池口村（首钢冶金机械厂）11幢
CN2022111542925	电气工程－计算机技术	太极计算机股份有限公司	海淀区北四环中路211室
CN2022111525652	电气工程－数字通信	北京紫光青藤微系统有限公司	海淀区王庄路1号清华同方科技大厦D座15层1511－05室
CN2022111512328	化学－药品（含中药）	北京惠之衡生物科技有限公司	朝阳区八里庄西里住邦2000商务中心2号楼21层
CN2022111486427	仪器－测量	毫末智行科技有限公司	丰台区广安路9号院3号楼18层1802室
CN2022111479480	化学－药品（含中药）	北京惠之衡生物科技有限公司	朝阳区八里庄西里住邦2000商务中心2号楼21层
CN202211147844X	仪器－测量	北京科锐特科技有限公司	北京经济技术开发区凉水河二街8号院大族企业湾11号楼B座4层
CN2022111478420	化学－生物技术	呈诺再生医学科技（北京）有限公司	北京经济技术开发区科创十三街18号院13号楼3层302室
CN2022111478153	化学－生物技术	呈诺再生医学科技（北京）有限公司	北京经济技术开发区科创十三街18号院13号楼3层302室
CN202211147280X	电气工程－计算机技术	北京中科网威信息技术有限公司	海淀区中关村软件园（二期）中兴通大厦B座2层
CN2022111472392	仪器－控制	北京航天驭星科技有限公司	海淀区西北旺镇邓庄南路南侧、友谊路西侧的土井村盛景创业园T01地块1号楼6层A601室
CN2022111471949	电气工程－数字通信	北京中科网威信息技术有限公司	海淀区中关村软件园（二期）中兴通大厦B座2层
CN2022111471898	电气工程－数字通信	北京中科网威信息技术有限公司	海淀区中关村软件园（二期）中兴通大厦B座2层
CN2022111470984	电气工程－电信	北京智联安科技有限公司	海淀区北四环西路9号楼8层808室
CN2022111470950	电气工程－数字通信	北京中科网威信息技术有限公司	海淀区中关村软件园（二期）中兴通大厦B座2层
CN2022111470005	机械工程－装卸	北京壹点灵动科技有限公司	昌平区科技园区白浮泉路10号兴业大厦2层
CN2022111468895	电气工程－半导体	北京英孚瑞半导体科技有限公司	西城区百万庄大街16号1号楼8层1814室
CN2022111468397	电气工程－计算机技术	华谱科仪（北京）科技有限公司	怀柔区雁栖经济开发区雁栖南四街6号1号楼一层4区101室
CN2022111467854	化学－药品（含中药）	北京惠之衡生物科技有限公司	朝阳区八里庄西里住邦2000商务中心2号楼21层
CN2022111466620	电气工程－电信	北京瞭望神州科技有限公司	西城区茶马街8号院5号楼2层2117室
CN2022111465134	电气工程－计算机技术	联通智网科技股份有限公司	密云区兴盛南路8号院2号楼106室－266室
CN2022111461449	电气工程－计算机技术	神州医疗科技股份有限公司	海淀区北四环西路66号16层1901室
CN2022111459966	电气工程－计算机技术	中诚华隆计算机技术有限公司	朝阳区来广营乡紫月路18号院3号楼8层
CN2022111458906	电气工程－电机、电气装置、电能	北京鼎诚鸿安科技发展有限公司	顺义区仁和地区塔河村

（续表）

申请号	分类标引	专利权人名称	专利权人地址
CN2022111427912	电气工程－计算机技术	毫末智行科技有限公司	丰台区广安路9号院3号楼18层1802室
CN2022111419600	电气工程－信息技术管理方法	北京共识数信科技有限公司	东城区和平里东街15号14幢2层208室
CN2022111413657	电气工程－计算机技术	大安健康科技（北京）有限公司	海淀区中关村南大街5号1区689楼742室
CN2022111413055	电气工程－计算机技术	中科雨辰科技有限公司	海淀区清琴麓苑170号楼2层
CN2022111410254	电气工程－计算机技术	华谱科仪（北京）科技有限公司	怀柔区雁栖经济开发区雁栖南四街6号1号楼一层4区101室
CN2022111407251	电气工程－电信	北京中科国光量子科技有限公司	北京经济技术开发区科谷一街10号院11号楼9层903室
CN2022111406969	电气工程－数字通信	北京微步在线科技有限公司	海淀区苏州街49-3号3层301室
CN2022111406598	电气工程－计算机技术	中航材导航技术（北京）有限公司	顺义区西兴路3号院1号楼1至5层101内3层301室
CN2022111406530	仪器－测量	北京象帝先计算技术有限公司	朝阳区安定路5号院1号楼9层（09）901号901室
CN2022111404412	其他领域－土木工程	中交公路长大桥建设国家工程研究中心有限公司	西城区黄寺大街23号北广大厦
CN2022111404357	电气工程－计算机技术	北京微步在线科技有限公司	海淀区苏州街49-3号3层301室
CN2022111403937	机械工程－运输	毫末智行科技有限公司	丰台区广安路9号院3号楼18层1802室
CN2022111403886	电气工程－计算机技术	北京结慧科技有限公司	石景山区实兴大街30号院3号楼2层A-1151房间（集群注册）
CN2022111401607	电气工程－音像技术	北京数字光芯集成电路设计有限公司	朝阳区万红西街2号5号楼二层2006室
CN2022111401344	电气工程－计算机技术	华控清交信息科技（北京）有限公司	海淀区中关村东路1号院3号楼10层1009-1室
CN202211140133X	电气工程－音像技术	北京数字光芯集成电路设计有限公司	朝阳区万红西街2号5号楼2层2006室
CN2022111375960	化学－材料、冶金	北京坤飞装备科技有限公司	丰台区西三环南路14号院1首科大厦A座922室
CN2022111355238	电气工程－数字通信	北京天辰合创科技有限公司	朝阳区天畅园2号楼1层2-105室
CN2022111349434	电气工程－数字通信	北京天辰合创科技有限公司	朝阳区天畅园2号楼1层2-105室
CN202211134452X	电气工程－计算机技术	真健康(北京)医疗科技有限公司	海淀区永泰庄北路1号天地邻枫2号楼3层308室
CN2022111340548	仪器－控制	国网信息通信产业集团有限公司	西城区宣武门外大街庄胜广场办公区南翼4楼
CN2022111338302	电气工程－计算机技术	北京猎户座信息技术有限公司	海淀区上地东路35号院1号楼2层3-216J室
CN202211133579X	仪器－医学技术	艾柯医疗器械（北京）股份有限公司	顺义区南彩镇彩达三街一号茂华工厂3号厂房1层101室
CN2022111302832	仪器－测量	毫末智行科技有限公司	丰台区广安路9号院3号楼18层1802室
CN2022111302828	电气工程－计算机技术	毫末智行科技有限公司	丰台区广安路9号院3号楼18层1802室
CN2022111293405	电气工程－计算机技术	北京紫光芯能科技有限公司	海淀区王庄路1号院清华同方科技大厦D座15层1511-06号
CN202211128210X	机械工程－运输	毫末智行科技有限公司	丰台区广安路9号院3号楼18层1802室
CN2022111276217	仪器－测量	中诚华隆计算机技术有限公司	朝阳区来广营乡紫月路18号院3号楼8层
CN2022111269355	化学－环境技术	国投信开水环境投资有限公司	通州区光华路甲1号院5号楼三层304号
CN2022111265250	电气工程－计算机技术	北京网藤科技有限公司	通州区经济开发区东区靓丽三街9号-2054
CN202211125918X	仪器－测量	华谱科仪（北京）科技有限公司	怀柔区雁栖经济开发区雁栖南四街6号1号楼一层4区101室
CN202211125876X	电气工程－计算机技术	北京紫光芯能科技有限公司	海淀区王庄路1号院清华同方科技大厦D座15层1511-06号

（续表）

申请号	分类标引	专利权人名称	专利权人地址
CN2022111258435	仪器－测量	华谱科仪（北京）科技有限公司	怀柔区雁栖经济开发区雁栖南四街6号1号楼一层4区101室
CN2022111255795	电气工程－计算机技术	国网智能电网研究院有限公司	昌平区未来科技城滨河大道18号
CN202211125474X	电气工程－数字通信	北京安帝科技有限公司	海淀区西四环北路158号1幢9层9H–5–1室
CN2022111254716	电气工程－计算机技术	北京智阅网络科技有限公司	朝阳区四惠桥南侧甲一号伊莎文化中心主楼5层A15室
CN2022111254650	电气工程－数字通信	北京天地一格科技有限公司	海淀区东北旺中关村软件园信息中心B305室
CN2022111254627	电气工程－数字通信	智慧足迹数据科技有限公司	东城区王府井大街138号新东安办公楼2座732号
CN2022111254523	仪器－测量	北京博创联动科技有限公司	海淀区西小口路66号中关村东升科技园·北领地B–6楼A座8层A801室
CN2022111253709	仪器－测量	北京路凯智行科技有限公司	北京经济技术开发区永昌南路8号1幢一层101室
CN2022111253408	化学－化学工程	北京中科富海低温科技有限公司	海淀区知春路63号51号楼14层1407室
CN2022111253342	电气工程－数字通信	北京新研创能科技有限公司	北京经济技术开发区永昌中路甲6号院1号楼3层301室
CN2022111216714	电气工程－基本通信处理	北京紫光芯能科技有限公司	海淀区王庄路1号院清华同方科技大厦D座15层1511–06号
CN2022111198881	化学－药品（含中药）	北京远大九和药业有限公司	房山区窦店京保路8号
CN2022111197431	仪器－测量	建设综合勘察研究设计院有限公司	东城区东直门内大街177号
CN2022111193977	电气工程－计算机技术	北京数牍科技有限公司	海淀区成府路28号优盛大厦A座1801室
CN2022111189914	电气工程－计算机技术	北京信立方科技发展股份有限公司	西城区新街口外大街28号B座416室（德胜园区）
CN2022111189596	电气工程－计算机技术	昆仑智汇数据科技（北京）有限公司	海淀区成府路45号中关村智造大街A座402房间
CN2022111187571	电气工程－计算机技术	北京智芯微电子科技有限公司	海淀区西小口路66号中关村东升科技园A区3号楼
CN2022111185951	电气工程－数字通信	梯度云科技（北京）有限公司	通州区榆西一街1号院4号楼5层502室713室
CN2022111185843	电气工程－计算机技术	国网智能电网研究院有限公司	昌平区未来科技城滨河大道18号
CN2022111185631	仪器－测量	为准（北京）电子科技有限公司	朝阳区来广营乡紫月路18号院7号楼二层207室
CN2022111185294	化学－化学工程	北京石墨烯技术研究院有限公司	海淀区丰智东路3号院1号楼一层108号
CN2022111184840	仪器－测量	国网经济技术研究院有限公司	昌平区未来科技城滨河大道18号A栋五、六层
CN2022111184395	电气工程－计算机技术	北京科云时代信息技术有限公司	朝阳区化工路59号院4号楼1至14层101内05层273室
CN202211118415X	电气工程－计算机技术管理方法	北京锐融天下科技股份有限公司	海淀区上地三街9号B座2层B312室
CN2022111184037	电气工程－计算机技术	北京中环高科环境治理有限公司	平谷区大兴庄镇顺福路81号–1904室
CN2022111182883	机械工程－机械工具	华兴智慧（北京）科技有限公司	海淀区中关村北二条7号客座公寓430室
CN2022111180638	仪器－医疗技术	北京动亮健康科技有限公司	海淀区蓝靛厂南路25号1幢8层22号
CN2022111174571	电气工程－数字通信	良业科技集团股份有限公司	朝阳区北苑路甲13号院1号楼北辰泰岳大厦11层
CN2022111170782	电气工程－计算机技术	北京云枢创新软件技术有限公司	海淀区东北旺北京中关村软件园孵化器1号楼B、C座二层1221室
CN2022111135774	机械工程－运输系统	毫末智行科技有限公司	丰台区广安路9号院3号楼18层1802室

（续表）

申请号	分类标引	专利权人名称	专利权人地址
CN2022111135740	仪器－测量	毫末智行科技有限公司	丰台区广安路 9 号院 3 号楼 18 层 1802 室
CN2022111134733	化学－基础材料化学	北京汉诺威自控技术有限公司	西城区新街口外大街 8 号 1 幢四层 436 号
CN2022111134466	电气工程－数字通信	中化现代农业有限公司	丰台区右安门街道西铁营中路 2 号佑安国际大厦
CN202211113343X	电气工程－计算机技术	天云融创数据科技（北京）有限公司	海淀区东北旺西路 8 号院 4 号楼三层 318 号
CN2022111132846	电气工程－电信	北京中科国光量子科技有限公司	北京经济技术开发区科谷一街 10 号院 11 号楼 9 层 903 室
CN2022111130126	仪器－测量	北京北矿亿博科技有限责任公司	西城区西直门外文兴街 1 号 4 幢 408 室
CN2022111129792	电气工程－计算机技术	华控清交信息科技（北京）有限公司	海淀区中关村东路 1 号院 3 号楼 10 层 1009—1 室
CN2022111129773	电气工程－计算机技术	统信软件技术有限公司	北京经济技术开发区科谷一街 10 号院 12 号楼 18 层
CN2022111127871	电气工程－计算机技术	云和恩墨（北京）信息技术有限公司	朝阳区光华路 9 号光华路 SOHO 二期 B 座 1003 室
CN2022111127299	电气工程－计算机技术	本原数据（北京）信息技术有限公司	海淀区知春路 27 号 15 层 1702 室－1703 室
CN2022111127195	计算机技术	北京数慧时空信息技术有限公司	丰台区海鹰路 1 号院 1 号楼二层 201 室
CN2022111127123	电气工程－计算机技术	北京锘崴信息科技有限公司	海淀区西四环北路 158 号 1 幢三层 3—443 室
CN2022111125804	化学－化学工程	北矿机电科技有限责任公司	丰台区南四环西路 188 号十八区 23 号
CN2022111125787	电气工程－数字通信	北京博创联动科技有限公司	海淀区西小口路 66 号中关村东升科技园·北领地 B—6 楼 A 座 8 层 A801 室
CN2022111125429	电气工程－计算机技术管理方法	北京博思致新互联网科技有限责任公司	海淀区西北旺东路 10 号院东区 10 号楼 6 层 6—16 室
CN2022111124996	化学－材料、冶金	有研亿金新材料有限公司	昌平区超前路 33 号 1 幢 1 至 3 层 01 室
CN2022111124500	电气工程－电机、电气装置、电能	良业科技集团股份有限公司	朝阳区北苑路甲 13 号院 1 号楼北辰泰岳大厦 11 层
CN202211112445X	仪器－控制	北京世纪隆博科技有限责任公司	朝阳区朝阳门外大街 18 号 A2205 室
CN2022111124248	机械工程－机械工具	北京成立科技有限公司	通州区中关村科技园区通州园金桥科技产业基地环科中路 17 号 115 号楼
CN2022111123781	电气工程－计算机技术	中国电子信息产业集团有限公司	海淀区中关村东路 66 号院甲 1 号
CN2022111103595	仪器－测量	达芬骑动力科技（北京）有限公司	海淀区双清路甲 79 号配楼 5 层 A517 室
CN2022111103576	机械工程－运输	达芬骑动力科技（北京）有限公司	海淀区双清路甲 79 号配楼 5 层 A517 室
CN2022111086528	机械工程－运输系统	毫末智行科技有限公司	丰台区广安路 9 号院 3 号楼 18 层 1802 室
CN2022111085046	仪器－测量	毫末智行科技有限公司	丰台区广安路 9 号院 3 号楼 18 层 1802 室
CN2022111080748	电气工程－计算机技术管理方法	北京锘崴信息科技有限公司	海淀区西四环北路 158 号 1 幢三层 3—443 室
CN2022111074041	仪器－测量	清研精准（北京）汽车科技有限公司	北京经济技术开发区荣华南路 13 号院 7 号楼 3 层 307 室
CN202211107380X	电气工程－计算机技术	北京蔚领时代科技有限公司	朝阳区酒仙桥路 6 号院 6 号楼 1 至 18 层 101 内 14 层 1401 室
CN2022111073706	仪器－医疗技术	北京昆迈医疗科技有限公司	海淀区杏石口路 80 号 B 区 1 号楼 1 层 103 号
CN2022111073674	电气工程－数字通信	北京笔新互联网科技有限公司	朝阳区工体东路 20 号 19 层
CN2022111073458	电气工程－计算机技术	中科聚信信息技术（北京）有限公司	海淀区学院南路 62 号院 1 号楼 4 层 406 室
CN2022111073049	电气工程－数字通信	北京安博通科技股份有限公司	西城区德胜门东滨河路 3 号 6 号楼 C0310 室
CN2022111070854	电气工程－计算机技术	北京六方云信息技术有限公司	海淀区上地信息路 12 号 1 幢 2 层 C202 室

（续表）

申请号	分类标引	专利权人名称	专利权人地址
CN2022111070801	电气工程－数字通信	北京六方云信息技术有限公司	海淀区上地信息路12号1幢2层C202室
CN2022111070375	仪器－测量	卡斯柯信号（北京）有限公司	丰台区汽车博物馆南路1号院中国通号A座东区10层
CN2022111070197	电气工程－半导体	拓荆科技（北京）有限公司	北京经济技术开发区宏达北路16号6号楼2层217室
CN2022111069984	电气工程－计算机技术	北京远鉴信息技术有限公司	海淀区西四环北路158号1幢7层80001-2室
CN2022111069467	仪器－医学技术	北京杰西慧中科技股份有限公司	海淀区澄湾街9号院3幢1层101室
CN2022111068750	电气工程－数字通信	中科物栖（北京）科技有限责任公司	海淀区知春路27号11层1108室
CN2022111067461	电气工程－数字通信	中电运行（北京）信息技术有限公司	石景山区苹果园路2号院1号楼5层504-1室
CN2022111066929	电气工程－计算机技术	北京惠朗时代科技有限公司	北京经济技术开发区盛坊路2号5号楼3层301室
CN2022111066717	化学－生物技术	北京量化健康科技有限公司	丰台区海鹰路1号院5号楼3层
CN2022111023124	电气工程－计算机技术	北京中科江南信息技术股份有限公司	海淀区万泉河路68号8号楼1710室
CN202211102079X	仪器－医疗技术	北京华信佳音医疗科技发展有限责任公司	昌平区科技园区双营西路79号院23号楼2层205室
CN202211101283X	电气工程－电信	北京智芯微电子科技有限公司	海淀区西小口路66号中关村东升科技园A区3号楼
CN2022111012416	仪器－控制	中诚华隆计算机技术有限公司	朝阳区来广营乡紫月路18号院3号楼8层
CN2022111012242	电气工程－数字通信	中诚华隆计算机技术有限公司	朝阳区来广营乡紫月路18号院3号楼8层
CN2022111007441	电气工程－计算机技术	北京镜舟科技有限公司	海淀区西三旗建材城内4幢一层117室
CN2022111001746	电气工程－计算机技术	北京云成金融信息服务有限公司	西城区复兴门南大街丙2号天银大厦C西座A层
CN2022110994395	电气工程－计算机技术	华控清交信息科技（北京）有限公司	海淀区中关村东路1号院3号楼10层1009-1室
CN2022110993918	仪器－测量	北京摩尔芯光半导体技术有限公司	海淀区西三旗建材城内3幢三层313号
CN2022110990093	化学－生物技术	鲲鹏基因（北京）科技有限责任公司	昌平区生命科学园生命园路4号院7号楼5层501室
CN2022110988360	仪器－测量	北京海兰信数据科技股份有限公司	海淀区地锦路7号院10号楼5层501室
CN2022110988341	电气工程－计算机技术	北京数牍科技有限公司	海淀区成府路28号优盛大厦A座1801室
CN2022110987476	电气工程－电机、设备、能源	北京新研创能科技有限公司	北京经济技术开发区永昌中路甲6号院1号楼3层301室
CN2022110986473	电气工程－计算机技术	昆仑智汇数据科技（北京）有限公司	海淀区成府路45号中关村智造大街A座402室
CN2022110986149	仪器－测量	北京江河惠远科技有限公司	海淀区上地六街17号1号楼3F6314室
CN2022110985682	化学－高分子化学，聚合物	明士（北京）新材料开发有限公司	顺义区民泰路13号院
CN2022110985095	仪器－测量	北京摩尔芯光半导体技术有限公司	海淀区西三旗建材城内3幢三层313号
CN202211096936X	仪器－控制	北京煜邦电力技术股份有限公司	朝阳区北三环东路19号中国蓝星大厦10层
CN2022110954330	电气工程－计算机技术管理方法	北京中环高科环境治理有限公司	平谷区大兴庄镇顺福路81号-1904室
CN2022110952513	仪器－测量	鲲鹏基因（北京）科技有限责任公司	昌平区生命科学园生命园路4号院7号楼5层501室
CN202211095121X	电气工程－电信	北京信诺飞图科技有限公司	海淀区上地信息产业基地开拓路7号1幢五层4252室

（续表）

申请号	分类标引	专利权人名称	专利权人地址
CN2022110950842	电气工程－计算机技术	北京嘉和美康信息技术有限公司	海淀区上地信息产业基地开拓路 7 号先锋大厦 1 段 3 层
CN2022110950753	电气工程－数字通信	北京达佳互联信息技术有限公司	海淀区上地西路 6 号 1 幢 1 层 101D1－7 室
CN2022110950433	电气工程－计算机技术管理方法	国网汇通金财（北京）信息科技有限公司	海淀区北清路 68 号院 21 号楼三层 311 室
CN2022110948594	化学－食品化学	北京逯博士行为医学科技研究院有限公司	昌平区科技园区白浮泉路 10 号 2 号楼 4 层 419 室
CN2022110945168	电气工程－数字通信	北京亿赛通网络安全技术有限公司	海淀区西二旗大街 39 号 3 层 301 室
CN2022110939044	仪器－测量	北醒（北京）光子科技有限公司	海淀区创业路六号自主创新大厦 3 层 3030 室
CN2022110936722	电气工程－计算机技术	国能（北京）商务网络有限公司	丰台区六里桥 1 号奈伦大厦 20 层
CN2022110933673	仪器－光学	北京融为科技有限公司	北京经济技术开发区荣华南路 15 号院 4 号楼 15 层 1501 室
CN2022110932276	电气工程－数字通信	北京迎风知至科技有限公司	北京经济开发区科谷一街 10 号院 6 号楼 5 层 501－2 室
CN2022110929396	仪器－测量	北京江河惠远科技有限公司	海淀区上地六街 17 号 1 号楼 3F6314 室
CN2022110928891	电气工程－计算机技术	天云融创数据科技（北京）有限公司	海淀区东北旺西路 8 号院 4 号楼三层 318 号
CN2022110927691	仪器－光学器件	北京亮亮视野科技有限公司	北京经济技术开发区荣华中路 19 号院 1 号楼 B 座 1905、1906 室
CN2022110926222	电气工程－计算机技术	中化现代农业有限公司	丰台区右安门街道西铁营中路 2 号佑安国际大厦
CN2022110923474	仪器－测量	北京轩涌科技发展有限公司	海淀区农大南路 1 号院 2 号楼 6 层办公 B－622－1 室
CN2022110923309	化学－化学工程	格林斯达（北京）环保科技股份有限公司	顺义区仁和镇林河南大街 9 号院 9 号楼 2 层 230 室
CN2022110923154	电气工程－计算机技术	中科声龙科技发展（北京）有限公司	海淀区北四环西路 9 号 16 层 1605 室
CN2022110923027	电气工程－计算机技术	北京奎芯集成电路设计有限公司	海淀区中关村南大街 2 号数码大厦 A 座 501 室
CN2022110922946	电气工程－电机、设备、能源	北京新研创能科技有限公司	北京经济技术开发区永昌中路甲 6 号院 1 号楼 3 层 301 室
CN2022110922683	仪器－测量	北京轩涌科技发展有限公司	海淀区农大南路 1 号院 2 号楼 6 层办公 B－622－1 室
CN202211092258X	电气工程－计算机技术	北京中宏立达科技发展有限公司	海淀区西三环北路 50 号院 8 号楼 701 室
CN2022110922024	电气工程－计算机技术管理方法	联信弘方（北京）科技股份有限公司	东城区后永康胡同 17 号 1－875A 室
CN202211092120X	机械工程－发动机、泵、涡轮机	北京凌空天行科技有限责任公司	北京经济技术开发区荣华南路 2 号院 3 号楼 1101 室
CN2022110919002	仪器－测量	北京海兰信数据科技股份有限公司	海淀区地锦路 7 号院 10 号楼 5 层 501 室
CN2022110917702	电气工程－计算机技术	北京镜舟科技有限公司	海淀区西三旗建材城内 4 幢 1 层 117 室
CN2022110915548	电气工程－计算机技术	北京慧点科技有限公司	海淀区西小口 66 号东升科技园·北领地 C1－105 室
CN2022110915425	电气工程－计算机技术	太极计算机股份有限公司	海淀区北四环中路 211 号
CN202211089578X	仪器－测量	北京中科慧眼科技有限公司	海淀区创业中路 32 号楼 32－1－1－559 室
CN202211089539X	电气工程－计算机技术	北京镜舟科技有限公司	海淀区西三旗建材城内 4 幢一层 117 号
CN2022110887355	电气工程－音像技术	天宜微电子（北京）有限公司	朝阳区北土城东路 4 号院 1 号楼 1 层 2012 室
CN2022110871342	电气工程－计算机技术	北京沃丰时代数据科技有限公司	丰台区汽车博物馆东路 6 号 3 号楼 1 单元 2 层 201 室

（续表）

申请号	分类标引	专利权人名称	专利权人地址
CN2022110870890	化学－食品化学	北京挑战农业科技有限公司	海淀区中关村南大街12号综合科研楼3层301室
CN202211086908X	仪器－测量	北京摩尔芯光半导体技术有限公司	海淀区黑泉路金隅智造工场N1栋305B室
CN2022110868119	电气工程－电信	银河航天（北京）网络技术有限公司	海淀区黑泉路8号1幢3层101-12号
CN2022110867366	仪器－控制	禾多科技（北京）有限公司	海淀区紫雀路55号院9号楼三层101-15室
CN202211086697X	电气工程－计算机技术	北京航天奥祥通风科技股份有限公司	房山区窦店镇广茂路38号
CN2022110866753	机械工程－运输	卡斯柯信号（北京）有限公司	丰台区汽车博物馆南路1号院中国通号A座东区10层
CN202211086577X	电气工程－计算机技术	华控清交信息科技（北京）有限公司	海淀区中关村东路1号院3号楼10层1009-1室
CN2022110865676	电气工程－计算机技术	翼方健数（北京）信息科技有限公司	海淀区阜成路73号A座五层507室—512室
CN2022110865125	仪器－控制	北京首钢矿山建设工程有限责任公司	石景山区杨庄大街69号特钢办公楼11层1107室
CN202211086471X	化学－生物技术	至美时代生物智能科技（北京）有限公司	海淀区创业路8号3号楼-1层3-10A92号
CN2022110864527	仪器－测量	北矿科技股份有限公司	丰台区南四环西路188号18区23号楼4层
CN2022110864480	化学－生物技术	至美时代生物智能科技（北京）有限公司	海淀区创业路8号3号楼-1层3-10A92号
CN2022110864387	化学－生物技术	至美时代生物智能科技（北京）有限公司	海淀区创业路8号3号楼-1层3-10A92号
CN2022110863596	电气工程－数字通信	北京思凌科半导体技术有限公司	朝阳区北辰东路8号3号楼四层401室
CN2022110861514	仪器－测量	北京摩尔芯光半导体技术有限公司	海淀区黑泉路金隅智造工场N1栋305B
CN2022110858579	电气工程－计算机技术	北京永洪商智科技有限公司	海淀区中关村南大街5号二区683号楼1545室
CN2022110857858	仪器－医学技术	北京鹰瞳科技发展股份有限公司	海淀区北理工国防科技园2号楼4层21室
CN2022110857843	电气工程－计算机技术	北京鹰瞳科技发展股份有限公司	海淀区北理工国防科技园2号楼4层21室
CN2022110857294	仪器－测量	比业电子（北京）有限公司	北京经济技术开发区兴海路5号1幢三层A-B区
CN2022110835505	电气工程－数字通信	休美（北京）微系统科技有限公司	海淀区中关村北大街127-1号4层4-2-10室
CN202211083311X	仪器－光学	北京灵犀微光科技有限公司	海淀区马甸东路17号7层815室
CN2022110829222	仪器－医学技术	休美（北京）微系统科技有限公司	海淀区中关村北大街127-1号4层4-2-10室
CN2022110827585	电气工程－计算机技术	北京奥星贝斯科技有限公司	朝阳区望京东园四区13号楼-4至33层101内23层201室
CN2022110818425	电气工程－计算机技术	北京惠懂你科技有限公司	海淀区远大路39号1号楼7层702-3号
CN202211081829X	电气工程－数字通信	北京六方云信息技术有限公司	海淀区上地信息路12号1幢2层C202室
CN2022110817070	仪器－光学器件	北京亮亮视野科技有限公司	北京经济技术开发区荣华中路19号院1号楼B座1905室、1906室
CN2022110816699	电气工程－数字通信	百融至信（北京）科技有限公司	朝阳区阜荣街10号环球创意广场A座1-3层
CN2022110815431	电气工程－计算机技术	北京象帝先计算技术有限公司	朝阳区安定路5号院1号楼9层（09）901号901室
CN2022110814903	电气工程－计算机技术	北京国电通网络技术有限公司	海淀区创业中路32号楼32-3-4108-4109室
CN2022110814763	电气工程－计算机技术	北京国电通网络技术有限公司	海淀区创业中路32号楼32-3-4108-4109室

（续表）

申请号	分类标引	专利权人名称	专利权人地址
CN2022110814710	电气工程－计算机技术	北京国电通网络技术有限公司	海淀区创业中路 32 号楼 32-3-4108-4109 室
CN2022110813506	电气工程－计算机技术	网娱互动科技（北京）股份有限公司	海淀区黑泉路 8 号 1 幢 9 层 101-49、101-50、101-51 号（东升地区）
CN2022110812005	电气工程－数字通信	北京全路通信信号研究设计院集团有限公司	丰台区丰台科技园汽车博物馆南路 1 号院
CN2022110811981	电气工程－数字通信	北京全路通信信号研究设计院集团有限公司	丰台区丰台科技园汽车博物馆南路 1 号院
CN2022110811407	电气工程－计算机技术	北京泛生子基因科技有限公司	昌平区中关村生命科学园生命园路 8 号院一区 10 号楼
CN2022110811074	电气工程－计算机技术	北京奎芯集成电路设计有限公司	海淀区中关村南大街 2 号数码大厦 A 座 501 室
CN2022110811040	电气工程－基础通信程序	北京和利时系统工程有限公司	北京经济技术开发区地盛中路 2 号院
CN202211081025X	化学－生物技术	至美时代生物智能科技（北京）有限公司	海淀区创业路 8 号 3 号楼 -1 层 3-10A92 号
CN2022110808283	仪器－测量	小米汽车科技有限公司	大兴区北京经济技术开发区科创十街 15 号院 5 号楼 6 层 618 室
CN2022110806663	电气工程－计算机技术	北京得瑞领新科技有限公司	海淀区西小口路 66 号中关村东升科技园·北领地 B-6 号楼 A 座 9 层 A905 室
CN202211080215X	电气工程－计算机技术	北京麟卓信息科技有限公司	海淀区西三旗昌临 801 号 27 号 3 层 310 室、312 室
CN2022110800667	电气工程－计算机技术	北京紫光芯能科技有限公司	海淀区王庄路 1 号院清华同方科技大厦 D 座 15 层 1511-06 号
CN202211079878X	电气工程－信息技术管理方法	北京华科诚信科技股份有限公司	海淀区上地信息路 1 号（北京实创高科技发展总公司 1-2 号）B 栋 5 层 510 室
CN2022110798775	电气工程－计算机技术	北京得瑞领新科技有限公司	海淀区西小口路 66 号中关村东升科技园·北领地 B-6 号楼 A 座 9 层 A905 室
CN202211079349X	电气工程－计算机技术	北京紫光芯能科技有限公司	海淀区王庄路 1 号院清华同方科技大厦 D 座 15 层 1511-06 号
CN202211077983X	电气工程－数字通信	北京联盛德微电子有限责任公司	海淀区阜石路 67 号 6 层 608 室
CN2022110768746	电气工程－计算机技术	北京麟卓信息科技有限公司	海淀区西三旗昌临 801 号 27 号 3 层 310 室、312 室
CN2022110766115	电气工程－数字通信	北京仁科互动网络技术有限公司	朝阳区建外大街甲 6 号 SK 大厦 8 层
CN2022110764497	仪器－测量	鲲鹏基因（北京）科技有限责任公司	昌平区生命科学园生命园路 4 号院 7 号楼 5 层 501 室
CN2022110762078	电气工程－计算机技术	雪峰创新（北京）科技有限公司	昌平区科技园区昌盛路 12 号院 8 号楼 -1 至 4 层 101 内 202 室
CN202211076041X	化学－表面技术、涂层	拓荆科技（北京）有限公司	北京经济技术开发区宏达北路 16 号 6 号楼 2 层 217 室
CN2022110759304	电气工程－数字通信	北京金晴云华科技有限公司	海淀区北三环中路 44 号 58 号 1 层 21 号
CN2022110759234	机械工程－运输	卡斯柯信号（北京）有限公司	丰台区汽车博物馆南路 1 号院中国通号 A 座东区 10 层
CN2022110758373	电气工程－计算机技术	北京微步在线科技有限公司	海淀区苏州街 49-3 号 3 层 301 室
CN2022110758195	仪器－医疗技术	北京博海康源医疗器械有限公司	通州区中关村科技园区通州园金桥科技产业基地环科中路 16 号 86 号楼 1 层、2 层
CN2022110757046	电气工程－电机、电气装置、电能	北京英博新能源有限公司	北京经济技术开发区科创十三街 29 号院一区 2 号楼 13 层 1302-45 室

（续表）

申请号	分类标引	专利权人名称	专利权人地址
CN2022110755708	电气工程－数字通信	国开启科量子技术（北京）有限公司	海淀区西北旺东路10号院东区5号楼1层108室
CN2022110754777	电气工程－计算机技术	北京恒润安科技有限公司	海淀区西北旺镇唐家岭村南2号院1幢房1107室
CN2022110754391	仪器－医学技术	艾柯医疗器械（北京）股份有限公司	顺义区南彩镇彩达三街一号茂华工厂3号厂房1层101室
CN2022110754175	仪器－测量	北京智麟科技有限公司	丰台区航丰路1号院4号楼3至17层301内17层2007室
CN202211071861X	电气工程－数字通信	小米汽车科技有限公司	北京经济技术开发区科创十街15号院5号楼6层618室
CN2022110713796	化学－化学工程	北京北方华创微电子装备有限公司	北京经济技术开发区文昌大道8号
CN2022110696860	电气工程－计算机技术	北京睿企信息科技有限公司	东城区和平里北街6号6号楼一层101室
CN2022110690046	机械工程－运输系统	小米汽车科技有限公司	北京经济技术开发区科创十街15号院5号楼6层618室
CN2022110688597	电气工程－计算机技术	第四范式（北京）技术有限公司	海淀区清河中街66号院1号楼九层LO901-1室
CN2022110687147	电气工程－数字通信	北京云科安信科技有限公司	朝阳区东三环北路2号南银大厦915室
CN2022110685137	电气工程－计算机技术	北京登临科技有限公司	海淀区彩和坊路11号华一控股大厦13层
CN2022110684331	电气工程－计算机技术	北京登临科技有限公司	海淀区彩和坊路11号华一控股大厦13层
CN2022110684312	机械工程－其他特殊机械	北京蓝晶微生物科技有限公司	昌平区生命科学园生命园路20号院4号楼1层
CN2022110684134	仪器－测量	北京摩尔芯光半导体技术有限公司	海淀区黑泉路金隅智造工场N1栋305B室
CN2022110683875	电气工程－计算机技术	北京百度网讯科技有限公司	海淀区上地十街10号百度大厦2层
CN2022110683589	电气工程－计算机技术	北京微步在线科技有限公司	海淀区苏州街49-3号3层301室
CN2022110683574	电气工程－计算机技术	北京唯迈医疗设备有限公司	北京经济技术开发区西环南路18号B座1层101室
CN2022110683273	机械工程－装卸	北京壹点灵动科技有限公司	昌平区科技园区白浮泉路10号兴业大厦2层
CN2022110682336	机械工程－运输	禾多科技（北京）有限公司	海淀区紫雀路55号院9号楼3层101-15室
CN2022110682054	仪器－光学器件	北京至格科技有限公司	门头沟区石龙工业区桥园路1号1幢1层102室
CN2022110681776	仪器－测量	北京弘进久安生物科技有限公司	昌平区科技园区超前路甲1号3号楼901室
CN2022110681348	仪器－测量	北京科锐特科技有限公司	北京经济技术开发区凉水河二街8号院大族企业湾11号楼B座4层
CN2022110680966	电气工程－数字通信	北京首信科技股份有限公司	朝阳区将台路5号
CN2022110680858	仪器－测量	北京轩涌科技发展有限公司	海淀区农大南路1号院2号楼6层办公B-622-1室
CN2022110680398	仪器－测量	北京轩涌科技发展有限公司	海淀区农大南路1号院2号楼6层办公B-622-1室
CN2022110679812	电气工程－电机、设备、能源	北京新研创能科技有限公司	北京经济技术开发区永昌中路甲6号院1号楼3层301室
CN2022110679795	仪器－光学器件	北京世纪飞讯科技有限公司	海淀区西四环北路160号9层
CN2022110679687	电气工程－数字通信	北京首信科技股份有限公司	朝阳区将台路5号
CN202211067874X	电气工程－电机、设备、能源	北京新研创能科技有限公司	北京经济技术开发区永昌中路甲6号院1号楼3层301室
CN2022110678025	电气工程－计算机技术管理方法	北京寄云鼎城科技有限公司	海淀区农大南路1号院4号楼7层办公701内106室

（续表）

申请号	分类标引	专利权人名称	专利权人地址
CN202211065820X	化学－生物技术	鲲鹏基因（北京）科技有限责任公司	昌平区生命科学园生命园路4号院7号楼5层501室
CN2022110656488	电气工程－数字通信	北京蔚领时代科技有限公司	朝阳区酒仙桥路6号院6号楼1至18层101内14层1401室
CN202211065404X	电气工程－信息技术管理方法	煤炭科学技术研究院有限公司	朝阳区和平街青年沟路5号
CN2022110653742	电气工程－计算机技术	北京云庐科技有限公司	丰台区万丰路316号万开中心写字楼A座501室
CN2022110649817	电气工程－计算机技术	北京紫光青藤微系统有限公司	海淀区王庄路1号清华同方科技大厦D座15层1511－05室
CN2022110648918	电气工程－计算机技术	北京百度网讯科技有限公司	海淀区上地十街10号百度大厦2层
CN2022110642381	电气工程－数字通信	卡斯柯信号（北京）有限公司	丰台区汽车博物馆南路1号院中国通号A座东区10层
CN202211064087X	电气工程－计算机技术	北京山维科技股份有限公司	海淀区东北旺西路8号院23号楼1层C10室
CN2022110640437	电气工程－数字通信	北京辰尧科技有限公司	朝阳区紫月路18号院6号楼西侧五层505室
CN2022110638051	电气工程－数字通信	国汽智控（北京）科技有限公司	北京经济技术开发区荣华南路13号院7号楼4层409室
CN2022110636499	机械工程－机械工具	北京成立科技有限公司	通州区中关村科技园区通州园金桥科技产业基地环科中路17号115号楼
CN2022110633927	电气工程－计算机技术	中科方德软件有限公司	海淀区知春路113号1幢8层0901室
CN2022110631279	电气工程－计算机技术	北京睿企信息科技有限公司	东城区和平里北街6号6号楼一层101室
CN202211063069X	电气工程－计算机技术	维塔科技（北京）有限公司	海淀区海淀北二街8号7层819－1室
CN2022110630168	化学－生物技术	华科星河（北京）生物科技有限公司	大兴区中关村科技园区大兴生物医药基地医药产业基地永大路38号1幢4层409－163室
CN2022110608520	电气工程－计算机技术	北京云庐科技有限公司	丰台区万丰路316号万开中心写字楼A座501室
CN2022110608516	电气工程－计算机技术	北京云庐科技有限公司	丰台区万丰路316号万开中心写字楼A座501室
CN2022110602134	仪器－测量	北京路凯智行科技有限公司	大兴区经济技术开发区永昌南路8号1幢一层101室
CN2022110599362	机械工程－运输	卡斯柯信号（北京）有限公司	丰台区汽车博物馆南路1号院中国通号A座东区10层
CN2022110599165	机械工程－运输	卡斯柯信号（北京）有限公司	丰台区汽车博物馆南路1号院中国通号A座东区10层
CN2022110599038	仪器－测量	卡斯柯信号（北京）有限公司	丰台区汽车博物馆南路1号院中国通号A座东区10层
CN2022110599004	电气工程－数字通信	北京软通绿城科技有限公司	海淀区东北旺西路8号中关村软件园10号楼3层301－4室
CN2022110598730	电气工程－计算机技术	北京亿赛通科技发展有限责任公司	海淀区西二旗大街39号4层401室
CN2022110597140	电气工程－计算机技术	臻和（北京）生物科技有限公司	海淀区宝盛南路1号院26号楼3层310室
CN2022110597102	电气工程－数字通信	深顶科技（北京）有限公司	朝阳区望京北路9号一幢二层C203a室
CN2022110596627	电气工程－数字通信	国汽智控（北京）科技有限公司	北京经济技术开发区荣华南路13号院7号楼4层409室
CN2022110596260	电气工程－数字通信	梯度云科技（北京）有限公司	通州区榆西一街1号院4号楼5层502室713室
CN2022110595893	电气工程－数字通信	北京金晴云华科技有限公司	海淀区北三环中路44号58号1层21号

（续表）

申请号	分类标引	专利权人名称	专利权人地址
CN2022110595145	仪器－测量	智道网联科技（北京）有限公司	东城区北三环东路36号1号楼B601室
CN2022110594706	电气工程－计算机技术	北京百度网讯科技有限公司	海淀区上地十街10号百度大厦2层
CN2022110594693	仪器－测量	北京象帝先计算技术有限公司	朝阳区安定路5号院1号楼9层（09）901号901室
CN2022110593525	电气工程－计算机技术	华控清交信息科技（北京）有限公司	海淀区中关村东路1号院3号楼10层1009－1室
CN2022110588211	电气工程－计算机技术	北京锘崴信息科技有限公司	海淀区西四环北路158号1幢三层3－443室
CN202211058800X	电气工程－计算机技术	北京百度网讯科技有限公司	海淀区上地十街10号百度大厦2层
CN2022110586254	机械工程－其他专用机器	北京国科诚泰农牧设备有限公司	朝阳区胜古中路企发大厦F座908室
CN2022110584723	电气工程－计算机技术	北京飞渡科技有限公司	大兴区欣雅街15号院1号楼6层608室
CN2022110581848	电气工程－计算机技术	沐曦科技（北京）有限公司	海淀区丰豪东路9号院2号楼9层3单元901室
CN2022110569687	化学－生物技术	华科星河（北京）生物科技有限公司	大兴区中关村科技园区大兴生物医药基地医药产业基地永大路38号1幢4层409－163室
CN2022110569672	化学－生物技术	华科星河（北京）生物科技有限公司	大兴区中关村科技园区大兴生物医药基地医药产业基地永大路38号1幢4层409－163室

2022年北京市部分工业企业名录

表25

单位名称	办公地址	联系电话	邮政编码	主要产品与业务
北京普莱克斯实用气体有限公司	朝阳区化工路6号	67714766	100022	氮气、氧气、氩气、二氧化碳
北京华腾旌凯经贸有限责任公司	朝阳区大郊亭47号	87310158	100022	销售危险化学品、化工轻工材料、机械电器设备、化肥、金属材料、家居装饰等
北京华腾检测认证有限公司	朝阳区化工路6号	67758350	100022	产品质量测试；仪器仪表计量与校准；技术研究；技术培训；技术咨询；销售化工产品（不含危险化学品）
北京市化工产品质量监督检验站	朝阳区化工路6号	67758350	100022	化工产品及其原辅材料质量监督检验；化工产品及其原辅材料仲裁检验与鉴定；化工产品及其原辅材料质量生产许可证检验；检测技术方法与标准手段研究；检测设备研制
北京市工业技师学院	朝阳区化工路甲1号	67387521	100023	技能培训、职业技能培训鉴定、就业服务
北京市第三十三职业技能鉴定所	朝阳区化工路甲1号	67387521	100023	技术培训及职业技术鉴定
北京北捷化工设备有限责任公司	朝阳区化工路6号	67733187	100024	企业管理、管理咨询、信息咨询（中介除外）、技术培训
北京兆维电子（集团）有限责任公司	朝阳区酒仙桥路14号	84563306	100015	自服、安防与通信设备
北京七星华电科技集团有限责任公司	朝阳区酒仙桥东路1号	84568683	100015	气体质量流量计、高精密电容器、高精密电阻器、晶体器件、混合集成电路、电声产品等
北京正东电子动力集团有限公司	朝阳区酒仙桥路4号	64377041	100015	电、燃气、热水
北京京仪集团有限责任公司	朝阳区建国路93号院9号楼16—19层	58206311	100022	智能仪表、科学仪器、电力电子、半导体附属装备、创新培育业务
北京京仪智能科技股份有限公司	朝阳区建国路93号院9号楼	58206311	100022	流量仪表、压力仪表、物位仪表、温度仪表、阀门、智能电能表、智能燃气表、原子吸收、傅里叶红外、原子荧光、紫外可见、气相色谱、报警器、车载质谱仪、工业在线分析仪、环保在线分析仪、真空泵、光学镀膜产品
北京京仪绿能电力系统工程有限公司	朝阳区成寿寺路甲135号院3号楼8层	87153606	100164	光伏系统集成、大规模光伏电站、光伏建筑一体化、光伏农业、渔光结合及综合利用、智能运维管理、光伏电站运行维护、清洁能源供热运维等
北京一轻控股有限责任公司	朝阳区广渠路38号一轻大厦西区	87529807	100022	纸箱、标签、出版物类产品等；特种光纤及器件；新型电真空钎焊系列材料；集成电路（IC）、合金丝产品；星海钢琴；系列白酒、红酒、啤酒；义利系列食品、北冰洋冷食系列；金鱼洗涤灵等系列产品
北京市化学工业研究院有限责任公司	海淀区中关村北大街123号	62567814	100084	PBT、PET、PA6、PA66、PPO、PPS为主的改性工程塑料产品
北京益泰电子集团有限责任公司	海淀区北洼路四号	68419348	100089	智能建筑系统集成、安防与人防系统集成、计算机系统集成等
北京大华无线电仪器有限责任公司	海淀区学院路5号	62937111	100083	仪器仪表类
北京京电进出口有限责任公司	海淀区首体南路22号国兴大厦	68335866	100088	电子信息、通信设备、家用电器、化工纺织等产品及技术进出口业务
北京京仪科技孵化器有限公司	海淀区大钟寺东路9号B座119室	62252281	100098	科技企业孵化、技术咨询、技术服务
北京京仪敬业电工科技有限公司	丰台区右安门外东滨河路2号	66175725	100069	加工制造成套控制设备、电站自动化设备、分马力电机、油泵电机、微电机等

（续表）

单位名称	办公地址	联系电话	邮政编码	主要产品与业务
北京京仪椿树整流器有限责任公司	丰台区三顷地甲3号	66175725	100040	污水处理、固废处理、军工等
北京东土拓明科技有限公司	石景山区实兴大街30号院16号楼7层	18511697527	100041	5G通信网络技术服务与智能化应用、大数据行业应用及新型智慧城市、工业数据中台与信息化应用等业务
北京华腾橡塑乳胶制品有限公司	通州区光机电一体化基地兴光五街6号	81501488	101111	雪莲牌乳胶家用手套、工业手套、医用手套、鲸鱼牌橡胶板、橡胶模压制品、宜刚牌全胶鞋等
北京华腾东光科技发展有限公司	通州区张家湾镇通州工业开发区光华路16号	61505749	101149	丙烯酸酯类、乳液、树脂产品
北京东光实业总公司	通州区张家湾镇通州工业开发区光华路16号	61561473	101149	丙烯酸酯类、乳液、树脂产品
北京化学试剂研究所有限责任公司	大兴区安定镇工业东区安定南街1号	80239006	102607	超净高纯试剂、扩散源、中钞特种防伪制剂
北京化工厂有限责任公司	大兴区安定镇工业东区安定南街1号	80239216	102607	502胶、化学试剂、环保试剂、彩色胶粉
北京华腾天海环保科技有限公司	大兴区安定镇安定北街58号	80216557	102607	收集、储存、生产加工化工类、废溶剂、废试剂化学品、废药物、药品等
北京华腾化工有限公司	大兴区安定镇工业东区安定南街1号	80239296	102607	提供仓储服务、物业管理、设备租赁、劳务服务等
北京天罡助剂有限责任公司	大兴区魏善庄镇黄魏路北侧吴庄南街临4号、7号	89201649	102611	Tiangang®系列光稳定剂、塑料用紫外光稳定剂和涂料用紫外光稳定剂（受阻胺类光稳定剂、紫外线吸收剂、专用复合光稳定剂）、各类专用光稳定剂、Tiangang®抗氧剂、Tiangang®精细化学产品（中间体、氮氧自由基等）
北京中兴实强陶瓷轴承有限公司	大兴区魏善庄工业区A38号	89233753	102611	陶瓷滑动轴承、陶瓷滚动轴承、陶瓷球、陶瓷机械零部件
北京绿得利工贸有限公司	大兴区魏善庄镇半壁店工业区38号	89236058	102611	功能型复合肥料、复混肥料、有机无机肥料、大量元素水溶肥、中量元素水溶肥、生物有机肥
北京古船食品有限公司	大兴区天宫院街道大庄村东	13701058676	102600	通用型面粉：富强粉、麦香多用途小麦粉、麦芯富强粉；蒸煮类：多用途麦芯小麦粉、麦芯小麦粉、自发粉；面条水饺面粉：高筋特精粉、雪花粉、精制雪花粉、饺子粉；特色面粉：营养强化小麦粉、麦麸小麦粉、低筋小麦粉、加拿大小麦粉等
北京博泽汽车部件有限公司	大兴区西红门镇鼎业路23号	56590710	100076	开发和制造汽车门系统、汽车电动座椅骨架、玻璃升降器、冷却风扇等汽车零部件产品
华科精准（北京）医疗科技有限公司	大兴区中关村科技园区大兴生物医药产业基地永旺西路26号院12—1号楼401室	67088936	102600	神经外科手术机器人、神经外科手术导航、手术计划软件、磁共振监测半导体激光治疗设备、一次性使用磁共振兼容激光光纤套件等
华夏生生药业（北京）有限公司	大兴区中关村科技园区大兴生物医药基地天贵大街16号	13522722971	102600	左氧氟沙星氯化钠注射液、盐酸莫西沙星氯化钠注射液、氨溴索注射液、甘油果糖氯化钠注射液、甲硝唑氯化钠注射液、替硝唑氯化钠注射液等
北京明辉恒通药业有限公司	大兴区民和路6号	62390999	102600	中药饮片
北京热景生物技术股份有限公司	大兴区中关村科技园区大兴生物医药产业基地天富街9号9幢	56528860	102600	体外诊断试剂
北京协和药厂有限公司	大兴区中关村科技园区大兴生物医药产业基地永旺路37号7号楼	89206819	102600	双环醇片

（续表）

单位名称	办公地址	联系电话	邮政编码	主要产品与业务
北京金沃夫生物工程科技有限公司	大兴区经济开发区科苑路18号3幢2层R2215室	13521046410	102600	新型冠状病毒（2019–nCoV）抗原检测试剂盒（乳胶法）
北人智能装备科技有限公司	大兴区经济开发区科苑路25号5幢108室	18601302683	102600	BEIREN B624卷筒纸平版书刊印刷机
北京三元基因药业股份有限公司	大兴区工业开发区金苑路1号4号楼	13811385476	102600	γδT细胞治疗
北京化学工业集团有限责任公司	北京经济技术开发区西环北路23号	67864201	100176	精细化工、化工装备、工业及民用气体、电子化学品、新能源、新材料、循环经济产业、环保产业
京东方科技集团股份有限公司	北京经济技术开发区西环中路12号	64318888	102600	TFT–LCD、AMOLED显示产品，智慧零售等智慧系统，移动健康、数字医院等健康服务业务
北方华创科技集团股份有限公司	北京经济技术开发区文昌大道8号	57846789	102600	半导体装备、真空装备、新能源锂电装备、精密元器件等
北京燕东微电子股份有限公司	北京经济技术开发区经海四路51号	50973028	102600	半导体集成电路和分立器件、微电路模块、传感器、中小规模CMOS集成电路等
北京电控爱思开科技有限公司	北京经济技术开发区经海四路9号	51994336	102600	汽车用动力电池包
北京京仪自动化装备技术股份有限公司	北京经济技术开发区凉水河二街8号14–A	58917300	100176	半导体温控装置系列（Chiller）、机器人系列（Wafer Sorter/AMR）、废气处理装置系列（Local Scrubber）等专用设备，广泛应用于半导体、LED、LCD等领域
北京京仪仪器仪表研究总院有限公司	北京经济技术开发区兴业街2号	67816830	100176	激光熔覆系统、苹果智能检测系统、压力表智能检定系统、机械人焊接系统、智能电能表数字化生产线系统、气相色谱仪直塔式液体自动进样器、高温物性测试仪等
北京南口斯凯孚铁路轴承有限公司	昌平区南口镇北京南口机车车辆机械厂厂内	69776751	102202	AAR轴承、铁路货车轴承、城轨车辆轴承、高铁动车轴承
克诺尔·南口供风设备（北京）有限公司	昌平区南口镇道北	52726190	102202	轨道交通供风系统产品
铁科（北京）轨道装备技术有限公司	昌平区南口镇北京南口机车车辆机械厂厂内	56440159	102202	铁路道岔系列产品
中车福伊特传动技术（北京）有限公司	昌平区南口镇北京南口机车车辆机械厂厂内	81919288	102202	风电齿轮箱、工业齿轮箱、传动系统部件以及民用空压机转子、主机产品

索引

说明

本索引采取主题词索引（也称内容分析索引）法编纂。主题词（标目）主要以《北京工业年鉴2023》版正文中出现的专业名词、机构名称、会议名称、活动名称、文件名称等为主。

索引按汉语拼音音序排列。以汉字打头的主题词按首字的音序、音调依次排列，首字相同时，则以第二个字排序。以阿拉伯数字、英文字母打头的主题词，排在最前面。

索引的文字部分称为标目，标目之后的阿拉伯数字表示该标目所在正文中的页码（地址页），其后的小写英文字母（a、b）表示正文中的栏别（a为左栏、b为右栏）。

A

B

C

D

E

F

G

H

J

K

L

M

N

P

Q

R

S

T

Z